suhrkamp taschenbuch 1358

Der Autor (Jahrgang 1937) ist nach mehreren Jahren als Referent für Verfassungsgeschichte und Geschichte der politischen Theorien am Max-Planck-Institut für europäische Rechtsgeschichte in Frankfurt seit 1979 Professor für Öffentliches Recht an der Universität Bielefeld und seit 1985 dort auch Direktor des Zentrums für interdisziplinäre Forschung.

Die in diesem Band veröffentlichten Arbeiten befassen sich mit Entstehung, Wirkungsweise und Folgeproblemen der bürgerlichen Gesellschaft in ihren rechtlichen Äußerungsformen. Die bürgerliche Rechts- und Verfassungsordnung wird in ihren sozialen, kulturellen, ökonomischen und politischen Entstehungs- und Wirkungszusammenhang eingeordnet und auf diese Weise als Produkt wie auch als Faktor gesellschaftlicher Prozesse sichtbar gemacht. Besonderes Gewicht liegt dabei auf dem Zusammenhang von verfassungs- und privatrechtlichen Normen, die selten in ihrer wechselseitigen Abhängigkeit behandelt werden, sowie auf der politischen Funktion der Rechtswissenschaft, die in der traditionellen Rechtsgeschichte ebenfalls zu kurz kommt.

Dieter Grimm
Recht und Staat
der bürgerlichen
Gesellschaft

15. IV 1987

Suhrkamp

Umschlagbild: Zug des deutschen Parlaments
nach der Paulskirche in Frankfurt a. M.
am 18. Mai 1848
Mit freundlicher Genehmigung des Stadtarchivs
Frankfurt a. M.

suhrkamp taschenbuch 1358
Erste Auflage 1987
© Suhrkamp Verlag Frankfurt am Main 1987
Suhrkamp Taschenbuch Verlag
Alle Rechte vorbehalten, insbesondere das
des öffentlichen Vortrags, der Übertragung
durch Rundfunk und Fernsehen
sowie der Übersetzung, auch einzelner Teile
Satz: Memminger Zeitung, Memmingen
Druck: Nomos Verlagsgesellschaft, Baden-Baden
Printed in Germany
Umschlag nach Entwürfen von
Willy Fleckhaus und Rolf Staudt

1 2 3 4 5 6 - 92 91 90 89 88 87

Inhalt

Vorwort 7

I. Grundlagen des Systems

1. Bürgerlichkeit im Recht 11

II. Funktion des Staates

2. Der Staat in der kontinentaleuropäischen Tradition . . . 53
3. Zur politischen Funktion der Trennung von öffentlichem und privatem Recht in Deutschland 84
4. Kulturauftrag des Staates 104
5. Die sozialgeschichtliche und verfassungsrechtliche Entwicklung zum Sozialstaat 138

III. Verfassung und Privatrecht

6. Soziale, wirtschaftliche und politische Voraussetzungen der Vertragsfreiheit 165
7. Grundrechte und Privatrecht in der bürgerlichen Sozialordnung 192
8. Das Verhältnis von politischer und privater Freiheit bei Zeiller 212
9. Soziale Voraussetzungen und verfassungsrechtliche Gewährleistungen der Meinungsfreiheit 232
10. Die Entwicklung des Enteignungsrechts unter dem Einfluß der Industrialisierung 264

IV. Rolle der Rechtswissenschaft

11. Die deutsche Staatsrechtslehre zwischen 1750 und 1945 291
12. Die Entwicklung der Grundrechtstheorie in der deutschen Staatsrechtslehre des 19. Jahrhunderts 308
13. Methode als Machtfaktor 347
14. Die »Neue Rechtswissenschaft« – Über Funktion und Formation nationalsozialistischer Jurisprudenz 373

v. *Aufgaben der Rechtsgeschichte*

15. Rechtswissenschaft und Geschichte   399

Abkürzungsverzeichnis   428
Quellenverzeichnis   431
Personenregister   433
Sachregister   436

Vorwort

In diesem Band sind fünfzehn Aufsätze zusammengefaßt, die sich mit Formation, Struktur und Krise der bürgerlichen Gesellschaft unter ihrem rechtlichen Aspekt beschäftigen. Der rechtliche Aspekt ist freilich für das Verständnis der bürgerlichen Gesellschaft von besonderer Bedeutung, denn wie keine andere hat sie sich über Recht konstituiert und läßt sich daher in ihrer Rechtsordnung auch wiedererkennen. Dabei fügt es sich, daß die erneute Publikation der bis 1972 zurückreichenden Arbeiten in eine Zeit belebten Interesses an der bürgerlichen Epoche fällt. Von dieser trennt uns ja ungeachtet des tiefgreifenden sozialen Wandels, der inzwischen stattgefunden hat, kein radikaler Prinzipienwechsel, sondern nur ein modifiziertes Ordnungsverständnis. Insofern erstreckt die bürgerliche Epoche ihre prägende Kraft bis in die Gegenwart, und viele aktuelle Probleme der Industriegesellschaft haben ihren Grund darin, daß die Anpassung der rechtlich-politischen Ordnung an die veränderten sozialen Bedingungen noch aussteht oder an ihre Grenzen stößt.

Die Zusammenstellung der Aufsätze in einem eigenen Band findet in dem Umstand, daß sie an verstreuten und zum Teil entlegenen Orten erschienen sind, allerdings nur eine formale Legitimation. Vielleicht läßt sie sich aber auch materiell rechtfertigen, weil durch eine zusammenhängende Publikation der Arbeiten die Konturen der bürgerlichen Rechtsordnung, die in ihrer Gesamtheit noch keine Darstellung gefunden hat, deutlicher sichtbar werden können. Methodisch sind die Arbeiten erstens durch den Versuch gekennzeichnet, die rechtliche Entwicklung nicht isoliert zu betrachten, sondern in ihren sozialen Kontext zu stellen und aus diesem funktional zu erklären. Dabei handelt es sich um ein Vorgehen, das in der Rechtsgeschichte zwar zunehmend postuliert, aber noch zu selten praktiziert wird. Zweitens beschränken sich die Forschungen nicht auf eine der beiden großen Rechtsmaterien des öffentlichen und privaten Rechts, sondern spüren ihrem Zusammenhang nach, der gerade für das Verständnis der bürgerlichen Sozialordnung konstitutiv ist. Drittens erschöpfen sich die Arbeiten nicht in der Vergangenheitsbetrachtung, sondern sind gegenwartsbezogen. In der Regel gehen sie auf aktuelle Probleme zurück, deren historische Ursachen aufgehellt werden, weil sonst ihre Lösung orientierungslos bliebe. Viertens schließlich ist ein Großteil der Arbeiten nicht auf die deutsche Geschichte begrenzt, sondern untersucht sie aus vergleichender Perspektive. Auf diese Weise lassen sich sowohl gemeinsame Epochenmerkmale als auch nationale Eigenarten zuverlässiger erfassen, kurzschlüssige Erklärungen vermeiden und funktionale Äquivalenzen aufzeigen.

Die Aufsätze sind textlich bis auf die Korrektur offenkundiger Fehler unverändert geblieben. Nur bei dem ursprünglich in englischer Sprache publizierten zweiten Beitrag habe ich mir die Freiheit einer sinngemäßen, teils kürzenden, teils ergänzenden Übertragung genommen. Der vierte Beitrag über »Staat und Kultur« ist nur im ersten Teil historisch. Dennoch wird er hier in seiner ganzen Länge wiedergegeben, weil gerade dadurch die Verbindung von Geschichte und Gegenwart deutlich werden kann. Die Anmerkungen sind für den nicht fachkundigen Leser aufgeschlüsselt, aber nicht durchgängig vereinheitlicht worden. Wegen einer systematischen Darstellung der Epoche unter dem Gesichtspunkt der Entstehung, Durchsetzung und Krise des Verfassungsstaats verweise ich auf meine im selben Verlag erscheinende »Deutsche Verfassungsgeschichte«.

Bielefeld, am 1. Januar 1987   *Dieter Grimm*

I. Grundlagen des Systems

Bürgerlichkeit im Recht

I. Das bürgerliche Sozialmodell

1. Gesellschaftliche Autonomie als Grundlage

a) Die Prämissen des Modells

Die Rechtsordnung der bürgerlichen Gesellschaft weist Eigenschaften auf, die dem Recht der ihr vorangehenden ständischen Gesellschaft fremd waren und seit der Ausbreitung der Industriegesellschaft wieder im Schwinden begriffen sind. Dieser Umstand deutet darauf hin, daß bürgerliche Wertvorstellungen und Interessen im Recht einen spezifischen Ausdruck gefunden haben und. sich daher durch das Medium des Rechts auch rekonstruieren lassen. Unter den Eigenschaften, die das Recht der bürgerlichen Gesellschaft von demjenigen früherer Gesellschaftsformationen unterscheiden, sticht seine Indifferenz gegenüber sittlichen Postulaten hervor. Das Recht wird von der Durchsetzung eines materialen Gerechtigkeitsideals, dem es bis dahin stets verpflichtet gewesen war, entlastet und hat nur noch die Koexistenz autonomer Individuen zu ermöglichen. Hinter dieser radikalen Wendung standen veränderte Anschauungen von einer vernünftigen Sozialordnung, die sich in verschiedenen Ländern, zu verschiedenen Zeiten und auf verschiedenen Gebieten entwickelt hatten und seit der Mitte des 18. Jahrhunderts die öffentliche Meinung zu beherrschen begannen. Bei allen Eigenarten und Widersprüchen stimmten sie doch in einem ausgeprägt individualistischen Ansatz überein, der in der Vorstellung gipfelte, daß sittliche Vollendung als Sinn menschlicher Existenz nicht das Ergebnis rechtlich erzwungenen, sondern nur autonom gewählten Verhaltens sein könne. Das gesellschaftliche Zusammenleben mußte dann unter dieser Voraussetzung geordnet werden. Dabei kam die gleichzeitig vordringende Überzeugung zum Tragen, daß in der Gesellschaft ähnlich wie in der Natur Gesetzmäßigkeiten walteten, die mit Notwendigkeit zum Gemeinwohl führten, wenn sie nur durch menschliche Gesetze nicht behindert würden. Diese Vorstellungen formten sich am Vorbild des Warenmarkts, wurden aber bald auch auf Ideen und Interessen übertragen und für die Sozialordnung insgesamt fruchtbar gemacht.

b) Die Voraussetzung: Freiheit und Gleichheit

Beide Ideenstränge konvergierten im Prinzip individueller Freiheit. Ohne Freiheit konnte der Mensch seine Bestimmung nicht erreichen. Freiheit war aber auch das Medium, durch welches sich die sozialen Gesetzmäßigkeiten, die das Gemeinwohl verbürgten, Geltung verschafften. Freiheit bedeutete dabei nicht die Erlaubnis, in dieser oder jener Hinsicht nach eigenem Belieben zu handeln. Freiheiten solcher Art hatte es in größerer oder kleinerer Zahl stets gegeben, ohne daß sich die einzelnen Freiheiten oder die Freiheiten Einzelner zur Freiheit schlechthin verdichtet hätten. Demgegenüber wurde Freiheit nun als Abwesenheit von Fremdbestimmung und Möglichkeit zur Selbstbestimmung in allen Hinsichten verstanden. Sie mochte hier eher ökonomisch, dort eher kulturell akzentuiert sein. Am Ende stellte sie immer das auf umfassende Geltung angelegte, keinen Lebensbereich aussparende Grundprinzip der Sozialordnung dar. Diese Freiheit mußte sich auf alle gleichermaßen erstrecken – entweder weil sie geradezu die Bedingung menschlicher Sinnerfüllung war und also im Menschsein selbst wurzelte, oder weil sie die Voraussetzung für die Wirksamkeit der natürlichen Gesetzmäßigkeiten bildete und also vom Gemeinwohl gefordert war. Insofern stand die Gleichheit nicht im Gegensatz zur Freiheit, sondern blieb modal auf diese bezogen. Gleichheit bedeutete Gleichheit in der Freiheit. Hing die vernünftige Sozialordnung von der Herstellung und Bewahrung gleicher Freiheit ab, dann konnten auch die Grenzen der Freiheit nur noch aus der Freiheit selbst und nicht mehr aus einem ihr vorgehenden materialen Tugendideal begründet werden. Unverträglich mit dem Freiheitsgrundsatz war danach nur derjenige Freiheitsgebrauch, der die gleiche Freiheit der anderen beeinträchtigte. Freiheitsschranken, die sich nicht aus der gleichen Freiheit aller rechtfertigen ließen, wurden illegitim.

c) Die Folge: Wohlstand und Gerechtigkeit

Mit einer so beschaffenen Ordnung verband sich ausdrücklich die Erwartung von Wohlstand und Gerechtigkeit. Der Wohlstand sollte sich mehren, weil das System, indem es jeden seinen Fähigkeiten und Neigungen nachgehen und die Früchte seiner Tätigkeit selbst ernten ließ, die Produktion zu steigern und, vermittelt durch das Wechselspiel von Angebot und Nachfrage, am gesellschaftlichen Bedarf zu orientieren und bedarfsgerecht zu verteilen versprach. Gerechtigkeit sollte sich ausbreiten, weil das System dem Glücksstreben des Einzelnen keine externen Hindernisse in den Weg legte. In einer Gesellschaft aus gleich Freien war er vielmehr auf sich gestellt und niemandes Willen unterworfen. Verpflichtungen zwischen Individuen konnten unter der Voraussetzung gleicher Freiheit nur noch als freiwillig übernommene entstehen. Auf diese Weise durfte jeder seine eigenen Interessen verfolgen und mußte, da diese nur im Wege des Leistungsaustauschs zu befriedigen waren, doch auf die Interessen der anderen eingehen. Dadurch wurde ein Interessenausgleich möglich, der den jeweiligen Bedürfnissen der Beteiligten besser Rechnung trug, als generalisierende obrigkeitliche Regelungen es vermocht hätten. Das System schloß zwar eine ungleiche Verteilung des Wohlstands, ja selbst Armut und Not nicht aus, weil eine Ordnung, in der sich die Gleichheit nur auf die Freiheit bezieht, angesichts der unterschiedlichen Startbedingungen im Ergebnis stets zu Ungleichheiten führt. Doch erschienen diese Ungleichheiten unter der Voraussetzung von Freiheit und Gleichheit nicht mehr als extern auferlegt, sondern individuell zurechenbar und insofern nicht ungerecht. Das Grundproblem der Vereinbarung von Freiheit und Gerechtigkeit war damit gelöst: in der von Herrschaft befreiten Gesellschaft konnte jeder ungehindert seinem Eigeninteresse nachgehen und doch sicher sein, daß das Ergebnis, von einer *invisible hand* gelenkt, das Gemeinwohl war.

2. Trennung von Staat und Gesellschaft als Folge

a) Veränderung des Gemeinwohlbegriffs

Die Vorstellung einer sich über Marktmechanismen selbst steuernden Gesellschaft hatte umwälzende Konsequenzen für die politische Ordnung. Politik stand seit jeher unter dem Anspruch der Verwirklichung des Gemeinwohls. Dabei konnten sich mit dem Begriff des Gemeinwohls zu verschiedenen Zeiten verschiedene Inhalte verbinden. Immer aber war das Gemeinwohl eine inhaltlich bestimmte, vorgegebene Größe gewesen, die von der öffentlichen Gewalt durchgesetzt wurde. Stattdessen sollte es sich nun ohne ihr Zutun aus dem Zusammenwirken freier Willensbetätigungen von selbst ergeben. Das Gemeinwohl blieb dann zwar der Bezugspunkt der öffentlichen Ordnung, änderte aber seinen Charakter. Die Änderungen lassen sich als Individualisierung, Formalisierung und Prozeduralisierung beschreiben. Ging das Gemeinwohl mit Notwendigkeit aus der Individualfreiheit hervor, dann bildete es keinen dieser entgegengesetzten Wert mehr, sondern fiel mit ihr zusammen. Gemeinwohl anstreben hieß individuelle Freiheit ermöglichen. Da die individuelle Freiheit in der Entbindung von materialen Verhaltensanforderungen bestand und dem Einzelnen erlaubte, sein Verhalten nach eigenem Belieben einzurichten, wurde auch das mit der Individualfreiheit identifizierte Gemeinwohl seines verbindlichen Inhalts entkleidet und formalisiert. Es galt gerade dann als gewährleistet, wenn es, selbst inhaltsneutral, die individuelle Inhaltswahl zuließ. Als ein über individuelle Willensentscheidungen vermitteltes Ergebnis verlor es aber auch seinen statischen Charakter. Es war nicht mehr Richtschnur, sondern Resultat gesellschaftlicher Prozesse. Damit entfiel zugleich die Möglichkeit, dieses Resultat am Maßstab des Gemeinwohls zu messen, mit dem es identisch geworden war. Seine Verwirklichung hing dann nicht von der Behauptung bestimmter Inhalte, sondern von dem störungsfreien Verlauf dieses Prozesses ab.

b) Rangwechsel von öffentlichem und privatem Interesse

Ging das Gemeinwohl mit Gewißheit aus dem Prozeß freier individueller Willensbetätigung hervor, dann kehrte sich auch die gewohnte Rangfolge von öffentlichem und privatem Interesse um. Ein vorgegebenes, material definiertes Gemeinwohl, wie es bis dahin üblich gewesen war, beansprucht stets den Vorrang vor privaten Interessen. Diese können nur in dem Maß anerkannt werden, wie sie dem öffentlichen Interesse nicht widerstreiten. Solange das Gemeinwohl in einem alles überragenden Gemeinschaftswert oder einem den Menschen ganz erfassenden Tugendideal bestand, war eine genuine, dem öffentlichen Zugriff entzogene Privatsphäre überhaupt nicht vorstellbar. Als privat galten dann nur die in einer gegebenen Situation gemeinwohlneutral erscheinenden Lebensbereiche oder Handlungen. Das Private definierte sich also im Subtraktionsweg vom Öffentlichen her. Dessen Bereich war prinzipiell unbegrenzt, der des Privaten prinzipiell begrenzt. Stellte sich das Gemeinwohl dagegen nicht mehr als vorgegebener, inhaltlich bestimmter Wert, sondern als Resultante des Zusammenwirkens freier Individualentscheidungen dar, dann rückte das Privatinteresse an die erste Stelle, und das öffentliche Interesse geriet in die abgeleitete Position. So wie früher der private Bereich die nach Abzug des öffentlichen Interesses übrig bleibende Restgröße gewesen war, definierte sich nun das öffentliche Interesse vom privaten her. Das traditionelle Verteilungsprinzip kehrte sich dadurch um. Prinzipiell unbegrenzt war nun das private Interesse und prinzipiell begrenzt das öffentliche. Während aber ehedem Inhalt und Ausdehnung der Privatsphäre mit der jeweiligen Bestimmung der öffentlichen Interessen schwankten, lagen diese unter dem neuen Modell ein für allemal fest: angesichts des Automatismus von Individualfreiheit und Gemeinwohl konnte nur noch ein einziges öffentliches Interesse bestehen, nämlich das an der Aufrechterhaltung der Freiheit.

c) Funktionswandel des Staates

Die gesellschaftliche Autonomie begrenzte auch die Aufgaben des Staates. Zwar wurde er trotz des Automatismus von Freiheit und Gemeinwohl keineswegs entbehrlich, weil die über Marktmechanismen sich selbst steuernde Gesellschaft die Gelingensvoraussetzungen der Steuerung, nämlich gleiche Freiheit, nicht aus eigener Kraft zu garantieren vermochte. Aufgespalten in unverbundene und zur Verfolgung privater Interessen freigesetzte Individuen, verfügte sie weder über kollektive Handlungsmöglichkeiten noch legale Zwangsmittel, um Gefährdungen der individuellen Freiheit bekämpfen zu können. Sie bedurfte dazu vielmehr einer organisierten und mit Zwangsgewalt ausgestatteten Instanz, die sie außerhalb ihrer selbst konstruieren mußte, eben als Staat. Dieser vereinte dann angesichts der konsequent privatisierten Gesellschaft alle Herrschaftsbefugnisse in sich, durfte sie angesichts der gesellschaftlichen Autonomie aber nur noch im Interesse der Freiheitswahrung einsetzen. Er büßte folglich die Definitionskompetenz über das Gemeinwohl und die Leitungsbefugnis über die Gesellschaft ein. Diese übernahm sämtliche Aufgaben der materiellen und ideellen Reproduktion selbst. Abgekoppelt von der Politik, konnten sich die gesellschaftlichen Subsysteme ihren spezifischen Rationalitätskriterien entsprechend entfalten und gerade dadurch zu der vom Staat des Ancien régime vergeblich angestrebten Leistungssteigerung gelangen. Der Staat trat demgegenüber in eine dienende Rolle zurück. Seine Funktion reduzierte sich auf die Garantie einer von ihm unabhängigen quasi-natürlichen Ordnung, die er gegen Angriffe von außen und Störungen im Innern abzuschirmen bzw. nach eingetretenen Störungen wiederherzustellen hatte. Es ist diese Aufgabenverteilung, die gewöhnlich als Trennung von Staat und Gesellschaft bezeichnet wird. *(Liberalismus)*

3. Der bürgerliche Charakter des Sozialmodells

a) Die privilegierten Stände als Verlierer

Dieses aus der philosophischen, naturrechtlichen und volkswirtschaftlichen Literatur des 17. und vor allem des 18. Jahrhunderts gewonnene und hier unter Abstraktion von allen Besonderheiten auf seinen Kern zurückgeführte Sozialmodell kann deswegen als bürgerlich bezeichnet werden, weil es zur Zeit seiner Formulierung primär bürgerliche Interessen reflektierte und im Bürgertum seinen sozialen Träger fand. Dabei kam es der Durchsetzung des Modells freilich zugute, daß es nicht interessenspezifisch, sondern universal formuliert war und so auch anderen Teilen der Gesellschaft Identifikationsmöglichkeiten bot. Am wenigsten galt das für die bevorrechtigten Stände von Adel und Klerus. Sie verloren mit der Ersetzung der ständisch-feudal geprägten Ordnung durch ein System gleicher Freiheit ihre politisch-soziale bzw. geistig-sittliche Führungsrolle samt den damit verbundenen Privilegien und ökonomischen Sicherungen. Der Religion drohte die Verkürzung von der sittlich maßgebenden, öffentlich sanktionierten Norm zum privaten Sinnangebot, dem Klerus die Umwandlung in einen bloßen Berufsstand. Der Adel wurde als Stand gänzlich funktionslos. Er konnte unter den Bedingungen gleicher Freiheit weder einen exklusiven Anspruch auf seine traditionellen Karrieren bei Hof oder im Militär erheben noch die aus dem Feudaleigentum fließenden Hoheitsrechte behalten. Vielmehr mußte sich der Adelige seinen gesellschaftlichen Platz und sein wirtschaftliches Auskommen im Wettbewerb mit anderen zu sichern suchen. Adel und Klerus konnten unter diesen Umständen ihre Interessen in dem

Sozialmodell nicht wiederfinden, was selbstverständlich nicht ausschließt, daß einzelne Adelige und Geistliche aus besserer Einsicht oder langfristigen Nutzerwägungen die neue Ordnung befürworteten.

b) Bauern und unterständische Schichten

Im Gegensatz zum Adel war die ihm untertänige oder zumindest tributpflichtige Bauernschaft von der neuen Ordnung objektiv begünstigt, sofern ihr Nutzungsrecht an grundherrlichem Land in bäuerliches Eigentum umgewandelt wurde, so daß sie eine Chance erhielt, sich im marktwirtschaftlichen System zu behaupten. Das allodifizierte Eigentum stand dann der wirtschaftlichen Nutzung im eigenen Interesse offen, während die Abhängigkeit vom Grundherrn sowie die Abgabe- und Dienstpflichten entfielen. Das Sozialmodell wurde aber subjektiv nicht als vorteilhaft wahrgenommen. Zum einen fehlte es der Bauernschaft an der unternehmerischen Einstellung, die die marktwirtschaftliche Ordnung voraussetzte und anziehend machte. Zum anderen besaß sie nicht jene Bildungsvoraussetzungen, die es ihr erst ermöglicht hätten, einen neuen, auch ihren Interessen Rechnung tragenden Ordnungsentwurf aufzunehmen und in politische Postulate zu verwandeln. Für die Bauern blieb es daher bei dem begrenzten Interesse an der Milderung der Feudallasten, das keinen Systemwechsel notwendig erscheinen ließ. Erst recht galt dies für die unterständischen Schichten des Ancien régime. Sie waren noch weniger als die Bauern in der Lage, ein gemeinsames Interesse auszubilden und zu vertreten. Im Gegensatz zur Bauernschaft fehlte ihnen aber auch eine materielle Grundausstattung, die es erlaubt hätte, die Freiheit nutzbringend zu verwenden. Überdies drohte in einem System individueller Interessenverfolgung und privater Daseinsvorsorge das verzweigte System sozialer Sicherungen und karitativer Unterstützungen verlorenzugehen, das mit der alten Ordnung stets verbunden gewesen war, so daß hier zwar Protestpotential gegen die alte Ordnung, aber keine Eigeninitiative für die neue zu finden war.

c) Das Bürgertum als Nutznießer

Als treibende Kraft hinter dem neuen Sozialmodell kommt damit vor allem das Bürgertum in Frage. Auch im Bürgertum kann man aber kein ungeteiltes Interesse an Veränderungen voraussetzen. Gerade das traditionelle Bürgertum der städtischen Patrizier einerseits, der Handwerker und Krämer andererseits war in die ständische Ordnung eingebunden und empfing von ihr seine Sicherheit. Die alten Stadtpatriziate strebten die Nobilitierung an und konnten sie vielfach auch erreichen. Die kleinen Gewerbetreibenden waren durch die monopolistische Struktur der Zunftverfassung gesichert und empfanden die Konkurrenzwirtschaft als bedrohlich. Als Nutznießer und Verfechter des Sozialmodells blieb unter diesen Umständen nur die neubürgerliche Schicht der Groß- und Fernhändler, Manufakturiers und Bankiers einerseits, der Staatsbeamten, Gelehrten und Literaten andererseits, die von dem gesteigerten Geld- und Güterbedarf sowie dem erhöhten Verwaltungsaufwand des absoluten Staates erst hervorgebracht oder zumindest verbreitet worden war und in der überkommenen Ständeeinteilung keinen Platz fand. Durch die Spezialisierung und Rationalisierung ihrer Tätigkeit hatte diese Schicht Möglichkeiten der Leistungssteigerung eröffnet, die nun allenthalben mit den Standesschranken, der feudal, zünftisch und merkantilistisch gebundenen Wirtschaftsordnung und der geistig-moralischen Bevormundung durch den im Bündnis mit der Kirche stehenden absoluten Fürstenstaat kollidierten. Die Aufrechterhaltung dieser Ordnung fesselte die Gesellschaft auf einem Niveau, das bei einer Änderung der rechtlichen Strukturen leicht zu überbieten schien. Eine Theorie, die das alte System als illegitim erwies und auf der Grundlage von Freiheit und Gleichheit ein neues entwarf, fand daher in diesem Teil des Bürgertums ihren sozialen Träger, der sie zur politischen Forderung erhob und im Bewußtsein stellvertretenden Handelns für die Gesamtgesellschaft auch durchzusetzen übernahm.

II. Die Bedeutung des Rechts
für die bürgerliche Gesellschaft

1. Das Neuordnungsproblem

a) Die überwindungsbedürftige Ordnung

Das bürgerliche Sozialmodell traf auf eine Ordnung, die ihm in allen wesentlichen Rücksichten entgegengesetzt war. Sie basierte nicht auf Individuen, sondern auf Ständen und Korporationen. Diese waren hierarchisch angeordnet und auf die Erfüllung einer je besonderen, für die Gesellschaft bestandswichtigen Funktion festgelegt. Deretwegen wurden sie mit Eigentum und einer am Eigentum haftenden Rechtsposition ausgestattet. Die Rechtsposition schloß inhaltlich an die vorgegebene Sozialfunktion und das mit ihr verbundene Tugendideal an. Daher eignete ihr auch primär ein Pflichtcharakter. Namentlich das Eigentum unterlag als wirtschaftliche Grundlage der ständischen Hierarchie einer Fülle von Bindungen. Rechte oder Freiheiten waren damit nicht von vornherein unvereinbar, ließen sich aber nur funktional rechtfertigen und konnten in dieser Begrenzung nicht zur Freiheit als grundlegendem Ordnungsprinzip aufsteigen. Der Einzelne besaß den Ständen gegenüber keine Wahlfreiheit. Er wurde vielmehr in einen Stand hineingeboren und gehörte ihm lebenslang an. Sein sozialer Platz bestimmte sich daher nicht nach Verdienst, sondern nach Geburt. Ebenso knüpfte sein rechtlicher Status nicht an die Personqualität an, sondern wurde durch Standes- oder Korporationszugehörigkeit und das mit ihr verbundene Eigentum vermittelt. Folglich galt auch kein gleiches Recht für alle. Jeder Stand besaß im Gegenteil sein eigenes Recht. Die ständische Ordnung war als Fundament der Gesellschaft politisch unverfügbar. Der Staat hatte die vorgegebene Ordnung zu gewährleisten und konkret auszugestalten. Als Repräsentant des Gemeinwohls, zu dem jeder Stand einen Teilbetrag leistete, beanspruchte er aber eine weitreichende Leitungsbefugnis über das öffentliche und private Leben. Allerdings teilte er die öffentliche Gewalt mit zahlreichen Bereichsobrigkeiten, die ihre Herrschaftsrechte nicht von ihm, sondern aus dem Eigentum ableiteten und daher im Licht der neuen Ordnungsvorstellungen wie Privatmacht erscheinen mußten.

b) Die destruktive Aufgabe

Der Verwirklichung der bürgerlichen Sozialordnung mußte unter diesen Umständen die Abschaffung aller Einrichtungen und Regelungen vorausgehen, die Freiheit und Gleichheit der Individuen und die über sie vermittelte Autonomie der sozialen Subsysteme ausschlossen. Die Aufgabe kann, da sie die Grundstrukturen der Sozialordnung traf, nicht radikal genug gedacht werden. Sie erfaßte zunächst die ständische Hierarchie und die mit ihr verbundene Rechtsungleichheit, ferner die konkrete Ausgestaltung der ständischen Ordnung durch das Feudal- und das Zunftsystem mit ihrer Verknüpfung von Rechtsstatus und Eigentum, der persönlichen Unfreiheit Eigentumsloser als Kehrseite, den Eigentums- und Berufsbindungen, Monopolen, Abgabe-, Dienst- und Fürsorgepflichten. Sodann war die aus dem umfassend verstandenen Wohlfahrtszweck des absoluten Staates folgende Verfügungsbefugnis über die Gesellschaft zu beseitigen. In ökonomischer Hinsicht ging es dabei um die zentrale Wirtschaftslenkung einerseits und die Vergabe von Privilegien als singulärer, nicht allen erreichbarer Freiheiten andererseits. In geistig-sittlicher Hinsicht mußte die Identifikation des Staates mit einer teils religiös bestimmten und kirchlich administrierten, teils säkular gewendeten Wahrheit aufgelöst werden, die sich in moralischer und intellektueller Bevormundung, Zensur und Funktionalisierung von Unterricht, Wissenschaft und Kunst äußerte. Fallen mußten aber auch die nicht aus der Staatsgewalt, sondern aus dem Eigentum fließenden Hoheitsrechte der zwischen Staat und Individuen angesiedelten Bereichsgewalten wie Grundherren, Stadtpatriziate, Kirche etc., die der gleichen Freiheit aller Gesellschaftsglieder im Wege standen und Herrschaftsverhältnisse in der Gesellschaft aufrechterhielten, die das Funktionieren der natürlichen Gesetzmäßigkeit behinderten.

c) Die konstruktive Aufgabe

Mit der Abschaffung der freiheits- und gleichheitshindernden Einrichtungen und Regelungen war die bürgerliche Gesellschaft freilich noch nicht hergestellt. Die bloße Negation der alten Ordnung hätte vielmehr ein Regelungsvakuum hinterlassen, in dem der individuelle Wille auf keinerlei rechtliche Schranke mehr getroffen wäre. Sollte das Ergebnis nicht Anarchie sein, so stellte sich sofort das Problem, die individuellen Willenssphären erstens gegeneinander abzugrenzen, damit die Freiheiten aller Gesellschaftsglieder zusammen bestehen konnten, und zweitens wieder miteinander zu vermitteln, damit Leistungsaustausch und Kooperation auch unter den Bedingungen individueller Freiheit möglich waren. Insofern ist auch die Freiheit organisationsbedürftig. Sie ist aber überdies schutzbedürftig, denn immer besteht die Gefahr, daß Einzelne die im Interesse allseitiger Freiheit gezogenen Freiheitsschranken mißachten und dadurch die Funktionsbedingungen des Systems stören. Organisations- und Schutzbedürftigkeit der freiheitlichen Gesellschaft verweisen auf eine Instanz, die ihr eben diese Leistung erbringt. Die Instanz konnte nur der Staat sein, allerdings ein Staat, der sich von den gesellschaftlichen Interessen nicht verselbständigte, sondern gerade im Freiheitsschutz aufging. Es kam also darauf an, den Staat einerseits in den Besitz aller Machtmittel zu setzen, die er benötigte, um die gesellschaftliche Autonomie wirksam organisieren und gegen Störungen sichern zu können. Andererseits mußte aber der Einsatz der Zwangsmittel strikt auf den Freiheitszweck beschränkt werden. Das führte zu einem Vermittlungsproblem, welches darin bestand, die außerhalb der Gesellschaft angesammelte öffentliche Gewalt wiederum so auf diese zu beziehen, daß sie sich in der Anwendung nicht vom gesellschaftlichen Interesse entfernen, sondern an ihrer dienenden Funktion festgehalten werden konnte.

2. Recht als adäquates Problemlösungsmittel

a) Formalisierung der Steuerungsaufgaben

Die konstruktiven Probleme, die sich damit der bürgerlichen Gesellschaft stellten, wichen in charakteristischer Weise von den Steuerungsproblemen ab, vor denen frühere Gesellschaftsformationen gestanden hatten. Diesen war es stets darum gegangen, ein inhaltlich determiniertes Gemeinwohl zu verwirklichen. Sie mußten daher individuelles Verhalten und gesellschaftliche Entwicklung auf dieses Ziel hinordnen. Die Aufgabe war erst erfüllt, wenn gesellschaftliche Wirklichkeit und öffentliches Wohl zur Deckung kamen. Steuerungsaufgaben dieser Art stellten sich der bürgerlichen Gesellschaft nicht. Konnte sie sicher sein, daß das Gemeinwohl gerade aus selbstbestimmtem Handeln der Individuen und privater Willenseinigung hervorging, dann entfiel sowohl das Bedürfnis nach einer staatlichen Gemeinwohldefinition als auch die Notwendigkeit, individuelles Verhalten und gesellschaftliche Entwicklung mit dem vorgegebenen Gemeinwohl in Übereinstimmung zu bringen. Dem Staat verblieb lediglich die Aufgabe, die Voraussetzungen der Gemeinwohlerreichung, nämlich gleiche Freiheit, zu garantieren. Mit der Aufgabenreduktion ging aber auch eine Veränderung der Modalitäten der staatlichen Aufgabenerfüllung einher. Seine Garantenfunktion für die Individualfreiheit erfüllte der Staat nicht positiv durch Lenkung individuellen Verhaltens auf ein dem Willen des Einzelnen vorgeordnetes Ziel hin, sondern negativ durch Unterdrückung von Verhaltensweisen, die die freie Zielwahl der Einzelnen gefährdeten. Die Konsequenz war eine Entmaterialisierung der Steuerungsprobleme. Alle materialen Zwecksetzungen gingen in die Zuständigkeit der Gesellschaft über, die sie unbeeinflußt von staatlicher Anleitung vornehmen durfte, während die staatlichen Steuerungsaufgaben inhaltlich indifferent blieben und nur noch auf Ermöglichung der gesellschaftlichen Selbststeuerung gerichtet waren.

b) Entlastung des Rechts

Die Entmaterialisierung der Steuerungsprobleme hatte Konsequenzen für das Steuerungsmedium des Rechts. Auf eine kurze Formel gebracht, lassen sie sich als Entlastung des Rechts beschreiben. Der Vorgang besaß einen quantitativen und einen qualitativen Aspekt. In quantitativer Hinsicht sank der Bedarf an rechtlichen Regelungen. Unter einem material definierten Gemeinwohl kann gemeinwohlrelevantes Verhalten nicht im Belieben des Einzelnen stehen, sondern muß durch allgemein verbindliche Normen erzwungen werden. Je stärker der Gemeinwohlbegriff inhaltlich aufgeladen ist, desto höher wird der Normenbedarf und verlangt im selben Maß, wie Religion und Sitte an verhaltenssteuernder Kraft einbüßen, nach rechtlicher Deckung. Dagegen konnten unter dem prozeduralen Gemeinwohlbegriff der bürgerlichen Gesellschaft individuelles Verhalten und soziale Beziehungen in erheblich größerem Umfang privater Regulierung überlassen werden. Das bürgerliche Sozialmodell führte auf diese Weise zu einer Deregulierung. Dem übrig bleibenden Recht stellte sich nicht mehr wie unter einem material verstandenen Gemeinwohl die Aufgabe, richtiges Verhalten zu erzwingen. Es konnte unter dem prozedural gewendeten und auf Freiheit gegründeten Gemeinwohl vielmehr von materialen Anforderungen weitgehend entbunden werden und sich auf die Ermöglichung freier Entscheidungen zurückziehen. In qualitativer Hinsicht sanken dadurch die Erwartungen an Recht. Es hatte nur noch negatorische und organisatorische Aufgaben zu erfüllen. Negatorisch handelte es sich zum einen um die Errichtung jener äußersten Freiheitsgrenzen, hinter denen die Freiheitsbetätigung die gleiche Freiheit aller in Frage gestellt hätte, zum anderen um die Begrenzung der Staatsgewalt auf den Freiheitsschutz. Organisatorisch ging es zum einen um ein Instrumentarium zur Koordinierung individueller Willensentscheidungen, zum anderen um eine freiheitsverträgliche Einrichtung der Staatsgewalt und deren Rückbindung an die gesellschaftlichen Interessen.

c) Leistungskraft des Formalrechts

Die Bedeutung des Rechts für die Verwirklichung der bürgerlichen Sozialordnung ergibt sich nun daraus, daß die ihr eigenen Steuerungsprobleme gerade im Mittel des Rechts eine adäquate Lösung fanden. Zur Erklärung muß nochmals auf das Ordnungsmodell zurückgegriffen werden, das im Gemeinwohl eine inhaltlich bestimmte, vorgegebene Größe sah. Dort hatte die öffentliche Gewalt die Aufgabe, die aus dem Gemeinwohl folgenden Verhaltensanforderungen durchzusetzen. Dabei konnte sie auf Rechtsnormen nicht verzichten. Die Aufgabe war aber durch den Erlaß entsprechender rechtlicher Gebote noch nicht gelöst, das Ziel eines bestimmten Bildungsstandes etwa noch nicht durch die Einführung der Schulpflicht erreicht. Die Lösung wurde mit Hilfe des Rechts angestrebt, lag selbst aber hinter dem Recht. Sie trat erst mit der Umsetzung des Gebots in die Wirklichkeit ein. Diese pflegt aber in hohem Maß von Ressourcen wie Geld, Durchsetzungskapazität, Akzeptanz etc. abzuhängen, über die rechtlich nicht oder nur sehr begrenzt verfügt werden kann. Dagegen scheint das Problem der Schrankenziehung und Organisation, vor dem die bürgerliche Gesellschaft stand, grundsätzlich schon durch den Erlaß eines entsprechenden Verbots oder die Bereitstellung geeigneter Institutionen und Verfahren gelöst. Zwar bleiben auch diese auf

Verwirklichung angewiesen. Doch liegt der Unterschied darin, daß sie in geringerem Maß von Ressourcen abhängt: Unterlassen ist nicht knapp, und die Folgen von gleichwohl vorkommenden Verstößen können in der Regel im Rechtssystem selbst abgearbeitet werden, etwa indem rechtswidrige Akte als nichtig behandelt werden. Gerade in dieser Beschränkung auf die Lösung formaler Probleme entfaltet das Recht seine spezifische Rationalität. Es trägt hier nicht nur zur Problemlösung bei. Mit gelinder Überspitzung läßt sich vielmehr behaupten, daß die Problemlösung im Recht selbst liegt. Insofern konstituiert sich die bürgerliche Gesellschaft wie keine andere im Recht. Sie ist in spezifischer Weise rechtlich geprägte Gesellschaft.

3. Die Ausgestaltung der rechtlichen Lösung

a) Freiheitsorganisation durch Privatrecht

Unter der bürgerlichen Prämisse, daß Gerechtigkeit die automatische Folge von Freiheit sei, bestand die Primäraufgabe des Rechts in der Organisation der herrschaftsfreien gesellschaftlichen Sphäre. Sie vollzog sich im Privatrecht. Privatrecht als jenen Teil des Rechts, welcher die Beziehungen der Privatleute untereinander regelt, hatte es seit der Aufspaltung der älteren societas civilis in Staat und Gesellschaft gegeben. Es erfuhr in der bürgerlichen Ordnung aber einen grundlegenden Wandel, indem es von objektiven Verhaltensanforderungen auf subjektives Belieben umgestellt wurde. Oberster Grundsatz des Privatrechts war danach die Privatautonomie. Ihre Hauptanwendungsfälle fand sie in der Eigentumsfreiheit, der Vertragsfreiheit und der Vererbungsfreiheit. Diese Freiheit ließ rechtliche Bindungen unter Privatleuten nur zu, wenn sie auf den Willen der Betroffenen zurückgeführt werden konnten. Gesellschaftliche Kooperation war daher auf intersubjektive Willenseinigung angewiesen. Ihr Mittel ist der Vertrag. Er stieg folglich zur beherrschenden Rechtsfigur des bürgerlichen Privatrechts auf. Dieses regelte vornehmlich die Voraussetzungen gültiger Willenserklärungen und die Abwicklung fehlgeschlagener Willenseinigungen. Außerdem stellte es für häufig wiederkehrende Sozialbeziehungen wie den Kauf, den Arbeitsvertrag, die Pacht etc. Musterlösungen bereit, die aber nur insoweit zum Zuge kamen, als die Vertragspartner nichts anderes vereinbart hatten.

Das Privatrecht grenzte ferner die Freiheitssphären der Einzelnen im Interesse gleicher Freiheit gegeneinander ab und begründete für den Fall rechtswidriger Grenzüberschreitungen Unterlassungs- oder Schadensersatzansprüche. Auch diese, obwohl vom Schädiger nicht freiwillig übernommen, ließen sich aber auf seinen Willen zurückführen, weil nur die vom Willen beherrschbare Schädigung die Rechtsfolgen auslöste. Eine Ausnahme vom Grundsatz der Privatautonomie machte lediglich das Familienrecht, insofern zwar die Gründung und Auflösung einer Ehe, nicht aber die daraus erwachsenden Verwandtschaftsbeziehungen, namentlich zu minderjährigen Kindern, ins Belieben der Beteiligten gestellt werden können.

b) Freiheitsschutz durch öffentliches Recht

Der von Herrschaft befreiten bürgerlichen Gesellschaft fehlen die Mittel, die Einhaltung der Freiheitsgrenzen und der freiwillig übernommenen Verpflichtungen selbst zu garantieren. Insofern ist das Privatrecht nicht selbstgenügsam, sondern im Konfliktfall auf staatliche Durchsetzung und also auf öffentliches Recht angewiesen. Im Abgrenzungsbereich sichert dieses die freie Willensbetätigung und ihre Substrate wie Leben und Eigentum an besonders gefährdeten Stellen durch Strafdrohungen ab, die präventiv potentielle Rechtsbrecher von Grenzüberschreitungen abschrecken sollen und bei fehlgeschlagener Prävention den Staat zu repressiven Maßnahmen, eben der Verhängung von Strafe, ermächtigen. Eine ähnliche Funktion übernimmt das Verwaltungsrecht, das den Staat ermächtigt, Gefahren, die der individuellen Freiheit oder ihren Substraten im konkreten Fall drohen, insbesondere durch Beseitigung der sächlichen Gefahrenquellen zu bekämpfen. Dagegen entfällt die administrative Wohlfahrtspflege, so daß Verwaltungsrecht in der bürgerlichen Rechtsordnung im Kern Polizeirecht ist. Im Koordinationsbereich stellt sich der Staat als Schiedsrichter zur Verfügung, der das zwischen Privatleuten verabredete oder anders begründete Rechtsverhältnis im Konfliktfall autoritativ klärt. Dies geschieht durch die staatliche Zivilgerichtsbarkeit. Die Privatautonomie beherrscht freilich auch diesen öffentlichrechtlichen Annex des Privatrechts, insofern die Privatleute nicht auf die staatliche Institution angewiesen sind, sondern private Schiedsverfahren vereinbaren, und, falls sie sich der staatlichen Gerichtsbarkeit bedienen, selbst den Gegenstand und Umfang der staatlichen Prüfung bestimmen können. Lediglich die zwangsweise Durchsetzung rechtskräftig feststehender Ansprüche muß wegen der konsequenten Befreiung der bürgerlichen Gesellschaft von Herrschaftsbefugnissen dem Staat allein überlassen werden.

c) Staatsbegrenzung durch Verfassungsrecht

Bei aller Unverzichtbarkeit für die individuelle Freiheit enthielt das staatliche Gewaltmonopol doch auch Freiheitsgefahren. Diesen Gefahren suchte die bürgerliche Gesellschaft mittels der Verfassung zu begegnen, die an frühere Formen höherrangigen, staatsbegrenzenden Rechts anknüpfte, diese aber entschieden fortentwickelte. Im Gegensatz zu den älteren leges fundamentales veränderte die Verfassung nicht nur die Ausübungsbedingungen einer als legitim vorausgesetzten Herrschaft, sondern begründete legitime Herrschaft allererst. Ihre Regelungen erfaßten die Staatsgewalt daher nicht nur punktuell, sondern umfassend und kamen auch der gesamten Bevölkerung, nicht nur privilegierten Vertragspartnern zugute. In einem materiellen Teil garantierte die Verfassung die Grundlagen der bürgerlichen Ordnung, Freiheit und Gleichheit und deren Konkretisierungen. Das geschah rechtstechnisch mittels Grundrechten, die vom Staat aus betrachtet als Handlungsschranken, von der Gesellschaft aus betrachtet als Abwehrrechte wirkten. Wegen der Gefahr gesellschaftlicher Freiheitsmißbräuche konnten sie freilich keine gänzlich staatsfreie Zone errichten. Die Fundamentalentscheidung für gesellschaftliche Autonomie und gegen staatliche Steuerung machte aber jede staatliche Tätigkeit im Grundrechtsbereich zum Eingriff, und um die Entschärfung des im Eingriff liegenden Gefahrenpotentials kreiste die gesamte Staatskonstruktion. Die Grundrechte selbst legten fest, daß Eingriffe nur auf der Grundlage eines allgemein geltenden Gesetzes erfolgen durften, und in ihrem organisatorischen Teil sicherte die Verfassung die Freiheitsverträglichkeit des Gesetzes, indem sie die Bestimmung seines Inhalts der Gesellschaft selbst zuwies, die ihn durch gewählte Repräsentanten in einem öffentlichen und diskursiven Prozeß festlegte. Die staatliche Exekutive war an das Gesetz gebunden. Die Einhaltung des Gesetzes konnte durch unabhängige Gerichte nachgeprüft und notfalls gegen die Verwaltung durchgesetzt werden.

III. Die Struktur der bürgerlichen Rechtsordnung

1. Die bürgerliche Gesellschaft als Privatrechtsgesellschaft

a) Aufwertung des Privatrechts

Die Prämisse der bürgerlichen Sozialordnung, wonach die Gesellschaft sich über das Medium individueller Willensentscheidungen selbst zu steuern vermochte und den Staat nur als Freiheitsgaranten benötigte, bestimmte auch die innere Struktur der bürgerlichen Rechtsordnung. Das kam zunächst an einer Rangvertauschung von öffentlichem und privatem Recht zum Vorschein. Die Unterscheidung zwischen diesen beiden Rechtsmassen war seit alters geläufig, ohne daß damit jedoch praktische Konsequenzen einhergegangen wären. Erst als sich im Gefolge der Glaubensspaltung die einheitliche societas civilis auflöste und der moderne Staat in Gestalt des absoluten Fürstenstaats entstand, gewann die Unterscheidung schärfere Konturen und praktische Konsequenzen. Hatte Privatrecht bis dahin als dasjenige Recht gegolten, welches primär Einzelinteressen, öffentliches Recht als dasjenige, welches primär Gesamtinteressen zu dienen bestimmt war, so regelte Privatrecht nun die Rechtsbeziehungen der Privatleute untereinander, öffentliches Recht ihre rechtlichen Beziehungen zum Staat. Angesichts des im Absolutismus unbezweifelten Vorrangs der öffentlichen Interessen stand damit zugleich das Rangverhältnis fest. Das Privatrecht wurde vom öffentlichen Recht bestimmt. Praktische Konsequenzen gewann die Unterscheidung, als die Fürsten im Verfolg ihres Anspruchs auf umfassende Sozialgestaltung versuchten, alle öffentlichrechtlichen Beziehungen mit Ausnahme des Strafrechts der Kontrolle der Gerichte zu entziehen und die Justiz auf die Entscheidung von Privatrechtsstreitigkeiten zu beschränken. Erschien demgegenüber das Gemeinwohl als Resultat gesellschaftlicher Autonomie, dann mußte derjenige Teil des Rechts, der die gesellschaftliche Selbststeuerung betraf, an die führende Stelle rücken, während das öffentliche Recht so wie der Staat, auf den es sich bezog, in die abgeleitete Position zurücktrat.

b) Vorstaatliches Privatrecht

Damit entfiel zugleich die bisherige Funktion der Unterscheidung von privatem und öffentlichem Recht. Der bürgerlichen Gesellschaft konnte es ja nicht mehr darum gehen, die Beziehungen zwischen Bürgern und Staat vom kontrollierenden Zugriff der Justiz auszunehmen. Es kam ihr im Gegenteil darauf an, die konsequente Verrechtlichung der Staatsgewalt auf der Durchsetzungsebene zu vollenden. Gerichtliche Kontrollierbarkeit staatlicher Eingriffe in die Gesellschaft war daher die organisatorische Konsequenz des Prinzips der Gesetzmäßigkeit der Verwaltung. Der Unterschied schlug sich aber nunmehr auf der Rechtserzeugungsebene nieder. Kamen durch das Medium individueller Willensfreiheit die natürlichen Gesetzmäßigkeiten des Soziallebens zur Geltung, dann konnte auch die rechtliche Organisation der Individualfreiheit nichts anderes als die Positivierung von Naturrecht sein. Privatrechtsgesetzgebung war dann aber keine Frage von politischer Entscheidung mehr, sondern wurde eine Frage von wissenschaftlicher Erkenntnis. Daraus folgte, daß der staatliche Gesetzgeber auf das Privatrecht nicht länger inhaltlich, sondern nur noch formal Einfluß nehmen durfte. Er konnte es im Interesse größerer Sicherheit und Klarheit in Paragraphen gießen, aber nicht materiell gestalten. Dagegen lag das öffentliche Recht nur in der Weise naturrechtlich fest, daß es die Individualfreiheit zu schützen hatte. Wie dieser Schutz beschaffen war und welche organisatorischen Vorkehrungen er erforderte, mußte dagegen pragmatisch und situationsbezogen entschieden werden. Das öffentliche Recht war daher Zeitrecht, das Privatrecht Ewigkeitsrecht. Die öffentlichrechtliche Gesetzgebung besaß infolgedessen konstitutiven, die naturrechtliche nur deklaratorischen Charakter.

c) Privatrechtsakzessorietät der Verfassung

Der Umstand, daß die Durchsetzung der bürgerlichen Sozialordnung typischerweise mit dem Erlaß von Verfassungen begann und diese in der Hierarchie der Rechtsquellen dem Privatrecht übergeordnet waren, steht mit dem Vorrang des Privatrechts nur scheinbar in Widerspruch. Die zeitliche Priorität der ersten Verfassungen ist eine Folge des revolutionären Ursprungs der bürgerlichen Gesellschaft. Die alte Staatsgewalt war damit beseitigt, und eine neue mußte konstituiert werden, ehe das Reformwerk beginnen konnte. Aber auch die Überordnung des Verfassungsrechts über das Privatrecht war letztlich wieder im Privatrecht begründet. Ging das Gemeinwohl mit Notwendigkeit aus der individuellen Freiheit hervor und verblieb dem Staat nur eine Garantiefunktion für diese, dann kam es darauf an, die staatliche Gewalt auf die gesellschaftliche Freiheit zu verpflichten. Das konnte aber nur mittels Rechtsnormen geschehen, die dem Staat selbst übergeordnet waren und daher auch den von ihm erlassenen Normen vorgingen, also Verfassungsrang hatten, wie namentlich die Grundrechte. Es waren aber nicht die Grundrechte, die die bürgerliche Gesellschaft aktionsfähig machten. Sie grenzten vielmehr nur einen staatsfreien Raum aus, in dem sich die individuellen Willensentscheidungen zur Geltung bringen konnten. In den von staatlicher Herrschaft befreiten Raum mußten aber sogleich normative Strukturen eingezogen werden, die die Abgrenzung und Koordinierung individueller Freiheiten ermöglichten. Diese erst setzten die bürgerliche Gesellschaft in Funktion. Die bürgerliche Gesellschaft konnte daher wohl auf Grundrechte, nicht aber auf Privatrecht verzichten. Das Verfassungsrecht verlieh der Privatautonomie nur zusätzlichen Schutz gegen staatliche Interventionen. Seine formale Überordnung über das Privatrecht hatte also ihren Grund in dessen materialen Vorrang. Die Verfassung der bürgerlichen Gesellschaft war privatrechtsakzessorisch.

2. Eigenschaften des bürgerlichen Rechts

a) Das subjektive Recht als Grundfigur

Die Umstellung der Rechtsordnung von objektiven Verhaltensanforderungen auf subjektives Belieben fand rechtstechnisch in der Figur des subjektiven Rechts Ausdruck. Subjektive Rechte verliehen dem Einzelnen Gestaltungsmacht hinsichtlich seiner Rechtsbeziehungen. Für eine solche vom Individualwillen gesteuerte Rechtsmacht gab es in den älteren Rechtsordnungen keine Entsprechung. Damit ist nicht gesagt, daß diese keine Rechte gekannt hätten, die bestimmten Gesellschaftsgliedern zustanden und von ihnen durchgesetzt werden konnten. Doch wurden diese Rechte weder dem Subjekt um seinetwillen gewährt noch als Gestaltungsmacht begriffen. Sie gaben ihrem Träger vielmehr persönlichen

Anteil am objektiven Recht. Daher erlaubten sie ihm auch nur die Wahrnehmung des objektivrechtlich Zugewiesenen. Als Mittel materialer Gerechtigkeit waren sie überdies stets mit reziproken Pflichten verknüpft, die Dritte vor nachteiligen Folgen der Rechtswahrnehmung schützen sollten. Durch diesen Konnex von Rechten und Pflichten ließ sich das Gerechtigkeitsideal der jeweiligen Ordnung in jedem einzelnen Rechtsverhältnis verankern. Das subjektive Recht löste dagegen den Konnex wechselseitiger Rechte und Pflichten auf und hinterließ nur einseitige Berechtigungen, während sich die Pflichten zu bloßen Grenzen der Rechte verflüchtigten, die aus der Gleichberechtigung aller Rechtssubjekte folgten. Das heißt nicht, daß die bürgerliche Gesellschaft auf Pflichten verzichten konnte, sondern nur, daß diese in dem System subjektiver Rechte auf der Einwilligung der Berechtigten beruhen mußten, die gegenüber Dritten im Vertrag, gegenüber dem Staat im parlamentarisch beschlossenen Gesetz erklärt wurde. Das Recht steigerte auf diese Weise seine Möglichkeiten beträchtlich, und zwar quantitativ, indem durch die Anknüpfung an die Subjekteigenschaft mehr Rechtsbeziehungen, und qualitativ, indem durch die Steuerung über den Individualwillen vielfältigere Rechtsbeziehungen zugelassen wurden. Es bezahlte die Leistungssteigerung aber damit, daß die Gerechtigkeit der Rechtsverhältnisse nicht mehr im Recht selbst verbürgt war, sondern von externen Bedingungen abhing, für die keine institutionelle Sicherung bestand.

b) Voluntarismus, Formalismus, Abstraktheit

Mit dem subjektiven Recht zogen drei Merkmale in die Rechtsordnung ein, die für das ständisch-feudale Recht ohne Bedeutung gewesen waren. Da die bürgerliche Gesellschaft das Gemeinwohl über individuelle Selbstbestimmung zu erreichen suchte, rückte der Wille in den Mittelpunkt des Rechtssystems. Alles, was nicht geradewegs die freie Willensbestimmung anderer ausschloß, war dem subjektiven Willen und der intersubjektiven Willenseinigung anheimgegeben. Dadurch wurden erhebliche Teile der objektiven Rechtsordnung für die Rechtssubjekte disponibel. Sie konnten nach Bedarf durch gewillkürte Rechtsbeziehungen ersetzt werden. Das bürgerliche Recht war voluntaristisch. Das galt selbst für den Inhalt des Gesetzes, das seine Geltung nicht mehr aus der Übereinstimmung mit materialer Gerechtigkeit, sondern aus dem Willen der im Parlament repräsentierten Gesellschaft zog. Dagegen wurde die staatliche Exekutive, die im Absolutismus im großen Umfang Willensfreiheit genossen hatte, nun durchgängig an das von der Gesellschaft beschlossene objektive Recht gebunden. In der weitgehenden Überantwortung an den subjektiven Willen verlor das Recht aber auch seine inhaltliche Bestimmtheit. Die Inhaltsbestimmung wanderte vielmehr in die vertragliche Einigung ab. Das Recht lieferte der privaten Willenseinigung nur die Form und garantierte die Durchsetzbarkeit. Insofern war das bürgerliche Recht formal. Der Gerechtigkeitsmechanismus, auf den die bürgerliche Gesellschaft baute, trat gerade als Folge dieser Formalität ein. Daher konnte die Gültigkeit von Rechtsgeschäften auch nur vom Vorliegen freier Willensentscheidungen abhängig gemacht werden. Die Rechtsordnung mußte folglich innerhalb äußerster Grenzen der Sittenwidrigkeit von allen Motiven, die hinter einem Willensentschluß standen, und allen Umständen, unter denen eine Willenseinigung zustandegekommen war, aber auch von allen Folgen, die die Willenseinigung für die Vertragspartner hervorbrachte, absehen und sich auf formale Korrektheit beschränken. In dieser ausschließlichen Anknüpfung an den freien Willen war das bürgerliche Recht abstrakt.

c) Technische Rationalität

Mit der inhaltlichen Entleerung des bürgerlichen Rechts, die ihm den voluntaristischen, formalen und abstrakten Charakter gab, nahm seine juristische Steuerungskraft und technische Handhabbarkeit zu. Der Unterschied der bürgerlichen Kodifikationen zu den Gesetzeswerken der alten Ordnung ist auffallend. Von allen nicht juristischen Bestandteilen gereinigt, weder die Beweggründe des Gesetzgebers erläuternd noch die Rechtsadressaten belehrend und um Akzeptanz werbend sowie auf jede Kasuistik verzichtend, erreichten sie eine erschöpfende Knappheit und eine hochgradige Präzision, die es den Rechtsunterworfenen erlaubten, das Recht als Strukturdatum des eigenen Verhaltens in Rechnung zu stellen und auch längerfristige Planungen darauf einzustellen. Aus dieser formalen Präzision bezog das bürgerliche Recht seine spezifische Rationalität. Demgegenüber war die Rationalität des älteren Rechts inhaltlich vermittelt gewesen. Es legitimierte sich aus der Beförderung des material verstandenen Gemeinwohls. In dieser

Abhängigkeit lag freilich stets ein Mangel an Voraussehbarkeit und Verläßlichkeit beschlossen. Materiale Verhaltensanforderungen waren weder so präzise formulierbar noch so konstant handhabbar wie das bürgerliche Formalrecht. Einerseits konnten sie nicht von den vielfältigen sozialen Umständen abstrahieren, in denen sich tugendhaftes Leben realisieren mußte, und waren deswegen weit kasuistischer und unübersichtlicher. Andererseits standen sie unter dem Gebot materialer Zielverwirklichung, und dieses vermochte sich daher stets gegen die formale Fassung einer Regel zu behaupten, wenn zwischen beiden ein Widerspruch auftauchte. Im Gegensatz dazu ließ sich das bürgerliche Formalrecht, das erst vom Individualwillen mit Inhalt gefüllt wurde, leichter überschauen und ohne Rücksicht auf bestimmte inhaltliche Erwartungen auch konstanter anwenden. Gerade die inhaltliche Indifferenz garantierte seine erhöhte Rechtssicherheit.

3. Der bürgerliche Charakter des Rechts

a) Universale Geltung und partikularer Nutzen

Im Gegensatz zum ständisch-feudalen Recht, das die soziale Hierarchie abbildete und bestimmte Gruppen der Gesellschaft inhaltlich begünstigte oder benachteiligte, trug das bürgerliche Recht in sich keine Diskriminierung. Es war universal formuliert und allen gleichmäßig verfügbar. Dennoch stiftete es zur Zeit seiner Errichtung gerade dem Bürgertum spezifischen Nutzen. Dieser konnte sich dann freilich wegen der Universalität der Formulierung nicht aus dem Rechtsinhalt, sondern nur aus der Situation ergeben, auf die es angewandt wurde. Das ist möglich, weil formal gleiches Recht nur dann zu einem gerechten Interessenausgleich und also auch zu inhaltlicher Universalität führt, wenn es sich auf soziale Verhältnisse bezieht, die ihrerseits durch ein annäherndes Kräftegleichgewicht in der Gesellschaft gekennzeichnet sind. Dagegen führt formal gleiches Recht, auf eine ungleiche Faktenlage bezogen, zur Stabilisierung der ungleichen Zustände. Die allen zustehende und im subjektiven Recht nutzbar gemachte Freiheit hing de facto von Besitz und Bildung ab. Insofern beides beim Bürgertum vorausgesetzt werden konnte, hatte dieses an universalem und formalem Recht ein durchaus partikulares und materielles Interesse. Dagegen fehlten den besitzlosen und ungebildeten Schichten die materiellen Voraussetzungen des Gebrauchs der auch ihnen formell zustehenden Rechte. Die gesellschaftlichen Unterschiede, die ehedem durch das Recht selbst befestigt wurden, waren damit nicht beseitigt, sondern nur naturalisiert und auf eine faktische Ebene verschoben. Die Differenz lag allerdings darin, daß sie, da nicht mehr rechtlich befestigt, auch nicht mehr unentrinnbar waren und gerade vom Boden der universalen Verheißung aus auch materiell eingefordert werden konnten.

b) Enklaven ungleichen Rechts

Auch in dem universale Geltung beanspruchenden bürgerlichen Recht hielten sich aber Enklaven, in denen das Bürgertum wie zuvor die privilegierten Stände seine Interessen inhaltlich sicherte. Die typischen Eigenschaften des bürgerlichen Rechts fehlten hier. Das Recht blieb inhaltlich aufgeladen, objektiv bindend und konkret. Sklaven errangen in der Regel nicht, jedenfalls nicht sofort, die Rechtssubjektivität und hatten folglich auch keine subjektiven Rechte. Sie kamen überhaupt nicht in den Genuß des bürgerlichen Rechts. Eine weitere Enklave befand sich im Familienrecht und betraf die rechtliche Stellung der Ehefrauen sowie der unehelichen Kinder. Die bürgerliche Ehefrau war, bedingt durch eine für das moderne Bürgertum typische Trennung von Haushalt und Betrieb, aus dem Produktionsprozeß ausgegliedert und auf den Intimbereich der Familie zurückgedrängt. Zwar wurde ihr nicht wie den Sklaven die Rechtssubjektivität vorenthalten. Als nicht am Wirtschaftsprozeß Beteiligte genoß sie aber keine vermögensrechtliche Gleichstellung mit dem Ehemann und konnte auch nicht gleichberechtigt über die Kindererziehung entscheiden, die von den wirtschaftlichen Möglichkeiten der Familie abhing. Die unehelichen Kinder besaßen zwar einen Unterhaltsanspruch gegen den Vater, wurden aber rechtlich nicht mit ihm verwandt und also auch nicht erbberechtigt. Hier trat das bürgerliche Interesse am Zusammenhalt des Familienvermögens vor die Gleichheit der Abkömmlinge, die gegen den Adel gerade durchgesetzt worden war. Eine dritte Enklave betraf die unselbständigen Arbeitnehmer. Sie waren als Vertragspartner auf dem Arbeitsmarkt zwar nicht wie die Ehefrauen vermögensrechtlich diskriminiert. Doch wurde ihnen die Freiheit des Zusammenschlusses zum Zweck kollektiver Interessenwahrnehmung genommen, die gerade zur Angleichung der faktischen Kräfteverhältnisse hätte beitragen können. In allen Fällen liefen die Regelungen auf Ausnahmen vom Gleichheitsprinzip hinaus. Die bürgerliche Gleichheit erweist gerade daran nochmals ihren eigentlichen Sinn. Sie war primär die Gleichheit der Eigentümer.

c) Wahlrechtliche Absicherung

Daß an der universalen Rechtsordnung keineswegs ein universales Interesse vorausgesetzt werden konnte, bringt die besondere politische Absicherung zum Vorschein, die das Bürgertum im Verfassungsrecht für geboten hielt. Auch dieses war ja auf Universalität angelegt. Während aber die Grundrechte in der Regel allen Menschen und die politischen Rechte allen Staatsbürgern zustanden, wurde das Wahlrecht durchgehend auf Besitzende und Gebildete eingeschränkt. Es schloß also neben den ehedem bevorrechtigten Ständen das Bürgertum ein, die unterbürgerlichen Schichten dagegen aus. Das hatte seinen Grund in einer spezifischen Gefährdung der bürgerlichen Interessen durch die verfassungsrechtliche Gestaltung des politischen Entscheidungsprozesses. Die verfassungsrechtlichen Bindungen des Staates waren als Bindungen der staatlichen Exekutive konzipiert. Mit dieser wurde der Staat im engeren Sinn identifiziert. Als Bindungsmittel fungierte das Gesetz, das die gewählten Repräsentanten der Gesellschaft im Parlament beschlossen. Die Programmierung der staatlichen Exekutive durch das Gesetz war dagegen als Willensakt der Gesellschaft selbst nicht mehr inhaltlich gebunden. Gesetz und Gesetzgebung bildeten daher die offene Flanke der bürgerlichen Interessen. Es ließ sich vom System her nicht ausschließen, daß der Staat gesetzlich zu einer den bürgerlichen Interessen widersprechenden Politik veranlaßt wurde, wenn die nichtbürgerlichen Schichten der Gesellschaft eine parlamentarische Mehrheit fanden. Angesichts dieser Gefahr diente das Wahlrecht als Garant bürgerlicher Mehrheiten im Parlament. Es sicherte durch den Ausschluß der unterbürgerlichen Schichten die Interessenhomogenität des demokratischen Entscheidungszentrums, so daß die gleichwohl vorhandenen politischen Kontroversen auf dem Boden eines gemeinsamen Interesses an der Aufrechterhaltung des Systems ausgetragen und die Ergebnisse auch von der Minderheit hingenommen werden konnten.

IV. Deutsche Besonderheiten

1. Durchsetzungsweisen des Sozialmodells

a) Der Vergleichsrahmen

Das Bild der bürgerlichen Rechtsordnung, wie es hier skizziert wurde, ist nicht identisch mit der Rechtsordnung eines bestimmten Landes zu einem bestimmten Zeitpunkt. Jedes Land hat vielmehr seine eigene Variation des Typus ausgebildet und diese der Verwirklichung nahegebracht, in Kompromissen verwässert oder auf halbem Weg anderen Modellen geopfert. Gemessen an dem Modell erscheint daher jedes Land als besonders, und deutsche Besonderheiten sind deswegen nicht schon gleichbedeutend mit einem deutschen Sonderweg. Trotz der fehlenden historischen Realität hat das Modell, das aus den verschiedenen bürgerlichen Rechtsordnungen abstrahierend und systematisierend gewonnen und zu der theoretisch vorgezeichneten Konsequenz vorangetrieben ist, seinen Sinn. Es liefert nämlich den Bezugsrahmen, in welchem die Besonderheiten einzelner Rechtsordnungen oder Zeitabschnitte erst als solche wahrgenommen und für einen Vergleich fruchtbar gemacht werden können. Der Vergleich selbst läßt sich hier freilich nicht durchführen. Es soll angesichts des begrenzten Raums vielmehr nur darum gehen, Deutschlands Position auf der Skala der Bürgerlichkeit unter gelegentlichen Seitenblicken nach weiter vorangeschrittenen Ländern zu markieren, wobei auch darin schon wieder eine Abstraktion liegt, denn Deutschland bildete für die längste Zeit, in der das bürgerliche Sozialmodell dominierte, keine Einheit. Der Näherungsgrad an das Modell scheint vornehmlich davon abzuhängen, wer es gegen wen, auf welche Weise und zu welchem Zeitpunkt durchsetzte. Fehlende Gegnerschaft wie in Amerika oder revolutionäre Ausschaltung der Gegner wie in Frankreich erlaubten reinere Formen als evolutionäre Durchsetzung gegen starke Gegner. Ebenso sind dort reinere Verwirklichungsformen zu erwarten, wo sich das bürgerliche Sozialmodell etablieren konnte, ehe seine Prämissen von der Industriellen Revolution in Frage gestellt wurden. All diese Faktoren haben für den deutschen Fall Bedeutung.

b) Durchsetzung von unten

Das bürgerliche Sozialmodell war, wie man erwarten darf, die Sache des Bürgertums und seine Verwirklichung von der Durchsetzungskraft dieses Standes abhängig. Für Amerika wird diese Annahme freilich schon zweifelhaft, weil die Standesunterschiede in der alten Welt zurückgeblieben waren, so daß es gewissermaßen nur Bürger gab, die unter der weitgehend bürgerlichen englischen Rechtsordnung lebten. Bürgerliche Zustände mußten also nicht errungen, sondern nur verteidigt werden, als sich das Mutterland gegen die amerikanischen Kolonisten quasi absolutistisch gebärdete. Die amerikanische Revolution war daher nicht eigentlich eine bürgerliche Revolution. Sie brachte keinerlei Veränderung der Sozialordnung hervor, sondern verstand sich rein politisch und gewann ihre Bedeutung auch auf diesem Gebiet, indem sie den modernen Konstitutionalismus als Sicherung bürgerlicher Freiheit begründete. Auch für England liegen die Verhältnisse aber keineswegs eindeutig. Dort hatten der frühzeitige Verfall des Feudalsystems und der schnelle wirtschaftliche Aufschwung die Gegensätze zwischen Adel und Bürgertum abgeschwächt, die Standesschranken durchlässig gemacht und die Stände in ihrem Freiheitsinteresse gegenüber der Krone geeint. Das bürgerliche Sozialmodell setzte sich unter diesen Umständen nicht in einer planvollen Aktion, sondern Schritt für Schritt durch und fand nur kurzfristig einen Gegner in den Stuarts, deren Ansprüche auf unbeschränkte Verfügungsgewalt über die Gesellschaft aber in der Revolution des 17. Jahrhunderts erfolgreich abgewehrt werden konnten. Seitdem stand der evolutionären Ausbreitung der bürgerlichen Ordnungsvorstellungen kein Hindernis mehr im Wege, und vor allem Wirtschaftsfreiheit wurde vielfach praktiziert, ehe die Gesetze sie noch ausdrücklich anerkannten. Das Musterland einer bürgerlichen Revolution bleibt also Frankreich, wo die bürgerlichen Ordnungsvorstellungen in der Tat die Sache eines als Stand identifizierbaren Bürgertums waren und von diesem gegen den Widerstand von absolutem Staat und bevorrechtigten Ständen gewaltsam durchgesetzt und planmäßig etabliert werden mußten.

c) Durchsetzung von oben

Allen drei eben betrachteten Ländern ist es ungeachtet ihrer großen Verschiedenheiten im übrigen gemeinsam, daß das bürgerliche Sozialmodell von gesellschaftlichen Kräften gegen den Staat
durchgesetzt oder verteidigt wurde. In Deutschland trat der merk-
würdige Fall ein, daß die Gesellschaft um die Wende vom 18. zum
19. Jahrhundert an einer Veränderung der Verhältnisse noch nicht
interessiert war, und zwar einschließlich der großen Mehrheit des
Bürgertums, und dennoch die Umwandlung der ständisch-feudalen in eine bürgerliche Sozialordnung eingeleitet wurde. Das war
hier im Gegensatz zum westlichen Ausland das Werk aufgeklärter
Fürsten und bald auch einer liberal gesonnenen Beamtenschaft.
Diese entwickelten schon vor Ausbruch der Französischen Revolution im Zuge des Landesausbaus und der Rationalisierung der
Staatsmacht ein Eigeninteresse an der Überwindung der leistungs-
hemmenden und machtbegrenzenden ständisch-feudalen Ordnung und visierten dabei die bürgerliche Gesellschaft als Mittel
zum Zweck an. Dieses Interesse führte zur selben Zeit, als in
Frankreich eine Verhärtung der alten Ordung gegen die wachsenden Reformforderungen zu beobachten war, zu einer Reihe aufgeklärter Reformen vor allem in Österreich und Preußen, die von der
Französischen Revolution nur kurzfristig unterbrochen und in der
napoleonischen Ära von Preußen und den süddeutschen Staaten,
später auch von weiteren Ländern, verstärkt und systematisiert
fortgesetzt wurden. Dabei handelte es sich freilich nicht um Konzessionen an bürgerliche Forderungen, sondern um einen administrativen Vorgriff auf die gesellschaftliche Entwicklung, der im
Interesse staatlich-dynastischer Selbstbehauptung im Kreis der bereits modernisierten westlichen Staaten unausweichlich erschien.

2. Kluft zwischen politischer und privater Sphäre

a) Staatliche Interessen als Bezugspunkt der Reformen

Die Durchsetzungsmodalität präjudizierte das Maß der rechtlichen Verwirklichung des bürgerlichen Sozialmodells. Als Reform
von oben, die gegen den Widerstand der privilegierten Stände und
ohne Unterstützung der Begünstigten vorangetrieben werden
mußte, fand sie ihre Grenzen an den Eigeninteressen des monar-

chischen Staates. Dem Staat ging es einerseits um die Konzentration aller öffentlichen Gewalt in seiner Hand und als deren Kehrseite um die vollständige Privatisierung der Gesellschaft, wie sie im Absolutismus bereits eingeleitet, aber nicht vollendet worden war. Andererseits lag ihm an der Hebung der wirtschaftlichen Leistungskraft der Gesellschaft, wobei sich nach ausländischem Vorbild die Herstellung von Gleichheit und Freiheit anbot, jedenfalls soweit sie im Interesse des wirtschaftlichen Aufschwungs für erforderlich galt. Zu einem Teil mußte der Staat daher die früher beanspruchte, wenn auch nicht voll durchgesetzte, umfassende Verfügungsbefugnis über die Gesellschaft zurücknehmen und begrenzte gesellschaftliche Autonomie gestatten. Der monarchische Staat war aber nicht bereit, die politische Macht in die Hände der bürgerlichen Gesellschaft zu legen oder sich auch nur von ihr abhängig zu machen. Das schloß zwar Verfassungen als Sicherungsmittel der zugestandenen Freiheit und als Vermittlungsmechanismus zwischen der partiell autonom werdenden Gesellschaft und dem Staat nicht aus, hinderte aber die volle Verwirklichung des bürgerlichen Verfassungsprogramms. Das einheitlich gedachte bürgerliche Konzept wurde auf diese Weise aufgespalten: angestrebt waren soziale Reformen, die ihren Niederschlag im Privatrecht fanden, ausgeschlossen oder reduziert die politischen Reformen, die auf eine Verfassung hinausliefen.

b) Das monarchische Prinzip

Die Aufspaltung des bürgerlichen Sozialmodells in einen privaten und einen politischen Teil war keine deutsche Besonderheit. In Frankreich hatte Napoleon sie vollzogen, und erst in der napoleonisch verkürzten Form war das bürgerliche Sozialmodell nach Deutschland gelangt und für die deutschen Fürsten akzeptabel geworden. Im Gegensatz zu Frankreich hielt es sich hier aber während des gesamten 19. Jahrhunderts. Auch dort, wo Verfassungen – zunächst als freiwillig gewährte, später unter revolutionärem Druck vereinbarte – zustandekamen, blieb der Monarch der von gesellschaftlichem Konsens unabhängige, aus sich heraus legitimierte Inhaber der Staatsgewalt, und nur bei der Ausübung band er sich an die Bedingungen, die in der Verfassung niedergelegt waren. Das war die als monarchisches Prinzip bekannte, aus dem restaurativen Frankreich übernommene Formel, die Gottesgnadentum und Verfassungsstaat kompatibel machte. Die verfassungsrechtlich gesicherten Selbstbindungen bestanden zum einen in der Ausgrenzung eines Bereichs gesellschaftlicher Autonomie aus der umfassend gedachten Staatsgewalt. Das war die Funktion der Grundrechte. Zum anderen bestanden sie in dem Mitentscheidungsrecht einer Volksvertretung bei allen gesetzlichen Freiheitsbeschränkungen in dem grundrechtlich ausgegrenzten Autonomiebereich. Die Volksvertretung konnte unter der Geltung des monarchischen Prinzips aber nicht der Ort werden, wo die Gesellschaft selbst aufgrund rationaler Diskussion die Grenzen ihrer Freiheit definierte und der staatlichen Exekutive zur Überwachung anvertraute, wie es den bürgerlichen Zielvorstellungen entsprochen hätte. Sie fungierte vielmehr als gesellschaftliche Interessenvertretung bei einem von ihr unabhängigen Staat, der weiterhin Herr seines Aktionsprogramms blieb, während das Parlament ihm nur in bestimmten Fällen ein Veto entgegensetzen durfte.

c) Staatsabgewandte Freiheit

Die Grundrechte spiegelten ebenfalls das halbierte bürgerliche Sozialmodell wider. Einerseits knüpften sie an die Personeneigenschaft des Menschen, nicht an seinen sozialen Status, an und durchbrachen so die Standesgrenzen. Andererseits entbehrten sie als nicht erstrittene, sondern staatlich gewährte Rechte aber des menschenrechtlichen Rückhalts und galten nur für Staatsbürger. Inhaltlich bezogen sie sich primär auf den privaten und ökonomischen Bereich. Schon was die geistige Freiheit anbelangt, waren sie zurückhaltend formuliert, weil der aus sich heraus legitimierte und weiterhin die Einsicht in das wahre Beste des Volkes beanspruchende monarchische Staat die Vorstellung von einer substantiellen, nur ihm einsehbaren Wahrheit nicht zugunsten des diskursiv-prozeduralen bürgerlichen Gemeinwohlbegriffs aufzugeben vermochte. Während des gesamten Vormärz blieben die Meinungsgrundrechte durch die in Karlsbad beschlossenen Bundesgesetze überlagert. Die politisch verwendbaren Grundrechte der Vereinigungs- und Versammlungsfreiheit finden sich in den frühen deutschen Konstitutionen gar nicht. Die Individualfreiheit erhielt dadurch eine in dem bürgerlichen Konzept nicht von vornherein angelegte Wendung ins Private. Sie bezog staatsferne Räume und verwirklichte sich nicht durch Teilnahme an der Gestaltung der Sozialordnung, sondern in einem unpolitischen, entweder ökonomisch oder kulturell-innerlich definierten Bereich, während der Staat sein politisches Monopol weitgehend bewahren konnte. Die bürgerliche Trennung von Staat und Gesellschaft gewann dadurch in Deutschland eine besonders akzentuierte, in den bürgerlichen Staaten des Westens, die den Zusammenhang des politischen und des privaten Teils des Sozialmodells bewahren konnten, in dieser Form nicht anzutreffende Bedeutung.

3. Gemengelage von bürgerlichem und ständischem Recht

a) Semibürgerliches Privatrecht

Verhinderte der Umstand, daß der monarchische Staat selbst die liberalisierenden Reformen in Gang setzte, die unverkürzte Realisierung des bürgerlichen Sozialmodells, so bedingte sein Entschluß, die Reformen auf legale Weise voranzutreiben, den langwierigen und kompromißhaften Verlauf des Modernisierungswerks. Die Folge war ein erst in der Revolution von 1848 annähernd entwirrtes Neben- und Durcheinander von ständischem und bürgerlichem Recht. Radikale Lösungen, wie sie in einigen Rheinbund-Staaten auf napoleonisches Verlangen mit der Einführung des Code civil unternommen wurden, riefen sogleich ein Chaos hervor, weil die ständischen und feudalen Institutionen noch bestanden. Der Irrtum, der diesem Versuch zugrundelag, war bezeichnend. Mit seinen Eigenschaften der Formalität und Abstraktheit erweckte das französische Gesetzbuch den Eindruck, keinem bestimmten Gerechtigkeitsideal und keinem bestimmten politischen System verhaftet, sondern als rein technisches Recht mit jeder Ordnung vereinbar zu sein. In Wirklichkeit waren die vermeintlich technischen Eigenschaften nur die Entsprechung der bürgerlichen Grundprinzipien von Freiheit und Gleichheit und konnten erst auf dieser Basis ihre Wirkung entfalten. In Baden, wo man den Zusammenhang erkannte, sich aber dem napoleonischen Verlangen beugen zu müssen glaubte, löste man das Problem, indem der Code Napoléon zwar übernommen, jedoch überall dort suspendiert wurde, wo ständisches Recht noch entgegenstand. Dieses tauchte dann in Kleindruck an der entsprechenden Stelle als noch geltendes, drucktechnisch aber schon für überwindungsbedürftig erklärtes Recht auf. Das badische Zivilrecht symbolisierte auf diese Weise die eigentümliche Gemengelage von bürgerlichem und feudalem Recht, die noch bis in die zweite Hälfte des 19. Jahrhunderts die deutsche Situation bestimmte.

b) Bürgerliches Privatrecht in ständischer Umgebung

Demgegenüber scheint Österreich den Beweis zu führen, daß ein rein bürgerliches Privatrecht in Deutschland auch schon in der ersten Hälfte des 19. Jahrhunderts möglich war. Österreich erhielt im Jahre 1811 ein Privatrechtsgesetzbuch, das dem Code Napoléon in Form und Inhalt nicht nachstand und ganz auf dem bürgerlichen Prinzip der Privatautonomie beruhte. Fragt man allerdings, ob Österreich deswegen schon als bürgerlich gelten kann, so fällt die Antwort negativ aus. Österreich verstand sich im Vormärz im Gegenteil als Verteidiger der vorrevolutionären Ordnung und blieb selbst bei der Liberalisierung der Wirtschaft weit hinter anderen deutschen Staaten zurück. Daran wird deutlich, daß es zwar ohne bürgerliches Privatrecht keine bürgerliche Gesellschaft geben kann; nicht aber schafft umgekehrt schon ein bürgerliches Privatrecht die bürgerliche Gesellschaft. Die bürgerliche Reinheit des ABGB war vielmehr durch die Abschiebung aller nicht den bürgerlichen Maximen von Freiheit und Gleichheit entsprechenden Regelungen ins öffentliche Recht erkauft. Dieses behielt aber die Vorherrschaft und ließ das bürgerliche Recht nur soweit zum Zuge kommen, als kein öffentliches Recht entgegenstand. Das ABGB spiegelte auf diese Weise einen Freiheitsgrad vor, den die Rechtsordnung insgesamt nicht einlöste. Gleichwohl hatte das Vorgehen seinen Sinn. Die bürgerlich denkenden Redaktoren des ABGB projizierten in dieser zentralen Kodifikation das Recht der Zukunft an den Horizont, demgegenüber das in Sondergesetze verwiesene ständische und dirigistische Recht sich bereits in die Defensive gedrängt sah. Mit dem Abbau der Feudalgesellschaft in der Revolution von 1848 konnte das ABGB zur vollen Entfaltung kommen, während von dem nur unwesentlich älteren, aber noch in der ständisch-feudalen Tradition befangenen preußischen ALR nach demselben Ereignis nur ein Torso übrigblieb.

c) Funktion der Grundrechte

Da das bürgerliche Sozialmodell privatrechtlich nur zum Teil verwirklicht war, konnten auch die auf private Rechtspositionen bezogenen Grundrechte in den deutschen Verfassungen des Vormärz nicht denselben Geltungsumfang erlangen wie in Amerika und Frankreich. Zwar begründeten sie einen allgemeinen Staatsbürgerstatus und gewährleisteten persönliche Freiheit. Gleichheit und Eigentumsfreiheit ließen sich aber, solange das Feudalsystem, die Zunftverfassung und die Privilegien nicht vollständig beseitigt waren, nicht umfassend schützen. Die Gleichheit galt lediglich in der Staatsrichtung und betraf die gleichmäßige Gesetzesanwendung, den gleichen Ämterzugang und die Gleichheit der öffentlichen Lasten. Dagegen garantierte das Gleichheitsgrundrecht vorerst kein gleiches Recht für alle. Ebenso wurde das Eigentum nur in der Staatsrichtung geschützt und verfassungsrechtlich vor willkürlichem und entschädigungslosem Entzug gesichert. Dagegen umschloß es noch nicht den freien Eigentumsgebrauch. Insoweit begnügten sich die Verfassungen mit Reformverheißungen und Gesetzgebungsaufträgen, die aber durch den Umstand, daß die privilegierten Stände in den Ersten Kammern der Parlamente über eine eigene Vertretung verfügten, auf der organisatorischen Ebene sogleich wieder gedämpft wurden. Die deutschen Grundrechte fungierten daher nicht wie die französischen von 1789 als diejenigen Grundsätze, nach denen die Umgestaltung der Sozialordnung vorzunehmen war, aber auch nicht wie die amerikanischen als zusätzliche Sicherung der bereits bestehenden bürgerlichen Ordnung gegen staatliche Übergriffe. Sie sicherten vielmehr den jeweiligen status quo ungeachtet seines Grades an Bürgerlichkeit gegen einseitige Veränderungen durch den Staat, taten aber zur Herstellung der bürgerlichen Ordnung nichts hinzu.

v. Die Krise der bürgerlichen Sozialordnung

1. Die Soziale Frage

a) Gelingensvoraussetzungen des Modells

Das bürgerliche Sozialmodell stellte nicht einfach eine Umkehrung des ständischen dar, dem es die Legitimität abstritt. Es reklamierte keine Privilegien für das Bürgertum, sondern wollte die Privilegien gänzlich abschaffen. Daher waren die bürgerlichen Forderungen nicht auf den Bürgerstand beschränkt. Sie wurden vielmehr standesunabhängig formuliert und konnten wegen ihrer Universalität auch in den nichtbürgerlichen Schichten Unterstützung finden. Da es der alten Ordnung angelastet wurde, daß der soziale Rang des Einzelnen nicht auf Talent und Leistung, sondern auf Geburt und Gunst beruhte und also extern zugewiesen und prinzipiell unentrinnbar war, stand die Beseitigung der künstlich aufrechterhaltenen Rangordnung im Vordergrund. Freiheit und Gleichheit waren die Voraussetzungen dafür, daß sich eine natürliche, nur auf persönlichem Verdienst beruhende und gerade in ihrer Natürlichkeit gerechte Ordnung einstellte. Jeder hatte in diesem System die nämliche Chance und keiner die Möglichkeit, den anderen ohne dessen Einwilligung an ihrer Wahrnehmung zu hindern. Der soziale Platz jedes Einzelnen war dann allemal der verdiente und konnte insofern nicht ungerecht sein. Die Rechnung ging freilich nur auf, wenn der gleichen Freiheit auch ein soziales Kräftegleichgewicht entsprach. Allein unter dieser Voraussetzung nämlich vermag aus dem freien Zusammenwirken individueller Willensentscheidungen der gerechte Interessenausgleich ohne staatliches Zutun hervorzugehen. Fehlt es an einem solchen Gleichgewicht, dann führt die gleiche Freiheit de facto zum Recht des Stärkeren und mündet schließlich in eine neue Hierarchie, die sich von der überwundenen nur dadurch unterscheidet, daß sie nicht mehr auf Geburt beruht und rechtlich befestigt ist, sondern auf Besitz gründet und ökonomisch abgestützt wird.

b) Soziale Defizite der bürgerlichen Ordnung

Die bürgerliche Schlagseite, die das Sozialmodell seinen universal formulierten Prinzipien zum Trotz aufwies, lag darin, daß es die materiellen Gelingensvoraussetzungen, die beim Bürgertum vorhanden waren, generell als gegeben unterstellte und daher nicht in die rechtliche Freiheitssicherung mit einbezog. Nur so war die Reduzierung des Staates auf den Rechtszweck und die Reduzierung des Rechts auf Formalgarantien begründbar, während gleichzeitig das verzweigte System sozialer Vorsorge und Hilfe, das die ständische Gesellschaft errichtet hatte, beseitigt wurde, weil Armut und Not in der bürgerlichen Sicht nur noch auf persönliches Versagen zurückgehen konnten, nachdem die neue Ordnung die Bahn für Talent und Fleiß freigemacht hatte. In Wirklichkeit bestand das stillschweigend vorausgesetzte Kräftegleichgewicht nicht und wäre, selbst wenn es bestanden hätte, unter den Bedingungen bloß formaler Freiheits- und Gleichheitssicherung auf längere Sicht auch nicht aufrechtzuerhalten gewesen. So breitete sich unter der bürgerlichen Ordnung, verschärft durch Erntekrisen und Bevölkerungswachstum, eine beträchtliche Massenarmut aus, die entgegen der bürgerlichen Annahme nicht individuell verschuldet, sondern strukturell begründet war und sich bald auch nicht mehr als Übergangsschwierigkeit bei der Umstellung von gebundener auf freie Wirtschaft interpretieren ließ. Daher gelang es auch nicht, sie zu privatisieren. In Ermangelung der intermediären Gewalten, die bisher einen großen Teil der Notlagen aufgefangen hatten, sah sich nun der Staat unmittelbar mit dem Problem konfrontiert. Es zehrte an seiner Legitimität und rief daher nach öffentlicher Bearbeitung.

c) Folgen der Industriellen Revolution

Die Industrielle Revolution mit ihrem wachsenden Bedarf an Arbeitskräften bedeutete in dieser Situation kurzfristig eine Erleichterung. Langfristig verschärfte sie aber das Problem in zweifacher Hinsicht. Zum einen verengte die wachsende Arbeitsteilung den selbstbeherrschten Lebensraum und machte tendenziell auch die Familie als Produktionseinheit, namentlich für die elementaren Lebensbedürfnisse, funktionslos. Der Einzelne wurde dadurch, auch zur Befriedigung seiner Grundansprüche, auf die Leistungen anderer verwiesen, die er bezahlen mußte. Zum anderen verdrängte die technisch bewirkte Veränderung der Produktionsweise allmählich die selbständigen Kleinwarenproduzenten und vergrößerte den Anteil abhängiger Lohnarbeit. Dadurch spaltete sich die vorindustrielle Gesellschaft in eine Gruppe, die über die maschinellen Produktionsmittel, und eine andere, die nur über ihre Arbeitskraft verfügte. Bezogen auf das bürgerliche Sozialmodell bedeutete dieser Wandel zum einen, daß weiten Teilen der Bevölkerung die materielle Basis der individuellen Freiheit verlorenging. Freiheitsrechte, deren Gebrauch von materiellen Ressourcen abhing, standen ihnen danach zwar rechtlich unvermindert zu, waren faktisch aber nicht mehr nutzbar. Zum anderen wurde das Kräftegleichgewicht, von dessen Existenz der gerechte Interessenausgleich abhing, weiter abgebaut. Eigentums- und Vertragsfreiheit als Säulen der bürgerlichen Sozialordnung konnten sich unter diesen Umständen in private Unterdrückungs- und Ausbeutungsinstrumente verwandeln. Die Freiheit schlug bei formeller Weitergeltung materiell in ihr Gegenteil um. Damit war aber die Prämisse, auf der das bürgerliche Sozialmodell beruhte, widerlegt. Die Selbststeuerungsmechanismen der Gesellschaft versagten, ihr Ergebnis war nicht der gerechte Interessenausgleich, sondern die Klassenspaltung.

2. Folgen für die rechtliche und politische Ordnung

a) Materialisierung des Gerechtigkeitsproblems

Die Industrielle Revolution veränderte endgültig die Problemkonstellation, auf welche das bürgerliche Sozialmodell ursprünglich geantwortet hatte. Das Gemeinwohl, das sich auf der Grundlage gesellschaftlicher Selbststeuerung nicht von selbst einstellte, mußte wieder aktiv bewirkt werden. Voraussetzung dafür war, sofern an dem vom Bürgertum propagierten und universal verkündeten Ziel freier Entfaltung der Individuen und funktionaler Autonomie der Sozialsysteme festgehalten wurde, eine Veränderung der Mittel. Wo die intersubjektive Willenseinigung nicht zu einem gerechten Interessenausgleich geführt hatte, mußten wieder Fremdbindungen eingreifen und Freiheitsbedrohungen, die nicht vom Staat, sondern von sozialen Mächten ausgingen, verhindern. Wo die rechtlich allen gleichermaßen zugesicherte Freiheit für einige mangels der materiellen Voraussetzungen ihres Gebrauchs praktisch nutzlos geworden war, mußte zur formellen Garantie die materielle Ausstattung hinzutreten. Im Unterschied zu den Aufgaben, die das Bürgertum im Vertrauen auf den Automatismus von individueller Freiheit und sozialer Gerechtigkeit zu lösen hatte, handelte es sich dabei aber nicht um ein Problem, dessen Lösung nur negatorische und organisatorische Vorkehrungen verlangte. Nötig war weder die Beschränkung des Staates noch die Abgrenzung und Koordinierung subjektiver Willenssphären, sondern eine Umverteilung materieller Güter und ein vorwegnehmender Interessenausgleich zwischen den Privatrechtssubjekten. Das Gerechtigkeitsproblem, das in dem bürgerlichen Sozialmodell formal lösbar erschien, materialisierte sich wieder. Ebenso stellte sich die konstruktive Aufgabe anders und machte eine Neubestimmung der Funktion von Staat und Recht nötig.

b) Annäherung von Staat und Gesellschaft

Die bürgerliche Gesellschaft hatte den Staat nur benötigt, um die gesellschaftlichen Selbststeuerungsmechanismen gegen Störungen abzuschirmen, während Wohlfahrt und Gerechtigkeit ohne sein Zutun automatisch anfallen sollten. War dieses Ziel durch Passivität des Staates nicht mehr erreichbar, so forderte die auch vom Bürgertum nicht geleugnete Gemeinwohlverantwortung der Politik seine Reaktivierung. Er mußte dann überall dort steuernd einspringen, wo die gesellschaftliche Selbststeuerung ihr Ziel verfehlte. Allerdings konnte es sich bei der staatlichen Steuerung unter der gleichbleibenden Maxime individueller Selbstbestimmung und gesellschaftlicher Autonomie nicht um die Rückkehr zum System eines vorgegebenen, überindividuell definierten Gemeinwohls bei unumschränkter Durchsetzungsbefugnis des Staates handeln. Die gleiche Freiheit der Einzelnen mußte vielmehr Bezugspunkt auch der erweiterten Staatstätigkeit bleiben. Der Unterschied lag im Mittel. Gleiche Freiheit konnte nicht schon durch rechtliche Zuerkennung und Staatsbegrenzung als hergestellt gelten, sondern mußte materiell unterfangen und rundum geschützt werden. Das ging angesichts der unter der bürgerlichen Herrschaft entstandenen sozialen Macht einerseits und der ihr folgenden sozialen Not andererseits nicht ohne vermehrte Freiheitseingriffe des Staates ab. Legitimationskriterium war dabei nur, ob sie der Herstellung und Aufrechterhaltung gleicher Freiheit dienten oder diese im Interesse anderer als freiheitliche Ziele verkürzten. Die Trennung von Staat und Gesellschaft, wie sie sich unter der Selbststeuerungsprämisse des bürgerlichen Sozialmodells ausgeformt hatte, war damit hinfällig. Staat und Gesellschaft mußten einander wieder annähern, ohne doch in ein hierarchisches Verhältnis zurückzukehren oder gar wie vor der Entstehung des modernen Staates zur Deckung zu kommen.

c) Strukturwandel des Rechts

Im Rechtssystem wirkte sich das Versagen der Selbststeuerungsprämisse auf sämtliche Charakterzüge des bürgerlichen Rechts eindämmend aus. Ging das Gemeinwohl nicht mehr aus dem ungehinderten Zusammenspiel privater Willensentscheidungen von selbst hervor, dann wurde es unausweichlich, auch die Bedingungen eines gerechten Interessenausgleichs wieder von außen in die Rechtsbeziehungen der Individuen einzuziehen. Dadurch trat zwangsläufig der voluntaristische Grundzug des Rechts zurück. Der subjektive Wille konnte nur noch insoweit inhaltsbestimmend auf ein Rechtsverhältnis wirken, wie er nicht gegen objektive Gerechtigkeitsprinzipien verstieß. Damit engte sich zugleich der Spielraum des subjektiven Rechts ein, ohne daß diese Rechtsfigur gänzlich geopfert werden mußte, solange am Zielwert der Individualfreiheit prinzipiell festgehalten wurde. Wenn materiale Gerechtigkeit nicht zuverlässig über private Willenseinigungen zustandekam, dann ließ sich das Recht aber auch nicht mehr im früheren Umfang als Formalrecht beibehalten. Es mußte wieder vermehrt materiale Verhaltenserwartungen an die Gesellschaft richten. Dadurch wuchs der Anteil zwingenden Rechts auf Kosten des disponiblen Rechts. Da endlich die sozialen Defizite der bürgerlichen Ordnung nicht im Inhalt des Rechts, sondern in der sozialen Situation, auf die es einwirkte, begründet gewesen waren, durfte das Recht nicht im selben Maß wie ehedem von den gesellschaftlichen Verhältnissen abstrahieren, sondern mußte wieder konkreter werden und auf die unterschiedlichen Freiheitsgefahren der mannigfachen sozialen Beziehungen differenziert reagieren. All diese Umstände trugen zu einer Aufwertung des öffentlichen Rechts bei. Es sicherte nicht mehr nur die Privatautonomie gegen Störungen ab, sondern übernahm wieder inhaltliche Leitfunktionen in der Rechtsordnung. Der Preis bestand in einem Verlust an technischer Rationalität. Nicht zufällig läuteten die geschilderten Wandlungen das Ende des Kodifikationszeitalters ein.

3. Die Reaktionen auf die neue Problematik

a) Wendung zum Klassenrecht

Die hier angedeuteten Konsequenzen lagen nahe, nachdem sich abzeichnete, daß das bürgerliche Sozialmodell seinen Anspruch nicht zu erfüllen vermochte. Indessen wurden sie, wiewohl schon frühzeitig gefordert, keineswegs sogleich gezogen. Es läßt sich im Gegenteil feststellen, daß die bürgerliche Ordnung, je mehr sie an Legitimität verlor, desto hartnäckiger verteidigt wurde. Das geschah, indem man das Mittel, die Privatautonomie in ihren beiden Hauptformen der Eigentums- und Vertragsfreiheit, von seinem Ziel, der gleichen Freiheit, trennte und zum Selbstzweck erhob. Auf diese Weise dogmatisiert, lieferte es die Begründung für die Abweisung aller Forderungen, die auf eine staatliche Korrektur privater Freiheitsmißbräuche hinausliefen, aber auch für die Unterdrückung der Verbände, die der Vierte Stand zum Ausgleich der überlegenen Macht des Bürgertums zu organisieren versuchte. Die Begrenzung des Wahlrechts auf die Besitzenden, die bis dahin mit der gleichen Chance eines jeden, Eigentümer zu werden, gerechtfertigt worden war, wurde nun ausdrücklich defensiv eingesetzt. Das universal formulierte bürgerliche Recht nahm zusehends Züge von Klassenrecht an. Dabei wurde es von einer positivistisch vorgehenden Rechtswissenschaft und Rechtsprechung unterstützt. Der juristische Positivismus, der sich mit der Durchsetzung der bürgerlichen Rechtsordnung ausbreitete, verbot ja in seiner Eigenschaft als Rechtsgeltungslehre die Frage nach der Gerechtigkeit des Rechts und in seiner Eigenschaft als Rechtsanwendungslehre den Blick auf die hinter dem Recht stehenden Zwecke und die vor ihm liegende soziale Wirklichkeit. Gegenstand der Auslegung waren vielmehr allein die Rechtssätze, Handwerkszeug des Interpreten nur Grammatik und Logik. So gegen Idee und Wirklichkeit abgeschirmt, konnte die Jurisprudenz die wachsende Diskrepanz zwischen Anspruch und Erfüllung nicht einmal wahrnehmen geschweige denn überbrücken. Der Positivismus erweist sich damit, seiner vermeintlichen Neutralität zum Trotz, als exakte methodische Entsprechung des abstrakten und formalen bürgerlichen Rechts.

b) Die deutsche Situation

Deutschland folgte diesem Trend mit jenen Abweichungen, die sich aus seiner besonderen Situation ergaben. Die Verspätung des deutschen Bürgertums drängte hier die Ereignisse zusammen. Als das deutsche Bürgertum, nicht ohne die Nachhilfe des monarchischen Staates, so weit erstarkt war, daß es das bürgerliche Sozialmodell, welches vom Staat nur im Maß seiner eigenen Interessen verwirklicht worden war, aus eigener Kraft zu vollenden unternahm, konnte es sich im Gegensatz zum französischen Bürgertum von 1789 nicht mehr glaubhaft als Repräsentant der Gesamtgesellschaft ausgeben. Während das Bürgertum seine ökonomisch abgesicherte Freiheit weiter ausbauen und auch politisch festigen wollte, ging es dem Vierten Stand darum, die materiellen Voraussetzungen des Freiheitsgebrauchs erstmals zu erringen. Da dies nur auf bürgerliche Kosten möglich schien, ließ das Bürgertum von seinen politischen Forderungen ab, akzeptierte die monarchische Herrschaft als Schutz vor den Ansprüchen des Vierten Standes und begnügte sich mit der rechtlichen Sicherung der privaten Freiheit. Demokratie und Rechtsstaat trennten sich auf lange Sicht. Indessen lag gerade in diesem Umstand eine der Vorbedingungen dafür, daß die ersten nachhaltigen Korrekturen des bürgerlichen Systems in Gestalt der Sozialversicherung hier eingeleitet wurden. Der nicht vom Bürgertum übernommene und weiter aus sich heraus legitimierte deutsche Staat hatte sich niemals im selben Maße wie die westlichen Staaten mit dem Wirtschaftsliberalismus identifiziert, sondern ihn selber in den Dienst staatlicher Eigeninteressen gestellt. Daher konnte er sich ohne inneren Bruch von ihm abwenden, wenn er die staatliche Integration nicht mehr stützte. Insofern ist die relative bürgerliche Rückschrittlichkeit Deutschlands eine Voraussetzung seiner relativen sozialen Fortschrittlichkeit im späten 19. Jahrhundert gewesen.

c) Bedeutungsschwund des Rechts

Mit der Einleitung wohlfahrtsstaatlicher Korrekturen ging freilich die große Zeit des Rechts zu Ende. Es hatte seine besondere Kraft gerade in der Lösung von Abgrenzungs- und Organisationsproblemen entfaltet. Diese Probleme waren so beschaffen, daß das Recht selbst ihre Lösung darstellte und nur noch für ein geeignetes Instrumentarium der Rechtsbeachtung und -durchsetzung zu sorgen war. Im Unterschied dazu lassen sich die Probleme aktiver Sozialgestaltung unter den Anforderungen materieller Gerechtigkeit nicht in derselben Weise durch Recht lösen. Dafür sind drei Gründe ausschlaggebend. Erstens ist zukunftsgerichtetes, gestaltendes Handeln weniger präzise und weniger umfassend in Rechtsnormen vorwegnehmbar als der retrospektive, eine vorausgesetzte Ordnung bewahrende punktuelle Eingriff oder gar als Formalerfordernisse oder Unterlassen. Die Bindungskraft des Rechts sinkt daher. Zweitens liegt die Lösung materieller Gerechtigkeitsprobleme nicht schon wie die formaler in der Setzung von Rechtsnormen. Diese wirken nur handlungsanleitend und richtungweisend. Die Lösung selbst wird aber erst durch die hinter dem Recht gelegene Planausführung erreicht. Das Recht nimmt dadurch stärker instrumentelle Züge an. Drittens gerät die Herstellung materieller Gerechtigkeitsbedingungen im Gegensatz zu formaler Ausgrenzung unter die Maßgabe des situativ und finanziell Möglichen. Das Recht gilt nicht mehr unbedingt. Diese Situation führt dazu, daß wegen des ständig anwachsenden Regulierungsbedarfs in einer sich weiter differenzierenden Gesellschaft und der steigenden Staatätigkeit das Recht quantitativ zwar enorm zunimmt, zugleich aber an qualitativer Regulierungsfähigkeit verliert. Das gilt noch mehr als für das Privatrecht für die Verfassung, die gerade aus der Trennung von Staat und Gesellschaft und der Beschränkung des Staates auf Garantenfunktionen gelebt hatte, denen heute die Grundlage entzogen ist.

II. Funktion des Staates

Der Staat
in der kontinentaleuropäischen Tradition

I. Die Krise der mittelalterlichen Herrschaftsordnung und die Entstehung des absoluten Staates

1. Der Staat als Grundbegriff kontinentaler Politik

Seit annähernd fünf Jahrhunderten finden auf dem europäischen Kontinent Völker die Form ihrer politischen Einheit im Staat. Er erscheint als abstraktes und überpersonales Gebilde, das weder mit den Herrschern noch den Beherrschten identisch ist, aber beide umgreift. Dieses Gebilde mag als lebendiger Organismus, als juristische Person, als Anstalt, als Apparat, als Wirkungszusammenhang oder als soziales System begriffen werden. In jedem Fall zeichnet es sich durch die höchste und unwiderstehliche Gewalt über die Bewohner eines bestimmten Territoriums aus. Diejenigen Personen, welche diese Gewalt ausüben, handeln im Namen des überpersonalen Staates und fungieren lediglich als dessen Organe. Ihre Macht kann auf unterschiedlichen sozialen Grundlagen beruhen: der Verfügung über das Militär, der Unterstützung einer herrschenden Klasse, allgemeinem Konsens, und sie kann auf verschiedene Weise ausgeübt werden: beschränkt oder unbeschränkt, konzentriert in einer einzigen Person oder verteilt auf mehrere Institutionen. Immer bleibt der Staat der Bezugspunkt für legitime Gewalt in der Gesellschaft. In dieser Tradition ist er nicht nur ein theoretisches Konstrukt zur Erfassung der politischen Realität, sondern selbst eine Realität. Die kontinentaleuropäische Politik kann nicht verstanden werden, wenn die staatliche Dimension unberücksichtigt bleibt. Politische Institutionen wie Parteien und Behörden, politische Prozesse wie Gesetzgebung und Regierungskontrolle haben unterschiedliche Bedeutung in Gesellschaften mit oder ohne Staatstradition. Umgekehrt wäre es freilich auch verfehlt, im Staat eine universale Gegebenheit zu sehen, wie es einige Autoren unter dem Eindruck der Prominenz des Staates in der politischen Tradition ihres eigenen Landes taten. Der Begriff des Staates im Sinn eines abstrakten Gebildes, dem die Ausübung von Herrschaft zukommt, war über lange Zeiträume völlig unbekannt und ist in einer ganzen Reihe von Ländern bis heute von geringer Bedeutung. Der moderne Staat verdankt seine Existenz vielmehr einer ganz bestimmten historischen Konstellation, in der er als notwendiges Mittel zur Lösung neuartiger Probleme erschien. Diese Konstellation war die Krise der mittelalterlichen Ordung, die im 13. Jahrhundert einsetzte und im späten 15. und frühen 16. Jahrhundert ihren Höhepunkt errreichte.

2. Die vorstaatliche mittelalterliche Ordnung

In der mittelalterlichen Welt galt die Sozialordnung in ihrer Gesamtheit einschließlich der moralischen, religiösen, kulturellen, politischen, rechtlichen und ökonomischen Elemente als Bestandteil des göttlichen Schöpfungsplans. Sie diente dem ewigen Heil der Menschen und durchdrang daher alle Lebensbereiche. Gegenüber dieser auf göttliche Wahrheit gegründeten Ordnung gab es keine individuelle Freiheit, und auch jede geistliche und weltliche Autorität war ihr untergeordnet. Eine solche Vorstellung von Sozialordnung ließ aus verschiedenen Gründen keinen Raum für die Entstehung des Staates. Der göttliche Ursprung der Ordnung machte einen autonomen Bereich des Politischen, der sich von anderen sozialen Funktionen unterschied und nach ihm eigenen Kriterien entwickelte, unmöglich. Die Politik blieb vielmehr von der Offenbarung abhängig, und die Kirche als diejenige Institution, welche zur Deutung und Verwirklichung des göttlichen Willens auf Erden berufen war, beanspruchte die Führungsrolle in der Gesellschaft. Der umfassende und ausschließliche Charakter der Ordnung machte die Unterscheidung zwischen einer öffentlichen Sphäre, in der das Gemeinwohl verfolgt wurde, und einer privaten Sphäre, in der jeder seinen subjektiven Interessen nachgehen durfte, unmöglich. Jedermann war sozusagen an seinem Platz Funktionär der objektiven Ordnung. Da Gott selbst als Urheber der Ordnung betrachtet wurde, konnte keine irdische Gewalt eine Position über dieser Ordnung für sich beanspruchen. Infolge ihres göttlichen Ursprungs war die geltende Ordnung vielmehr zugleich die gerechte Ordnung. Irdische Autoritäten dienten nur der Aufrechterhaltung und Durchsetzung dieser Ordnung. Mit ihrer Herstellung oder Veränderung hatten sie nichts zu tun. Überdies verhinderten die unentwickelten Kommunikationsverhältnisse, daß die Rechtsdurchsetzungsbefugnis zentralisiert wurde. Sie war vielmehr auf zahlreiche, voneinander unabhängige und untereinander gleichberechtigte lokale Gewalten verteilt, die Konflikte untereinander im Wege der Fehde austrugen, ohne darin von Papst und Kaiser als Rudimenten einer Zentralgewalt wirksam beschränkt zu werden. Schließlich übten die Autoritäten ihre Rechtsdurchsetzungsaufgabe nicht als eigenständige Funktion, für die sie eingesetzt und ausgerüstet waren, sondern als Annex eines bestimmten sozialen Status aus, der meistens durch Grundeigentum vermittelt wurde.

3. Die Krise der mittelalterlichen Ordnung

Die Funktionsfähigkeit einer so beschaffenen Sozialordnung hing an einer Reihe von Voraussetzungen. Als eine auf göttliche Offenbarung gegründete konnte sie nur so lange bestehen, wie der göttliche Wille oder zumindest die Autorität der Kirche, ihn bindend zu interpretieren, außer Streit standen. In ihrer Unverfügbarkeit war sie von relativ statischen Verhältnissen abhängig, so daß neuartige Probleme, die im Rahmen der bestehenden Ordnung unlösbar erschienen, nicht auftauchten. Mit ihrer segmentierten Obrigkeit verwies sie auf kleinräumige Lebensbeziehungen und ein geringes Maß an grenzüberschreitender Kommunikation. Die Krise der mittelalterlichen Ordnung ist nichts anderes als die allmähliche Veränderung dieser Voraussetzungen. Die Kreuzzüge und später die Entdeckungen weiteten die Kommunikation aus und brachten Fernhandel und Frühformen des Kapitalismus hervor. Die Erfindung des Schießpulvers führte zu einer Umwälzung der Kriegstechnik und untergrub langfristig die soziale Funktion des Adels und damit die Basis des Feudalsystems und der dezentralisierten Obrigkeit. Der Buchdruck ermöglichte eine schnellere Verbreitung von Nachrichten und Ideen. Die Probleme, die diese Veränderungen schufen, ließen sich im Rahmen der bestehenden Ordnung nur schwer lösen. Ihre Lösung setzte vielmehr eine räumliche und funktionale Ausweitung politischer Herrschaft voraus. Daher läßt sich bereits seit dem 13. Jahrhundert eine Ansammlung von Hoheitsrechten in der Hand der Fürsten beobachten. Ihr Bestreben war eine Beschränkung des Fehderechts und die Erstreckung des inneren Friedens auf größere Bereiche. Das setzte freilich eine Machtbasis voraus, die sie von der Lehnsfolge unabhängig machte. In dieser Absicht begannen sie mit der Bildung einer professionellen Verwaltung und eines stehenden Heeres. Auch kam es immer häufiger zu gesetzgeberischen Eingriffen in die auf Gott zurückgeführte oder gewohnheitsrechtlich begründete Ordnung. Die Folge dieser Veränderungen war freilich auch ein wachsender Geldbedarf, den die Fürsten indes nicht ohne Zustimmung der Stände zu decken vermochten, die als Vertreter des Landes das Steuerbewilligungsrecht innehatten. Die wachsende Bedeutung der Fürsten ging auf diese Weise mit einer wachsenden Bedeutung der Stände einher, die diese Position nutzten, um sich auch Einfluß auf die entstehende gesetzgebende Gewalt zu verschaffen.

4. Der moderne Staat als Produkt
der konfessionellen Bürgerkriege

Setzten diese Veränderungen die mittelalterliche Ordnung unter Anpassungsdruck, so war das Ereignis, an dem sie schließlich zerbrach, die Glaubensspaltung des frühen 16. Jahrhunderts. Die Glaubensspaltung darf nicht nur als religiöses oder theologisches Phänomen verstanden werden. Da die gesamte Sozialordnung auf der göttlichen Offenbarung beruhte, wie die Kirche sie vermittelte, mußte Streit über den Inhalt der Offenbarung oder über die Befugnis des Papstes, sie authentisch zu interpretieren, die Ordnung selbst in Frage stellen. Während England den damit verbundenen Bruch schnell überwand, weil sich die neue Konfession vergleichsweise reibungslos durchsetzte, führte die Glaubensspaltung auf dem Kontinent und namentlich in Frankreich zu erbitterten Bürgerkriegen. Es ist für das Verständnis der kontinentalen politischen Ordnung von grundlegender Bedeutung, daß die Konzentration und Freisetzung der Herrschaftsgewalt, die den modernen Staat begründete, ein Produkt dieser Situation war. Die konfessionellen Bürgerkriege hoben die elementaren Voraussetzungen des menschlichen Zusammenlebens auf und setzten Leib und Leben einer permanenten Bedrohung aus. Dennoch fehlte es an Verständigungsbereitschaft, weil Konflikte über Wahrheit im Gegensatz zu Interessenkonflikten nicht durch Kompromisse zu schlichten sind. Die konfessionellen Kriege konnten unter diesen Umständen nur beendet werden, wenn es einer Konfessionspartei gelang, die andere auszurotten, oder wenn ein Dritter sich über die Bürgerkriegsparteien erhob und sie mit Gewalt zu friedlicher Koexistenz zwang. In Deutschland mit seiner Vielzahl politischer Herrschaften unter dem Dach des Heiligen Römischen Reiches kam es zu einer gemäßigten Version der ersten Lösung: der Fürst erhielt die Befugnis, die Konfession innerhalb seines Territoriums zu bestimmen, während Dissidenten das Recht zum Auswandern erhielten. In dem weitgehend zentralisierten Frankreich war ein solcher Weg nicht gangbar. Daher griff hier im 16. Jahrhundert eine Gruppe von Theoretikern, die wegen ihres Eintretens für eine politische statt einer konfessionellen Beendigung des Konflikts »les politiques« genannt wurde, die zweite Lösung auf. Für die Entstehung des modernen Staates war es von ausschlaggebender Bedeutung, daß sich Heinrich IV. 1598 entschloß, diese Lösung zu übernehmen.

5. Souveränität als Kennzeichen des Staates

In der Folge dieser Entscheidung kam es zu einem radikalen Bruch mit dem überkommenen Herrschaftssystem. War Herrschaft bis dahin in eine ihr vorgegebene und transzendental legitimierte Ordnung eingebunden, die nicht zur Disposition des Herrschers stand, sondern seiner nur zur Durchsetzung bedurfte, so veränderte sich diese Situation nun grundlegend. Da die alte Ordnung ein friedliches Zusammenleben der Menschen nicht mehr gewährleistete, mußte eine geeignete neue Ordnung bereitgestellt werden. Diese konnte dann freilich nur irdischen Ursprungs sein. Dadurch erhob sich politische Herrschaft zunächst in einem formalen Sinn über die Ordnung, indem sie diese in Geltung setzte. Sie trat aber auch materiell betrachtet über die Sozialordnung, indem sie über ihren Inhalt bestimmte. Sollte die Ordnung nämlich ihren Sinn: friedliche Koexistenz unter den Bedingungen konfessioneller Gegensätze zu ermöglichen, erfüllen, dann mußte sie die Wahrheitsfrage offen lassen. Die Religion verlor dadurch ihre Führungsrolle und wurde von der Basis der gesamten Sozialordnung zu einer Frage persönlicher Präferenz, wie es sich bereits im Investiturstreit angekündigt hatte. Aus dieser Entkoppelung von Religion und Herrschaft ging ein eigenständiger Bereich des Politischen hervor, in dem der Herrscher auch über den Inhalt der Ordnung nach genuin politischen Kriterien entscheiden konnte. Das bedeutete nicht weniger als die Erstreckung der Herrschaftsbefugnis von der Rechtsdurchsetzung auf die Rechtsetzung. Dadurch zerbrach die mittelalterliche Einheit von Recht und Gerechtigkeit. Das Recht wurde positiv und als solches zugleich kontingent, während die Gerechtigkeitsfrage von einem höherrangigen, rechtlich aber nicht bindenden Naturrecht beantwortet wurde. Schließlich änderten sich aber auch die Rechtsdurchsetzungsbedingungen. In der Bürgerkriegssituation konnte die neue Ordnung nur erfolgreich durchgesetzt werden, wenn die verschiedenen weitgefächerten und verstreuten Hoheitsrechte in einer Person vereinigt wurden, während umgekehrt alle übrigen ihren Anteil an der politischen Gewalt gegen die grundlegenden Werte des Zusammenlebens, innneren Frieden und persönliche Sicherheit, eintauschten. Das Ergebnis war eine umfassende und unwiderstehliche Macht, für die Bodin den Begriff der Souveränität prägte und als das ausschließliche Recht des Herrschers definierte, Recht im allgemeinen und im besonderen zu setzen, ohne dabei selbst rechtlich gebunden zu sein.

6. Souveränität als Attribut des Fürsten

Es ist die so verstandene Souveränität, die den modernen Staat von der mittelalterlichen Herrschaft unterscheidet. Unter der vorgegebenen göttlichen Ordnung war eine souveräne Gewalt nicht denkbar gewesen. Der gelegentlich anzutreffende Versuch, Souveränität im Mittelalter dem Recht selbst zuzuschreiben, läßt sich nicht aufrechterhalten. Wenn Souveränität ursprünglich die Befugnis bedeutet, zu entscheiden, was als Recht gelten soll, dann kann diese Befugnis nicht dem Produkt der Entscheidung zustehen. Als handlungsbezogener Begriff bedarf sie vielmehr eines personalen Trägers. In der historischen Lage, die den Begriff der Souveränität hervorbrachte, konnte die souveräne Gewalt nur beim Monarchen anfallen. An der Spitze der feudalen Pyramide stehend, hatte er bereits eine zentrale Position inne, mit der sich eine vergleichsweise große Zahl von Hoheitsrechten verband. Diese beiden Eigenschaften erhoben den Monarchen über alle andreren Gewalten im Land, die entweder nur lokale Bedeutung hatten oder, wenn sie zentrale Funktionen wahrnahmen wie die Stände, nicht die Einheit, sondern die divergierenden Kräfte des Landes repräsentierten, die mittels der Souveränität gerade überwunden werden sollten. Souveränität entstand daher, bedingt durch die Situation, die sie hervorbrachte, als Monarchenrecht. Dieser Umstand machte es den Zeitgenossen freilich schwer, sogleich zwischen Monarch und Staat zu differenzieren. Die souveräne Gewalt trat ja nicht als systematische Konstruktion, sondern als Ergebnis eines historischen Prozesses ins Leben, in dessen Verlauf die bereits vorhandenen monarchischen Prärogativen nach und nach ausgeweitet und schließlich zur allumfassenden obersten Gewalt verdichtet wurden. Die Souveränität verband sich so mit ihrem sichtbaren Inhaber und erschien als Attribut der Landesherrschaft, das ebenso wie die älteren Einzelrechte nach den Regeln des Erbrechts erworben und übertragen, wie andere Privatrechte ausgeübt und vom Dienstpersonal des Herrschers verwaltet wurde. Der moderne Staat entstand unter diesen Umständen nicht als unpersönliche, abstrakte Anstalt, die von dem jeweiligen Herrscher unterschieden war, sondern als Patrimonium des Herrschers, während sich die Unterscheidung von Person und Institution als vergleichsweise späte Errungenschaft erweist.

7. Die Unterscheidung von Staat und Gesellschaft als Folge

Die neuartige Konzentration politischer Gewalt in einer Hand teilte die universale mittelalterliche Gemeinschaft in zwei verschiedene Sphären: eine kleine, die aus dem Fürsten und seinem militärischen und zivilen Stab bestand und durch das Monopol der legalen Zwangsgewalt charakterisiert war, und eine große, die alle übrigen Einwohner umfaßte, die dieser Gewalt unterworfen waren. Für den ersten Bereich kam eben zu dieser Zeit der Begriff des Staates auf, der bis dahin nur attributivisch, nämlich als Status von etwas, verwandt worden war. Für den zweiten Bereich blieb es beim älteren Begriff der Gesellschaft. Gesellschaft meinte aber nicht mehr die gesamte Gemeinschaft unter Einschluß der politischen Autoritäten, sondern die Gemeinschaft abzüglich des Staates. Die Konzentration aller politischen Gewalt in der Hand des Herrschers fand also ihre Entsprechung in der Privatisierung der Gesellschaft, und in ihrem privaten Status waren alle Gesellschaftsglieder ohne Rücksicht auf die sonstigen Unterschiede im rechtlichen und sozialen Status gleich. Der Bereich des Privaten bezeichnete freilich unter der absoluten Herrschaft keine Sphäre individueller Selbstbestimmung, die gegen politische Eingriffe abgeschirmt war, sondern lediglich den Status der Unterworfenheit unter den staatlichen Willen ohne Anteil an seiner Bildung oder Ausübung. Ebensowenig ließen sich die privaten Angelegenheiten von den öffentlichen durch vorgegebene Kriterien abgrenzen. Privat waren vielmehr diejenigen Gegenstände, an denen momentan kein öffentliches Interesse bestand. Einen dem staatlichen Zugriff prinzipiell entzogenen Bereich gab es nicht. Die Unterscheidung von Staat und Gesellschaft, privater und öffentlicher Sphäre spiegelte sich auch im Rechtssystem wider. Das universale mittelalterliche Recht zerfiel in zwei verschiedene Komplexe, das Privatrecht, das die Beziehungen der Gesellschaftsglieder untereinander ordnete, und das öffentliche Recht, das die Beziehungen zwischen diesen und dem Staat regelte. Die Unterscheidung selbst war nicht neu, sondern findet sich bereits im römischen Recht. Sie hatte dort jedoch nur lehrhaft-theoretische Bedeutung gehabt. Im absoluten Staat gewann sie praktische Relevanz, indem sie den Bereich des Rechtsschutzes festlegte. Die Zuständigkeit der Gerichte wurde auf privatrechtliche Angelegenheiten beschränkt, während öffentlichrechtliche Materien sich der gerichtlichen Beurteilung entzogen.

8. Die Grundlagen der monarchischen Souveränität

Die Souveränität war ihrer Intention nach keine Ermächtigung zu fürstlicher Willkür. Sie blieb vielmehr auf des gemeine Beste bezogen. Diese Formel oder ihre Synonyme hatten ältere Ursprünge, gewannen aber in der Entstehungsphase des modernen Staates neue Bedeutung. Das Gemeinwohl bildete keine in der göttlichen Offenbarung beschlossene unveränderliche Größe mehr, sondern konnte nach Zeit und Umständen variieren. Dadurch wurde es von einer Sache der Erkenntnis zu einer Sache der Entscheidung. Diese Entscheidung oblag dem Herrscher, der überlegene Einsicht in das Gemeinwohl für sich beanspruchte, wenngleich er dabei den Rat anderer nicht verschmähen sollte. Die Umstellung von Erkenntnis auf Entscheidung vergrößerte freilich den staatlichen Machtbedarf, und zunehmend wurde die Gemeinwohlformel auch im Sinne von Staatsräson verstanden. In der Formationsphase des modernen Staates war Macht vor allem eine Frage der Unabhängigkeit von rivalisierenden Gewalten. In der Erringung dieser Unabhängigkeit bestand daher das vordringliche Anliegen der absoluten Monarchen. Ein stehendes Heer sollte die Unabhängigkeit von der Lehnsfolge des Adels, eine professionelle Verwaltung die Unabhängigkeit von lokalen Gewalten garantieren. Dabei setzte der Staat zunehmend auf Juristen, die im römischen Recht ausgebildet waren. Das römische Recht als Recht eines fortgeschrittenen und rational konstruierten Reiches hatte in der katholischen Kirche überlebt. Nicht zufällig drang es gerade zu jenem Zeitpunkt in die weltliche Herrschaft ein, als diese zentralisierte rationale Strukturen nach dem Vorbild der kirchlichen Hierarchie zu entwickeln begann. Die Rezeption des römischen Rechts auf dem Kontinent erklärt sich primär aus seiner überlegenen Rationalität und größeren Unabhängigkeit von lokalen und ständischen Gewalten, die es zu einer Zeit zur Verfügung stellte, in der die Fürsten von ihrem Gesetzgebungsrecht mangels einer entwickelten Gesetzgebungstechnik noch keinen ausgreifenden Gebrauch machen konnten. Zur Ausbildung seines Verwaltungspersonals gründete der Staat bald zahlreiche Universitäten, die ihn von der kirchlichen Erziehung unabhängig machten. Angesichts der Mittel, die der Ausbau einer unabhängigen Machtbasis verschlang, wurde die Finanzfrage freilich zum Kernproblem des absoluten Staates. Auf ein unbeschränktes Besteuerungsrecht und die Hebung der Wirtschaftskraft des Landes richtete sich daher auch sein Hauptbestreben.

9. Der englische Vergleichsfall

Der moderne Staat entstand in Gestalt des absoluten Staates, und zwar nicht aus dem Machtstreben der Fürsten und der Unachtsamkeit der Gesellschaft, sondern aus der geschichtlichen Lage, die die konfessionellen Bürgerkriege heraufbeschworen hatten. Staat und Souveränität waren die neuen Begriffe, mit denen die veränderte politische Wirklichkeit erfaßt wurde. Das erklärt zugleich, warum in England weder der Begriff des Staates und der Souveränität noch die Unterscheidung von Staat und Gesellschaft, öffentlichem und privatem Recht in derselben Weise aufkommen konnten. Es fehlte am realen Substrat dieser Begriffe. Die englische Krone besaß Prärogativen, aber keine oberste Gewalt. Es erhielt sich vielmehr eine Anzahl unabhängiger Gewalten, und vor allem das common law und sein Sachwalter, die Gerichte, konnten eine von der Krone relativ unabhängige Position behaupten. Der wichtigste Grund dafür liegt in einem frühzeitigen Verfall des Feudalsystems mit der Konsequenz, daß Adel und Bürgertum sich nicht scharf gegeneinander abgrenzten und infolgedessen das Land als Ganzes ein Gegengewicht zum Herrscher bildete. Das Parlament entwickelte sich unter diesen Umständen von der Ständevertretung zum Repräsentanten der Gesellschaft, die stets an der politischen Gewalt teilhatte. Überdies machte die Insellage Englands ein stehendes Heer für die Zwecke der Verteidigung unnötig. Der markanteste Unterschied zum europäischen Kontinent liegt jedoch darin, daß in England die Reformation nicht in einen Bürgerkrieg mündete, so daß auch keine historische Notwendigkeit für die Schaffung einer absoluten Staatsgewalt bestand. Im Gegenteil fand es Heinrich VIII. nützlich, sich für den Bruch mit Rom der Unterstützung des Parlaments zu versichern. Die Reformation, die auf dem Kontinent zum Absolutismus führte, stärkte auf diese Weise in England den Parlamentarismus. Die Versuche der Stuarts, eine Machtposition zu errichten, die der der französischen Könige ähnelte, fand keine historische Legitimation. Daher widerstanden Adel und Bürgertum gemeinsam diesen Plänen. Während die kontinentalen Bürgerkriege dem Absolutismus vorangingen, der als einziges Mittel der Wiederherstellung des Friedens erschien, ging in England der Absolutismus dem Bürgerkrieg voran, und dieser wurde geführt, um den Absolutismus zurückzuweisen und die traditionelle Ordnung wiederherzustellen.

10. Die unabgeschlossene Staatsbildung auf dem Kontinent

Allerdings kam es auch nicht in allen kontinentalen Ländern zur Herausbildung der absoluten Monarchie und des modernen Staates. Das Heilige Römische Reich entwickelte überhaupt keine geballte Hoheitsgewalt, und auch viele kleinere Territorien bewahrten hinter einer absolutistischen Fassade die alten Strukturen. Andere entwickelten republikanische Strukturen, wie die Niederlande nach der Erringung der Unabhängigkeit. Ebensowenig erreichten alle Länder, die sich dem Absolutismus zuwandten, dieses Ziel zur selben Zeit oder in demselben Maß wie Frankreich. Aber nicht einmal in Frankreich als führendem kontinentalen Land vermochte der Monarch alle öffentlichen Funktionen in seiner Hand zu konzentrieren und unbeschränkt auszuüben. Im Ausbau des Absolutismus erscheint das Rußland des 17. Jahrhunderts fortgeschrittener als jeder westeuropäische Staat. Als absolutistisch gilt vielmehr ein Regime schon dann, wenn es sich von der Mitsprache der Stände in finanzieller und gesetzgeberischer Hinsicht frei gemacht und in einem stehenden Heer eine eigene Machtbasis verschafft hatte. Keine vollständige Macht wurde dagegen über die Gerichte gewonnen. Die französischen Gerichtshöfe, die sog. parlements, behielten die Befugnis, bestimmte gesetzgeberische Akte des Königs anzuerkennen oder zu verwerfen, und die Gerichte der meisten anderen Länder beanspruchten das Recht, königliche Eingriffe in wohlerworbene Rechte der Untertanen zu überprüfen. Zudem gewann kein absoluter Staat jemals vollständige Herrschaft über alle in seinem Herrschaftsgebiet lebenden Personen. Während der absolute Staat die privilegierten Stände ihrer politischen Mitspracherechte weitgehend entkleidete, ließ er die ständisch-feudale Sozialstruktur im wesentlichen unberührt, so daß die Bauern Untertanen ihrer Grundherren blieben und nicht Untertanen des Staates wurden. Angelegenheiten, die eng mit der Religion verbunden waren wie das Familienrecht oder die Erziehung, befanden sich noch immer unter der Aufsicht der Kirche. Die Bürokratie durchdrang keineswegs das gesamte Staatsgebiet. Sie bildete einen Stab bei Hofe, während die meisten Ämter auf dem Land käuflich waren. Gesetze wurden unter diesen Umständen zwar häufig erlassen, aber schlecht durchgeführt, und erst spät gelang es den absoluten Staaten, größere Teile des Rechts in Kodifikationen nach ihren Bedürfnissen neu zu ordnen.

II. Die Krise des Absolutismus und der liberale Staat

1. Der Sozialvertrag als Rechtfertigung des Staates

Die unerhörte Machtkonzentration in weltlicher Hand verlangte alsbald nach Rechtfertigung. Da eine transzendentale Rechtfertigung nicht mehr zur Verfügung stand, suchte die Sozialphilosophie sie auf Vernunftgründe, die jedermann ungeachtet seines Glaubens zugänglich sein mußten, zu stützen. Politische Herrschaft wurde als legitim betrachtet, wenn sie vor der Vernunft Bestand hatte, und als Prüfstein galt die hypothetische Zustimmung jedes vernünftigen Menschen. Herrschaft war dann nicht mehr auf göttliche Einsetzung gegründet, wie die Monarchen nach wie vor beanspruchten, sondern auf einen gedachten Vertrag. Die Bedeutung der vertraglichen Legitimation politischer Herrschaft lag in der Leugnung originärer Herrschaftsbefugnisse. Herrschaft leitete sich vielmehr von der Zustimmung der Beherrschten ab. Damit war nicht notwendig eine Abkehr vom monarchischen Absolutismus verbunden. Unter dem Eindruck der konfessionellen Bürgerkriege konnte es im Gegenteil als vernünftig erscheinen, alle natürlichen Rechte an den Staat abzutreten, wenn nur so Leben und Eigentum gesichert werden konnten, wie Hobbes lehrte. Auf diese Weise lieferte die Vertragstheorie anfangs eine Rechtfertigung des Absolutismus und trug zur Machtsteigerung des Staates bei. Die Vertragsform war freilich für verschiedene Inhalte offen. In Holland, wo die Generalstände 1581 die Unabhängigkeit von der spanischen Krone erklärt hatten, wurde die Souveränität schon früh beim Volk und nicht beim Fürsten angeknüpft. Auf lange Sicht unterhöhlte die Vertragstheorie auch in anderen Ländern die absolute Gewalt des Monarchen. Je besser dieser seine Funktion der Wiederherstellung des inneren Friedens erfüllte, desto unplausibler mußte es ja erscheinen, daß er über unbegrenzte Macht verfügte. Daher veränderte sich in der jüngeren Vertragstheorie der Inhalt des Sozialvertrags. Angesichts einer im Grunde friedlichen und harmonischen Gesellschaft verlangte die Vernunft nur noch die Abtretung jener natürlichen Rechte, die der Staat benötigte, um Freiheit und Selbstbestimmung jedes Einzelnen gegen externe Störungen abzuschirmen. Mit diesem Inhalt entfaltete die Vertragstheorie ein kritisches Potential gegen den unbegrenzten Verfügungsanspruch des absoluten Monarchen und die Entmündigung der Gesellschaft.

2. Der aufgeklärte Absolutismus als Übergangsperiode

Als diese Version der Vertragstheorie Ende des 17. Jahrhunderts von Locke formuliert wurde, konnte sie als Ausdruck der tatsächlichen Zustände der englischen Monarchie nach der Glorious Revolution erscheinen. In der kontinentaleuropäischen Situation mußte sie dagegen revolutionär wirken und fand erst Resonanz, nachdem ein wohlhabendes und selbstbewußtes Bürgertum entstanden war, das sich durch die alte Ordnung der Standesschranken und des staatlichen Dirigismus im Bereich der Wirtschaft eingeengt sah und daher für eine Theorie empfänglich wurde, die Veränderungen rechtfertigte. So verhielt es sich seit der Mitte des 18. Jahrhunderts in Frankreich, während die große Mehrheit des deutschen Bürgertums aufgrund des wirtschaftlichen Entwicklungsrückstands für den Liberalismus noch nicht hinreichend vorbereitet war. Die führende Position des Staates wurde in Deutschland nicht grundsätzlich in Frage gestellt, und auch das Vernunftrecht behielt seinen etatistischen Zug. In der Tat waren es in Deutschland die Monarchen der fortgeschrittensten Staaten, Österreich und Preußen, die aus eigener Initiative zur Überwindung des Feudalsystems und zur Modernisierung der Gesellschaft ansetzten. Die Sozialphilosophie der Aufklärung sah daher hier in den absoluten Monarchen ihre natürlichen Verbündeten. Unter dem Einfluß der aufklärerischen Theorie begannen diese nun, zwischen Herrscher und Staat zu unterscheiden und ihre Funktion als Dienst am Staat zu verstehen, dessen Wohl nicht mehr mit dem Interesse der Dynastie in eins fiel. Ebenso wandelte sich der Begriff des Gemeinwohls. Es bestand nicht mehr ausschließlich in der Staatsmacht, sondern umfaßte auch die individuelle Glückseligkeit. Damit ging eine gewisse Lockerung der bestehenden Bindungen einher. Der Staat schickte sich nicht nur an, seine Untertanen von feudalen, korporativen und kirchlichen Bindungen zu befreien, sondern erlegte auch sich selbst gewisse Beschränkungen im Interesse größerer Individualfreiheit auf. Die Herrscher waren aber nicht bereit, dem Einzelnen die ungeteilte Entscheidung über sein eigenes Glück zuzugestehen oder ihn gar an der Bestimmung des Gemeinwohls zu beteiligen. Der Staat behielt vielmehr die alleinige Einsicht in das Gemeinwohl, während die Vorstellungen der Gesellschaft ohne Belang für ihn blieben. Daran zeigt sich, in welchem Maß auch der aufgeklärte Absolutismus immer noch Absolutismus war.

3. Die Entstehung des liberalen Staates

Im Gegensatz dazu blieb der physiokratische Einfluß auf den französischen Staat eine kurzlebige und erfolglose Episode. Die absolute Monarchie verteidigte vielmehr die alte Ordnung desto hartnäckiger, je stärker sie vom Dritten Stand angegriffen wurde. Die Aufklärung ging daher in Frankreich eine Allianz mit dem Bürgertum gegen den Staat ein. Dessen Unwilligkeit und Unfähigkeit zur Reform drängte den Dritten Stand schließlich auf den Weg der Revolution. Revolution bedeutete dabei nichts anderes als die gewaltsame Übernahme der Staatsgewalt. Die Französische Revolution wäre allerdings mißverstanden, wenn man sie vornehmlich unter staatlich-politischem Blickwinkel interpretierte. Das eigentliche Ziel des französischen Bürgertums war die Umstellung der

Gesellschaftsordnung von ständisch-feudalen Bindungen auf individuelle Freiheit, weil dadurch jene Selbststeuerungsmechanismen zum Zuge kamen, die nach der liberalen Doktrin automatisch wirtschaftlichen Wohlstand und soziale Gerechtigkeit hervorbrachten. Die politische Macht war nur das unerläßliche Mittel zur Erreichung dieses Zwecks. Allerdings hatte der Wandel der Sozialordnung Konsequenzen für die Gestaltung des politischen Systems, weil individuelle Freiheit und absolute Staatsmacht unvereinbar waren. Daher konnte der Staat nicht unverändert bleiben, wenn die Sozialreform erfolgreich sein sollte. Traf es zu, daß soziale Gerechtigkeit die von selbst eintretende Folge individueller Selbstbestimmung war, dann verlor der Staat seine umfassende Verantwortung für das Glück des Einzelnen und die Wohlfahrt der Gesamtheit. Seine Funktion reduzierte sich vielmehr darauf, die Voraussetzungen der Zielerreichung, nämlich individuelle Freiheit, zu garantieren. Mittels der Verfassung sollte gesichert werden, daß er diese Funktion nicht überschritt. Daher begrenzten Grundrechte seinen Aktionsradius zugunsten individueller Freiheit, und das Staatsorganisationsrecht band die Staatsmacht an die Gesellschaft zurück, und zwar so, daß jeder Inhaber öffentlicher Gewalt einer direkten oder indirekten gesellschaftlichen Betrauung, die durch die Wahl vermittelt wurde, und jeder Akt öffentlicher Gewalt einer gesellschaftlichen Ermächtigung, die durch das parlamentarisch beschlossene Gesetz vermittelt wurde, bedurfte.

4. Die Beibehaltung der Souveränität

Mit der Vorstellung, daß die Gesellschaft auch ohne einen allmächtigen Staat zu Wohlstand und Gerechtigkeit gelangen könne, entfiel die historische Rechtfertigung für Souveränität. Dennoch war das französische Bürgertum nicht bereit, auf die Souveränität zu verzichten. Der Grund lag in dem Widerstand, den die privilegierten Stände des Ancien régime den liberalen Reformen entgegensetzten. Angesichts dieses Widerstands hing der Erfolg der Revolution von einer in ihrer Durchsetzungskraft eher noch gesteigerten öffentlichen Gewalt ab, die die sozialen und politischen Reformen sicherstellen konnte. Darin liegt auch die Erklärung für den offenkundigen Unterschied zwischen den Verfassungen, die aus der Französischen Revolution einerseits, der amerikanischen

Revolution andererseits hervorgingen. Obwohl beiden dieselben theoretischen Prämissen zugrundelagen, lief die französische Verfassung auf einen souveränen Staat hinaus, die amerikanische dagegen nicht. In Amerika, wo es Standesschranken, Feudalismus und Merkantilismus nie gegeben hatte, bestand auch kein Bedürfnis nach einer liberalen Sozialreform. Die amerikanische Revolution konnte sich nach dem Bruch mit England auf eine Veränderung des Regierungssystems und die Errichtung von Sicherungen gegen den Mißbrauch der Staatsgewalt beschränken. In Frankreich mußte die öffentliche Gewalt dagegen denjenigen Zustand, der in Amerika wie die naturgemäße Ordnung erscheinen mochte, erst schaffen. Aus diesem Grunde zerstörte die Französische Revolution zwar die absolute Monarchie, aber nicht den souveränen Staat. Sie wechselte nur das Subjekt der Souveränität aus und übertrug sie vom Monarchen auf das Volk, in dessen Namen fortan alle staatlichen Funktionen ausgeübt wurden. Der Patrimonialstaat war damit endgültig überholt. An seine Stelle trat der Staat als abstrakte Größe. Seine Konstruktion nach Vernunftgesichtspunkten und auf der Basis einer geschriebenen Verfassung vollendete die vom Absolutismus nicht zum Abschluß gebrachte Konzentration der öffentlichen Gewalt, indem alle intermediären Gewalten, die sich im Ancien régime zwischen Staat und Individuen geschoben hatten, aufgelöst wurden, die Gerichte ihre Befugnis zur Rechtmäßigkeitskontrolle von Staatsakten, insbesondere Gesetzen, verloren, ein effektiver, nicht käuflicher öffentlicher Dienst und ein öffentliches Schulsystem errichtet wurden. Staat und Souveränität behielten auf diese Weise auf dem Kontinent ihre zentrale Bedeutung auch im Liberalismus.

5. Die Rangverkehrung von Staat und Gesellschaft

Nachdem die Sozialreform abgeschlossen war, konnte sich auch der französische Staat auf den Freiheitsschutz zurückziehen. Verglichen mit dem absoluten Staat bedeutete das nicht nur eine Funktionsbeschränkung, sondern auch einen Rangverlust. Die liberale Prämisse von dem Bedingungsverhältnis zwischen individueller Freiheit und allgemeiner Wohlfahrt mußte ja die hergebrachte Rangfolge von öffentlichen und privaten Interessen umkehren. Sorgte eine »invisible hand« dafür, daß alle ihre Einzelinteressen verfolgen konnten und am Ende doch immer das Gesamtinteresse dominierte, dann blieb für ein über den Freiheits-schutz hinausgehendes öffentliches Interesse kein Raum mehr. Das öffentliche Interesse, das früher das Betätigungsfeld des priva-ten abgesteckt hatte, empfing nun von diesem seine Bestimmung. Damit war aber auch der Staat als Sachwalter des Gesamtinteres-ses seiner Leitungsfunktion für die Gesellschaft entkleidet und trat in eine dienende Rolle. Desgleichen blieb dem öffentlichen Recht, das bis dahin dem privaten vorgegangen war, nur noch eine Schutzfunktion für dieses. Das galt selbst für die Verfassung, die dem Privatrecht zwar formal übergeordnet war, jedoch nur im In-teresse seines desto wirksameren Schutzes gegen die Staatsmacht. Diese hatte sich ja durch die Abkehr vom Absolutismus in ihrer Substanz nicht geändert. Der Staat benötigte vielmehr auch für seine reduzierte Funktion das Monopol legitimer physischer Ge-walt und unterschied sich gerade darin von der Gesellschaft, die ihrerseits von Herrschaft befreit und auf freiwillige Kooperation verwiesen war. Die Priorität der Gesellschaft blieb aber insofern gewahrt, als sie es war, die dem Staat die Bedingungen des Einsat-zes der öffentlichen Gewalt vorschrieb. Ihre gewählten Repräsen-tanten legten im Parlament gesetzlich fest, wann und wie der Staat zum Zweck des Freiheitsschutzes in die individuelle Freiheit ein-greifen durfte. Dabei garantierte, wie Rousseau dargelegt hatte, die gleichberechtigte Mitwirkung aller an politischen Entschei-dungen und die gleichmäßige Betroffenheit aller von diesen Ent-scheidungen, daß der Staat nicht in den Dienst von Partikularin-teressen treten konnte, sondern auf das Gemeinwohl bezogen blieb.

6. Die Wendung zum Klassenstaat

Die gerechtigkeitsverbürgenden demokratischen Prinzipien wur-den von der liberalen Praxis allerdings weitgehend desavouiert. Die Beschränkung des Wahlrechts auf die besitzenden und gebil-deten Schichten, wie sie in allen liberalen Staaten üblich war, wirkte sich in einer Gleichsetzung des Gesamtinteresses mit den bürgerlichen Interessen aus. Vor allem die französische Juli-Mon-archie liefert dafür reiches Anschauungsmaterial. Zu dieser Zeit war die Konstellation von 1789, in der sich das Bürgertum noch überzeugend als Vertreter gesamtgesellschaftlicher Interessen aus-geben konnte, freilich längst Vergangenheit. Die Industrielle Revolution hatte den Vierten Stand hervorgebracht, der gerade durch den Mangel an Besitz und Bildung gekennzeichnet war und in einem über den Markt gesteuerten System nur seine Arbeitskraft verwerten konnte. Da diese wohlfeil war, setzten sich unter dem Schutz der Vertragsfreiheit Ausbeutung und Not in der Gesellschaft fest. Der grundlegenden Annahme des Liberalismus, daß individuelle Freiheit automatisch soziale Gerechtigkeit verbürge, war dadurch der Boden entzogen. In Wahrheit konnte das liberale Sozialmodell mit seinen über individuell ausgehandelte Verträge gesteuerten Sozialbeziehungen seine Verheißung nur einlösen, wenn der rechtlichen Gleichheit der Vertragspartner ein annäherndes faktisches Gleichgewicht entsprach. Daran fehlte es aber seit der Industriellen Revolution endgültig. Unter diesen Umständen war das Verharren des Staates bei der Nicht-Intervention kein Ausdruck seiner Neutralität, sondern Parteinahme für die stärkere Seite. Der Staat diente Klasseninteressen. Diese Erfahrung löste eine antistaatliche Wendung in der politischen Theorie aus, und es ist kein Zufall, daß diese Bewegung gerade unter den Sozialisten und Syndikalisten Frankreichs besondere Verbreitung fand. Viele von ihnen erblickten das eigentliche Hindernis sozialer Gerechtigkeit nicht in der Eigentumsverteilung oder in den Wahlrechtsbeschränkungen, sondern im Staat als solchen. Unabhängig von der Marxschen Theorie wurde soziale Gerechtigkeit für sie zu einer Frage der Abschaffung des Staates. Aber auch Marx' Theorie vom Staat als Agent von Klasseninteressen, der absterben mußte, sobald die Klassenspaltung überwunden war, ist ein Resultat des Anschauungsmaterials, das die französische Juli-Monarchie bot.

7. Das deutsche Modell der Trennung von Staat und Gesellschaft

Anders als in Frankreich bestand unter den deutschen Liberalismus-Kritikern eine starke Neigung, soziale Gerechtigkeit von vermehrter Staatstätigkeit zu erwarten. Diese Erwartung hatte ihre empirische Grundlage in dem Umstand, daß der deutsche Staat nie in demselben Ausmaß wie der französische bürgerlicher Staat geworden war. Das deutsche Bürgertum hatte die Französische Revolution begrüßt, jedenfalls vor der Hinrichtung Ludwigs XVI., war aber nicht in der Lage, selbst zur Revolution zu schreiten. Die Verfassungen, die nach und nach auch in Deutschland Verbreitung fanden, wurden nicht vom Volk erkämpft, sondern von den Fürsten freiwillig gewährt. Sie sicherten mittels Grundrechten eine staatsfreie Sphäre privater Interessenverfolgung, in die die Regierung nur aufgrund einer zuvor erteilten Ermächtigung durch parlamentarisches Gesetz eingreifen durfte. Dessen ungeachtet beanspruchten die Fürsten die Staatsgewalt aber weiterhin ungeteilt für sich. Das führte dazu, daß die Volksvertretungen, obwohl verfassungsmäßige Organe, genau genommen außerhalb des Staates standen, der weiterhin vom Monarchen sowie seiner Verwaltung und seinem Heer gebildet wurde. Die Volksvertretung gewann keinen Einfluß auf die dem Staat vorbehaltenen Bereiche. Da es dem deutschen Bürgertum nicht gelungen war, den Staat seinem Willen zu unterwerfen, wurde es auf denjenigen Bereich verwiesen, den der Staat freigegeben und privater Initiative überlassen hatte. Freiheit bedeutete unter diesen Umständen nicht Teilhabe an der Bildung des Gemeinwillens, sondern Abwesenheit von staatlicher Lenkung. Einerseits verlor der Staat die vollständige Herrschaft über die Gesellschaft, die er im Absolutismus beansprucht hatte. Andererseits gewann die Gesellschaft nicht die Oberhand über den Staat, wie sie die Volkssouveränität vermittelte. Es war diese Konstellation, die zu der Trennung von Staat und Gesellschaft führte, die typisch für die deutsche politische Tradition im 19. Jahrhundert wurde und in dieser Form weder in Frankreich noch in den angelsächsischen Ländern bestand. Die Kompensation für das demokratische Defizit wurde im Rechtsstaat gesucht, der die Privatsphäre gegen staatliche Interventionen abschirmte, und die Vollendung des Rechtsstaats rückte zum wichtigsten politischen Anliegen des deutschen Bürgertums nach der fehlgeschlagenen Revolution von 1848 auf.

8. Die Überhöhung des Staates

In diesem dualistischen Konzept erschien die Gesellschaft als Ansammlung partikularer Interessen. Ohne den Staat war sie nicht fähig, zum Gemeinwohl zu gelangen. Erst recht bedurfte sie seiner, um zu einer unter einem Prinzip oder einer Idee geeinten Gemeinschaft zu werden. Der Staat verkörperte so alle höheren Werte des menschlichen Lebens, und nur unter seiner Führung und Hilfe konnte auch der Einzelne seine Bestimmung erreichen. Die Überhöhung und Idealisierung des Staates, wie sie in Hegels Philosophie kulminierte, war die zwangsläufige Konsequenz der gänzlich privaten Vorstellung von Gesellschaft in Deutschland. Diese Auffassung begünstigte eher einen substantiellen als einen funktionalen Staatsbegriff. Diesem Anspruch hielt weder der westeuropäische Staat stand, der einige Dienstleistungen für eine im Prinzip sich selbst genügende Gesellschaft erbrachte, noch der bloße Garant individueller Freiheit, wie er von der liberalen Theorie gefordert wurde, sondern nur ein Staat, der die Erfüllung aller höheren Bestrebungen des nationalen Lebens versprach. Ein solcher Staat konnte freilich nicht mit der zufälligen Person des Herrschers identifiziert werden. Die Annahme, daß es der Monarch sei, von dem alle staatlichen Entscheidungen ausgingen, war ohnehin von der Realität überholt worden. Die Möglichkeit des persönlichen Regiments setzte wesentlich einfachere Verhältnisse voraus. Die Theorie folgte der veränderten Wirklichkeit nach und gab im Lauf des 19. Jahrhunderts die Vorstellung vom Patrimonialstaat preis. Auch in Deutschland wurde der Staat nun als eigenständiges Gebilde, für welches der Monarch nur als oberstes Organ auftrat, begriffen, wobei organische Deutungen dieses Gebildes vorherrschten. Obwohl in Deutschland nie Zweifel an der Existenz der Souveränität aufgekommen waren, warf diese Umdeutung doch die Frage nach ihrem Träger auf. Ohne Zweifel schied, anders als in Frankreich, das Volk als Träger der Souveränität aus. Ebensowenig war es freilich möglich, die Souveränität dem Organ einer anderen Einheit zuzuschreiben. Daher kam die deutsche Theorie gegen Ende des 19. Jahrhunderts zu dem Schluß, daß es der Staat als solcher sei, dem die Souveränität zustehe, eine Lösung, die freilich wenig half, wenn die Ausübung von Souveränitätsrechten zwischen verschiedenen Organen des Staates in Streit geriet.

9. Der Aktionsradius des deutschen Staates

Die eigentümliche Stellung des deutschen Staates spiegelte sich nicht nur in der Theorie wider, sondern hatte durchaus praktische Konsequenzen. Der Umstand, daß das alte monarchische System nicht durch eine erfolgreiche Revolution überwunden, sondern nur durch konstitutionelle Zugeständnisse modifiziert worden war, ermöglichte es dem Staat, weiterhin die alleinige Verantwortung für das Gemeinwohl zu beanspruchen. Dieses ließ sich dann weder mit den Interessen einer herrschenden Klasse identifizieren noch als Resultante der Auseinandersetzung verschiedener gesellschaftlicher Interessen ansehen. Das Gemeinwohl blieb vielmehr eine Größe oberhalb der partikularen Interessen, der nur von dem selbst interessenfreien Staat erkannt werden konnte. Damit ist nicht gesagt, daß der Staat die vorgebliche Neutralität gegenüber den partikularen Interessen tatsächlich wahrte oder eine unparteiliche Politik betrieb. Aber der Staat genoß eine gewisse Unabhängigkeit von den partikularen Interessen, die in Ländern, welche verfassungsrechtlich weiter fortgeschritten waren als Deutschland, keine Parallele fand. Der deutsche Staat ließ sich auch soziologisch betrachtet nie in einem solchen Maß dem Bürgertum zuschreiben wie das für einige seiner westlichen Nachbarn zutraf. Wenn er ökonomischen Liberalismus praktizierte, blieb dieser doch dem Staatsinteresse untergeordnet. Er diente als Mittel zur Modernisierung der Gesellschaft im staatlichen Interesse. Daher konnte er auch eingeschränkt oder aufgegeben werden, wenn das staatliche Interesse andere Mittel erforderte. Es ist daher kein Zufall, daß sich soziale Ideen in Deutschland viel weniger gegen den Staat richteten als in Frankreich. Die Lösung der sozialen Frage wurde im Gegenteil vom monarchischen Staat erwartet. Diese Erwartung stimmte mit der paternalistischen Haltung überein, die für den absoluten Staat kennzeichnend gewesen und auch im konstitutionellen Staat nie gänzlich abgelegt worden war. Sie ließ sich wiederbeleben, als eine ganze Klasse der Gesellschaft in Not geriet und dadurch zur Bedrohung für das System wurde. Abhilfe für die Not der Arbeiterklasse war auch in anderen Industrienationen gefordert worden, aber das offenkundige Scheitern der Bemühungen dort und ihr erstaunlicher Erfolg hier finden ihre Erklärung gerade in dem unterschiedlichen Typ von Staatlichkeit. Die Tatsache, daß Deutschland trotz seiner konstitutionellen Rückschrittlichkeit führend in der Sozialpolitik wurde, liegt gerade in der Position des Staates in diesem Land begründet.

10. Die Identität des liberalen Staates

Der Wechsel vom Absolutismus zum Liberalismus, der den Abstand zwischen England und dem Kontinent verringerte, veränderte zwar die Funktion und Konstruktion, nicht aber die Natur des kontinentalen Staates. Im Gegenteil trat er in seiner Abstraktheit und Unpersönlichkeit erst jetzt unverstellt zutage, vollendete das Gewaltmonopol und zog daraus seine Identität im Gegensatz zur Gesellschaft. Indessen wechselte die Grundlage der Identität. Im Absolutismus beruhte die Identität des Staates auf dem Monopol des Politischen, das die Gesellschaft von jeder aktiven Teilhabe ausschloß und sie politisch in eine gänzlich passive Rolle drängte. Dieses Monopol verschwand, als das Volk in die Politik eintrat: entweder als Souverän, der nun seinerseits die Aktionen des Staates bestimmte wie in Frankreich, oder als Teilhaber an bestimmten politischen Entscheidungen wie in Deutschland. Da das Volk jedoch aus sich heraus zu organisiertem politischen Handeln unfähig ist, entstanden zur selben Zeit nichtstaatliche politische Institutionen wie Parteien und Verbände, Presse und öffentliche Meinung. Politik ließ sich seitdem unter Beschränkung auf den Staat nicht mehr zureichend beschreiben. Trotz des Verlustes seiner Monopolstellung blieb der Staat aber auch im Liberalismus eine unterscheidbare Größe. In Deutschland erlaubte die Trennung von Staat und Gesellschaft, die das Produkt einer Situation war, in der der Absolutismus von den Fürsten nicht länger aufrechterhalten und die Demokratie vom Volk noch nicht errungen werden konnte, eine verhältnismäßig klare gegenständliche Scheidung zwischen öffentlichen und privaten Angelegenheiten. In denjenigen Ländern, die den Staat auf die Volkssouveränität gründeten und so den deutschen Typ der Trennung von Staat und Gesellschaft nicht zuließen, war der Staat gleichwohl durch seine Funktionen unterscheidbar. Diese hoben sich ja für den Liberalismus klar von denjenigen der Gesellschaft ab. Während die Gesellschaft in ihren Aktivitäten grundsätzlich keiner Beschränkung unterlag, war der Staat auf die Wahrung von Sicherheit und Ordnung beschränkt. Die Erfüllung dieses Auftrags erforderte das Monopol physischer Gewalt, das umgekehrt die Gesellschaft als herrschaftsfreie Sphäre, die nur durch vertragliche Beziehungen koordiniert war, zurückließ. Obwohl Grenzüberschreitungen vorkommen konnten, stand die Grenze als solche doch außer Frage.

III. Die Krise des Liberalismus und der Wohlfahrtsstaat

1. Die Identitätsprobleme des gegenwärtigen Staates

Die Gewißheit früherer Jahrhunderte über den Staat ist mittlerweile verloren gegangen. Seine einstige Identität resultierte aus der Differenz zur Gesellschaft als einer auf Herrschaft angewiesenen Sphäre. Diese Differenz war in der Epoche des Absolutismus evident. Sämtliche Herrschaftsfunktionen verdichteten sich zu einer umfassenden obersten Gewalt, die einem persönlichen Träger, dem Monarchen, zustand, der sie als originäres und unbegrenztes Recht ausübte und weder des Konsenses noch der Mitwirkung der Herrschaftsunterworfenen bedurfte. Der Staat zeichnete sich durch das Gewaltmonopol aus. Dieses Kriterium zog die Linie zwischen zwei verschiedenen Personengruppen, so daß es möglich schien, zwischen Staat und Gesellschaft geradezu auf einer physischen Basis zu unterscheiden: der Staat bestand aus Personen mit öffentlicher Gewalt, die Gesellschaft aus Personen ohne öffentliche Gewalt. Nachdem die Einheit von Staat und Herrscher zerbrochen war und der Staat als abstrakte, unpersönliche Größe erschien, entfiel die Möglichkeit, zwischen Staat und Gesellschaft auf einer physischen Basis zu unterscheiden. Das galt vollends, wenn die Souveränität dem Volk zugeschrieben wurde. Die Differenz ließ sich dann nur noch auf einer funktionalen Ebene aufrechterhalten. Die liberale Theorie der Staatsaufgaben erleichterte freilich eine solche Unterscheidung. Nach dieser Theorie bestand die einzige Aufgabe des Staates in der Wahrung einer vorausgesetzten Ordnung, und das bedeutete im wesentlichen den Schutz der Bevölkerung vor auswärtigen Angreifern und die Rechtsdurchsetzung im Inneren. Für diesen begrenzten Zweck war der Staat mit allen nötigen Zwangsmitteln ausgerüstet, während sämtliche Tätigkeiten, die keine Gefahr für den inneren Frieden bildeten, der Gesellschaft überlassen blieben, die ihrerseits wiederum keinerlei Recht zur Gewaltanwendung beanspruchen konnte. Diese Unterscheidung von Funktionen und Mitteln erlaubte weiterhin eine klare Identifizierung des Staates. Wenn die gegenwärtige Unsicherheit über den Staat eine tatsächliche Grundlage hat, so muß diese in den funktionalen Beziehungen zwischen Staat und Gesellschaft zu finden sein. Die Zweifel, die aufgetaucht sind, legen die Vermutung nahe, daß hier seit der Blüte des Liberalismus einige Veränderungen eingetreten sind.

2. Die Industrielle Revolution und die Soziale Frage

Die Rechtfertigung für die Begrenzung der Staatsfunktionen lag in der liberalen Annahme begründet, daß soziale Gerechtigkeit und wirtschaftlicher Wohlstand am besten durch individuelle Freiheit gewährleistet würden. Die Regulierung der gesellschaftlichen Beziehungen wurde unter diesen Umständen dem Marktmechanismus überlassen, während staatliche Reglementierungen diesen Mechanismus stören mußten und daher das Gemeinwohl beeinträchtigten. Die Richtigkeit dieser Annahme geriet nach der Industriellen Revolution zunehmend in Zweifel. Die unmittelbare Folge der Industriellen Revolution bestand darin, daß in zahlreichen Gebieten der Marktmechanismus den von ihm erwarteten gerechten Interessenausgleich nicht mehr zu verbürgen vermochte. Das traf zunächst für den Arbeitsmarkt zu, von dem in der Industriegesellschaft mehr und mehr Menschen abhingen. Das Ergebnis war die Entstehung des Proletariats, dessen Not nicht, wie der Liberalismus einkalkuliert hatte, auf persönlichem Versagen beruhte, sondern strukturell bedingt und daher auch durch persönliche Anstrengung nicht behebbar war. In dem Prozeß wirtschaftlicher Konzentration, der der Industriellen Revolution folgte, wiederholte sich der Vorgang für große Teile des Warenmarktes. Allgemeiner gewendet, machte die Industrielle Revolution endgültig klar, daß individuelle Freiheit nur unter der zusätzlichen Bedingung eines annähernden Kräftegleichgewichts der Individuen zu sozialer Gerechtigkeit führte. Die Existenz eines solchen Gleichgewichts war die stillschweigende Voraussetzung der liberalen Theorie gewesen, die sich unter vorindustriellen Bedingungen ausgebildet hatte. Im selben Maß, wie die vorausgesetzte Chancengleichheit verschwand, konnten Eigentums- und Vertragsfreiheit den vernünftigen Interessenausgleich nicht mehr garantieren. Das Prinzip der Freiheit entfaltete seine intendierte Wirkung zwar weiterhin in der Begrenzung des Staates. In der sozialen Dimension entpuppte es sich dagegen als Unterdrückungsmittel in der Hand der Stärkeren. In die von staatlicher Macht befreite Sphäre zogen soziale Machtstrukturen ein. Das liberale Ziel allgemeiner Wohlfahrt und sozialer Gerechtigkeit war mit den liberalen Mitteln nicht mehr erreichbar.

3. Die wachsende Komplexität der Industriegesellschaft

Zu dieser unmittelbaren Konsequenz der Industriellen Revolution gesellten sich auf längere Sicht weitere Folgen, die die liberale Staatsvorstellung in Mitleidenschaft zogen. In unserem Zusammenhang ragt dabei der nach wie vor anhaltende wissenschaftliche und technische Fortschritt hervor. Der Bereich natürlicher Entwicklungen verkleinert sich dadurch, während mehr und mehr ehedem natürliche Verläufe vom Menschen beherrscht werden können. Es findet eine generelle Zunahme des Machbaren statt. Für die Staatsfunktion ist das von Bedeutung, weil Machbarkeit stets verschiedene Wege eröffnet und die Richtung, die eingeschlagen werden soll, in den meisten Fällen umstritten und daher entscheidungsbedürftig ist. Von einem bestimmten Grad der Strittigkeit an werden die Probleme als politisch empfunden und dem Staat zur Lösung übertragen. Insofern besteht ein direkter Zusammenhang zwischen der technischen Entwicklung und den staatlichen Aufgaben. Die Reichweite der Politik hat sich verglichen mit der Epoche des Absolutismus dadurch erheblich ausgeweitet. Die Industrielle Revolution bringt daneben aber auch eine ebenfalls anhaltende Spezialisierung der sozialen Funktionen mit sich. Das hat einen doppelten Effekt. Zum einen erhöht die funktionale Spezialisierung die Leistungsfähigkeit der Gesellschaft. Zum anderen steigert sie aber auch die gesellschaftliche Interdependenz und damit zugleich die Störungsanfälligkeit. Das binäre Modell der Regulierung sozialer Beziehungen mittels frei ausgehandelter individueller Verträge scheint für den erreichten Grad sozialer Interdependenz nicht komplex genug zu sein. Das System bringt vielmehr Folge- und Nebenwirkungen hervor, die die Kontrolle der Vertragspartner übersteigen und dann als externe Kosten anfallen, die der Gesamtgesellschaft aufgebürdet werden. Auch deswegen resultiert die freie private Interessenverfolgung nicht mehr automatisch in dem Gemeinwohl. Die Fähigkeit der Gesellschaft, soziale Integration und soziale Gerechtigkeit durch eine »invisible hand« zu gewährleisten, ist im Schwinden begriffen. Im gleichen Maß steigt der Bedarf an staatlicher Lenkung.

4. Die Ausweitung der Staatsaufgaben

Während die Erfahrung des Absolutismus die Forderung nach dem Rückzug des Staates aus der Gesellschaft hervorgerufen hatte, führte die Erfahrung des Liberalismus zum Ruf nach seiner Rückkehr. Vom Staat wird seitdem wieder erwartet, daß er Verantwortung für soziale Gerechtigkeit und wirtschaftlichen Wohlstand übernimmt. Je mehr die Negierung dieser Erwartung seine Legitimität bedrohte, desto weniger vermochte er sein anfängliches Zögern aufrechtzuerhalten. Seit dem späten 19. Jahrhundert läßt sich eine kontinuierliche Ausweitung des öffentlichen Sektors beobachten. Dabei können drei Schritte unterschieden werden. Zunächst begann der Staat die offenkundigsten Mißbräuche ökonomischer Freiheit, namentlich auf dem Gebiet der Arbeitsbeziehungen und des wirtschaftlichen Wettbewerbs, zu korrigieren. Sein Instrument war das Gesetz, das die Grenzen wirtschaftlicher Freiheit enger zog und eben dadurch den schwächeren Gliedern der Gesellschaft erhöhten Schutz bot. Die zweite Etappe folgte der sozialen und wirtschaftlichen Krise nach dem Ersten Weltkrieg. Angesichts dieser Krise und bedingt durch allgemeines Wahlrecht und Demokratie beschränkte sich der Staat nicht mehr auf gesetzgeberische Korrekturen des laissez-faire, sondern sprang zur Überwindung ökonomischer Engpässe und sozialer Notlagen ein. Aufgaben dieser Art ließen sich freilich nicht allein durch Gesetzgebung erfüllen, sondern verlangten tatsächliche Hilfsmaßnahmen finanzieller und sächlicher Art. Nach und nach entwickelte der Staat so ein ganzes System von Vorsorge für die Risiken von Armut, Arbeitslosigkeit, Unfall, Obdachlosigkeit, Krankheit etc. Angesichts der wachsenden Komplexität und Verflechtung fortgeschrittener Industriegesellschaften erwiesen sich jedoch die auf eine vorausgesetzte Ordnung bezogenen nachträglichen und punktuellen Korrekturen des Staates bald als ungenügend. Daher wird vom Staat in der dritten Etappe erwartet, daß er drohende Krisen antizipiert und durch geeignete Vorkehrungen vermeidet, für eine günstige Infrastruktur sorgt, technologischen Fortschritt initiiert und die gesellschaftliche Entwicklung auf bestimmte Ziele hin aktiv steuert. Überdies verlangt die Logik des Wohlfahrtsstaats nach Kompensation für alle Arten individueller Benachteiligung, so daß man dem Staat heute wieder die umfassende Verantwortung für die soziale und kulturelle Wohlfahrt der Gesellschaft zuschreiben kann, die er vor der liberalen Ära besaß.

5. Machtverlust durch Funktionszuwachs

Diese Abfolge der Ausweitung von Staatsaufgaben darf nicht so verstanden werden, als hätte eine neu hinzutretende Funktion die vorhergehenden ersetzt. Der Prozeß verlief vielmehr kumulativ und führte zu einer enormen Ausweitung des Verwaltungspersonals und des staatlichen Finanzvolumens. Es erscheint allerdings fraglich, ob diese Zunahme auch zur Stärkung des Staates beigetragen hat. Im Gegensatz zu dem kleinen und homogenen Stab des absoluten Herrschers und selbst des konstitutionellen Monarchen ist der gegenwärtige öffentliche Dienst so angewachsen, daß er weder von einem Zentrum aus steuerbar noch für einen konzentrierten Einsatz geeignet erscheint. Vielmehr erstrecken sich die sozialen Spannungen und Widersprüche in den Staat selbst und verringern seine Kohärenz. Dasselbe gilt für die Vielzahl der Staatsfunktionen. Je mehr Bereiche der staatlichen Steuerung geöffnet werden, desto mehr Zielkonflikten sieht er sich ausgesetzt. Häufig verfolgen verschiedene Verwaltungszweige wissentlich oder absichtslos unvereinbare Zwecke oder verursachen unvorhergesehene Folgewirkungen in anderen Ressorts. Der Bedarf an Koordination, den die Ausweitung der Staatstätigkeit begründet, übersteigt bei weitem die Kapazität des politischen Systems. Zwar ist der öffentliche Dienst mit wenigen Ausnahmen immer noch in eine hierarchische Organisation eingebettet. Indessen wird die Spitze der Hierarche von einer bestimmten Größe an mit Verantwortlichkeiten dermaßen überlastet, daß die politische Führung der Verwaltung nur noch symbolische Bedeutung hat. Überdies ist das moderne Instrumentarium des Staates wie die Planung künftiger Entwicklungen oder die Prävention gegen unerwünschte Zustände einer hierarchischen Organisation weniger zugänglich als die traditionelle Repressionsfunktion. Gesetzliche Bindungen der Verwaltung vermögen diese Lücke nicht ausreichend zu schließen. Während nämlich die rechtliche Determinierung der punktuell und retrospektiv wirkenden Ordnungsverwaltung verhältnismäßig dicht ausfällt, haben die auf flächendeckende und prospektive Planungen bezogenen Normen eine wesentlich geringere Bindungskraft. Dadurch zerfällt die Staatsgewalt mehr und mehr in unzusammenhängende Partikel. Das macht es schwer, im gegenwärtigen Staat dasjenige homogene Handlungssubjekt zu sehen, als das er lange Zeit gelten konnte.

6. Der Abbau der Zwangsgewalt

Obwohl der moderne Wohlfahrtsstaat im Umfang seiner Tätigkeit den absoluten Staat erreicht oder gar übertrifft, sieht er sich, was die Mittel anbelangt, weit stärker beschränkt als dieser. Das spezifische Mittel des Staates zur Erfüllung seiner Funktion ist Befehl und Zwang. Ohne Befehl und Zwang läßt sich die öffentliche Ordnung nicht gegen Störungen aufrechterhalten. Bei der Wahrnehmung seiner Globalverantwortung für wirtschaftliche Entwicklung und soziale Wohlfahrt kann der Staat aber keinen unbegrenzten Gebrauch von diesen Mitteln machen. Die Wirtschaft ist vielmehr grundrechtlich autonom gestellt, und diese Autonomie schließt eine zwangsweise durchsetzbare Steuerung nach politischen Maßstäben im Kernbereich aus. Auf der Autonomie, die es sozialen Subsystemen wie der Wirtschaft erlaubt, sich ihren spezifischen Rationalitätskriterien gemäß zu entwickeln, beruht ihre Leistungsfähigkeit. Daß der Staat von dieser Leistungsfähigkeit abhängt, begrenzt direkte Staatseingriffe womöglich wirksamer, als Verfassungsnormen es können. Die Folge ist, daß der Staat seine Ziele insoweit nur unter Verwendung indirekt wirkender Mittel wie Überzeugung, finanzielle Anreize und Abschreckungen oder Veränderung von Rahmenbedingungen wirtschaftlicher und sozialer Entwicklung verfolgen kann. An Zahl haben diejenigen Staatsfunktionen, die mit indirekten Mitteln wahrgenommen werden, die klassischen Bereiche der Eingriffsverwaltung bereits überrundet. Während deren Anteil am öffentlichen Dienst und an den Staatsausgaben relativ konstant bleibt, steigen die Werte für die planende und gestaltende Verwaltung schnell an. Die quantitative Zunahme geht mit einer Bedeutungssteigerung einher. Die Bedingungen des sozialen Lebens und die Chancen individueller Entfaltung werden regelmäßig von den nicht-imperativen Staatstätigkeiten weit stärker beeinflußt als von punktuellen Eingriffen. Ungeachtet des Volumens und der Bedeutung indirekt wirkender Mittel fördert die partielle Preisgabe der staatlichen Zwangsgewalt ebenfalls die Erosion des Staates. Indirekt wirkende Mittel unterscheiden sich nicht grundsätzlich von dem Instrumentarium, das der Gesellschaft zur Verfügung steht, und tragen daher dazu bei, den Staat aus seiner hierarchischen Position zu verdrängen und auf die gleiche Ebene mit der Gesellschaft zu stellen.

7. Die Abhängigkeit von gesellschaftlicher Kooperation

Der zunehmende Einsatz indirekt wirkender Mittel hat freilich noch einen weiteren und nachhaltigeren Einfluß auf die Möglichkeit der Unterscheidung zwischen Staat und Gesellschaft und der Identifizierung des Staates. In denjenigen Bereichen, in denen der Staat darauf beschränkt ist, Motivationsdaten für gesellschaftliches Verhalten zu setzen, hängt die Erreichung der Staatsziele nicht nur vom effektiven Wirken des Staates selbst, sondern zusätzlich von der Folgebereitschaft nicht-staatlicher Entscheidungsträger ab. Die Angewiesenheit des Staates auf deren Kooperation verschafft ihnen eine privilegierte Position, von der aus sie ihre spezifischen Interessen begünstigt wahrnehmen können. Sie werden in den Stand versetzt, vom Staat entweder Gegenleistungen für ihre Kooperation zu verlangen oder gesteigerten Einfluß auf politische Entscheidungen auszuüben, so daß politische Maßnahmen in diesem Bereich, die formell betrachtet vom Staat ausgehen, in Wirklichkeit das Ergebnis eines Zusammenwirkens staatlicher und privater Akteure bilden. In extremen Fällen kann das als staatlich etikettierte Handeln nur das Ergebnis äußerer Bestimmung sein. Das Problem wird gewöhnlich unter dem Gesichtspunkt privilegierten Einflusses auf den Staat behandelt. Indessen erscheint es fraglich, ob es sich auf diese Weise noch angemessen erfassen läßt. Einfluß, wie stark er auch sein mag, verharrt auf der Schwelle zum Staat und dringt nicht in das Entscheidungszentrum ein. Die Entscheidungsbefugnis bleibt allein den staatlichen Akteuren vorbehalten. Wenn sich der Staat die Entscheidungsmacht aber mit privaten Akteuren teilen muß, dann verlassen diese den Bereich der Gesellschaft und überschreiten die Schwelle zum Staat. Im Maße, wie das geschieht, steht das Monopol der öffentlichen Gewalt als wichtigstes Charakteristikum des modernen Staates auf dem Spiel. Das System entwickelt sich in Richtung auf eine modifiziert korporative Ordnung, und wo korporative Strukturen sich ausbreiten, schwinden klare Abgrenzungen zwischen Staat und Gesellschaft. Einige Züge des vorstaatlich-dezentralen mittelalterlichen Systems tauchen so im politischen System der Gegenwart wieder auf.

8. Die externe Auflösung der Staatsmacht

Die interne Auflösung der obersten Gewalt hat eine externe Parallele. Der moderne Staat fand seine stärkste Ausprägung in den Nationalstaaten des 19. Jahrhunderts. Im Nationalstaat kulminierte die souveräne Gewalt. Äußere Souveränität diente dem Schutz der inneren. Dieses System beruhte auf einer annähernden Kongruenz von Problemlagen und Problemlösungseinheiten. Das schloß die Existenz grenzüberschreitender Probleme nicht aus. Doch mußten sie sich nach Art und Zahl in einem Rahmen halten, der bilaterale Regelungen im Vertragsweg erlaubte. Im Laufe des 20. Jahrhunderts nahm aber durch die wachsende Verflechtung der Wirtschaft, die zunehmende Verdichtung des Kommunikationssystems und die Reichweite und Kraft der modernen Waffen die Zahl derjenigen Probleme erheblich zu, die nicht mehr im Rahmen der Nationalstaaten gelöst werden können. Für eine Vielzahl dieser Probleme bieten internationale Verträge keine ausreichende Abhilfe, weil ihnen eine übernationale Administration fehlt, die die Durchsetzung der Verträge garantieren könnte. Deswegen sind auf regionaler Basis supranationale Organisationen entstanden, denen die Nationalstaaten eine Reihe von Hoheitsrechten übertragen haben. Dabei handelt es sich um einen Vorgang, der mit der bekannten faktischen Aushöhlung der Souveränität kleinerer Staaten nicht vergleichbar ist und sich auch von der Selbstbeschränkung der Nationalstaaten durch vertragliche Bindungen unterscheidet. Verträge lassen die ausschließliche Gewalt des Staates über ihre Bürger unberührt und halten so das wesentliche Charakteristikum der Staatlichkeit aufrecht. Dagegen üben supranationale Organisationen legislative, administrative und sogar judikative Funktionen aus, die ihre rechtlichen Wirkungen ohne Transformation in die Mitgliedstaaten erstrecken und im selben Maß die staatlichen Kompetenzen zurückdrängen. Auf diese Weise gehen Hoheitsrechte, die früher als genuin staatlich und unveräußerlich betrachtet wurden, an externe Einrichtungen über. Das Ergebnis kommt demjenigen nahe, das bereits auf der innerstaatlichen Ebene zu beobachten war: der Staat konzentriert nicht mehr die gesamte legitime Zwangsgewalt in sich, sondern teilt sie mit anderen, nicht staatlichen, aber auch nicht privaten Institutionen. Die Erosion der Staatsgewalt schreitet also von zwei Seiten voran.

Die verschiedenen Auflösungserscheinungen haben eine Reihe von Autoren bewogen, das Ende des Staates anzukündigen, während andere den Begriff des Staates stillschweigend fallen lassen und nur noch vom politischen System sprechen. Die erste Position wird häufig auf einen Vergleich zwischen der klassischen Theorie und der gegenwärtigen Realität des Staates gestützt. Verglich man stattdessen die frühere und die heutige Realität, so fiele das Ergebnis weniger dramatisch aus. In der absolutistischen Epoche beanspruchte der Herrscher zwar ein unbegrenztes Verfügungsrecht über die Sozialordnung, aber es gelang ihm nicht einmal, unmittelbare Hoheitsgewalt über sämtliche Einwohner seines Territoriums zu gewinnen. Die Ausdehnung der Staatsgewalt auf die Gesamtheit der Bewohner war erst das Werk der Französischen Revolution und des liberalen Staates, die alle intermediären Gewalten abschafften und ein unmittelbares Staatsbürgerverhältnis begründeten. Indessen beanspruchte der liberale Staat nicht die unbegrenzte Verfügungsbefugnis über die Gesellschaft. Er respektierte vielmehr die Autonomie der sozialen Subsysteme und suchte seine Aufgabe in der Gefahrenabwehr. Gerade in dieser Beschränkung entfaltete er seine spezifische Stärke. Der gegenwärtige Staat hat seine Funktionen beträchtlich ausgeweitet, kann aber nicht alle unter Einsatz der spezifischen staatlichen Zwangsgewalt erfüllen. Indessen bleiben große Bereiche unbezweifelbarer und effektiver öffentlicher Gewalt bestehen, und auch im Verhältnis zu den supranationalen Organisationen liegt das Schwergewicht der Souveränität immer noch bei den Staaten. Die stillschweigende Ersetzung des Staatsbegriffs reflektiert die offenkundige Tatsache, daß die politische Wirklichkeit unter Beschränkung auf den Staat nicht mehr angemessen begriffen werden kann. Damit ist aber nicht die Frage beantwortet, ob der Staat auch als unterscheidbares Subsystem innerhalb des politischen Systems nicht mehr vorkommt. Stellt man diese Frage, so fällt auf, daß im politischen System einige Akteure das Recht haben, kollektiv verbindliche Entscheidungen zu fällen und mit Gewalt durchzusetzen, andere dagegen nicht. Die letzteren mögen an der Entscheidungsvorbereitung beteiligt sein, selbst den Entscheidungsinhalt maßgeblich bestimmen. Dennoch bleiben sie auf die staatlich verfaßten Organe und Verfahren angewiesen, was ebenfalls darauf hindeutet, daß es voreilig ist, vom Wegfall des Staates auszugehen, wenn der Maßstab für Staatlichkeit nicht unrealistisch hoch angesetzt wird.

10. Die Notwendigkeit einer Neubestimmung des Staates

Es erscheint aber an der Zeit, die Position und Funktion des Staates neu zu bestimmen. Seine traditionelle Rolle bestand darin, das Gemeinwohl gegenüber den partikularen Interessen durchzusetzen. Um diese Aufgabe erfüllen zu können, war der Staat der Gesellschaft übergeordnet und mit höchster Gewalt ausgestattet. Mittlerweile hat sich die Grenze zwischen Gemeinwohl und partikularen Interessen verwischt. Auf der einen Seite ist der demokratische Parteienstaat selbst nicht frei von Eigeninteressen. Auf der anderen Seite kann auch die Verfolgung partikularer Interessen dem Gemeinwohl dienen. Zum Problem wird aber die Eigenschaft spezialisierter Teilsysteme, hohe Sensibilität für die eigenen Angelegenheiten mit weitgehender Indifferenz für alle übrigen zu kombinieren. Die steigenden externen Kosten dieser unvermeidlichen Reduktion erfordern eine Institution, die die fehlende Aufmerksamkeit der autonomen Subsysteme für ihre Umwelt kompensiert. Darin scheint heute die spezifische Aufgabe des Staates in entwickelten Industriegesellschaften zu bestehen. Die Autonomie der anderen Teilsysteme begrenzt freilich den Einsatz der staatlichen Zwangsgewalt. Der Staat hat nur dann eine Chance, autonome Akteure zu beeinflussen, wenn er sich seinerseits ihrem Einfluß öffnet. Er handelt dann aber weder als alleiniger Repräsentant des Gemeinwohls noch aus einer überlegenen Position. Freilich verdankt er seinen Einfluß auf die autonomen Subsysteme auch hier noch dem Umstand, daß er als einziger über die Ressource rechtlichen Zwangs verfügt, während alle anderen Teilsysteme nur Sachzwänge schaffen können. Insoweit bleibt auch ein Kern traditioneller Staatlichkeit erhalten. Wie die anglo-amerikanische Tradition zeigt, muß diese Funktion nicht als Staat begriffen werden. Die Betonung kann auch auf die verschiedenen öffentlichen Funktionen, Institutionen und Verfahren statt auf das abstrakte Zurechnungssubjekt hinter ihnen gelegt werden. Die Frage ist allerdings, ob diese Konzeption ein besseres Verständnis des Phänomens gestattet. Die Antwort würde eine eingehende Analyse der Vor- und Nachteile beider Modelle voraussetzen, die den Rahmen dieser historischen Skizze sprengt.

Zur politischen Funktion der Trennung von öffentlichem und privatem Recht in Deutschland

I

In seiner Kritik am Entwurf eines Allgemeinen Landrechts für die preußischen Staaten hält Johann Georg Schlosser den Verfassern unter anderem vor, sie hätten öffentliches und privates Recht miteinander vermengt.[1] Beide Rechtsarten seien aber so verschieden, daß sie nicht in einem Gesetzbuch zusammengefaßt werden dürften. Die privatrechtlichen Gesetze wollten verbindlich fixieren, was zwischen den Staatsbürgern Recht und Unrecht sei. Die öffentlichrechtlichen sollten bestimmte politische Ziele erreichen. Mit der privatrechtlichen Gesetzgebung erfülle der Staat seinen eigentlichen Auftrag, Gerechtigkeit herzustellen. Die öffentlichrechtlichen Normen verdankten ihre Existenz dem Umstand, daß die Regierungen meist unter dem Vorwand des Gemeinwohls noch weitere – willkürliche – Zwecke verfolgten. Einem solchen außerrechtlichen Zweck dienstbar, seien sie aber wie dieser Zweck selbst willkürlich und wandelbar. Anders die privatrechtlichen Normen. Ihr Zweck liege allein in der Gerechtigkeit, sie teilten deren Eigenschaften und unterlägen weder Wandel noch Willkür. So erst genügten sie den Erfordernissen des Gesetzes, worunter Schlosser nicht weniger versteht als einen »Satz, der das Wesen und die Verhältnisse der Dinge angibt, wie sie sind«.[2] Zur besseren Unterscheidung schlägt er darum vor, im publizistischen Bereich nur von Verordnungen zu sprechen. Wenn sich aber schon nicht verhindern lasse, daß das Gesetz auch als Mittel der Politik benutzt werde, so müsse man mindestens öffentliches und privates Recht reinlich trennen, damit nicht der Abglanz der absoluten Gerechtigkeit auch das politische Gesetz verkläre und aufwerte.

Eine solch scharfe Konfrontation von Privatrecht und öffentlichem Recht hatte es vor Schlosser in Deutschland nicht gegeben. Zwar kennt die Jurisprudenz den Unterschied seit alters. Doch

---

1 J. G. Schlosser, Briefe über die Gesezgebung überhaupt und den Entwurf des preusischen Gesezbuchs insbesondere, Frankfurt 1789, S. 113 ff.
2 Ebenda, S. 120. Zur Tradition der Unterscheidung von rechtlichen und politischen Gesetzen vgl. R. Grawert, Historische Entwicklungslinien des neuzeitlichen Gesetzesrechts, Der Staat 11 (1972), S. 11 ff.

war er bis dahin nie mehr als eine lehrhafte Einteilung des Rechtsstoffs unter anderen gewesen.[3] Schlosser steigert ihn zum Wesensgegensatz. Die Bedeutung des Vorgangs bleibt freilich hinter Schlossers theoretischer Argumentation weitgehend verborgen. In Wahrheit hat aber, was sich wie eine rechtsphilosophische Distinktion ausnimmt, entschieden politische Stoßrichtung. Schlosser war Anhänger der Aufklärung, politisch dem süddeutschen Liberalismus verbunden, Mitglied des Illuminatenordens.[4] Das Ziel des Liberalismus, die Emanzipation der bürgerlichen Gesellschaft aus der fürstlichen Bevormundung, lenkt auch Schlossers Kritik am Entwurf des ALR. Wenn sich das Privatrecht dadurch auszeichnet, daß es die absolute Gerechtigkeit einfängt und so zeitlichem und politischem Wandel nicht unterliegt, dann folgt daraus mühelos, daß der Fürst in diesem Bereich Recht nicht schaffen, sondern nur deklarieren darf. Genau diese Konsequenz zieht Schlosser.[5] Im selben Augenblick, da sich der absolute Staat anschickt, seine seit langem in Anspruch genommene Gesetzgebungsgewalt erstmals in großem Stil auf das Privatrecht anzuwenden, entsteht die Lehre vom autonomen Privatrecht. Letztlich bedeutet sie nicht weniger als den vollständigen Rückzug der Politik aus der Gesellschaft.

Schlosser kehrt damit freilich nur eine Entwicklung um, die der Absolutismus selbst angebahnt hatte. Bevor er das Privatrecht aus dem Zugriff des Staates lösen wollte, hatte dieser das öffentliche Recht der Kontrolle der Gesellschaft zu entziehen getrachtet. Ja, genaugenommen sind die Begriffe Staat und Gesellschaft, öffentlich und privat, erst das Produkt dieser Entwicklung.[6] In Deutschland wurde sie von den Landesfürsten getragen, nicht vom Kaiser. Im Verhältnis zum Reich weiter den feudalen Bindungen verhaftet, suchten sie diese Bindungen in ihren Territorien abzuschütteln und sich Stände und Bevölkerung zu unterwerfen. Gleichzeitig begannen sie, äußere Macht aufzubauen, um sich in der nunmehr entstehenden Staatengemeinschaft behaupten zu können. Die Instrumente des fürstlichen Machtstrebens waren Heer und Beamtenschaft. Sie standen im persönlichen Dienst des Landesherrn,

3 Vgl. M. Bullinger, Öffentliches Recht und Privatrecht, Stuttgart 1968, S. 13-36.

4 Zur Biographie Schlossers vgl. R. Jung, ADB 31, S. 544, ferner E. Landsberg, Geschichte der Deutschen Rechtswissenschaft, III, 1 (Noten), München und Leipzig 1898, S. 297.

5 Schlosser (Anm. 1), S. 120.

6 Vgl. O. Brunner, Land und Herrschaft, Nachdruck der 5. Aufl., Darmstadt 1970, S. 111 ff., 120 ff.

der sich nicht als Organ des Staates, sondern durchaus als den Staat selbst begriff und die neu geschaffene Staatsgewalt aus eigenem Recht in Anspruch nahm. Die theoretische Formel für diese Erscheinung fand Bodin im Begriff der Souveränität. »Souveränität bedeutet für Bodin ... die Existenz einer nicht nur höchsten und rechtlich unabhängigen, sondern einer zugleich einzigen, juristisch nicht weiter ableitbaren und schlechterdings weltlichen ›Gewalt‹ innerhalb eines begrenzten Raumes, die durch ihr Dasein den Staat konstituiert und erhält, und deren Substanz im wesentlichen durch die Befugnisse gekennzeichnet ist: ›donner loy à chacun en general & à chacun en particulier‹, ohne durch Regeln irdischer Instanzen gehemmt zu sein.«[7]

Wenn aber neues Recht nicht mehr wie im Mittelalter im Einungswege entstand[8], sondern einseitig vom Souverän gesetzt werden durfte, dann war das universale mittelalterliche Ordnungsgefüge zerstört. Das Rechtsband, das bisher jeden umspannt hatte, verlor die Geltung für den Fürsten. Die Gemeinschaft der allesamt unter dem Recht Stehenden und insofern Gleichen spaltete sich in Herrscher und Untertanen. Einem Fürsten gegenüber, der sich zum alleinigen Repräsentanten des öffentlichen Interesses emporgehoben hatte, fielen jene auf den Status von Privaten zurück. Freilich ließ der umfassende Herrschaftsanspruch des Souveräns das Private nicht als autonome Sphäre zu. Unter den Bedingungen des Absolutismus konnte es vielmehr nur jeweils negativ vom Öffentlichen her definiert werden.[9] Privatmann war, wer nicht an der Ausübung öffentlicher Gewalt teilhatte, Privatsache, was der Fürst nicht für seine Regelungsbefugnis in Anspruch nahm. Die Spaltung der mittelalterlichen Gemeinschaft mußte sich in der Rechtsordnung widerspiegeln. Es gab hinfort zwei Arten von Rechtsbeziehungen, die zwischen Fürst und Untertanen und die zwischen Untertanen unter sich. Die erste galt als öffentlich, die zweite als privat; hier wurde vereinbart, dort befohlen.

Es gehört zum Begriff der Souveränität, daß es gegen die Befehle des Herrschers keine Berufung gibt. Indessen versagte dieser Grundsatz zunächst vor den Gerichten. Sie prüften, ob der Kläger

7 H. Quaritsch, Staat und Souveränität, Frankfurt 1970, S. 41.
8 Vgl. W. Ebel, Geschichte der Gesetzgebung in Deutschland, 2. Aufl. Göttingen 1958, S. 42 ff., insbes. S. 45.
9 So auch J. Habermas, Strukturwandel der Öffentlichkeit, 2. Aufl. Neuwied 1965, S. 21, 28, 86.

in seinen wohlerworbenen Rechten beeinträchtigt war, ohne auf den Urheber der Beeinträchtigung Rücksicht zu nehmen. Die Souveränität drohte an den wohlerworbenen Rechten zu scheitern, und die Justiz, die sich als Bestandswahrerin begriff, verkörperte dieses Hindernis. Die Fürsten mußten darum versuchen, die Rechtsbeziehungen zwischen sich und den Untertanen der gerichtlichen Kontrolle zu entziehen. »Regierungssachen sind keine Justizsachen«. Das gelang in Preußen bereits unter dem Großen Kurfürsten in dem Landtagsrezeß von 1653[10] und wurde im Ressortreglement von 1749 befestigt.[11] Danach gehörten vor die Gerichte alle Sachen, »welche das Interesse privatum ... betreffen«, während die Behörden selbst über »Königliche Intraden und Domänen, ferner die den Statum Oeconomicum et Politicum angehende und überhaupt in das Interesse Publicum einschlagenden Sachen« entschieden. Österreich folgte 1751, wobei Haugwitz, auf den die endgültige Regelung zurückgeht, sich ausdrücklich auf das preußische Vorbild berief und vortrug, daß die Erledigung von Rechtsstreitigkeiten, die das öffentliche Interesse berührten, »niemalen mit einer verlässlichkeit geschehen kann, wenn die dahin gehörige Untersuchungen einer judicialstelle, welche alles nach denen gewöhnlichen juris formalitatibus zu tractiren, aus jeder auch noch so tief in das publicum einschlagenden sach einen ordentlichen process zu formiren und dadurch solche gar keine moram leidende agenda durch viele jahre hin zu verzögern pflegen, eingeraumet werden solten.«[12]

Die Sonderstellung des öffentlichen Rechts, die die politischen Verhältnisse in den Territorien reflektierte, war damit auch organisatorisch abgesichert und konnte nun ihrerseits dazu beitragen, die fürstliche Macht weiter zu stabilisieren. Dennoch wäre es verfrüht, schon für diesen Zeitraum von einer Trennung zwischen

10 Dazu E. Loening, Gerichte und Verwaltungsbehörden in Brandenburg-Preußen, Halle 1914, S. 25.
11 Reglement, was für Justizsachen denen Krieges- und Domänenkammern verbleiben und welche vor die Justiz-Collegia oder Regierungen gehören, de dato Potsdam, den 19. Jun. 1749, CCM Cont. IV, Sp. 163; abgedruckt auch bei W. Rüfner, Verwaltungsrechtsschutz in Preußen von 1749 bis 1842, Bonn 1962, S. 187.
12 Vortrag des Direktoriums vom 12. Dezember 1750, in H. Kretschmayr, Die österreichische Zentralverwaltung, II, 2 (Aktenstücke), Wien 1925, S. 306. Die Trennung von Justiz und Verwaltung hatte bereits 1749 stattgefunden, die Beschränkung der Justiz auf privatrechtliche Streitigkeiten folgte jedoch erst 1751; die einschlägigen Dokumente bei Kretschmayr, S. 269 ff.

öffentlichem und privatem Recht zu sprechen. Beide Rechtskreise waren zwar unterschieden, aber so wie der Fürst Souveränität über die Gesellschaft beanspruchte, forderte das öffentliche Recht Priorität vor dem privaten. Privat war das vom Öffentlichen gerade nicht okkupierte Terrain. Insofern liegt in der absolutistischen Epoche nicht eigentlich ein Dualismus vor, sondern eine Hierarchie. Allerdings konnte sie sich nicht völlig ausbreiten, solange das Reich bestand. Wie sehr auch die politische Macht des Kaisers über die Fürsten geschwunden sein mochte, die rechtlichen Bindungen wirkten fort. Insbesondere blieben die Territorialherren der Gerichtsbarkeit des Reiches unterworfen.[13] Hier war aber die Unterscheidung von öffentlichem und privatem Recht ohne Belang, wie die zeitgenössischen Autoren bis zum Ende des Reiches übereinstimmend feststellen.[14] Der Rechtsweg zu einem der Reichsgerichte stand vielmehr offen, wenn der Kläger behauptete, durch den Landesherrn in seinen subjektiven Privatrechten verletzt worden zu sein. Dabei verstand man unter einem subjektiven Privatrecht jede Rechtsposition, die einem Privatmann zustehen konnte, unter Rechtsverletzung jeden Eingriff, gleich ob er durch einen gesetzgebenden Akt oder durch Einzelmaßnahme erfolgte. Es lag nahe, daß die Fürsten diese Souveränitätsschranke zu beseitigen trachteten. Ihre gelegentlich mit drastischen Mitteln unternommenen Versuche, den Untertanen den Weg zu den Reichsgerichten zu verstellen[15], brachten jedoch keinen dauerhaften Erfolg.

II

Als mit dem Untergang des Reiches das letzte Hindernis der fürstlichen Souveränität fiel, neigte die Zeit indessen bereits einem anderen Ideal zu. Gemeint ist das Naturrecht der Aufklärung. Auf das

13 Das privilegium de non appellando, das im 18. Jahrhundert nahezu alle Landesfürsten besaßen, änderte daran nichts, weil es nur den Rechtszug von einem Landesgericht zu den Reichsgerichten hinderte, nicht die erstinstanzliche Klage vor einem Reichsgericht. Eine Fülle von Beispielen dafür, daß vor den Reichsgerichten gerade öffentlichrechtliche Streitigkeiten ausgetragen wurden, bei F. Hertz, Die Rechtsprechung der höchsten Reichsgerichte im römisch-deutschen Reich und ihre politische Bedeutung, MIÖG LXIX (1961), S. 331.

14 Dazu ausführlich Rüfner (Anm. 11), S. 27 ff. mit allen Nachweisen aus der Literatur zum Reichsstaatsrecht.

15 Beispiele bei Hertz (Anm. 13), S. 351 ff.

Verhältnis von Privatrecht und öffentlichem Recht hat es beträchtlichen Einfluß genommen. Angesichts der Auflösung der mittelalterlichen Ordnung stellte sich der Philosophie die Frage nach der Legitimation von Herrschaft neu. Ihre Antwort war die Lehre vom Sozialvertrag. Diese hat – wenngleich in ihren Anfängen bei Hobbes darauf aus, die Herrschermacht aufs Äußerste zu steigern – langfristig doch ihr Fundament erschüttert, indem sie sie nicht mehr als Macht aus eigenem Recht gelten ließ, sondern auf die Zustimmung der Individuen gründete. Die Konzentration der Staatsgewalt beim Landesherrn litt darunter nicht notwendig, aber sie war nun durch vertraglich vorgegebene Staatszwecke begrenzt. Das wurde offenkundig, als die späteren Vernunftrechtler dem Sozialvertrag einen anderen Inhalt gaben als Hobbes. Die Individuen treten nur noch so viel Macht an den Herrscher ab, wie zur Verbesserung des Naturzustandes nötig erscheint. Es bleibt also eine Sphäre zurück, in der der Urzustand fortbesteht, das heißt, der Einzelne sein Verhalten nach seinem Willen bestimmt. Das Private ist als autonomer Sachbereich behauptet, der die Regierenden nichts angeht. Bei Locke führt diese Theorie nachgerade zur Umkehr des frühabsolutistischen Modells. Er hat eine ebenso harmonische wie leistungsfähige Naturgesellschaft vor Augen, in der die Individuen ihre Bedürfnisse aus eigener Kraft befriedigen und ihr Glück ohne Anleitung finden können. Der Staat wird hier nicht zur Ermöglichung, sondern nur zur Erleichterung des gesellschaftlichen Lebens gebraucht: er hat allein zum Schutz der Privatsphäre Daseinsberechtigung. Das Öffentliche wird vom Privaten her definiert.

Es ist nur eine Nutzanwendung der Lockeschen Ideen, wenn Schlosser für das Privatrecht Priorität vor dem öffentlichen Recht beansprucht.[16] Nachdem dies in Preußen unerreichbar erschien, zog er einen Zustand ohne Gesetzbuch dem Kodex eines absoluten Monarchen vor.[17] Dieses Motiv hat sein Kritiker Klein, selbst Mitautor des ALR, nicht durchschaut und Schlosser den Helfershelfern des Despotismus zugeschlagen.[18] In Wahrheit fiel Schlosser

16 Schlosser (Anm. 1), S. 115.
17 So auch Landsberg (Anm. 4), III, 1 (Text), S. 471.
18 E. F. Klein, Nachricht von den Schlosserschen Briefen über die Gesetzgebung überhaupt und den Entwurf des Preußischen Gesetzbuchs insbesondere, welche zu Frankfurth am Mayn im Fleischerschen Verlage, im Jahre 1789 erschienen sind, Annalen der Gesetzgebung und Rechtsgelehrsamkeit in den Preußischen Staaten, IV, 2. Aufl. Berlin 1796, S. 326. Klein setzt sich in seiner ansonsten sehr

nicht hinter das ALR zurück, sondern ging über es hinaus. Zwar waren die Kodifikationspläne selbst ein Ausdruck der politischen Wirkung, die die Aufklärung in Deutschland in der zweiten Hälfte des 18. Jahrhunderts erlangt hatte. Im Gegensatz zu England oder Frankreich kam jedoch in Deutschland kein Bündnis von Naturrecht und Gesellschaft gegen den Monarchen zustande. Die Koalition wurde vielmehr zwischen der Obrigkeit und der Philosophie geschlossen, die so zur Staatsphilosophie im doppelten Sinn des Wortes avancierte. Dazu hatten freilich die neuen Wirtschaftstheorien des Adam Smith und der Physiokraten das Ihre beigetragen, so daß es spitze Äußerungen gibt, wonach die Aufgeklärtheit der Fürsten nur in der Einsicht in die Bedeutung des Wirtschaftslebens für die Erhaltung der Machtverhältnisse bestand.[19]

Mit den Beteiligten war allerdings auch das Programm bestimmt. In Deutschland prägte weniger die extrem gesellschaftlich orientierte Lockesche als vielmehr die stärker obrigkeitlich ausgerichtete Pufendorfsche Version des Naturrechts die Entwicklung.[20] Zu einer Verselbständigung des Privatrechts konnte es unter diesen Umständen nicht kommen.[21] Zwar hatte der Begriff des Privatrechts zu dieser Zeit bereits jene Gestalt angenommen, in der er uns geläufig ist. Im Gegensatz zum alten ius privatum, dem alle Normen zugerechnet wurden, die überhaupt den Bürger betrafen, also neben dem Zivilrecht modernen Verständnisses auch das Prozeßrecht, das Strafrecht und weite Teile des Verwaltungsrechts[22], bedeutete nun Privatrecht das Recht der Privatleute untereinan-

gründlichen Kritik zwar ausführlich mit Schlossers Forderung auseinander, Privatrecht und Strafrecht zu trennen, geht jedoch nicht auf die Trennung von Privatrecht und öffentlichem Recht ein.

19 P. Badura, Das Verwaltungsrecht des liberalen Rechtsstaates, Göttingen 1967, S. 31.

20 Zum Verhältnis von öffentlichem und privatem Recht bei Pufendorf vgl. Bullinger (Anm. 3), S. 32 ff.

21 Zur preußischen Gesetzgebung vgl. H. Conrad, Die geistigen Grundlagen des Allgemeinen Landrechts für die preußischen Staaten von 1794, Köln 1958; ders., Das Allgemeine Landrecht von 1794 als Grundgesetz des friderizianischen Staates, Berlin 1965; F. Wieacker, Privatrechtsgeschichte der Neuzeit, 2. Aufl. Göttingen 1967, S. 322 ff.; R. Koselleck, Preußen zwischen Reform und Revolution, Allgemeines Landrecht, Verwaltung und soziale Bewegung von 1791 bis 1848, Stuttgart 1967, S. 23 ff., 143 ff.

22 Vgl. z. B. das 1760 in Göttingen erschienene Lehrbuch von J. H. C. von Selchow, wo unter dem Titel »Anfangsgründe des Braunschweigisch-Lüneburgischen Privatrechts« all diese Materien behandelt werden; dazu die bestätigende Bemerkung bei Landsberg (Anm. 4), III, 1 (Noten), S. 228.

der. Suarez, der Schöpfer des ALR, verstand Privatrecht durchaus in diesem neuen Sinn.[23] Durchdrungen von der Aufklärung, erkannte er auch die »Privatglückseligkeit« als legitimes Ziel menschlichen Strebens an; er war bereit, den Staat diesem Ziel dienstbar zu machen. Jedoch lag ihm der Gedanke noch fern, daß die Gesellschaft aus sich fähig sei, diesen Zustand zu erreichen. Vielmehr bedarf der Einzelne auch auf dem Weg zur Privatglückseligkeit der Unterstützung des Staates. Diese Einschätzung entsprach ganz den sozialen Realitäten. Von einer eigenständigen und ihrer selbst bewußten bürgerlichen Gesellschaft kann am Ausgang des 18. Jahrhunderts in Preußen noch kaum die Rede sein.[24] Für ein Trennungsdenken fehlte da die Grundlage. Das ALR strebte eine umfassende Sozialordnung an, in der Öffentliches und Privates miteinander verwoben blieben. Wie allerdings die Ränge verteilt sein sollten, verrät der Umstand, daß das Gesetz keinerlei politische Rechte für die Bürger vorsah.

Immerhin beschränkten die Fürsten unter dem Eindruck der Aufklärung vorübergehend ihre Machtfülle. Das drückte sich in einem Abbau der Sonderstellung des öffentlichen Rechts aus. Hatte sich im frühen Absolutismus die Staatsräson vor die Gerechtigkeit geschoben, so wurde jetzt wieder die Gerechtigkeit als oberster Staatszweck proklamiert. Damit ging eine Aufwertung der Justiz einher. Die Gerichte erhielten ihre Kompetenz auch über Verwaltungsstreitigkeiten zurück. In Österreich geschah das durch die josefinische Gerichtsordnung von 1781, in Preußen (nachdem sich die Gewichte schon vorher ständig zugunsten der Justiz verschoben hatten)[25] durch das neue Ressortreglement von 1797.[26] Aufs Gesamte gesehen ist dieser Zustand freilich Episode geblieben. Schon im ersten Jahrzehnt des 19. Jahrhunderts rückte das öffentliche Recht wieder in seine alte Position ein, die nach dem Wegfall der Reichsgerichte nun vollkommen unangefochten war. In Preußen markiert die Verordnung vom 26. Dezember 1808 die Wende;

23 C. G. Suarez, Vorträge über Recht und Staat, hg. von H. Conrad und G. Kleinheyer, Köln 1960, insbes. S. 215 ff. Dazu die in Anm. 21 Genannten.

24 Vgl. W. Conze, Das Spannungsfeld von Staat und Gesellschaft im Vormärz, in ders. (Hg.), Staat und Gesellschaft im deutschen Vormärz, Stuttgart 1962, S. 212.

25 Dazu ausführlich Rüfner (Anm. 11), S. 82 ff., Zusammenfassung S. 115 ff.

26 Österreichische Allgemeine Gerichtsordnung vom 1. Mai 1781, Josef II. Gesetze und Verfassungen im Justizfache 1780-84, S. 6; Preußisches Ressortreglement vom 3. März 1797, NCC 1797, Sp. 949.

in Österreich wurde die Allzuständigkeit durch eine Fülle von Einzelregelungen wieder beschnitten.[27] Schlosser fand sich hierbei bestätigt: Zur Begründung der preußischen Verordnung trug ihr Verfasser, Friese, vor, die Verwaltung könne nicht ausschließlich auf die Gerechtigkeit sehen, sondern müsse sich bei ihren Maßnahmen oft nach Erfordernissen des öffentlichen Wohls richten.[28] Tendenziell fiel jetzt alles, was das Verhältnis des Herrschers zu seinen Untertanen betraf, aus der Kompetenz der Gerichte. Den Justizbehörden blieb die Streitentscheidung unter Privatleuten vorbehalten. Im einzelnen ist die Entwicklung weder einheitlich noch zügig verlaufen. Dazu sei hier auf die Spezialuntersuchungen, insbesondere zur Entwicklung des Verwaltungsrechtsschutzes, verwiesen.[29]

Die Beurteilung dieses Vorgangs ist gelegentlich dadurch getrübt worden, daß man ihn am Ideal eines lückenlosen Rechtsschutzes gegen die öffentliche Gewalt gemessen hat.[30] Der Rechtsstaat modernen Verständnisses hängt aber von der Existenz einer zumindest relativ autonomen bürgerlichen Gesellschaft ab. Ansätze dazu zeigen sich in Deutschland indessen erst als Folge der Niederlage gegen Napoleon, und bezeichnenderweise gingen sie, in Preußen zumal, von der liberal gesinnten Beamtenschaft aus.[31] Sie strebte nach 1806 die Entfeudalisierung des Landes, den Abbau der Privilegien und eine gewisse gesellschaftliche Autonomie an. Auf sie auch, nicht die Anhänger des monarchischen Absolutismus, ging die Verordnung von 1808 zurück, die die Justiz wieder aufs Privatrecht beschränkte. Das wird erklärlich, wenn man die politische

27 Verordnung wegen verbesserter Einrichtung der Provinzial-, Polizei- und Finanzbehörden, vom 26sten Dezember 1808, NCC XII, Sp. 679. Eine Zusammenstellung der österreichischen Regelungen bei J. Wessely, Handbuch der westgalizischen Gerichtsordnung vom 19. Dez. 1796, I, 2. Aufl. Innsbruck 1839, S. 1 ff.

28 Frieses Begründung ist in einem unveröffentlichten Gutachten enthalten, das er seinem Entwurf des Ressortreglements beigab. Zum Inhalt des Gutachtens vgl. Loening (Anm. 10), S. 130 ff., ferner O. Hintze, Preußens Entwicklung zum Rechtsstaat, Gesammelte Abhandlungen, III, 2. Aufl. Göttingen 1967, S. 147 ff.

29 Außer den bereits genannten Werken von Loening (Anm. 10), Hintze (Anm. 28) und Rüfner (Anm. 11) vgl. vor allem die materialreiche Abhandlung von J. Poppitz, Die Anfänge der Verwaltungsgerichtsbarkeit, AöR 72 (1943), S. 158, und 73 (1944), S. 3, mit weiterer Literatur, insbesondere zu den einzelnen Territorien; ferner F. Tezner, Die landesfürstliche Verwaltungsrechtspflege in Österreich, Wien 1902; H.-J. Feist, Die Entstehung des Verwaltungsrechts als Rechtsdisziplin, München 1968.

30 Dies etwa die Tendenz des Loeningschen Werks.

31 Zum Folgenden Koselleck (Anm. 21), S. 52 ff., 153 ff.

Rolle der Justiz in dieser Zeitspanne betrachtet.[32] Die liberalen Ziele, die in Frankreich durch revolutionären Akt ohne Rücksicht auf alte Rechte erreicht worden waren, begegneten in Deutschland dem Widerstand der Kräfte des ancien régime. Sie beriefen sich auf ihren Besitzstand und fanden mit diesem Argument in der Justiz eine natürliche Verbündete. In der Vorstellung der »wohlerworbenen Rechte« ausgebildet und befangen, ohne Kenntnis des (als wissenschaftliche Disziplin noch nicht konstituierten) Verwaltungsrechts, drohte sie zur Bremse der liberalen Reform zu werden. Der Vergleich der Verwaltungs- mit den Justizjuristen drängte sich der damaligen Zeit auf, und es war ausgemacht, wie sich Fortschritt und Konservativismus verteilten. Zumindest für die kurze Zeit der Liberalisierung trat also die Verselbständigung des öffentlichen Rechts in den Dienst der Freiheitsbestrebungen. Sie bedeutete in der Tat eine Verkürzung des Rechtsschutzes, aber eines Rechtsschutzes, der den Nutznießern des Feudalismus und des Absolutismus zugute kam und die Emanzipation des Bürgertums hemmte.

Freilich änderte sich diese Zielrichtung, als die Reaktion nach 1810 wieder zur Herrschaft gelangte. In diesem Funktionswandel zeigt sich aber, wie die einseitige Abschirmung des öffentlichen Rechts gegen Kontrolle nicht notwendig Attribut eines Systems ist, sondern Werkzeug ganz verschiedener Ideen werden kann. In der Begründung der Exemtion von Verwaltungssachen unterscheiden sich darum auch beide Richtungen nicht.[33] Hier wie dort trifft man als Argument, daß die Einmischung der Gerichte die erforderlichen Maßnahmen unerträglich verlangsame oder gar lähme und daß es den Justizjuristen an jener Sachnähe fehle, die die Voraussetzung einer Verwaltungskontrolle sei. Sie denke in den Bahnen der Einzelfall-Gerechtigkeit, nicht des Gemeinwohls. »Mit welchem Erfolg«, rief der bereits erwähnte Friese aus, »mit welchem Mut können die Kammerbehörden ihr Amt verwalten, sobald sie beinahe bei jedem ihrer Schritte befürchten müssen, daß ihre Verfügungen, wenn auch nicht auf der Stelle, so doch hinterher, von der Justiz aufgehoben werden können und obenein wohl noch gar Regreßklagen über sie kommen?«[34] Aretin lieferte nur die Kurzformel für eine verbreitete Ansicht nach, als er forderte, wer Verwal-

---

32 Dazu ausgiebig Hintze (Anm. 28), S. 109 ff., 145 ff., 153, 157 f.
33 Ausführliche Zusammenstellung bei Poppitz (Anm. 29), S. 5 ff., und Rüfner (Anm. 11), S. 131 ff.
34 Zitiert aus dem o. a. Gutachten bei Hintze (Anm. 28), S. 148.

tungshandeln beurteilen solle, müsse »kunstverständig und zuverlässig« sein.[35] Weder der Liberalismus noch der Absolutismus trauten das der Justiz im frühen 19. Jahrhundert zu.

III

Unterdessen gewann Schlossers Forderung nach einem reinen Privatrecht neue Aktualität. Das geschah jedoch nicht in Preußen, dem Adressaten seiner Kritik, sondern in Österreich. Zwar war die Emanzipation der bürgerlichen Gesellschaft in Österreich nicht weiter fortgeschritten als in Preußen.[36] Doch fanden seine Ideen dort eine günstigere Zeit, weil mittlerweile Kant der Maxime von der Selbstbestimmung der Individuen auch in Deutschland zur Herrschaft verholfen hatte. Unter seinem mittelbaren Einfluß ist das österreichische ABGB ein Privatrechtsgesetzbuch im modernen Sinn geworden.[37] Gerade diese Eigenschaft des Gesetzes war allerdings heftig umstritten. Wohl beabsichtigte man in Österreich von vornherein eine Trennung von bürgerlichem Gesetzbuch und politischem Kodex. Das bedeutete aber noch keine Entscheidung zugunsten eines autonomen Privatrechts. Die Aufteilung hatte ihren Grund vielmehr in pragmatischen Rücksichten. Im habsburgischen Vielvölkerstaat stieß die Sammlung und Vereinheitlichung des Verwaltungsrechts auf weit größere Schwierigkeiten und Widerstände als die Vorbereitung eines gemeinsamen Zivilgesetzbuches. Überdies legte die damalige Behördenorganisation eine Aufgabenteilung nahe. Das Zivilgesetzbuch sollte unter Leitung der obersten Justizbehörde entstehen, die Ausarbeitung des öffentlichrechtlichen Kodex oblag der politischen Verwaltung. Zwischen beiden entwickelte sich in Gesetzesfragen eine Rivalität, die deswegen über bloße Ressortquerelen hinausreichte, weil hinter ihr

---

35 J.C. von Aretin, Staatsrecht der konstitutionellen Monarchie, II, 2.Aufl. bearbeitet von Rotteck, Altenburg 1840, S. 236.

36 Conze (Anm. 24), S. 240f.

37 Zur österreichischen Kodifikation vgl. Ph.H. Ritter von Harrasowsky, Geschichte der Codification des österreichischen Civilrechtes, Wien 1868; Wieakker (Anm. 21), S. 335 ff., H. Conrad, Rechtsstaatliche Bestrebungen im Absolutismus Preußens und Österreichs am Ende des 18. Jahrhunderts, Köln 1961; Festschrift zur Jahrhundertfeier des Allgemeinen Bürgerlichen Gesetzbuches, 2 Bde, Wien 1911; darin in unserem Zusammenhang besonders S. Adler, Die politische Gesetzgebung in ihren geschichtlichen Beziehungen zum allgemeinen bürgerlichen Gesetzbuche, I, S. 84.

divergierende Prinzipien für die Kodifikation sichtbar wurden. Der alte Gegensatz von Gemeinwohl und Gerechtigkeit, den Schlosser aus der Literatur des 18. Jahrhunderts kannte und mit dem Unterschied von öffentlichem und privatem Recht identifiziert hatte, wurde hier in der Gesetzgebungskommission selbst ausgetragen. Die Debatte enthüllt die politische Bedeutung der Trennung von Privatrecht und öffentlichem Recht besonders klar und soll deswegen eingehender geschildert werden.

Die Arbeiten an dem Zivilgesetzbuch traten in ein konkretes Stadium, als Leopold II. 1790 Martini mit der Redaktion betraute. Martinis Anschauungen glichen ganz denen Suarez'.[38] Auch er ging vom Naturzustand und Gesellschaftsvertrag aus und gelangte von dort zur Anerkennung eines privaten Bereichs, steigerte ihn aber ebensowenig wie Suarez zur Privatautonomie, sondern gestand dem Staat auch im gesellschaftlichen Raum eine Führungsrolle, wennschon zum privaten Wohl, zu. Nachdem in Österreich die Regelung der gesamten Sozialordnung in einem einzigen Gesetz nicht in Frage kam, wollte Martini wenigstens die Grundsätze des Verhältnisses von Staat und Individuen dem Gesetzbuch voranstellen.[39] Gegen diese Absicht wandte sich Sonnenfels.[40] Sonnenfels war eigentlich federführend für den politischen Kodex. Diese Arbeit drohte aber gerade jetzt wie bereits mehrfach zu stagnieren, so daß Sonnenfels vorübergehend dem Zivilrecht größere Aufmerksamkeit schenkte. Er, der stets als Anhänger aufklärerischer Ideen gegolten und beim Regierungsantritt Leopolds II. eine von der Französischen Revolution stark beeinflußte Denkschrift überreicht hatte, stellte nun Martinis Einleitung als staatsgefährdend hin, weil sie den Geist der Revolution atme. Er legte selbst einen Gegenentwurf vor, der sich freilich ebenfalls nicht aufs Privatrecht beschränkte, sondern statt der Martinischen die Sonnenfelsschen Verfassungsvorstellungen enthielt. Gleichzeitig deutete Sonnenfels, der weiter an seinem politischen Kodex hing, die Hoffnung an, dieses Gesetzbuch vielleicht einmal zu einem umfassenden auszudehnen.

38 Vgl. K. A. von Martini, Lehrbegriff des Natur-, Staats- und Völkerrechts, Wien 1783-84. Dazu Conrad, Rechtsstaatliche Bestrebungen (Anm. 37), S. 27 ff.

39 Bürgerliches Gesetzbuch nach dem Entwurf Martinis, §§ 1-8, abgedruckt bei Ph. H. von Harrasowsky, Der Codex Theresianus und seine Umarbeitungen, v, Wien 1886, S. 3.

40 Hierzu ausführlich Adler (Anm. 37), passim, insbes. S. 112 ff. Zu Sonnenfels vgl. K.-H. Osterloh, Joseph von Sonnenfels und die österreichische Reformbewegung im Zeitalter des aufgeklärten Absolutismus, Lübeck 1970.

Dieses Ziel durchzieht Sonnenfels' Einleitung.[41] Im Gegensatz zur Martinischen stellt sie eine Rechtfertigung der absoluten Monarchie dar. Die bei Martini erreichte Legitimierung des Privaten wird zurückgenommen. Das bürgerliche Recht umgreift nicht mehr wie im Urentwurf die Rechte und Pflichten der Bürger »unter sich«, sondern »nach ihren mannigfaltigen Verhältnissen«. Es besteht in der Garantie, das gesetzlich Erlaubte tun zu dürfen. Eine weitergehende Freiheit wäre gleichbedeutend mit dem Recht, den Mitbürgern zu schaden. In der Begründung spielt das Verhältnis von Privatrecht und öffentlichem Recht eine wichtige Rolle. Sonnenfels führt aus, daß oberste Richtschnur der Gesetzgebung das Gemeinwohl sein müsse. Dieses erkenne der Herrscher. Es gebe wenig Gegenstände, die sich ausschließlich unter dem Gesichtspunkt der Gerechtigkeit, ohne Rücksicht auf das Gemeinwohl, regeln ließen. Auch im Privatrecht spreche allenthalben das Interesse des Staates mit. Ein universales Privatrecht sei deswegen ein Unding. Privatrecht wurzele im öffentlichen Recht und müsse sich ihm fügen. »Wenn die Nothwendigkeit, Gesetze ... zu erlassen, eintritt, so spricht die Regierung niemals: Ich will *gerechte* Gesetze geben – und dann erst: diese Gesetze sollen aber zugleich *nützlich* sein; sie spricht im Gegentheile: Ich will dieses dem gemeinen Wohl *nützliche* Gesetz erlassen – und setzt dann hinzu: Doch nur, wenn es *der Gerechtigkeit nicht entgegen* ist. Die Gesetzgebung wird also zwar beständig Recht nicht weniger als Zuträglichkeit vor Augen haben ... aber bei dieser Verbindung ist Zuträglichkeit, d.i. Übereinkommen mit dem gesellschaftlichen Wohl, welches nur nach politischen Verhältnissen beurtheilet werden kann, Beweggrund und Gegenstand; das Recht ist bloß unumgängliches Bedingniß (conditio sine qua non).«[42] Folgerichtig kehrt er Schlossers Forderungen um und verlangt, daß Gesetze stets von der politischen Verwaltung ausgearbeitet und von der Justizverwaltung nur überprüft werden.

Dieser Argumentation, die sich gegen den Dualismus der beiden Rechtsbereiche stemmte, trat Zeiller entgegen, der 1797 Nachfol-

41 Der Sonnenfelssche Gegenentwurf samt erläuternden »Bemerkungen« befand sich in den Archiven des österreichischen Justizministeriums, ist dort aber wahrscheinlich beim Brand des Wiener Justizpalastes im Juli 1927 vernichtet worden. Ein Referat des Gegenentwurfs bei Adler (Anm. 37), S. 117 ff. Die »Bemerkungen« sind auszugsweise abgedruckt bei L. Pfaff und F. Hofmann, Excurse über österreichisches allgemeines bürgerliches Recht, 1, Wien 1877, S. 27 f., Anm. 2.
42 Ebenda.

ger Martinis in der Hofkommission für Gesetzessachen wurde. Eine Generation jünger als Martini, war Zeiller bereits durch Kants Rechtslehre maßgeblich beeinflußt.[43] Von seinem Lehrer Martini distanzierte er sich mit dem Bemerken, dieser sei von einem inzwischen überholten philosophischen Standpunkt ausgegangen, der noch nicht zwischen Moral und Recht trenne.[44] Grundannahme der Zeillerschen Rechtslehre ist eine Gesellschaft freier und vernünftiger Individuen. Sie können nur zusammenleben, wenn jeder so viel Freiheit aufgibt, daß alle in den gleichen Genuß der Freiheit gelangen. Der Inbegriff des Rechts ist so die Freiheitsbeschränkung. Sie darf aber nicht weiterreichen, als es zum Nebeneinanderbestehen der Bewegungsfreiheit aller Gesellschaftsglieder unbedingt nötig ist. Das Recht hat unter freien und vernünftigen Wesen nicht die Aufgabe, Sittlichkeit zu verwirklichen, es schafft nur noch die Bedingungen, unter denen sie sich entwickeln kann. Der Gesetzgeber sei zwar Vater seiner Untertanen, aber vollbürtige Kinder dürften nicht am Gängelband geführt werden.[45]

Aus dieser Lehre zieht Zeiller keine staatsrechtlichen Schlüsse über die Beschränkung der Staatsgewalt oder die Beteiligung der Bürger an ihrer Ausübung. Vielmehr setzt er sie in die Konstruktion eines reinen, staatsisolierten Privatrechts um. Sollte der Monarch sich darauf einlassen, so mußte freilich Sonnenfels widerlegt und das Privatrecht politisch unverdächtig gemacht werden. Zu diesem Zweck führt Zeiller die Argumente Schlossers an, dessen Briefe er beifällig erwähnt.[46] Gegenstand des Privatrechts seien die Beziehungen der Individuen unter sich, Ziel die Sphärenabgrenzung zwischen ihnen. Diese Aufgabe stelle sich, sobald eine menschliche Gesellschaft existiere, den Staat setze sie nicht vor-

---

43 Vgl. insbesondere Zeillers Vortrag zur Eröffnung der Beratungen über das bürgerliche Gesetzbuch vor der Hofkommission in Gesetzsachen vom 21. Dezember 1801, wiedergegeben bei J. Ofner, Der Ur-Entwurf und die Berathungs-Protokolle des Österreichischen Allgemeinen bürgerlichen Gesetzbuches, 1, Wien 1889, S. 1 ff.; auch bei Pfaff-Hofmann, Excurse 1 (Anm. 41), S. 36 ff. Weiter Jährlicher Beytrag zur Gesetzkunde und Rechtswissenschaft, 1, Wien 1806, S. 1; Das natürliche Privatrecht, 3. Aufl. Wien 1819, S. 26 ff.; Commentar über das allgemeine bürgerliche Gesetzbuch, 1, Wien 1811, S. 12 ff
44 Sitzung der Hofcommission vom 21. Dezember 1801, Ofner, Berathungs-Protokolle 1 (Anm. 43), S. 13; vgl. auch Adler (Anm. 37), S. 142.
45 Ofner, S. 5.
46 Ofner, S. 7.

aus. Sie könne ohne seine Intervention durch Betätigung der Vernunft bewältigt werden. Prinzipiell glichen sich deswegen die privatrechtlichen Regeln in allen Staaten. Mit der Staatsräson kämen die Privatbeziehungen der Bürger nicht in Konflikt, so daß hier die absolute Gerechtigkeit, von allen Rücksichten der Zweckmäßigkeit ungetrübt, zur Geltung kommen müsse. Auch für Zeiller stellt darum der Herrscher im Bereich des Privatrechts die Gesetze nur fest, aber er macht sie nicht. Zeiller hat sich mit dieser Auffassung gegen den Sonnenfelsschen Prioritätsanspruch der Politik durchgesetzt. Der »allerunterthänigste Vortrag der treugehorsamsten Hofcommission in Gesetzessachen« vom 19. Januar 1808[47] ist ein Résumé seiner Thesen. Sonnenfels schwieg, weil er wieder auf die Verwirklichung des politischen Kodex hoffen konnte.

Im übrigen Deutschland tat nicht der Gesetzgeber, sondern die Wissenschaft den Schritt zum autonomen Privatrecht. Auch das geschah unter Kantischem Einfluß, und zwar durch Savigny.[48] Wie Zeiller knüpft Savigny seine Rechtslehre am Individuum, nicht der Gesellschaft an. Die Aufgabe des Rechts ist es nicht, die Gesellschaft als solche zu vollenden, sondern ein System zu errichten, indem der Einzelne in Freiheit seiner persönlichen Vollendung nachstreben kann. Das bedeutet aber, daß das Recht von der Privatsphäre her definiert wird, als deren Begrenzung zum Zwecke ihres desto sichereren Genusses es in Erscheinung tritt. Das Recht bildet auch hier nur den Rahmen, nicht die Richtschnur individueller Betätigung. So kann Savigny definieren, daß im Gegensatz zum öffentlichen Recht »in dem Privatrecht der einzelne Mensch für sich Zweck ist, und jedes Rechtsverhältnis sich nur als Mittel auf sein Daseyn oder seine besonderen Zustände bezieht«.[49] Allerdings ist dieses Recht nicht wie bei Schlosser und Zeiller schon universal vorgegeben und durch bloße Vernunft erfaßbar, sondern wie die Sprache ein Produkt des jeweiligen Volksgeistes. Politischfunktional gesehen läuft das freilich aufs selbe hinaus – die Beschränkung des politischen Gesetzgebers. Er hat auch bei Savigny Recht nicht zu erfinden, sondern allenfalls festzustellen. »Das Gesetz ist das Organ des Volksrechts.«[50] Bemächtigt sich die Politik

47 Abgedruckt bei Pfaff/Hofmann, Excurse 1 (Anm. 41), S. 49.
48 F. C. von Savigny, System des heutigen Römischen Rechts, 1, Berlin 1840, S. 6 ff., 331 ff.
49 Ebenda, S. 23.
50 Ebenda, S. 39.

des Privatrechts, so droht es zu korrumpieren, weil »höhere politische Zwecke« die wahre Rechtsquelle zudecken. Schlossers Befürchtung taucht in neuem Gewand wieder auf, wenn Savigny darlegt, die politisch motivierte Gesetzgebung benutze nur die Form des Rechts, ohne inhaltlich Recht zu sein.[51]

IV

Als intern juristisches oder gar im Wesen des Rechts schon immer angelegtes Phänomen, wie zu lehren bald gang und gäbe wurde, läßt sich also die Trennung von Privatrecht und öffentlichem Recht nicht verstehen. Sie hatte politische Aufgaben zu erfüllen. Mit der Sonderstellung des öffentlichen Rechts sollte die Macht des souveränen Fürstenstaates gegen den widerstrebenden Adel und später das liberale Bürgertum abgeschirmt werden. Hinter der Errichtung eines autonomen Privatrechts stand die Absicht, aus dem Machtbereich des absoluten Staates einen Freiraum für die bürgerliche Gesellschaft auszugrenzen. Da diese Ziele einander widerstritten, blieb es nicht aus, daß der Konflikt auch auf die beiden Teile der Rechtsordnung übertragen wurde. Für öffentliches und privates Recht nahm man alsbald gegensätzliche Leitprinzipien in Anspruch, die den Widerspruch der beiden Bereiche sinnfällig machen und ihre Rangfolge präjudizieren sollten. War es bei Schlosser noch der im 18. Jahrhundert geläufige Kontrast von Gerechtigkeit und Gemeinwohl gewesen, der die Trennung rechtfertigen mußte, so trat im 19. Jahrhundert ein anderes Begriffspaar an seine Stelle. Das Privatrecht erschien nun als das Recht der Freiheit[52], sein Fehlen führe zu »trostlosen Folgerungen«.[53] Das öffentliche Recht stand als Recht des Zwangs da, unentbehrlich zwar, aber möglichst auf eine Dienerrolle zu reduzieren.

In der Tat genoß der Einzelne unter den neuen Privatrechtssystemen eine weit größere Freiheit als zuvor. Sie mobilisierten das Ei-

---

51 F. C. von Savigny, Vom Beruf unserer Zeit für Gesetzgebung und Rechtswissenschaft, in J. Stern (Hg.), Thibaut und Savigny, Darmstadt 1959, S. 80.

52 Vgl. Savigny, System I (Anm. 48), S. 331 ff., II, Berlin 1840, S. 2. Besonders prägnant auch C. von Rotteck, Lehrbuch des Vernunftrechts und der Staatswissenschaften, I, 2. Aufl. Stuttgart 1840, S. 107: »Das Prinzip des Privatrechts ist die äußere Freiheit aller Einzelnen.«

53 Rotteck, S. 104.

gentum und erkannten den Individualwillen als rechtserheblich an. Verpflichtungen konnten infolgedessen nicht mehr äußerlich imponiert, sondern nur noch freiwillig übernommen werden. Die Vertragsfreiheit stieg zum Grundsatz, der Kontrakt zur beherrschenden Rechtsfigur des Privatrechts auf. Seine Vorschriften waren überwiegend dispositiver Natur. Diese Grundsätze ließen sich freilich genaugenommen nur im Vermögensrecht realisieren, und die Tatsache, daß das Vermögensrecht gewissermaßen zum Privatrecht par excellence ernannt wurde, erlaubt einen Rückschluß darauf, welche Freiheit gemeint war: die wirtschaftliche Betätigungsfreiheit. Ja, »der positive Sinn von ›privat‹ bildet sich überhaupt am Begriff der freien Verfügung über kapitalistisch fungierendes Eigentum«.[54]

Auf diese Weise hing freilich die Richtigkeit der Identifikation von Privatrecht und Freiheit davon ab, in welchem Maße es gelang, den Staat aus dem gesellschaftlichen Bereich, besonders dem ökonomischen Prozeß, zu verdrängen. Nun weiß man, daß dieser Versuch in Deutschland nur partiellen Erfolg hatte.[55] So sehr die Existenz privater Zonen anerkannt war und sich besonders im wirtschaftlichen Sektor auch mühelos mit dem Staatsinteresse vereinbaren ließ, so wenig hat doch die Beamtenschaft des monarchischen Staates darauf verzichtet, die Grenzen der Privatsphäre jeweils selbst abzustecken und erforderlichenfalls auch ins Wirtschaftsleben steuernd einzugreifen. Sollte gleichwohl die »Reinheit« des Privatrechts gewahrt bleiben, schien es nur einen Weg zu geben: die konsequente Ausklammerung aller Beschränkungen der Privatautonomie. Zeiller hat ihn bewußt beschritten. Um das bürgerliche Gesetzbuch vor einer Einmischung der Politik zu bewahren, war er bereit, einige Materien durchaus privatrechtlichen Charakters an das öffentliche Recht abzutreten, weil sie gerade als politisch interessant galten. Ein besonders augenfälliges Beispiel

54 Habermas (Anm. 9), S. 87. Zur Übereinstimmung des neuen Privatrechts mit den Interessen der auf ungehinderte wirtschaftliche Expansion bedachten Unternehmerschicht ebenda, S. 100 f.; ferner Wieacker (Anm. 21), S. 343; ders., Das Sozialmodell der klassischen Privatrechtsgesetzbücher und die Entwicklung der modernen Gesellschaft, S. 8. Vgl. auch die Bemerkung von H. Kelsen, Reine Rechtslehre, Leipzig und Wien 1934, S. 114, das sogenannte Privatrecht sei »nur die besondere, der kapitalistischen Wirtschaftsordnung entsprechende Rechtsform der ökonomischen Produktion und der Verteilung der Produkte; eine eminent politische, eine Herrschaftsfunktion also«.

55 Vgl. U. P. Ritter, Die Rolle des Staates in den Frühstadien der Industrialisierung, Berlin 1961; Koselleck (Anm. 21), S. 609 ff.

ist das Dienstvertragsrecht, das Sonnenfels für sein Ressort beanspruchte.[56] Aber auch bei Savigny finden sich Andeutungen, die zeigen, daß er die Reinheit des Privatrechts nur deswegen aufrechterhalten konnte, weil das öffentliche Recht korrigierend hinzutrat. So heißt es im Zusammenhang mit der privatrechtlichen Natur des Vermögensrechts: »Daher kann der Reiche den Armen untergehen lassen durch versagte Unterstützung oder harte Ausnutzung des Schuldrechts, und die Hülfe, die dagegen Statt findet, entspringt nicht auf dem Boden des Privatrechts, sondern auf dem des Öffentlichen Rechts.«[57] Freilich geriet das Privatrecht nun mit seiner eigenen Definition in Widerspruch: obwohl es die Rechtsbeziehungen der Bürger unter sich regeln wollte, und zwar vollständig, ließen sich diese doch nicht allein aus dem Privatrecht ablesen, sondern erst aus der Verbindung von privatem und öffentlichem Recht ergab sich auch der private Status des Bürgers ganz.[58]

In einem gegenständlich beschränkten Privatrecht hatte aber das Freiheitsprinzip nur noch beschränkten Aussagewert. Von der politischen Gesetzgebung mit ihren Veräußerungshindernissen, Preisbindungen, Arbeitsschutzregelungen, Bauordnungen etc. abstrahierend, vermochte die Wissenschaft zwar ein in sich stimmiges und höchst subtiles Begriffssystem zu errichten, mußte es aber hinnehmen, daß Begriff und Wirklichkeit sich nicht nahtlos deckten. Das gereinigte Privatrecht spiegelte eine private Bewegungsfreiheit vor, die tatsächlich nicht im selben Maß bestand. Erscheinen Privatrecht und Freiheit dennoch als eins, so wird eine Teilwahrheit verabsolutiert und nimmt insoweit ideologische Züge an. Die Überlegung erweist, daß sich die Priorität des Privaten eben nicht durch den Rückzug aufs Private garantieren ließ. Dazu wäre es vielmehr erforderlich gewesen, daß sich die Privatleute zur Öffentlichkeit konstituiert und den Staat ihren Bedürfnissen dienstbar gemacht hätten. Insofern ist in den antipolitischen Bestrebungen nach gesellschaftlicher Autonomie zugleich der Drang nach politischer Macht angelegt. Das haben die Theoretiker des Privatrechts nicht erkannt. Ihrem politischen Ziel, das mit der Ver-

56 Vgl. Zeillers Vortrag vom 19. Januar 1808, Pfaff/Hofmann, Excurse 1 (Anm. 41), S. 55; weiter seine Äußerungen in der Sitzung der Hofkommission vom 8. Juli 1805, Ofner, Berathungs-Protokolle II (Anm. 43), S. 102 f. Vgl. auch Adler (Anm. 37), S. 137.
57 Savigny, System 1 (Anm. 48), S. 371.
58 Hierzu und zum Folgenden vgl. Bullinger (Anm. 3), S. 37 ff.; Wieacker (Anm. 21), S. 447 f.; Kelsen (Anm. 54), S. 113 f.

selbständigung des Privatrechts avisiert worden war, blieben sie auf diese Weise fern. Im Nebeneinander des auf Freiheit und Gleichheit basierenden ABGB mit einer streng restaurativen Ordnung nach 1815 liegt dafür das beste Beispiel.

Auf der anderen Seite unternahmen es nun auch die Befürworter der Priorität des Öffentlichen, ihre Position zu untermauern, und versuchten das, was als Maßnahme der politischen Zweckmäßigkeit eingeführt und mit pragmatischen Argumenten begründet worden war, theoretisch zu rechtfertigen und als allgemeingültig hinzustellen. Die Argumente stammten aus dem Begriff von Staatlichkeit und Souveränität. Das hatte sich schon bei Gönner angedeutet. Gönner beschränkte die richterliche Gewalt auf die privatrechtlichen Streitigkeiten der Bürger, »weil der Herrscher den Gerichten nicht unterworfen sein kann, da diese sonst über ihn, also der eigentliche Herrscher wären«.[59] Vertieft kehrt diese Begründung bei Stahl wieder.[60] Stahl sieht im Staat nicht einen bloßen Zweckverband von und für Individuen, sondern ein sittliches Reich über ihnen. Er ist dazu bestimmt, die Menschen »zu Einem Gesamtdaseyn zu verbinden und dieses als solches zu vollenden«.[61] Das kann nur gelingen, wenn er Herrschergewalt über sie besitzt. Deren Summe ist das öffentliche Recht, das an der Dignität des höheren Zwecks teilnimmt. Wären die Glieder berechtigt, das Ganze vor Gericht zu ziehen, so stünden sie ihm damit als Subjekt unabhängig und gleichartig gegenüber. Seine Handlungen verlören Autoritätscharakter. Das sittliche Ganze Staat wäre zerrissen. »Das was Gegenstand der Verwaltung, der Autorität der Staatsregierung ist, kann demnach niemals ... zur Justizsache werden. Beide Gebiete sind schlechterdings voneinander unabhängig.«[62]

Den Unterschied zwischen dem – justiziablen – Privatrecht und dem – nicht justiziablen – öffentlichen Recht hatte die Staatsrechtslehre bis dahin immer in den verschiedenen Interessen erblickt, die die beiden Rechtsarten befriedigen sollten. Zum Privatrecht zählte danach, was dem Nutzen des Einzelnen diente; öffentliches Recht war, was dem Wohl der Gesamtheit zugute

59 N. T. Gönner, Handbuch des deutschen gemeinen Prozesses, II, 2. Aufl. Erlangen 1804, S. 22 f. Weitere Nachweise bei Poppitz (Anm. 29), S. 16 ff.

60 F. J. Stahl, Die Philosophie des Rechts, II, 1, in der hier benützten 3. Aufl. Heidelberg 1854, S. 300 ff.; II, 2, 5. Aufl. Tübingen 1878, S. 607 ff.

61 Stahl (Anm. 60), II, 1, S. 301.

62 Stahl (Anm. 60), II, 2, S. 608.

kam. Gegen dieses Kriterium wendet sich Stahl.[63] Mit der Kategorie des Interesses sei das Wesen der beiden Bereiche nicht zu erfassen. »Das Öffentliche ist nicht bloß das, was dem Nutzen Aller, sondern was einer *höheren Ordnung* über allem Nutzen dient.«[64] Da diese nicht dem Belieben der Individuen anheimgegeben sein kann, sind sie insoweit dem Herrscher unterworfen. Das Verhältnis der Über- und Unterordnung kennzeichnet das öffentliche Recht. An die Stelle der Interessentheorie tritt die Subjektionstheorie. Damit hatte die Wissenschaft zwar zur veränderten politischen Wirklichkeit aufgeschlossen. Indessen war sie ihrer nicht auch schon Herr geworden. Wo staatlich mit hoheitlich identifiziert wurde, hätte nämlich nur derjenige Staat der Theorie entsprochen, der seinen Bürgern ausschließlich befehlend begegnet wäre. Da das nicht der Fall war, wurde auch die Reinigung des öffentlichen Rechts mit einer folgenreichen Blickverengung bezahlt: die gesamte nichthoheitliche Tätigkeit des Staates, Wohlfahrts- und Kulturpflege, Wirtschaftsförderung etc., entging der Aufmerksamkeit der Wissenschaft. Den Profit hatten die obrigkeitlichen Verwaltungen, die sich in diesem Bereich rechtlicher Bindungen weitgehend ledig sahen.

So bestätigt sich Otto Brunners Bemerkung, daß die übliche Unterscheidung zwischen öffentlichem und privatem Recht einen präzisen Sinn erst unter der Voraussetzung des neuzeitlichen Souveränitätsbegriffs und der vom Staat getrennten Gesellschaft gewinne.[65] Andererseits war dieser Zustand nicht schon mit der Scheidung der beiden Rechtsbereiche hergestellt. Im gleichen Maß, wie die Trennung von öffentlichem und privatem Recht die Trennung von Staat und Gesellschaft garantieren sollte, war sie doch auch ihr Ausdruck. Sie konnte nur soweit und solange Bestand haben, als sie in der Realität eine Entsprechung fand. Mit der Umwandlung des politischen Postulats in ein juristisches Dogma geriet diese Interdependenz aus dem Blickfeld. Die politische Herkunft ließ sich gleichwohl nicht verleugnen. Das übersteigerte Trennungsdenken wurde, indem es die Wirklichkeit schließlich mehr verschleierte als erhellte, zur Stütze des politischen und sozialen status quo und hat die Erkenntnis seiner wachsenden Fragwürdigkeit lange verzögert.

63 Stahl (Anm. 60), II, 1, S. 304.
64 Ebenda, S. 302.
65 Brunner (Anm. 6), S. 123 f.

Kulturauftrag des Staates

1. Historisch

1. Entstehung kultureller Autonomie

Als Staat und Kultur zu Beginn des 19. Jahrhunderts in der Formel vom Kulturstaat erstmals begrifflich miteinander verknüpft wurden[1], befanden sich ihre traditionellen Bindungen gerade in Auflösung. Die Entwicklung war von der Kultur ausgegangen, die im Staat ein ihr fremdes Prinzip verkörpert sah und sich als System mit eigener Zweckbestimmung und eigener Sachlogik von ihm abzugrenzen begonnen hatte. Der Ablösungsprozeß war im Bereich der Kunst am weitesten vorangeschritten, ergriff aber auch Bildung und Wissenschaft und berührte ebenfalls die Religion. Er verlief parallel zur Ausdifferenzierung der Wirtschaft und teilte mit ihr den Grund: die Emanzipation des Bürgertums. So wie seit der Mitte des 18. Jahrhunderts das Feudalsystem, die Zunftordnung und das Privilegienwesen als Hemmnis ökonomischen Wachstums steigender Kritik begegneten, geriet auch die externe Steuerung von Kunst, Wissenschaft, Religion und Erziehung als Barriere kultureller Entfaltung zunehmend in Verruf. Freilich konnte sich der neue Anspruch nur im Verhältnis von Staat und Kunst unmittelbar durchsetzen, weil die Kunst im Gegensatz zu den anderen Kulturbereichen, aber auch zum Wirtschaftssystem, dem Staat nicht institutionell, sondern nur faktisch verbunden war, so daß sich mit einer Veränderung der tatsächlichen Bedingungen auch das Verhältnis selbst ändern mußte, während in den anderen Fällen die erstrebte Unabhängigkeit nur über Reform oder Revolution erreicht werden konnte.

Bis zur Mitte des 18. Jahrhunderts war die Kunst typischerweise höfisch oder sakral geprägt.[2] Damit sind weniger bestimmte Sujets

---

1 Bei J. G. Fichte, Die Grundzüge des gegenwärtigen Zeitalters, 1806, in: Sämmtliche Werke (Hg. I. H. Fichte), Bd. VII, 1846, S. 189, 200 f. Zur Begriffsgeschichte vgl. I. Baur, Die Geschichte des Wortes »Kultur« und seiner Zusammensetzungen, Diss. phil. München 1951; O. Jung, Die Entwicklung des Kulturstaatsbegriffs von J. G. Fichte bis zur Gegenwart, Diss. iur. Würzburg 1973; ders., Zum Kulturstaatsbegriff, 1976.

2 Zusammenfassende Darstellung bei A. Hauser, Sozialgeschichte der Kunst und Literatur, 2 Bde., 1953; ders., Kunst und Gesellschaft, 1973, S. 153 ff. Ferner

oder Stile als soziale Abhängigkeiten gemeint. Die Künstler standen überwiegend in höfischen Diensten und produzierten im Auftrag, zumindest aber für den bekannten, oft sogar kodifizierten Geschmack eines kleinen und homogenen Abnehmerkreises. Das Kunstwerk trug für diesen Kreis seinen Wert nicht in sich, sondern bezog ihn aus der Verherrlichung Gottes, der Darstellung fürstlicher oder kirchlicher Macht, der Erbauung des Volkes und der Unterhaltung und Zerstreuung der höfischen Gesellschaft. Es erfüllte Gebrauchsfunktionen und verdankte diesen seine Förderung. Das betrifft mit Nuancen alle Sparten der Kunst, Musik und Literatur ebenso wie die bildenden und darstellenden Künste, von der Architektur ganz zu schweigen. Für den Künstler war dieser Zustand nicht freigewählt, sondern Folge der Tatsache, daß es außerhalb von Kirche und Hof nicht genügend Konsumenten von Kunst gab, die ihm den Lebensunterhalt zu sichern vermocht hätten. Andererseits hatte der Zustand, solange er alternativlos blieb, für den Künstler nichts Entwürdigendes oder Kunstwidriges an sich, wie es ja auch keineswegs ausgeschlossen war, innerhalb dieses Rahmens Größe und Individualität zu entfalten und neue Formen und Inhalte auszubilden.

Etwa seit der Jahrhundertmitte erwuchs dem Hof aber eine bürgerliche Konkurrenz, die nicht nur für Kunst Geld ausgeben konnte, sondern im Kunstwerk auch Aufschluß über ihre eigene Identität und Bestimmung suchte und es also wegen seines ideellen, nicht wegen des unterhaltenden oder repräsentativen Wertes schätzte.[3] Für den Künstler schuf erst diese Ausweitung der Trägerschicht die Möglichkeit einer auftragsunabhängigen Produk-

J. Habermas, Strukturwandel der Öffentlichkeit, 1962; N. Elias, Die höfische Gesellschaft, 1969; R. Vierhaus, Deutschland im Zeitalter des Absolutismus, 1978, S. 81 ff.; Detailangaben in Fn. 3.

3 Da für Einzelheiten hier der Platz fehlt, werden die Nachweise in diesem Punkt etwas ausführlicher gehalten. Vgl. generell etwa L. Balet/E. Gerhard, Die Verbürgerlichung der deutschen Kunst, Literatur und Musik im 18. Jahrhundert (1936), Neuausg. 1973; W. H. Bruford, Deutsche Kultur der Goethezeit, 1965; Th. Nipperdey, Deutsche Geschichte 1800-1866, 1983, S. 533 ff.; W. Benjamin, Das Kunstwerk im Zeitalter seiner technischen Reproduzierbarkeit, Gesammelte Schriften, Bd. I/1, 1974, S. 431, 471; J. Habermas, Strukturwandel der Öffentlichkeit, 1962; U. Scheuner, Die Kunst als Staatsaufgabe im 19. Jahrhundert, in: E. Mai/St. Waetzold (Hg.), Kunstverwaltung, Bau und Denkmalpolitik im Kaiserreich, 1981, S. 13; H. Maier, Anstöße, 1978, S. 149 ff. Speziell zur Literatur: H. J. Haferkorn, Zur Entstehung der bürgerlich-literarischen Intelligenz und des Schriftstellers in Deutschland zwischen 1750 und 1800, in: Literaturwissenschaft und Sozialwissenschaften 3 (1974), S. 113; P. Bürger, Institution Kunst als literatursoziologische Kategorie. Romantische Zeitschrift für Litera-

tion, die zuvor stets Ausnahme gewesen war. Der freie Schriftsteller, Komponist, Virtuose ist ein Produkt dieser Epoche, die den Künstler zum Genie erhob und damit die Trennung von hoher und trivialer Kunst, Kunst und Handwerk erst einleitete. Die Kehrseite des Vorgangs lag darin, daß Künstler und Publikum nicht mehr persönlich miteinander verkehrten, sondern der Vermittlung durch den Markt bedurften. Kunstwerke nahmen Warencharakter an. »Ein Krämer kann kein Mäzen sein«, sagte der Verleger Göschen[4], bei dessen Nachfolgern die Veröffentlichungen der Staatsrechtslehrervereinigung erscheinen. So betrachtet, handelt es sich nur um einen Austausch von Abhängigkeiten, wie den Künstlern der Umbruchzeit durchaus nicht verborgen blieb.[5] Doch unterschied sich die neue von der alten Abhängigkeit darin, daß sie angesichts des erweiterten und anonymisierten Interessentenkreises größere Möglichkeiten zuließ und der Kunst vor allem den von Nutzerwägungen entbundenen Selbstzweck nicht streitig machte. Insofern konnte Kant am Ende dieses Prozesses zum Wesensmerkmal von Kunst erheben, was kurz zuvor weder Realität besessen noch Verständnis gefunden hätte: ihre zweckfreie Wohlgefälligkeit.[6]

Gleichzeitig drangen Autonomiebestrebungen auch im Bereich von Erziehung und Wissenschaft vor.[7] Erziehung war bis dahin

turgeschichte 1 (1977), S. 50 ff.; Ch. Bürger, Der Ursprung der bürgerlichen Institution Kunst im höfischen Weimar, 1977; H. Kiesel/P. Münch, Gesellschaft und Literatur im 18. Jahrhundert, 1977; P. U. Hohendahl, Literarische Kultur im Zeitalter des Liberalismus, 1985; J. Schulte-Sasse, Die Kritik an der Trivialliteratur seit der Aufklärung, 1971, S. 44 ff.; R. Engelsing, Analphabetentum und Lektüre, 1973; R. Jentzsch, Der deutsch-lateinische Büchermarkt nach den Leipziger Ostermeßkatalogen, 1912, S. 148 ff.; zur Musik: H. Schwab, Konzert. Öffentliche Musikdarbietung vom 17. bis 19. Jahrhundert, 1971; C. Dahlhaus, Die Musik des 19. Jahrhunderts, 1980; J. Rehm, Zur Musikrezeption im vormärzlichen Berlin, 1983; zur bildenden Kunst: F. Haskell, Patrons and Painters, 1971; G. F. Koch, Die Kunstausstellung, 1967; N. Pevsner, Academies of Art, Nachdruck 1973; zur darstellenden Kunst: H. Knudsen, Deutsche Theatergeschichte, ²1970; J. Gregor, Kulturgeschichte der Oper, ²1950; zur Baukunst: W. Braunfels, Abendländische Stadtbaukunst, 1976.

4 S. L. Gerhardt (Hg.), Briefwechsel zwischen S. J. Göschen und K. A. Boettiger, 1911, S. 26.

5 Vgl. etwa F. Schiller, Briefe (Hg. F. Jonas), 1892, Bd. 3, S. 179, 216; Bd. 4, S. 382, und dazu Haferkorn (Fn. 3), S. 163 ff.

6 I. Kant, Kritik der Urteilskraft, 1790, hier zitiert nach der Weischedel-Ausgabe, Bd. v, 1970, S. 279 ff., bes. 319.

7 Zur Erziehung vgl. W. Roessler, Die Entstehung des modernen Erziehungswesens in Deutschland, 1961; P. Lundgreen, Sozialgeschichte der deutschen Schule im Überblick, 1980; N. Luhmann/K.-E. Schorr, Reflexionsprobleme im Erzie-

noch vorwiegend eine Funktion des Hauses gewesen. Soweit sie von eigenen Bildungseinrichtungen wahrgenommen wurde, befanden sich diese in kirchlicher oder ständischer Hand und verfolgten die Zwecke ihrer Träger. Als Unterrichtsgegenstand herrschte die Glaubenslehre, als Methode das Auswendiglernen vor. Dagegen erhoben sich jedoch in der zweiten Hälfte des 18. Jahrhunderts sowohl in der Schulpraxis wie auch in der Staatswissenschaft Reformforderungen, die hier eher auf Verbreitung nützlicher Kenntnisse, dort eher auf Modernisierung des Unterrichts und Professionalisierung der Lehrer zielten.[8] Beide Richtungen trafen sich aber im Appell an den absoluten Staat, der als einziger solche Reformen durchzusetzen vermochte und in der Erkenntnis der Bedeutung von Erziehung für die Ziele des Landesausbaus und der Ständeangleichung noch im 18. Jahrhundert zur Verstaatlichung des Schulwesens schritt.[9] Die Gegner sahen darin freilich gerade einen Autonomieverlust. Doch betraf er weniger das Erziehungswesen, das kaum Autonomie genossen hatte, als seine bisherigen Träger, voran die Kirchen. Verglichen damit versprach die funktionale Verselbständigung im Staat in der Tat das größere Maß an Autonomie. Die Pädagogik blieb bei diesem von der Staatsraison bestimmten Maß indessen nicht stehen, sondern proklamierte, von Rousseau aufgeklärt, von Pestalozzi angeleitet, ausgangs des Jahrhunderts statt der Nützlichkeit des Untertanen die Entfaltung des Menschen als Erziehungsziel.[10]

hungssystem, 1979; N. Luhmann, Gesellschaftsstruktur und Semantik, Bd. II, 1981, S. 105; M. Heinemann, Schule im Vorfeld der Verwaltung, 1974; Th. Nipperdey, Volksschule und Revolution im Vormärz, in: ders., Gesammelte Aufsätze zur neueren Geschichte, 1976, S. 206; K.-E. Jeismann, Das preußische Gymnasium in Staat und Gesellschaft, 1974.

8 Vgl. von seiten der Schule etwa M. Ehlers, Gedanken von den zur Verbesserung der Schulen notwendigen Erfordernissen, 1766; H. Stephani, Grundriß der Staatserziehungswissenschaft, 1797; von seiten der Staatswissenschaft etwa J. H. L. Bergius, Polizey- und Cameralmagazin, Bd. 8, 1791, S. 108 ff.; K. S. Zachariä, Über die Erziehung des Menschengeschlechts durch den Staat, 1802.

9 In Preußen, das das deutsche Bildungswesen prägte, mit dem General-Landschulregulativ von 1763 (NCC Bd. III, S. 265) über die Errichtung des Oberschulkollegiums 1787 als nicht mehr geistlicher, sondern staatlicher Schulaufsichtsbehörde bis zur Befestigung im Allgemeinen Landrecht von 1794, das Schulen und Universitäten zu Veranstaltungen des Staates erklärte (ALR II, 12, §§ 1, 2 und 9). Zur Entwicklung L. v. Rönne, Das Unterrichtswesen des preußischen Staates, Bd. I, 1854.

10 J. J. Rousseau, Emile, 1762; zu Pestalozzi vgl. etwa F. Delekat, Johann Heinrich Pestalozzi, ³1968; B. Gebhardt, Die Einführung der Pestalozzischen Methode in

Ging es hier um die inhaltliche Freigabe der Pädagogik bei fortbestehender staatlicher Schulträgerschaft, so entsprach dem in der Wissenschaft die Autonomie von Forschung und Lehre. Dafür gab es im Gegensatz zur Schule frühe Ansätze, die auch in den korporativen Freiheiten der Universität ihren Ausdruck fanden. Doch hatten sich diese noch nicht zum Prinzip zweckfreier Erkenntnis verdichtet.[11] Die Universitäten fungierten vielmehr als Ausbildungsstätten für Staatsdiener und richteten ihren Betrieb an den Bedürfnissen der Landesherren aus. Die alte Artistenfakultät erfüllte ohnehin nur propädeutische Funktionen, aber auch die Professoren der übrigen Fakultäten wurden nicht als Forscher, sondern als Vermittler eines tradierten Bestandes an gesichertem Wissen auf der Basis autorisierter Lehrbücher betrachtet, wie ihr Lehrdeputat von über zwanzig Wochenstunden indiziert. Wesentliche wissenschaftliche Leistungen kamen unter diesen Umständen außerhalb der Universitäten zustande. Die fortbestehende Bindung an die Religion äußerte sich in einem Primat der theologischen Fakultät, der mit Aufsichts- und Zensurbefugnissen verbunden war. Auch hier kündigte sich aber nach Anfängen in Halle vor allem durch die Gründung Göttingens im Jahre 1737 eine Wende an.[12] In Göttingen herrschte Lehrfreiheit, die Professoren pflogen den freien Vortrag in deutscher Sprache, und das Aufsichtsrecht der theologischen Fakultät wurde nicht mehr ausgeübt. Der darauf beruhende Erfolg der Göttinger Universität machte auch die Autonomie der Wissenschaft zu einer Forderung der Zeit.

Anders als Kunst, Erziehung und Wissenschaft war die Religion keine treibende Kraft im Ausdifferenzierungsprozeß kultureller Lebensbereiche. Sie erlitt ihn eher, weil er sie aus ihrer Funktion sinnhafter Weltdeutung und gesellschaftlicher Integration zunehmend verdrängte.[13] Diese Entwicklung hatte bereits im Mittelalter

Preußen, 1896. Generell Th. Ballauf/K. Schaller, Pädagogik – Eine Geschichte der Bildung und Erziehung, Bd. II, 1970; W. Roessler, Pädagogik, in: Geschichtliche Grundbegriffe, Bd. IV, 1978, S. 623; G. Snyders, Die große Wende der Pädagogik, 1971; N. Luhmann, Gesellschaftsstruktur und Semantik, Bd. II, S. 105.

11 Vgl. F. Paulsen, Geschichte des gelehrten Unterrichts, 2 Bde., Nachdruck 1965; H. Roessler/G. Franz (Hg.), Universität und Gelehrtenstand 1400-1800, 1970.

12 Vgl. E. F. Roessler, Die Gründung der Universität Göttingen, 1855; W. Ebel, Die Privilegien und ältesten Statuten der Georg-August-Universität zu Göttingen, 1962.

13 Vgl. N. Luhmann, Funktion der Religion, 1977; E.-W. Böckenförde, Die Entstehung des Staates als Vorgang der Säkularisation, in: ders., Staat – Gesellschaft – Freiheit, 1976, S. 42; K. Schlaich, Kollegialtheorie, Kirche, Recht und Staat in

eingesetzt und ihre für die Kirche entscheidende Wende mit der Glaubensspaltung genommen, die eine religiöse Legitimierung politischer Herrschaft nicht mehr erlaubte und zur Ausdifferenzierung des Staates auf säkularer Grundlage zwang. Gleichwohl blieb unter der Herrschaft des cuius regio eius religio eine enge Verbindung zwischen Staat und Religion erhalten, die den Kirchen auch eine Reihe öffentlicher Funktionen beließ. Indessen trugen diese ihren einstigen Führungsanspruch nicht mehr, sondern führten im Gegenteil dazu, daß der erstarkende Staat die Kirchen zunehmend in seine säkularen Zwecke einplante. Die neuen Autonomiebestrebungen von Kunst, Wissenschaft und Erziehung bestritten ihnen auch noch diesen Restbereich öffentlicher Funktionen und reduzierten die Religion endgültig auf ein kulturelles Teilsystem unter anderen. Ihre funktionale Spezialisierung ergab sich sozusagen als Nebeneffekt der Verselbständigung anderer Systeme. Die Religion blieb als Sinngeber für das rational Unerklärbare und die Grenzsituationen des Menschen zurück. Sie wurde dadurch tendenziell privatisiert und aus dem Alltag verdrängt. In dieser Beschränkung konnte sie nun ihrerseits eine eigene Autonomie ausbilden.

Die Französische Revolution zog diese kulturübergreifende Entwicklung auf ein Grundprinzip zusammen: die Individualfreiheit. Der Staat büßte dadurch seine umfassende Verantwortung für die Lebensführung des Einzelnen und das Wohlergehen der Gesamtheit ein. Dieses ergab sich vielmehr aus dem Zusammenspiel subjektiver Interessen automatisch, so daß jene als Privatsache gelten konnte, solange sie nicht die Freiheit anderer bedrohte. Der Staat wurde nur noch zur Abwehr von Freiheitsgefahren benötigt, während seine sonstigen Aufgaben in individuelle Verfügung übergingen. Deutschland rezipierte dieses Modell zunächst nur theoretisch, nämlich in Gestalt der kantischen Philosophie. Kant hielt zwar an der Sittlichkeit als Bestimmung des Menschen fest, bestand aber darauf, daß Sittlichkeit nicht das Ergebnis staatlichen Zwangs, sondern individueller Freiheit sei. Folglich hatte auch für ihn der Staat Sittlichkeit nicht zu bewirken, sondern nur zu ermöglichen. Dies geschah eben durch die Gewährleistung gleicher Freiheit, in der seine einzige Aufgabe bestand.[14] Auch für die Kultur galt nach diesem Verteilungsprinzip grundsätzlich, daß sie auf die

der Aufklärung, 1969; U. Scheuner, Kirche und Staat in der neueren deutschen Entwicklung, in: ders., Schriften zum Staatskirchenrecht, 1973, S. 121.
14 I. Kant, Über den Gemeinspruch: Das mag in der Theorie richtig sein, taugt aber

Seite der Gesellschaft wechselte und an deren Autonomie partizipierte. Ja, auf der Grundlage dieser Autonomie bildete sich der Begriff der Kultur in seinem eigenständigen und vorwiegend auf den geistig-ästhetischen Bereich bezogenen Sinn erst gegenüber dem älteren Sprachgebrauch heraus, der das Wort Kultur nur attributiv verwandt und mit jedweder menschlichen Natureinwirkung verbunden hatte.[15]

2. Neubestimmung des Verhältnisses von Staat und Kultur

Die Entstehung kultureller Autonomie machte eine Neubestimmung des Verhältnisses von Staat und Kultur erforderlich. Fichte, von dem der Begriff des Kulturstaats stammt, konnte sich dieses Verhältnis zu Anfang allerdings nur negativ vorstellen. Kultur als Weg zur Freiheit hat für ihn zwar am Endzweck des Menschen teil, aber »niemand wird kultiviert, sondern jeder hat sich selbst zu kultivieren«.[16] Der einzige Beitrag des Staates zur Kultur lag dann in der Abstinenz von jeder kulturellen Betätigung. Fichte entwickelte hier theoretisch, was man in Amerika seit der Unabhängigkeit praktizierte.[17] Einen Hof als Träger kultureller Einrichtungen hatte es dort ohnehin nie gegeben. Die alten Staatskirchen wurden früher oder später ein Opfer der neuen Verfassungen. Das wenig entwickelte Schulwesen war in der Revolution weitgehend zusammengebrochen. Verschiedene Einzelstaatsverfassungen sahen daraufhin zwar öffentliche Schulen vor, doch unterblieb die Errichtung weitgehend. Noch 1830 besaß kein Staat ein funktionierendes öffentliches Schulwesen. Ein professionalisierter Lehrerstand fehlte völlig. Von den Colleges, noch keine Universitäten im euro-

nicht für die Praxis (1793), Weischedel-Ausgabe Bd. VI, S. 143 ff.; ders., Die Metaphysik der Sitten (1797), ebenda, Bd. IV, S. 336 ff., 429 ff.

15 Vgl. R. Williams, Culture and Society, 1958 (deutsch 1972); H. P. Thurn, Soziologie der Kultur, 1976, S. 10 ff.

16 J. G. Fichte, Beitrag zur Berichtigung der Urteile des Publikums über die französische Revolution, 1793, in: Sämmtliche Werke (Fn. 1), Bd. VI, S. 80.

17 Zusammenfassend T. H. Williams/R. N. Current/F. Freidel, A History of the United States, Bd. I, 1960, S. 217 ff., 397 ff.; S. E. Morison/H. St. Commager/W. E. Leuchtenburg, A Concise History of the American Republic, 1977, S. 214 ff. Einzelheiten bei P. Monroe, The Founding of the American Public School System, 1940; F. Rudolph. The American College and University, 1965; R. Hofstadter/W. Metzger, The Development of Academic Freedom in the United States, ⁵1965; A. P. Stokes/L. Pfeffer, Church and State in the United States, 1964.

päischen Sinn, unterhielt der Staat nur die wenigsten. Selbst traditionell staatlich kontrollierte Berufe wie Jurist oder Arzt wurden in der Praxis erlernt. Lehrfreiheit war unbekannt, wissenschaftliche Forschung Liebhaberei. Staatliche Kunsteinrichtungen wie Theater, Museen, Bibliotheken oder staatliche Kunstförderung lagen vollends außerhalb amerikanischer Vorstellungen.

Während Amerika von diesem Weg im Verlauf des 19. Jahrhunderts zusehends abwich, war er in Europa gar nicht erst beschritten worden, auch nicht von der Französischen Revolution, zu deren Verteidigung Fichte seine Kultur und Staat strikt trennende Frühschrift 1793 publiziert hatte. Zwar gab es einen 1792 auch ins Deutsche übersetzten Plan Mirabeaus, der Unterricht als eine Art privates Geschäft betrachtete. »Der Verkäufer sucht seine Ware loszuwerden. Der Käufer würdigt und wünscht sie für den wohlfeilen Preis.«[18] Die Mehrheit der Revolutionäre war sich aber bewußt, wie sehr der Erfolg der Revolution auf Dauer von einer Erneuerung des bisher kirchlich beherrschten Bildungswesens abhing. Daher sah die Verfassung von 1791 im Ersten Titel die Einrichtung eines öffentlichen Schulwesens vor, das für alle Bürger gleich und auf der Grundstufe kostenlos sein sollte. Der bedeutendste Erziehungsplan der Revolution, den in Ausführung des Verfassungsauftrages Condorcet als Berichterstatter des Unterrichtskomitees 1792 der Assemblée législative vorlegte[19], ordnete das gesamte Bildungswesen von der Volksschule bis zur wissenschaftlichen Forschung im Interesse der Verfassungsgrundsätze von Freiheit und Gleichheit staatlich, ohne Privatschulen völlig zu verbieten. Eine Zeit, in der die fortschreitende Aufklärung öffentlichen Unterricht überflüssig macht, erscheint zwar als Fernziel. Doch ist es gerade Sache des Staates, die kulturellen Voraussetzungen hierfür erst zu schaffen.

Auch in Deutschland wurde eine Trennung von Staat und Kultur nicht als notwendige Folge der neuen Staatsauffassung betrachtet. Man kann vielmehr beobachten, daß Kants Theorie zwar die Staatszwecklehre rasch veränderte, den staatlichen Kulturauftrag

---

18 Abgedruckt bei R. Alt, Erziehungsprogramme der Französischen Revolution, 1949, S. 31, das Zitat S. 40f. Vgl. zur französischen Situation auch J. Godechot, Les institutions de la France sous la Révolution et l'Empire, ²1968, S. 444 ff.; K. Rauhut, Die pädagogischen Theorien der französischen Revolution, Diss. phil. Halle 1934; L.-H. Parias (Hg.), Histoire générale de l'enseignement et de l'éducation en France, Bd. 3, 1981.
19 Ebenfalls bei Alt (Fn. 18), S. 61.

aber im Kern unberührt ließ. Der Kulturauftrag war bis dahin aus dem neben Friedens- und Rechtszweck stehenden Wohlfahrtszweck des Staates abgeleitet worden, der nicht nur das wirschaftliche, sondern auch das geistige Wohl der Untertanen umfaßte.[20] Kants Kritik am Absolutismus betraf aber gerade die auf den Wohlfahrtszweck gestützte Bevormundung der Bürger. Für die Staatszwecklehre bedeutete das eine Abkehr vom Wohlfahrtszweck und eine Beschränkung des Staates auf Gefahrenabwehr und Rechtswahrung. Indessen war die Polizeiwissenschaft, die die Staatszwecke konkretisierte, nicht bereit, mit dem Wohlfahrtszweck auch die staatliche Kulturvorsorge aufzugeben. Selbst Autoren, die bei der Bestimmung des Staatszwecks vorbehaltlos auf die kantischen Prämissen einschwenkten, wollten dem Staat doch nicht das Recht streitig machen, sich um die Bildung und Religiosität der Bürger zu kümmern. Ein Liberaler wie Behr, der die Lehre vom Kulturzweck des Staates mit ausgesprochener Schärfe bekämpfte und die Ansicht vertrat, daß stets nur Verkehrtheiten herauskämen, wo Regierungen sich in den Gang der Kultur mischten, konnte doch ohne Schwierigkeit an einer Erziehungspolizei festhalten und diese sogar zur Veranstaltung erhebender Vergnügungen und sonntäglicher Gesetzesunterweisungen ermuntern.[21] Freilich ließ sich der Kulturauftrag, wenn der Staatszweck sich in der Rechtswahrung erschöpfte, nur noch aus dieser ableiten. Eben das war der Weg, den die liberale Staatsrechtslehre einschlug. In der Sorge für die Rechtsordnung wurde der Staat nicht auf die Sanktion geschehener Rechtsverletzungen beschränkt und also nur mit repressiven Mitteln ausgestattet. Diese erschienen lediglich als ultima ratio, während die wirksamere Verfolgung des Rechtszwecks in der Vorbeugung lag. Vorbeugend wirkte aber am besten eine Erziehung zu rechtlicher Gesinnung. Der Wohlfahrtszweck verschwand also nicht, er büßte nur seine Selbständigkeit

20 Vgl. H. Maier, Die ältere deutsche Staats- und Verwaltungslehre, ²1980, bes. S. 157 ff.; D. Klippel, Politische Freiheit und Freiheitsrechte im deutschen Naturrecht des 18. Jahrhunderts, 1976, bes. S. 50 ff., 60 ff., 131 ff.; Ch. Link, Herrschaftsordnung und bürgerliche Freiheit, 1979, S. 132 ff.; U. Scheuner, Die Staatszwecke und die Entwicklung der Verwaltung im deutschen Staat des 18. Jahrhunderts, Gedächtnisschrift für H. Conrad, 1979, S. 467; P. Preu, Polizeibegriff und Staatszwecklehre, 1983.
21 Siehe W. J. Behr, System der angewandten allgemeinen Staatslehre, Bd. I, 1810, S. IV ff., 44 ff., bes. 63 ff., 77 ff.; Bd. III, 138 ff., bes. 142 ff. (mit Anm. b). Die Idee einer Gesetzesunterweisung schon bei Condorcet (Fn. 19), S. 66 f., 72 f. Nationale Feste sah die französische Verfassung von 1791 (Titre premier, al. 8) vor.

ein und kehrte als Annex zum Rechtszweck wieder.[22] Selbst daraus wurde aber kein liberales Dogma. Rotteck beispielsweise hielt es zwar für möglich, aber doch recht künstlich, alle kulturellen und ökonomischen Aufgaben des Staates unter den Rechtszweck zu subsumieren. Vielmehr seien sämtliche Lebenszwecke der Menschen, die sich gar nicht oder nicht gut genug allein erreichen ließen, im Staatszweck enthalten und dürften vom Staat verfolgt werden, sofern sie nur seinen Hauptzweck, Recht und Sicherheit, nicht störten.[23] Auf diesem Umweg konnte dem Staat sogar eine Verantwortung für Religion und Kunst erhalten werden, die zwar ihre Autonomie nicht wieder verlieren, aber wegen ihres Einflusses »auf Sänftigung der Sitten und Veredlung des Charakters« vom Staat doch »liebende Pflege« erfahren sollten.[24]

Obwohl damit auch für den Liberalismus eine kulturelle Verantwortlichkeit des Staates erhalten blieb, waren die Beziehungen doch äußerlicher Natur. Der Staat machte die Kultur nicht wie das Recht zu seinem Inhalt, sondern nahm sie in den Dienst des Rechts. Insofern war er nicht Kulturstaat in dem Sinne, wie Fichte ihn mittlerweile in Abkehr von seiner früheren Position forderte.[25] Die Bereitschaft, sich auf eine solche innere Verbindung von Kultur und Staat einzulassen, erwuchs in Preußen, und zwar nach der Niederlage gegen Napoleon 1806. Das war kein Zufall, denn seiner militärischen Stärke verlustig gegangen und nur durch russische Fürsprache noch existent, aber um die Hälfte seines Staatsgebiets und seiner Bevölkerung reduziert und von enormen Reparationsforderungen belastet, konnte Preußen nur auf die verbliebene Ressource Geist setzen, um seine bedrohte Existenz zu wahren und sich materiell zu regenerieren. Das erklärt auch den hohen Rang der Bildungsreform im gesamten Reformwerk.[26] Ihr Novum lag darin, daß sie sich von dem utilitaristischen Verständnis distanzierte, das der Absolutismus, aber nicht weniger die Aufklärung

22 Vgl. Maier, Staats- und Verwaltungslehre (Fn. 20), S. 203 ff.

23 C. v. Rotteck, Lehrbuch des Vernunftrechts und der Staatswissenschaften, Bd. II, ²1840, S. 64.

24 Rotteck, Lehrbuch (Fn. 23), Bd. III, 1834, S. 310 ff., bes. 326 f., 361, dort auch das Zitat.

25 Vgl. J. G. Fichte, Reden an die deutsche Nation (1808), Sämmtliche Werke (Fn. I), Bd. VII, S. 259. Zur Entwicklung von Fichtes Staatslehre vgl. F. Schnabel, Deutsche Geschichte im 19. Jahrhundert, Taschenbuch-Ausg. 1964, Bd. 2, S. 28 ff.; Z. Batscha, Gesellschaft und Staat in der politischen Philosophie Fichtes, 1970; K. Hahn, Staat, Erziehung und Wissenschaft bei Fichte, 1969.

26 Dazu E. R. Huber, Deutsche Verfassungsgeschichte, Bd. 1, ²1967, S. 260 ff.

der Kultur gegenüber eingenommen hatten. Von einem höheren Standpunkt als dem der Nützlichkeit aus betrachtet, seien Wissenschaft und Kunst »der Ausdruck des höchsten Zustandes der Menschheit«, hieß es in der Rigaer Denkschrift.[27] Wenn der Staat die Menschheit bei ihrer Höherentwicklung zu unterstützen habe, dann könne das nicht ohne Kulturpflege geschehen.

Dadurch änderte sich der Bezugspunkt von Staat und Kultur. Er lag nicht mehr im Staat, sondern in den Menschen, die durch die staatliche Kulturpflege ihrer Bestimmung nähergebracht wurden. Der Staat bediente sich dann der Kultur nicht, sondern trat in ihren Dienst, profitierte davon aber selbst wieder, indem er durch eine kultivierte Nation seine eigene Stärke steigerte, die ihn allen ungeistigen Staatsgebilden überlegen machen mußte.[28] Die geistige Erneuerung konnte freilich nur stattfinden, wenn es gelang, die in der zweiten Hälfte des 18. Jahrhunderts entstandene Kulturautonomie mit dem Kulturauftrag des Staates in Übereinstimmung zu bringen. Das war die konstruktive Aufgabe, vor der die preußischen Reformer standen, und zwar stärker als diejenigen deutschen Staaten, die unter der Rückendeckung Napoleons zur selben Zeit Modernisierungen der Gesellschaft durchführten. Altenstein, später erster preußischer Kultusminister, entwickelte dazu eine Reihe von Vorschlägen.[29] Für Kunst und Wissenschaft verlangte er die Beseitigung aller positiven Meinungs- und Lehrvorschriften, die Aufgabe der Zensur sowie aktive Unterstützungsmaßnahmen. Bei der Schule sollte sich der staatliche Zwang nur auf den Schulbesuch beziehen, dagegen dürfte es keine Beschränkung der Freiheit im Unterricht geben. Bezüglich der Religion verwarf er einerseits die Identifikation des Staates mit einer Glaubenslehre, andererseits aber auch jene Indifferenz, die sich für die Religion nur unter dem Gesichtspunkt der Volksberuhigung interessiere.

Die Formel für das Verhältnis von Kultur und Staat fand Hum-

---

27 Abgedruckt bei G. Winter, Die Reorganisation des Preußischen Staates unter Stein und Hardenberg, 1. Teil, Bd. 1, 1931, S. 364, das Zitat auf S. 454.
28 Das zielte zunächst auf Napoleon. Die Überzeugung, daß es der Geist war, »der allein die Einheit sicherte einem Staat, dem die konfessionelle, ethnische, sprachliche, rechtliche, ja sogar die geographische Einheit abging«, blieb aber auch nach den Befreiungskriegen erhalten, s. R. Koselleck, Preußen zwischen Reform und Revolution, ²1975, S. 398 ff., das Zitat auf S. 399; ders., Staat und Gesellschaft in Preußen, in: W. Conze (Hg.), Staat und Gesellschaft im deutschen Vormärz, 1963, S. 89 ff.
29 Abgedruckt bei Winter (Fn. 27), S. 453 ff., 457 ff., 489 ff., und generell 369 ff.

boldt als erster Leiter der Sektion für Kultus und Unterricht im preußischen Innenministerium. Ihm ging es darum, daß der Staat die Kultur nicht mehr für außerhalb ihrer selbst gelegene Zwecke einsetzte und dadurch verfälschte, sondern um ihrer selbst willen in den Staatszweck aufnahm, damit seinerseits notwendig freiheitlicher Staat werdend. In seinem Organisationsplan für die höheren wissenschaftlichen Anstalten in Berlin hieß es, der Staat dürfte von seinen Universitäten und Gymnasien »nichts fordern, was sich unmittelbar und geradezu auf ihn bezieht, sondern die innere Überzeugung haben, daß, wenn sie ihren Endzweck erreichen, sie auch seine Zwecke, und zwar von einem viel höheren Gesichtspunkt aus, erfüllen.«[30] In verfassungsrechtliche Begriffe übersetzt, handelt es sich um eine Grundrechtslösung, die allerdings die Freiheit vor vornherein nicht gegen den Staat, sondern im Staat begründete. Es ist bekannt, daß sie nur bruchstückhaft verwirklicht wurde und verfassungsrechtliche Formen erst viel später annahm.[31] Die zunächst einsetzende Entwicklung beschreibt Koselleck als »schleppende Geschichte des schwindenden Geistes«.[32] Damit ist ein Rückfall auf den utilitaristischen Standpunkt gemeint, der sich vereinzelt zu Mißachtungen der Kulturautonomie steigern konnte. Ihre völlige Leugnung blieb freilich dem Nationalsozialismus vorbehalten, der alle kulturellen Lebensbereiche wieder politischen Zielen unterordnete, wenn schon nicht durchgehend verstaatlichte.

II. Systematisch

1. Interdependenz von Staat und Kultur

Ich verfolge die historischen Linien hier nicht weiter, weil bereits dieser kurze Blick auf das ausgehende 18. und beginnende

30 W. v. Humboldt, Gesammelte Schriften, Bd. x, 1903, S. 255.
31 Die Verfassungen des Vormärz sahen zwar in ihren Grundrechtskatalogen in der Regel Gewissensfreiheit, Presse- und Buchhandelsfreiheit, aber noch keine Garantien für Wissenschaft und Lehre, Schulunterricht und Kunst vor. Insoweit liegen die Anfänge erst in der Paulskirchen-Verfassung (Art. vi, §§ 152 ff.) und der an ihr orientierten preußischen Verfassung von 1850 (Art. 20 ff.). Eine ausdrückliche Kunstfreiheitsgarantie findet sich erst in der Weimarer Verfassung, sie ist dort mit einer Schutzpflicht und einem Pflegeauftrag verbunden (Art. 142).
32 Koselleck, Preußen (Fn. 28), S. 400.

19. Jahrhundert für die systematische Erörterung des Themas einen dreifachen Ertrag abgeworfen hat. Zum einen erweist sich das Problem der Zuordnung von Staat und Kultur als Folge des Prozesses funktionaler Differenzierung der Gesellschaft. Daher muß auch die Frage nach dem Kulturauftrag von den spezifischen Funktionen der Kultur her angegriffen werden. Zweitens ist für die Anwort aus dem historischen Material eine Skala von Möglichkeiten angefallen, die in ihren Grundmustern komplett zu sein scheint: Trennung von Staat und Kultur (wie in der Frühgeschichte der Vereinigten Staaten, dualistisches Modell); staatliche Kulturpflege im Interesse anderer als kultureller Staatszwecke (wie im aufgeklärten Absolutismus, aber auch im Liberalismus, utilitaristisches Modell); staatliche Kulturpflege um der Kultur selbst willen (wie in der preußischen Reformära, kulturstaatliches Modell); staatliche Steuerung der Kultur nach politischen Kriterien (wie im Nationalsozialismus, dirigistisches Modell). Kombinationen sind wegen der Kumulierbarkeit von Zwecken und der Binnendifferenzierung der Kultur bis zu einem gewissen Grad möglich. Der historische Überblick läßt indes drittens vermuten, daß die beiden Pole der Skala, Trennung und Identifikation, offenbar nicht erreicht werden, was darauf hindeutet, daß der Staat zwar auf Leistungen der Kultur angewiesen ist, diese aber nicht in demselben Sinn zur Staatstätigkeit machen kann wie beispielsweise die Verbrechensbekämpfung oder die Postbeförderung.[33]

Voraussetzung der verfassungsrechtlichen Diskussion des Kulturauftrags ist also die Frage, welche Bedeutung Kultur und Staat überhaupt füreinander haben. Eine nähere Bestimmung des Verständnisses von Kultur, die bisher nur in ihren traditionellen Teilbereichen aufgesucht wurde, läßt sich dann freilich nicht länger umgehen. Hier besteht wenig Klarheit. Am stärksten arbeitet die moderne Anthropologie mit dem Kulturbegriff. Für sie umfaßt Kultur alle nicht natürlich determinierten, insbesondere alle naturverändernden Aktivitäten des Menschen.[34] Ausdruck von Kultur ist dann nicht nur eine Höhlenzeichnung, sondern auch ein Kochgeschirr. Es handelt sich dabei um denselben unspezifischen

---

33 Dazu schon G. Jellinek, Allgemeine Staatslehre, 3. Aufl. 7. Neudruck 1960, S. 260.

34 Eine besonders anschauliche Darstellung bei C. Kluckhohn/W. H. Kelly, The Concept of Culture, in: Kluckhohn, Culture and Behavior, 1962, S. 19.

Kulturbegriff, der auch im heutigen Sprachgebrauch anzutreffen ist, wenn man von Agrikultur, Wohnkultur, Eßkultur etc. spricht. Kulturphänomene sind dann aber auch Staat und Recht selbst. Offenkundig läßt sich die Frage nach dem Verhältnis von Staat und Kultur auf dieser Grundlage nicht präzise genug diskutieren und noch weniger in einen rechtlichen Zusammenhang überführen. Auf der anderen Seite dispensiert sich die Rechtswissenschaft gewöhnlich von der Begriffsbildung und geht stillschweigend oder erklärtermaßen davon aus, daß die Kultur aus Bildung, Wissenschaft und Kunst, wohl auch, aber schon als Sonderfall betrachtet, aus Religion bestehe.[35] Indessen ergibt die Addition von Bestandteilen noch keinen Begriff. Ausgehend von diesen anerkannten Bestandteilen müßte er sich aber gewinnen lassen, wenn es gelingt, die ihnen spezifischen Gemeinsamkeiten aufzudecken.

Ist es das Kennzeichen entwickelter Gesellschaften, daß sie sich nicht mehr segmentär oder stratifikatorisch, sondern funktional differenzieren[36], dann muß das spezifische Merkmal, das die genannten Bereiche verbindet und zugleich von anderen gesellschaftlichen Teilsystemen unterscheidet, in ihrer Funktion zu suchen sein. Für gewöhnlich bereitet die Bestimmung von Systemfunktionen keine besonderen Schwierigkeiten. So ist es akzeptiert, daß das politische System auf die Herstellung und Durchsetzung kollektiv verbindlicher Entscheidungen spezialisiert ist, das Gesundheitssystem auf die Erhaltung oder Wiederherstellung körperlichen Wohlbefindens, das Wirtschaftssystem auf die materielle Reproduktion der Gesellschaft. Die Kulturbereiche erscheinen demgegenüber recht heterogen. Im Vergleich mit anderen Systemen zeichnet sich aber ab, daß sie es nicht primär mit physischen, sondern mit geistigen Objekten zu tun haben, auf deren Hervorbringung oder Überlieferung sie gerichtet sind. Ich möchte deswegen vorschlagen, die Funktion von Kultur in der ideellen Reproduktion der Gesellschaft zu sehen. Zur Kultur wäre dann alles zu zählen, was sich auf Weltdeutung, Sinnstiftung, Wertbegründung, -tradierung und -kritik sowie deren symbolischen Ausdruck bezieht, sogenannte Gegen- und Subkulturen eingeschlossen.[37] Die-

35 Repräsentativ Th. Oppermann, Kulturverwaltungsrecht, 1969, S. 8 f.
36 Zur Begriffsklärung vgl. N. Luhmann, Gesellschaftstruktur und Semantik, Bd. 1, 1980, S. 25 ff.
37 Verwandte Umschreibungen bei A. L. Kroeber/T. Parsons, The Concepts of Culture and of Social System, American Sociological Review 23 (1958), S. 582; Th. Adorno, Kultur und Verwaltung, Gesammelte Schriften, Bd. 8, 1972, S. 123;

ser Begriff umfaßt die herkömmlich der Kultur zugeordneten Lebensbereiche, von denen er ausging, fällt mit ihnen jedoch nicht notwendig zusammen, sondern kann weitere umfassen, wenn sie dieselbe Funktion erfüllen.

Eine solche Begriffsbestimmung offenbart sogleich ihren Vorteil, denn sie erlaubt eine genauere Ausrichtung auf den Kulturauftrag als ein bereichsbezogener Ansatz, der das Thema schnell in die geläufigen Fragestellungen nach Staat und Kunst, Staat und Kirche, Staat und Universität, Staat und Schule zurückzuschieben droht und damit das grundlegende Problem, in welchem Verhältnis Staat und Kultur überhaupt zueinander stehen, gar nicht erfaßt. Ohne eine Klärung dieses Problems muß aber die Suche nach dem Kulturauftrag ziellos bleiben. Die Voraussetzungen für eine Klärung sind freilich ungünstig, weil sich die Sozialwissenschaften von der Kulturproblematik weitgehend abgewandt haben. Autoren, die davon eine Ausnahme machen, erörtern die Bedeutung von Kultur meist in einem handlungs- oder kommunikationstheoretischen Rahmen. Die Kultur wird dann in Bezug gesetzt einerseits zur Gesellschaft insgesamt, also dem kollektiven, in sozialen Institutionen repräsentierten Handlungssystem, das den Staat einschließt, andererseits zur Einzelperson, also dem individuellen Handlungssystem, und die Frage lautet, inwiefern individuelles oder kollektives Handeln kulturell bestimmt ist und inwieweit umgekehrt die Kultur ihrerseits personale und soziale Voraussetzungen hat.[38] Die Frage zielt auf wechselseitige Abhängigkeiten

J. Habermas, Legitimationsprobleme im Spätkapitalismus, 1973, S. 16; für einen weiteren Kulturbegriff auch, aber in den Umrissen weniger deutlich P. Häberle, Kulturverfassungsrecht im Bundesstaat, 1980, S. 13 ff.; ders., Vom Kulturstaat zum Kulturverfassungsrecht, in: ders. (Hg.), Kulturstaatlichkeit und Kulturverfassungsrecht, 1982, S. 30 ff.; ders., Verfassungslehre als Kulturwissenschaft, 1982, S. 10 ff. Zu Häberle jetzt B. Pieroth, Kultur als juristisches Spiel ohne Grenzen, Der Staat 22 (1983), S. 394.

38 Ich beziehe mich insbesondere auf T. Parsons, Culture and the Social System, in: T. Parsons/E. Shils/K. D. Naegele/J. R. Pitts (Hg.), Theories of Society, 1965, S. 961; T. Parsons, The Structure of Social Action, 1937; ders., Societies, 1966, S. 6 ff.; T. Parsons/E. Shils, Toward a General Theory of Action, ⁶1967; J. Habermas, Theorie des kommunikativen Handelns, Bd. II, 1981, S. 173-443; ders., Legitimationsprobleme (Fn. 37); ders., Handlung und System, in: W. Schluchter (Hg.), Verhalten, Handeln und System, 1980, S. 68; W. Schluchter, Gesellschaft und Kultur, in: ders. (Hg.) Verhalten, Handeln und System, 1980, S. 106. Dahinter stehen ältere Überlegungen von M. Weber, Gesammelte Aufsätze zur Wissenschaftslehre, ⁴1973, bes. S. 146 ff., ferner S. 215 ff., 400 ff., 475 ff., 541 ff.; ders., Gesammelte Aufsätze zur Religionssoziologie, Bd. 1-3, 1920-21, sowie von

und folglich auch die Möglichkeit von Störungen im Leistungsaustausch und deren Konsequenzen. Dafür gibt es freilich im Verfassungsrecht Entsprechungen, so daß die Ergebnisse auch der juristischen Diskussion zugute kommen könnten.

Geht man zunächst vom Einzelnen aus, so stellt Kultur als überpersonales System von Interpretationen, Werten und Ausdrucksformen ihm bestimmte Deutungsmuster und Sinnentwürfe für die Welt und seine eigene Befindlichkeit in ihr zur Verfügung und vermittelt ihm damit zugleich Orientierungsweisen und Vorzugsregeln, auf die er in Kommunikations- und Entscheidungssituationen zurückgreifen kann. Indem jeder Einzelne in ein solches, zwar nicht statisches, aber ihm zunächst doch vorgegebenes Kultursystem hineingeboren wird, sichert Kultur einen Grundvorrat an Wissen, Sinnerleben und Verhaltensformen, der als gemeinsamer vorausgesetzt werden darf und daher intersubjektive Verständigung und sinnhaftes soziales Handeln erst ermöglicht. Man kann formelhaft auch sagen, die Lebenswelt des Einzelnen sei kulturell konstituiert. Diese kulturellen Muster werden im Prozeß der Sozialisation überliefert und einverleibt. Geglückte Sozialisation zeigt sich an der Übernahme kultureller Muster und Werte durch den Einzelnen, die dieser dann im Vollzug ständig wieder reproduziert und erneuert, während eine mißlungene Sozialisation den Einzelnen sozusagen außerhalb der Kultur stellt, auf die er dann selbst wieder gefährdend zurückwirken kann. Umgekehrt führt eine Verknappung oder Umwertung handlungsgerichteten Sinns in der Regel zu Orientierungslosigkeit, Motivationskrisen und Kommunikationsstörungen, die die Persönlichkeitsentwicklung erheblich zu beeinträchtigen drohen. Symptome dieser Art zeigen sich seit einiger Zeit vor allem im Moral- und im Erziehungssystem.

Kulturell ausgelöste Krisen dieser Art betreffen freilich nicht nur den Einzelnen, sondern üben zugleich desintegrierende Wirkung auf die Gesellschaft insgesamt aus. Darin deuten sich bereits die Funktionen der Kultur für die soziale Integration an. So wie die Lebenswelt des Einzelnen kulturell konstituiert wird, ist auch der

E. Durkheim, Le suicide, 1897; ders., Education et sociologie, 1912; ders., L'éducation morale, 1925; ders., Les formes élémentaires de la vie religieuse, 1912. Interessante Bemerkungen auch bei P. L. Berger/Th. Luckman, Die gesellschaftliche Konstruktion der Wirklichkeit, Taschenbuchausg. 1980, bes. S. 98 ff.; R. Loewenthal, Gesellschaftswandel und Kulturkrise, 1979, bes. S. 26 ff., 101 ff.

gesellschaftliche Zusammenhalt auf intersubjektiv wirksame Deutungsmuster und Verhaltensformen gegründet. Kultur konstituiert nicht nur die Lebenswelt des Individuums, sondern schafft auch eine Art kollektiver Identität. Davon zehren die integrationswirksamen sozialen Institutionen einschließlich der staatlichen, und zwar hinsichtlich ihrer Genese nicht weniger als hinsichtlich ihres Bestandes und ihrer Funktionsfähigkeit. Genetisch betrachtet, macht die kulturelle Tradition bestimmte politische Institutionen erst möglich. So ist beispielsweise die für die Demokratie konstitutive Öffentlichkeit aus der literarischen hervorgegangen und die Gründung des deutschen Nationalstaats durch die ausgangs des 18. Jahrhunderts hergestellte Einheit der Kulturnation vorbereitet worden.[39] Was Bestand und Funktionieren angeht, so liegt der wesentliche Beitrag der Kultur darin, daß sie Institutionen als sinnvoll zu erklären und damit gegenüber ihrer Umwelt zu legitimieren vermag. Diese Legitimation, die eine politisch-soziale Ordnung als im großen und ganzen rechtmäßig erweist, bildet die Grundlage für die fraglose Hinnahme der großen Mehrzahl staatlicher Entscheidungen, ohne die keine komplexe Sozialordnung überleben kann.

Wird die Legitimation verweigert, so sind politische Krisen die Folge. Legitimationsdefizite müssen ihre Ursache allerdings nicht notwendig in einem Versagen des kulturellen Systems finden. Sie können auch auf die politischen und sozialen Institutionen zurückgehen, die einer sinnvollen Interpretation nicht mehr fähig erscheinen. So war es für Hegel um die Verfassung des Heiligen Römischen Reiches bestellt; so verhielt es sich mit den Institutionen des Ancien régime vor Ausbruch der Französischen Revolution, und so empfanden es selbst Anhänger des parlamentarischen Systems in der Endphase der Weimarer Republik.[40] Ungeachtet seines Bedarfs an kultureller Legitimation kann der Staat sie jedoch nicht erzwingen. Insoweit wirkt der kollektiv eingewurzelte und generationsübergreifende Charakter kultureller Traditionen immunisierend. Der staatliche Legitimationsbedarf läßt sich aber auch nicht im politischen System selbst decken. Politische Systeme

39 Zur Öffentlichkeit vgl. J. Habermas, Strukturwandel der Öffentlichkeit, 1962, S. 41; zur Kulturnation F. Schnabel, Deutsche Geschichte im 19. Jahrhundert, Taschenbuchausg. Bd. 2, 1964, S. 17 ff.
40 G. W. F. Hegel, Die Verfassung Deutschlands, 1802; E. Sieyès, Qu'est-ce que le Tiers Etat?, 1789; H. Brüning, Memoiren, 1970.

können fehlende Legitimation vielmehr nur durch Zwang kompensieren oder durch Konsum verschleiern. Beides hat offensichtlich seine Grenzen. Insofern bleibt der Staat von der Kultur abhängig. Umgekehrt erlangen die kulturell begründeten Deutungen und Normen tatsächliche Geltung nur in dem Maß, wie sie individuell internalisiert oder sozial institutionalisiert sind. Dazu fehlt jedoch der Kultur das Vermögen. In dieser Hinsicht ist sie deswegen auf andere Institutionen, namentlich den Staat, angewiesen, der in der Absicherung der grundlegenden identitätsverbürgenden Werte und Verhaltensmuster seine wichtigste Leistung für die Kultur erbringt.

2. Kulturauftrag im Verfassungsrecht

Diese Überlegungen zum Verhältnis von Person, Staat und Kultur lassen sich meines Erachtens in einen verfassungsrechtlichen Bezugsrahmen einfügen. Die Scharniere müssen freilich erst sichtbar gemacht werden, denn ein exakter normativer Ansatzpunkt, etwa in Gestalt einer Kulturstaatsklausel, wie sie die bayerische Verfassung in Art. 3 enthält, oder eines allgemeinen Verfassungsauftrages, wie ihn Art. 18 der nordrhein-westfälischen Verfassung vorsieht, oder schließlich konkreter Aufgabennormen, wie sie sich beispielsweise in Art. 17 und 18 der DDR-Verfassung finden, fehlt dem Grundgesetz. Es enthält vielmehr nur verstreute Bestimmungen, die sich schützend oder kompetenzzuweisend auf einzelne Kulturbereiche beziehen, so im Grundrechtsteil Art. 4, 5 und 7, im Organisationsteil Art. 74 Nr. 5 und 13, 75 Nr. 1a und 2, 91 a Abs. 1 Nr. 1, 91b. Zusammengenommen zeigen sie zwar an, daß das Grundgesetz vom Staat keine kulturelle Abstinenz erwartet, begründen aber auch noch keinen verfassungsrechtlichen Kulturauftrag. Andererseits lehrt ein Blick in die öffentlichen Haushaltspläne, in welchem Umfang der Staat sich tatsächlich kulturell betätigt, und eine Durchmusterung des geltenden Rechts bringt zutage, in welchem Ausmaß ihm die Beachtung kultureller Gesichtspunkte, beispielsweise in der Raumordnung und im Städtebau (§§ 1, 2 RaumOG, §§ 1, 3 StBauFG), aber auch in der Sozialhilfe und der Zwangsvollstreckung (§ 12 BSozHG, § 811 Nr. 10 ZPO), auferlegt ist.

Fragt man sich in verfassungsrechtlicher Absicht, aus welchem Grund der Staat zu diesen Aktivitäten berechtigt oder verpflichtet ist[41], so können die Ergebnisse der vorausgegangenen Analyse normative Relevanz gewinnen. Ersichtlich liegen danach im kulturellen Bereich Voraussetzungen für die Erfüllung der Staatsaufgaben. Die soziale Integration, die der Staat zu gewährleisten hat, hängt nicht allein vom Funktionieren seiner Institutionen, sondern auch von der Existenz einer kulturell gegründeten Integrationsbasis ab, und selbst das Funktionieren der Institutionen beruht nicht ausschließlich auf staatlicher Leistung, sondern bedarf zusätzlich gesellschaftlicher Legitimation, die wiederum kulturell erzeugt wird. Diese Zusammenhänge machen rückblickend auch klarer, warum der Staat den Prozeß der Verselbständigung von Kultur zunächst als bedrohlich empfinden mußte: in Bestand und Funktion auf kulturelle Vorleistungen angewiesen, hatte er bei autonomer Kultur seine eigenen Existenzbedingungen nicht mehr in der Hand. Darin liegt zugleich der Grund für die ständige Bedrohung kultureller Autonomie durch den Staat und die geringe Verbreitung des kulturstaatlichen Modells. Andererseits darf Autonomie nicht mit Autarkie verwechselt werden. Auf funktionaler Spezialisierung beruhende Autonomie geht stets mit erhöhter Abhängigkeit einher. Die auseinandergetretenen Teilsysteme bleiben auf Leistungsaustausch angewiesen, wie gerade das Beispiel der preußischen Reformen besonders eindringlich zeigt.

Für den Staat folgt daraus, daß er sich kulturell nicht indifferent verhalten kann. Insofern ihm die Erfüllung seiner verfassungsrechtlich ausdrücklich zugewiesenen Aufgaben nur unter bestimmten kulturellen Bedingungen möglich ist, wird deren Sicherung selbst zur Staatsaufgabe. Das mag auf der Grundlage einer als selbstverständlich unterstellten oder gar unbemerkt vorhandenen Übereinstimmung zwischen politischem und kulturellem System

41 Die Frage wird häufig offengelassen oder verschwommen beantwortet. Begründungen aus Art. 5 Abs. 3 GG etwa bei M. Heckel, Staat–Kirche–Kunst, 1968, S. 90 ff., R. Scholz in Th. Maunz/G. Dürig, Grundgesetz, Rdnr. 8 zu Art. 5 Abs. 3, und BVerfGE 35, 79 (114), 36, 321 (331), wobei das BVerfG aber nicht mitteilt, auf welche Weise daraus über den Kunstförderungsauftrag hinaus der Kulturstaat »im Sinne einer Staatszielbestimmung« folgt; dagegen und statt dessen an die kulturstaatlichen Normen der Landesverfassungen anknüpfend, weil diese das Verfassungsbild der Bundesrepublik mitprägten, W. Knies, Kunst und Recht, in: Bitburger Gespräche 1977/78, S. 154; ähnlich, aber zusätzlich abgestützt auf anthropologische Gründe, namentlich die Kulturbedürftigkeit des Menschen und der Freiheit, Häberle, Kulturstaat (Fn. 37), S. 36 f., 20 ff.; auf einen wesensmäßigen Zusammenhang von Staat und Kultur abhebend E. R. Huber, Zur Problematik des Kulturstaats, 1958.

längere Zeit verdeckt bleiben wie beispielsweise in der ersten Hälfte des 19. Jahrhunderts in den Vereinigten Staaten, kommt aber zum Vorschein, sobald das Einverständnis brüchig wird oder das kulturelle System seine Leistungen für andere soziale Systeme schlecht erbringt, etwa der Wirtschaft keine hinreichend vorgebildeten Kräfte zur Verfügung stellt, und dann im Interesse der sozialen Integration staatliche Interventionen herausfordert. Ein Kulturauftrag besteht also, unabhängig davon, ob ihn der Verfassungstext ausdrücklich formuliert oder nicht. Diese Aussage ist nicht nur staatstheoretisch, sondern durchaus verfassungsrechtlich gemeint. Methodologisch beruht sie darauf, daß Normen unter dem Anspruch der Verwirklichung stehen, aber nicht alle Voraussetzungen, von denen ihre Realisierung abhängt, in den Normtext aufnehmen können. Das Realisierungsgebot äußert sich dann in der Erstreckung der rechtlichen Garantie auf diese Voraussetzungen. Das wird auch in der Verfassungsinterpretation anerkannt und ständig praktiziert.[42]

Noch schärfer läßt sich der Kulturauftrag herausarbeiten, wenn man von der verfassungsrechtlichen Stellung des Einzelnen ausgeht. Das Grundgesetz spricht ihm an der Spitze seiner Bestimmungen eine unantastbare Würde zu. Die Funktion des Staates wird auf die Menschenwürde bezogen. Diese Grundentscheidung konkretisiert sich sowohl in den Grundrechtsgarantien als auch in der Staatsorganisation. Die Grundrechte konstituieren einen Bereich individueller Freiheit, in dem sich personale Würde realisieren kann. Ihr Ziel ist die Selbstbestimmung des Einzelnen. Diese schützt die Verfassung aber, wie insbesondere die Sozialstaatsklausel zeigt, nicht nur als formale, sondern unter Einschluß ihrer materiellen Voraussetzungen. Die Grenze bildet allein die, freilich ebenfalls materiell verstandene, gleiche Freiheit der anderen. Indem das Grundgesetz die Ausübung politischer Herrschaft an einen befristeten gesellschaftlichen Auftrag bindet, auf verschiedene, in ihren Entscheidungen unabhängige Organe verteilt und gleichzeitig den Entscheidungsprozeß transparent und offen ge-

42 Vgl. nur K. Hesse, Grundzüge des Verfassungsrechts der Bundesrepublik Deutschland, ¹³1982, Rdnr. 34, 45 ff., 75, praktiziert z. B. bei den ungeschriebenen Bundeskompetenzen, vgl. etwa BVerfGE 3, 407 (421) als Beginn einer langen Reihe, aber auch beim Grundsatz der Bundestreue, vgl. BVerfGE 12, 205 (254 ff.) und den Grundrechten, s. etwa BVerfGE 33, 303 (330 ff.), und E. W. Böckenförde, Grundrechtstheorie und Grundrechtsinterpretation, NJW 1976, S. 1530 f., 1538.

staltet, versucht es auch organisatorisch sicherzustellen, daß die aus der individuellen Freiheit folgenden Meinungs- und Interessenunterschiede nicht unter ein vorgegebenes Gemeinwohl gezwungen werden, sondern die gleichwohl unerläßliche Einheitsbildung in einem diskursiven Prozeß vor sich geht, der prinzipiell unabgeschlossen ist und prinzipiell nicht die Freiheit aufheben darf.

Dieses anspruchsvolle Modell hat ebenfalls eine Reihe von Gelingensvoraussetzungen, die nicht durchweg in der Verfassung festgehalten sind. Unter diesen Voraussetzungen interessieren hier diejenigen, welche im kulturellen Bereich liegen. Sie werden in der Regel weniger beachtet als die ökonomischen. Das erscheint als Reaktion auf die Freiheitsgefahren, die von dem ökonomisch verkürzten Freiheitsverständnis des Liberalismus ausgingen, erklärlich, bleibt aber gerade darin der liberalen Einseitigkeit verhaftet. Um der anderen Seite näherzukommen, muß man sich daran erinnern, daß Individualität die menschliche Existenz nicht wie eine Naturgegebenheit prägt. Zahlreiche Gesellschaftsformen haben vielmehr das Bewußtsein von Individualität nicht entwickelt, sondern die Gattungsmerkmale in den Vordergrund gestellt. Nicht die Gesellschaft, sondern der Einzelne erscheint dann als Abstraktion. Sein Wert kommt ihm nicht als Person zu, er bezieht ihn vielmehr aus der Gliedstellung. Auch Rechte besitzt er dann nicht als Subjekt, sondern aufgrund seiner Zugehörigkeit zu einer gesellschaftlichen Statusgruppe. Noch in der ständisch-feudalen Sozialordnung, deren Auflösung sich in Deutschland bis weit ins 19. Jahrhundert hineinzog, erhielten sich solche Vorstellungen. In der Soziologie und der Sozialanthropologie gilt es daher seit Max Weber, Durkheim und Parsons als gesichert, daß Individualität eine spezifisch kulturell vermittelte Errungenschaft ist, die in dieser Form nur unter den besonderen Bedingungen Europas entstand und selbst dort relativ spät auftrat.[43]

43 Vgl. für Weber die Nachweise in Fn. 38, dazu W. Brugger, Menschenrechtsethos und Verantwortungspolitik. Max Webers Beitrag zur Analyse und Begründung der Menschenrechte, 1980; für Durkheim und Parsons ebenfalls Fn. 38, zusätzlich T. Parsons, Social Structure and Personality, ²1965 (deutsch 1968); ders., Durkheim's Contribution to the Theory of Integration of Social Systems, in: K. H. Wolff (Hg.), Emile Durkheim, 1960, S. 118, bes. 146; heute vor allem N. Luhmann, Grundrechte als Institution, ²1974, S. 49 ff., und Häberle, Kulturstaat (Fn. 37), S. 21. Als Kontrast vgl. K. E. Müller (Hg.), Menschenbilder früher Gesellschaften, 1983.

Ist das Selbstverständnis der Menschen als Individuen aber durch den kulturellen Entwicklungsstand der Gesellschaft bedingt, dann ergeben sich daraus Rückwirkungen auf eine Verfassung, die vom Individuum ausgeht und den Staat der personalen Freiheit dienstbar macht. Die Verfassungsinterpretation muß einkalkulieren, daß diejenigen Bestimmungen, welche das Grundgesetz zum Schutz der Individualität trifft, ihren Zweck verfehlen und im Extremfall obsolet werden können, wenn die kulturellen Grundlagen der Individualität nicht mit gesichert werden. Das betrifft namentlich die Grundrechte als wichtigste Garantien von Personalität und Individualität. Was hinsichtlich der sozialen Defizite des klassischen Grundrechtsverständnisses theoretisch heute großenteils aufgeholt ist, steht für ihren kulturellen Aspekt noch weitgehend aus. Darin liegt die Berechtigung der von Häberle geforderten kulturstaatlich erweiterten Grundrechtstheorie.[44] Es können aber auch die Staatszielbestimmungen und ihre Konkretisierung in den Organisationsnormen berührt sein, soweit sie die Konstituierung, Kompetenz und Prozedur der Staatsorgane gerade im Hinblick auf die Wahrung individueller Freiheit regeln. Die verfassungsrechtliche Entscheidung für Individualfreiheit enthält also gleichzeitig eine Anerkennung des staatlichen Kulturauftrags. Die Stelle einer Kulturstaatsklausel, die im Grundgesetz nicht ausdrücklich vorkommt, nehmen gewissermaßen stellvertretend Art. 1 und 2 Abs. 1 GG ein.

Eine ausdrückliche Kulturstaatsklausel, wie sie die Sachverständigenkommission »Staatszielbestimmungen/Gesetzgebungsaufträge« jetzt in Ergänzung von Art. 20 und 28 GG vorschlägt, hätte unter diesen Umständen keine konstitutive Bedeutung. Sie schlösse eine Textlücke, aber keine Rechtslücke. Davon geht auch die Kommission aus, wenn sie ihre Empfehlung als »grundsätzliche Verdeutlichung des kulturellen Auftrags des Gesamtstaats« versteht und unter anderem mit der Vollständigkeit der Verfassung rechtfertigt.[45] Was rechtlich gilt, soll auch textlich vorkommen. Indessen könnte die deklaratorisch gemeinte Änderung angesichts der Vernachlässigung kulturstaatlicher Gesichtspunkte in

44 Zuletzt P. Häberle, Die Wesensgehaltsgarantie des Art. 19 Abs. 2 GG, ³1983, S. 385 ff.
45 Bericht der Sachverständigenkommission »Staatszielbestimmungen/Gesetzgebungsaufträge«, 1983, S. 97 ff., das Zitat S. 112, das Argument der Vollständigkeit der Verfassung S. 122.

der Verfassungsinterpretation faktisch durchaus verstärkende und appellative Wirkungen entfalten, die vorwiegend der Grundrechtsinterpretation zugute kämen. Die Erfahrungen mit der dogmatisch kaum fruchtbar gemachten bayerischen Kulturstaatsklausel[46] sprechen nicht notwendig dagegen, weil das Landesverfassungsrecht ebenfalls stiefmütterlich behandelt und gerade im Grundrechtsbereich fast ganz vom Grundgesetz überlagert wird. Der verstärkende Effekt böte zugleich eine gewisse Kompensation für die Durchsetzungsschwäche kultureller Interessen, die als solche gar keine Vertretung besitzen, sich vielmehr nur sektoral organisieren lassen und auch dann nur gewichtig auftreten können, wenn sie ausnahmsweise über ein Verweigerungspotential verfügen, das das öffentliche Leben oder die wirtschaftliche Entwicklung spürbar stört.

III. Exemplarisch

1. Rundfunk als kulturelle Institution

Der verfassungsrechtliche Kulturauftrag bezieht sich auf die Sicherung der kulturellen Grundlagen von Person und Gesellschaft, die Ermöglichung kreativer kultureller Prozesse und die Verbreitung kultureller Güter. Er enthält also konservative, innovative und distributive Elemente. Dabei ergeben sich bezüglich der Intensität staatlicher Kulturvorsorge freilich Abstufungen. Der kreative Prozeß, gleichgültig, ob er sich weltanschaulich, wissenschaftlich, künstlerisch oder religiös äußert, ist in seinem Kernbereich gar nicht staatlich administrierbar. Staatlicherseits können vielmehr nur Rahmenbedingungen geschaffen werden, die ihn begünstigen und von kulturexternen Einflüssen, insbesondere dem Zwang zu wirtschaftlicher Verwertung, möglichst unabhängig machen sowie Wirkungshindernisse abbauen. Dagegen bedarf die Sicherung und Verbreitung der Kultur intensiverer staatlicher Mitwirkung, weil sie von personalen und sozialen Voraussetzungen abhängt, die weder als gegeben unterstellt werden können noch über hinreichende Eigenantriebe gesichert sind, wie sie etwa das Wirtschaftssystem im Gewinnstreben besitzt. Daraus ergibt sich eine Reihe

46 Dazu O. Jung, Zum Kulturstaatsbegriff, 1976, S. 79 ff., die bayerische Judikatur ist dargestellt auf S. 103 ff.

von Grundsätzen für die Art und Weise der Erfüllung des Kulturauftrags, die anhand der verschiedenen kulturell relevanten Grundrechte entwickelt und differenzierend auf die staatlich institutionalisierten, die von staatlich organisierten Wirkungsmöglichkeiten abhängigen und die staatsunabhängigen Kulturbereiche angewandt werden müßten.[47]

Da ein solches Programm hier indes nur andeutungsweise erfüllbar wäre, scheint es mir zweckmäßiger, das kulturverfassungsrechtliche Konzept exemplarisch auf einen Einzelfall anzuwenden. Ich wähle dafür ein Problem, das einerseits von erheblicher kultureller Tragweite ist, andererseits aber nur am Rande unter kulturrechtlichen Gesichtspunkten diskutiert zu werden pflegt, nämlich die Neuordnung des Rundfunks. Daß der Rundfunk »jedenfalls auch ein kulturelles Phänomen ist«, hat das Bundesverfassungsgericht bereits im ersten Fernsehurteil ausgesprochen.[48] Die Lehre folgt dem zumindest insoweit, als der Rundfunk bildende oder künstlerische Werke selbst produziert oder verbreitet.[49] Geht man von dem hier entwickelten Kulturbegriff aus, wird diese Beschränkung aber fragwürdig. Bei allen Meinungsverschiedenheiten über die Wirkung von Massenmedien[50] gilt in den Kommunikations-

47 Vgl. dazu etwa Häberle, Kulturstaat (Fn. 37), S. 34 ff.; W. Maihofer, Kulturelle Aufgaben des modernen Staates, in: E. Benda/W. Maihofer/H.J. Vogel (Hg.), Handbuch des Verfassungsrechts, 1983, S. 988 f.; R. Scholz, in Maunz/Dürig, Grundgesetz, Art. 5 Abs. 3 Rdnr. 40 ff., 79 ff.; F. Hufen, Die Freiheit der Kunst in staatlichen Institutionen, 1982; H. Graul, Künstlerische Urteile im Rahmen der staatlichen Förderungstätigkeit, 1970; U. Scheuner, Die Bundesrepublik als Kulturstaat, in: Bitburger Gespräche 1977/78, S. 113 ff.; E. Stein, Das Recht des Kindes auf Selbstentfaltung in der Schule, 1967; M. Stock, Pädagogische Freiheit und politischer Auftrag der Schule, 1971; F. Hufen, Gleichheitssatz und Bildungsplanung, 1975; F. Ossenbühl, Erziehung und Bildung, AöR 98 (1973), S. 361.

48 BVerfGE 12, 205 (229).

49 Vgl. etwa Oppermann, Kulturverwaltungsrecht, 1969, S. 137 f., 495 f., bes. 512.

50 Vgl. Arbeitsgemeinschaft für Kommunikationsforschung (Hg.), Mediennutzung/Medienwirkung, 1980; M. Gurevitch u. a. (Hg.), Culture, Society and the Media, 1982; K. Lüscher, Medienökologie: Vorschläge für ein übergreifendes Verständnis von »Medienwirkungen«, in: W. Hassemer u. a. (Hg.), Grundrechte und soziale Wirklichkeit, 1982, S. 127; ders., Gesellschaftspolitische Aspekte des Kabelfernsehens, Publizistik 24 (1979), S. 344; P. Hunziker, Gesellschaftliche Wirkungen der Medien. Materialien zur [schweizerischen] Mediengesamtkonzeption, 1980; E. Noelle-Neumann, Die Schweigespirale, 1980; H. Kellner, Fernsehen als Sozialisationsfaktor, 1979; K. Berg/M. L. Kiefer (Hg.), Massenkommunikation. Eine Langzeitstudie zur Mediennutzung und Medienwirkung, 1978; K. Renckstorf, Neuere Perspektiven in der Massenkommunikationsfor-

wissenschaften doch als gesichert, daß das Fernsehen zu einem wesentlichen Faktor der Sozialisation von Kindern und Jugendlichen geworden ist, aber auch Erwachsenen einen Großteil der zur Orientierung in der Welt nötigen Informationen und Interpretationen liefert. Wenngleich das Fernsehen dabei vorhandene Einstellungen eher zu bestärken als zu verändern scheint, entfaltet es doch dort prägende Kraft, wo der Einzelne noch keine eigene Meinung ausgebildet hat oder nicht auf eigene Erfahrungen zurückgreifen kann. Damit wird der Rundfunk aber als ganzer zur Kultureinrichtung, wie ja auch die Schule oder die Universität ihren kulturellen Charakter nicht einbüßt, sobald sie Natur- oder Wirtschaftswissenschaften lehrt.

Gleichwohl sind dogmatische Konsequenzen aus der Kulturzugehörigkeit des Rundfunks selten anzutreffen. Dem Bundesverfassungsgericht diente die Einordnung des Rundfunks in den Kulturbereich zur Kompetenzabgrenzung zwischen Bund und Ländern. Für die materielle Deutung der Rundfunkfreiheit gewann sie dagegen kein eigenständiges Gewicht. Den Inhalt der Rundfunkfreiheit leitete das Gericht vielmehr aus der Bedeutung eines freien Kommunikationsprozesses für das demokratische System ab.[51] Dieser Aspekt steht auch für die Literatur im Vordergrund, und sofern zusätzlich kulturstaatliche Gesichtspunkte erwähnt werden, hat es meist mit einem Hinweis sein Bewenden.[52] Es geht nun nicht darum, diesen Ansatz gegen einen kulturrechtlichen auszutau-

schung, 1977; J. Hackforth, Massenmedien und ihre Wirkungen, 1976; P. Hunziker/K. Lüscher/R. Fauser, Fernsehen im Alltag der Familie, RuF 23 (1975), S. 284; J. Blumler/E. Katz, The Use of Mass Communications, 1974; F. Ronneberger (Hg.), Sozialisation durch Massenkommunikation, 1971, sowie die Aufsätze in Publizistik 27 (1982), Heft 1-2.

51 BVerfGE 12, 205 (259 ff.).

52 Zum Beispiel bei P. Lerche, Rundfunkmonopol, 1970, S. 14 f.; P. Badura, Verfassungsrechtliche Bindungen der Rundfunkgesetzgebung, 1980, S. 25; W. Hoffmann-Riem, Massenmedien, in: Benda/Maihofer/Vogel (Hg.), Handbuch des Verfassungsrechts, 1983, S. 393; M. Stock, Das Hörfunk- und Fernsehsystem in der Bundesrepublik Deutschland, in: M. Seidel (Hg.), Hörfunk und Fernsehen im Gemeinsamen Markt, 1983, S. 57, 74. Als wichtige Ausnahme vgl. F. Kübler, Kommunikation und Verantwortung, 1973; ders. Medienverantwortung als Rechtsproblem, in: Grundrechte und soziale Wirklichkeit (Fn. 50), S. 105; ferner mit dem Ziel, die Berücksichtigung kultureller Verbände im Rundfunkrat des NDR zu begründen, H. P. Schneider, Rundfunkvielfalt und Gruppenrelevanz im Kulturstaat, RuF 30 (1982), S. 425. Ausdrücklich für Nachrangigkeit kulturstaatlicher Gesichtspunkte M. Bullinger, Elektronische Medien als Marktplatz der Meinungen, AöR 108 (1983), S. 189.

schen. Die Rundfunkfreiheit wird in der Tat im Interesse der individuellen Meinungsbildungsfreiheit und des auf sie angewiesenen demokratischen Prozesses gewährleistet und muß daher im Rekurs auf diese interpretiert werden. Insoweit aber Individualfreiheit und demokratischer Prozeß ihrerseits auf kultureller Grundlage ruhen, ist diese von der Gewährleistung mit umfaßt. Der kulturrechtliche Aspekt verdrängt also nicht die übrigen, für die Deutung der Rundfunkfreiheit konstitutiven Prinzipien, sondern tritt ergänzend und möglicherweise modifizierend hinzu. Er verlangt, daß die Ordnung des Rundfunks als kultureller Institution in einer Weise gestaltet wird, die den im Grundgesetz enthaltenen kulturellen Anforderungen nicht widerspricht.

Damit wird dem Grundgesetz nicht etwa ein neuartiger Aspekt aufgepfropft, sondern ein überkommener in Erinnerung gebracht. Im Gegensatz zu den USA ist Rundfunk in Deutschland nach 1945 nicht als Mittel individueller Meinungsäußerung oder unternehmerischer Erwerbstätigkeit, sondern gleich Schulen, Museen und Bibliotheken als öffentliche Aufgabe verstanden und in den Dienst kultureller Integration gestellt worden.[53] In dieser Form fand ihn das Grundgesetz vor, und auf diesen Zustand bezog sich die Freiheitsgarantie des Art. 5 Abs. 1 Satz 2 GG. Der grundrechtliche Schutz sollte die Rückkehr zu einem für staatliche Zwecke instrumentalisierten Rundfunk ausschließen, nicht aber die um der kulturellen Integration willen bestehende öffentlichrechtliche Struktur ändern. Sinn der Regelung war es, den Rundfunk als öffentlichen frei zu verfassen. Damit gleicht die Rundfunkfreiheit älteren kulturellen Freiheiten wie denen aus Art. 5 Abs. 3 GG, die ebenfalls keine staatsausgrenzende Funktion im klassisch-liberalen Sinn erfüllen sollten und daher nicht notwendig mit privater Struktur identisch sind.[54] Umgekehrt legt Art. 5 Abs. 1 Satz 2 GG den Rundfunk aber auch nicht auf die öffentlichrechtliche Organisationsform fest. Der Umstand, daß das Grundgesetz von ihr ausging, verbietet es lediglich, den öffentlichrechtlichen Integrationsrundfunk nun als verfassungswidrig hinzustellen.[55] Er erzwingt

53 Vgl. Kübler, Medienverantwortung (Fn. 52), S. 111; W. Schmidt, Die Rundfunkgewährleistung, 1980, S. 68 ff. Zur Situation in der Weimarer Republik vgl. W. D. Lerg, Die Entstehung des Rundfunks in Deutschland, 1970; H. Bausch, Rundfunkpolitik nach 1945, Teil 1-2, 1980.
54 So auch Scholz in: Maunz/Dürig, Grundgesetz, Rdnr. 8 zu Art. 5 Abs. 3; Badura, Rundfunkgesetzgebung (Fn. 52), S. 30.
55 So aber R. Herzog in: Maunz/Dürig, Grundgesetz, Rdnr. 236 zu Art. 5 Abs. 1

aber kein Monopol. Verfassungsrechtlicher Fixpunkt ist vielmehr allein die Freiheit des Rundfunks, während jede damit vereinbare Organisationsform gewählt werden kann.[56]

Entscheidende Bedeutung gewinnt dann freilich das Freiheitsverständnis in Art. 5 Abs. 1 Satz 2 GG. Die Problematik wird hier indessen nicht in ihrer ganzen Breite, sondern nur hinsichtlich des vernachlässigten kulturellen Aspekts aufgerollt. Da die Eigenart der Kultur auf ihren ideellen Funktionen beruht, beziehen sich auch die kulturellen Freiheiten primär auf Kommunikationsvorgänge und ihre spezifischen künstlerischen, wissenschaftlichen, religiösen Ausdrucksformen und nur mittelbar auf deren materielle, technische und organisatorische Voraussetzungen. Die Grundrechte erkennen damit eine dem jeweiligen Kulturbereich innewohnende Eigengesetzlichkeit an, die sich nur unter Autonomiebedingungen entfalten kann.[57] Die Funktion der kulturellen Grundrechte beschränkt sich dann nicht auf die Staatsabwehr, sondern besteht umfassender im Schutz vor externer, also kulturfremder Steuerung, wovon die politische nur eine Erscheinungsform unter anderen bildet. Beim Rundfunk schlägt sich der geistige Prozeß im Programm, und zwar im gesamten, nieder; seine spezifische Form gewinnt er in der Publizistik. Das Programm und die es konstituierenden publizistischen Tätigkeiten bilden daher den Gegenstand der Rundfunkfreiheit. Nicht dagegen kann Art. 5 Abs. 1 Satz 2 GG als unternehmerische Freiheit gedeutet werden. Insoweit muß auf Art. 12 Abs. 1 GG zurückgegriffen werden.[58]

und 2; nur bezogen auf das öffentlichrechtliche Monopol z.B. W. Rudolf, Über die Zulassung privaten Rundfunks, 1971; H.H. Klein, Die Rundfunkfreiheit, 1978, S.62ff.; ders., Rundfunkrecht und Rundfunkfreiheit, Der Staat 20 (1981), S.185ff.; W. Schmitt Glaeser, Kabelkommunikation und Verfassung, 1979, S.136ff., 143ff.; Ch. Starck, Kommunikationsfreiheit und Rundfunkorganisation hierzulande und anderswo, JZ 1980,S.436;R. Scholz,Das dritte Fernseh-Urteil des Bundesverfassungsgerichts, JZ 1981, S.566; K. Stern, Neue Medien – neue Aufgaben des Rechts?, DVBl. 1982, S.1116; zum Ganzen P. Lerche, Landesbericht Bundesrepublik Deutschland, in: M. Bullinger/F. Kübler (Hg.), Rundfunkorganisation und Kommunikationsfreiheit, 1979, S.15.

56 So auch BVerfGE 57, 295 (321).
57 Zur Eigengesetzlichkeit vgl. vor allem Hufen, Freiheit der Kunst (Fn. 47), S.180ff.; BVerfGE 30, 173 (190).
58 So auch Schmidt, Rundfunkgewährleistung (Fn. 53), S.23; Kübler, Medienverantwortung (Fn. 52), S.110; Badura, Rundfunkgesetzgebung (Fn. 52), S.47ff. Zur Eigenständigkeit von Art. 5 Abs. 1 Satz 2 GG als spezifisch publizistischer Freiheit vor allem M. Stock, Zur Theorie des Koordinationsrundfunks, 1981.

Rundfunkunternehmerfreiheit ist wegen Art. 12 GG grundsätzlich möglich, kann aber nur in dem Maß zum Zuge kommen, wie sie das Schutzziel von Art. 5 Abs. 1 Satz 2 GG, die publizistische Freiheit, nicht nachteilig beeinflußt.

Da die als Programmfreiheit gedeutete Rundfunkfreiheit kulturell begründet ist, schließt sie nicht die Freiheit zu akultureller Verwendung ein. Das nächst der Schulbildung wichtigste Mittel der Kulturtradierung und -verbreitung darf nicht kulturell brachgelegt werden. Art. 5 Abs. 1 Satz 2 GG gewährleistet daher auch ein kulturell angemessenes Gesamtprogamm.Die Angemessenheit bezieht sich sowohl auf die Vermittlung der kulturellen Grundlagen individueller Entfaltung und sozialer Integration als auch auf den Anteil kultureller Sendungen im engeren Sinn. Der Kulturauftrag beschränkt sich freilich auf die Angebotsseite, er verwandelt sich nicht unter der Hand in einen Kulturzwang für den Rezipienten. In dessen Freiheit wurzelt letztlich die Rundfunkfreiheit, und diese bleibt ihm beim Empfang erhalten. Vom Empfänger aus betrachtet, erscheint die Rundfunkfreiheit als Wahlfreiheit bei der Nutzung des Rundfunks. Wahlfreiheit darf allerdings nicht nur formal verstanden werden, sondern schließt, wie heute in der Grundrechtstheorie allgemein anerkannt, die Realbedingungen von Wahl ein. Die bloße Existenz mehrerer nebeneinander gesendeter Programme schafft noch keine reale Wahlmöglichkeit, wenn nicht auch kulturelle Sendungen wählbar sind. Deren Wahl darf ferner nicht mit unverhältnismäßigem Aufwand verbunden sein. Kulturelle Sendungen müssen deswegen unter Bedingungen angeboten werden, die nicht faktisch zum Ausschluß breiter Bevölkerungskreise führen. Das ist eine Frage der Programmstruktur, auf die sich deswegen das kulturrechtliche Grundrechtsverständnis ebenfalls noch erstreckt.

Läßt die Rundfunkfreiheit als kulturelle Freiheit zwar nicht offen, ob überhaupt ein kulturell angemessenes Programm angeboten wird, so ist es doch Sache der Kommunikatoren, auf welche Art und Weise sie den kulturellen Auftrag erfüllen. Insoweit nimmt der Rundfunk an der Autonomie teil, die das Grundgesetz in den kulturell relevanten Grundrechten schützt. Diese Autonomie ist das rechtliche Korrelat kultureller Eigengesetzlichkeit. Sie verlangt, daß der kulturelle Kommunikationsprozeß offengehal-

Zur Differenz zwischen kommunikativen und ökonomischen Grundrechtsaspekten schon BVerfGE 25, 256 (264 f.).

ten wird und seine Ergebnisse pluralistisch ausfallen können.[59] Soweit Kultur zur Betätigung oder Wirkung auf den Rundfunk angewiesen ist, muß er deshalb den verschiedenen Richtungen offenstehen. Aus diesem Grund nimmt die grundrechtliche Freiheit hinsichtlich des vom Staat zu ordnenden Rundfunks die Gestalt eines Neutralitätsgebots an, wie es für die staatliche Kulturpflege im traditionellen Sinn seit langem anerkannt ist.[60] Der Rundfunk als wichtiger Kulturproduzent und Kulturvermittler darf nicht Partei für oder gegen eine Richtung ergreifen. Die Erfüllung des Kulturauftrags hat von dirigistischen Absichten freizubleiben. Verfassungsrechtlich liegt aber nicht fest, in welchen Organisationsformen diese Postulate verwirklicht werden. Sicherzustellen ist lediglich, daß im Rundfunksystem insgesamt die kulturelle Versorgung des Publikums stattfindet und die tatsächliche kulturelle Vielfalt im Programm wiederkehrt. Läßt sich dieses Ziel in verschiedenen Rundfunkordnungen erreichen, so genießt der Gesetzgeber insoweit Wahlfreiheit.[61]

2. Kulturverfassung und kommerzieller Rundfunk

Zur verfassungsrechtlich entscheidenden Frage wird unter diesen Umständen, wie sich die verschiedenen Rundfunkmodelle auf die aus Art. 5 Abs. 1 Satz 2 GG ableitbaren kulturrechtlichen Anforderungen auswirken. Da die verbesserten technischen Möglichkeiten und die unbestreitbaren Mängel des bestehenden Rundfunksystems allenthalben die Auflösung der öffentlichrechtlichen Monopole und eine Zulassung privater Veranstalter begünstigen, ist besonders nach den kulturellen Auswirkungen des kommerziellen Systems zu fragen. Die vernachlässigte kulturrechtliche Komponente kann dabei möglicherweise Wirklichkeitsbefunden, die bisher juristisch irrelevant erschienen oder ohne rechtssystematische Verortung benutzt wurden, Gewicht verleihen. Sie tragen freilich größtenteils prognostische Züge und können sich vorerst nur auf wenige empirische Erhebungen und auch nur unter dem Vorbehalt vergleichbarer Rahmenbedingungen auf ausländische Erfahrun-

---

59 Dazu Hufen, Freiheit der Kunst (Fn. 47), S. 239 f.; Häberle, Kulturstaat (Fn. 37), S. 30 ff.; ders., Verfassungslehre (Fn. 37), S. 16 f.; Scholz in: Maunz/Dürig, Grundgesetz, Rdnr. 8 zu Art. 5 Abs. 3.

60 Vgl. K. Schlaich, Neutralität als verfassungsrechtliches Prinzip, 1972.

61 Vgl. BVerfGE 57, 295 (321).

gen stützen. Ein Teil der verfassungsrechtlichen Kontroversen findet hierin seinen Grund. Mit einiger Sicherheit kann man aber davon ausgehen, daß die Aufhebung des Monopols zu einer Ausweitung des Programmangebots führen und der dazu erforderliche Geldbedarf hauptsächlich aus Rundfunkwerbung bestritten wird. Da die Akquisition der Werbemittel von der Anziehungskraft der Programme abhängt, bedeutet das zugleich eine verschärfte Konkurrenz um die Zuschauergunst. Als Erfolgskriterium erscheint dabei, wenn Werbeeinnahmen das Unternehmensziel sind, die Einschaltquote, die auf diese Weise Leitfunktion für die Programmgestaltung gewinnt.

Die kulturellen Konsequenzen dieses Systems sind umstritten. Während die Befürworter von einem reichhaltigeren Programmangebot und von einer zuverlässigeren Orientierung an Publikumsbedürfnissen ausgehen, prognostizieren die Gegner eine qualitative Verarmung der Programme und eine Ausrichtung am anspruchslosen Durchschnittsgeschmack. Eine gewisse empirische Kontrollmöglichkeit bietet das amerikanische Rundfunksystem, das dem kommerziellen Muster weitgehend folgt.[62] Das Beispiel lehrt, daß sich in einem privatwirtschaftlich betriebenen Rundfunk ökonomische Imperative in erheblichem Umfang auf Kosten kultureller Postulate durchzusetzen vermögen. Da kulturelle Sendungen nicht dieselben Einschaltquoten erzielen wie Unterhaltungsprogramme und also auf Sponsoren weniger Anreiz ausüben, verschwinden sie weitgehend aus dem Angebot. Soweit die Federal Communications Commission auf einen bestimmten Anteil drängt, wird er in der Regel mit kulinarischer Kultur gefüllt oder in Randzeiten abgedrängt. Dominant ist die Unterhaltung. Auch im Unterhaltungsprogramm herrscht aber weniger qualitative als quantitative Vielfalt. Erfolgreiche Muster werden kopiert und führen zu einer Vermehrung des Gleichartigen. Da der Zuschauer durch das Programm für die Werbebotschaft empfänglich gemacht werden muß, sind selbst Stoff und Dramaturgie der Programme auf die Werbung zugeschnitten. Das verhindert zum einen kritische oder Minderheiten berücksichtigende Inhalte und verlangt zum anderen eine auf den Werbespot hinführende stereotype Abfolge von Höhepunkten.

62 Dazu W. Hoffmann-Riem, Kommerzielles Fernsehen, 1981; ders., Kommerzielles Fernsehen in den USA, Media Perspektiven 1980, S. 362; H. J. Kleinsteuber, Fernsehen und Geschäft, 1973.

Diese Auswirkungen lassen sich nicht durchweg auf eine typisch amerikanische Mentalität zurückführen, so daß sie schon deswegen für einen interkulturellen Vergleich ungeeignet wären. Sie treten vielmehr als Folge eines nicht an publizistisch-kulturellen, sondern ökonomischen Rationalitätskriterien ausgerichteten Rundfunksystems ein, in dem das Programm als kulturrechtliches Schutzgut seine Autonomie einbüßt und zum Vehikel außerkultureller Zwecke wird. Ähnliche Konsequenzen müssen daher bei vergleichbaren Strukturen auch in Deutschland einkalkuliert werden. Es ist damit zu rechnen, daß die wichtige Kulturinstitution Rundfunk unter kommerziellen Bedingungen ein kulturelles Defizit hinterläßt.[63] Dieses bestünde zum einen darin, daß der Rundfunk für die Produktion und Verteilung kultureller Güter weitgehend ausfiele. Dafür blieben nur die traditionellen Kultureinrichtungen übrig, die sich aber, soweit sie Breitenwirkung entfalten wie die Schule, auf das Kindes- und Jugendalter beschränken, und, soweit sie lebensbegleitend operieren wie Theater, Museen, Volkshochschulen, keine Breitenwirkung erzielen. Da das Fernsehprogramm indes auch in seinen nicht kulturellen Teilen kulturelle Effekte hat, besteht zum anderen die Gefahr, daß es Weltverständnisse und Einstellungsmuster fördert, die dem Anspruchsniveau, welches eine komplexe Gesellschaft voraussetzt und auch in ihren Bildungsinstitutionen zu vermitteln sucht, gerade zuwiderlaufen.

Für den Einzelnen, der sich die nicht persönlich erfahrbare Umwelt vorwiegend am Fernsehgerät erschließt, entstünde durch ein solches, auf informative, kritische und bildende Sendungen weitgehend verzichtendes Fernsehen ein verzerrtes Weltbild, das die Orientierung in der Gegenwart und die Deutung der eigenen Befindlichkeit nicht erleichtert.[64] Da das erweiterte und anreizendere Programmangebot den Fernsehkonsum zudem eher vergrößert als verringert, fördert es die Tendenz zu passiver Nutzung der ebenfalls noch wachsenden Freizeit. Insbesondere dürfte die mit dem Fernsehen verbundene Schwächung der Lesebereitschaft und Lesefähigkeit weiter zunehmen. Indessen werden Einblicke in komplizierte Zusammenhänge und adäquate Deutungen für umgebende Realitäten noch immer größtenteils sprachlich vermittelt

63 Vgl. Kübler, Medienverantwortung (Fn. 52), S. 117.
64 Vgl. U. Saxer, Führt ein Mehrangebot an Programmen zu selektivem Rezipientenverhalten?, Media Perspektiven 1980, S. 395; J. G. Blumler, Integrationsfunktion und Rundfunkordnung, Media Perspektiven 1980, S. 156.

und lesend angeeignet. Intensive Nutzung eines kulturell verarmten Fernsehens beeinträchtigt deswegen die kulturellen Voraussetzungen der Persönlichkeitsentfaltung. Daran erweist sich erneut, daß die Mündigkeit des Staatsbürgers, die zur Legitimation des Marktmodells gern herangezogen wird, bei der Gestaltung des Rundfunksystems nicht als Gegebenheit vorausgesetzt werden darf, sondern als vom Rundfunksystem mitkonstituiertes Produkt zu verstehen ist.[65] Der demokratische Staat steht dann bei der Ordnung des Rundfunkwesens vor dem Problem, die Mündigkeit des Bürgers einerseits zugrundelegen und andererseits doch ständig stützen zu müssen. Es kann ohne Bevormundung nur gelöst werden, wenn sich die Stützungsmaßnahmen selbst wieder aus dem Verfassungsziel personaler Entfaltung legitimieren.

Auf der Ebene der sozialen Integration droht durch ein vorwiegend auf anspruchslose Unterhaltung gerichtetes Fernsehen eine Vernachlässigung der kulturellen Traditionen, aus denen sich die kollektive Identität von Gesellschaften und Nationen speist. Das hat desintegrierende Wirkungen, die sich in Krisenzeiten destabilisierend bemerkbar machen. Sie werden dadurch noch verschärft, daß sich die nachteiligen Folgen mangelnder kultureller Stützung der individuellen Handlungskompetenz schichtenspezifisch verteilen.[66] Während ein Großteil der Bevölkerung, der seine kulturelle Reproduktion vorwiegend dem Fernsehen überläßt, sich ständig im eigenen Nichtwissen bestätigt, hebt sich ein kleiner Kreis überlegen Informierter immer weiter von der Menge ab. Damit wird die Wissenskluft in der Gesellschaft vertieft und die Gleichheit als Prämisse demokratischer Willensbildung auf ihr formales Element reduziert und damit real dementiert. Dagegen ist die stabilisierende Wirkung eines Fernsehens, das eher zur Ablenkung als Bewußtmachung von Problemen neigt, nur schwach verankert. Langfristig bereitet es vielmehr Enttäuschungen vor, die dann zum Ausbruch kommen, wenn sich die Probleme krisenartig zuspitzen und die Diskrepanz von Welt und Scheinwelt unübersehbar wird. Steht in solchen Situationen nicht genügend kulturell

65 Dazu W. Hoffmann-Riem, Medienfreiheit, in: ders. (Hg.), Sozialwissenschaften im Studium des Rechts, Bd. II, 1977, S. 56 ff.; J. P. Müller, Grundrechtliche Aspekte der Mediengesamtkonzeption, Zeitschrift für schweizerisches Recht 99 (1980), S. 31; P. Hunziker, Das Publikum als Marktpartner im »publizistischen Wettbewerb«, 1981.
66 Vgl. U. Saxer, Medienverhalten und Wissensstand, in: Bertelsmann Texte 7, Buch und Lesen, 1978, S. 35 ff.

vermittelter Sinn zur Verfügung, droht dem politischen System der Entzug von Legitimation, auf die gerade der seine Machtmittel zugunsten individueller Freiheit begrenzende demokratische Staat in besonderem Maße angewiesen ist.

Freilich ist die kulturelle Austrocknung des Rundfunks nicht das Ziel der Befürworter einer privatwirtschaftlichen Rundfunkstruktur. Daß auch sie die Gefahr aber nicht gänzlich ausschließen können, wird an der Forderung sichtbar, den öffentlichrechtlichen Rundfunk als Kulturreserve und Garanten einer Grundversorgung der Bevölkerung neben dem privatrechtlichen beizubehalten.[67] Es fragt sich aber, ob in einem solchen dualistischen System der öffentlichrechtliche Rundfunk seine Aufgabe noch zu erfüllen vermag. Das amerikanische Beispiel des Public Broadcasting System[68], das in der Machart dem kommerziellen Fernsehen unterlegen ist und nur sehr geringe Einschaltquoten erzielt, spricht dagegen. Doch handelt es sich hier um einen nachträglich zum privaten hinzugetretenen, mangelhaft ausgestatteten Rundfunk, dessen Wettbewerbsfähigkeit von vornherein nicht gewährleistet war. In den europäischen Ländern, die ein dualistisches System praktizieren, trat das private Fernsehen dagegen zu einem ausgebauten und funktionstüchtigen öffentlichen System hinzu. Doch zeigt sich auch hier wie ebenfalls in Japan, daß die öffentlichen Anstalten erhebliche Zuschauereinbußen erlitten, die nur durch Niveauanpassungen wieder aufgefangen werden konnten.[69] Den Preis zahlt die Kultur. Die Wettbewerbsfähigkeit eines neben dem kommerziellen Fernsehen bestehenden öffentlichen Rundfunks wird daher von den Autoren, die sich diese Frage stellen, großenteils skeptisch beurteilt.[70]

Ausschlaggebend ist damit, ob privatwirtschaftlich betriebener Rundfunk in ein ordnungspolitisches Konzept einbezogen werden

67 Vgl. Klein, Rundfunkfreiheit (Fn. 55), S. 79; M. Bullinger, Kommunikationsfreiheit im Strukturwandel der Telekommunikation, 1980, S. 93 ff.; dazu Stock, Koordinationsrundfunk (Fn. 58), S. 96 ff.

68 Vgl. Carnegie Commission on the Future of Public Broadcasting, 1979; Hoffmann-Riem, Media Perspektiven 1980, S. 363.

69 Vgl. J. Heyn/H. J. Weiß, Das Fernsehprogramm von ITV und BBC. Zum Einfluß des kommerziellen auf das öffentlichrechtliche Fernsehen, Media Perspektiven 1980, S. 145; zu Japan K. Winckler, Ökonomie und Ideologie des Fernsehens, 1977.

70 Vgl. B.-P. Lange, Kommerzielle Ziele und binnenpluralistische Organisation von Rundfunkveranstaltern, 1980, S. 71 ff.; Schmidt, Rundfunkgewährleistung (Fn. 53), S. 63.

kann, das die kulturrechtlichen Anforderungen des Grundgesetzes gegen die ökonomischen Imperative durchsetzt. Dabei geht es weniger um die Möglichkeit des Erlasses entsprechender Normen als um ihre Steuerungsfähigkeit. Auch hier weckt das amerikanische Beispiel Zweifel.[71] Eine zuverlässige Beantwortung der Frage für die andersartige deutsche Situation erscheint derzeit aber noch nicht möglich. Indessen enthalten die bereits vorliegenden Entwürfe für Landesmediengesetze nicht einmal auf der normativen Ebene hinreichende kulturelle Gewährleistungen. Der niedersächsische Gesetzentwurf[72] stellt an die privaten Veranstalter keinerlei kulturelle Anforderungen, sondern verlangt in seinen Programmrichtlinien nur publizistische Fairneß. Der baden-württembergische Entwurf[73] nennt als Ziel des privaten Rundfunks zwar »vielfältige Möglichkeiten der Information, Bildung und Unterhaltung«, hält dieses Ziel aber offenbar allein durch die Existenz privater Veranstalter für gesichert und trifft deswegen keine Vorsorge für seine Realisierung. Bezüglich der Werbung sind beide Entwürfe bemüht, amerikanische Verhältnisse zu vermeiden. Doch verfehlt die zentrale Vorschrift, daß die Werbeträger keinen Einfluß auf das Programm nehmen dürfen[74], die Realität, in der dieser Einfluß nicht personell, sondern systemstrukturell durch die Marktbedingungen verankert ist. In Ergänzung der vom FRAG-Urteil beanstandeten Mängel[75] verdienen daher auch die kulturellen Defizite der erkennbaren künftigen Rundfunkordnung verfassungsrechtliche Aufmerksamkeit.

---

71 Vgl. W. Hoffmann-Riem, Fernsehkontrolle als Ritual?, JZ 1981, S. 73; Lange, Kommerzielle Ziele (Fn. 70), S. 46 ff.
72 Landtagsdrucksache 10/1120 vom 5. 5. 1983.
73 Hektogramm des Staatsministeriums Baden-Württemberg vom 4. 7. 1983.
74 Baden-Württemberg § 26 Abs. 1 Nr. 1; Niedersachsen § 38 Abs. 3. Vgl. Hoffmann-Riem, Media Perspektiven 1980, S. 369.
75 BVerfGE 57, 295.

Die sozialgeschichtliche und verfassungs-
rechtliche Entwicklung zum Sozialstaat

1. Die Auflösung des älteren Systems
sozialer Sicherheit im entstehenden Verfassungsstaat

Der Verfassungsstaat war seinem Ursprung nach kein Sozialstaat. Er löste im Gegenteil die vielfältigen sozialen Sicherungen der vorkonstitutionellen Ordnung auf, ohne sie durch andere zu ersetzen. Vielmehr kennzeichnet es die aus den bürgerlichen Revolutionen hervorgegangenen Verfassungen, daß sie dem Staat die Verantwortung für Wohlstand und Gerechtigkeit, die er bis dahin stets beansprucht hatte, entzogen und zur Privatsache machten. Dahinter stand die philosophisch und ökonomisch begründete und den Interessen des Bürgertums entgegenkommende Überzeugung, daß nationaler Wohlstand und soziale Gerechtigkeit nicht das Ergebnis planvoller staatlicher Bewirkung, sondern die automatische Folge gesellschaftlicher Autonomie seien. Voraussetzung war nichts anderes als Freiheit und Gleichheit der Individuen. Sie sollten für Wohlstand sorgen, weil die Beseitigung der ständisch-korporativen Eigentums- und Betätigungsbindungen und die Abschaffung des staatlichen Dirigismus Talent und Fleiß des Einzelnen freisetzen und im Wettbewerb zu höchster Leistungskraft steigern würden. Gerechtigkeit sollte sich ausbreiten, weil in einem solchen System der Wille des Einzelnen für seine sozialen Beziehungen maßgeblich würde, so daß an die Stelle heteronomer Pflichten freie Vereinbarungen traten, die einen subtileren Interessenausgleich ermöglichten, als zentrale staatliche Steuerung ihn zu bewirken vermochte. Dabei verband sich mit Wohlstand und Gerechtigkeit freilich nicht die Verheißung sozialer Gleichheit. Im Gegenteil mußte Privatautonomie ohne die Möglichkeit staatlicher Korrekturen soziale Ungleichheit notwendig produzieren und schloß auch existentielle Not nicht aus. Doch konnten Ungleichheit und Not in einem System individueller Freiheit nicht als extern auferlegt gelten, sondern erschienen persönlich zurechenbar und insofern nicht ungerecht. Daher bedurften sie auch keiner politischen Bearbeitung. Not war privatisiert. Der Staat wurde in diesem System nicht überflüssig, weil auch die auf Freiheit und

Gleichheit gegründete Gesellschaft in hohem Maße störungsanfällig ist, die Störungen mangels kollektiver Handlungsfähigkeit aber nicht aus eigener Kraft beheben kann. Es entfiel jedoch der Wohlfahrtszweck des Staates, und seine Funktionen reduzierten sich auf den Rechtszweck. Auch diesen erfüllte er aber nicht mehr durch die Herstellung einer gerechten Sozialordnung, sondern nur noch durch die Garantie ihrer natürlichen Voraussetzungen – eben Freiheit und Gleichheit.

Im Zuge der Umstellung der Rechtsordnung von objektivem Gemeinwohl auf subjektives Belieben verschwanden oder verkümmerten die meisten Einrichtungen sozialer Sicherheit, die mit der ständisch-korporativen Gesellschaftsordnung und der staatlichen Wohlfahrtsvorsorge verbunden waren. Das betraf insbesondere die im Feudalsystem und in der Zunftverfassung enthaltenen Gewährleistungen, aber auch die Anstalten der staatlichen, kommunalen und kirchlichen Armenpflege.[1] Mochte das Feudalsystem seine innere Berechtigung wegen der Inkongruenz von Leistung und Gegenleistung ausgangs des 18. Jahrhunderts auch bereits verloren haben, so bildete es doch immer noch einen wichtigen Faktor sozialer Sicherheit auf dem Lande. Der Grundherr genoß nämlich nicht nur die Dienste und Abgaben seiner Bauern, sondern hatte seinerseits eine Reihe von Fürsorgepflichten im Fall bäuerlicher Not, deren er sich nicht entledigen konnte, weil der Einzug von Bauernstellen und die Abstufung von Bauern zu Landarbeitern untersagt waren. Das Ausmaß der dadurch gewährleisteten sozialen Sicherheit geht aus dem Umstand hervor, daß zu

1 Vgl. zum Feudalsystem O. Brunner, Land und Herrschaft, 5. Aufl. Wien 1965, S. 240 ff.; F. W. Henning, Das vorindustrielle Deutschland, Paderborn 1976, S. 29 f., und als Beispiel einer gesetzlichen Fixierung der Fürsorgepflicht ALR 2. Teil, 7. Titel, 3. Abschnitt, §§ 122-132; zur Zunftverfassung K. v. Rohrscheidt, Vom Zunftzwang zur Gewerbefreiheit, Berlin 1898: W. Fischer, Handwerksrecht und Handwerkswirtschaft um 1800, Berlin 1955; zur Armenpflege E. Münsterberg, Die deutsche Armengesetzgebung, Leipzig 1887; Ch. Sachße/F. Tennstedt, Geschichte der Armenfürsorge in Deutschland, Stuttgart 1980; F. Tennstedt, Sozialgeschichte der Sozialpolitik in Deutschland, Göttingen 1981; G. Ratzinger, Geschichte der kirchlichen Armenpflege, Freiburg 1868; zum Wohlfahrtsverständnis des Staates generell H. Maier, Die ältere deutsche Staats- und Verwaltungslehre (Polizeiwissenschaft), 2. Aufl. München 1980. Zur Rolle der Verfassung bei der Auflösung der alten Ordnung vgl. D. Grimm, Grundrechte und Privatrecht in der bürgerlichen Sozialordnung, in diesem Band S. 192, ders., Die verfassungsrechtlichen Grundlagen der Privatrechtsgesetzgebung, in: Coing, Handbuch der Quellen und Literatur der neueren europäischen Privatrechtsgeschichte, Bd. III/1, München 1982, S. 17-173.

jener Zeit immer noch 80% der Bevölkerung auf dem Lande lebten, von denen nur etwa 20% der unterständischen Landarbeiterschicht angehörten. Ähnlich wirkte die Zunftverfassung. So sehr sie auch mit allen wirtschaftlichen Nachteilen des Monopolismus behaftet war und durch ihre vielfältigen Produktions- und Vertriebsbeschränkungen, Auflagen und Rituale innovationshemmend wirkte, so erfolgreich leistete sie doch nach wie vor die soziale Einbindung und Sicherung der Handwerker, und zwar sowohl der Gesellen, die in den Familienverband des Meisters aufgenommen wurden und dort im Fall von Notlagen auch versorgt werden mußten, als auch der arbeitsunfähigen Meister oder ihrer Hinterbliebenen. Von den für die unterständische Armut zuständigen Institutionen war insbesondere die Kirche betroffen, deren nunmehr säkularisiertes Vermögen stets auch im Dienste ihrer karitativen Aufgabe gestanden hatte. Dagegen blieb die staatliche und gemeindliche Armenpflege als öffentliche Einrichtung erhalten, machte aber einen Wandel durch. Zum einen mußte sie in einem auf Privatautonomie umgestellten System ohne flankierende Maßnahmen – wie etwa Preisbindung für Grundnahrungsmittel – auskommen. Zum anderen ließ sie sich unter den Bedingungen von Freizügigkeit nicht mehr nach dem Heimatprinzip organisieren. Damit wuchs nicht nur die Belastung zahlreicher Gemeinden, sondern auch die Versuchung, ihr durch Abschieben der Armen zu entgehen. Die Armenpflege fiel unter diesen Umständen vorerst wieder in jenes polizeilich-repressive Verständnis zurück, aus dem sie sich im aufgeklärten Absolutismus gerade zu befreien begonnen hatte.

Verfassungsrechtlicher Ausdruck der neuen Ordnung waren die Grundrechte. Ausgehend von dem autonomen Individuum beseitigten sie alle statusbedingten Abhängigkeiten und intermediären Gewalten und begründeten die allgemeine Staatsbürgerschaft. Erst damit war das vom Absolutismus angestrebte Ziel der Monopolisierung aller Herrschaftsbefugnisse beim Staat endgültig erreicht. Zugleich nahmen sie aber die Staatsmacht auf den Schutz von Freiheit und Eigentum zurück und trafen im Gesetzesvorbehalt Vorsorge, daß die zu diesem Zweck erforderlichen Grundrechtseingriffe nur aufgrund parlamentarischer Ermächtigung erfolgten. Die Grundrechte fungierten auf diese Weise als Abwehrrechte des Einzelnen gegen den Staat, vermittelten ihm aber keinerlei staatliche Leistungen. Das Ergebnis der individuellen Frei-

heitsbetätigung war vielmehr vom Staat als Ausfluß der ihm vor-
geordneten Privatautonomie hinzunehmen. Die Freiheit löste sich
dadurch von den Mitteln ihres Gebrauchs und wurde abstrakt.
Hatte sie bis dahin immer an Besitz von Grund und Boden oder
einem existenzverbürgenden Äquivalent gehangen, hatte umgekehrt das Fehlen eines solchen auch Unfreiheit bedeutet, so konnte
nun Freiheit auch ohne materielle Grundlage vorkommen. Die
Freiheit war zwar verallgemeinert, dafür aber nur noch Chance.
Mit der Eigentumsgarantie ging kein Anspruch auf Besitz, mit der
Berufsfreiheit kein Recht auf Arbeit, mit der Unverletzlichkeit der
Wohnung kein Anrecht auf Obdach einher. War andererseits Eigentum bisher immer sozialpflichtig, Freiheit also mit Fürsorgepflichten für Abhängige verbunden gewesen, so erhob es sich nun
zum absoluten Recht. Wer Eigentum hatte, konnte damit nach
Belieben verfahren, wie art. 544 *Code Napoléon* pointiert formulierte. Die Rechtfertigung lag darin, daß es jedem freistand, Eigentum zu erwerben, und wer dieses Grundrecht nicht nutzte, war für
die Folgen selbst verantwortlich. Insoweit begnügten sich die
Grundrechtskataloge mit einem Auftrag zur staatlichen Armenpflege, der aber selbst dann, wenn er zur »dette sacrée« erklärt
wurde wie in der jakobinischen Verfassung von 1793, keinen
Rechtsanspruch vermittelte und nur das Überleben sicherte. Auch
als nach den Erfahrungen der jakobinischen Exzesse die Direkto-
rialverfassung von 1795 die Grundrechte um Grundpflichten er-
gänzte, handelte es sich nicht etwa um soziale Rückbindungen der
Individualfreiheit, sondern um Mahnungen zur Gesetzestreue und
moralisierende Parolen wie die, daß ein guter Bürger auch ein guter Ehemann und Vater sei.

II. Die Soziale Frage als Legitimationsproblem des bürgerlichen Verfassungsstaats

Das bürgerliche Sozialmodell, das in den Verfassungen Ausdruck
fand, hat seine Verheißungen nur zum Teil erfüllt. Zwar waren
persönliche Freiheit, rechtliche Gleichheit und konstitutionelle Beschränkung der Staatsmacht Errungenschaften von größter Bedeutung. Auch kam es infolge der Freigabe der Wirtschaft zu einer
kräftigen Hebung des Wohlstands. Doch trat der gerechte Interessenausgleich, dessen erwartete Automatik die Einrichtungen der

staatlichen und gesellschaftlichen Gemeinwohlvorsorge überflüssig erscheinen ließen, nicht ein. Daran zeigt sich der voraussetzungsvolle Charakter des Liberalismus. Sind alle gleich frei und also zur Befriedigung ihrer Bedürfnisse auf Verträge angewiesen, dann kann sich daraus ein gerechter Interessenausgleich nur ergeben, wenn der gleichen rechtlichen Freiheit auch ein annäherndes materielles Kräftegleichgewicht entspricht. Andernfalls ist Vertragsfreiheit gleichbedeutend mit dem Recht des Stärkeren. Diese im bürgerlichen Sozialmodell stillschweigend vorausgesetzte Balance ging nicht erst, wie vielfach angenommen wird, infolge der Industriellen Revolution verloren. Sie fehlte vielmehr von Anfang an. Es gab schon zu Beginn des 19. Jahrhunderts ein ganz erhebliches Elend, das seine Ursache nicht in der Industrialisierung hatte, sondern zum sogenannten »type ancien« gehörte und durch den Erntezyklus ausgelöst wurde. In Deutschland bezeichnet man die erste Hälfte des 19. Jahrhunderts geradezu als Zeit des Pauperismus.[2] Ohne daß die Armut in ihrem vollen Ausmaß bereits erforscht wäre, läßt sich jedenfalls sagen, daß es sich nicht um die im bürgerlichen Sozialmodell einkalkulierte Art individueller Not handelte, die auf persönlichem Versagen innerhalb einer Ordnung, die jedem die gleiche Chance des Wohlstands bot, beruhte. Wie schon eine zeitgenössische Enzyklopädie bemerkte, ging es beim Pauperismus nicht um die sogenannte natürliche Armut, die eine Folge angeborener Nachteile oder unverschuldeter Unglücksfälle war. Der Pauperismus sei vielmehr da vorhanden, »wo eine zahlreiche Volksklasse sich durch die angestrengteste Arbeit höchstens das notdürftigste Auskommen verdienen kann, auch dessen nicht sicher ist, in der Regel schon von der Geburt an und auf Lebenszeit solcher Lage geopfert ist und keine Aussichten auf Änderung hat«.[3] Im Gegensatz zu den Prämissen des Liberalismus war dieses Elend nicht individuell zurechenbar, sondern entstand teils als vorhersehbare Folge politischer Entscheidungen, teils infolge unvorhersehbarer sozialer Entwicklungen und besaß daher politisch-verfassungsrechtliche Relevanz.

2 Vgl. W. Abel, Massenarmut und Hungerkrisen im vorindustriellen Deutschland, 2. Aufl. Göttingen 1977; ders., Massenarmut und Hungerkrisen im vorindustriellen Europa, Hamburg 1974; W. Fischer, Armut in der Geschichte, Göttingen 1982; K. J. Matz, Pauperismus und Bevölkerung, Stuttgart 1980; R. Engelsing, Zur Sozialgeschichte deutscher Mittel- und Unterschichten, 2. Aufl. Göttingen 1978; der Begriff der Krise vom »type ancien« bei E. Labrousse, Esquisse du mouvement des prix et des revenus en France au 18e siècle, Paris 1933.

3 Brockhaus, Conversations-Lexion, Bd. 11, 4. Aufl. Leipzig 1846, S. 15.

Zu den politischen Entscheidungen, die das vorindustrielle Elend förderten[4], zählte eine in weiten Teilen Deutschlands nicht völlig gelungene Bauernbefreiung und Grundentlastung. Anders als in Frankreich, wo die Bauern bereits in der ersten Revolutionsphase das von ihnen genutzte Land zu freiem Eigentum erhielten, in der zweiten Phase von der Entschädigungspflicht freigestellt wurden und zusätzlich ihren Besitz durch den Erwerb von Kirchen- und Emigrantenland abrunden konnten, mußten die preußischen Bauern, soweit sie überhaupt in den Genuß der Ablösungsgesetzgebung kamen, ihre Grundherren in Land entschädigen und blieben daher vielfach auf Flächen beschränkt, die zu klein und ertragsarm waren, um eine Familie zu ernähren. Da mit der Liberalisierung der Agrarverfassung auch der Bauernschutz entfiel, sanken zahlreiche rechtlich befreite Bauern in wirtschaftliche Abhängigkeit zurück. Erst die nach den Aufständen von 1830 ergangenen Ablösungsgesetze der mitteldeutschen Staaten zogen daraus die Konsequenzen. Ferner vermehrte der zumindest in Preußen kompromißlose Übergang zur Gewerbefreiheit das vorindustrielle Elend. Er führte zu einer plötzlichen Überbesetzung des Handwerks, der alsbald zahlreiche selbständige Gewerbetreibende zum Opfer fielen. Diese wie auch das Landproletariat drängten auf den Arbeitsmarkt, der als vorindustrieller noch nicht genügend Aufnahmekapazität besaß – erst der in den dreißiger Jahren einsetzende Eisenbahnbau schaffte eine gewisse Erleichterung – und als freier ausbeuterischen Verträgen keine Grenzen setzte. Zu den nicht vorhersehbaren Entwicklungen gehört die erhebliche Bevölkerungsvermehrung, die, mitbedingt durch die schrankenbeseitigenden Reformen des Liberalismus, in der ersten Hälfte des 19. Jahrhunderts ganz Europa erfaßte.[5] Die europäische Bevölkerung stieg in dieser Zeit um etwa 40 % von 188 auf 267 Mio. Deutschland verzeichnete einen Zuwachs von 24 auf 35 Mio., wobei die große Zahl der Auswanderer nicht berücksichtigt ist. Aber auch innerhalb des

4 Vgl. R. Koselleck, Preußen zwischen Reform und Revolution, 2. Aufl. Stuttgart 1975; B. Vogel (Hg.), Preußische Reformen 1807-1820, Königstein 1980; W. Hubatsch, Die Stein-Hardenbergschen Reformen, Darmstadt 1977; K. Bosl/E. Weis, Die Gesellschaft in Deutschland, Bd. 1, München 1976, S. 237 ff.; Ch. Dipper, Die Bauernbefreiung in Deutschland, Stuttgart 1980; W. Abel, Handwerksgeschichte in neuer Sicht, Göttingen 1970; I. Mieck, Preußische Gewerbepolitik in Berlin, Berlin 1965.
5 Vgl. W. Köllmann, Bevölkerung in der industriellen Revolution, Göttingen 1974; ders./P. Marschalck (Hg.), Bevölkerungsgeschichte, Köln 1972.

Landes führten Existenznot und Bevölkerungsvermehrung zu starker Mobilität, die zusätzlich den bisherigen Sicherheitsfaktor der Familiengemeinschaft zerstörte. Armut ließ sich unter diesen Umständen nicht privatisieren. Sie wurde im Gegenteil zum politischen Problem. War sie zuvor dezentralisiert aufgetreten und von zahlreichen intermediären Gewalten, die sich zwischen Staat und Individuum geschoben hatten, aufgefangen worden, so stellte sie sich jetzt als Massenphänomen dar und wurde gleichzeitig staatsunmittelbar.

Die Industrielle Revolution gab dem Problem lediglich eine neue Dimension.[6] Durch die von der Technik bewirkte Veränderung der Produktionsbedingungen verdrängte die abhängige Arbeit allmählich die selbständige Kleinwarenproduktion als vorherrschenden Produktionstyp und machte die Familie auch als Produktionsgemeinschaft funktionslos. Unter den Bedingungen von Vertragsfreiheit einerseits, Arbeitsplatzmangel andererseits wirkte sich dieser Wandel zu Lasten der Arbeiter aus. Der Unternehmer konnte Arbeitslohn, Arbeitszeit und Arbeitsbedingungen unter dem Deckmantel einer freien Vereinbarung nach Belieben bestimmen. Anstößig war dabei oft weniger die Lohnhöhe als die Zahlungsweise: Waren aus der Produktion des Unternehmers, die der Arbeiter zu verkaufen, oder Forderungen an dubiose Schuldner, die er einzutreiben versuchen mußte. Anstößig war ferner die Ausbeutung der Arbeitskraft ohne Rücksicht auf körperliche Konstitution, Alter, Gesundheit und Sicherheit am Arbeitsplatz. In der von staatlicher Herrschaft befreiten Sphäre individueller Autonomie konnte sich auf diese Weise ungehindert gesellschaftliche Herrschaft ausbreiten. Auf der Grundlage rechtlicher Freiheit und Gleichheit verfestigte sie sich zu einer neuen Klassentrennung, die freilich nicht mehr Standes- sondern Besitzlinien folgte und so, wie vordem die Standesschranken juristisch aufrechterhalten worden waren, jetzt ökonomischen Halt fand. Ihre rechtliche Stütze lag darin, daß der Liberalismus die Rechtsgleichheit nur privatrecht-

6 Vgl. F. W. Henning, Die industrielle Revolution in Deutschland, 3. Aufl. Paderborn 1976; K. Borchardt, Die industrielle Revolution in Deutschland, München 1972; W. Fischer (Hg.), Wirtschafts- und sozialgeschichtliche Probleme der frühen Industrialisierung, Berlin 1968; J. Kuczynski, Die Geschichte der Lage der Arbeiter unter dem Kapitalismus, 38 Bde., Berlin 1960-1972; W. Conze/U. Engelhardt (Hg.), Arbeiter im Industrialisierungsprozeß, Stuttgart 1979; H. Pohl (Hg.), Forschungen zur Lage der Arbeiter im Industrialisierungsprozeß, Stuttgart 1978; W. Fischer/G. Bajor, Die soziale Frage, Stuttgart 1967.

lich verwirklicht hatte und das Wahlrecht den Besitzenden vorbehielt, wie auch die Vereinigungsfreiheit entweder gar nicht gewährleistet war oder jedenfalls die Koalitionsbildung ausschloß. Lohnarbeit wurde für lange Zeit unter Einschluß der Nachkommen unentrinnbar und insofern »Stand«.[7] Die nur als Abwehrrechte gegen den Staat verstandenen Grundrechte sicherten die Freiheit nicht rundum. Dem liberalen Modell war damit die Grundlage entzogen. Sollten personale Selbstbestimmung, allgemeiner Wohlstand und soziale Gerechtigkeit als Ziel gültig bleiben, mußten die Mittel geändert werden. Das Gemeinwohl war nicht mehr durch staatliche Abstinenz erreichbar, sondern verlangte wieder staatliche Aktivität. Insofern diese von den Grundrechten, dem Wahlrecht und der Reichweite der Parlamentsbefugnisse abhing, war die Soziale Frage auch Verfassungsfrage.[8]

III. Arbeiterschutzgesetze als Beginn einer staatlichen Sozialpolitik

Die Einsicht in die sozialen Defizite des Liberalismus und die Notwendigkeit von Reformen reicht weit ins 19. Jahrhundert zurück und war keineswegs auf sozialistische Theoretiker beschränkt.[9] Marx schlug lediglich die radikalste Abhilfe vor, indem er die Grundrechte als Instrument gesellschaftlicher Herrschaft und Ausbeutung gänzlich verwarf und soziale Gerechtigkeit nur von einer Ordnung erwartete, in der die Produktionsmittel vergesellschaftet und die Differenz zwischen Staat und Gesellschaft wieder eingeebnet war. Umgekehrt konnten sich die Betroffenen soziale Sicherheit häufig nur in den Formen der alten Arbeitsverfassung vorstellen, wie man an den im Vormärz nicht abreißenden Bitten der Handwerkerschaft um Wiedereinführung des Zunftzwangs

7 G. Briefs, Das gewerbliche Proletariat, Tübingen 1926, S. 148.

8 Vgl. E.-W. Böckenförde (Hg.), Moderne deutsche Verfassungsgeschichte, 2. Aufl. Königstein 1981, S. 17 ff., 373 ff.

9 Vgl. C. Jantke/D. Hilger (Hg.), Die Eigentumslosen, Freiburg 1965; J. Kuczynski, Bürgerliche und halbfeudale Literatur aus den Jahren 1840 bis 1847 zur Lage der Arbeiter, Berlin 1960; E. Pankoke, Sociale Bewegung – Sociale Frage – Sociale Politik, Stuttgart 1970; P. Mombert, Aus der Literatur über die soziale Frage und über die Arbeiterbewegung in Deutschland in der ersten Hälfte des 19. Jahrhunderts, Archiv für die Geschichte des Sozialismus und der Arbeiterbewegung 9 (1921), S. 169; A. Kaiser, Zum Verhältnis von Vertragsfreiheit und Gesellschaftsordnung während des 19. Jahrhunderts, Diss. iur. Berlin 1972.

ablesen kann. Dagegen schwebte den meisten Autoren ein reformatorischer Mittelweg vor, der auf der Grundlage der bestehenden Ordnung den Staat reaktivierte und zu mißbrauchverhütenden Einschränkungen der Privatautonomie sowie zur sozialen Integration der Arbeiterschaft verpflichtete. Trotz der breiten öffentlichen Diskussion der Sozialen Frage und trotz einiger aufsehenerregender Erhebungen über die Lage der Arbeiter waren politische und rechtliche Reaktionen in der ersten Jahrhunderthälfte die Ausnahme. Die Gründe dafür sind zum Teil selbst wieder in den Verfassungen zu suchen, die den besitzlosen Klassen keine legale Möglichkeit eröffneten, ihre Interessen im politischen System zur Geltung zu bringen. Nirgends war diese Haltung so ausgeprägt wie im Frankreich der Juli-Monarchie. Ihr Parlament, zu dem bei einer Bevölkerung von 30 Mio. 1831 167000 und 1846 248000 Bürger Wahlrecht hatten, beschloß zwar alle Maßnahmen, die die Entfaltung des Kapitalismus begünstigten, begegnete aber jedem Hinweis auf die Soziale Frage mit dem Prinzip der Vertragsfreiheit. Doch auch in Staaten wie Preußen, die noch gar kein Parlament besaßen, sondern dieses durch eine in ihren ökonomischen Auffassungen liberale Bürokratie substituierten, wurde die Soziale Frage häufig als Übergangsschwierigkeit interpretiert, die nicht Reformen, sondern Durchhaltevermögen verlangte. Die Verwaltung übersah dabei freilich, daß sie mit ihrem Beharren auf dem wirtschaftlichen Liberalismus in den dreißiger und vierziger Jahren nicht mehr ein international rückständiges Unternehmertum zur Modernisierung zwang, sondern eine breite Unterschicht dem Elend preisgab. Daran wird sichtbar, wie sehr sich der Freiheitsbegriff inzwischen von seinem humanen Ziel gelöst hatte und dogmatisch geworden war.

Die Revolution von 1848 hatte daher in Frankreich bereits starke, aber auch in Deutschland unübersehbare soziale Motive.[10] Während die Revolution in Deutschland die bürgerliche Gesellschaft durch endgültige Überwindung des Feudalsystems erst vollenden und ihr eine nationale und konstitutionelle Form geben mußte, ging es in Frankreich bereits um eine Anreicherung des

10 Vgl. R. Stadelmann, Soziale und politische Geschichte der Revolution von 1848, 2. Aufl. München 1970; V. Valentin, Geschichte der deutschen Revolution 1848-1849, Berlin 1930/31; K. Obermann, Die deutschen Arbeiter in der Revolution von 1848, Berlin 1953; J. Droz, Les Révolutions allemandes de 1848, Paris 1957; P. Robertson, Revolutions of 1848, 2. Aufl. Princeton 1971.

sechzig Jahre zuvor erreichten bürgerlichen Verfassungsstaats mit sozialen Inhalten. Als erste Maßnahme in einer Zeit, zu der ein Drittel der französischen Arbeiterschaft auf Armenhilfe angewiesen war, diente die Einrichtung sogenannter Nationalwerkstätten, die aber nicht nur eine momentane Not lindern, sondern auf lange Sicht die Überlegenheit der Staatswirtschaft über den Kapitalismus beweisen sollten. In den Verfassungsberatungen schlugen sich die sozialen Bestrebungen in der Forderung nach einem Grundrecht auf Arbeit nieder. Damit erhielt die Verfassungsdiskussion eine neue Wendung. War es im Jahr 1789 dem vermögenden Dritten Stand um eine Begrenzung der Staatsaufgaben zugunsten individueller Freiheit gegangen, so ging es 1848 dem besitzlosen Vierten Stand um eine soziale Reaktivierung des Staates zu Lasten bürgerlicher Freiheit. Aber auch in der deutschen Revolution traten bereits radikaldemokratische und sozialistische Kräfte hervor, die sich mit dem raschen Zugeständnis der verfassungspolitischen Forderungen des Bürgertums nicht zufriedengeben wollten und die Revolution mit weiterreichendem Ziel fortsetzten. Es ist bekannt, daß die sozialen Ansprüche des Vierten Standes die Revolution spalteten und das Bürgertum in Deutschland wie in Frankreich in die Arme alter oder neuer konservativer Gewalten trieben, während der Vierte Stand nicht stark genug war, seine Ziele auch ohne bürgerliche Unterstützung durchzusetzen. Insbesondere entfaltete das 1848 eingeführte allgemeine Wahlrecht in einer Zeit gerade beginnender Industrialisierung noch keine hinreichende Schubkraft zugunsten des Vierten Standes. Als die Verfassungen verabschiedet wurden, war die soziale Revolution bereits niedergeschlagen. In Frankreich erinnerte die Präambel zwar noch an gleichmäßigere Verteilung der gesellschaftlichen Lasten und Vorteile. Im übrigen hieß es aber nur, daß die Gesellschaft die Entwicklung der Arbeit ermutige und fördere und daß zwischen Arbeitgebern und Arbeitnehmern Rechtsgleichheit herrsche. Indessen war damit lediglich ein Rückfall selbst hinter den Stand von 1789 korrigiert, während ein sozial vorwärts weisendes Element in der Verfassung nicht sichtbar wird. Der Grundrechtskatalog der Paulskirche vollendete die Auflösung der ständisch-feudalen Ordnung und stellte bürgerliche Freiheit her, reagierte aber auf die Soziale Frage überhaupt noch nicht.[11]

11 Vgl. zur französischen Verfassungsdiskussion M. Deslandres, Histoire constitutionnelle de la France, Bd. II, Paris 1932, S. 323; zu den deutschen Grundrechten

Immerhin trat der Staat nach der Revolution von 1848 sozialpolitisch stärker in Erscheinung als vorher. Als einzig bedeutsame soziale Maßnahme der vorrevolutionären Periode läßt sich das preußische Regulativ über die Kinderarbeit von 1839 nennen[12], zu dem freilich weniger soziale Motive als Besorgnisse über die abnehmende Wehrtauglichkeit der Jugend den ersten Anstoß gegeben hatten. Das Regulativ fand ein Vorbild in der englischen Fabrikgesetzgebung von 1833, übertraf diese aber an Regelungsintensität. Die Beschäftigung von Kindern unter neun Jahren in Fabriken wurde vollständig verboten. Jugendliche unter sechzehn Jahren mußten vor der Anstellung einen mindestens dreijährigen Schulbesuch nachweisen und durften nicht länger als zehn Stunden täglich und zwischen 21 und 5 Uhr sowie an Sonn- und Feiertagen gar nicht arbeiten. Für die übrigen Beschäftigten ließ es die Gewerbeordnung von 1845 bei der unspezifizierten Pflicht der Arbeitgeber, auf Gesundheit und Sittlichkeit Rücksicht zu nehmen, und einer Erlaubnis zur Gründung gegenseitiger Unterstützungskassen bewenden. Ein Kinderarbeitsschutzgesetz erging nach erbitterter parlamentarischer Auseinandersetzung, in der die Gegner im Namen der Vertragsfreiheit und der väterlichen Gewalt auftraten, 1841 auch in Frankreich, doch unter Streichung der Fabrikinspektion, so daß es praktisch wirkungslos blieb. Nach 1848 nahm die Sozialgesetzgebung zu, wenngleich sich am Charakter punktueller Mißbrauchskorrekturen nichts änderte. Im wesentlichen war sie Arbeitsschutzgesetzgebung, machte aber auch tastende Ansätze zur Herstellung sozialer Sicherheit. Im einzelnen ist sie aus den Novellen zur Gewerbeordnung ablesbar.[13] 1849 kam es zu der

H. Scholler (Hg.), Die Grundrechtsdiskussion in der Paulskirche, 2. Aufl. Darmstadt 1982; E. R. Huber, Deutsche Verfassungsgeschichte, Bd. II, 2. Aufl. Stuttgart 1968, S. 773 ff.

12 Vgl. G. K. Anton, Geschichte der preußischen Fabrikgesetzgebung, Leipzig 1891; J. Kuczynski, Geschichte der Kinderarbeit in Deutschland, Berlin 1958; R. Meinert, Die Entwicklung der Arbeitszeit in der deutschen Industrie, Diss. phil. Münster 1958.

13 Vgl. H. Volkmann, Die Arbeiterfrage im preußischen Abgeordnetenhaus 1848-1869, Berlin 1968; K. v. Rohrscheidt, Die Gewerbeordnung für das deutsche Reich, Berlin 1901, S. 1 ff.; A. Köttgen, Stichwort »Gewerbegesetzgebung«, in: L. Elster u. a. (Hg.), Handwörterbuch der Staatswissenschaften, Bd. IV, 4. Aufl. Jena 1927, S. 1000 ff.; J.Lingnau, Das System sozialer Hilfeleistungen für die Bergarbeiter in der Knappschaftsversicherung des Ruhrbergbaus 1767-1961, Opladen 1965; A. Gladen, Geschichte der Sozialpolitik in Deutschland, Wiesbaden 1974; Übersichten bei G. Erdmann, Die Entwicklung der deutschen Sozial-

seit langem geforderten Pflicht, Löhne bar auszuzahlen, dem sogenannten Truckverbot. Dieselbe Novelle bezog Arbeitnehmer in die Gewerberäte ein, die an innerbetrieblichen Arbeitszeitregelungen mitwirken und Arbeitskonflikte schlichten sollten. Außerdem ermächtigte sie die Gemeinden, unter bestimmten Voraussetzungen Zwangsversicherungen für gewerbliche Arbeiter mit obligatorischer finanzieller Beteiligung der Arbeitgeber einzurichten. Durchgreifendere Unterstützungsregelungen ergingen etwas später für die Bergarbeiter in dem preußischen Knappschaftsgesetz von 1854 und dem allgemeinen Berggesetz von 1865. 1853 wurde der Kinderarbeitsschutz erheblich ausgeweitet, 1878 erstmals ein Frauen- und Mutterschutz eingeführt. Im selben Jahr entstand die obligatorische staatliche Gewerbeaufsicht zur besseren Durchsetzung der gesetzlichen Schutzvorkehrungen.

iv. Der Übergang zu Staatsinterventionismus und Gewährleistung sozialer Sicherheit

Die Rückwendung zu sozialer Wohlfahrt als Staatsaufgabe vollzog sich gut dreißig Jahre nach der Revolution von 1848 und war, ähnlich wie die großen Reformen des Jahrhundertanfangs, in Deutschland von oben verordnet. Dementsprechend zielte sie weniger auf eine Veränderung des Systems als auf die Bewahrung seiner Grundstrukturen. Im Gegensatz zur Herstellung des bürgerlichen Verfassungsstaats, ja selbst zur Industrialisierung, die in Deutschland vergleichsweise spät erfolgten, ging das Reich sozialpolitisch allen anderen Ländern voran. Den Hintergrund bildete eine Veränderung der wirtschaftlichen Problemlage, die bald nach der Reichsgründung eintrat.[14] Hatte zu dieser Zeit Hochkonjunktur geherrscht, in der die Gesetzgebung des Reiches und seines

gesetzgebung, 2. Aufl. Göttingen 1957; M. Stolleis, Quellen zur Geschichte des Sozialrechts, Göttingen 1976; H. Lampert, Sozialpolitik, Berlin 1980, S. 121 ff.
14 Vgl. H. Rosenberg, Große Depression und Bismarckzeit, Berlin 1967; H. Böhme, Deutschlands Weg zur Großmacht, 2. Aufl. Köln 1977; H. A. Winkler (Hg.), Organisierter Kapitalismus, Göttingen 1974, (darin vor allem H. U. Wehler, Der Aufstieg des organisierten Kapitalismus und Interventionsstaats in Deutschland, S. 36); L. Gall, Liberalismus und »bürgerliche Gesellschaft«, HZ 220 (1975), S. 324; ders., Zu Ausbildung und Charakter des Interventionsstaats, HZ 227 (1978), S. 552; K. G. Faber, Strukturprobleme des deutschen Liberalismus im 19. Jahrhundert, Der Staat 14 (1975), S. 201.

kurzlebigen Vorläufers, des Norddeutschen Bundes, mit der nationalliberalen Mehrheit des Parlaments zunächst das rechtliche Instrumentarium wirtschaftlicher Entwicklung geschaffen hatte, so leitete der Wiener Börsenkrach von 1873 eine Epoche weltweiter Rezession ein, die mit Schwankungen und kurzen Erholungspausen bis 1895 andauerte. In diesem Zeitraum stagnierte die Bevölkerungszunahme bei den Selbständigen, während die Arbeiterfamilien weiter wuchsen. Die Arbeitslosigkeit nahm erheblichen Umfang an, und die Not, die die Industrialisierung vorübergehend gelindert hatte, vergrößerte sich wieder. Für den deutschen Liberalismus markiert das Jahr 1873 den Beginn einer tiefen Krise. In der Bevölkerung schwand das Vertrauen in die Selbststeuerungskraft der Wirtschaft. Die Erwartungen, die bis dahin dem Markt gegolten hatten, richteten sich wieder auf den Staat. Dabei waren es, je nach Interessenlage, verschiedene Forderungen, die an ihn herangetragen wurden. Es ging um den Schutz schwächerer einheimischer Wirtschaftszweige vor ausländischer Konkurrenz; um den Schutz der Unternehmer vor unlauterem Wettbewerb; um den Schutz von Kunden und vor allem Kapitalanlegern vor Spekulanten; schließlich um den Schutz der Arbeiter vor Ausbeutung und Arbeitsunfällen. Zur wirksamen Vertretung dieser Forderungen gegenüber dem Staat setzte damals die verbandliche Organisation der Wirtschaft ein, die sich jedoch nur auf Arbeitgeberseite voll entfalten konnte, während die noch nicht sehr mitgliederstarken Gewerkschaften trotz der Aufhebung des Koalitionsverbots im Jahr 1869 Behinderungen ausgesetzt blieben. In den Wahlen sank der Stimmenanteil der bis dahin führenden Nationalliberalen auf 12,5 %, während gleichzeitig die Sozialdemokratie bei einem Arbeiteranteil in der Bevölkerung von nunmehr 60 % den ursprünglichen Stimmanteil der Nationalliberalen erreichte.

Schon in dieser Situation und nicht erst, wie häufig zu hören ist, 1918 vollzog sich der Übergang vom Liberalismus zum Staatsinterventionismus. Der Wendepunkt liegt im Jahr 1879, als Bismarck unter Bruch mit den Nationalliberalen die sogenannte Neue Wirtschaftspolitik proklamierte, deren bekanntester Ausdruck der Schutzzoll war. Gleichzeitig mit der Aufnahme einer Konjunkturpolitik leitete der Staat aber auch eine planmäßige Sozialpolitik ein.[15] Als Maßnahme eines Unternehmerinteressen kei-

---

15 Vgl. H. F. Zacher (Hg.), Bedingungen für die Entstehung und Entwicklung von Sozialversicherung, Berlin 1979; ders./P. A. Köhler (Hg.), Ein Jahrhundert So-

neswegs fernstehenden Staates hatte sie allerdings nicht ausschließlich oder auch nur überwiegend soziale Motive. Es ging vielmehr um die Bestandserhaltung des Systems, das durch die Entfremdung großer Bevölkerungsteile vom Staat und durch die Wahlerfolge der als Staatsfeind betrachteten Sozialdemokratie bedroht schien. Die 1881 mit der Kaiserlichen Botschaft einsetzende und durch die Sozialversicherungsgesetze von 1883 (Krankenversicherung), 1884 (Unfallversicherung) und 1889 (Invaliden- und Altersversicherung) verwirklichte Politik muß deswegen in ihrem Ursprung mit den Sozialistengesetzen von 1878 zusammengesehen werden. Sie fungierte ausdrücklich als deren positives Gegenstück, mit dem Bismarck das Ziel verfolgte, die Arbeiterschaft in ihrem berechtigten Sicherheitsbedürfnis zu befriedigen und eben dadurch von ihrer politischen Vertretung und deren weiterreichenden Absichten zu trennen. Aus diesem Grund war für Bismarck der Staatszuschuß zur Sozialversicherung so wichtig, weil er die Arbeiter als Rentner des Staates an diesen zu binden versprach. Dagegen sahen die Unternehmer im Staatszuschuß den ersten Schritt zum Staatssozialismus, und auch die meisten Parteien lehnten ihn aus unterschiedlichen Gründen ab. Dagegen fand die Lösung des sozialen Problems über eine Zwangsversicherung unter Ausschluß der Privatversicherungswirtschaft weniger Widerspruch, weil sie den Vorteil bot, daß für die Arbeitsbeziehungen selbst der Grundsatz der Privatautonomie unangetastet blieb und nur die Folgekosten eines privatautonomen Wirtschaftssystems durch staatlichen Zwangseingriff abgedeckt wurden. Der soziale Fortschritt der Gesetzgebung war freilich ganz ungeachtet ihrer

zialversicherung in der Bundesrepublik Deutschland, Frankreich, Großbritannien, Österreich und der Schweiz, Berlin 1981; G. A. Ritter, Staat, Arbeiterschaft und Arbeiterbewegung in Deutschland, Berlin 1980; ders., Sozialversicherung in Deutschland und England, München 1983; H. Peters, Die Geschichte der sozialen Versicherung, 3. Aufl. St. Augustin 1978; J. Umlauf, Die deutsche Arbeiterschutzgesetzgebung 1880-1890, Berlin 1980; H. Rothfels, Prinzipienfragen der Bismarckschen Sozialpolitik, in: ders., Bismarck, Stuttgart 1970, S. 166; W. Vogel, Bismarcks Arbeiterversicherung, Braunschweig 1951; K. P. Benöhr, Verfassungsfragen der Sozialversicherung nach den Reichstagsverhandlungen von 1881 bis 1889, SZ Germ 97 (1980), S. 94; ders., Soziale Frage, Sozialversicherung und Sozialdemokratische Reichstagsfraktion, SZ Germ 98 (1981), S. 35; H. P. Ullmann, Industrielle Interessen und Entwicklung der deutschen Sozialversicherung, HZ 229 (1979), S. 574; K. E. Born, Staat und Sozialpolitik seit Bismarcks Sturz, Wiesbaden 1957; K. Saul, Staat, Industrie, Arbeiterbewegung im Kaiserreich, Düsseldorf 1974.

Beweggründe beträchtlich, wenn die Leistungen zunächst auch nur einem begrenzten Personenkreis zugutekamen, recht bescheidene Beträge ausmachten und auch nicht alle Risiken der Industriegesellschaft absicherten. Privates Risiko blieb vor allem die Arbeitslosigkeit, die jedoch an Bedeutung verlor, weil im Reich in den neunziger Jahren praktisch wieder Vollbeschäftigung einkehrte.

Wenn man der Frage nachgeht, warum es gerade der deutsche Staat war, der trotz seiner nationalen, konstitutionellen und wirtschaftlichen Verspätung als erster zu sozialer Verantwortung zurückfand, kommt der Verfassungslage erhebliche Bedeutung zu.[16] Ja, die verfassungspolitische Rückständigkeit des deutschen Staates erweist sich geradezu als Voraussetzung seiner sozialpolitischen Fortschrittlichkeit. Der Staat war in Deutschland niemals Staat der bürgerlichen Gesellschaft geworden. Vielmehr hatte sich das monarchische Prinzip als Legitimationsgrundlage politischer Herrschaft unverändert erhalten, und mit der Konstitutionalisierung war lediglich eine gegenständlich begrenzte Mitsprache für die bürgerliche Gesellschaft einhergegangen. Ihre Vertretung, das Parlament, nahm der Konstruktion nach weniger die Position eines Organs der Staatsleitung als einer Vetoinstanz beim Staat ein. Auch der zeitweilig energisch praktizierte Wirtschaftsliberalismus blieb auf diese Weise immer dem Staatsinteresse untergeordnet. Er war ein Mittel zur Modernisierung und Bestandssicherung der Ordnung, das wieder aufgegeben werden konnte, wenn es seinem Zweck nicht mehr hinreichend diente. Unter diesen Umständen blieb auch die wohlfahrtsstaatlich-patriarchalische Tradition des Absolutismus in Deutschland lebendiger als in denjenigen Ländern, die den Verfassungsstaat auf einer ganz neuen Legitimationsgrundlage errichtet hatten. Zwar konnte auch der deutsche Staat nicht mehr unter Umgehung der in Parteien organisierten und im Parlament repräsentierten Gesellschaft handeln, doch war er kein von den Parteien gesteuerter Staat, sondern nahm eine relativ unabhängige Position über diesen ein. Das erleichterte es ihm, ihre durch das allgemeine Wahlrecht auf die politische Ebene gehobenen Interessenkonflikte zu Verfolgung seiner eigenen Pläne

16 Vgl. M. Stolleis, Die Sozialversicherung Bismarcks, in: Zacher, Bedingungen (Anm. 15), S. 387. Generell zum Verfassungsstaat in Deutschland E.-W. Böckenförde, Der Verfassungstyp der deutschen konstitutionellen Monarchie im 19. Jahrhundert, in: ders. (Hg.), Verfassungsgeschichte (Anm. 8), S. 146.

zu nutzen. Dieser Spielraum kam der Sozialpolitik zugute, wie ja auch die bescheidenen sozialpolitischen Fortschritte, die Frankreich vor dem Ersten Weltkrieg erzielte, nicht im parlamentarischen, sondern im autoritären Regime Napoleons III. zustande kamen. Der soziale Staat war auf diese Weise durch die Verfassung zwar begünstigt worden. Er genoß aber keineswegs Verfassungsrang. Die Reichsverfassung enthielt sich vielmehr jeder Programmatik, ja selbst jeder grundrechtlichen Sicherung und verstand sich im wesentlichen als Organisationsstatut, dadurch alle inhaltlichen Fragen der politischen Entscheidung überlassend. Der Staat betrieb Sozialpolitik, aber er identifizierte sich nicht mit sozialen Zwecken.

v. Die Zusammenfügung von Verfassung und Sozialstaat im demokratischen System

Verfassung und Sozialstaat wurden erst in der Weimarer Republik zusammengeführt. Die Weimarer Verfassung von 1919 veränderte zum einen die Legitimationsgrundlage politischer Herrschaft, indem sie anstelle des monarchischen Prinzips die Volkssouveränität setzte. Dem allgemeinen Wahlrecht, das auch schon im Kaiserreich gegolten hatte, verhalf sie dadurch erst zur vollen Wirksamkeit. Zum anderen verlieh sie dem Staat aber auch eine Inhaltsbestimmung, die stark sozial geprägt war. Ja, man kann sagen, daß Demokratisierung und Sozialisierung des Staates bei der gegebenen Sozialstruktur nur zwei Seiten ein und desselben Vorgangs waren. Die soziale Bestimmung kam neben einigen Kompetenznormen vor allem im Grundrechtskatalog zum Ausdruck, der zwar die klassisch-liberalen Freiheitsrechte übernahm, sie aber erstens wieder auf den Dienst an der Humanität verpflichtete, wie namentlich die Eigentumsgarantie im Zusammenhang mit den Wirtschaftsgrundsätzen des Art. 151 zeigt, und zweitens um eine Reihe sozialer Grundrechte erweiterte. Zur Konkretisierung dieses verfassungsrechtlich vorgezeichneten Programms entwickelte sich nach 1918 eine lebhafte Sozialgesetzgebung, die teils an die Bismarcksche Sozialgesetzgebung anknüpfte, teils neue Wege ging, doch weder fundamentale Änderungen des Wirtschaftssystems noch einschneidende Vermögensumverteilungen vorsah.[17] Im Vordergrund stand zunächst die Bewältigung der Kriegsfolgen, insbesondere die Versorgung von Kriegsopfern und Hinterbliebenen. Sie wurde ausdrücklich von der Armenpflege getrennt, wie sich überhaupt in der Weimarer Sozialgesetzgebung die Tendenz, von der Armenpflege zur Sozialfürsorge mit Anspruchscharakter zu gelangen, verstärkte. Die bestehende Sozialversicherung wurde nicht nur auf einen weiteren Personenkreis erstreckt, sondern vor allem um den Zweig der Arbeitslosenversicherung ergänzt. Zu den Gebieten, auf denen der Sozialstaat nun die Privatautonomie überlagerte, gehört das Arbeitsrecht. Der Arbeitsschutz wurde erheblich ausgedehnt, Kündigungsschutz eingeführt und innerbetriebliche, jedoch nicht unternehmerische Mitbestimmung geschaffen. Vor allem entwickelte sich unter dem Schutz der Koalitionsfreiheit des Art. 159 der Weimarer Reichsverfassung das kollektive Arbeitsrecht weiter und trug zu einem Ausgleich der Asymmetrien des rein individuellen Arbeitsvertragsrechts des 19. Jahrhunderts bei. Die Einrichtung der Arbeitsgerichtsbarkeit unterstützte diese Tendenzen. Der Arbeitsmarkt wurde ohne Aufhebung der Vertragsabschlußfreiheit staatlicher Kontrolle unterstellt. Schließlich nahm sich der Staat auch des sozialen Wohnungsbaus an.

Dennoch erscheint es unter verfassungsrechtlichen Gesichtspunkten nicht unproblematisch, von der Weimarer Republik als einem Sozialstaat zu sprechen. Das hängt mit der Eigenart der sozialen Grundrechte der Weimarer Verfassung, mehr aber noch mit dem Verhältnis, das die Staatsrechtslehre diesen gegenüber einnahm, zusammen.[18] Die Staatsrechtslehre hatte die rechtliche Bedeutung der Grundrechte, seit die in ihnen garantierten bürgerli-

17 Vgl. L. Preller, Sozialpolitik in der Weimarer Republik, Stuttgart 1949; A. Gladen, Sozialpolitik (Anm. 13), S. 91 ff. Überblick bei G. Erdmann, Sozialgesetzgebung (Anm. 13); M. Stolleis, Quellen (Anm. 13); H. Lampert, Sozialpolitik (Anm. 13), S. 137 ff.
18 Vgl. die Darstellung bei E. R. Huber, Deutsche Verfassungsgeschichte, Bd. VI, 1981, S. 94 ff., sowie ders., Grundrechte im Bismarckschen Reichssystem, Festschrift für Scheuner, Berlin 1973, S. 163. Befriedigende Darstellungen über die Entwicklung der Grundrechtstheorie fehlen. Vgl. aus den Quellen etwa G. Anschütz, Die Verfassung des deutschen Reiches vom 11. August 1919, 14. Aufl. Berlin 1933, S. 505 ff.; R. Thoma, Grundrechte und Polizeigewalt, in: Verwaltungsrechtliche Abhandlungen, Festgabe für das Preußische Oberverwaltungsgericht, Berlin 1925, S. 183; C. Schmitt, Inhalt und Bedeutung des zweiten Hauptteils der Reichsverfassung, in: G. Anschütz/R. Thoma (Hg.), Handbuch des deutschen Staatsrechts, Bd. II, Tübingen 1932, S. 572.

chen Interessen vom Staat fraglos akzeptiert wurden, schon vor 1918 herabgemindert und dadurch nicht ohne Absicht ihren status-quo-überschreitenden Gehalt neutralisiert. Soweit ihnen der Rechtscharakter nicht überhaupt abgesprochen wurde, verpflichteten sie jedenfalls nur die Verwaltung, nicht den Gesetzgeber, und da die Verwaltung ohnedies ans Gesetz gebunden war, fielen die Grundrechte praktisch mit dem Prinzip der Gesetzmäßigkeit der Verwaltung in eins und liefen als solche leer. Mit den in die Weimarer Verfassung eingefügten sozialen Grundrechten wußte die Staatsrechtslehre noch weniger anzufangen. Da sie dem Staat nicht wie die klassischen Grundrechte Schranken zogen, sondern ihn zu sozialem Handeln anhielten, erschienen sie nicht direkt anwendbar, sondern bedurften gesetzgeberischer Vermittlung. Die Staatsrechtslehre war aber nicht bereit, sie dann wenigstens als verfassungsrechtlich verbindliche Zielvorgaben für die Gesetzgebung und Auslegungshilfen für die Gesetzesanwendung zu betrachten, sondern erklärte sie kurzerhand zu Nicht-Recht. Sie erschienen auf diese Weise als bloße Absichtserklärungen, die in der Verfassung standen, ohne an deren normativer Geltung zu partizipieren. Allerdings erleichterte der Weimarer Grundrechtskatalog diese Deutung, indem er in der Tat eine Fülle reiner Vorsätze enthielt, so daß er von Zeitgenossen als »interfraktionelles Parteiprogramm« bezeichnet werden konnte. Die Einstellung der Staatsrechtslehre hatte zur Folge, daß trotz der sozialen Erweiterung des Grundrechtskatalogs rechtliche Geltung nur den bürgerlich-liberalen Abwehrrechten zukam. Diese wurden nun aber von einer wachsenden Strömung auch gegen den Gesetzgeber ins Feld geführt. Bezeichnenderweise geschah das im selben Moment, als die monarchische Sperre gegen parlamentarische Mehrheitsentscheidungen entfallen und eine Systemänderung im sozialistischen Sinne in den Bereich des Möglichen gerückt war. Zusammengenommen lief diese Haltung auf eine Bewahrung des sozialen status quo mit den Mitteln der Verfassungsinterpretation hinaus, nachdem das Verfassungsrecht ihn nicht mehr unbedingt garantierte.[19]

19 Vgl. D. Grimm, Methode als Machtfaktor, in diesem Bd. S. 366 ff.; I. Maus, Bürgerliche Rechtstheorie und Faschismus, 2. Aufl. München 1980. Da das Dritte Reich kein Verfassungsstaat war, liegt seine Sozialpolitik außerhalb des Themas, Darstellungen darüber bei W. Scheur, Einrichtungen und Maßnahmen der sozialen Sicherheit in der Zeit des Nationalsozialismus, Diss. Köln 1967, und T. W. Mason, Sozialpolitik im Dritten Reich, Opladen 1977.

Das Grundgesetz hat im Lichte dieser Erfahrungen den Weimarer Versuch, ein sozialpolitisches Programm im Grundrechtskatalog vorzuzeichnen, nicht wiederholt. Es enthält vielmehr nur Garantien der klassischen Freiheitsrechte, adressiert diese aber in Reaktion auf die Weimarer Staatsrechtslehre und den prinzipiell grundrechtsfeindlichen Nationalsozialismus an alle Staatsgewalten einschließlich des Gesetzgebers und versieht sie mit einer eigenen Durchsetzungsinstanz in Gestalt des Bundesverfassungsgerichts. Es setzt über die klassisch-liberalen Freiheitsrechte auf der Stufe der Staatszielbestimmungen jedoch eine inhaltlich nicht weiter präzisierte Sozialstaatsklausel, die den Grundrechten die Interpretationsrichtung weist. Aus dieser Kombination hat die Staatsrechtslehre im Verein mit der Verfassungsrechtsprechung eine differenzierte Grundrechtsdogmatik entwickelt, derzufolge die Grundrechte sich aus der einseitigen Staatsrichtung lösen und nicht mehr nur als subjektive Abwehrrechte, sondern auch als objektive Gestaltungsprinzipien fungieren.[20] Als solche beziehen sie einerseits die materiellen Voraussetzungen des Freiheitsgebrauchs in ihre Garantie ein und erlegen andererseits dem Staat eine Schutzpflicht für personale Freiheit auch gegenüber gesellschaftlicher Übermacht auf. Allerdings ist von der sozialstaatlichen Interpretation der Grundrechte der Gleichheitssatz im wesentlichen unberührt geblieben. Die herrschende Lehre versteht ihn mit dem Bundesverfassungsgericht als Willkürverbot, das gesetzliche Differenzierungen verbietet, für die sich kein einleuchtender Grund finden läßt, entnimmt ihm aber keinen Anstoß zur Herstellung größerer sozialer Gleichheit. Inwieweit die gegenüber der Weimarer Verfassung gesteigerte Sozialstaatlichkeit des Grundgesetzes für die beträchtliche Ausweitung sozialer Leistungen in der Bundesrepublik konstitutiv war, ist schwer zu beurteilen. Insgesamt erscheint die Bereitschaft der politischen Parteien, in Zeiten des Wachstums die Wünsche von Interessengruppen mit nennenswertem Wählerpotential relativ unterschiedslos zu befriedigen, der wirkungsvollere Motor des Sozialstaats gewesen zu sein. Solange

20 Grundlegend P. Häberle, Grundrechte im Leistungsstaat, VVDStRL 30 (1972), S. 43. Zusammenfassungen bei K. Hesse, Bestand und Bedeutung der Grundrechte in der Bundesrepublik Deutschland, Europäische Grundrechte-Zeitschrift 1978, S. 427, sowie D. Grimm, Grundrechte und soziale Wirklichkeit, in: W. Hassemer u. a. (Hg.), Grundrechte und soziale Wirklichkeit, Baden-Baden 1982, S. 39.

der Staat seine Legitimation wesentlich von materiellen Leistungen an die Bürger ableitet, liegt in dem drohenden Legitimationsentzug bei Leistungsabbau eine stärkere Garantie, als Verfassungsnormen sie vermitteln könnten. Die Verfassung ist aber komplettierend und korrigierend hinzugetreten. Insofern soziale Gerechtigkeit auch mit gleicher Behandlung gleicher Sachverhalte zusammenhängt, sollte man diesen Beitrag nicht unterschätzen. Indessen geraten Verfassungsrecht und Verfassungsgerichtsbarkeit an ihre Grenzen, wenn ganze Regelungsbereiche ein soziales Defizit aufweisen. Das hat das Numerus-clausus-Urteil des Bundesverfassungsgerichts deutlich erkennen lassen.[21]

VI. Zum Verhältnis von Verfassung und Sozialstaat im gegenwärtigen Entwicklungsstadium

Die Frage nach dem Anteil des Grundgesetzes an der Entwicklung des Sozialstaates in der Bundesrepublik verweist auf die tieferliegende Problematik des Verhältnisses von Verfassung und Sozialstaat überhaupt. In der Frühphase der Bundesrepublik hatte Forsthoff dazu die Ansicht vertreten, daß die Verfassung ihren Entstehungsbedingungen als liberal-rechtsstaatliche verhaftet sei und sich gegen sozialstaatliche Inhalte sperre. Diese könnten nur auf einfachgesetzlicher Ebene Platz finden.[22] Ähnlich wie in der Weimarer Republik die sozialen Grundrechte wurde damit die Sozialstaatsklausel zur politischen Proklamation ohne normative Kraft. Diese Unvereinbarkeitsthese ist mit Recht kritisiert worden und findet heute kaum noch Befürworter. Es wäre freilich voreilig, daraus auf eine problemlose Harmonie zwischen Verfassung und Sozialstaat zu schließen. Gerade neuere Entwicklungen des poli-

21 BVerfGE 33, 303. Dazu F. Müller, Juristische Methodik und Politisches System, Berlin 1976, S. 28 ff.; Grimm, Grundrechte (Anm. 20), S. 70 ff.; generell J. P. Müller, Soziale Grundrechte in der Verfassung, Referate und Mitteilungen des Schweizerischen Juristenvereins 107 (1973), S. 843, 852.
22 E. Forsthoff, Begriff und Wesen des sozialen Rechtsstaates, VVDStRL 12 (1954), S. 8. Vgl. dazu auch den Sammelband E. Forsthoff (Hg.), Rechtsstaatlichkeit und Sozialstaatlichkeit, Darmstadt 1968; dazu wiederum D. Suhr, Rechtsstaatlichkeit und Sozialstaatlichkeit, Der Staat 9 (1970), S. 66; ferner H. H. Hartwich, Sozialstaatspostulat und gesellschaftlicher Status quo, Opladen 1970; H. F. Zacher, Sozialpolitik und Verfassung im ersten Jahrzehnt der Bundesrepublik Deutschland, Berlin 1980.

tischen Systems geben zu der doppelten Frage Anlaß, ob nicht einerseits der Sozialstaat die Verfassung als Steuerungsinstrument für Politik, andererseits die Verfassung den Sozialstaat in Zeiten sinkender öffentlicher Mittel überfordert. Die Verfassung entstand ausgangs des 18. Jahrhunderts als Instrument des Bürgertums zur Beschränkung des Staats im Interesse individueller Freiheit. Freiheit war unter der Voraussetzung, daß ein gerechter Interessenausgleich nur aus dem ungehinderten Spiel der gesellschaftlichen Kräfte hervorgehen könne, gleichbedeutend mit der Abwesenheit staatlicher Reglementierung. Der Staat garantierte lediglich die Rahmenbedingungen gesellschaftlicher Autonomie, indem er Freiheitsbedrohungen abwehrte. Individuelle Freiheit erscheint dann als formale Freiheit. Sie umfaßt weder die tatsächlichen Voraussetzungen des Freiheitsgebrauchs, die als selbstverständlich unterstellt wurden, noch enthält sie irgendwelche Verhaltensanforderungen. Die einzige Grenze der eigenen Freiheit ist die – freilich ebenfalls formal verstandene – Freiheit der anderen. Die konstruktive Aufgabe bestand dann darin, den Staat an aktiver Einflußnahme auf die Gesellschaft zu hindern und seine Eingriffe in die Gesellschaft auf Gefahrenabwehr zu begrenzen, also Trennung von Staat und Gesellschaft zu gewährleisten. Diese Aufgabe läßt sich mittels Verfassungsrecht besonders gut erfüllen. Die Freiheit ist hergestellt, wenn dem Staat Handlungsschranken gezogen sind. Diese lassen sich in den Grundrechten relativ präzise umschreiben. Die Freiheit ist effektiv, wenn der Staat diese Schranken respektiert bzw. vom Einzelnen gerichtlich dazu gezwungen werden kann. In ihrer Eigenschaft als Schranken wirken sie unmittelbar. Ihre Bindungskraft ist hoch.

Nachdem sich im Verlauf des 19. Jahrhunderts erwiesen hatte, daß auf der Basis von Ausgrenzungen allein kein freiheitliches System begründet werden kann, materialisierte sich das Freiheitsproblem.[23] Der Sozialstaat, der die reformistische Reaktion auf die Defizite des Liberalismus darstellt, behält die Beschränkung des Staates zugunsten individueller Freiheit bei, will diese Freiheit im Gegensatz zum Liberalismus aber für jeden Einzelnen real nutzbar machen. Damit ist einerseits Freiheit einschließlich der tatsächlichen Voraussetzungen ihres Gebrauchs gemeint und andererseits individueller Freiheitsgebrauch, der die gleiche Freiheit der ande-

23 E.-W. Böckenförde, Grundrechtstheorie und Grundrechtsinterpretation, NJW 1974, S. 1529; Grimm, Grundrechte (Anm. 20), S. 58 ff., 72 ff.

ren aufzehrt, ausgeschlossen. Im Gegensatz zu formaler Freiheit läßt sich materielle Freiheit indessen durch Verfassungsnormen allein nicht herstellen. Materielle Freiheit verwirklicht sich nicht durch staatliche Abstinenz, sondern durch staatliche Aktivität. Die Grundrechte können dafür Gesetzgebung und Verwaltung zwar das Ziel vorgeben und die Richtung weisen, bleiben aber auf deren Vermittlung angewiesen. Sie wirken nur mittelbar. Was zur Freiheitsförderung zu unternehmen ist, läßt sich auch nicht mit der gleichen Präzision in Rechtsnormen einfangen wie dasjenige, was der Staat im Freiheitsinteresse zu unterlassen hat. Positive Freiheitsförderung ist vielmehr situations- und mittelabhängig. Daher besitzen die Grundrechte in ihrer Eigenschaft als Gestaltungsprinzipien Aufforderungscharakter, lassen aber die Wege offen, der Aufforderung nachzukommen. Aus demselben Grunde sind sie auch – von Ausnahmefällen abgesehen – gerichtlich nicht einklagbar. Andernfalls träten Richter anstelle der Politik. Ihre Bindungskraft sinkt. Schließlich geraten sie wegen ihrer Angewiesenheit auf gesetzliche Vermittlung auch in die Restriktionen, denen freiheitsoptimierende Gesetzgebung in einem pluralistischen System unterliegt. Diese Restriktionen sind erheblich gestiegen, seit der Staat in den sechziger Jahren die umfassende Verantwortung für die wirtschaftliche und soziale Entwicklung übernommen hat, ohne doch seine Verfügungsbefugnis über die weiterhin grundrechlich geschützte Wirtschaft im gleichen Maße zu erweitern. Der Staat muß daher im Bereich der Wirtschaftssteuerung auf seine spezifischen Mittel von Befehl und Zwang weitgehend verzichten und stattdessen zu indirekt wirkenden Motivationsdaten greifen. Insoweit hängt die Erfüllung einer Staatsaufgabe also von der Folgebereitschaft wirtschaftlicher Entscheidungsträger ab. Diese gelangen dadurch dem Staat gegenüber in eine Verhandlungsposition. Er teilt seine Entscheidungsbefugnis mit gesellschaftlichen Mächten, die nicht in den spezifischen Legitimations- und Verantwortungszusammenhang der Verfassung eingegliedert sind. Die Verfassung regelt dann ihrem Anspruch zum Trotz die Herstellung kollektiv verbindlicher Entscheidungen nur noch partiell und muß daneben parakonstitutionelle Entscheidungsträger dulden.[24]

Was umgekehrt die mögliche Überforderung des Sozialstaats

24 Vgl. E.-W. Böckenförde, Die politische Funktion wirtschaftlich-sozialer Verbände und Interessenträger in der sozialstaatlichen Demokratie, Der Staat 15 (1976), S. 457, sowie die umfangreich gewordene Literatur über Regierbarkeit

durch die Verfassung angeht, so lautet die Frage, inwiefern die Verfassung dem bestehenden Sozialleistungssystem Bestandsschutz verleihen kann und damit das Leistungsniveau ungeachtet der staatlichen Leistungskraft festschreibt.[25] Die Antwort hängt mit der Eigenart der Verfassung zusammen. Das Grundgesetz versteht sich einerseits nicht als reines Organisationsstatut, das alle im vorgesehenen Verfahren zustandegekommenen Entscheidungen ungeachtet ihres Inhalts für rechtens nimmt. Es enthält andererseits aber auch keinen fertigen politischen Aktionsplan, der von den Staatsorganen nur noch auszuführen wäre. Das Grundgesetz verbindet vielmehr Verfahren und Prinzipien, Offenheit und Bindung. Politik bleibt daher unter dem Grundgesetz ebensowohl möglich wie nötig. Zu den inhaltlichen Bindungen der Politik zählt auch der Sozialstaatsgrundsatz, der zusammen mit den Grundrechten den Staat zu Daseinsvorsorge und sozialer Gerechtigkeit verpflichtet. Über Art und Maß schweigt das Grundgesetz aber. Das gegenwärtige Sozialleistungssystem stellt eine der verfassungsrechtlich zulässigen Möglichkeiten zur Verwirklichung des Sozialstaatspostulats unter anderen dar. Genösse es verfassungsrechtlichen Bestandsschutz, so würde eine verfassungsrechtlich zulässige politische Entscheidung in den Rang der allein möglichen Entscheidung erhoben. Die Offenheit der Verfassung sänke auf diese Weise, die demokratische Substanz des politischen Systems nähme ab, weil Wahlausgänge und Regierungswechsel sozialpolitisch folgenlos bleiben müßten. Beeinträchtigt würde aber auch der Sozialstaatsgrundsatz selbst. Die künftigen Sozialleistungen sind ja nicht als staatliche Verfügungsmasse schon jetzt vorhanden, sondern müssen von der gegenwärtig arbeitenden Generation erst erwirtschaftet werden. Daher hängt ihre Höhe von den wirtschaftlichen Umständen und der Leistungsbereitschaft der Bevölkerung ab. Genössen alle bereits begründeten Anwartschaften verfassungsrechtlichen Bestandsschutz, so wäre die unvermeidliche Konsequenz, daß die gegenwärtigen Leistungsempfänger ohne eigenes Zutun vor den künftigen Leistungsempfängern, deren Beiträge nicht geringer waren, bevorzugt wären, von den Folgewir-

und Neokorporatismus, nachgewiesen bei D. Grimm, Verbände, in: E. Benda/ W. Maihofer/H.-J. Vogel (Hg.), Handbuch des Verfassungsrechts, Berlin 1983.
25 Dazu ausführlich D. Grimm, Eigentumsschutz sozialpolitischer Positionen und rechtlich-politisches System, in: Verfassungsrechtlicher Eigentumsschutz sozialer Rechtspositionen (2. Sozialrechtslehrertagung), Wiesbaden 1982, S. 226.

kungen auf andere, womöglich nicht minder soziale staatliche Leistungen einmal abgesehen. Der Sozialstaatsgrundsatz, um den es ging, bliebe zugunsten einer Privilegienstruktur auf der Strecke. Eine wesentliche Errungenschaft des Verfassungsstaats gegenüber Absolutismus und Ständegesellschaft wäre damit wieder preisgegeben.

III. Verfassung und Privatrecht

Soziale, wirtschaftliche und politische Voraussetzungen der Vertragsfreiheit
Eine vergleichende Skizze

A.

Verträge sind ein unentbehrliches Requisit jeder Rechtsordnung. Vertragsfreiheit ist ein durchaus modernes Phänomen. Das läßt sich leicht übersehen, wenn man das Bild der älteren Rechtsordnungen allein aus der zeitgenössischen rechtswissenschaftlichen Literatur zu rekonstruieren versucht. Der Vertrag wird dort gewöhnlich auf einer Abstraktionsebene dargestellt, die nur den Grundelementen der Rechtsfigur Platz bietet, während die zahlreichen positivrechtlichen Vorschriften über den zulässigen Anwendungsbereich und Inhalt von Verträgen als privatrechtlich unbeachtlich auf der Ebene der sogenannten politischen Gesetzgebung zurückbleiben.

Diese Abstraktion vom tatsächlichen Rechtszustand kennzeichnet nicht nur die Lehrbücher des römischen Rechts, die sich mit dem Hinweis auf die res extra commercium zu begnügen pflegen und allenfalls erwähnen, auch heutigentags gebe es noch Dinge, »die durch besondere Landesgesetze dem Vertrag entzogen« oder »nicht in dem Commerz gewisser Menschen sind«.[1] Die abstrahierende Darstellung kehrt vielmehr auch in den Lehrbüchern des nationalen Privatrechts aus dem 18. Jahrhundert wieder. So erfaßt in Deutschland etwa Danz die Grundsituation des Vertragsrechts in einer ständisch-feudalen Sozialordnung durchaus zutreffend, wenn er ausführt, daß jeder Staat in einzelne Gesellschaften zerfalle und daher jedes Staatsmitglied einmal als Untertan, einmal als Angehöriger einer Sondergesellschaft zu betrachten sei; folglich müsse es auch zweierlei Privatrecht geben, »nämlich ein gemeines Recht, das für alle Untertanen gilt, sofern sie in keiner anderen Eigenschaft, als in derjenigen der Untertanen betrachtet werden; und so vielerlei besondere Rechte, als es besondere Abteilungen der Untertanen gibt, die in ihren Rechten und Verbindlich-

1 So L. J. F. Hoepfner, Commentar über die Heineccischen Institutionen, 5. Aufl. 1795, S. 675.

keiten besondere Bestimmungen mit sich bringen«.[2] Eine Beschreibung dieser Besonderheiten, die gerade den konkreten Bedingungsrahmen des Vertragsrechts bilden, erfolgt aber nicht. Andere Länder zeigen dasselbe Bild. Pothier, bei dem römisches und einheimisches Recht bereits zum einheitlichen Droit français verschmolzen sind, geht auf die Beschränkungen des Vertragsschließungsrechts nicht ein, sondern bemerkt nur, beispielsweise im Traité de vente: »Nous ne traiterons pas des lois de police … quoique ces lois appartiennent au contrat de vente, parce que cette matière est de droit public, et que nous nous sommes bornés dans nos traités au droit privé«.[3] Blackstones Kommentar über contracts läßt vollends gar nicht vermuten, daß das Recht, Verträge zu schließen, Einschränkungen unterliegen könnte.[4]

So sehr solche Abstraktionen vom historisch Besonderen den Fortschritt der juristischen Begriffsbildung fördern mögen, so wenig verraten sie doch über die rechtlich-konkreten Lebensbedingungen einer bestimmten Epoche. Will man diese kennenlernen, so ist eine Wendung von den Lehrbüchern zu den Gesetzbüchern nötig.[5] Sie erst offenbaren die Fülle obrigkeitlicher Reglementierungen, zwischen denen der Vertrag im Ancien régime seinen beschränkten Platz suchen mußte. Erfaßt waren im wesentlichen drei Bereiche.[6] Für Grundstücke galten Veräußerungs-, Teilungs-, Be-

2 W. A. F. Danz, Handbuch des heutigen deutschen Privatrechts, I, 1796, S. 16 f.

3 R. J. Pothier, Traité du contrat de vente, I, 1772, S. 3 f.

4 W. Blackstone, Commentaries on the Laws of England, II, 1766, ch. 30.

5 So auch F. Wieacker, Privatrechtsgeschichte der Neuzeit, 2. Aufl. 1967, S. 201 f. Ähnlich G. K. Schmelzeisen, Polizeiordnungen und Privatrecht, 1955, S. 8 und 17 ff., mit ausführlichen Nachweisen, passim, sowie W. Ogris, Geschichte des Arbeitsrechts vom Mittelalter bis in das 19. Jahrhundert, Recht der Arbeit 20 (1967), S. 287 ff. Ein ausführlicher Nachweis der europäischen Gesetze und Gesetzessammlungen zwischen 1500 und 1800 in H. Coing (Hg.), Handbuch der Quellen und Literatur der neueren europäischen Privatrechtsgeschichte, II/2, 1976. Eine repräsentative Auswahl deutscher Gesetze enthält G. K. Schmelzeisen, Polizei- und Landesordnungen, 2 Teilbände 1968-1969.

6 Dazu ausführlich und mit reichen Nachweisen Schmelzeisen (Anm. 5), Polizeiordnungen und Privatrecht. Über die dahinterstehende Staatsauffassung, die hier nicht dargestellt werden kann, H. Maier, Die ältere deutsche Staats- und Verwaltungslehre, 1966. Für Frankreich kommt R. Tison in seiner stärker auf Doktrin als Gesetzgebung gerichteten Studie Le principe de l'autonomie de la volonté dans l'ancien droit français, 1931, S. 185, zum Ergebnis der »inexistance d'un principe d'autonomie de la volonté dans notre ancien droit«. Zur gesetzlichen Lage vgl. F. Olivier-Martin, Histoire du droit français, 1948, S. 615 ff., 642 ff.; J. Ellul, Histoire des institutions, 1962, S. 416 ff.

lastungs- und Nutzungsbeschränkungen. Warenproduktion und -verkehr unterlagen detaillierten Bestimmungen über Beschaffenheit der Produktionsstätten und Zahl der Beschäftigten, über Maß, Gewicht, Qualität und vor allem den Preis von Gütern; für bestimmte Produkte, Orte oder Personen existierten Handelsverbote oder -beschränkungen; in einigen Wirtschaftssektoren, namentlich dem Ernährungswesen, gab es Anbietungs-, Kauf- und Vorratszwang; vielfach herrschten Kreditverbote. Im Arbeitsbereich schließlich waren Dienst und Lohn weitgehend vorausbestimmt, die Leistungen freier Berufe obrigkeitlich festgelegt. Die Vorstellung von Freiheit verband sich unter diesen Umständen nicht mit der Rechtsfigur des Vertrags, sondern mit dem Privileg, das gewisse Beschränkungen zugunsten Einzelner außer Kraft setzte und so persönlich und gegenständlich begrenzte Freiheitsinseln in dem System umfassender Reglementierung ermöglichte.

Befragt man die Forderung nach Vertragsfreiheit, wie sie gegen Ende des 18. Jahrhunderts aus der Theorie in die politische Praxis vordrang[7], auf ihre konkreten Ziele, so zeigt sich, daß es um die Beseitigung dieser Beschränkung der wirtschaftlichen Betätigung ging. Vertragsfreiheit hieß: Grundstücke ungehindert kaufen, teilen, belasten; Löhne frei vereinbaren, Preise frei aushandeln; Waren beliebiger Beschaffenheit herstellen und beliebigenorts anbieten dürfen. Diese durchaus begrenzte Bedeutung der umfassend klingenden Vokabel kommt auch in dem Umstand zum Ausdruck, daß sich das Verlangen nach Vertragsfreiheit mit dem Ziel des vollkommenen Verbots gewisser Verträge verbinden konnte. Herrschaftsbefugnisse, öffentliche Ämter, steuerliche Einnahmen sollten gar nicht mehr Gegenstand von Verträgen sein dürfen. Beides hängt freilich eng miteinander zusammen. Wenn Vertragsfreiheit die Befreiung des Wirtschaftssystems von staatlichen und also

7 Vgl. etwa V. de Gournay, Intendant de commerce von 1747-1759, der seinerseits das einflußreiche Werk des frühen englischen Advokaten wirtschaftlicher Freiheit J. Child, Brief Observations Concerning Trade and the Interest of Money, 1668, ins Französische übersetzte. Zu Gournays Ideen vgl. seinen Schüler A. R. J. Turgot, Eloge de Gournay, in: Oeuvres, I (ed. Daire-Dussard), 1844, S. 262. S. ferner das Werk von Turgot selbst. Sodann z. B. die französischen Cahiers de doléances von 1789; eine Zusammenstellung bei B. F. Hyslop, A Guide to the General Cahiers of 1789, 1968; eine Schilderung bei J. Godechot, Les institutions de la France sous la révolution et l'empire, 1951, S. 178 ff. und 192 ff. In Deutschland vgl. etwa die Denkschriften der preußischen Reformer bei G. Winter, Die Reorganisation des preußischen Staates unter Stein und Hardenberg, 1. Teil, 1931.

die Herrschaft von natürlichen Gesetzen bedeutet, dann dienen die staatlichen Hoheitsrechte nur noch der Sicherung dieser natürlichen Abläufe und können nicht ihrerseits wieder Objekt wirtschaftlichen Interesses, Waren, sein. *Die* Vertragsfreiheit erweist sich also lediglich als *eine* Vertragsfreiheit. Die alten statusbegründenden und -verändernden Verträge[8] sowie die Privilegien, die der expandierenden Wirtschaft im Wege standen, wurden abgeschafft, die auf Waren gerichteten Verträge freigegeben. Nicht die Tatsache, *daß* Verträge frei abgeschlossen, sondern die Bestimmung, *welche* Verträge frei abgeschlossen werden können, charakterisiert darum eine Gesellschaft.[9] Was noch heute als *die* Vertragsfreiheit gilt, ist in Wahrheit die Freigabe der Produktions- und Verteilungssphäre an die private Verfügung.

Freilich wird vor diesem Hintergrund die Vorstellung fragwürdig, daß die Vertragsfreiheit ihre Ursache vornehmlich in der Sozialphilosophie der Aufklärung und ihrer Lehre vom autonomen Individuum gehabt habe. Die Sozialphilosophie ist stets Philosophie einer bestimmten historischen Gesellschaft und errichtet ein Modell, das Gerechtigkeit unter den Bedingungen dieser Gesellschaft verwirklichen soll. Sozialphilosophie darf deswegen ihrerseits nicht losgelöst von den sozialen Bedingungen verstanden werden, auf die sie bezogen ist. Insofern besteht zwischen sozioökonomischer und ideengeschichtlicher Erklärung rechtlicher Phänomene kein Gegensatz. Beide sind einander vielmehr zugeordnet. Wenn in dieser Skizze das Gewicht auf den sozio-ökonomischen Voraussetzungen der Vertragsfreiheit liegt, dann nicht, weil die Ideengeschichte als quantité négligeable betrachtet würde, sondern weil sie in der Rechtsgeschichte ausreichend berücksichtigt worden ist, während für jene noch immer ein Defizit besteht.[10]

8 Dazu näher M. Weber, Wirtschaft und Gesellschaft, Studienausgabe 1964, S. 513 ff.

9 Ebenda, S. 510.

10 Die These von E. Gounot, L'autonomie de la volonté en droit privé, 1912, S. 401: »L'évolution du contrat n'a pas été le déroulement logique du ›dogme de la volonté‹, mais un perpétuel effort pour organiser parmi les hommes, à chaque moment du développement social, le système d'instruments juridiques le mieux adapté à leurs besoins économiques et à leurs sentiments moraux«, hat die Rechtsgeschichte nicht nachhaltig berührt, vgl. etwa die Arbeit von W. Scherrer, Die geschichtliche Entwicklung des Prinzips der Vertragsfreiheit, 1948. Anders die englische Rechtsgeschichte, wo beispielsweise das große Werk von W. Holdsworth, A History of English Law, 16 Bände, 1923-1972, die sozio-ökonomischen Verhältnisse ebenso einbezieht wie Philosophie und Wirtschaftstheorie.

B.

I.

Setzt man den Zeitpunkt, seit dem die Forderung nach Vertragsfreiheit sich ausbreitete, in Beziehung zur sozio-ökonomischen Entwicklung, so fällt eine Parallele auf: der Übergang von der Subsistenz- zur Erwerbswirtschaft und die Ausdehnung des Markts. Der Zusammenhang ist unmittelbar einsichtig und schon öfter hervorgehoben worden.[11] Ein soziales System sich selbst versorgender Kleingruppen entwickelt kein Bedürfnis für Austauschverträge. Erst wenn das Arbeitsprodukt nicht mehr der Eigenversorgung, sondern dem Erwerb dient, entsteht eine Basis für vertragliche Abmachungen. Die Kleingruppen verlieren mit der Verwandlung ihres Arbeitsprodukts in Waren ihre Autarkie und geraten in ein Geflecht wechselseitiger Abhängigkeiten, dessen sie mittels Verträgen Herr zu werden versuchen. Der Vertrag bildet so ein Instrument zur Aufrechterhaltung sozialer Kohäsion bei steigender sozialer Differenzierung.

Der Prozeß der sozialen Differenzierung konnte freilich unter einer ständisch, feudal und zünftisch bestimmten Rechtsordnung nicht voll zur Entfaltung kommen. Sie ließ weder Waren- und Arbeitsmärkte noch Kredit- und Produktionsausweitungen größeren Ausmaßes zu und fesselte damit die erreichte gesellschaftliche Dynamik, statt sie zu lenken. In der Regel gehen solche Inkongruenzen zwischen Steuerungssystem und Umwelt auf Kosten des ersteren.[12] Soll das Recht seine Steuerungsfähigkeit wiedergewinnen, muß es der gestiegenen Umweltkomplexität angepaßt werden. Wenngleich es dafür verschiedene Wege gibt, setzte sich gegen Ende des 18. Jahrhunderts – beeinflußt von der herrschenden Gesellschafts- und Wirtschaftstheorie und gefördert durch die Marktinteressenten – die Überzeugung durch, daß allein eine Selbststeuerung der Wirtschaft über den Markt den Konflikt wirksam zu lösen vermöchte. Diese Vorstellung mußte freilich zu er-

---

11 So von K. Marx, Das Kapital, MEW 23, 1968, S. 99 ff., und ihm folgend K. Renner, Die Rechtsinstitute des Privatrechts und ihre soziale Funktion, 1929, S. 63 ff., besonders aber von Weber (Anm. 8), S. 508 ff.

12 Das hat die Systemtheorie erwiesen. Ihr zufolge muß ein System, das seine Umwelt effektiv steuern will, deren Komplexität in sich abbilden. Vgl. etwa W.E. Ashby, Design for a Brain, 1960; ders., An Introduction to Cybernetics, 1961, insbes. S. 202 ff.; F. Naschold, Systemsteuerung, 2. Aufl. 1971, S. 13 f.

heblichen Konsequenzen für den Vertrag führen. Selbststeuerung der Wirtschaft über den Markt bedeutete ja nicht nur eine gewaltige quantitative Zunahme der Verträge, sondern vor allem auch eine einschneidende qualitative Veränderung. Sollten die natürlichen Gesetze des Marktes zur Geltung kommen, so hatte der Vertrag all jene äußerlich imponierten Gerechtigkeitsanforderungen abzustreifen, mit deren Hilfe die Obrigkeit ihre umfassend gedachte Sozialverantwortung realisierte. Gerechtigkeit war nicht mehr eine Funktion staatlicher Ordnung, sondern gesellschaftlicher Freiheit, der Vertrag ihr wichtigstes Instrument. Gerade seine vollständige inhaltliche Offenheit galt nun als Bedingung gerechter Sozialbeziehungen. Insofern ist Vertragsfreiheit in der Tat nur »die rechtliche Seite der Marktgemeinschaft«.[13] Rechts- und Wirtschaftsordnung wurden unter ihrer Herrschaft wieder kompatibel.[14] Der Einzelne konnte seine Entscheidungen nach wirtschaftsimmanenten Motiven treffen, ohne dabei mit dem rechtlichen und politischen System in Konflikt zu geraten. Dieses wurde vielmehr auf eine dienende Funktion festgelegt, die es zum wesentlichen gerade in der Gewährleistung von Vertragsfreiheit erfüllte.

Diese hier stark verkürzt wiedergegebene Beziehung zwischen Rechtsordnung und aufkommender Marktwirtschaft bildet den systematischen Rahmen, in dem die Vertragsfreiheit im 18. und 19. Jahrhundert entsteht. Im einzelnen ist die Entwicklung weder so gradlinig verlaufen, wie es nach dieser knappen Ableitung scheinen mag, noch wäre der Eindruck zutreffend, daß sie sich auf einen einzigen Wirkfaktor zurückführen ließe. Das soll nun beim Blick auf den geschichtlichen Verlauf in drei charakteristischen Ländern deutlich werden.

II.

1. England

Der Wandel der Wirtschaftsweise, der in den Ruf nach Vertragsfreiheit mündete, machte sich zuerst in England bemerkbar.[15]

13 Weber (Anm. 8), S. 513.
14 Vgl. N. Luhmann, Rechtssoziologie, 1972, S. 327.
15 Vgl. zum Folgenden aus der reichhaltigen Literatur etwa W. Cunningham, The Growth of English Industry and Commerce, II, 1892; III, 1903; E. Lipson, The

Dort hatte ein rasch expandierender Handel schon in der frühen Neuzeit zu beträchtlichen Kapitalansammlungen geführt. Vorzugsweise investiv genutzt, förderten sie ihrerseits wieder den Ausbau von Gewerbe und Manufaktur. Auf diese Weise war England schon vor der Industriellen Revolution kein Agrarland mehr. Mitte des 18. Jahrhunderts lebten mehr Menschen von Handel und Gewerbe als von der Landwirtschaft.[16] Aber auch in der Landwirtschaft selbst breitete sich zu dieser Zeit die kapitalistische Produktionsweise aus. Die kleinen, sich selbst versorgenden Bauern wurden durch die parlamentarisch sanktionierte Praxis der enclosures[17] hart getroffen und verschwanden. Der Arbeitsmarkt erhielt dadurch neuen Zuzug. Fast alle erwerbstätigen Engländer bezogen Geld- und nicht Naturaleinkommen. Der Wohlstand wuchs kontinuierlich und weckte einen breiten Konsumbedarf. Im gleichen Maß stellte sich die Güterproduktion von der Arbeit auf Bestellung, wie sie für statische agrarische Gesellschaften typisch ist, auf Vorratsproduktion um. Die große Bevölkerungsvermehrung, die zwischen 1750 und 1800 eintrat[18], beschleunigte diesen Wandel. Die Entwicklung stieß sich nicht an Binnenzöllen oder Marktschranken: England bildete bereits im

Economic History of England, II und III, 4. Aufl. 1947; W. W. Rostow, The Stages of Economic Growth, 1960; Ph. Deane/W. A. Cole, British Economic Growth, 2. Aufl. 1967; E. J. Hobsbawm, Industry amd Empire, 1,1968; H. Perkin, The Origins of Modern English Society, 1969; vergleichend schließlich B. Moore, Social Origins of Dictatorship and Democracy, Neuausgabe 1973.

16 Exakte Zahlen liegen für das Jahr 1801 vor, in dem die erste englische Volkszählung stattfand. Danach waren zu dieser Zeit ein Drittel der englischen Familien im landwirtschaftlichen Bereich tätig, während bereits zwei Drittel bürgerlichen Berufen nachgingen. Vgl. außer den in Fußnote 15 genannten auch P. Mathias, The Social Structure in the 18th Century, Ec. Hist. Rev. X (1957/58), S. 43.

17 Zwischen 1760 und 1801 wurden durch rund 500 private bills rund 750000 acres Gemeindeland eingehegt (die Einhegungen von Gemeindewiesen und Ödland, ferner den Ausverkauf von Bauernstellen, die ohne parlamentarisches Verfahren zu erfolgen pflegten, nicht gerechnet), H. Haussherr, Wirtschaftsgeschichte der Neuzeit, 3. Aufl. 1960, S. 291 f. Vgl. auch Holdsworth (Anm. 10), XI, S. 452 ff. Nachweise der umfangreichen Literatur zu den enclosures bei W. H. Chaloner, Bibliography of Recent Work on Enclosure, the Open Fields and Related Topics, Agr. Hist. Rev. II (1954), S. 48 ff. Aus der neueren Literatur etwa H. G. Hunt, Landownership and Enclosure, 1750-1830, Ec. Hist. Rev. XI (1958/59), S. 497 ff.

18 England wuchs in diesem Zeitraum von 6,1 auf 9,1 Millionen Einwohner, vgl. R. Lee, Probleme der Bevölkerungsgeschichte in England, VSWG 60 (1973), S. 298. Über das Maß, in dem die Zunahme Ursache oder Wirkung der Industrialisierung war, herrscht keine Einigkeit, vgl. Lee, ebenda.

17. Jahrhundert ein einheitliches Wirtschaftsgebiet, das zudem durch Küstennähe und Wasserstraßen relativ gut und billig dem Verkehr erschlossen war.

Die englische Sozialstruktur stand der wirtschaftlichen Entwicklung nicht im Wege.[19] Vielmehr hatte an dem ökonomischen Aufschwung der Adel ebensoviel Anteil wie das Bürgertum. Ja, genaugenommen besaß diese für den Kontinent aussagekräftige Einteilung in England keine große Bedeutung. Nach dem frühzeitigen Verfall des Feudalsystems[20] war auch die Grenze zwischen Adel und Drittem Stand gelockert. Grundbesitz wurde frei verfügbar, und der Erwerb größerer Ländereien zog die Nobilitierung über kurz oder lang mit Sicherheit nach sich. Daniel Defoe konnte schon 1726 sagen: »Trade is so far here from being inconsistent with a gentleman, that, in short, trade in England makes gentlemen«.[21] Andererseits standen dem Adel Handel und Gewerbe offen. Für die zweiten Söhne Adliger wurde es nachgerade üblich, einen einträglichen bürgerlichen Beruf zu ergreifen. An mobilen Arbeitskräften herrschte in einem Land ohne Gutsuntertänigkeit und Kleinbauernschaft kein Mangel. Seit 1688 schließlich waren die Interessen der wirtschaftlich führenden Schichten auch politisch abgesichert. Die Glorious Revolution hatte mit dem endgültigen Sieg des Parlaments über die Krone geendet. Die Regierung benötigte fortan das parlamentarische Vertrauen. Zwar repräsentierte das englische Parlament des 18. Jahrhunderts überwiegend die landed gentry; die Vertreter der commercial interests nahmen nicht mehr als ein Drittel der Sitze ein.[22] Doch sind damit keine politischen Gegensätze bezeichnet. Handel und kapitalistisch werdende Landwirtschaft sahen vielmehr ihre Interessenverflechtung und agierten gemeinsam. England besaß seit dem späten 17. Jahrhundert ein »economical government«.[23]

Damit waren die politischen Voraussetzungen geschaffen, unter denen auch das Recht den ökonomischen Bedürfnissen angepaßt werden konnte. Freilich wäre es vergeblich, nach einem Ereignis zu suchen, das das dirigistische System gewissermaßen uno actu

19 Dazu insbes. Perkin (Anm. 15), S. 17 ff.
20 Vgl. dazu H. M. Cam, The Decline and Fall of English Feudalism, History XXV (1940), S. 216.
21 D. Defoe, The Complete English Tradesman, 1726, S. 376.
22 Vgl. Perkin (Anm. 15), S. 39; L. Namier/J. Brooke, The History of Parliament, 3 Bände, 1964.
23 Holdsworth (Anm. 10), XI, S. 450 und 276 ff.

abgeschafft hätte. Im Gegenteil sind die Gesetze, die aus dem Geist des Merkantilismus stammten, zum Teil bis ins 19. Jahrhundert in Kraft geblieben. Das gilt inbesondere für das große elisabethanische Wirtschaftsgesetzbuch, das Statute of Artificers von 1563, das die Arbeitsverhältnisse detailliert regelte und alle Verträge, die eine Bestimmung des Gesetzes verletzten, für »utterly voide and of none effecte« erklärte.[24] Die wirtschaftsregulierenden Gesetze gerieten im Verlauf des 18. Jahrhunderts aber immer stärker in Vergessenheit. Mit der Entmachtung des Privy Council, vor allem der Aufhebung des Star Chamber 1641, war diejenige Instanz ausgefallen, die über ihre Beachtung wachte. Die Gerichte, die traditionell freiheitsfreundlich eingestellt waren, interpretierten das Statute law möglichst restriktiv.[25] Die richterliche Lohnfestsetzung, die das Statute vorsah, kam im 18. Jahrhundert nahezu vollständig außer Gebrauch; staatliche Preisvorschriften überlebten im wesentlichen nur beim Brot.[26]

Die Forderung, das Gesetz ganz aufzuheben, blieb unter diesen Umständen nicht aus. 1759 formulierte Lord Mansfield: »In the infancy of trade, the Act of Queen Elizabeth might well be calculated for public weal, but now when it is grown to that perfection we see it, it might perhaps be of utility to have those laws repealed, as tending to cramp and tie down that knowledge it was first necessary to obtain by rule«.[27] Das Parlament, das trotz seiner Abneigung gegen wirtschaftsregulierende Maßnahmen[28] das Gesetz in Kraft ließ, sah sich zur Stellungnahme genötigt, als Mitte des 18. Jahrhunderts Textilarbeiter, die vergeblich versucht hatten, eine gerichtliche Lohnfestsetzung zu erreichen, seine Intervention verlangten. Die Eigenmächtigkeit der Gerichte mißbilligend, gab das Parlament zunächst den Arbeitern recht und erließ ein bekräfti-

---

24 5 Eliz. 1 c.4. Das Statute umfaßte Vorschriften über die Mindestdauer von Dienstverträgen, Kündigungsfristen, Arbeitszeit, Lohnhöhe, Anzahl der Lehrlinge, Lehrzeit, sah Streitschlichtung zwischen Dienstherren und Personal, Kontrollinstanzen für die Einhaltung des Gesetzes sowie Strafen bei Übertretungen vor.

25 Vgl. die Nachweise bei Holdsworth (Anm. 10), VI, S. 334; XI, S. 419 ff., 466 ff.

26 Vgl. Cunningham (Anm. 15), II, S. 359 f.; Lipson (Anm. 15), III, S. 248 ff.; Holdsworth (Anm. 10), VI, S. 346 ff.; X, S. 166 ff.; XI, S. 466 ff.

27 Zitiert nach Holdsworth (Anm. 10), XI, S. 420. Weitere Nachweise bei Lipson (Anm. 15), III, S. 324 ff.

28 Vgl. Holdsworth (Anm. 10), XI, S. 464 ff., sowie den Bericht des Committee to inquire into the laws relating to trade and manufacture, bei Lipson, III, S. 290 f. und 326.

gendes Gesetz.[29] Dieses traf auf erheblichen Widerstand, nicht nur der betroffenen Unternehmer, sondern auch der Öffentlichkeit. Das Argument, mit dem die parlamentarische Maßnahme bekämpft wurde, war das Prinzip der Vertragsfreiheit. Die Textilunternehmer schrieben: »We think it repugnant to the liberties of a free people and the interest of trade that any law should supersede a private contract honorably made between a master and a workman«.[30] Der angesehene geistliche Ökonom Tucker, Adam Smith vorwegnehmend, sekundierte: »The statutes for regulating wages and the price of labour are an absurdity and a very great hurt to trade; absurd and preposterous it must surely appear for a third person to attempt to fix the price between buyer and seller without their own consents«.[31] Das Gesetz wurde unter dem Eindruck dieser Argumente ein Jahr später mit der Begründung wieder aufgehoben, es sei unmöglich, staatlicherseits gerechte und den jeweiligen Umständen angemessene Löhne festzusetzen.[32] Nach einem Rückschlag, den die Französische Revolution der Reformbewegung zufügte, kam bald im 19. Jahrhundert auch die förmliche Rechtsbereinigung in Gang. Seit 1809 setzte das Parlament kontinuierlich die interventionistischen Gesetze außer Kraft, 1814 schließlich auch das Statute of Artificers.[33]

Ähnlich verhielt es sich mit den Beschränkungen, die aus dem Zunftwesen resultierten.[34] Die langsame Verdrängung der Handwerksmeister durch Unternehmer, das Aufkommen unbekannter Gewerbezweige, die Entstehung neuer Industriestädte, in denen sich von vornherein kein Zunftwesen mehr etablieren konnte, durchbrachen auch das Gewerbemonopol der Zünfte. Die öffentliche Meinung empfand die Wettbewerbsbeschränkung schon lange nicht mehr als Schutz, sondern als Übervorteilung der Konsumenten. Die Gerichte nahmen den Zünften gegenüber dieselbe Haltung ein, die sie bei Lohn- und Preisregelungen an den Tag legten. Sie konnten sich dafür auf Coke berufen, der die feudale

---

29 29 Geo. 2 c. 33. Eine ausführliche Schilderung des Hergangs bei Lipson (Anm. 15), III, S. 266 ff.

30 Zitat bei Lipson (Anm. 15), III, S. 268.

31 J. Tucker, Instructions for Travellers, 1757, S. 34 f.

32 30 Geo. 2 c. 12.

33 Nachweise bei Holdsworth (Anm. 10), XIII, S. 327 f. Die Aufhebung des Statute of Artificers 54 Geo. 3 c. 96 und teilweise schon 53 Geo. 3 c. 40.

34 Vgl. dazu Lipson (Anm. 15), II, S. CXXXI ff., und III, S. 330 ff.; Holdsworth (Anm. 10), IV, S. 321 ff., 340.

Magna Carta schon im 17. Jahrhundert bürgerlich uminterpretiert hatte: »Generally all monopolies concerning trade and traffic are against this Great Charter, because they are against the liberty and freedom of the subject and against the law of the land«.[35] So verloren die Zünfte im großen und ganzen bereits im 17. und 18. Jahrhundert ihren Charakter als Zwangskörperschaften und wurden freie Zusammenschlüsse. Förmlich bestand das Zunftwesen trotz heftiger Angriffe[36] freilich noch bis 1835. Erst das politisch reformierte Parlament beschloß im Municipal Corporations Act, »that every person in any borough may keep any shop for the sale of all lawful wares and merchandises by wholesale or retail, and use every lawful trade, occupation, mistery and handicraft for hire, gain, sale or otherwise within any borough«.[37]

Hatten die eingangs angestellten Überlegungen davor gewarnt, die Rechtswirklichkeit einer Epoche nur aus der wissenschaftlichen Literatur zu gewinnen, so zeigt das Beispiel Englands, daß es auch nicht genügt, die Gesetzbücher zu studieren. Trotz fortbestehender merkantilistischer Gesetze besaß England im 18. Jahrhundert faktisch Vertragsfreiheit und praktizierte ein Wirtschaftssystem des Laisser-faire. Unter diesen Umständen hatte es Adam Smith leicht, Wirtschaftsfreiheit als natürlichen Zustand auszugeben. Der Erfolg seines 1776 erschienenen Buches »Wealth of Nations« beruhte in England weniger auf revolutionärer Kühnheit als affirmativer Synthese: Smith lieferte der unreflektierten, interessenbestimmten Praxis die systematische Erklärung und theoretische Legitimation. Vertragsfreiheit war nun endgültig aus der bloßen Interessensphäre gerückt und zur unerläßlichen Voraussetzung einer gerechten und prosperierenden Gesellschaft aufgestiegen. Privatautonomie und Gemeinwohl bildeten keinen Gegensatz mehr. »Man's self-love is God's providence«.[38]

---

35 E. Coke, The Second Part of the Institutes of the Laws of England, Ausg. 1809, S. 47.
36 Vgl. Holdsworth (Anm. 10), XIV, S. 230 ff.
37 5 & 6 William 4 c. 76.
38 Holdsworth (Anm. 10), XI, S. 393 nach Toynbee. Vgl. auch Tucker (Anm. 31), Instructions, S. 31: »The self-love and self-interest of each individual will prompt him to seek such ways of gain, trades and occupations of life as, by serving himself, will promote the public welfare at the same time«.

2. Frankreich

In Frankreich hatten bereits vor Adam Smith die Physiokraten Freiheit der Wirtschaft von staatlicher Lenkung gefordert. Ihre Forderung traf jedoch auf gänzlich andere Verhältnisse.[39] Frankreich war politisch eine absolute Monarchie, die die wirtschaftende Bevölkerung, Bauern und Bürgertum, gerade von der Mitwirkung an politischen Entscheidungen ausschloß. Die Sozialstruktur hatte ihren ständischen Charakter bewahrt. Angleichungen in der Lebensform, die in den Randzonen auftreten mochten, wirkten sich nicht auf die rechtliche Position aus. Auch der Erwerb adliger Güter, der Bürgerlichen offenstand[40], brachte sie nicht in den Genuß der Adelsprivilegien. Im Gegenteil reagierte der Adel auf die wachsende soziale Bedeutung des Dritten Standes mit verstärkter Abriegelung der Standesgrenzen.[41]

Wirtschaftlich blieb Frankreich noch bis ins 19. Jahrhundert hinein vorwiegend ein Bauernland. Etwa 80% der Bevölkerung lebten vor der Revolution von der Landwirtschaft. Der Boden war nicht wie in England unter eine relativ geringe Zahl von Großgrundbesitzern aufgeteilt, sondern wurde in kleinen Parzellen von Bauern und Pächtern bewirtschaftet. Bei erheblichen regionalen Unterschieden befand sich knapp die Hälfte des agrarisch genutzten Landes im Eigenbesitz von Bauern. Der Adel selbst wirtschaftete in der Regel nicht, sondern lebte von Feudal- und Pachtabga-

39 Vgl. zum Folgenden aus der umfangreichen Literatur vor allem F. Braudel/E. Labrousse (Hg.), Histoire économique et sociale de la France, II, 1970; ferner H. Sée, L'évolution commerciale et industrielle de la France sous l'ancien régime, 1925; M. Bloch, Les caractères originaux de l'histoire rurale française, 2 Bde. 2. Aufl. 1952-1956; ders., La lutte pour l'individualisme agraire dans la France du XVIIIè siécle, Annales d'hist. éc. et soc. 2 (1930), S. 329 und 511; J. Ellul, Histoire des institutions, 1962, S. 401 ff.; A. Soboul, Précis d'histoire de la révolution française, 1962, S. 23 ff.; ders., La civilisation de la révolution française, 1: La crise de l'ancien régime, 1970; A. Cobban, The Social Interpretation of the French Revolution, 1965; R. Mandrou, La France aux XVIIè et XVIIIè siècles, 1967; P. Goubert, L'ancien régime, 1, 3. Aufl. 1971; Moore, Social Origins (Anm. 15).

40 Vgl. Olivier-Martin (Anm. 6), S. 642. Gegen Ende des Ancien régime befanden sich etwa 20% des ländlichen Grundbesitzes in bürgerlicher Hand, vgl. Ellul (Anm. 6), S. 439.

41 So wurde noch 1781 der Zugang zum Offiziersrang auf Personen, deren Familie mindestens seit vier Generationen adlig war, beschränkt, Règlement vom 22. Mai 1781, F. A. Isambert, Recueil général des anciennes lois françaises, 1821-33, Bd. 27, S. 29.

ben, teils fern seinem Grundbesitz. Infolgedessen wurden die Bodenerträge nicht reinvestiert, sondern in Ge- oder Verbrauchsgüter umgesetzt, und verhinderten so einen dem englischen vergleichbaren Aufschwung der Landwirtschaft.[42] Anbauweise und Getreideverkehr unterlagen strikten Reglementierungen. Der Handel hatte im 18. Jahrhundert beträchtlich zugenommen. Im Gegensatz zu England war er jedoch weit stärker auf Luxusbedarf als Massenkonsum eingestellt. Binnenzölle und Marktschranken hinderten seine Ausdehnung. Die Industrie befand sich in ihren Anfängen; das englische Vorbild wurde nachgeahmt, indessen auch nicht annähernd erreicht. Fabriken bildeten die Ausnahme, die Maschinisierung schritt langsam voran. Nach einem Bericht des Intendanten Tolozan arbeiteten 1790 in der französischen Textilwirtschaft 9000 Jennies, verglichen mit 20000 (neben den 7-8000 Arkwright-Maschinen) in England.[43]

Hatte Adam Smith's Plädoyer für Vertragsfreiheit affirmativen Charakter, so mußte die gleiche Forderung unter den französischen Verhältnissen revolutionär wirken. Daran änderte auch der Umstand nichts, daß die Physiokraten ihre Ordnungsvorstellung der absoluten Monarchie zur Durchsetzung anvertrauen wollten. Die Chance eröffnete sich gleichwohl, als Turgot 1774 Finanzminister Ludwigs XVI. wurde. Turgot, der bereits als Intendant von Limoges eine Reihe liberalisierender Maßnahmen getroffen hatte[44], versuchte eine umfassende Wirtschaftsreform in ganz Frankreich zu verwirklichen.[45] In der Überzeugung daß Wohlstand die Folge von Freiheit sei, machte er Bodenbefreiung und Gewerbefreiheit zu seinen Hauptzielen. Der erste gesetzgeberische

---

42 Der erhebliche und folgenreiche Unterschied zwischen der englischen und der französischen Agrarstruktur wurde schon von Zeitgenossen hervorgehoben, vgl. den Reisebericht des englischen Agronomen und späteren Sekretärs des Board of Agriculture A. Young, Travels in France, 1792.

43 Sée (Anm. 39), S. 287. Die französische Bevölkerung übertraf zur selben Zeit die englische um mehr als das Doppelte.

44 Darunter die Ersetzung der Wegebaufron (Corvée) durch eine Steuer, die Senkung der taille, die Aufhebung der Wehrpflicht, die Erleichterung des Getreidehandels sowie zahlreiche Verbesserungen der Infrastruktur. Dazu G. d'Hugues, Essai sur l'administration de Turgot dans la généralité de Limoges, 1859, und die Notice historique sur la vie et les ouvrages de Turgot, in: Oeuvres de Turgot (Anm. 7), I, S. VII ff., insbes. XL. ff.

45 Vgl. seinen Brief an Ludwig XVI. nach der Ernennung zum Finanzminister in Oeuvres (Anm. 7), II, S. 165.

Akt stellte den freien Getreidemarkt wieder her.[46] In der Präambel führte Turgot aus: »Les négociants ... ont des moyens et des ressources qui manquent aux administrateurs les plus éclairés et les plus actifs. Leur vigilance, excitée par l'intérêt, prévient les déchets et les pertes; leur concurrence rend impossible tout monopole, et le besoin continuel où ils sont de faire rentrer leurs fonds promptement, pour entretenir leur commerce, les engage à se contenter de profits médiocres: d'où il arrive que le prix des grains, dans les années de disette, ne reçoit guère que l'augmentation inévitable qui résulte des frais et risques du transport ou de la garde. Ainsi, plus le commerce est libre, animé, étendu, plus le peuple est promptement, efficacement et abondamment pourvu«.[47]

Denselben Erfolg strebte Turgot auch in den übrigen Bereichen von Handel und Gewerbe an. Dem späten Versuch der dirigistischen Kräfte, das Zunftsystem auch auf die bisher freien Bereiche auszudehnen, setzten die Physiokraten die Forderung entgegen: »Rétablissez l'ordre de la nature, en rendant la liberté générale et il n'y aura dans le commerce ni fraudes, ni contraventions, ni surventes«.[48] Ein Jahr darauf erging Turgots Edikt »portant suppression des jurandes«.[49] Wie schon der Vorspruch zum Arrêt sur la liberté du commerce des grains liest sich auch die Präambel dieses Gesetzes wie eine volkswirtschaftliche Abhandlung. Sie schildert die Nachteile einer zünftisch organisierten Wirtschaft, und zwar für den Staat, dessen außenpolitisches Gewicht und dessen Einnahmen unter der Behinderung des Handels litten; für Ar-

---

46 Arrêt vom 13. September 1774, Isambert (Anm. 41), 23, S. 30. Der freie Getreidemarkt war unter Turgots Einfluß bereits 1763 hergestellt, gegen seinen Rat 1770 aber wieder aufgehoben worden; vgl. seine Lettres sur le commerce des grains, adressées au contrôleur-général, in Oeuvres (Anm. 7), I, S. 158 ff., und dazu R. Girard, L'abbé Terray et la liberté du commerce des grains, 1924.

47 Isambert (Anm. 41), 23, S. 33.

48 L. C. Bigot de Sainte-Croix, Traité de la liberté générale du commerce et de l'industrie, qui démontre les abus des anciennes communautés et jurandes, 1775, zitiert nach Olivier-Martin (Anm. 6), S. 630. Weitere Nachweise aus der zeitgenössischen Literatur bei Sée (Anm. 39), S. 192 ff., und (zur Handels- und Manufakturfreiheit) S. 265 ff. Gegen Bigots Schrift, im Auftrag der Pariser Zünfte, J. V. Delacroix, Mémoire à consulter pour l'existence actuelle des six corps et la conservation de leurs privilèges, 1776. Die Anordnung zur Ausweitung des Zunftsystems in dem Arrêt vom 23. August 1767, Isambert (Anm. 41), 22, S. 469 (nicht im Wortlaut). Zum Zunftwesen insgesamt E. Martin Saint-Léon, Histoire des corporations de métiers, 3. Aufl. 1922, und F. Olivier-Martin, L'organisation corporative de la France d'ancien régime, 1938.

49 Edikt vom Februar 1776, Isambert (Anm. 41), 23, S. 370.

beitnehmer und Arbeitgeber, die sich mit niedrigen Profiten und niedrigen Löhnen zufriedengeben müßten; schließlich für die Konsumenten, die überhöhte Preise zu zahlen hätten. Der Staat, heißt es dann in bewußtem Gegensatz zur merkantilistischen Theorie, schulde der wirtschaftenden Bevölkerung nicht möglichst strenge Regulierung, sondern größtmögliche Freiheit. Der Hinweis fehlt nicht, daß die Wirtschaftsfreiheit in den Ländern, wo sie bereits praktiziert werde, die segensreichsten Auswirkungen zeige.

Den Abschluß des Reformwerks sollte die Bodenbefreiung bilden. Sie lag den Physiokraten besonders am Herzen, denn in ihrer Theorie basierte der Reichtum eines Landes auf seiner Landwirtschaft[50], und die ökonomische Unterlegenheit Frankreichs wurde im wesentlichen der zurückgebliebenen Agrarstruktur angelastet. Nachdem die ständischen Verkehrsschranken im Grundstückssektor bereits weitgehend abgebaut waren, konnte es hier nur noch darum gehen, die Vertragsfreiheit durch Schaffung des geeigneten Substrats auch faktisch zu realisieren. Als solches galt ein von allen nicht vertraglich begründeten Diensten und Abgaben befreites Volleigentum. Neben den bekannteren sozialphilosophischen Befürwortern der Bodenbefreiung stand deswegen in der zweiten Hälfte des 18. Jahrhunderts eine Vielzahl von Autoren praktischer ökonomisch-juristischer Schriften, in denen die Ablösung der Feudallasten vorgeschlagen wurde.[51] Unter ihnen ragt der Traktat Boncerfs über »Les inconvéniens des droits féodaux« von 1776 hervor, der aus der unmittelbaren Umgebung Turgots stammte und vermutlich von ihm selbst angeregt wurde. Boncerfs Schrift läßt keinen Zweifel daran, daß die Forderung nach Vertragsfreiheit im Agrarbereich weniger vom ethischen Ziel der Bauernbefreiung als dem ökonomischen der Produktionssteigerung motiviert war. Das Reformprogramm bezweckte die Rückkehr der Grundherren und ihres Kapitals aufs Land und die Förderung einer kapitalistischen Agrarproduktion auf großen Gütern nach englischem Vorbild. Daß diese Reform gerade die kleinen Bauern

---

50 Vgl. etwa Turgot, Réflexions sur la formation et la distribution des richesses, in Oeuvres (Anm. 7), I, S. 1. Zur Theorie der Physiokraten G. Weulersse, Le mouvement physiocratique en France, 2 Bde, 1910; ders., La physiocratie à la fin du règne de Louis XV, 1959, und La physiocratie sous les ministères de Turgot et de Necker, 1950.

51 Vgl. die Nachweise bei E. Hinrichs, Zur Diskussion über die droits féodaux in Frankreich, in: R. Vierhaus (Hg.), Eigentum und Verfassung, 1972, S. 138 ff., insbes. Anm. 95.

getroffen hätte, kann nach den englischen Erfahrungen nicht in Frage stehen. Zum Anreiz für den Grundadel wurde das sogar offen ausgesprochen.[52]

So sehr aber die Physiokraten die Wirtschaftstheorie ihrer Zeit beherrschten, so wenig vermochten sie doch ihre Vorstellung einer mittels freier Verträge sich selbst steuernden Wirtschaft politisch durchzusetzen. Die Einführung der Gewerbefreiheit stieß nur bei der relativ schmalen Unternehmer- und Großhändlerschicht auf ungeteilten Beifall. Das Kleinbürgertum, zwei Drittel des gesamten Bürgertums, insbesondere die Handwerker, lehnten sie überwiegend ab. Preissteigerungen beim Getreide infolge von Mißernten wurden der Freigabe des Marktes zur Last gelegt und führten 1776 zum Sturz Turgots. Sein Nachfolger Necker benutzte die Gelegenheit, auch die Gewerbefreiheit wieder einzuschränken.[53] Die Reform des Boden- und Agrarrechts scheiterte schon im politischen Vorfeld am Widerstand des Adels. Seine Interessen waren hier am unmittelbarsten betroffen: Da der französische Adel im Gegensatz zum englischen nicht selbst wirtschaftete, sondern von den – gegen Ende des Ancien régime verschärft eingetriebenen[54] – Grundrenten lebte, drohte die Bodenbefreiung seine Existenzgrundlage zu zerstören. Es war dieses Argument, das noch in der Ablösungsdebatte der Assemblée constituante eine Rolle spielte und die recht adelsfreundliche Gesetzgebung von 1790[55] erklärt. Mit Hilfe der Parlements verteidigte er seine wohlerworbenen Rechte nachdrücklich. Der juristisch geführte Kampf richtete sich bereits gegen die bloße Meinungsäußerung. »Il suffit qu'un livre respire le système des économistes pour que la cour le fasse lacérer et brûler«.[56] Gegen Boncerf fand eine Remonstranz beim König

---

52 Vgl. etwa P. F. Boncerf, Les inconvéniens des droits féodaux, 1776, S. 30 f., und Hinrichs (Anm. 51), S. 156 mit weiteren Nachweisen.

53 Isambert (Anm. 41), 24, S. 74. Necker war allerdings nicht gesonnen, das dirigistische Wirtschaftssystem in vollem Umfang wiederherzustellen, vgl. sein Manufakturgesetz vom 5. Mai 1779, Isambert (Anm. 41), 26, S. 77.

54 Die Verschärfung war eine Folge der zunehmenden Kommerzialisierung der Grundrenten und ging, wie vor allem Cobban (Anm. 39), S. 36 ff., zeigt, keineswegs nur von adligen Berechtigten aus. Demgegenüber macht Soboul (Anm. 39), Précis, S. 25 f., für die réaction seigneuriale vorwiegend den Adel verantwortlich.

55 Décret concernant les droits féodaux supprimés sans indemnité et ceux déclarés rachetables vom 15. März 1790, Bulletin des Lois, I, S. 151. Zur Debatte vgl. P. J. B. Buchez, Histoire de l'Assemblée constituante, III, 2. Aufl. 1846, S. 401 ff.

56 Weulersse, La physiocratie sous les ministères de Turgot et de Necker (Anm. 50), S. 29, Bachaumonts Mémoires secrets zitierend.

statt, seinen Thesen wurde im Parlement von Paris der Prozeß gemacht, das Buch öffentlich verbrannt.[57]

Der Mißerfolg war freilich in der Lehre der Physiokraten selbst angelegt. Er geht auf die politische Inkonsequenz ihrer Theorie zurück. Die Hoffnung auf eine ökonomische Liberalisierung bei unveränderten politischen Verhältnissen ignorierte die Verflechtung von politischer Struktur und wirtschaftlichen Interessen. Solange der Adel politisch und sozial bevorrechtigt blieb, besaßen auch ökonomische Liberalisierungsmaßnahmen jedenfalls im Kernbereich anderslautender adliger Interessen keine Aussicht auf Erfolg. Insofern war es durchaus folgerichtig, daß der Dritte Stand in der Revolution von 1789 nicht mehr auf die Fähigkeit des Ancien régime zur Selbstreform vertraute, sondern sich zuerst in den Besitz der politischen Macht brachte, um sie dann in seinem Sinn gesetzgeberisch zu nutzen. In dem von Sieyès ausgesprochenen Bewußtsein, daß der Dritte Stand mit der Nation identisch sei[58], wurde nun der Staat als Selbstorganisation der bürgerlichen Gesellschaft begriffen. Im Gesetz, das zum Ausdruck der volonté générale avancierte, schuf sie sich das Instrument, das die bürgerlichen Interessen an den Staat vermittelte und gleichzeitig dessen Tätigkeit auf diese festlegte. Der Grundsatz der Vertragsfreiheit trat nun in allen Wirtschaftsbereichen schnell in Kraft.[59] Zu den ersten Maßnahmen der Nationalversammlung gehörte die Auflösung des alten, mit Herrschaftsrechten verknüpften Eigentums zugunsten eines Eigentumsbegriffs reiner Sachherrschaft und damit die Beseitigung aller Verkehrsschranken für Grundstücke.[60] Der Code rural von 1791 gewährte die freie Bodennutzung.[61] Im selben Jahr kam die Gewerbefreiheit, die den freien Arbeitsvertrag

57 Dazu J. Flammermont (Hg.), Remontrances du Parlement de Paris au XVIIIe siècle, III, 1898, S. 356 ff. Insgesamt hat das Parlement de Paris zwischen 1775 und 1789 65 Schriften verurteilt, s. Soboul, Précis (Anm. 39), S. 56.

58 E. J. Sieyès, Qu'est-ce que le Tiers Etat?, 1789.

59 Zur Gesetzgebung der Französischen Revolution vgl. Ph. Sagnac, La législation de la révolution française, 1898; L. Cahen/R. Guyot, L'œuvre législative de la révolution, 1913; J. W. Hedemann, Die Fortschritte des Zivilrechts im 19. Jahrhundert, 3 Bde, 1910-1935; M. Garaud, La révolution et l'égalité civile, 1953; ders., La révolution et la propriété foncière, 1958.

60 Décret abolissant le régime féodal vom 4.-11. August 1789, Bulletin des Lois I, S. 1. Zu der damit verbundenen Umdeutung des Eigentumsbegriffs vgl. Hinrichs (Anm. 51), S. 115 ff.

61 Décret relatif à l'agriculture vom 5. Juni 1791, Bulletin des Lois III, S. 271, später inkorporiert in den Code rural vom 2. September 1791, Bulletin IV, S. 341.

einschloß, zustande.[62] In allen folgenden politischen Epochen wurden diese Maßnahmen nicht mehr rückgängig gemacht und schließlich im Code civil dauerhaft befestigt.

3. Preußen

Während die Vertragsfreiheit in England von Adel und Bürgertum gemeinsam evolutionär herbeigeführt und in Frankreich von einem erstarkten Bürgertum gegen den Adel revolutionär durchgesetzt wurde, hat sie in Preußen eine liberal gesonnene monarchische Beamtenschaft dem Land verordnet. Aus eigenem Antrieb war die preußische Gesellschaft um die Wende von 18. zum 19. Jahrhundert zu einem solchen Befreiungswerk nicht fähig.[63] Die deutsche Wirtschaft litt unter den Rückschlägen des Dreißigjährigen Krieges. Subsistenzwirtschaft war noch die Regel. Die Entlohnung für Dienste erfolgte gewöhnlich in Naturalien, nicht in Geld. Ein Binnenmarkt für ganz Preußen existierte nicht; die regionalen Märkte waren schwach entwickelt. In einer armen, sich selbst versorgenden Bevölkerung fehlten die Voraussetzungen für Massenproduktion und damit technische Neuerungen. Industrielle Anfänge zeigten sich lediglich in Berlin, bedingt durch den Bedarf des preußischen Heeres. Importe fanden nur für eine kleine privilegierte Schicht statt. Ein Bürgertum im französischen Sinne hatte sich nicht annähernd herausgebildet, die bevorrechtigte Position des Adels war unbestritten. Auch der ländliche Boden befand sich anders als in Frankreich zum größeren Teil in Adelsbesitz. Allenfalls in den Randzonen begannen sich einzelne Veränderungen zu zeigen. So waren am Ende des 18. Jahrhunderts etwa 10 % der adligen Güter in fremden Händen, ein Teil des Adels an

---

62 Décret portant suppression des maîtrises et jurandes vom 17. Juni 1791, Bulletin des Lois III, S. 274.

63 Vgl. zum Folgenden F. Lütge, Deutsche Sozial- und Wirtschaftsgeschichte, 2. Aufl. 1960; ders., Geschichte der deutschen Agrarverfassung, 2. Aufl. 1967; U.-J. Heuer, Allgemeines Landrecht und Klassenkampf, 1960, Kap. 1; W. Abel, Geschichte der deutschen Landwirtschaft, 1962; H. Rosenberg, Bureaucracy, Aristocracy and Autocracy, The Prussian Experience 1660-1815, 2. Aufl. 1966; R. Koselleck, Preußen zwischen Reform und Revolution, 1967; H. Bechtel, Wirtschafts- und Sozialgeschichte Deutschlands, 1967; H. Böhme, Prolegomena zu einer Sozial- und Wirtschaftsgeschichte Deutschlands, 4. Aufl. 1972; H. Aubin/W. Zorn (Hg.), Handbuch der deutschen Wirtschafts- und Sozialgeschichte, I, 1971, S. 495 ff.; H. Mottek, Wirtschaftsgeschichte Deutschlands, I, 5. Aufl.; II, 2. Aufl., beide 1973.

Bürgerliche verschuldet. Bauernrevolten gegen erhöhte Frondienste nahmen im letzten Jahrzehnt des 18. Jahrhunderts zu.

Diese gesellschaftlichen Verhältnisse erfuhren zu einem Zeitpunkt, da sie in England längst und in Frankreich gerade überwunden waren, in Preußen nochmals eine große gesetzgeberische Bestätigung im Allgemeinen Landrecht von 1794.[64] Zwar erweckt das Gesetzbuch in seinem ersten Teil den Anschein einer auf der Privatautonomie gründenden Ordnung. So heißt es beispielsweise vom Eigentümer, er sei befugt, »über die Substanz einer Sache oder eines Rechtes, mit Ausschließung Anderer, aus eigener Macht, durch sich selbst, oder einen Dritten zu verfügen«[65], oder über den Vertrag: »So weit Jemand zu rechtsgültigen Willenserklärungen fähig ist, so weit kann er auch durch Verträge sich verpflichten«.[66] Diese Bestimmungen sind aber eingebettet in die ständisch-feudale Gesellschaftsordnung, die das ALR in seinem zweiten Teil aufrichtet, und gewinnen erst in diesem Rahmen ihre konkrete Gestalt. So wurde die ständische Bodenaufteilung gegen die beginnenden Auflösungstendenzen ausdrücklich verteidigt.[67] Die Gutsuntertänigkeit, die sich in Frankreich schon lange vor der Revolution verloren hatte[68], blieb bestehen.[69] Die Verbindung zwischen Geburtsstand und Beruf wurde ebenso aufrechterhalten wie das Zunftwesen.[70] Den Fabrikanten widmete das Gesetz, in einem Titel mit den Künstlern, nur wenige Vorschriften, deren wichtigste die Genehmigungspflicht für die Anlage von Fabriken bildete.[71]

Gleichzeitig war in Preußen jedoch eine sozialphilosophisch durch Kant und nationalökonomisch durch Kraus[72] geschulte Be-

64 Zum ALR vgl. Wieacker (Anm. 5), S. 322 ff.; H. Conrad, Die geistigen Grundlagen des Allgemeinen Landrechts für die preußischen Staaten, 1958; U.-J. Heuer, Allgemeines Landrecht und Klassenkampf, 1960; R. Koselleck (Anm. 63), S. 23 ff., 143 ff.

65 ALR I 8 § 1.

66 ALR I 5 § 9.

67 ALR II 9 §§ 37, 40, 51, 60.

68 Vgl. E. Weis, Ergebnis eines Vergleichs der grundherrschaftlichen Strukturen Deutschlands und Frankreichs vom 13. bis zum Ausgang des 18. Jahrhunderts, VSWG 57 (1970), S. 1.

69 ALR II 7 §§ 87 ff.

70 ALR II 9 § 76; II 8 §§ 179 ff.

71 ALR II 8 §§ 407 ff.

72 Kraus vertrat in Deutschland die Lehren Adam Smiths, dessen »Wealth of Nations« schon 1794 von Ch. Garve ins Deutsche übersetzt worden war. Wie Garve setzte sich Kraus für Vertragsfreiheit in der Landwirtschaft ein, nicht zuletzt im Interesse der Ertragssteigerung, vgl. C. J. Kraus, Gutachten über die Auf-

amtenschaft im Entstehen begriffen, die die Überzeugung hegte, daß die Zukunft des Landes gerade von der Existenz eines persönlich freien und politisch beteiligten Bürgertums abhing.[73] Die Vertragsfreiheit in Landwirtschaft und Gewerbe sollte die Voraussetzungen schaffen, aus denen Eifer und Wohlstand gleichsam automatisch hervorgehen mußten. Die Gelegenheit zur Verwirklichung des Programms kam plötzlich und durch äußere Umstände bedingt. Preußens Niederlage gegen Napoleon 1806 machte die Rückständigkeit des Landes auf wirtschaftlichem, sozialem, administrativem, selbst militärischem Gebiet offenkundig. Gleichzeitig verstärkte der Zwang, eine außerordentlich hohe Kontributionssumme aufzubringen, die Angewiesenheit des Staates auf den Leistungswillen und die Vaterlandsliebe der Bürger.[74] Nur ein freies, vom Staat zur Mitwirkung herangezogenes Volk konnte, wie vor allem der Freiherr vom Stein immer wieder betonte, die Krise überwinden.[75] Auch schien bei der Zugkraft der französischen Ideen nur eine großzügige Reform die Ausweitung der Revolution nach Preußen aufhalten zu können. Den Zusammenhang zwischen den gescheiterten Reformen und der nachfolgenden Revolution in Frankreich schätzten die preußischen Reformer vollkommen richtig ein. Hardenbergs Bestreben war es ausdrücklich, Altes durch rechtzeitige Öffnung für Neues zu bewahren. »Der Wahn«, hieß es in seiner Rigaer Denkschrift, »daß man der Revolution am sichersten durch Festhalten am Alten und durch strenge Verfolgung der durch solche geltend gemachten Grundsätze entgegenstreben könne, hat besonders dazu beigetragen, die Revolution zu befördern und derselben eine stets wachsende Ausdehnung zu geben. Die Gewalt dieser Grundsätze ist so groß, sie sind so allgemein

hebung der Privatuntertänigkeit in Ost- und Westpreußen, 1802, sowie Ch. Garve, Über den Charakter der Bauern und ihr Verhältnis gegen die Gutsherrn und gegen die Regierung, 1786.

73 Zur Rolle der preußischen Verwaltung vgl. vor allem Rosenberg (Anm. 63), S. 202 ff., und Koselleck (Anm. 63), S. 153 ff.; ferner W. O. Henderson, The State and the Industrial Revolution in Prussia, 1967. Zu Ansätzen vor der Niederlage vgl. O. Hintze, Preußische Reformbestrebungen vor 1806, in Gesammelte Abhandlungen, III, 2. Aufl. 1967, S. 524.

74 Die Bedeutung der finanzpolitischen Motive deckt E. Klein, Von der Reform zur Restauration: Finanzpolitik und Reformgesetzgebung des preußischen Staatskanzlers Hardenberg, 1965, auf.

75 Vgl. seine Nassauer Denkschrift vom Juni 1807, vielfach abgedruckt, u. a. bei Winter (Anm. 7), S. 189 ff. Zu Stein vgl. G. Ritter, Stein – Eine politische Biographie, 2 Bde, 3. Aufl. 1958.

anerkannt und verbreitet, daß der Staat, der sie nicht annimmt, entweder seinem Untergang oder der erzwungenen Annahme derselben entgegensehen muß«.[76]

In Preußen vollzog sich alsbald eine lebhafte Gesetzgebungstätigkeit, die mit der englischen und französischen zwar nicht die parlamentarische Urheberschaft, wohl aber den vorwiegend negativ-befreienden Charakter teilte.[77] Das Oktober-Edikt von 1807[78], erlassen in der Erwägung, »daß es ebensowohl den unerläßlichen Forderungen der Gerechtigkeit, als den Grundsätzen einer wohlgeordneten Staatswirtschaft gemäß sei, alles zu entfernen, was den Einzelnen bisher hinderte, den Wohlstand zu erlangen, den er nach dem Maße seiner Kräfte zu erreichen fähig war«, schaffte sämtliche Untertänigkeitsverhältnisse ab: »Nach dem Martini-Tage 1810 gibt es nur freie Leute«; es erlaubte den freien Grundstücksverkehr einschließlich der Teil- und Belastbarkeit und hob die ständischen Berufsschranken auf. 1810 wurde der Zunftzwang, den Stein nur hatte mildern wollen, beseitigt und der freie Arbeitsvertrag eingeführt.[79] Auch der Genehmigungsvorbehalt für Fabrikgründungen galt seit diesem Zeitpunkt als derogiert. 1818 machte der Wegfall der letzten Binnenzölle Preußen erstmals zu einem einheitlichen Wirtschaftsgebiet.[80] Damit war die Rechts- und Sozialordnung, die das ALR, schon im Angesicht der französischen Umwälzungen, nochmals hatte befestigen wollen, nur we-

---

76 C. Hardenberg, Über die Reorganisation des preußischen Staates, Denkschrift vom 12. September 1807, ebenfalls oft wiedergegeben, z. B. bei Winter (Anm. 7), S. 302 ff. Zu Hardenberg vgl. H. Haussherr, Hardenberg, 3 Bde, 1963.

77 Vgl. zur preußischen Reformgesetzgebung A. Lette/L. Rönne, Die Landeskulturgesetzgebung des preußischen Staates, 3 Bde, 1853-1854; G. F. Knapp, Die Bauernbefreiung und der Ursprung der Landarbeiter in den älteren Teilen Preußens, 2 Bde, 1887; K. Rohrscheidt, Vom Zunftzwang zur Gewerbefreiheit, 1898; H. Roehl, Beiträge zur preußischen Handwerkerpolitik vom Allgemeinen Landrecht bis zur Allgemeinen Gewerbeordnung von 1845, 1900; Hedemann, Fortschritte (Anm. 59); Lütge, Agrarverfassung (Anm. 63); Koselleck (Anm. 63), insbes. S. 318 ff., 487 ff., 560 ff.

78 Edikt den erleichterten Besitz und den freien Gebrauch des Grundeigentums, so wie die persönlichen Verhältnisse der Landbewohner betreffend vom 9. Oktober 1807, GS 1807, S. 170.

79 Edikt über die Einführung einer allgemeinen Gewerbesteuer vom 28. Oktober 1810, GS 1810, S. 79; Gesetz über die polizeilichen Verhältnisse der Gewerbe vom 7. September 1811, GS 1811, S. 263. Vgl. dazu auch die Regierungsinstruktion vom 26. Dezember 1808 mit ihrer erstaunlichen Ähnlichkeit zur Präambel des Turgotschen Zunftedikts.

80 Zollgesetz vom 26. Mai 1818, §§ 16f., GS 1818, S. 65 (67f.).

nige Jahre später auf wesentlichen Gebieten ins Gegenteil verkehrt. Im agrarischen Bereich harrte zwar die praktische Durchführung der Grundsätze noch zu einem Gutteil der Vollendung. Hardenberg hielt aber auch hier an seinen Plänen fest und bekräftigte 1817 erneut eine Regierungsinstruktion Steins, die es Aufgabe des Staates nannte, »einem jeden innerhalb der gesetzlichen Schranken die möglichst freie Entwicklung und Anwendung seiner Anlagen, Fähigkeiten und Kräfte in moralischer sowohl als physischer Hinsicht zu gestatten und alle dagegen noch obwaltenden Hindernisse baldmöglichst auf legale Weise hinwegzuräumen«.[81]

Die Versicherung erfolgte zu einer Zeit, da sich in Preußen schon eine ähnliche Entwicklung abzeichnete, wie Frankreich sie unter Turgot erlebt hatte. Auch die preußische Reform war eine Reform im Rahmen des bestehenden politischen Systems. Solche Reformen konnten in England erfolgreich sein, weil sie vom Adel unterstützt wurden. Die preußischen Reformer mußten sie gegen den Adel durchsetzen, ohne daß er – wie in Frankreich 1789 – zuvor politisch entmachtet worden wäre. Stein und Hardenberg sahen zwar, wie übrigens auch Turgot, die Beteiligung der Bürger an politischen Entscheidungen durch lokale, regionale und schließlich eine nationale Repräsentation vor, betrachteten sie aber als Krönung ihres Reformwerks und plazierten sie dementsprechend an dessen Ende.[82] Unter diesen Umständen schrumpften die Reformaussichten mit der außenpolitischen Bedrohungen Preußens. Nach dem Ende der napoleonischen Ära erstarkten alsbald die alten Kräfte und unterbanden den Fortgang der Reformen. Die Vertragsfreiheit blieb uneingeschränkt und gegen den Widerstand vieler Kleinbürger nur im gewerblichen Bereich bestehen, der die Interessen des Adels nicht unmittelbar berührte. Die Bodenbefreiung, für die sich der Adel schon im Regulierungsedikt von 1811[83] außerordentlich günstige Bedingungen erwirkt hatte, kam nach 1816 weitgehend zum Stillstand. Die Absicherung des Befreiungswerks in einer Verfassung, wie sie im revolutionären Frankreich als vordringlich erkannt worden war, erfolgte gar nicht mehr.

Das Maß privatrechtlicher Freiheit, das Frankreich sich 1789 er

---

81 Instruktion vom 23. Oktober 1817, § 7, GS 1817, S. 248 (253).
82 Vgl. Koselleck (Anm. 63), S. 153 und öfter.
83 Edikt die Regulierung der gutsherrlichen und bäuerlichen Verhältnisse betreffend vom 14. September 1811, GS 1811, S. 281.

kämpfte, wurde in Preußen erst nach der bürgerlichen Revolution von 1848 erreicht. Zu dieser Zeit zeigten die Stein-Hardenbergschen Reformen ihre Fernwirkung. Dank der Gewerbefreiheit war eine initiativenreiche und selbstbewußte Unternehmerschicht, vor allem im Rheinland, entstanden; dank der Kommunalreform hatte sich ein politisch erfahrenes Stadtbürgertum gebildet. Sie konnten dem fünfzig Jahre vorher noch machtlosen Bürgertum nun eine politische Führung geben und ihre Forderungen nach wirtschaftlichem Liberalismus und politischer Mitsprache auch dort verwirklichen, wo sie zu Beginn des Jahrhunderts unvollendet geblieben waren. Das Feudalsystem wurde endgültig liquidiert, die wirtschaftliche Freiheit in einer Verfassung anerkannt, jeder Eingriff des Staates in Freiheit und Eigentum an die Zustimmung der Volksvertretung gebunden.

III.

Die vergleichende Betrachtung der Rechtsentwicklung in verschiedenen Ländern hat den Vorteil, daß sie die Bedeutung des Bedingungszusammenhangs juristischer Institute stärker ins Blickfeld rückt. Die zeitlichen und inhaltlichen Unterschiede ihrer Entstehung fordern die Frage nach den Gründen heraus und weisen damit über eine rechtsimmanente Rechtsgeschichte, die keine zureichende Erklärung juristischer Phänomene liefern kann, stets hinaus. Vergleichende Untersuchungen erschweren andererseits aber auch die vorschnelle Annahme, daß zwischen sozio-ökonomischer und juristischer Entwicklung ein Automatismus wirke.[84] Wie diese knappe und ausfüllungsbedürftige Skizze zeigt, hat jedes der erörterten Länder seine eigene charakteristische Version des Themas herausgebildet, die ebensowenig un- wie rein-ökonomisch erklärbar ist.

In England konnte die Entwicklung von Wirtschaft und Rechtsordnung etwa synchron verlaufen, weil dort schon seit Ende des 17. Jahrhunderts zwischen Marktinteressenten und politischer Führungsschicht weitgehende Identität bestand. Vertragsfreiheit war unter diesen Umständen eher das Ergebnis einer allmählichen Unterhöhlung und punktuellen Änderung der älteren Rechtsordnung als eines bewußten und planmäßigen Reformakts. In Frank-

---

84 Gegen diese Annahme auch schon M. Weber aus Anlaß seiner Untersuchungen zur Entstehung der Vertragsfreiheit, s. Weber (Anm. 8), S. 526.

reich dagegen kam es zu einer Diskrepanz zwischen den beiden Bereichen, weil die am wirtschaftlichen Fortschritt nicht beteiligte, politisch aber privilegierte Schicht den Marktinteressenten den Zugang zu politischen Entscheidungen verwehrte. Die Spannung zwischen gesellschaftlichen Subsystemen hat freilich ihre Grenzen. Die Kluft wurde, nachdem sie reformatorisch nicht überbrückbar gewesen war, vom Dritten Stand revolutionär geschlossen. Vertragsfreiheit trat als bewußte Entscheidung der Marktinteressenten selbst in Kraft. In Preußen schließlich standen Rechtsordnung und Wirtschaftszustand zwar im Einklang, doch drohte Preußens Macht unter seiner wirtschaftlichen Inferiorität zu leiden. Darum suchte die preußische Verwaltung, großenteils gegen den Willen von Adel *und* Bürgertum, das Recht als Hebel sozialen und ökonomischen Fortschritts einzusetzen. Vertragsfreiheit war hier nicht die Folge außerrechtlicher Entwicklungen, sie ging ihnen initiierend voran.

In jedem Fall bleibt freilich die Einführung der Vertragsfreiheit auf einen bestimmten sozio-ökonomischen Entwicklungsstand bezogen. Dieser Zusammenhang wird durch die Transformation des politischen Postulats in eine rechtliche Regel nicht aufgelöst; er macht sich vielmehr bei veränderten sozio-ökonomischen Bedingungen als Funktionswandel der Norm bemerkbar. Auch das weitere Schicksal der Vertragsfreiheit mußte daher vom Wandel der sozialen Realität abhängen.

C.

Bei aller Verschiedenheit der Entstehungsbedingungen in England, Frankreich und Deutschland ist die Vertragsfreiheit doch durchweg vorindustriellen Ursprungs. Auch ihre philosophischen und ökonomischen Theoretiker haben die Industrialisierung nicht vorausgesehen. Das Prinzip bezog sich auf einen Entwicklungsstand, in dem zwar Arbeitsteilung und Markt schon ausgebildet, Hersteller und Anbieter von Waren aber noch weitgehend identisch waren.

Unter dieser stillschweigend mitgedachten Voraussetzung konnte das Prinzip der Vertragsfreiheit auch sozialethisch begründet werden. Ware erschien als Ergebnis individueller Leistung und mußte daher für das Individuum, das gewissermaßen seine Person in das Arbeitsprodukt investiert hatte, frei verfügbar sein. Der

Markt bot sich als natürlicher Regulierungsmechanismus an. Setzte sich die Gesellschaft durchgehend aus kleinen Produzenten zusammen, die in einem Geflecht wechselseitiger Abhängigkeiten standen, dann brauchten ihre ökonomischen Beziehungen nicht mehr inhaltlich vorausbestimmt zu sein, weil gerade das formale Prinzip der Vertragsfreiheit die Interessen jedes Gesellschaftsgliedes am besten zu wahren versprach. Optimale Bedarfsdeckung, gerechter Preis, gute Warenqualität erschienen als das notwendige Ergebnis des freien Verkehrs.

Bei vorausgesetzten Besitzverhältnissen hing diese Wirkung freilich vom Bestand des sozialen status quo ab. Es ist bekannt, daß die von der Vertragsfreiheit begünstigte Industrielle Revolution die Bedingungen, unter denen die Vertragsfreiheit hergestellt und legitimiert worden war, einschneidend verändert hat. Die Gesellschaft der kleinen Warenproduzenten spaltete sich in Unternehmer und Lohnarbeiter auf. Während jene über die Produktionsmittel verfügten, besaßen diese nur ihre Arbeitskraft, die damals wohlfeil war. Das Fundament annähernder sozialer Gleichheit, auf dem die Vertragsfreiheit ihre gerechtigkeitsstiftende Funktion zu erfüllen vermocht hätte, zerbrach. Fortan konnten sich mit Hilfe der freien Vertragsform die tatsächlichen Machtverhältnisse ungehindert Rechtskraft verschaffen. Vertragsfreiheit war kein Maßstab mehr für die in der Gesellschaft real vorhandene Freiheit.

Diese Einsicht ist nicht erst das Resultat nachträglicher Forschungen, sondern stand schon den Zeitgenossen zur Verfügung. Den Nachweis liefert keineswegs erst Marx. Er läßt sich vielmehr schon für jene Zeit erbringen, die das Ausmaß der Industriellen Revolution noch nicht erahnen konnte. Adam Smith selbst machte sich über das soziale Substrat des freien Vertrags keine Illusionen: »What are the common wages of labour, depends every where upon the contract usually made between those parties, whose interests are by no means the same. The workmen desire to get as much, the masters to give as little as possible … It is not, however, difficult to foresee which of the parties must, upon all ordinary occasion, have the advantage in the dispute, and force the other into a compliance with their terms«.[85] Doch zog Smith aus dieser Einsicht, von seiner Kritik am Koalitionsverbot für Arbeiter abgesehen, ebensowenig Konsequenzen wie aus der Erkenntnis, daß

85 A. Smith, The Nature and Causes of the Wealth of Nations, in Works, ii, Neudruck der Ausg. 1811-1812, 1963, S. 99 f.

die Vertragsfreiheit von den Marktinteressenten nicht durchweg im Interesse der gesamten Gesellschaft gebraucht werde.[86] Den doktrinären Smithianern ging freilich auch das Bewußtsein dafür verloren.

In Frankreich forderten die Frühsozialisten, die in der Revolution errungene formale Freiheit nun materiell zu fundieren. In Deutschland notierte sich der Freiherr vom Stein zum Oktober-Edikt: »Nur *eine* gesetzliche Einschränkung der freien Disposition über das Eigentum wird bleiben müssen, diejenige nämlich, welche dem Eigennutz des Reicheren und Gebildeteren Grenzen setzt und das Einziehen des Bauernlandes zu Vorwerksland verhindert«.[87] Hardenberg machte sich nach einer Inspektionsreise, auf der er den Auswirkungen der Gewerbefreiheit begegnet war, Sorgen, wie es »zu verhindern ist, daß die Fabrikation, von welcher Kultur und Wohlstand ausgeht, nicht eine zahlreiche Menschenklasse erzeuge, die in den besten Jahren dürftig, und bei jeder Mißernte oder Stockung des Absatzes dem tiefsten Elend preisgegeben ist«.[88] In der Rechtswissenschaft wies der Begründer der Historischen Schule, Gustav Hugo, seit der dritten Auflage seines Naturrechts darauf hin, daß eine Sozialordnung, in der Vertragsfreiheit herrsche, stets den Armen gegenüber dem Reichen benachteilige – eine Erkenntnis, die später das Haupt der Historischen Schule als rechtlich unbeachtlich hinstellte.[89] Fichte ging aus demselben Grund so weit, die Abschaffung der Vertragsfreiheit zu verlangen. Auf den bloßen Schutz der Freiheit könne sich der Staat erst beschränken, nachdem er das Eigentum gleichmäßig verteilt habe.[90]

Gleichwohl führten diese Mahnungen im 19. Jahrhundert nicht zu nennenswerten Änderungen der Rechtsordnung. Im Gegenteil fand die Vertragsfreiheit in der letzten großen Privatrechtskodifikation der Ära, dem deutschen Bürgerlichen Gesetzbuch, noch-

---

86 Ebenda, S. 397.
87 H. Scheel (Hg.), Das Reformministerium Stein, Akten zur Verfassungs- und Verwaltungsgeschichte, I, 1966, S. 11.
88 Zitiert nach H. Erdbrügger, Kinder im Fabriksystem, in: Festgabe für Herzfeld, 1958, S. 434 ff.
89 G. Hugo, Lehrbuch des Naturrechts, 3. Aufl. 1809, S. 398, vgl. auch S. 156 f. Vgl. dagegen F. C. Savigny, System des heutigen römischen Rechts, I, 1840, S. 371. Eine interessante Zusammenstellung zeitgenössischer Aussagen zum Problem der Vertragsfreiheit bei A. Kaiser, Zum Verhältnis von Vertragsfreiheit und Gesellschaftsordnung während des 19. Jahrhunderts, Diss. iur. Berlin 1972.
90 J. G. Fichte, Der geschlossne Handelsstaat, 1800, 1. Buch, 1. Kap.

mals einen ungebrochenen, wenn auch nicht unkritisierten, Ausdruck. Im 20. Jahrhundert ist bei zahlreichen und teils erheblichen Korrekturen die Vertragsfreiheit als Prinzip doch unangetastet geblieben. Die Frage, welche Reformen heute erforderlich wären, sprengt eine rechtshistorische Untersuchung. Indem sie aber die Entstehungsbedingungen eines zentralen Rechtsinstituts und seinen Funktionswandel unter veränderten sozialen Verhältnissen offenlegt, erweist sich die Rechtsgeschichte als unerläßliche Stütze einer rationalen Rechtspolitik.

Grundrechte und Privatrecht
in der bürgerlichen Sozialordnung

I.

Grundrechte und Privatrecht scheinen nach dem Eindruck, den die Rechtsgeschichte vermittelt, beziehungslos nebeneinander zu stehen. Jene betreffen das Verhältnis von Individuum und Staat, gelten also in der vertikalen Dimension, dieses regelt das Verhältnis der Individuen untereinander, gilt also in der horizontalen Dimension. Der Unterschied trennt auch die juristischen Disziplinen. Nach Wechselwirkungen zwischen Grundrechten und Privatrecht wird daher kaum gefragt. Allenfalls erblickt man hinter dem Aufkommen der Grundrechte und der Kodifikation des Privatrechts um die Wende vom 18. zum 19. Jahrhundert denselben »Geist«. Die Rechtsgeschichte befindet sich dabei im Einklang mit der zeitgenössischen Rechtswissenschaft, die gleichfalls ganz überwiegend von einem kategorialen Unterschied der beiden Rechtsbereiche ausging, bis das Grundgesetz für die Gegenwart eine Überprüfung dieser Annahme erzwang. Die Geschichtswissenschaft hat bislang bei recht großem Interesse für die Grundrechte dem Privatrecht vergleichsweise wenig Aufmerksamkeit geschenkt. Die Frage nach dem Zusammenhang zwischen beiden lag ihr unter diesen Umständen ebenfalls fern. Die Bedeutung der Grundrechte erschöpft sich auch für sie in der Umgestaltung des Verhältnisses zwischen Staat und Einzelnem.

Indessen wird diese stillschweigende Voraussetzung gerade dann fragwürdig, wenn man sich der politisch-sozialen Funktion der Grundrechte in den Verfassungen des späten 18. und des frühen 19. Jahrhunderts vergewissert. Zweifellos ändert eine solche Vergewisserung nichts an der bekannten Einsicht, daß mit Hilfe von Grundrechten die Machtfülle des absoluten Staates beschränkt werden sollte. Der Staat, der bis dahin einen umfassenden Regelungsanspruch für alle Bereiche des Soziallebens erhoben, wenn auch nicht restlos durchgesetzt hatte, mußte unter der Geltung von Grundrechten eine Reihe von Angelegenheiten aus seiner Fürsorge entlassen. Nutznießer waren die Untertanen. Ihr Verhalten hing in diesen Bereichen nicht mehr von einem materialen Tugendideal ab, das der Staat ebensowohl definierte wie durchsetzte, sondern fiel dem eigenen Belieben anheim. An die Stelle objektiver Pflichten traten subjektive Rechte. Im Zentrum dieses Vorgangs stand die Abkoppelung des Wirtschaftssystems vom politischen System. Tendenziell erfaßte er aber das gesamte Sozialleben und beließ dem Staat dann nur noch eine Garantiefunktion für die gesellschaftliche Autonomie. Schlagwortartig wird dies in der Formel »Trennung von Staat und Gesellschaft« ausgedrückt.

Mit der Limitierung der Staatsmacht ist die Bedeutung der Grundrechte indessen erst halb erfaßt. Insofern sich die Regelungskompetenz des vorkonstitutionellen absoluten Staates gerade auf das Verhalten der Untertanen untereinander bezogen hatte, verursachte seine grundrechtlich bewirkte Beschränkung zugleich ein Regelungsvakuum innerhalb der Gesellschaft. Die dem Staat in der vertikalen Dimension abgerungene Freiheit wurde in der horizontalen real. Seine sozialen Beziehungen, die bisher obrigkeitlich vorausbestimmt gewesen waren, durfte der Einzelne nun nach eigenem Willen einrichten. Die Beziehungen der Individuen untereinander fielen deswegen aber nicht etwa in den rechtsfreien Raum. Wo der subjektive Wille die objektiven Verhaltensanforderungen verdrängt hatte, entstand vielmehr sofort das Problem, die in ihrer Freiheit gleichen Individualwillen gegeneinander abzugrenzen und miteinander zu koordinieren. Recht wurde im Grundrechtsbereich nicht überflüssig, sondern änderte nur seine Aufgabe. Es hatte erstens dem Individualwillen dort Grenzen zu ziehen, wo er die gleiche Freiheit des anderen gefährdete, und mußte zweitens ein Instrumentarium bereitstellen, das Interaktion und Verhaltensstabilität unter den Bedingungen der Freiheit ermöglichte.

In die erste Aufgabe teilten sich Strafrecht und Privatrecht, die zweite fiel allein dem Privatrecht zu. Sie verlangte freilich eine weitgehende Umgestaltung des Privatrechts. Da die Grundrechte nicht an den Status, sondern die Person anknüpften, mußte es zum einen alle ständisch-korporativen Besonderheiten einebnen und allgemeines bürgerliches Recht werden. Da Verpflichtungen im grundrechtlich ausgegrenzten Privatbereich nicht mehr äußerlich auferlegt, sondern nur noch freiwillig übernommen werden konnten, mußte es zum anderen alle objektiven Gerechtigkeitsanforderungen abstreifen und in den subjektiven Einigungsprozeß der Individuen verlegen. Damit stieg der Vertrag zur beherrschenden

Rechtsfigur auf. Das Privatrecht wurde im Kern Obligationenrecht. Es hatte die Voraussetzungen und Folgen gültiger Willenserklärungen festzulegen, die Abwicklung fehlgeschlagener Rechtsgeschäfte zu besorgen und im übrigen für häufig wiederkehrende Sozialbeziehungen Musterregelungen anzubieten, die von den Parteien jedoch nach eigenem Belieben abgeändert werden durften. Schließlich war zu bestimmen, unter welchen Voraussetzungen freigewähltes Verhalten, das bei einem anderen einen Schaden verursachte, Ausgleichsverbindlichkeiten begründete. Lediglich das Familienrecht sperrte sich in gewissem Grade gegen den Wandel from status to contract.

Die Beziehung zwischen Grundrechten und Privatrecht erschöpfte sich freilich nicht darin, daß von den Grundrechten reformatorische Impulse auf das Privatrecht ausgingen. Der – umfassenden oder bereichsweisen – Umstellung der Staats- und Gesellschaftsordnung von einem objektiven Gemeinwohl auf subjektive Freiheit lag ja die Überzeugung zugrunde, daß dadurch die natürlichen Gesetzmäßigkeiten der Gesellschaft zur Geltung kämen, deren Respektierung die gerechte Sozialordnung sozusagen automatisch verbürge. Der Staat wurde deswegen nicht überflüssig, weil gerade ein auf individuelle Freiheit gegründetes System in hohem Maße störungsanfällig war. Er brauchte aber soziale Gerechtigkeit nicht mehr aktiv herbeizuführen, sondern konnte sich auf die Funktion des Freiheitsgaranten zurückziehen. Wurde auf diese Weise die Individualfreiheit zum Primärphänomen, während der Staat seine Legitimation nur noch aus dem Freiheitsschutz ableitete, dann kehrten sich freilich auch die Rangverhältnisse von öffentlichem und privatem Recht um. Hatte das Privatrecht bisher stets unter dem Vorbehalt eines im öffentlichen Recht definierten Gemeinwohls gestanden, so rückte es nun selbst auf die erste Stelle. Das Sozialmodell der bürgerlichen Gesellschaft fand seinen Ausdruck im Privatrecht.

Der Vorrang des Privatrechts in der bürgerlichen Gesellschaft bestimmt auch die Funktion der Grundrechte. Der grundrechtlich ausgegrenzte Freiraum allein machte die bürgerliche Gesellschaft noch nicht aktionsfähig. Umgekehrt konnte sie aber mit einem liberalen Privatrecht auch ohne Grundrechte sehr wohl bestehen. Die durch Grundrechte von Staatseinfluß geräumten Sozialbereiche waren auf Ausfüllung durch Privatrecht geradezu angelegt. Privatrecht bedingte dagegen die Existenz von Grundrechten nicht notwenig. Sie verliehen ihm nur eine zusätzliche Gewähr dafür, daß der Staat es nicht allein im Konfliktfall unter Privatleuten, notfalls mit Zwang, durchsetzte, sondern sich im Kontakt mit der Gesellschaft auch selbst daran hielt. Blieben die Grundrechte in der Hierarchie der Rechtsquellen dem Privatrecht auch übergeordnet, so fand es deswegen doch nicht seinen Geltungsgrund in ihnen. Die Überordnung erfolgte vielmehr nur im Interesse eines wirksamen Privatrechtsschutzes gegenüber der Staatsmacht. Sie war formeller Natur, materiell ging Privatrecht vor. Damit soll weder behauptet werden, daß die Grundrechte in allen Gesellschaftsordnungen dem Privatrecht nachgeordnet seien, noch daß alle Grundrechte im Privatrechtsschutz aufgingen. Es kommt aber darauf an, ihre Grundfunktion für die bürgerliche Gesellschaft herauszustellen, und diese war privatrechtsakzessorisch.

II.

Es ist freilich bekannt, daß sich die bürgerliche Gesellschaft erst in einem außerordentlich langwierigen, an Umwegen und Rückschlägen reichen, keineswegs einheitlich verlaufenden und nicht überall zum Abschluß gelangten Prozeß etablierte. Je nach dem Verlauf dieses Prozesses erscheint das Verhältnis von Grundrechten und Privatrecht in einem anderen Licht. Vier Grundmuster lassen sich ausmachen. Wo den Grundrechten ein bürgerliches Privatrecht vorausging, entfalteten diese von vornherein nur ihre Garantiefunktion. Wo das Bürgertum einer ständisch-feudalen Sozialordnung sein eigenes Programm zunächst in Gestalt von Grundrechten entgegensetzte, konnten diese zeitweilig als Anstoß und Anleitung für Privatrechtsgesetzgebung fungieren. War die Umstellung des Privatrechts auf die bürgerlichen Ziele abgeschlossen, fielen sie aber auch hier auf ihre Garantiefunktion zurück. Wo Ancien régime und bürgerliche Gesellschaft noch über längere Zeit in einer Gemengelage blieben, verstärkten Grundrechte das Privatrecht in dem Maße gegen Rückfälle, wie es bereits bürgerliche Züge angenommen hatte. Fehlten Grundrechte, wurde versucht, ihre schrankenziehende Funktion dem Privatrecht selbst zu übertragen. Am Prinzip der Privatrechtsakzessorietät ändert diese Beziehungsvielfalt aber nichts.

1. Daß die bürgerliche Gesellschaft sich essentiell privatrechtlich organisiert und auf Grundrechte nicht angewiesen ist, wird am englischen Beispiel besonders deutlich. England besaß zwar seine berühmten Rechteerklärungen aus dem 17. Jahrhundert. Doch handelt es sich dabei noch nicht eigentlich um Grundrechte im modernen Sinn. Entstanden im Zuge eines Machtkampfes zwischen Parlament und Krone, als diese Absolutheitsansprüche zu erheben begann, trugen sie den Charakter eines vertraglich zugesicherten Verzichts auf absolute Herrschaft, den der König den Parlamentariern erklären mußte. Dementsprechend gewährleisteten sie auch nicht in erster Linie Individual-, sondern Parlamentsrechte. Ebensowenig wurden sie als neues Recht, das die Beziehungen zwischen Herrscher und Untertanen auf eine veränderte Grundlage stellte, sondern als Bestätigung des althergebrachten und nur zeitweilig gestörten Rechtszustands angesehen. Die Rechte der Bürger blieben auch noch 1688 mit dem common law identisch und waren allein dem Parlament anvertraut, ohne daß dieses selbst ihnen unterworfen worden wäre. Demgegenüber wollten die modernen Grundrechte die öffentliche Gewalt insgesamt, nicht nur einzelne Organe binden und erschöpften sich auch nicht in der Garantie gesetzmäßigen staatlichen Verhaltens, sondern richteten an das Gesetz selbst bestimmte Freiheitsanforderungen.

In England erübrigte der frühe Sieg des Parlaments solche Vorkehrungen. Er hatte zur Folge, daß die Interessenten an einem staatsfreien Wirtschaftssystem bereits seit dem Ende des 17. Jahrhunderts auch an der Ausübung der Staatsgewalt beteiligt waren. Auf diese Weise besaß die Gesellschaft die Möglichkeit, das Privatrecht von Fall zu Fall den eigenen Bedürfnissen anzupassen. Großenteils bedurfte es dazu nicht einmal einer förmlichen gesetzgeberischen Intervention. Vielmehr wurden die aus der dirigistischen Periode stammenden Wirtschaftsgesetze auf der administrativen und justiziellen Ebene kurzerhand nicht mehr angewandt. Der Staat verfuhr in der Praxis schon nach dem Prinzip des laisser faire, als seine Gesetze noch den gegenteiligen Eindruck erweckten. Für einen grundrechtlichen Druck auf den Staat zur Liberalisierung des Privatrechts bestand unter diesen Voraussetzungen ebensowenig Anlaß wie für eine grundrechtliche Sicherstellung der staatlichen Abstinenz. Ließen sich die Interessen von Staat und bürgerlicher Gesellschaft evolutionär zur Deckung bringen, genügte dieser ein liberales Privatrecht. Grundrechte konnten ihm substantiell nichts hinzufügen.

In den amerikanischen Kolonien der Engländer galt nun freilich ebenfalls das englische Privatrecht, und an ihrem bürgerlichen Zuschnitt schon im 18. Jahrhundert, wenngleich auf der Basis einer Sklavenwirtschaft, besteht kein Zweifel mehr. Dennoch waren es die Kolonien, die als erste formelle Grundrechtskataloge im modernen Sinn aufstellten. Das scheint der Erklärung, die hier für das Fehlen von Grundrechten in England gegeben wurde, zu widersprechen. Indessen unterscheiden sich England und Amerika in einem gerade für die Entstehung förmlicher Grundrechtskataloge wesentlichen Punkt. Die amerikanischen Kolonisten hatten in der zweiten Hälfte des 18. Jahrhunderts die Erfahrung staatlicher Übergriffe in die bürgerliche Interessensphäre gemacht. Das war der Fall, als das Mutterland sich für die Kosten seiner Beteiligung am Siebenjährigen Krieg bei den prosperierenden Kolonien schadlos zu halten versuchte. Den Sondersteuern für Amerikaner lagen zwar parlamentarisch beschlossene Gesetze zugrunde, doch entsandte die Kolonien keine Abgeordneten in das englische Parlament, sondern galten der modernen Repräsentationstheorie zufolge als mitvertreten. Diese Fiktion konnte aufrechterhalten werden, solange die Interessen von Mutterland und Kolonien gleichlaufend waren. Sie zerfiel in dem Augenblick, als zwischen beiden Interessengegensätze aufbrachen.

Die Kolonisten beriefen sich in dieser Situation auf die Grundsätze des englischen Rechts, das sie keineswegs in Frage ziehen, sondern nur gleichmäßig angewandt wissen wollten. Das ehedem vom Parlament gegen die Krone durchgesetzte Prinzip »No taxation without representation« wurde nun gegen das Parlament selbst ins Feld geführt. Es ging auch hier nicht um Rechtserneuerung, sondern um Rechtsverwirklichung. Erst als das Mutterland die Forderung der Kolonisten ablehnte, ihnen gegenüber also eine quasi absolutistische Haltung einnahm, entschlossen sie sich zum Bruch mit der englischen Krone. Dieser war freilich nicht mehr im Rahmen der bestehenden Rechtsordnung zu begründen, sondern mußte auf überpositive Rechtssätze gestützt werden, wie es Jefferson in der Declaration of Independence tat. Das durch diesen Bruch entstandene Vakuum an legitimer staatlicher Gewalt und die Notwendigkeit, vor der England nicht gestanden hatte, eine rechtmäßige Staatsgewalt neu zu konstituieren, schufen in Amerika die Voraussetzungen für den Erlaß förmlicher Verfassungen. Sie brachten den Staat erst wieder hervor, bestimmten seine Gestalt und ordneten sein Verhältnis zu den Bürgern. Die bürgerliche Gesellschaft entwarf in der Verfassung das ihr genehme politische System.

Verfassungen sind an sich ohne Grundrechte denkbar und auch immer wieder ohne Grundrechte vorgekommen. Zum unerläßlichen Bestandteil von Verfassungen gehören lediglich Bestimmungen über Erwerb, Verlust, Ausübung und Grenzen der Staatsgewalt. Die frische Erfahrung einer die Rechte der Einzelnen mißachtenden Staatsmacht führte die Amerikaner aber dazu, diese Rechte gegenüber dem Staat ausdrücklich abzusichern. Das geschah freilich keineswegs in dem Bewußtsein einer beispiellosen Neuerung. Man glaubte vielmehr auf ältere Vorbilder aus der englischen und kolonialen Geschichte zurückzugreifen. In der Tat lag die Neuerung auch nicht im Inhalt der Grundrechtskataloge. Sie erweiterten kaum je diejenigen Grundsätze, welche im common law seit längerem anerkannt waren. Indem diese Grundsätze aber aus der Masse der Rechtsregeln herausgehoben und auch der legitimen politischen Gewalt normativ vorgeordnet wurden, gewannen sie einen zusätzlichen Grad an Bestands- und Anwendungssicherheit, der ihnen in England fehlte. Jedoch ändert sich dadurch nichts an der Tatsache, daß die bürgerliche Gesellschaft ihren juristischen Ausdruck primär im Privatrecht findet und Grundrechte nur die Chance der Privatrechtsgeltung auch im Fall staatlichen Widerstrebens erhöhen.

Deswegen konnte auch das englische Privatrecht ganz ungeachtet des politischen Bruchs mit dem Mutterland nach dem Erlaß der Verfassungen unverändert fortbestehen. Die politische, nicht soziale Natur der amerikanischen Revolution ist daran am deutlichsten ablesbar. Im Kern längst bürgerlich, bedurfte das Privatrecht keiner Angleichung an die Bedürfnisse der bürgerlichen Gesellschaft mehr. Den Grundrechten wurde kein privatrechtsverändernder Einfluß abverlangt. Darin liegt freilich kein Beweis für die Beziehungslosigkeit zwischen Grundrechten und Privatrecht, was auch die angelsächsische Rechtslehre nie in der kontinentalen Schärfe behauptet hat. Vielmehr war es gerade die bestehende inhaltliche Kongruenz, die den Eindruck isolierter Rechtsbereiche überhaupt erwecken konnte. Bei hergestellter Kongruenz blieb der privatrechtliche Gehalt der Grundrechte sozusagen latent. Er konnte aber jederzeit aufleben, wenn der Staat gesetzgeberische oder administrative Eingriffe in das bestehende Privatrecht vornahm, die den bürgerlichen Interessen zuwiderliefen. Dieser Fall ereignete sich unter stark veränderten sozialen Verhältnissen in der New Deal-Gesetzgebung Roosevelts, sprengt damit freilich den zeitlichen Rahmen der Untersuchung.

2. Die Déclaration des droits de l'homme et du citoyen von 1789 traf auf eine gänzlich andere Situation als die amerikanischen Rechteerklärungen. Frankreich besaß zwar in der zweiten Hälfte des 18. Jahrhunderts ein wirtschaftlich starkes und politisch selbstbewußtes Bürgertum, aber keine bürgerliche Sozialordnung. Im Gegenteil wurde die ständisch-feudale Ordnung von ihren Nutznießern im Verein mit dem Staat um so hartnäckiger verteidigt, je mehr sie angesichts des sozialen Wandels an Legitimität einbüßte. Das Ziel des französischen Dritten Standes war unter diesen Umständen – anders als das der amerikanischen Kolonisten – primär ein soziales. Standesschranken, Privilegien, Feudalität und wirtschaftlicher Dirigismus sollten abgeschafft werden. Erst die Weigerung des Staates, den Übergang zur bürgerlichen Gesellschaft reformatorisch einzuleiten, erzwang die Erstreckung der Änderungsabsichten auf diesen selbst. Das Bürgertum mußte die staatliche Gewalt revolutionär in seinen Besitz bringen, um seine sozialen Ziele verwirklichen zu können. Die Französische Revolution bezweckte nicht nur einen Austausch der politischen Gewalt, sondern vermittels ihrer eine Umwandlung der Gesellschaftsordnung.

In dieser Situation konnten Grundrechte nicht einfach als zusätzliche Garantien eines sozialen status quo gegen potentielle Übergriffe der Staatsgewalt fungieren. Ihnen fiel im Prozeß der Umgestaltung der Sozialordnung vielmehr eine aktive Rolle zu. Angesichts der gewaltigen Aufgabe, die inmitten einer revolutionären Umwelt und bald auch unter militärischer Bedrohung von außen zu vollbringen war, entschloß sich die konstituierende Nationalversammlung, zunächst die Staatsgewalt dem bürgerlichen Interesse gemäß zu organisieren und ihr in den Grundrechten die Leitlinie des sozialen Erneuerungswerks rechtsverbindlich vorzugeben, die Ausführung aber den nachfolgenden Parlamenten zu überlassen. Die Menschenrechtsdebatte der Nationalversammlung zeigt, daß diese auf die künftige Gesetzgebung bezogene, positive Funktion der Grundrechte klar erkannt war und von mehreren Rednern sogar ausdrücklich mit den verschiedenen sozialen Ausgangspositionen in Frankreich und Amerika begründet wurde. In ihrer Geburtsstunde auf dem europäischen Kontinent ordneten die Grundrechte daher nicht nur das Verhältnis zwischen Staat und Einzelnem, sondern enthielten zugleich die Grundsätze für die Regelung der Beziehungen der Individuen unter sich. In den Grundrechten war das künftige Privatrecht vorgezeichnet.

Allerdings ist es fraglich, ob unter diesen Umständen die These von der Komplementärfunktion der Grundrechte noch aufrechterhalten werden kann. In den Plänen der französischen Constituante rangierten sie jedenfalls deutlich vor dem Privatrecht. Dieses erscheint als Anwendung und Ausformung von Grundrechten. Die zeitliche Abfolge ändert freilich nichts an den logischen Prioritäten. Die bürgerliche Gesellschaft trat auch in Frankreich nicht schon durch die Grundrechte, sondern erst durch ein liberales Privatrecht ins Leben. In Kenntnis dessen wurden die Grundrechte schon in Antizipation eines bestimmten Privatrechts formuliert. Dieses blieb das eigentliche Reformziel. Die Grundrechte waren lediglich eine arbeitsteilige Etappe im Prozeß der Gesellschaftsreform. Sie entlasteten und kontrollierten die künftige Privatrechtsgesetzgebung, indem sie die Prinzipien des Privatrechts aus dem politischen Streit zogen und Zielabweichungen nachfolgender Parlamente vorbeugten. Die Unterordnung der – wegen ihres Umfangs und Komplexitätsgrades nicht sofort möglichen – Privatrechtsgesetzgebung unter die Grundrechte diente doch jener. Sie sollte eben die Liberalität des Privatrechts um so sicherer gewährleisten.

Indessen konnte die Nationalversammlung die zeitliche Reihenfolge von grundrechtlicher Prinzipienfixierung und gesetzgeberischer Ausformung nicht durchweg einhalten. In einer Anzahl von Fällen sah sie sich gezwungen, privatrechtliche Normen zu erlassen, ehe noch die Erklärung der Menschenrechte verabschiedet worden war. Bei näherem Zusehen handelt es sich um Bereiche, in denen die erwartete Konkretisierung der grundrechtlichen Prinzipien bei vorerst weitergeltendem Privatrecht gefährdet erschien. Das traf insbesondere für das Boden- und Erbrecht, aber auch die Justizverfassung zu. Dem Adel mußten schon vorweg seine privatrechtlich vermittelten Einflußmöglichkeiten entzogen werden, damit er den legislatorischen Vollzug der Verfassung nicht torpedieren konnte. Die logische Priorität des Privatrechts für die bürgerliche Gesellschaft verschafft sich darin nur nochmals Ausdruck. Im selben Maß wie das Privatrecht auf die Bedürfnisse der bürgerlichen Gesellschaft umgestellt wurde, verzehrte sich freilich auch die Anleitungsfunktion der Grundrechte. Sie reduzierten sich auf diejenige Aufgabe, die sie in Amerika angesichts eines schon vor der Revolution bürgerlichen Privatrechts von Anfang an erfüllt hatten. Gegenüber einem vollendeten bürgerlichen Privatrecht behielten sie nur noch defensive Bedeutung.

Seine Vollendung und zugleich seinen reinsten Ausdruck fand das bürgerliche Privatrecht im Code civil. Schon von der Assemblée constituante mit der Weisung, daß er klar, einfach und verfassungskonform zu sein hätte, in Auftrag gegeben, von den nachfolgenden Versammlungen mehrfach in Angriff genommen, wurde er erst unter Napoleon abgeschlossen. Die Verknüpfung von Grundrechten und Privatrecht ging darüber freilich verloren. Napoleon hatte seine Herrschaft etablieren können, indem er den Franzosen das Ende der revolutionären Wirren bei Wahrung der revolutionären Errungenschaften verhieß. Es kam jedoch schnell zum Vorschein, daß damit nur die sozialen, nicht auch die politischen Errungenschaften gemeint waren. Der napoleonische Staat war nur noch der Form, nicht mehr der Sache nach Verfassungsstaat. Das französische Bürgertum ließ sich darauf ein, weil es die politische Freiheit mit fortschreitender Revolution als Bedrohung der privaten empfunden hatte. Um diese zu bewahren, war es bereit, jene an einen machtvollen Herrscher abzutreten. Gerade darin kommt abermals zum Vorschein, daß das bürgerliche Sozialmodell seine conditio sine qua non im Privatrecht hat, während Grundrechte nur ein additionelles, kein essentielles Element bilden.

Die von den Grundrechten wahrgenommene Garantiefunktion erlangte freilich in jenem Moment wieder Bedeutung für das Bürgertum, als mit der Rückkehr der Bourbonen auf den französischen Thron die Gefahr der Restauration des Ancien régime entstand. Hatte die napoleonische Verfassung auf Grundrechte verzichtet, so enthielt die Charte von 1814, die sich oktroyiert gab, aber ausgehandelt war, wieder einen Grundrechtskatalog. Zwar gewährte er dem Volk nicht diejenigen politischen Rechte, die ihm die Revolutionsverfassungen zugedacht hatten, sanktionierte aber den von der Revolution geschaffenen sozialen status quo. Die Grundrechte der Charte übernahmen die Verteidigung der Privatrechtsordnung gegen ihren wieder zur Macht gelangten Gegner. Namentlich genossen den Grundrechtsschutz die Rechtsgleichheit, der Besitz von biens nationaux und der Code civil. So garantiert und während des ganzen 19. Jahrhunderts trotz wechselnder Verfassungen nicht mehr angetastet, schien der Code allerdings den besten Beleg für die Selbständigkeit von Grundrechten und Privatrecht zu bilden. In Wahrheit machte auch hier wie in Amerika die inhaltliche Kongruenz zwischen beiden den inneren Zusammenhang nur unauffällig, und erst die Februar-Revolution des Jahres 1848, die ihrerseits eine Veränderung der Sozialordnung anstrebte, zog ihn für kurze Zeit wieder ans Licht.

3. In Deutschland bestand um die Wende vom 18. zum 19. Jahrhundert weder wie in Amerika eine staatsfreie bürgerliche Gesellschaft, die sich grundrechtlich hätte schützen, noch wie in Frankreich eine starke bürgerliche Bewegung, die nach Übernahme der Staatsmacht ein neues Privatrecht grundrechtlich hätte proklamieren können. Die Legitimität der politisch-sozialen Verhältnisse war noch nicht nachhaltig erschüttert. Indessen gab es, angeregt von der Aufklärung und endgültig freigesetzt durch den Zusammenbruch des traditionellen Ordnungsrahmens in den napoleonischen Kriegen, das Bestreben einzelner Monarchen oder Beamten, aus eigenem Antrieb eine Modernisierung ihrer Territorien in Gang zu setzen. Die Reformmaßnahmen, die vom französischen Staat vergeblich gefordert worden waren, wurden von mehreren deutschen Fürsten freiwillig ergriffen. Ihre Modernisierungspläne betrafen einmal den Verwaltungsapparat, der seinen patrimonialen Charakter abstreifen sollte, zum anderen aber, wie im bürgerlichen Frankreich, die immobil gewordene ständisch-feudale Gesellschafts- und Wirtschaftsordnung. Im Gegensatz zu Frankreich zielten sie aber, da von der traditionellen Staatsgewalt selbst ausgehend, nicht auf eine grundlegende Umgestaltung der politischen Ordnung.

Verfassungen lagen mangels des politischen Vakuums, vor dem Amerika und Frankreich nach ihren erfolgreichen Revolutionen standen und das die planmäßige Neukonstituierung einer legitimen Staatsgewalt erst eigentlich erzwang, nicht in der Konsequenz dieser Reformbestrebungen von oben. Die Reformziele waren vielmehr auf einfachgesetzlicher Ebene, großenteils durch Privatrecht, erreichbar. Dennoch kam es auch in Deutschland alsbald zum Erlaß von Verfassungen mit Grundrechtskatalogen, und zwar abgesehen von zahlreichen kleineren Territorien vor allem in den süddeutschen Staaten. Es handelte sich freilich nicht um Verfassungen, die den Fürsten von einem erstarkten Bürgertum abgerungen wurden, wenngleich das Verlangen nach einer Verfassung seit den Befreiungskriegen gewachsen war. Die Verfassung trat hier vielmehr in den Dienst dynastischer Interessen. Von ihr erhofften sich Landesherr und Reformbürokratie in erster Linie eine Abwehr drohender Souveränitätseinbußen, eine bessere Integration der seit 1803 neuerworbenen Landesteile und eine institutionelle Schwächung der intermediären Gewalten, die die Hauptopfer der Modernisierung von oben waren. Der Staat stand aber zu keinem Zeitpunkt unter dem Zwang, die Priorität des Öffentlichen preiszugeben und sich selbst dem Privatinteresse dienstbar zu machen.

Diese Genese färbte auf die süddeutschen Grundrechtskataloge ab. Als Rechte, die nicht vom Bürgertum erstritten, sondern vom Staat freiwillig verliehen worden waren, fehlte ihnen sowohl die naturrechtliche Begründung wie die offensive Tendenz. Sie drängten keinen Gesetzgeber zur Herstellung der bürgerlichen Gesellschaft. Diese lag ja nicht als solche im Interesse der staatlich initiierten Reformen. Die süddeutschen Reformen blieben vielmehr, noch stärker als die preußischen, auf den bestehenden Staat und seine Räson bezogen. Die landesherrlichen Bestrebungen richteten sich auf eine Konzentration der gesamten öffentlichen Gewalt beim Staat, was eine politische Nivellierung der Untertanen bedeutete, sowie auf die Freisetzung von Wirtschaftskräften, was Eingriffe in die feudale Agrar- und die zünftische Gewerbestruktur erforderte. Soweit diese Ziele zugleich bürgerlichen Interessen entgegenkamen, gingen Staat und Bürgertum denselben Weg. Weder war aber das Bürgertum stark genug, den Staat zu weiterreichenden Zugeständnissen zu zwingen, noch der Staat, die Opposition der privilegierten Stände völlig zu übergehen. Das führte zu einem für die erste Hälfte des 19. Jahrhunderts charakteristischen Mischzustand feudaler und bürgerlicher Elemente, der auch die Funktion der Grundrechte prägte.

Freiheit und Gleichheit, die in Amerika und Frankreich zu sinngebenden Maximen der Gesamtordnung geworden waren, konnten sich hier nur soweit entfalten, wie der monarchische Staat selbst an ihnen interessiert war. Der staatliche Angriff auf die Adelsvorrechte hatte vor allem den grundherrlichen Hoheitsfunktionen gegolten, die wirtschaftliche Seite des Feudalsystems aber noch in erheblichem und nach dem Wiener Kongreß sogar wieder vermehrten Umfang bestehen lassen müssen. Die Gleichheitsgarantien konnten daher nicht wie in Frankreich und Amerika in einer Generalklausel formuliert werden. Sie waren kasuistisch gefaßt und bezogen sich im wesentlichen auf die öffentlichrechtliche Gleichheit der Besteuerung, des Ämterzugangs und der Dienstpflicht, nicht dagegen auf die privatrechtliche Gleichheit aller Untertanen. Ebensowenig verliehen die Eigentumsverbürgungen jene umfassende Dispositionsfreiheit, die sie in Amerika und Frankreich charakterisierte. Da wesentliche Elemente des Feudalsystems die Reformperiode überdauerten, bezogen sie sich vornehmlich auf den Schutz vor staatlichem Entzug des Eigentums, weniger auf seinen freien Gebrauch. In diesem Punkt begnügten sich die Verfassungen vielmehr mit Gesetzgebungsaufträgen bezüglich der Grundentlastung, deren Verwirklichung aber durch die verfassungsrechtliche Vetoposition des hohen Adels von vornherein stark erschwert war.

Von den süddeutschen Grundrechten ging unter diesen Umständen kein privatrechtsverändernder Impuls aus. Sie bildeten vielmehr eine Selbstbeschränkung zuvor absoluter Staaten, die damit eine von ihnen selbst herbeigeführte Sozialreform gegen Rückfälle absicherten. Insofern glichen sie freilich den Grundrechten Amerikas und denjenigen Frankreichs nach 1814. Wie jene hatten sie keine dynamische Funktion, sondern garantierten einen sozialen status quo. Dieser war im Privatrecht definiert, auf dessen Entwicklungsstand die Grundrechte bezogen blieben. Im Unterschied zu Amerika, wo die Grundrechte eine längst etablierte bürgerliche Gesellschaft vor den Gefahren politischen Machtmißbrauchs schützten, und zum restaurativen Frankreich, wo sie die Ergebnisse einer bürgerlichen Revolution gegen einen politischen Systemwechsel verteidigten, trafen die süddeutschen Grundrechte aber auf ein kaum halb bürgerliches Privatrecht, dessen Vollendung der Staat zur Zeit weder bewirken wollte noch konnte. Die Grundrechte fügten diesem Zustand nichts hinzu. Ihre Freiheitsgarantien reichten so weit wie das Privatrecht selbst. Die verfassungsmäßige Garantie von Freiheit und Eigentum bedeutete die Anerkennung der gesetzlichen Privatrechtsordnung durch den Staat, hatte aber für deren Inhalt keine selbständige Bedeutung.

Die Fortführung der Reformen behielt sich nach dem Verteilungsprinzip der deutschen Verfassungen der Monarch allein vor. Die Grundrechte machten sie ihm weder zur Pflicht noch gaben sie verbindliche Direktiven für den Fall, daß er aus eigenem Antrieb die Reforminitiative wieder ergriff. Sie erlegten ihm lediglich Eingriffsschranken auf und boten damit der Gesellschaft eine Handhabe gegen Versuche, den erreichten Freiheitsstandard wieder rückgängig zu machen. Diese Handhabe war der Gesetzesvorbehalt, der sozusagen die organisatorische Seite des Grundrechtsschutzes bildete. Das kam in den Verfassungen auch sprachlich zum Ausdruck. Die Grundrechte garantierten Freiheit und Eigentum des Einzelnen gegenüber der Staatsgewalt. Der Gesetzesvorbehalt machte Eingriffe in Freiheit und Eigentum von der gesellschaftlichen Zustimmung in Form des Gesetzes abhängig. Dagegen gab es keinen gesetzesüberschießenden Grundrechtsgehalt, infolgedessen auch keine Inhaltskontrolle von Gesetzen am Maßstab der Grundrechte. Aus den Gesetzen ließ sich also der konkrete Gehalt des Grundrechtsschutzes ablesen. Die später herrschend gewordene Anschützsche Grundrechtstheorie hat hier ihre Wurzel.

4. Die These vom materiellen Vorrang des Privatrechts für die bürgerliche Gesellschaft bestätigt sich schließlich noch an jenen Ländern, in denen es bis 1848 gar nicht zur Verkündung von Grundrechten kam. Dazu gehörten die beiden größten deutschen Staaten, Österreich und Preußen. In Preußen schlossen die Pläne der Reformer zwar eine Verfassung, die das Verhältnis zwischen reformiertem Staat und reformierter Gesellschaft auf eine neue Grundlage von Freiheit und Teilhabe stellen sollte, ein, stießen dort aber auf weit größere Schwierigkeiten als in Süddeutschland. Konnten die süddeutschen Verfassungen auf einer in der relativ kurzen Phase innerer Vollsouveränität unter napoleonischer Rückendeckung vorangetriebenen Gesellschaftsreform aufbauen und deren Ergebnisse mit erhöhter Bestandskraft versehen, so mußten Verfassung und Sozialreform in Preußen gegen stärkere innere Widerstände und ohne machtvolle äußere Unterstützung gleichzeitig vorangetrieben werden. Unter diesen Umständen bedeutete aber die verfassungsmäßige Mitwirkung der Gesellschaft an politischen Entscheidungen vor dem Abschluß der Sozialreformen fast zwangsläufig ein Veto gegen diese. So wurde die Verfassung

schließlich von den Reformbeamten selbst solange hinausgeschoben, bis sie gegen eine seit 1814 kontinuierlich erstarkende Reaktion schließlich undurchsetzbar geworden war.

Dennoch stand Preußen auf dem Weg zur bürgerlichen Gesellschaft nicht etwa hinter den süddeutschen Verfassungsstaaten zurück. Es war in Richtung auf dieses Ziel im Gegenteil weiter fortgeschritten. Die Bodenbefreiung hatte sich, wiewohl stark gebremst, doch weiter ausgebreitet als in Süddeutschland, wo sie der freiwilligen Vereinbarung der Beteiligten überlassen blieb. Vor allem war aber der gewerbliche Sektor in Preußen gegen alle Widerstände aus dem Handwerkerstand konsequent liberalisiert worden. Diese bürgerlichen Einbrüche in die ständisch-feudale Sozialordnung, die vom preußischen ALR schon kurz nach seinem Erlaß nur einen Torso übrigließen, wurden von der herrschenden Rechtslehre, deren Repräsentant Savigny war, nun konsequent verallgemeinert. Savigny vertrat die Ansicht, daß Privatrecht nicht eigentlich eine Schöpfung des staatlichen Gesetzgebers sei, sondern im Volke organisch wachse und vom Staat höchstens schriftlich aufgezeichnet werden dürfe. Da er Privatrecht gleichzeitig ganz im bürgerlichen Sinn als Abgrenzung individueller Freiheitssphären verstand, bedeutete seine Theorie nichts anderes als die Ausgrenzung einer Zone gesellschaftlicher Autonomie aus der Regelungskompetenz des politisch nach wie vor absoluten Staates. Die schrankenziehende Funktion der Grundrechte sollte vom Privatrecht selbst wahrgenommen werden.

Noch deutlicher wurde diese Ersatzfunktion von Privatrecht in den preußischen Rheinprovinzen. Dort waren in der Zeit der Zugehörigkeit zu Frankreich nicht nur die Institutionen des Ancien régime abgeschafft worden, seit 1804 galt im Rheinland vielmehr auch der Code civil. Diesen verteidigten die Rheinländer hartnäckig gegen die Absicht des preußischen Justizministers, die erworbenen Gebiete privatrechtlich dem ALR zu unterstellen. Dabei kam ihnen freilich der Umstand zu Hilfe, daß das ALR in seiner ursprünglichen Form überholt und selbst reformbedürftig war. Solange der Übergang Preußens zum Verfassungsstaat noch in Aussicht stand, führten die Rheinprovinzen ihren Kampf mit dem Argument, daß verfassungsmäßig gewährleisteten Grundrechten allein ein bürgerliches Privatrecht, wie es der Code civil enthalte, entspreche. Nachdem sich die Hoffnung auf eine Verfassung mit dem Tode Hardenbergs endgültig zerschlagen hatte, verlagerte sich die Argumentation auf die inhaltliche Überlegenheit des Code. Er sicherte dem rheinischen Bürgertum jenen Freiraum, den es unter Napoleon als profitabel erfahren hatte und nicht mehr aufgeben wollte. Mangels grundrechtlichen Schutzes des erreichten Freiheitsstandards wurde das freiheitliche Privatrechtsgesetzbuch nun selbst zur Verteidigungslinie. Der Code civil fungierte als Grundrechtsersatz.

Ein Versuch, die Funktion der Grundrechte – aus dem umfassenden Regelungsanspruch des Staates einen Bereich eigenbestimmten Verhaltens der Individuen auszugrenzen – ohne verfassungsrechtliche Vermittlung dem Privatrecht direkt zu übertragen, fand auch in dem anderen deutschen Großstaat, Österreich, statt. In Österreich hatten, von der kurzen Herrschaft Leopolds ii. abgesehen, nie ernsthafte Verfassungspläne bestanden. Schon seit der Mitte des 18. Jahrhunderts waren aber Bestrebungen zur Kodifikation des Privatrechts im Gang. Unter dem Eindruck der Aufklärung und der beginnenden Französischen Revolution verstärkte sich nicht nur die liberale Tendenz in den Projekten, vielmehr gelangte in den Entwurf Martinis von 1791 auch ein Vorspann, der in dreißig Artikeln das Verhältnis zwischen Staat und Individuen regelte. Er verstand sich als Ausdruck des Zusammenhangs von Grundrechten und Privatrecht, den das Freiheitsprinzip herstellte, das eine horizontale und eine vertikale Komponente besaß. Privatrechtlich wurde es realisiert und grundrechtlich garantiert. Solange eine Verfassung, welche die in der horizontalen intendierte Freiheit in die Vertikale verlängerte, nicht erreichbar schien, sollte sich der Staat wenigstens auf der privatrechtlichen Ebene selbst zum Respekt der gesellschaftlichen Autonomie verpflichten.

Mit der Thronbesteigung Franz' ii. geriet jede Beschränkung des Staates zugunsten der Bürger unter Revolutionsverdacht. Der grundrechtliche Vorspann mußte genau wie sein Pendant in dem preußischen AGB im Zuge der beginnenden Restauration aus dem Gesetzentwurf gestrichen werden. Trotz der verschlechterten Bedingungen versuchte aber der Schöpfer der österreichischen Kodifikation, Zeiller, die bürgerliche Freiheit der Sache nach zu bewahren. Zu diesem Zweck verzichtete er ausdrücklich auf jeden grundrechtlichen Anklang in seinem Entwurf und konzentrierte seine Anstrengungen ganz auf die freiheitliche Gestaltung der Rechtsbeziehungen der Bürger untereinander. Wie Savigny in Preußen bemühte er dazu eine bestimmte Privatrechtstheorie.

Hatte Savigny das Privatrecht dem staatlichen Zugriff mit dem Argument zu entziehen gesucht, es wurzele im Volksgeist, so beharrte Zeiller darauf, daß es in der Natur wurzele. Von Natur aus sei aber jeder Mensch frei und in dieser Freiheit jedem anderen Menschen gleich. Das Recht habe nicht die Aufgabe, dem Einzelnen einen bestimmten Gebrauch seiner Freiheit vorzuschreiben, sondern nur die Freiheit aller miteinander vereinbar zu machen. Es müsse also diejenigen Freiheitsgrenzen festsetzen, die erforderlich seien, damit alle ihre Freiheit gleichermaßen genießen könnten.

Aus der naturrechtlichen Wurzel dieser Grundsätze folgerte Zeiller, daß sie mit Hilfe bloßer Vernunft allgemein erkennbar und ohne Rücksicht auf die jeweiligen politischen Verhältnisse universal gültig seien. Wie für Savigny war der Staat nicht Schöpfer des Privatrechts. Seine Funktion bestand vielmehr nur darin, den vorgegebenen Inhalt, weil nicht jeder ihn klar erkannte oder bereitwillig befolgte, verbindlich zu fixieren und im Konfliktfall zwangsweise durchzusetzen. Mit dieser Theorie gelang es Zeiller, sich gegen seinen Antipoden Sonnenfels, der von der politischen Bedingtheit auch des Privatrechts ausging und daraus die Berechtigung staatlicher Privatrechtsschöpfung ableitete, durchzusetzen und Österreich inmitten der politischen Restauration eine Privatrechtskodifikation zu verschaffen, die wie der Code civil auf der Grundlage der Privatautonomie beruhte. Zeiller tat damit nichts anderes als auf ihre Weise die Rheinländer und Savigny, nämlich die individuelle Freiheit dorthin zu retten, wo sie im Zeichen erstarkender Reaktion allein noch möglich schien: ins Privatrecht. Dieses sollte nun dem Staat die Schranken ziehen, hinter denen sich die bürgerliche Freiheit entfalten konnte. Auch in Österreich fungierte es als Grundrechtssurrogat.

III.

Die skizzierten Beispiele bestätigen, daß zwar Privatrecht die Funktion von Grundrechten übernehmen kann, nicht aber umgekehrt. Grundrechte bereiten der bürgerlichen Gesellschaft günstige Bedingungen für ihre Zwecke, stellen sie aber noch nicht her, weil der grundrechtlich geschaffene Freiraum ohne grundrechtsausfüllendes Privatrecht gesellschaftlich unbenutzbar, Privatrecht dagegen auch ohne grundrechtliche Bestandsgarantien praktikabel ist. Daraus folgt freilich noch nicht automatisch, daß die Grundrechte angesichts eines freiheitlichen Privatrechts überflüssig werden. Vielmehr drängt gerade das österreichische Beispiel zu der Frage, welche Wirkung ein bürgerliches Privatrecht ohne grundrechtliche Zusatzgarantien zu erzielen vermag. Englische Verhältnisse traten bekanntlich in Österreich durch den Erlaß eines liberalen Privatrechts nicht ein. Es steht im Gegenteil außer Zweifel, daß Österreich trotz seines bürgerlichen Gesetzbuchs von 1811 sozial dem Ancien régime verhaftet blieb, von den politischen Verhältnissen ganz zu schweigen. Standesschranken und feudale Bodenbindungen galten, wie das Einführungspatent andeutete, auch nach diesem Zeitpunkt fort, und der gewerbliche Sektor war weiterhin durch Zunftzwang, Niederlassungs-, Produktions- und Vertriebsbeschränkungen geprägt.

Das Allgemeine Bürgerliche Gesetzbuch spiegelte unter diesen Umständen eine private Bewegungsfreiheit vor, die in Wirklichkeit nicht bestand. Es hatte seinen bürgerlichen Charakter durch konsequente Ignorierung aller ständischen Sonderrechte erkaufen müssen, deren Weitergeltung nur hier und da in Gestalt einer Verweisung durchschimmerte. Dem Anschein zum Trotz kam es allein dort zur Anwendung, wo der Staat gegen Individualfreiheit nichts einzuwenden hatte, und dieser Bereich war im vormärzlichen Österreich schmal. Auf weite Strecken blieb es ein Vorgriff auf die Zukunft. Aus diesem Grunde darf die These von der Privatrechtsakzessorietät der Grundrechte im 19. Jahrhundert nicht so verstanden werden, als sei es für die individuelle Freiheit gleichgültig gewesen, ob Grundrechte bestanden oder nicht. Gründete die Freiheit lediglich im Privatrecht, so konnte der Staat weiter uneingeschränkt über den Rahmen der Freiheit verfügen. Die bürgerliche Gesellschaft war seinem Wohlwollen ausgeliefert. Insofern genügte ein bürgerliches Privatrecht sich nicht selbst, sondern war auf normative Schranken der Staatsgewalt angewiesen, die nur auf der Ebene des öffentlichen Rechts, eben in Gestalt von Grundrechten, errichtet werden konnten. Das galt um so mehr, je weniger die Interessenten an individueller Freiheit im Staat mitbestimmen durften.

In beidem waren die süddeutschen Länder Österreich und auch Preußen voraus. Zwar vermochte unter den Bedingungen des monarchischen Prinzips die bürgerliche Gesellschaft auch in Süddeutschland das Staatshandeln nicht positiv zu bestimmen. Sie besaß in Gestalt der Grundrechte und des ihnen zugeordneten Gesetzesvorbehalts aber zumindest ein Mittel, staatliche Zugriffe auf den einmal erreichten Freiheitsstandard abzuwehren. Die Verfassung verhinderte einseitige Verfügungen über den Freiheitsrahmen. Preußen und Österreich holten den süddeutschen Vorsprung erst im Gefolge der Revolution von 1848 ein, die die Überreste des Feudalsystems beseitigte und die Konstitutionalisierung des Staates herbeiführte oder zumindest einleitete. Hier wurden freilich die Unterschiede zwischen dem Privatrecht der beiden Länder bedeutungsvoll. Während das preußische ALR, das der juristische Ausdruck der ständisch-patrimonialen Gesellschaft gewesen war, den Untergang dieser Gesellschaftsformation nicht überdauern konnte, entfaltete sich das bürgerliche ABGB Österreichs im selben Augenblick erst zu seiner ganzen Kraft. Mit der Revolution von 1848 und vollends unter dem Schutz von Grundrechten konnte es die freiheitliche Verheißung erfüllen, die 50 Jahre zuvor gegeben worden war.

Allerdings ließ sich mit keinem der deutschen Grundrechtskataloge die Freiheit weiter ausdehnen, als es der von der bürgerlichen Gesellschaft unabhängig gebliebene Staat ausdrücklich gestattet hatte. Die Grundrechte der deutschen Verfassungen waren nur defensiv verwendbar. Sollte der Freiheitsrahmen ausgeweitet werden, mußte ein offensives Grundrechtsverständnis Platz greifen, wie es Frankreich 1789 vorgeführt hatte. Die offensive Wirkung der Grundrechte, die die grundrechtlich proklamierte Freiheit auch in solche Bereiche erstreckte, die ihr bisher vorenthalten wurden, entfaltet sich freilich nicht von selbst. Sie verweist vielmehr auf einen an der Freiheit interessierten Gesetzgeber. Auch das war schon in der Französischen Revolution so gewesen. Diese Voraussetzung fehlte, solange die parlamentarischen Versammlungen weder die gesamte Gesellschaft repräsentierten noch ihren Willen gegen den Monarchen und seine Exekutive durchsetzen konnten. Hier liegt die Ursache für die Zusammengehörigkeit von Grundrechten und Demokratie, die im Westen erkannt, wenn auch nicht durchweg praktiziert war, in Deutschland dagegen ein unerfülltes Postulat blieb.

Als die Realisierung des Postulats in greifbare Nähe rückte, scheute das deutsche Bürgertum vor den Konsequenzen zurück. Das Verlangen nach Übernahme oder zumindest Teilhabe an der Staatsgewalt wich der Furcht, die private Freiheit dann möglicherweise mit dem nachdrängenden Vierten Stand teilen zu müssen. So beschränkte es sich auf die widerstandslos erfüllte Forderung nach Beseitigung der ständisch-feudalen Relikte in der Rechtsordnung, verzichtete aber ganz wie seinerzeit das französiche Bürgertum gegenüber Napoleon auf die Geltendmachung politischer Rechte. Die Grundrechte gerieten dadurch in eine neue Rolle. Hatte ihnen bisher eine Tendenz zur Ausweitung der Freiheit innegewohnt, so wandelten sie sich nun zum Bollwerk, hinter dem sich das Bürgertum mit staatlicher Assistenz gegen die Freiheitsforderungen der unterbürgerlichen Schichten verschanzte. Die Grundrechte garantierten weiterhin Privatrecht, aber es handelte sich um ein Privatrecht, von dem immer deutlicher wurde, daß es seine Verheißung gleicher Freiheit nicht erfüllte. Doch wird damit ein neues Kapitel im Verhältnis von Grundrechten und Privatrecht angeschnitten, das über den zeitlichen Rahmen des Beitrags hinausgeht.

Das Verhältnis von politischer und privater
Freiheit bei Zeiller

A.

Als Zeiller bei seinem berühmten Vortrag vom Dezember 1801 vor der Hofkommission in Gesetzsachen ausführte, die Gerechtigkeit verlange, »daß man durch die bürgerlichen Gesetze die Freiheit der Untergebenen ohne Not nicht beschränke. Freie Tätigkeit sei das Streben eines jeden vernünftigen Wesens; ohne diese könne der Mensch Zufriedenheit und Glückseligkeit, deren Begriff nur von seinen eigenen, nicht von fremden Vorstellungen und Neigungen abhänge, nimmermehr erreichen. Der Gesetzgeber sei zwar Vater seiner Untertanen ...; aber vollbürtige Kinder dürften nicht am Gängelbande geführt werden«[1], da hatte sich die österreichische Politik vom Freiheitspostulat längst entfernt. Mit dem plötzlichen Tod Leopolds II. am 1. März 1792 endete die Reformära in Österreich, ehe sie in anderen deutschen Staaten noch eingeleitet worden war, und machte einem Regime Platz, das ganz aus der Negation der Französischen Revolution lebte, und zwar einer Negation, die die Frage nach den Ursachen und Anlässen dieser Revolution ebenso von sich wies wie die Unterscheidung zwischen Umsturz und Reform. Der status quo wurde absolut gesetzt, die Veränderung als solche verpönt.[2] Die begonnene Bauernbefreiung kam genauso zum Stillstand wie der Abbau der Adelsprivilegien. An eine Verfassung, wie sie Leopold als Großherzog von Toskana seinem Lande aus freien Stücken geben wollte[3], war gar nicht mehr zu denken. Sein Nachfolger Franz II. verstand sich weder als

1 J. Ofner, Der Ur-Entwurf und die Berathungsprotokolle des Östereichischen Allgemeinen bürgerlichen Gesetzbuches I, 1889, 5.
2 Vgl. zum franziszeischen System etwa F. Walter, Die österreichische Zentralverwaltung II/1/2/2, 1956, 1 ff.; ders., Österreichische Verfassungs- und Verwaltungsgeschichte, 1972, 119 ff.; O. Brunner, Staat und Gesellschaft im vormärzlichen Österreich, in: W. Conze (Hg.), Staat und Gesellschaft im deutschen Vormärz, 1962, 39; K. Epstein, Die Ursprünge des Konservatismus in Deutschland, 1973, 495 ff.; E. Wangermann, From Joseph II. to the Jacobin Trials, 1959; D. Silagi, Jakobiner in der Habsburger Monarchie, 1962.
3 Vgl. zum toskanischen Verfassungsprojekt J. Zimmermann, Das Verfassungsprojekt des Großherzogs Peter Leopold von Toskana, 1901; A. Wandruszka, Leopold II., 1, 1963, 368 ff.

Erneuerer der österreichischen Gesellschaft aus dem Geist der Aufklärung wie Josef II. noch gar als der »Delegierte des Volkes« wie sein Vater[4], sondern als Herrscher mit überlegener Einsicht in das wahre Beste der Untertanen, auf den die Mission fiel, die traditionelle Ordnung gegen die französischen Einflüsse zu verteidigen. Allein das Polizeisystem wünschte er sich wieder ganz so, wie es sein Onkel eingerichtet hatte, und noch 1792 gelangte der von Leopold entlassene Polizeiminister Pergen erneut ins Amt. Seit der Aufdeckung der Jakobiner-Verschwörung im Sommer 1794 wandelte sich das System des Immobilismus zum Polizeistaat, der schon die kritische Reflexion auf den status quo verfolgte. Die Zensur wurde zum Signum der Epoche, so intensiv betrieben, daß man die diesbezüglichen Vorschriften der Karlsbader Beschlüsse in Österreich nicht einmal bekanntmachte, weil sie an Strenge hinter dem einheimischen Rechtszustand zurückblieben. In der Zensurvorschrift von 1810 heißt es: »Seine Majestät, unablässig bemüht, das Wohl aller und der einzelnen auf jedem Wege zu befördern, überzeugt, daß die Verbreitung nützlicher Kenntnisse, die Vervollkommnung der Einsichten, verbunden mit der Veredelung der Gesinnungen, zu den vorzüglichsten Mitteln gehören, ersteres zu bewirken; wohl wissend, daß eine zweckmäßig geleitete Lese- und Schreibfreiheit besonders geeignet sei, diese herbeizuführen; dabei aber ganz eingedenk der obersten Regenten- und Vaterspflichten, welche die intellektuelle und sittliche Bildung, wie die Sorge für den physischen Wohlstand umfassen, und es ebenso wenig gestatten, die Untertanen am Geiste und Herzen, als an ihrem Körper verderben zu lassen, haben allergnädigst geruht, folgende Grundsätze für die künftige Leitung des Zensurwesens, und als Maßregeln für das Benehmen der Zensoren zu bestimmen«.[5] Besinnt man sich angesichts dieser staatlichen Selbstcharakterisierung nochmals auf die eingangs zitierte Forderung Zeillers, so läßt sich nur von einem Kontrastprogramm sprechen. Zeiller selbst kann dieser Gegensatz nicht verborgen geblieben sein. Er hatte die josephinischen Reformen bewußt erlebt, beim Regierungsantritt Leopolds II. stand er im vierzigsten Lebensjahr. Die Wende von 1792 war unübersehbar. Dennoch hoffte er, in dem System politischer Unfreiheit eine Privatrechtskodifikation zu verwirklichen,

4 Vgl. Leopolds »Glaubensbekenntis« vom 25. Januar 1790, abgedruckt bei Wandruszka, Leopold II., II, 1964, 217.
5 Abgedruckt bei J. Marx, Die österreichische Zensur im Vormärz, 1959, 73 ff.

die auf dem Freiheitsprinzip beruhte. Es ist dieser Widerspruch, der die folgenden Überlegungen herausgefordert hat. Wie wollte Zeiller ihn auflösen? Was bedeutet privatrechtliche Freiheit unter politischer Unfreiheit? Welches Verhältnis besteht überhaupt zwischen Staatsrecht und Privatrecht?

B.

1. Zeillers Programm

1. Der Versuch grundrechtlicher Freiheitssicherung bei Zeillers Vorgänger Martini

Richtet man diese Fragen an Zeiller als Privatrechtsgesetzgeber, so stellen sich zunächst allerdings Zweifel ein, wie ernst er das Freiheitspostulat in der legislatorischen Praxis denn zu nehmen gedachte. Zeillers Eintritt in die Kodifikationsarbeiten scheint für die Freiheit nämlich mit einem Rückschritt verbunden. Zeiller gehörte einer Kommission an, die von Franz II. den Auftrag erhalten hatte, den sogenannten Ur-Entwurf zum ABGB, der auf eine Vorlage Martinis zurückging und seit 1797 probeweise in Galizien galt, im Lichte der dortigen Erfahrungen und der Stellungnahmen von Universitäten und Gerichten zu überprüfen.[6] Martini, der 1790 von Leopold II. mit der Bearbeitung des Privatrechtsgesetzbuchs betraut worden war, hatte eine möglichst wirksame Sicherung der individuellen Freiheit angestrebt. Martini hing jenem aufgeklärten Vernunftrecht an, für das im Sozialvertrag nicht mehr eine totale Übereignung der natürlichen Rechte an den Herrscher stattfand. Der Sinn der Staatsbildung bestand vielmehr gerade in der besseren Sicherung der natürlichen Rechte, die der Herrscher nur noch soweit einschränken durfte, wie es der Gesellschaftszweck erforderte.[7] Im Zuge der Privatrechtskodifikation setzte

6 Zum Verlauf der österreichischen Kodifikation vgl. etwa P.H. v. Harrasowsky, Geschichte der Kodifikation des österreichischen Zivilrechts, 1868; ders., Der Codex Theresianus und seine Umarbeitungen I-V, 1883-86; F. Wieacker, Privatrechtsgeschichte der Neuzeit, 2. Aufl. 1967, 335 ff.; H. Strakosch, Privatrechtskodifikation und Staatsbildung in Österreich, 1976.

7 Vgl. etwa K. A. v. Martini, Erklärung der Lehrsätze über das allgemeine Staats- und Völkerrecht I, 1791, §§ 13 ff., 44, 82 ff.; ders., Lehrbegriff des Natur-, Staats- und Völkerrechts II, 1784, 172, 177 ff. Dazu besonders H. Conrad,

Martini diese Theorie in einen Katalog der Rechte des Individuums gegenüber dem Staat um, den er dem eigentlichen Privatrecht voranstellte. Dieser Katalog, der mit geringen Modifikationen auch in den Ur-Entwurf einging, beginnt unter dem Titel »Von bürgerlichen Rechten und Pflichten überhaupt« mit dem Satz: »Wenn Menschen in einer bürgerlichen Gesellschaft vereinigt sind, so hören deshalb die ihnen angeborenen Rechte so wenig auf, als ihre natürlichen Pflichten; nur eine gewisse Richtung und Beschränkung derselben findet alsdann insoferne statt, als diese zur Erreichung des oben angeführten Endzwecks nötig ist«.[8] Dann folgen dreißig Paragraphen, in denen unter anderem das Recht auf Leben, Persönlichkeitsentfaltung, Eigentum, Vertragsfreiheit, Rechtsgleichheit sowie eine Rechtsweggarantie auch gegen den Landesherrn, freilich keinerlei politische Mitwirkungsrechte enthalten sind. Die Freiheit des aufgeklärten Naturrechts bestand nicht in der Konstituierung politischer Mitsprache der Bürger, sondern in der Ausgrenzung einer staatsunabhängigen Privatsphäre. Für Martini rechtfertigte sich die Aufnahme eines solchen Grundrechtskatalogs in das Privatrecht damit, daß öffentliches und privates Recht keine Gegensätze bildeten, sondern eine gemeinsame Grundlage im Staatszweck hätten.[9] Inhaltlich konnten sie daher nicht getrennte Wege gehen, sondern mußten denselben Prinzipien folgen. Solange das öffentliche Recht nicht ebenfalls kodifiziert war, wollte Martini diese Prinzipien wenigstens als Vorspann des Privatrechtsgesetzbuchs festgestellt wissen. Martini stand mit solchen Überlegungen damals nicht allein. Vielmehr setzte sich auch die böhmische Begutachtungskommission für eine staatsrechtliche Einleitung ein, die als »politischer Katechismus« dienen und die Bevölkerung über das Verhältnis zwischen Herrscher und Untertanen aufklären sollte.[10] Desgleichen regte Sonnenfels, der schon von Maria Theresia beauftragt worden war,

Rechtsstaatliche Bestrebungen im Absolutismus Preußens und Österreichs am Ende des 18. Jahrhunderts, 1961; ders., Staatsgedanke und Staatspraxis des aufgeklärten Absolutismus, 1971.

8 K. A. v. Martini bei Ph. H. Ritter von Harrasowsky (Hg.), Der Codex Theresianus und seine Umarbeitungen, Bd. v, 1886, II § 1; Urentwurf I § 28 bei Ofner (Anm. 1).

9 Vgl. etwa Lehrsätze (Anm. 7) §§ 44 ff., 80 ff. Dazu W. Leisner. Grundrechte und Privatrecht, 1960, 20, der Martinis Lehre als einen »Höhepunkt freiheitlicher Gemeinsamkeit zwischen dem öffentlichen und dem privaten Recht« bezeichnet.

10 Harrasowsky, Codex Theresianus v (Anm. 8), 3 Fn. 1.

einen politischen Kodex vorzubereiten, unter dem Eindruck der
Französischen Revolution bei Leopold II. an, die Rechte des Einzelnen gegenüber dem Staat in einer Verfassung zu fixieren, und
die Hofkanzlei befürwortete diesen Vorschlag mit dem Hinweis,
daß die Menschenrechte nicht deswegen verschwiegen werden
dürften, weil sie in Frankreich Anlaß zu Gewalt gegeben hätten.[11]
Schon damals zog aber der Gedanke, die Freiheit des Einzelnen
gegenüber dem Herrscher in einem Grundrechtskatalog zu sichern, auch Kritik auf sich. In Österreich seien Grundrechte
überflüssig, bemerkte Hatzfeld im Staatsrat und fand dafür die
ausdrückliche Zustimmung des Thronfolgers Franz.[12] Als dieser
die Nachfolge seines Vaters angetreten hatte, gewann der grund-
rechtsfeindliche Standpunkt die Oberhand. Eine von Franz II. zur
Überprüfung des Martinischen Entwurfs eingesetzte Revisions-
kommission warnte 1795 vor den grundrechtlichen Bestimmungen, weil sie »bedenkliche Ideen vom contractu sociali« weckten
und »für den gemeinen Mann nicht faßlich sein würden, dennoch
aber zu schiefen Auslegungen Anlaß geben könnten«.[13] Auch
Sonnenfels, der es stets so einzurichten wußte, daß seine Prinzipien nicht seinen Einfluß minderten, schwang sich nun auf die
Woge der Revolutionsfurcht und erklärte, daß man in Frankreich
gesehen habe, »wie der Haufe die ihm unbehutsam angebotenen
Sätze von Menschenrechten, von Freiheit und Gleichheit versteht und kommentiert«. Sie hätten vielleicht als Direktive für
den Gesetzgeber ihren Sinn, den Untertanen könnten sie nur
Anreiz zu »verwegenen Vernünfteleien« sein.[14] Sonnenfels wollte damit freilich den staatsrechtlichen Vorspann nicht überhaupt
zu Fall bringen, sondern nur den Martinischen Entwurf diskre-
ditieren, um einen eigenen an dessen Stelle zu setzen. Er ist be-

11 Zum politischen Kodex und der Rolle Sonnenfels' besonders S. Adler, Die politische Gesetzgebung in ihren geschichtlichen Beziehungen zum allgemeinen bürgerlichen Gesetzbuche, in: Festschrift zur Jahrhundertfeier des ABGB, Teil 1,
   1911, 83; dort, 100, auch die Promemoria von Sonnenfels und, 101 ff., die Stellungnahme der Hofkanzlei. Ferner K.H. Osterloh, Joseph von Sonnenfels und
   die österreichische Reformbewegung im Zeitalter des aufgeklärten Absolutismus, 1970, bes. 179 ff.
12 Vgl. Adler, ABGB-FS 1 (Anm. 11), 104.
13 Harrasowsky, Codex Theresianus V (Anm. 8), 4 Fn. 1, 16 Fn. 2. Vgl. zu der
   Wende auch M. Wellspacher, Das Naturrecht und das allgemeine bürgerliche
   Gesetzbuch, ABGB-FS 1 (Anm. 11), 179 ff.; Adler, ABGB-FS 1 (Anm. 11), 110 ff.
14 Adler, ABGB-FS 1 (Anm. 11), 115 f.

kannt und vollzieht die ungeteilte Rückwendung zum Absolutismus.[15]

2. Die Abkehr von grundrechtlicher Freiheitssicherung bei Zeiller

Das war der Stand, als Zeiller zu den Kodifikationsarbeiten hinzugezogen wurde. Zeiller, der die Freiheit des Individuums zum Prinzip der Rechtsordnung erhoben hatte, verteidigte nun aber keineswegs seinen Lehrer Martini gegen die Kritiker, sondern ging sogar einen Schritt über Sonnenfels hinaus und empfahl 1801, den Grundrechtsteil überhaupt aus dem Privatrecht zu streichen. Zeiller stützte diesen Antrag auf zwei Erwägungen. Die erste war wissenschaftstheoretischer Natur. Der Martinischen Einleitung liege ein überholtes Rechtsverständnis zugrunde.[16] Sie gehe davon aus, daß es die Aufgabe des Rechts sei, das Sittengesetz zu verwirklichen. Demgegenüber wisse man heute, daß das Recht Moral nicht durchzusetzen, sondern nur zu ermöglichen habe. Anknüpfungspunkt des Rechts sei nicht ein objektives Gutes, vielmehr die subjektive Freiheit. Diese könne freilich nicht schrankenlos gedacht werden, daher bedeute Recht »die Einschränkung der Freiheit auf diejenigen Handlungen, womit die freie Tätigkeit anderer vereinbarlich ist«.[17] Zeiller setzte hier Martini nichts anderes als den Kantischen Rechtsbegriff entgegen, der um die Jahrhundertwende den Trennungsstrich zwischen älterem und neuerem Naturrecht zog.[18] Nun waren mit einem solchen Rechtsbegriff zwar in der Tat verschiedene Sätze der Einleitung unvereinbar, so der, daß Recht alles sei, »was an sich selbst gut ist, was nach seinen Verhältnissen und Folgen etwas Gutes enthält, oder hervorbringt, und zur allgemeinen Wohlfahrt beiträgt«[19], nicht aber Menschenrechte überhaupt. Der von Zeiller übernommene Kantische Rechtsbegriff, der das Individuum in eine umfassend gedachte und dem Staat unverfügbare Entscheidungsfreiheit versetzte, forderte Grundrechte im

15 Ebenda, 117 ff.
16 Protokolle I, 13 bei Ofner (Anm. 1).
17 Ebenda.
18 Vgl. dazu D. Klippel, Politische Freiheit und Freiheitsrechte im deutschen Naturrecht des 18. Jahrhunderts, 1976; G. Luf, Freiheit und Gleichheit, 1978; B. Schmidlin, in: W. Selb/H. Hofmeister (Hg.), Forschungsband Franz von Zeiller, 1980, 192 ff.
19 Urentwurf I § 1 bei Ofner (Anm. 1).

Gegenteil noch mehr heraus als das vorkritische Naturrecht Martinischer Prägung. Zeiller selbst sah das nicht anders. Das »Natürliche Privatrecht« geht von der Existenz von Menschenrechten aus[20], und in einer Nachschrift seiner Staatsrechtsvorlesung, die Hofmeister entdeckt hat, wird ausdrücklich von »Fundamentalrechten« des Einzelnen gegenüber der Staatsgewalt gesprochen, deren Verletzung unter Umständen sogar den Widerstand rechtfertige.[21] Die Begründungslast ruht daher auf Zeillers zweitem Argument. Es ist rechtssystematischer Art und wird aus dem Unterschied von Privatrecht und öffentlichem Recht gewonnen. Das Privatrecht betreffe nur das Verhältnis der Untertanen untereinander. Normen, die das Verhältnis zwischen Untertanen und Herrscher regelten, seien daher in einem Privatrechtsgesetzbuch fehl am Platze.[22] Dieser Unterschied war freilich Martini ebenso bekannt wie Zeiller.[23] Dennoch hatte sich Martini im Interesse der Freiheitssicherung entschlossen, die Systematik zu überspringen und die Grundrechte im Privatrecht niederzulegen, solange noch kein politischer Kodex bestand. Zeiller mußte also stärkere Beweggründe haben, wenn er die Systemreinheit über die Freiheitssicherung stellte. Geht man diesen Gründen nach, so kommt zum Vorschein, daß der Unterschied zwischen öffentlichem und privatem Recht für ihn eine viel prinzipiellere Bedeutung besaß als für Martini. Sie hängt mit dem neuen Rechtsbegriff zusammen. Da unter der Herrschaft des Freiheitsprinzips das Privatrecht nur die Aufgabe erfüllt, die Freiheit aller miteinander vereinbar zu machen, können seine Regeln ohne Intervention eines Gesetzgebers mittels reiner Vernunft gefunden werden. Das Privatrecht setzt den Staat nicht voraus. Es *gilt* unabhängig von ihm und wird im Staat, wie Zeiller sich ausdrückt, nur *geltend* gemacht.[24] Gemeint war die autoritative Fixierung des Vernunftrechts, das nicht alle Individuen klar erkennen oder bereitwillig befolgen, und die Be-

20 Das natürliche Privat-Recht, 3. Auflage 1819, 39 f.

21 H. Hofmeister, Bemerkungen zur Naturrechtslehre Franz von Zeillers aus der Sicht seiner Staatslehre, unveröffentlichtes Vortragsmanuskript, das mir der Verfasser freundlicherweise überlassen hat. Die Vorlesungsnachschrift von 1801/02, die Hofmeister auswertet, im Manuskript Nr. 346 (germ.) der Wiener Universitätsbibliothek.

22 Protokolle I, 6 ff. bei Ofner (Anm. 1). Vgl. dazu M. Bullinger, Öffentliches Recht und Privatrecht, 1969, 37 ff., und D. Grimm, Zur politischen Funktion der Trennung von öffentlichem und privatem Recht in Deutschland, in diesem Bd. S. 84.

23 Vgl. etwa Lehrsätze (Anm. 7), § 80.

24 Gesetzkunde I, 1810, 40, auch 3.

reitstellung eines Rechtsdurchsetzungsapparats. Sein Inhalt entzieht sich dem staatlichen Einfluß. »Wir denken uns in einem Zivilgesetzgeber nicht einen Schöpfer, sondern einen Erklärer der von der Vernunft gegebenen Rechte«.[25] Dagegen verwirklicht das öffentliche Recht nicht die universale Vernunft, sondern wechselnde Staatszwecke und Herrscherabsichten. Es ist zwar technisch nicht unmöglich, es mit dem Privatrecht in ein und demselben Gesetzbuch zu vereinigen, wie das preußische Allgemeine Landrecht gezeigt hatte. Der Wesensunterschied zwischen beiden macht einen solchen Versuch aber untunlich. Mit dem öffentlichen Recht vermengt, kann das Privatrecht leicht »ein ebenso schwankendes, von dem Winke der obersten Macht abhängiges, Ansehen« erhalten wie jenes.[26] Die Rechtspflege und das öffentliche Vertrauen in sie müßten darunter leiden. Zeiller verschwieg allerdings, daß die Merkmale des öffentlichen Rechts, deretwegen er von einer Vermengung mit dem Privatrecht abriet, zwar auf das Verwaltungsrecht zutreffen mochten, nicht aber auf die Grundrechte. Diese teilten vielmehr nach Zeillers eigenem Verständnis die wesentlichen Eigenschaften des Privatrechts. Wie dieses waren sie der Politik vorgeordnet und zogen ihr eine Schranke, hinter der sich eben das freiheitliche Privatrecht entfalten konnte. Für die Wendung gegen Martinis Einleitung mußte es also noch andere als die behaupteten Gründe geben.

3. Privatrecht als funktionales Äquivalent für Grundrechte

Will man Zeillers Absage an den grundrechtlichen Vorspann des Privatrechtsgesetzbuchs, die seiner Freiheitsdoktrin zu widersprechen scheint, aufklären, so muß sie nochmals auf die politische Situation bezogen werden. Im Jahre 1794, also schon unter Franz II., hatten die politischen Hofräte, die Martini gern umgehen wollte, mit Erfolg das Recht beansprucht, den Martinischen Entwurf auf seine politische Unbedenklichkeit zu überprüfen.[27] In der zu diesem Zweck eingesetzten, schon erwähnten Revisions-

25 Gesetzkunde I (Anm. 24), 51. Vgl. auch Protokoll I, 6 bei Ofner (Anm. 1): »Das Recht sei kein Machwerk der Menschen, und die Machthaber seien keine Rechtsschöpfer, keine Rechtsgeber. Alle Rechte gebe ursprünglich die Vernunft. Der Gesetzgeber sei das Organ, der anwendende Erklärer der rechtlichen Vernunft.«

26 Gesetzkunde I (Anm. 24), 52.

27 Adler, ABGB-FS I (Anm. 11), 109 f. Das Einsetzungsdokument bei L. Pfaff/

kommission tat sich besonders Sonnenfels hervor. Sonnenfels führte damals aus: Trete der Gesetzgebungsfall ein, so spreche die Regierung niemals: »Ich will gerechte Gesetze geben – und dann erst: Diese Gesetze sollen aber zugleich nützlich sein; sie spricht im Gegenteile: Ich will dieses dem gemeinen Wohl nützliche Gesetz erlassen – und setzt dann hinzu: Doch nur, wenn es der Gerechtigkeit nicht entgegen ist«. Nützlichkeit und Gerechtigkeit machen also das Gesetz aus, »aber bei dieser Verbindung ist Zuträglichkeit, d. i. Übereinkommen mit dem gesellschaftlichen Wohl, welches nur nach politischen Verhältnissen beurteilt werden kann, Beweggrund und Gegenstand; das Recht ist bloß unumgängliches Bedingnis (conditio sine qua non) der Gesetze«.[28] Die Gerechtigkeit als ein den politischen Zwecken potentiell entgegengesetztes Kriterium wird damit zwar nicht geleugnet. Sonnenfels beeilte sich aber auszuführen, daß die absolute Gerechtigkeit in statu civitate nur selten vorkomme und auch das Privatrecht seinen Inhalt nahezu immer »nach Verschiedenheit der Verfassung von politischen äußeren und inneren Verhältnissen« empfange.[29] Sonnenfels zog aus seinen theoretischen Ausführungen die praktische Schlußfolgerung, daß zur Ausarbeitung auch privatrechtlicher Gesetze eigentlich die politische Kommission berufen sei, während der Justizkommission nur ein Kontrollrecht zustehe. Im Widerspruch zum Kommissionsauftrag entnahm er dieser Überlegung die Berechtigung, Martinis Entwurf einen ganz neuen entgegenzusetzen, der zwar auch einen staatsrechtlichen Vorspann besaß, damit aber nicht mehr der Freiheitssicherung, sondern der Stärkung der Staatsmacht diente.[30] Auf Martinis Beschwerde hin, daß die politischen Räte seinen Entwurf nicht nur prüften, sondern neu bearbeiteten, und dazu, wenn sie im bisherigen Tempo fortführen, noch fünfunddreißig Jahre brauchten, wurde 1797 die gemischte Kommission eingesetzt, in der Zeiller dann die Federführung übernahm, und der wiederum auch Sonnenfels angehörte.[31] Zeillers Vorstellung eines freiheitlichen Privatrechts hatte unter dieser Voraussetzung nur dann Aussicht auf Erfolg, wenn es gelang, Privatrecht gegen Sonnenfels als eine unpolitische Sphäre darzustel-

F. Hofmann, Exkurse über österreichisches allgemeines bürgerliches Recht 1, 2. Aufl. 1878, 26.

28 Pfaff/Hofmann, Exkurse 1 (Anm. 27), 27 f. Fn. 2.

29 Ebenda.

30 Ebenda, Referat des Entwurfs bei Adler, ABGB-FS 1 (Anm. 11), 117 ff.

31 Pfaff/Hofmann, Exkurse 1 (Anm. 27), 29.

len, wo Freiheit gefahrlos gewährt werden konnte. Diese Aufgabe übernahm die Theorie vom universalen Privatrecht. Aufgestellt zu Beginn der Kommissionsberatungen, bedeutete sie nichts anderes als die Zurückweisung des von Sonnenfels erhobenen Anspruchs der nunmehr restaurativen Politik, das Privatrecht zu bestimmen.[32] Jede Vermengung von Privatrecht und öffentlichem Recht hätte dieses Ziel gefährdet. *Deswegen* mußte Zeiller für eine strikte Trennung eintreten. *Deswegen* ließ er, obwohl selbst Befürworter individueller Freiheit, den durch die Französische Revolution belasteten Gedanken an eine grundrechtliche Freiheitssicherung fallen. Zeiller gab damit aber den Freiheitsanspruch nicht auf. Der Angriff auf die Martinische Einleitung fand vielmehr im Interesse der Freiheit statt. In einer Zeit erstarkten Absolutismus versuchte Zeiller sie dorthin zu retten, wo sie allenfalls noch realisierbar schien: ins Privatrecht. Der Plan war insofern nicht aussichtslos, als es im franziszeischen System zumindest einen Präzedenzfall für Freiheit gab. Gegen Ende des 18. Jahrhunderts gewann auch in Österreich die Überzeugung an Boden, daß die Wirtschaft nur bei einer gewissen Liberalisierung in der Lage wäre, ihre Leistung fühlbar zu steigern.[33] Daher wurden zunächst einzelne Breschen in das dirigistische System geschlagen, darunter eine wichtige kurz vor Zeillers Vortrag von 1801, die die stark umkämpfte Beschäftigung von Gesellen außer Haus betraf. Ein Hofdekret bewilligte sie mit dem Argument, daß »jeder nicht höchst nötige Zwang und jede Beschränkung die Fortschritte des Erwerbsfleißes nur hemmt und die zweckmäßigste Unterstützung und Beförderung derselben in der Beseitigung der annoch vorhandenen Hindernisse besteht«.[34] 1809 setzte dann ein Dekret die Behörden ganz generell von dem allerhöchsten Willen in Kenntnis, daß bei den Kommerzialgewerben »die freie Konkurrenz mit der Entfernung aller ängstlichen Nebenrücksichten standhaft behauptet werde«.[35] Insofern das Privatrecht seinen Hauptanwendungsfall im Wirtschaftsleben hatte, konnte Zeiller von dieser Wendung

32 Auf den Zusammenhang weist auch Klein, ABGB-FS 1 (Anm. 11), 19, hin.
33 Vgl. besonders J. Slokar, Geschichte der österreichischen Industrie und ihrer Förderung unter Kaiser Franz 1, 1914, 22 ff.; ferner K. Pribram, Geschichte der österreichischen Gewerbepolitik von 1740 bis 1860, 1, 1907; N. T. Gross, Die Industrielle Revolution im Habsburgerreich, in: C. M. Cipolla/K. Borchardt (Hg.), Europäische Wirtschaftsgeschichte IV, 1977, 217.
34 Slokar, Industrie (Anm. 33), 24.
35 Ebenda, 135 f.

profitieren. Das reine Privatrecht übernahm in einer Zeit, in der auf verfassungsrechtliche Freiheitssicherung keine Hoffnung mehr bestand, die Funktion von Verfassungen und sicherte dem Einzelnen einen Freiraum gegenüber der Staatsgewalt. Privatrecht war bei Zeiller als funktionales Äquivalent von Grundrechten gedacht.

II. Zeillers Wirkung

1. Die Koexistenz von liberalem Privatrecht und ständischer Sozialordnung

Ich will es nun bei diesem Ergebnis nicht bewenden lassen, sondern die Frage anschließen, wie erfolgversprechend denn der Zeillersche Versuch war, Freiheit nicht politisch-verfassungsrechtlich, sondern privatrechtlich herzustellen.[36] Dabei meine ich mit Erfolg nicht, ob es gelang, ein dem Freiheitsprinzip verpflichtetes Privatrechtsgesetzbuch in Österreich einzuführen. Das ist allgemein bekannt. Es geht vielmehr darum festzustellen, ob Österreich durch den Umstand, daß es 1811 ein bürgerliches Privatrecht erhielt, auch in eine bürgerliche Gesellschaftsordnung überführt wurde. Stellt man diese Frage überhaupt, was selten genug geschieht[37], dann fällt die Antwort nicht schwer. Sie lautet, zumindest für die erste Hälfte des Jahrhunderts, nein. In Österreich blieb nach dem Inkrafttreten des ABGB die ständische Gesellschaftsordnung bestehen, und zwar nicht nur de facto, sondern durchaus de jure. Mit dem Erlaß des ABGB war keine Aufhebung der ständischen Sonderrechte verbunden. Das Kundmachungspatent vom 1. Juni 1811 kleidete dies in die Worte, daß die über politische Gegenstände ergangenen, »die Privatrechte beschränkenden, oder näher bestimmenden Verordnungen, obschon in diesem Gesetzbuche sich darauf nicht ausdrücklich bezogen würde, in ihrer Kraft« blieben[38], nachdem der unverhülltere Formulierungsvorschlag des Kommissionsvorsitzenden Rottenhann, wonach »die bisherigen für einzelne Stände und Klassen der Einwohner und

36 Zu Parallelen in anderen deutschen Staaten und im Ausland vgl. D. Grimm, Grundrechte und Privatrecht in der bürgerlichen Sozialordnung, in diesem Band S. 192 ff.

37 Vgl. aber Klein, ABGB-FS 1 (Anm. 11), 16 ff.

38 Justizgesetzsammlung, Gesetze und Verfassungen (seit 1831: Verordnungen) im Justiz-Fache, Wien 1780-1848, Nr. 946.

Gemeinheiten, besonders in Rücksicht auf die Rechtsangelegenheiten zwischen Grundobrigkeiten und ihren Grundholden« ergangenen Vorschriften ihre Gültigkeit behielten[39], nicht angenommen worden war. Die Sozialordnung basierte ungeachtet des bürgerlichen Privatrechts nicht auf Rechtsgleichheit, und die Freiheit des Einzelnen endete nicht, wie es dem Zeillerschen Postulat entsprochen hätte, erst an derselben Freiheit der anderen, sondern schon an den Standesgrenzen.[40] Erkundigt man sich, wie Zeiller diese Diskrepanz verarbeitete, so hat es auf den ersten Blick den Anschein, als befände er sich im Einverständnis mit der ständischen Ordnung. Völlige Gleichheit der Güter und Rechte sei ein »juridisches Unding«, das ohne Umwälzung aller Rechtsbegriffe nie realisiert werden könne.[41] Zur Begründung verwies Zeiller auf die »physischen, intellektuellen und moralischen Ungleichheiten der Menschen«.[42] Dabei handelt es sich freilich um Ungleichheiten, die nicht ständisch, sondern natürlich bedingt sind und quer zu den rechtlich erst geschaffenen Standesunterschieden verlaufen. Solche Unterschiede hatte auch Kant, der Standesschranken strikt ablehnte, als rechtserheblich anerkannt.[43] In der Tat können sie alle möglichen rechtlichen Differenzierungen tragen, nur nicht die geburtsständische Gesellschaftsordnung. Für diese findet sich aber auch bei Zeiller nirgends eine Rechtfertigung. Deutlicher als in der für das Publikum bestimmten »Gesetzkunde«, aus der die eben zitierten Sätze stammen, spricht er sich in dem internen Vortrag vor der Gesetzkommission aus. Verworfen wird dort nur die materielle Gleichheit aller Menschen ohne Rücksicht auf Talent und Verdienst. »Allein daß man in jedem Mitglied der Gesellschaft die von dem Begriffe eines vernünftigen Wesens und von dem Begriffe eines Staatsbürgers unzertrennbaren Rechte respektiere; daß man jedem die rechtlichen Arten zu erwerben offenlasse; daß man die persönliche Sicherheit, die Ehre und die Eigentumsrechte der untersten Bürgerklassen ebenso heilig achte, als jene der ersten, mächtigsten und angesehensten Stände – diese Gleichheit sei eine unerläßliche Grundbedingung des Staatsvereins«.[44] Die

39 Protokolle II, 456 f. bei Ofner (Anm. 1).
40 Ähnliche Beurteilung bei Klein, ABGB-FS I (Anm. 11), 17.
41 Gesetzkunde I (Anm. 24), 41.
42 Ebenda.
43 Über den Gemeinspruch, Werke VI (Hg. W. Weischedel, 1964), 146 ff.
44 Protokolle I, 6 bei Ofner (Anm. 1).

gleichheitsfreundliche Position Zeillers wird um so deutlicher, wenn man sie nochmals an Sonnenfels' Standpunkt mißt. Sonnenfels wollte in der Einleitung zum Privatrecht ausdrücklich festlegen, daß Geburtsadel, Grundherrschaft etc. die bürgerliche Gleichheit nicht tangierten. Eine solche Versicherung könne dazu beitragen, daß »die Rangverschiedenheiten künftig ohne Neid, wie ohne Neuerungswünsche« betrachtet würden.[45] Zeillers Weg, ein auf Freiheit und Gleichheit basierendes bürgerliches Recht mit der ständischen Wirklichkeit Österreichs zu vereinbaren, war ein anderer. Die ständische Sozialordnung wurde privatrechtlich ignoriert. Mit den Standesrechten, heißt es, hat »das Privatrecht nichts zu schaffen, indem es sich seiner Natur nach auf solche Rechte und Erwerbungsarten beschränkt, welche allen Mitgliedern, unbeschadet jener Verschiedenheit, auf gleiche Weise offenstehen können und sollen«.[46] Im ABGB kommt das darin zum Ausdruck, daß es nicht die Beziehungen der Bürger »nach ihren mannigfaltigen Verhältnissen«, wie Sonnenfels vorschlug, sondern »unter sich« regelt.[47] Privatrecht wird auf diese Weise mit Freiheit und Gleichheit identifiziert. Was diesen Prinzipien nicht entsprach, galt als öffentliches Recht und verschwand aus dem ABGB. Selbst Materien, die ohne Zweifel die Beziehungen der Bürger untereinander betrafen wie der Gesindedienstvertrag, fielen diesem Prinzip notfalls zum Opfer.[48] Eine Reihe von Verweisungen auf die politische Gesetzgebung und die eine oder andere Formulierung, die nur aus der Existenz des Standesrechts verständlich ist, machen die Bruchstellen noch heute kenntlich.[49]

45 Adler, ABGB-FS 1 (Anm. 11), 124.

46 Gesetzkunde 1 (Anm. 24), 41, vgl. auch 53.

47 § 1 ABGB. Zu Sonnenfels' Formulierungsvorschlag, Adler, ABGB-FS 1 (Anm. 11), 118 ff.

48 Protokolle 11, 102 f., 418 bei Ofner (Anm. 1). Die Vorentwürfe hatten diese Materie zum Privatrecht gezählt, vgl. etwa Urentwurf 1 § 266 ff. bei Ofner (Anm. 1).

49 Vgl. beispielsweise die Verweisungen in §§ 13 (Privilegien), 359 (Lehnrecht), 383 (Jagdrecht auf fremdem Boden), 761 (bäuerliches Erbrecht), 1146 (grundherrlich-bäuerliches Verhältnis), 1149 (Heimfallsrecht und Wiederausgabepflicht bei geteiltem Eigentum), 1160 (Gesindedienstvertrag). Eine Zusammenstellung sämtlicher Verweisungen bei R. v. Mayr, Das bürgerliche Gesetzbuch als Rechtsquelle, ABGB-FS 1 (Anm. 11), 386. Vgl. auch J. Ofner, Der soziale Charakter des allgemeinen bürgerlichen Gesetzbuches, ABGB-FS 1 (Anm. 11), 461. Ein Beispiel für nur aus der Weitergeltung der Standesrechte erklärliche Formulierungen bildet § 1096 Abs. 2, der die Reparaturlasten in Pachtverhältnissen verteilt. Zeiller hatte vorgeschlagen, daß der Pächter Ausbesserungen nur insoweit vorzunehmen habe, »als sie mit den Materialien des Guts und den Dien-

2. Der begrenzte Anwendungsbereich des bürgerlichen Rechts in der ständischen Gesellschaft

In unserem Zusammenhang interessiert die Frage, was mit der Eliminierung aller nicht auf Freiheit und Gleichheit beruhenden Materien aus dem Privatrechtsgesetzbuch für die Freiheit gewonnen war. Fest steht ja, daß sich die Beschränkungen von Freiheit und Gleichheit dadurch, daß das Privatrecht sie ignorierte, nicht auflösten. Wenn das ABGB selbst auch auf den Säulen der bürgerlichen Gesellschaft – Eigentums-, Vertrags- und Vererbungsfreiheit – ruhte, so stellte es diese Freiheiten doch nicht allgemein her. Das allgemeine bürgerliche Recht kam vielmehr nur dort zum Zuge, wo kein Sonderrecht entgegenstand. Ohne daß hier eine detaillierte Bestandsaufnahme solcher Sonderrechte vorgenommen werden könnte, lassen sich doch drei Bereiche nennen, in denen das ABGB nur begrenzte Wirkung zu entfalten vermochte. Zum einen kannte das durch keinen verfassungsrechtlichen Gleichheitssatz gebundene absolute System nach wie vor Privilegien, die der Verwirklichung gleicher Freiheit entgegenstanden, indem sie zugunsten Einzelner Ausnahmen vom allgemeinen Recht begründeten und deswegen schon bei Martini als »Wunden der Gesetze« bezeichnet worden waren.[50] Zum zweiten fand das ABGB seine Grenze am Gewerberecht, das weiterhin von Zunftzwängen, Marktordnungen, Niederlassungs-, Produktions- und Vertriebsschranken durchsetzt blieb und nur dem überregionalen Handel größere Freiheit einräumte.[51] Schließlich und quantitativ am stärksten ins Gewicht fallend, endete das ABGB im ländlichen Be-

sten des Gesindes bestritten werden können« (Protokolle II, 307 bei Ofner [Anm. I]). In den Revisionsberatungen wandte Pratobevera ein, daß die Vorschrift zu eng sei, da Reparaturen auf Landgütern in der Regel mittels Frondiensten besorgt würden. »Die Bemerkung mußte man als richtig erkennen; doch wollte man von der Frohne, oder den unentgeltlichen Diensten aus dem Untertansverbande in dem Zivilgesetzbuche keine Erwähnung machen, und es war nicht leicht, dem einen, und dem anderen Wunsche Genüge zu tun« (Protokolle II, 415 bei Ofner [Anm. I]). Die Worte, »und den Diensten des Gesindes« wurden schließlich durch »und den Diensten, die er nach der Beschaffenheit des Gutes zu fordern berechtigt ist«, ersetzt.

50 Allgemeines Recht der Staaten, 2. Aufl. 1788, 99. Vgl. dazu H. Mohnhaupt, Untersuchungen zum Verhältnis Privileg und Kodifikation, Ius commune V (1975), 71, bes. 92 ff., 109 ff.

51 Vgl. dazu etwa Pribram, Gewerbepolitik (Anm. 33); Slokar, Industrie (Anm. 33); Brunner, Staat und Gesellschaft (Anm. 2), 66 ff.; H. Reschauer, Ge-

reich dort, wo die Bauern nicht freie Eigentümer, sondern nur Nutznießer ihres Bodens waren, adeliges Grundeigentum zugleich Hoheitsrechte vermittelte und der Adel ein Standesgrundstücks- und Standeserbrecht genoß, das den freien Verkehr gerade ausschloß und ihm dadurch die ökonomische Basis seiner politischen und sozialen Vorzugsstellung sicherte.[52] Die begriffliche Abkoppelung aller ständisch-politischen Materien vom Privatrecht und seine Beschränkung auf die mit der Privatautonomie verträglichen Rechtssätze erzeugte so zwar den Anschein einer freiheitlichen Gesellschaft. Das Privatrecht allein konnte diese aber nicht herbeiführen. Es traf zu, daß ohne bürgerliches Recht keine bürgerliche Gesellschaft denkbar war, doch galt nicht auch der Umkehrsatz, daß ein bürgerliches Gesetzbuch schon die bürgerliche Gesellschaft machte. Selbst zwar freiheitlich, konnte das ABGB der Freiheit doch nur in dem Maße Wirkung verschaffen, wie die bürgerliche Gesellschaft bereits politischerseits hergestellt oder zumindest geduldet war. Wie modern das Privatrecht auch seinem Inhalt nach sein mochte, es hing von den politischen Gesetzen ab, wo es überhaupt zur Anwendung kam. Das hatte Rückwirkungen auf die Zeillersche Forderung nach Vollständigkeit und Eigentümlichkeit der Kodifikation, die er als Bedingungen eines gerechten Gesetzbuchs neben Freiheit und Gleichheit stellte.[53] Vollständig hieß, daß das gesamte Privatrecht, eigentümlich, daß nichts anderes als Privatrecht in dem Gesetzbuch enthalten sei. Da indes die ständischen und politischen Materien keineswegs nur das Verhältnis zwischen Bürgern und öffentlicher Gewalt, sondern überwiegend das Verhältnis der Bürger untereinander betrafen, erwies sich die Vereinbarung der Zeillerschen Gerechtigkeitspostulate in dem bestehenden politischen System als undurchführbar. Entweder regelte das Gesetzbuch die Beziehungen der Bürger unter sich vollständig, dann mußte es auch die als politisch deklarierten, nicht an Freiheit und Gleichheit ausgerichteten Vorschriften aufnehmen, oder es beschränkte sich auf die eigentümlichen, den universalen Vernunftprinzipien folgenden Normen, dann ließen sich die Beziehungen der Bürger untereinander nicht vollständig aus dem Ge-

schichte des Kampfes der Handwerkerzünfte und Kaufmannsgremien mit der österreichischen Bürokratie vom Ende des 17. Jahrhunderts bis 1860, 1882.

52 Vgl. J. Blum, Noble Landowners and Agriculture in Austria, 1948; O. Brunner, Adeliges Landleben, 1949, bes. 313 ff.; ders., Staat und Gesellschaft (Anm. 2), 65 ff.

53 Protokolle I, 6 f. bei Ofner (Anm. 1).

setzbuch ablesen.[54] Die Unabhängigkeit des Privatrechts vom politischen System war eine Fiktion. Damit ist zugleich eine Aussage über die Möglichkeit der Ersetzung von Verfassung durch Privatrecht gemacht. Das Privatrecht sollte nach Zeillers Vorstellung zwar die Verfassungsfunktion der Ausgrenzung eines individuellen Freiraums übernehmen. Angesichts eines verfassungsrechtlich unbeschränkten Staates konnte es diese Aufgabe aber nur dort erfüllen, wo der Staat Freiheit ohnedies gestattete, und dieser Bereich war 1811 schmal und sollte es noch lange bleiben. Private Freiräume ließen sich nicht unter Absehung von Politik, sondern nur in Abstimmung mit ihr konstruieren. Im Konfliktfall zog das Privatrecht den kürzeren. Zeillers Versuch zeigt, daß unter den politisch-sozialen Verhältnissen Deutschlands in der ersten Hälfte des 19. Jahrhunderts ein freiheitliches Privatrecht – jene Landesteile ausgenommen, wo Frankreich die Sozialordnung des Ancien régime zerschlagen hatte und auch nach der Rückeroberung keine Restauration der alten Gesellschaftsordnung stattfand wie etwa in den preußischen Rheinprovinzen[55] – nur kodifikationstechnisch, noch nicht aber der Sache nach möglich war. Das ist der Unterschied zwischen dem ABGB und dem Code civil, wie sehr sie sich nach Typus, Form und Inhalt auch ähneln mögen.

3. Die Fernwirkungen der Zeillerschen Privatrechts-Kodifikation

Hat das ganze Unterfangen dennoch einen Sinn gehabt? Es wäre zu einfach, wenn man Zeiller eine Selbsttäuschung über die aktuellen Wirkungsmöglichkeiten eines freiheitlichen Privatrechts in einer auf das gegenteilige Prinzip verpflichteten politisch-sozialen Umwelt unterstellte. Er nahm zur Kenntnis, daß das bürgerliche Recht durch die politischen Gesetze »bei einigen Gliedern anders modifiziert, oder die Privat-Rechte der übrigen Bürger beschränkt« wurden.[56] Anderseits dürfen die Effekte eines Gesetzes nicht nur auf der Anwendungsebene gesucht werden. Die traditionelle Rechtsgeschichte unterliegt hier einer Blickverengung. Gesetze können auch sozialprogrammatisch wirken. Stellte sich

54 Vgl. Bullinger, Öffentliches Recht und Privatrecht (Anm. 22), 40 f.
55 Vgl. dazu K. G. Faber, Die Rheinlande zwischen Restauration und Revolution, 1966.
56 Gesetzkunde I (Anm. 24), 53.

eine so bedeutende Kodifikation wie das ABGB kontrafaktisch auf den Boden von bürgerlicher Freiheit und Gleichheit, so waren damit die ständisch-feudalen Bestandteile der Rechtsordnung zwar nicht aufgehoben, aber doch in die Defensive gedrängt. Freiheit kündigte sich in einem zentralen Dokument als Maxime der Zukunft an. Das alte Recht geriet unter Legitimationsdruck. Subsidiär stand ein neues, die Modernität für sich habendes schon bereit. Wir erleben um dieselbe Zeit einen ganz ähnlichen Vorgang in den Rheinbund-Staaten, die von Napoleon gedrängt wurden, den Code civil zu rezipieren.[57] Napoleon traf mit diesem Verlangen auf viel Sympathien in der deutschen Öffentlichkeit, die in dem französischen Gesetzbuch den Motor sozialer Veränderungen sah, welche sie revolutionär nicht herbeizuführen vermochte. Unter den Juristen, die von ihren Regierungen mit der Aufgabe betraut wurden, die Übernahme des Code Napoléon vorzubereiten, befanden sich einige, voran Feuerbach in Bayern und Almendingen in Nassau, die über Freiheit und Gleichheit ähnlich dachten wie Zeiller, aber gleichfalls erkannten, daß die ständisch-feudale Struktur ihrer Gesellschaften auf absehbare Zeit politisch nicht überwindbar war.[58] Sie standen daher vor dem Dilemma, den Code entweder den deutschen Verhältnissen anzupassen, ihn damit freilich gerade seiner bürgerlich-liberalen Grundlage zu berauben, oder unverändert in Kraft zu setzen, dann aber nur in dem Rahmen, den das ständisch-feudale Recht zog, wirksam werden zu lassen.[59] In dieser Situation entschieden sie sich dafür, den Code Napoléon zwar in toto zu rezipieren, jedoch überall, wo das ständische Sonderrecht noch in Geltung blieb, vorläufig zu suspendieren oder um die älteren Normen zu ergänzen. In Baden ging dieser Versuch so weit, daß selbst jene Vorschriften des Code, die einstweilen nicht zur Anwendung kommen sollten, im Normaldruck gesetzt waren, während die fortgeltenden ständisch-feudalen Normen als kleingedruckte Einschübe erschienen. Auch diese drucktechnische Finesse symbolisierte nur, daß die überkommenen Regeln als überwindungsbedürftiger Posten angesehen, die auf Frei-

---

57 Vgl. dazu W. Schubert, Französisches Recht in Deutschland zu Beginn des 19. Jahrhunderts, 1977.

58 Vgl. A. Feuerbach, Betrachtungen über den Geist des Code Napoléon, in: ders., Themis oder Beiträge zur Gesetzgebung, 1812, 3; L. H. v. Almendingen, Vorträge über den Codex Napoleon, 1811.

59 Vgl. dazu E. Fehrenbach, Traditionale Gesellschaft und revolutionäres Recht, 1974.

heit und Gleichheit basierenden Normen des Code dagegen als Zukunftsrecht schon an den Horizont projiziert wurden. Das Gegenbeispiel bildet das preußische Allgemeine Landrecht, das zwar noch im 18. Jahrhundert, aber schon nach Ausbruch der Französischen Revolution, 1794, erging und trotz bedeutender Ansätze zur Überwindung der Ständegesellschaft im politischen Bereich die Standesschranken sozial und ökonomisch nochmals befestigte.[60] Dieses Gesetz war an den Fortbestand der ständisch-feudalen Sozialordnung gebunden. Fiel diese Gesellschaftsform, mußte auch das ALR als ihr normativer Ausdruck untergehen. Schon die Stein-Hardenbergschen Reformen hinterließen von der preußischen Kodifikation nur einen Torso, und die Revolution von 1848 entzog ihr vollends den sozialen Boden. Das österreichische ABGB konnte sich in eben demselben Augenblick zu seiner eigentlichen Wirkungskraft entfalten. Im Gegensatz zum preußischen Recht war es weniger auf Konservierung als Expansion angelegt und wurde mit dem Verschwinden der Sonderrechte erst das, was es dem Anspruch nach schon von Anfang an sein wollte: allgemein. Ohne eine Textänderung dehnte es seinen Anwendungsbereich auf die Gesamtgesellschaft aus. Zeiller hatte 1811 sozusagen einen Zeitzünder angebracht, dem freilich die Revolution von 1848 das Feuer legen mußte.[61] Angesichts der langen Erfahrung mit einem änderungsfeindlichen, vom Konsens der Bürger völlig unabhängigen politischen System gingen die Revolutionäre allerdings über Zeillers Anliegen hinaus. Sie waren nicht mehr bereit, sich mit der Sicherung privater Freiheit zu begnügen, sondern forderten überdies politische Mitbestimmung. Da der Staat den bürgerlichen Interessen nicht Rechnung getragen hatte, weiteten sich diese nun zur Verbürgerlichung des Staates aus. Der Zeillersche Versuch, die Freiheit wenigstens bereichsweise zu verwirklichen, war in dem Augenblick, als endlich die Gelingensvoraussetzungen vorlagen, schon wieder überholt.

---

60 Vgl. dazu vor allem R. Koselleck, Preußen zwischen Reform und Revolution, 2. Aufl. 1975.
61 Ähnliche Einschätzung bei Klein, ABGB-FS 1 (Anm. 11), 20, 22 ff. (»Das Gesetz war zunächst bloß eine Antizipation, eine Gewinnshoffnung«).

C.

Die politischen Folgerungen, die zwanzig Jahre nach Zeillers Tod
die Revolution aus dem Freiheitsprinzip zog, überschritten seine
Vorstellungswelt. Wenngleich Zeiller in kritischer Distanz zu den
ständisch-feudalen Bestandteilen der österreichischen Rechtsordnung verharrte, war sein Ziel doch nicht die im Staat mitbestim-
mende Gesellschaft. Der Gedanke einer Gesetzgebung durch das
Volk oder seine gewählten Vertreter taucht nicht einmal in der
reduzierten Kantischen Form der regulativen Idee auf, an der man
die Legitimität politischer Systeme messen kann. Zeillers Freiheit
verwirklichte sich in der Privatsphäre. Der Bürger hatte ein Anrecht auf einen Bereich, in dem der Staat sein Verhalten nicht bestimmte, aber er konnte auch seinerseits nicht im Staat mitbestimmen. Jenseits der Privatsphäre blieb dieser im Vollbesitz eigenständiger Gewalt. Das Problem einer so verstandenen Freiheit war ihr
prekärer Status. Zeiller selbst mußte erleben, wie der Anwendungsbereich der privatrechtlichen Freiheit vom jeweiligen Stand
der polititschen Gesetzgebung abhing, die keiner naturrechtlichen
Bindung unterlag. War die Freiheit lediglich im Privatrecht verankert, konnte der Staat weiterhin uneingeschränkt über den Rahmen der Freiheit bestimmen. Insofern genügte ein freiheitliches
Privatrecht sich nicht selbst, sondern bedurfte zusätzlich normativer Schranken der Staatsgewalt, die nur auf der Ebene des öffentlichen Rechts errichtet werden konnten. Es hing mit anderen Wor-
ten in seiner Wirksamkeit von Grundrechten ab. Dieser Zusammenhang war Martini bewußt gewesen, und auch nach Zeillers
Reinigung des Ur-Entwurfs hatten sich Rudimente von Grundrechten im ABGB erhalten, namentlich in Gestalt des § 16, der
nicht das Verhältnis der Privatleute untereinander betraf, sondern
die öffentlichrechtliche Grundvoraussetzung eines freiheitlichen
Privatrechts, die individuelle Rechtspersönlichkeit, mangels einer
Verfassung in der Privatrechtskodifikation selbst statuierte. Doch
waren die süddeutschen Staaten, die nach dem Wiener Kongreß
Verfassungen erhielten, Österreich in dieser Hinsicht voraus.[62]
Zwar vermochte unter den Bedingungen des monarchischen Prin-
zips die bürgerliche Gesellschaft auch in Süddeutschland das
Staatshandeln nicht positiv zu bestimmen. Sie besaß in Gestalt der

62 Vgl. dazu W. v. Rimscha, Die Grundrechte im süddeutschen Konstitutionalismus, 1973.

Grundrechte und des auf sie bezogenen Gesetzesvorbehalts aber zumindest ein Mittel, staatliche Zugriffe auf den einmal erreichten Freiheitsstandard abzuwehren. Freilich blieb auch die grundrechtlich gesicherte Freiheit immer noch private Freiheit. Als solche wurde sie aber weder ihrem eigenen Anspruch gerecht, noch war sie hinlänglich vor Mißbrauch geschützt. Durchdrang das Freiheitsprinzip nur die Privatsphäre, so reduzierte sich die Rechtssubjektivität des Einzelnen auf bestimmte Funktionen, voran die wirtschaftliche, während er im übrigen seine Objektstellung gegenüber der Obrigkeit behielt. Aus diesem Grund hatte Kant die Freiheit erst dann für vollendet erachtet, wenn jeder Einzelne nicht nur frei als Mensch und gleich als Untertan, sondern auch selbständig als Bürger, das hieß aber: Mitgesetzgeber in den öffentlichen Angelegenheiten, war.[63] Auf der anderen Seite ließ es die privatrechtliche Freiheitskonstruktion zu, daß sich in der von staatlicher Herrschaft befreiten Sphäre gesellschaftliche Machtpositionen bildeten. Ohne die privatrechtlich verbürgte Individualfreiheit formell anzutasten, sanktionierte die Privatautonomie bei ungleicher ökonomischer Kräfteverteilung de facto doch das Recht des Stärkeren und höhlte so die Freiheit der Schwächeren materiell aus.[64] Insofern zur Freiheit auch die Bedingungen ihrer Realisierung zählen, war sie in einer staatsfern gedachten Privatsphäre nicht für alle erreichbar. Das Ziel gleicher Freiheit, das Zeiller von Kant übernommen hatte, verlangte daher außer grundrechtlichem Schutz gegen den Staat auch die allgemeine Befugnis, über die gesellschaftlichen Grenzen der Freiheit, die im Interesse gleichen Freiheitsgenusses nötig waren, mitzubestimmen. Freiheit, die weder auf einen bestimmten Handlungsbereich noch auf eine bestimmte Gesellschaftsschicht beschränkt sein sollte, bedurfte der Demokratie.[65] Wenngleich Zeiller diese Einsicht nicht besaß und unter den Bedingungen seiner Zeit auch nicht hätte verwirklichen können, liegt darin doch die Lehre seines Experiments für Verfassungs- und Privatrechtstheorie der Gegenwart.

63 Gemeinspruch, Werke VI (Anm. 43), 145, 150.
64 Näher D. Grimm, Soziale, wirtschaftliche und politische Voraussetzungen der Vertragsfreiheit, in diesem Band S. 165.
65 Dazu eindrucksvoll M. Kriele, Einführung in die Staatslehre, 1975, bes. 194 ff., 224 ff.

Soziale Voraussetzungen und verfassungsrechtliche Gewährleistungen der Meinungsfreiheit

1. Soziale Voraussetzungen

Meinungsfreiheit als fundamentales Menschenrecht wird erst Mitte des 18. Jahrhunderts zum Gegenstand politischer und juristischer Diskussionen. Das deutet darauf hin, daß Meinungsfreiheit nicht auf ein universales Bedürfnis zurückgeht, dem nur lange die rechtliche Anerkennung versagt war, sondern an ganz bestimmte historische Bedingungen geknüpft ist, die erst im Laufe des 18. Jahrhunderts eintraten. Meinungsfreiheit darf dabei freilich nicht schon auf jeden Gegenstand oder jedes Forum bezogen werden. Ansichten, die nicht herrschaftssensibel sind oder den privatesten Lebenskreis nicht verlassen, werfen kein Freiheitsproblem auf. Bei der Meinungsfreiheit geht es stets um öffentlich geäußerte Meinungen in ordnungsrelevanten Fragen. Daher setzt Meinungsfreiheit als Postulat und als Recht soziale Verhältnisse voraus, in denen überhaupt eine öffentliche Kommunikation über Ordnungsprobleme entstehen kann. Daran fehlt es in Gesellschaften mit segmentärer Differenzierung. Kommunikation beschränkt sich auf kleine Zirkel Anwesender. Die Ordnung gilt fraglos. Alternativen werden nicht erlebbar. Die Bedingungen bleiben aber auch nach dem Übergang zu stratifikatorischer Differenzierung und hierarchischer Organisation ungünstig, solange es keine Kommunikationsmittel gibt, die der Meinung einen künstlich erweiterten Radius verleihen. Insofern hängt das Problem der Meinungsfreiheit aufs engste mit der Erfindung des Buchdrucks und der allmählichen Alphabetisierung der Bevölkerung zusammen, wie sich zunächst freilich nur an der Kehrseite der Freiheit, nämlich der Zensur, zeigt, die der Druckerpresse auf den Fuß folgte.[1] Meinungsfreiheit wurde von Anfang an in Gestalt der Preßfreiheit relevant.

1 Der Buchdruck wird um 1445 erfunden. Die erste Zensurvorschrift in Deutschland ergeht 1486 für die Diözese Mainz. Für das gesamte Reich schreibt der Reichsabschied vom 18. April 1524 Zensurmaßnahmen vor. Zur Zensurgeschichte vgl. J. A. Collmann, Quellen, Materialien und Kommentar des Gemeindeutschen Preßrechts, Berlin 1844; U. Eisenhardt, Die kaiserliche Aufsicht über Buchdruck, Buchhandel und Presse im Heiligen Römischen Reich Deutscher Nation, Karlsruhe 1970.

Wenn gleichwohl seit der Erfindung des Buchdrucks und der Einführung der Zensur noch zweihundertfünfzig Jahre vergingen, bis die Forderung nach Meinungsfreiheit laut wurde, läßt das darauf schließen, daß weitere Bedingungen hinzutreten mußten. Diese können dann nur in der Trägersphäre liegen. Offensichtlich bedarf es außer den technischen Möglichkeiten auch einer genügend großen und einflußreichen Schicht von Menschen, die ein elementares Interesse an freiem Meinungsaustausch haben. Das ist nicht schon gleichbedeutend mit einem Interesse an ungehinderter Information. Ein solches besteht – nicht in der immer anzutreffenden Form der Neugier, sondern in der spezifischen Gestalt des Nachrichtenbedarfs – schon seit dem Aufkommen des Fernhandels im Mittelalter. Dieses kommerziell bedingte Interesse wurde aber gerade nicht öffentlich befriedigt. Es handelte sich im Gegenteil um Insider-Wissen, das durch Veröffentlichung seinen Wert eingebüßt hätte. Die Forderung nach Meinungsfreiheit setzt demgegenüber ein Publikum voraus, das nicht nur als Adressat hoheitlicher Verlautbarungen in Erscheinung tritt, sondern sich selbst über öffentliche Angelegenheiten verständigen will und dabei seiner eigenen Funktion als Öffentlichkeit inne wird.[2] Für ein solches Publikum hat auf dem europäischen Kontinent erst der moderne souveräne Staat das Fundament gelegt. Von seinen Machtbedürfnissen und Verwaltungszielen auf die Ausschaltung der intermediären Gewalten und die Steigerung der gesellschaftlichen Leistungskraft verwiesen, mußte er versuchen, die macht- und leistungsbegrenzende Ständeordnung zu überwinden und einen einheitlichen staatsunmittelbaren Untertanenverband zu schaffen. Wenngleich dieses Ziel nirgends vollständig erreicht wurde, entstand dabei doch allmählich eine Bevölkerungsschicht, die dem absoluten Staat bestandswichtige Leistungen erbrachte und eben dadurch über die ihr zugedachte Objektstellung hinauswuchs. Der aufkommende Ruf nach Meinungsfreiheit markiert den Zeitpunkt, in dem sie sich ihrer Bedeutung bewußt wurde und vom Objekt zum Faktor zu entwickeln begann.

Diese vom Staat selbst hervorgebrachte Schicht, die zum Träger der Forderung nach Meinungsfreiheit wurde, ist das Bürgertum, freilich nicht das altständische Bürgertum der städtischen Handwerker und Krämer, sondern eine neue Schicht, die in die alte Stän-

2 Vgl. J. Habermas, Strukturwandel der Öffentlichkeit, Darmstadt 1962, und F. Schneider, Pressefreiheit und politische Öffentlichkeit, Neuwied/Berlin 1966.

deordnung nur unvollkommen integriert werden konnte und daher den Auflösungskeim der bestehenden Ordnung bildete. Es handelt sich um das Besitzbürgertum der Großkaufleute, Manufakturiers und Geldverleiher und um die sog. gebildeten Stände der Professoren, Pfarrer, Juristen, Ärzte, Literaten, Schullehrer. Das neue Bürgertum war insofern ein Produkt des modernen Staates, als dieser seinen erhöhten Güterbedarf für repräsentative, administrative und vor allem militärische Zwecke beim traditionellen Kleingewerbe und Kleinhandel nicht zu decken vermochte und deswegen die Bildung von größeren Produktionseinheiten und Handelsorganisationen förderte und gegenüber dem alten städtischen Bürgertum privilegierte, indem er sie von den ständischen und zünftischen Bindungen ausnahm. Er begünstigte dadurch als Kunde die Kapitalbildung, von der er anschließend als Steuereinnehmer wieder profitierte. Der Staat entwickelte wegen der ausgeweiteten Staatszwecke und der wachsenden Administration aber auch einen erhöhten Bedarf an spezifisch gebildetem Personal, der nur im Bürgertum zu decken war. Daher stellte er eigene Ausbildungsstätten zur Verfügung, deren Absolventen größtenteils wieder im Staatsdienst Verwendung fanden. Diese fielen dann ebenfalls aus der traditionellen Ständebindung heraus und bildeten einen neuartigen, gerade nicht mehr von Standesinteressen bestimmten allgemeinen Stand. Es war dieses vom Staat selbst hervorgebrachte Bürgertum der Besitzenden und Gebildeten, in dem das Bedürfnis nach Meinungsfreiheit entstand, und zwar aus zwei Wurzeln, einer kulturellen und einer ökonomischen.

Die kulturelle Wurzel hängt aufs engste mit der eigentümlichen Situation des neuen Bürgertums in der nach wie vor ständisch bestimmten Gesellschaftsordnung zusammen. Einerseits in die ständische Tradition nicht eingebettet, andererseits von der politischen Mitentscheidung abgeschnitten, suchte es mit zunehmender Erstarkung Kompensation, Selbstvergewisserung, Identität und Weltorientierung im Wege geistiger Auseinandersetzung. Dadurch gewann es, jedenfalls in seiner Formationsphase, einen existentiellen Bezug zur Kultur, der den alten Ständen fehlte und seinerseits die Kultur veränderte und sie zur Schubkraft für Meinungsfreiheit machte.[3] Die Veränderung wird zuerst an der Kunst sichtbar, erfaßte später aber auch andere Kultursektoren wie Er-

3 Vgl. dazu D. Grimm, Kulturauftrag des Staates, in diesem Band S. 104 mit weiteren Nachweisen.

ziehung und Wissenschaft. Kunst hatte bis dahin stets einem außerhalb ihrer selbst gelegenen Zweck gedient und war im Interesse
der Verherrlichung Gottes, kirchlicher oder weltlicher Macht, der
Erbauung des Volkes oder der Zerstreuung der höfischen Gesellschaft funktionalisiert gewesen. Künstlerische Produktion vollzog
sich typischerweise im Rahmen von Auftragsverhältnissen auf der
Basis vorwegbestimmter Erwartungen und eines nicht selten kodifizierten Geschmackskanons. Demgegenüber bildete sich nun im
Bürgertum eine Schicht, die die Kunst um ihrer selbst willen
schätzte und dafür auch zu zahlen bereit war. Die Kunst wurde
dadurch von ihren höfischen und kirchlichen Auftraggebern unabhängig und konnte sich nach kunstimmanenten Kriterien entfalten. In den bürgerlichen Kulturinstitutionen des Theaters, des
Konzerts, der Lesegesellschaft, der Ausstellung, der kritischen
Zeitschrift, die allesamt in der zweiten Hälfte des 18. Jahrhunderts
aufkamen, entstand eine neue, zunächst unpolitische Form der Öffentlichkeit, die in einer neuen Bedeutung des Worts Publikum ihren Ausdruck fand, wie es übrigens auch den selbständigen Begriff
Kultur erst seit dieser Zeit gibt, nachdem das Wort vorher nur
attributivisch verwandt worden war.[4]

Die ökonomische Wurzel geht auf die merkantilistische Wirtschaftspolitik des modernen Staates zurück. Diese hatte Kräfte
entfesselt, die die bestehende Wirtschaftsordnung sprengten. Das
im Gefolge des Merkantilismus angehäufte wirtschaftliche Potential ließ sich unter der fortgeltenden feudal und ständisch geprägten Wirtschaftsordnung nicht ausreichend entfalten. Grund und
Boden war immobil. Immobil war auch der größte Teil der Ar-
beitskräfte. Das System der Grund- oder Gutsherrschaft hatte mit
dem Übergang der Sicherheitsfunktion vom Feudalherrn auf den
Staat und der Ersetzung der Ritterheere durch Söldnertruppen sei-

4 Zu den Vorgängen vgl. Habermas, a.a.O. (oben Fn. 2), vor allem § 4; Th. Nip-
perdey, Deutsche Geschichte 1800-1866, München 1983, S.403-594; ferner die
in meiner Abhandlung, a.a.O. (oben Fn. 3) genannten Werke. Zum Wandel des
Publikumsbegriffs L. Hölscher, Öffentlichkeit, in: Brunner/Conze/Koselleck
(Hg.), Geschichtliche Grundbegriffe, Band 4, Stuttgart 1978, S.430-438, und
ders., Die Wahrheit der öffentlichen Meinung, in: Schwartländer/Willoweit
(Hg.), Meinungsfreiheit – Grundgedanken und Geschichte in Europa und USA,
Kehl u.a. 1986, S. 51. Zum Bedeutungswandel von Kultur R. Williams, Culture
and Society, Garden City 1960 (deutsch unter dem Titel: Gesellschaftstheorie als
Begriffsgeschichte. Studien zur historischen Semantik von »Kultur«, München
1972); H.P. Thurn, Soziologie der Kultur, Stuttgart u.a. 1976, S.10ff.

nen Sinn weitgehend eingebüßt und lähmte nun die Agrarproduktion. Das Zunftsystem war angesichts fortgeschrittener Produktionsmethoden zum Innovationshemmnis geworden. Dirigismus und Privilegien erschwerten rationales Wirtschaften. Dem angesammelten Kapital wurden auf diese Weise Verwertungsmöglichkeiten, der Bevölkerung insgesamt Wohlstandschancen vorenthalten. Steuerungssystem und Entwicklungskräfte gerieten in Widerspruch.[5] Infolgedessen kam es seit der Mitte des 18. Jahrhunderts auch für die Wirtschaft zu Reformforderungen, die auf Abschaffung der feudalen und korporativen Bindungen und der staatlichen Lenkung hinausliefen. An ihre Stelle sollten systemeigene Steuerungsmittel treten, die als Herrschaft natürlicher Gesetzmäßigkeiten begriffen wurden. Für das Wirtschaftssystem war das der Markt. Zusammengefaßt ging es, nicht anders als im kulturellen Bereich, um Abkoppelung eines gesellschaftlichen Teilsystems von der Politik und Herstellung funktionaler Autonomie. Im Gegensatz zur Kunst, aber Erziehung und Wissenschaft vergleichbar, ließ sich diese Forderung jedoch nicht ohne weiteres in die Praxis umsetzen, weil das ökonomische System rechtlich befestigt und staatlich gestützt war, während der Staat sich die Kunst nur faktisch, aber nicht institutionell verbunden hatte.

Der Zusammenhang zwischen der Ausdifferenzierung der kulturellen Sozialbereiche und der Meinungsfreiheit liegt auf der Hand. Kulturelle Autonomie ist ohne die Freiheit der Meinungsäußerung in Wort, Schrift, Bild oder Ton unmöglich. Dagegen scheinen die Beziehungen zwischen wirtschaftlicher Autonomie und Meinungsfreiheit weniger deutlich. Der systematische Grund ist jedoch derselbe. Die Entkoppelung eines Sozialbereichs von der Politik bedeutet ja, daß die Entwicklung dieses Bereichs nicht mehr politisch bestimmt wird, sondern systemspezifischen Rationalitätskriterien folgen kann. Der Vorgang läßt sich auch als Ablösung hierarchischer durch funktionale Differenzierung beschreiben. Funktionale Differenzierung macht aber ein bestimmtes Maß an Meinungsfreiheit unerläßlich.[6] Die auf funktionaler Differen-

---

5 Vgl. D. Grimm, Soziale, wirtschaftliche und politische Voraussetzungen der Vertragsfreiheit, in diesem Band S. 165.

6 Vgl. dazu N. Luhmann, Grundrechte als Institution, 2. Aufl., Berlin 1974, S. 84; ders., Öffentliche Meinung, in: Politische Planung, 2. Aufl., Opladen 1975, S. 9.

zierung beruhende Autonomie der Teilsysteme darf nicht mit Autarkie verwechselt werden. Die verschiedenen Funktionssysteme stehen vielmehr in einem Interdependenzverhältnis, in welchem sie wechselseitig Leistungen erbringen und Leistungen beanspruchen. Das Wirtschaftssystem zum Beispiel stellt anderen Systemen Sach- und Geldmittel für ihre Zwecke bereit und erwartet vom politischen System Garantien der Vertragstreue, vom Erziehungssystem ein bestimmtes Ausbildungsniveau. Die Autonomie der Subsysteme ist also eine relative. Gerade das bedingt aber die Freigabe der Kommunikation zwischen ihnen. Die anspruchsbegründenden Rationalitätskriterien des eigenen Systems müssen vor den anderen Teilsystemen gerechtfertigt, deren Leistungsdefizite angeprangert werden können. Davon ist auch das politische System nicht ausgenommen. Soweit es etwa die als natürlich empfundene Ordnung nicht zur Geltung kommen ließ, sondern feudale, zünftische und dirigistische Strukturen aufrechterhielt, wurde es selbst zum Gegenstand von Kritik, die ihrerseits essentiell auf Meinungsfreiheit angewiesen war.

Für den absoluten Fürstenstaat des europäischen Kontinents war indessen gerade Meinungsfreiheit nicht hinnehmbar, solange er selbst auf der Stufe hierarchischer Differenzierung verharrte und seine Herrschaftsbefugnis über Wahrheit legitimierte, sei es in der Form göttlicher Offenbarung, sei es in der Form überlegener Einsicht in das gemeine Beste. Aus diesem Wahrheitsbesitz leitete er die Berechtigung zur Lenkung aller Sozialbereiche bis hin zur privaten Lebensführung ab. Freiheit konnte angesichts dieses Anspruchs kein prinzipiell von staatlicher Gestaltung ausgenommener Bereich sein, sondern allenfalls im staatlichen Interesse als Privileg gewährt oder mangels eines aktuellen staatlichen Interesses sozusagen in Nischen toleriert werden. Ein Recht auf Meinungsfreiheit hätte aus dieser Sicht nichts anderes als die Befugnis jedes Untertanen bedeutet, der feststehenden Wahrheit entgegenzutreten und den Irrtum zu verbreiten. Im Endeffekt wäre damit ein Verzicht auf Herrschaftslegitimierung durch Wahrheit verbunden gewesen. Politische Herrschaft hätte selbst auf Meinung »als vorübergehend verfestigte Ansicht des Richtigen, die gewisse Kontrollen der subjektiven Vernunft und der öffentlichen Diskussion durchlaufen hatte«[7], gegründet werden müssen und damit den Staat in seinem Kern verändert. Diese Logik wurde nicht so-

7 Luhmann, Öffentliche Meinung, a.a.O. (oben Fn. 6), S. 10.

gleich dem Bürgertum klar, das anfangs nur auf Reformen innerhalb des bestehenden politischen Systems zielte, wohl aber dem bedrohten Fürstenstaat, der deswegen um so hartnäckiger die Wahrheitsbindung der Politik verteidigte. Freiheit konnte es dann nicht für die Meinung, sondern nur für die Wahrheit geben. Unter diesen Umständen ließ sich die Forderung nach Meinungsfreiheit aber nur auf eine höhere Wahrheit stützen und mußte folglich naturrechtlich begründet werden.

11. Naturrechtliche Begründung

Die naturrechtliche Legitimation der Meinungsfreiheit als Menschenrecht ist eingebettet in die allgemeine Freiheitsdiskussion des 18. Jahrhunderts und muß in diesem Zusammenhang betrachtet werden.[8] Sie gründet in der Lehre vom Staatsvertrag, der die Rechtfertigung von politischer Herrschaft zugefallen war, nachdem religiöse Legitimationsmuster durch die Glaubensspaltung ihre Überzeugungskraft eingebüßt hatten. Die Neubegründung war nur auf säkularer Basis möglich. Daher versetzte sich die Theorie in einen vorstaatlichen Naturzustand, in dem alle Menschen gleich und frei waren, so daß Herrschaft nur aus dem vereinigten Willen aller, sich einem Oberhaupt zu beugen, hervorgehen konnte. Die Naturrechtslehre verwandte diese Konstruktion anfangs zur Rechtfertigung absoluter Staatsmacht. Dabei ging sie von der Annahme aus, daß die natürliche Freiheit und Gleichheit im Gesellschaftsvertrag vollständig aufgegeben und gegen das alles überragende Gut der Sicherheit von Leib und Leben eingetauscht würde. Diese Theorie, in der die natürliche Freiheit bloß zur Rechtfertigung ihrer schleunigen Preisgabe dient, ist nur vor dem Hintergrund der konfessionellen Bürgerkriege verständlich, in denen gerade diese Fundamentalwerte des Soziallebens nicht mehr sicher waren. Daher bedurfte es einer überlegenen und mit unbegrenzter Verfügungsbefugnis ausgestatteten Staatsmacht, um den inneren Frieden wiederherzustellen. Von Grundrechten ge-

---

8 Vgl. dazu D. Klippel, Politische Freiheit und Freiheitsrechte im deutschen Naturrecht des 18. Jahrhunderts, Paderborn 1976; J. Schlumbohm, Freiheit. Die Anfänge der bürgerlichen Emanzipationsbewegung in Deutschland im Spiegel ihres Leitwortes, Düsseldorf 1975; Chr. Link, Herrschaftsordnung und bürgerliche Freiheit, Wien u. a. 1979.

genüber dem Staat konnte unter diesen Umständen keine Rede sein. Den Untertanen verblieb vielmehr nur ein einziges Recht, nämlich die Auflösung und Neugründung des Staates, falls dieser seine Friedensfunktion nicht erfüllte.

Die Fürsten, bei denen die Herrschaftsbefugnisse konzentriert wurden, sahen sich auf diese Weise durch die Vertragslehre in ihrer Macht zunächst unerhört gesteigert. Langfristig betrachtet erwies sie sich freilich als Schwächung, weil ihr Herrschaftsrecht nicht mehr auf dem unveränderlichen göttlichen Willen, sondern auf der temporalen Zustimmung der Herrschaftsunterworfenen beruhte. Die politische Ordnung wurde auf diese Weise variabel. Die Untertanen konnten die Herrschaftsform und die Machtbefugnisse ändern, wenn die Verhältnisse es verlangten. Diese Situation führte der absolute Staat selbst herbei. Je besser er die Befriedungsfunktion erfüllte, deretwegen er ursprünglich mit absoluter Machtvollkommenheit ausgestattet worden war, desto unplausibler erschien seine Machtfülle. Deswegen forderte die Vertragslehre des jüngeren Naturrechts, das der Bürgerkriegserfahrung bereits fernstand und von einer gebändigten Gesellschaft ausging, nicht mehr die Aufgabe der gesamten natürlichen Freiheit, sondern beließ dem Individuum alle Rechte, die der Staat zur Erfüllung seines Zwecks nicht unerläßlich benötigte. Gleichzeitig öffnete das jüngere Naturrecht den Staatszweck auch für individualistische Elemente, indem es dem Staat nicht mehr nur kollektive Güter, sondern auch die Glückseligkeit des Einzelnen anvertraute. Dem Einzelnen verblieb auf diese Weise ein Bereich natürlicher Freiheit, der der Staatstätigkeit Grenzen zog. Die zurückbehaltenen Rechte verliehen ihm jedoch keine Teilhabe am Staat, sondern errichteten lediglich eine staatsabgewandte Privatsphäre, während der Staat in seiner Sphäre weiterhin autonom über die Gestaltung der Sozialordnung und das Leben des Einzelnen bestimmen durfte.

Erst aus der Aufspaltung der natürlichen Rechte in solche, die abgetreten, und andere, die zurückbehalten wurden, ergab sich die Notwendigkeit, Menschenrechtskataloge zu formulieren, die freilich anfangs noch sehr pauschal und abstrakt ausfielen. Meist umfaßten sie nur Freiheit, Eigentum und Sicherheit der Rechte. In der zweiten Hälfte des 18. Jahrhunderts füllten sich die Menschenrechtskataloge jedoch mit konkreteren Rechten, unter denen häufig auch die Meinungsfreiheit auftaucht, wenn auch noch nicht unter diesem modernen Namen, sondern ohne begriffliche Schärfe als Denk-, Rede-, Sprech-, Schreib- oder Preßfreiheit, auch Freiheit des Buchdrucks.[9] Diese Freiheit wurde zunächst nur als natürliche betrachtet. Sie galt also nicht unbedingt im Staat fort. Auch das jüngere Naturrecht ging anfangs noch von der vertraglichen Abdingbarkeit aller natürlichen Rechte aus und unterschied sich vom älteren Naturrecht nur dadurch, daß es nicht mehr die Abtretung aller für nötig hielt. Christian Wolff, 1723 selbst ein Opfer der Zensur, lehnte noch 1764 ein positives Recht der Untertanen auf freies öffentliches Räsonieren ab und wollte nur die libertas philosophandi anerkennen (die freilich weniger das philosophierende Individuum als die rationalistische Philosophie gegen die Ansprüche der orthodoxen Theologie schützen sollte).[10] Trotz dieser Geltungsschwäche im staatlichen Zustand erscheinen die spezifizierten Menschenrechtskataloge aber nicht bedeutungslos. In ihrer konkreten Aufreihung wirkten die Menschenrechte selbst als abbedungene in den Staatsverband hinüber, indem sie zum Vergleich mit dem geltenden Recht und zur Frage nach ihrer Einschränkbarkeit einluden und auf diese Weise eine kritische Funktion erfüllten.[11]

Etwa seit 1780, also nach den amerikanischen Menschenrechtserklärungen, aber noch vor dem Ausbruch der Französischen Revolution, zeichnet sich jedoch eine Veränderung in der rechtlichen Qualität der Meinungsfreiheit ab. Sie erstarkte vom natürlichen, aber abdingbaren zum unveräußerlichen Menschenrecht, das auch im Staat fortgalt und seiner Disposition entzogen war. Dahinter stand eine veränderte Vertragstheorie. Der Staat wurde danach nicht mehr im Interesse baren Überlebens gegründet und zu diesem Zweck mit allen Rechten ausgestattet. Es erschien auch nicht mehr ausreichend, die individuelle Glückseligkeit in den Staatszweck aufzunehmen und dem Einzelnen deswegen in einigen gemeinwohl-neutralen Bereichen seine Freiheit zu belassen. Der Staat fand seinen Zweck im Gegenteil allein in der Sicherung der natürlichen Rechte des Einzelnen und durfte folglich nur noch diejenigen Rechte beanspruchen, die ihn in den Stand versetzten,

---

9 Nachweise bei Klippel, a.a.O. (oben Fn. 8), S. 83 ff., 120 ff., 142 ff.; Schneider, a.a.O. (oben Fn. 2), S. 146 ff.; Schlumbohm, a.a.O. (oben Fn. 8), S. 112 ff.

10 Chr. Wolff, Jus naturae methodo scientifica pertractatum, Frankfurt 1764, Teil 6, §§ 909 ff., Teil 8, § 3447. Vgl. dazu R. B. Sutton, The Phrase Libertas Philosophandi, in: Journal of the History of Ideas 14 (1953), S. 310.

11 So auch Klippel, a.a.O. (oben Fn. 8), S. 83 f.

gerade diese Aufgabe wirksam zu erfüllen. Das war im wesentlichen das Recht, Rechtsverletzungen durch Dritte selbst zu verfolgen, außerdem diejenige Portion des Eigentums, die er gerade zur Unterhaltung einer freiheitsschützenden Ordnungsmacht benötigte. Nachdem es zwischen 1780 und 1789 noch wenige waren, die die Meinungsfreiheit zu den unverzichtbaren Menschenrechten zählten, fehlte sie seit der Verkündung der französischen Déclaration in fast keinem Naturrechtssystem mehr und rückte teilweise zum obersten Menschenrecht auf.[12] Andererseits weckte der Fortgang der Französischen Revolution auch bei Befürwortern der Pressefreiheit die Sorge, daß »der große unstudierte Haufe« kritische Bücher über den Staat in die Hände bekommen könne. Diese sollten nach einem Vorschlag Horns daher nicht in deutschen Lettern gedruckt werden, »sondern die minder wichtigen etwa mit lateinischen und die ganz wichtigen etwa mit griechischen Lettern«.[13]

Zur Begründung der Meinungsfreiheit finden sich individuelle und überindividuelle Ansätze, teils isoliert, meist kombiniert. In individualistischer Begründung erscheint die Meinungsfreiheit häufig als Attribut der Gattung Mensch. Sie war dann keine zur Personqualität hinzutretende Vergünstigung für den Einzelnen, sondern natürliche Grundausstattung, angeborenes Recht und unverzichtbarer Besitz, der keiner weiteren Begründung bedurfte. Wieland wandte sich ausdrücklich dagegen, die Forderung nach Pressefreiheit auf Nutzerwägungen zu stützen. »Jede Anwendung eines Begriffes von Gemeinnutzen ist hier entweder überflüssig oder störend, denn das Ausüben der Rechte im Staat ... ist eine notwendige Forderung derselben, das Nützliche ist aber nur zufällig; folglich bedingt das Rechtliche das Nützliche, nicht umgekehrt

---

12 So namentlich bei C. F. Bahrdt, Über Preßfreyheit und deren Gränzen, Riga 1787, S. 39; ders., Rechte und Obliegenheiten der Regenten und Untertanen in Beziehung auf Staat und Religion, Riga 1792, S. 15. Vgl. dazu D. Schwab, Pressefreiheit als Menschenrecht – Zur Theorie der Gedanken- und Pressefreiheit bei Carl Friedrich Bahrdt, in: Festschrift für W. Mallmann, Baden-Baden 1978, S. 245.

13 Chr. A. Horn, Uiber den waren Begriff von Freiheit, Nürnberg 1794, S. 397, 399; ähnlich J. Chr. G. Schaumann, Wissenschaftliches Naturrecht, Halle 1792, S. 67. Vgl. zu der ambivalenten Haltung in Deutschland auch E. Hellmuth, Zur Diskussion um Presse- und Meinungsfreiheit in England, Frankreich und Preußen im Zeitalter der Französischen Revolution, in: G. Birtsch (Hg.), Grund- und Freiheitsrechte im Wandel von Gesellschaft und Geschichte, Göttingen 1981, S. 210.

das Nützliche das Rechtliche.«[14] Daneben standen Begründungen, die die Meinungsfreiheit einem anderen Letztwert unterordneten, nämlich der selbsttätigen Bildung und Vervollkommnung des Menschen. Bergk erklärte sie kantisch zur sittlichen Pflicht jedes Einzelnen, um daraus zu schließen: Was dieser Zweck »als Bedingung seiner Erreichung voraussetzt und was unsere Annäherung zu demselben befördert, dazu haben wir ein Recht«.[15] Während aber Bergk dieses Recht durchaus politisch verstand, bezogen andere Autoren es auf einen politik- und staatsabgewandten Bereich des rein Menschlichen. Statt des politischen Räsonnements deckte es dann den Rückzug in die Privatsphäre, die freilich vorläufig noch eine geistige und keine ökonomische war und daher zur Verinnerlichung der Freiheit[16] führte. Bisweilen wurde die Meinungsfreiheit den Fürsten sogar ausdrücklich als Mittel zu Beruhigung der Bürger schmackhaft gemacht. So schrieb Riem, die Gewährung von Meinungsfreiheit werde sie von der Politik ablenken, da sie sich dann ganz der religiösen und philosophischen Wahrheitssuche widmen könnten.[17]

Überindividuell begründet erschien Meinungsfreiheit als Voraussetzung einer vernünftigen und weisen Regierung. Eine solche verlangte ja einerseits Kenntnis aller Verhältnisse und Argumente, andererseits Aufdeckung aller Mißstände und Fehler, und war deswegen auf das freie Wort angewiesen. Ebensooft wurde an die Wahrheitsbindung der Politik angeknüpft. Meinungsfreiheit galt dann als Bedingung von Wahrheit. Dabei stand das Marktmodell Pate: In der freien Konkurrenz der Meinungen setzten sich mit Notwendigkeit die besseren Argumente durch. Die terminologische Identität darf freilich nicht darüber hinwegtäuschen, daß es sich dabei nicht um dieselbe Wahrheit handelte, die bis dahin Herrschaft legitimiert hatte. Während diese Wahrheit schon im voraus feststand und vom Staat gewußt war, so daß Freiheit ihr gegenüber dysfunktional wirkte, sollte jene durch das Medium der freien Diskussion erst zutage treten. Sie entzog sich autoritativer Feststellung durch einen Einzelnen und war nur im Wege eines

14 Zitiert nach Schneider, a. a. O. (oben Fn. 2), S. 158 f.
15 J. A. Bergk, Untersuchungen aus dem Natur-, Staats- und Völkerrechte, o. O. 1796, S. 59 f.
16 Vgl. Klippel, a. a. O. (oben Fn. 8), S. 174 ff.
17 A. Riem, Über Religion als Gegenstand der verschiedenen Staatsverfassungen, Berlin 1793, S. 48 f.

offenen Prozesses ermittelbar. In überindividuellen Begründungen dieser Art weitete sich die staatsbegrenzende individuelle Meinungsfreiheit zum Strukturmerkmal der politischen Ordnung aus. Ohne das politische Räsonnement der Bürger gab es keine vernunftgemäße Herrschaft. Für die meisten Naturrechtler verlangte diese inzwischen neben Grundrechten aber auch schon eine Beteiligung der Bürger an der Gesetzgebung. Wurde sie ihm vom Herrscher vorenthalten, so besaß das Volk ein Widerstandsrecht. Dagegen ließ sich für Kant Widerstand gegen den Herrscher auch bei ungerechter Ausübung der Staatsgewalt nicht rechtfertigen. Da er die Menschenrechte gleichwohl für unverlierbar hielt, mußte dem Einzelnen wenigstens die Möglichkeit des Protests bleiben. »Also ist die Freiheit der Feder... das einzige Palladium der Volksrechte.«[18]

In Kants Haltung spiegelt sich die relative Stabilität des absoluten Fürstenstaates in Deutschland wider. Politische Mitsprache des Volkes schien ausgangs des 18. Jahrhunderts noch unerreichbar. Zur wichtigsten Folgerung aus dem Recht auf Meinungsfreiheit wurde unter diesen Umständen der Kampf gegen die Zensur. Die Zensurliteratur bildet geradezu einen eigenen Zweig der Naturrechtslehre. Viele Schriften erschienen aus naheliegendem Grund anonym. Zahlreiche Autoren griffen die Zensur aber auch offen an.[19] Nicht alle bestritten ihr rundheraus die Berechtigung. Viele wollten sie nur in freiheitsverträgliche Bahnen lenken. Mit Ausdauer wurde versucht, den Fürsten die Furcht vor der öffentlichen Meinung zu nehmen und ihnen ein Eigeninteresse am offenen Wort der Untertanen klarzumachen. Die öffentliche Meinung galt als das wirksamste Korrektiv für Mißstände, wirksamer als die vom Fürsten abhängigen Gerichte. Häufig findet man die öffentliche Meinung sogar ihrerseits als Gericht bezeichnet, so wenn Moser schon 1784 vom »Hochgericht des Publikums« über Fürsten und Politiker, Wekherlin vom »Richterstuhl des Publikums« spricht.[20] In provokativer Umkehrung der Begriffe übt dann nicht mehr der Staat über den schreibenden Bürger Zensur, sondern das

18 I. Kant, Über den Gemeinspruch: Das mag in der Theorie richtig sein, taugt aber nicht für die Praxis (1793), Akademie-Ausgabe Bd. VIII, S. 304.
19 Eine Liste bei Schwab, a. a. O. (oben Fn. 12), S. 256 f., Anm. 26, und Schneider, a. a. O. (oben Fn. 2), S. 313 f.
20 F. K. von Moser, Einleitung in das ganze Werk, Patriotisches Archiv für Deutschland 1 (1784); L. Wekherlin, Das graue Ungeheuer, Bd. II, o. O. 1784, S. 188, 195.

bürgerliche Publikum über den Staat.[21] Es gehört zur Legitimation von Herrschaft, daß sie die Öffentlichkeit nicht scheuen muß: »Alle auf das Recht anderer Menschen bezogene Handlungen, deren Maxime sich nicht mit der Publicität verträgt, sind unrecht«.[22] Unter diesem Begriff wollte Scheidemantel auch die »Denk-, Rede-, Schreib- und Pressefreiheit« zusammenfassen, und für Bahrdt bestand geradezu ein Menschenrecht auf Publizität.[23]

III. Verfassungsrechtliche Gewährleistung

Die überpositiv begründete Meinungsfreiheit war von der Naturrechtslehre keineswegs als rechtspolitische Forderung, sondern durchaus als geltendes Recht gemeint. Es konnte freilich keinem Zweifel unterliegen, daß das positive Recht eine solche Freiheit nicht kannte und daß auch Behörden und Gerichte nicht bereit waren, sie anzuerkennen. Daher erhob sich nach der französischen Rechteerklärung von 1789 und dem Erlaß der Verfassung von 1791 auch in Deutschland die Forderung, die Menschenrechte in einer geschriebenen Verfassung zu verbürgen. Die Voraussetzungen für die Erfüllung einer solchen Forderung hatten sich freilich gerade durch die französischen Ereignisse erheblich verschlechtert. Menschenrechte erschienen den deutschen Monarchen und ihren Regierungen nun vielfach als Ursache der Revolution, und jene grundrechtsartigen Selbstbeschränkungen der fürstlichen Gewalt, die als Ausfluß aufgeklärter Prinzipien vor der Revolution Eingang in die Einleitungsbestimmungen der österreichischen und preußischen Kodifikationsentwürfe gefunden hatten, wurden nach 1789 wieder aus ihnen entfernt. Eine soziale Bewegung, die die naturrechtlichen Postulate hätte übernehmen und gegen die Fürsten behaupten können, war anders als in Frankreich noch nicht vorhanden. Diese Situation änderte sich erst mit den Befreiungskriegen, die der Bevölkerung die Angewiesenheit der Fürsten auf ihre Unterstützung und damit die eigene Stärke zum Bewußtsein brachten. Als Gegenleistung wurden nun allgemein Verfas-

21 Vgl. als einen für viele Bergk, a.a.O. (oben Fn. 15), S. 66.
22 I. Kant, Zum ewigen Frieden (1795), Akademie-Ausg. Bd. VIII, S. 381.
23 H. G. Scheidemantel, Preßfreyheit, in: ders., Repertorium des teutschen Staats- und Lehnrechts, Bd. 4, Leipzig 1795, S. 235 f.; Bahrdt, Rechte und Obliegenheiten, a.a.O. (oben Fn. 12), S. 15.

sungen erwartet, die einerseits die Freiheitssphäre des Einzelnen gegenüber dem Staat vergrößern und sichern und andererseits der Gesellschaft Anteil an staatlichen Entscheidungen einräumen sollten. Art. 13 der Bundesakte schien die Erfüllung dieser Erwartungen in greifbare Nähe zu rücken.

Die versprochenen Verfassungen kamen zunächst jedoch nur in einigen Kleinstaaten und den süddeutschen Territorien zustande. Die größeren mitteldeutschen Staaten folgten 1830. Preußen ging erst mit der Revolution von 1848 und Österreich gar nach der Trennung von Deutschland 1867 zum Konstitutionalismus über. Fast alle Verfassungen enthielten Grundrechte. Nicht vom Bürgertum erzwungen, sondern von den Fürsten freiwillig gewährt, unterschieden sie sich indessen nach Geltungsgrund, Funktion und Umfang auffällig von den klassischen amerikanischen und französischen Vorbildern.[24] Im Gegensatz zu diesen entbehrten sie jedes naturrechtlichen Pathos' und leiteten ihre Geltung nicht aus unveränderlichen Wahrheiten, sondern aus dem fürstlichen Willen ab. Folglich galten sie auch nicht für alle Menschen, sondern lediglich für Staatsbürger, und Bestimmungen über Erwerb und Verlust der Staatsbürgerschaft pflegten an der Spitze der Grundrechtskataloge zu stehen. Die Grundrechte waren ferner nicht wie in Frankreich als Anleitung und Schranke für den Gesetzgeber gedacht, sondern bezeichneten lediglich denjenigen Bereich, in dem die bestehende Gesetzeslage nicht ohne Zustimmung der Volksvertretung geändert werden durfte. Schließlich beschränkten sie sich inhaltlich im wesentlichen auf die Garantie der persönlichen Freiheit und des Eigentums sowie der Rechtsgleichheit gegenüber dem Staat, stellten diese Rechte aber nicht auch innerhalb der Gesellschaft umfassend her, sondern versahen im Gegenteil das nur teilweise gelockerte Feudalsystem mit einigen Bestandsgarantien. Zudem fehlten im Vergleich mit den westlichen Verfassungen in der Regel die politisch verwendbaren Grundrechte, jedoch mit der charakteristischen Ausnahme der Pressefreiheit.

Die Pressefreiheit gehörte neben der Nationalrepräsentation zu den überragenden verfassungspolitischen Forderungen der Zeit. Seit den Befreiungskriegen hatte sie de facto bestanden, und nicht zum Nachteil der Fürsten, denen der patriotische Schwung der Blätter zugute kam. In den Verfassungen der größeren deutschen

---

24 Vgl. D. Grimm, Grundrechte und Privatrecht in der bürgerlichen Sozialordnung, in diesem Band S. 192.

Territorien wurde sie nun auch de iure anerkannt, nachdem einige Preßgesetze schon vorangegangen waren. Außerdem kommt die Freiheit des Buchhandels vor, in Württemberg auch die Denkfreiheit, jedoch nirgends die Meinungs- oder Redefreiheit. Die verfassungsrechtlichen Garantien in den Einzelstaaten geben indessen ein unvollständiges Bild ohne das Bundesrecht. Der Deutsche Bund verstand sich als Bündnis zur Gewährleistung äußerer und innerer Sicherheit. Innere Sicherheit meinte dabei vor allem die Aufrechterhaltung des monarchischen Prinzips. Im Blick darauf bestimmte Art. 18 der Bundesakte, daß sich die Bundesversammlung auf ihrer ersten Stitzung mit gleichförmigen Verfügungen über die Pressefreiheit beschäftigen werde. Die badische Verfassung verwies daher von vornherein auf die zu erwartenden Bundesgesetze: »Die Pressefreiheit wird nach den Beschlüssen der Bundesversammlung gehandhabt werden.« Andere Länder inkorporierten die künftigen Bundesbeschlüsse in den Gesetzesvorbehalt, so etwa Württemberg: »Die Freiheit der Presse und des Buchhandels findet in ihrem vollen Umfang statt, jedoch unter Beobachtung der gegen den Mißbrauch bestehenden und in Kürze zu erlassenden Gesetze.« Bayern verwies nicht auf die Bundesgesetze, sondern auf das schon vor der Verfassung in Kraft gesetzte landeseigene Edikt. Verglichen mit den amerikanischen und französischen Vorbildern, die die Meinungs- und Pressefreiheit »one of the great bulwarks of liberty« und »un des droits les plus précieux de l'homme« genannt hatten[25], lag der Akzent in den deutschen Verfassungen von Anfang an auf den Schranken des Grundrechts. Dieses entfaltete keinen über den status quo hinausweisenden Elan.

Der gesetzliche status quo wurde seit 1819 durch die Karlsbader Beschlüsse bestimmt. Sie waren aus der Befürchtung der Regierungen geboren, in Deutschland wirke eine »revolutionäre Partei«, die ihren Einfluß vor allem durch die Universitäten und die Presse geltend mache.[26] Der Mord an Kotzebue gab diesen Befürchtungen Nahrung und schwächte den Widerstand der liberalen Kräfte in den Regierungen. Metternich als dem Vorkämpfer gegen die

25 Virginia Bill of Rights vom 12.6. 1776, section 12; Déclaration des Droits de l'homme et du citoyen vom 26.8. 1789, art. 11.
26 Vgl. das Zirkularschreiben des preußischen Außenministers Graf Bernstorff an die preußischen Auslandsvertretungen vom Oktober 1819, wiedergegeben bei E.R. Huber, Deutsche Verfassungsgeschichte, Bd. 1, 2. Aufl. Stuttgart 1975, S.737.

Pressefreiheit kam der Vorfall so gelegen, daß er den Mörder in einem Brief an Gentz als den »vortrefflichen Sand« bezeichnete, dessen Tat es auszunutzen gelte.[27] Im Vorfeld der Beschlüsse war den Regierungen in Aufsätzen, Denkschriften und Vorträgen[28] erläutert worden, daß der Staat die Pflicht habe, seinen eigenen Bestand, die öffentliche Ruhe und Ordnung sowie die Ehre seiner Bürger vor Mißbräuchen der Pressefreiheit zu schützen. Dazu genügten aber die repressiven Mittel des Strafrechts und des Zivilrechts nicht, denn Preßvergehen gehörten zu den »gemeinschädlichsten Verbrechen«, und die Justiz könne immer erst nach erfolgter Verletzung eingreifen. »Allein Bestrafung des Verbrechens ist noch nicht Schutz gegen das Verbrechen; dieser kann nur durch *Vorbeugung* des Verbrechens gewährt werden.«[29] Im übrigen würden die wahren Vorzüge der Pressefreiheit durch die Zensur nicht berührt. Die von ihren Anhängern behaupteten bestünden dagegen nicht. Insbesondere bedürfte es zur Aufdeckung von Mißständen keiner Pressefreiheit, weil ohnehin jeder das Recht habe, sich mit Eingaben an die Regierung zu wenden. Das Pressegesetz führte nun die Präventivzensur für Tageszeitungen und sonstige Schriften bis zum Umfang von zwanzig Druckbogen (320 Seiten) im gesamten Bundesgebiet ein. Die Mitgliedstaaten waren gehalten, das Gesetz auf ihrem Territorium auszuführen. Kamen sie dieser Pflicht nicht ordnungsgemäß nach, hatte der Bund das Recht, unmittelbar einzugreifen.[30]

Da Pressefreiheit auch im zeitgenössischen Sprachgebrauch die Präventivzensur gerade ausschloß, war sie durch die Karlsbader Beschlüsse in Wahrheit nicht näher geregelt, sondern aufgehoben worden. Soweit die Beschlüsse reichten, überlagerten sie auch die grundrechtlichen Garantien und die Zustimmungsrechte der Volksvertretungen, die die süddeutschen Verfassungen vorsahen.

27 Briefe von und an Friedrich von Gentz, Bd. III/1, München/Berlin 1913, S.408.
28 Als einflußreiche Beispiele vgl. F. von Gentz, Preßfreiheit in England, in: Wiener Jahrbücher für Literatur 1 (1818), S.210; L.G. Fürst zu Wittgenstein, Memorandum vom 29.5. 1819, abgedruckt bei U. Giese, Studien zur Geschichte der Pressegesetzgebung, der Zensur und des Zeitungswesens im frühen Vormärz, in: Archiv für Geschichte des Buchwesens 6 (1966), Sp. 355 ff.; G.H. von Berg, Referat vor der deutschen Bundesversammlung vom 12. 10. 1818, Protokolle 1818, Bd. 3, S.601 (Beilage). Vgl. auch U. Eisenhardt, Die Garantie der Pressefreiheit in der Bundesakte von 1815, in: Der Staat 10 (1971), S.339.
29 Wittgenstein, a.a.O. (oben Fn. 28), Sp. 356f.
30 Text u.a. bei E.R. Huber, Dokumente zur deutschen Verfassungsgeschichte, Bd. 1, 3.Aufl. Stuttgart 1978, S.102.

Die Länder mußten die Bundesgesetze ohne Rücksicht auf ihre Verfassungen einführen, denn Bundesrecht brach Landesrecht. Da die Mehrzahl der Länder die Zensur ganz oder teilweise abgeschafft oder zumindest großzügig gehandhabt hatte[31], bedeuteten die Bundesgesetze fast durchweg eine Verschärfung der Rechtslage. Nur in Österreich blieben sie hinter dem herrschenden Rechtszustand zurück und wurden daher vorsorglich gar nicht publiziert. Umgekehrt versuchte Bayern, die Bundesbeschlüsse der eigenen Verfassung unterzuordnen. Dort hatte sich in der Verfassungskommission die Ansicht durchsetzen können, daß Beschränkungen der Pressefreiheit möglichst vermieden werden sollten, zum einen, weil sie die Pressefreiheit indirekt wieder beseitigen würden, zum anderen, weil die Pressefreiheit das Korrektiv gegen Mißbräuche in sich selbst trage. Dabei war die Meinung des Kronprinzen ins Gewicht gefallen, der zum Verfassungsentwurf bemerkt hatte, die Pressefreiheit solle wie in Großbritannien bestehen, und sich dazu notierte: »Jedem das schöne Recht, zu sagen und zu schreiben, was er denkt, fari quae sentiat, so lange der Anstand gewahrt; da, wenn Meinungen frei sind, nicht ausbleiben kann, daß die Wahrheit mit der Zeit die Oberhand bekömmt, welches Ergebnis nicht zu fürchten, da, wenn es gute Regierung ist, sie nicht zu fürchten hat, was die gesunde Vernunft sagt.«[32] Bayern verkündete nunmehr die Bundesbeschlüsse mit der Maßgabe, daß sie im Rahmen der Souveränität, der Verfassung und der Gesetze zu beachten seien.

Bayern blieb auf diese Weise ein Ärgernis der Metternichschen Pressepolitik, und zwar vermehrt, als der frühere Kronprinz sogleich nach seiner Thronbesteigung die Zensur für alle Zeitungen beseitigte, die keine außenpolitischen Themen behandelten. Eine vergleichsweise milde Zensurpraxis, doch ohne förmliche Aussetzung der Bundesbeschlüsse, herrschte auch in den übrigen süddeutschen Verfassungsstaaten. Dagegen führten die beiden Großmächte und zahlreiche Mittel- und Kleinstaaten die Bundesgesetze mit Schärfe durch.[33] Auch Preußen überbot dabei die Karlsbader

31 Überblick bei A. F. Berner, Lehrbuch des Deutschen Preßrechts, Leipzig 1876, S. 44 ff.
32 Bei W. von Rimscha, Die Grundrechte im süddeutschen Konstitutionalismus, Köln u. a. 1973, S. 34 f. Dazu M. von Lerchenfeld, Die bairische Verfassung und die Karlsbader Beschlüsse, Nördlingen 1883.
33 Vgl. als Beispiel die minutiöse Schilderung der österreichischen Verhältnisse bei Giese, a. a. O. (oben Fn. 28); weiter J. Marx, Die Österreichische Zensur im

Beschlüsse noch durch seine eigene Gesetzgebung. An rechtsstaatlicher Berechenbarkeit der Eingriffe fehlte es weitgehend, denn weder das Bundespressegesetz noch die landeseigenen Zensurverordnungen enthielten inhaltliche Richtlinien für die Zensoren. Die Richtlinien pflegten vielmehr in Instruktionen zu stehen, die als interne Dienstanweisung galten und daher den Publizisten und Verlegern unbekannt blieben. Preußen gestattete aber die mündliche Bekanntgabe an »rechtliche und aufgeklärte« Redakteure, »damit sie sich den Absichten der Regierung fügen und dadurch das Geschäft für sich selbst und die Zensoren erleichtern«.[34] In der Sache pflegten in den Instruktionen höchst allgemeine und daher beliebig verwendbare Verbotskriterien wie die Verbreitung von »Mißvergnügen und Unruhe« mit äußerst genauen Anweisungen zusammenzutreffen, beispielsweise dem Verbot, über repräsentative Verfassungen zu urteilen oder diese gar »als Meisterstück oder beglückende Einrichtung anzupreisen« oder das Wort »Liberale« ohne den Zusatz »die vorgegebenen oder die sich selbst so nennenden« zu verwenden. »Wohlgesinnte Schriftsteller behandeln ohnehin diese Partei als Revolutionäre und werden sich dieser Benennung am liebsten bedienen.«[35]

Zusammen mit dem Verbot, über die Verhandlungen der Landtage zu berichten oder deren Sitzungsprotokolle zu veröffentlichen, bewirkten die Karlsbader Beschlüsse eine weitgehende Lähmung der öffentlichen Meinung. Es sammelte sich aber gerade durch die Pressepolitik auch ein beträchtliches Protestpotential an, das sich erstmals 1830 in den Unruhen entlud, die Deutschland im Gefolge der französischen Juli-Revolution ergriffen. Pressefreiheit war 1830 eine der wichtigsten Forderungen der wieder erstarkenden Liberalen. In Bayern erreichten sie, daß eine gerade in Kraft gesetzte verschärfte Presseverordnung wieder zurückgenommen, der dafür verantwortliche Minister entlassen wurde. In Baden gelang es ihnen, auf der Grundlage von Welckers berühmtem Antrag ein Pressegesetz durchzusetzen, das die Zensur gänzlich aufhob.[36] Dieses Gesetz stand freilich in klarem Widerspruch

Vormärz, München 1959; F. Lorenz, Zur Geschichte der Zensur und des Schriftwesens in Bayern, München 1903.

34 Bei F. Kapp, Die preußische Preßgesetzgebung unter Friedrich Wilhelm III., in: Archiv für Geschichte des deutschen Buchhandels 6 (1881), S. 209.

35 Nach Kapp, a.a.O. (oben Fn. 34), S. 210 ff.

36 Begründung der Motion des Abgeordneten Welcker, Aufhebung der Censur oder Einführung vollkommener Preßfreiheit betreffend, 1831. Vgl. ders., Die

zu den Bundesgesetzen, und der Bund, dessen Führungsmächte von den Unruhen unberührt geblieben waren, verlangte erfolgreich seine Rücknahme. Diejenigen Staaten, welche 1830 auf den Weg des Konstitutionalismus gedrängt worden waren, nahmen beim Grundrechtsschutz der Pressefreiheit von vornherein auf das Bundesrecht Rücksicht. Es klingen jedoch Bemühungen an, die Pressefreiheit als leitendes Prinzip gegen die Bundesbeschlüsse zu stärken. So hieß es in der kurhessischen Verfassung, die Freiheit der Presse und des Buchhandels werde »in ihrem vollen Umfange« stattfinden, die Zensur dagegen nur in den durch die Bundesgesetze bestimmten Fällen. Die sächsische Regelung lautete: »Die Angelegenheiten der Presse und des Buchhandels werden durch ein Gesetz geordnet werden, welches die Freiheit derselben ... als Grundsatz feststellen wird.« In Kurhessen und Braunschweig trat eine selbständige, vom Bundespressegesetz nicht berührte Garantie der freien Meinungsäußerung neben die Pressefreiheit.

IV. Staatsrechtliche Interpretation

So wenig die Karlsbader Beschlüsse von der Pressefreiheit übrig gelassen hatten, so viel galt sie in der staatsrechtlichen Literatur des Vormärz. Die damalige Staatsrechtslehre[37] präsentierte sich ganz überwiegend als konstitutionelle Staatsrechtslehre, und zwar entweder in der Form eines allgemeinen Staatsrechts der konstitutionellen Monarchie oder als Verfassungsrecht eines bestimmten Landes. Staatsrechtslehrbücher für die nicht-konstitutionellen Staaten finden sich kaum. Die vorherrschende Grundhaltung war liberal. Die oktroyierten Verfassungen hatten die liberalen Hoffnungen freilich nur begrenzt erfüllt, und die illiberale Staatspraxis des Vormärz vergrößerte die Enttäuschung. Die Staatsrechtslehre

vollkommene und ganze Preßfreiheit nach ihrer sittlichen, rechtlichen und politischen Nothwendigkeit, nach ihrer Übereinstimmung mit deutschem Fürstenwort und nach ihrer völligen Zeitgemäßheit dargestellt in ehrerbietigster Petition an die Hohe Deutsche Bundesversammlung, Freiburg 1830. Nachdruck in: C. T. Welcker, Kampf um publizistische Libertät, Bochum 1981. Vgl. auch U. Eisenhardt, Der Deutsche Bund und das badische Pressegesetz von 1832, in: Gedächtnisschrift für H. Conrad, Paderborn 1979, S. 103.

37 Überblick bei D. Grimm. Die deutsche Staatsrechtslehre zwischen 1750 und 1945, in diesem Band S. 291.

stand auf diese Weise ihrem Gegenstand zwiespältig gegenüber, und dieser Zwiespalt schlug sich bei zahlreichen Autoren in einer Vermengung von naturrechtlicher Verfassungstheorie und positivem Verfassungsrecht nieder. Das Naturrecht wurde kontrafaktisch als geltend oder doch als eigentlicher Geltungsgrund der Verfassungen oder zumindest als maßgebliche Auslegungsmaxime für ihre Bestimmungen betrachtet. Erst Robert von Mohls »Württembergisches Staatsrecht« von 1829 markiert den Übergang zu einer strengen Dogmatik des positiven Verfassungsrechts, wenngleich ebenfalls mit liberaler Tendenz, soweit der Verfassungstext dies zuließ. Für die Grundrechte, die im Vormärz noch nicht als solche, sondern meist in Parallele zu den Monarchenrechten als Volksrechte bezeichnet wurden, bedeutete dies, daß die Staatsrechtslehre entgegen dem unmißverständlichen Willen der Verfassungsgeber an ihrem naturrechtlichen Charakter festhielt, zu einer extensiven Interpretation neigte und stets von neuem ihre Verwirklichung einforderte.

Dabei spielte die Pressefreiheit eine herausragende Rolle. Welker nannte sie »das allerwesentlichste Verfassungsrecht«, »die wichtigste Bedingung der unendlichen Fortschritte, und der großen Ausdehnung der menschlichen Kultur«.[38] Effner rief emphatisch: »Das Recht, sich zu äußern, ist das Atemholen der Freiheit, wer es beschränkt, schneidet die Zunge aus dem Munde des Staates, und verrät, daß der gleich den Tyrannen des Orients nur von stummen Sklaven bedient sein will«.[39] Die Beschneidung dieses Grundrechts wurde in pointierter Umkehrung des bekannten Begriffs zum »crimen laesae humanitatis« erklärt.[40] Die überragende Bedeutung der Pressefreiheit setzt sich in einem werbend-advokatorischen Grundzug fort, der den Lehrbüchern gerade an dieser Stelle eigen ist. Sie wird nicht nur systematisch begründet und dogmatisch entfaltet, sondern den Fürsten ausdrücklich als ein Recht anempfohlen, das in ihrem wohlverstandenen Interesse liege und ihrer Macht keineswegs abträglich sei. Dafür gibt es ganze Listen pragmatischer Argumente, die größtenteils aus dem 18. Jahrhundert bekannt sind. Sie werden getragen von der Überzeugung, daß erst die Meinungs- und Pressefreiheit der Wahrheit zum Durch-

---

38 Welcker, Vollkommene Preßfreiheit, Nachdruck a. a. O. (oben Fn. 36), S. 143, 14.

39 A. Th. Effner, Aphorismen über Baiern's Constitution, München 1818, S. 17.

40 D. G. von Ekendahl, Allgemeine Staatslehre 1, Neustadt/Orla 1833, S. 193.

bruch verhelfe. Eben deswegen könne sie auch nicht gefährlich sein. Glücklichen Staaten schade keine Meinung, schrieb Effner in seinen »Aphorismen über Baiern's Constitution«, die auf dem Titelblatt den Zusatz tragen »Verlegt im Lande der Preßfreiheit 1818«, »denn wo kein Pulver liegt, braucht man das Tobakrauchen nicht zu verbieten«.[41] Gelegentlich wurden diese Begründungen auch von versteckten Drohungen begleitet. Der »Baierische Verfassungs-Freund«, eine 1819 ins Leben gerufene Zeitschrift, wies darauf hin, »daß sich selbst in den willkürlich regierten Staaten kein Stillschweigen über Regierungs-Angelegenheiten erzwingen läßt... Die asiatischen Regierungen, wo es keine Zeitschriften gibt, haben dafür Aufstände und Brandlegungen, die aber jedesmal unfehlbar eine Ministerial-Veränderung zur Folge haben; eine seltsame Art der Publizität, die dem Preßzwang eben nicht das Wort spricht«.[42]

Die Emphase, die der Pressefreiheit in der staatsrechtlichen Literatur zuteil wurde und in dieser Form bei keinem anderen Grundrecht, auch nicht etwa beim Eigentum, wiederkehrt, weist auf die außergewöhnliche Bedeutung der Öffentlichkeit für den politischen Liberalismus hin. Es erscheint nicht übertrieben zu sagen, daß er nachgerade von ihr lebte[43], denn erst durch freie Kommunikation wurde die Bevölkerung zur Nation integriert und so in den Stand gesetzt, dem monarchischen Staat, der bis dahin alles Öffentliche monopolisiert hatte, als eigenständiges Subjekt des politischen Lebens entgegenzutreten. Diese Funktion der Öffentlichkeit war der liberalen Staatsrechtslehre vollkommen bewußt. Die öffentliche Meinung wurde bei Aretin und Rotteck als die »wahre Seele des Volkslebens«, die Presse als das »unentbehrliche Bindungsmittel eines Volkes, die unerläßliche Bedingung zur wahren, rechtsbeständigen Gesamtpersönlichkeit« bezeichnet.[44] Die Landtage als Repräsentanten dieser Gesamtpersönlichkeit konnten ihre Funktion nur erfüllen, wenn sie durch das Medium der Presse mit dem Volk verbunden blieben. Sie erst verschaffte all jenen Gehör,

41 Effner, a.a.O. (oben Fn. 39), S. 17.
42 Der baierische Verfassungs-Freund 1 (1819), S. 13.
43 Daß dies auch dem Selbstverständnis des Liberalismus entsprach, zeigt die Aussage von C.T. Welcker, Öffentlichkeit, in: Staats-Lexikon, Bd. 12, Altona/Leipzig 1841, S. 253: »Das ganze politische Leben freier Völker bewegt sich in der Öffentlichkeit, wie man atmet in der Luft.«
44 J. Chr. von Aretin/C. von Rotteck, Staatsrecht der constitutionellen Monarchie, Bd. 3, 2. Aufl. Tübingen 1840, S. 227 f.

die nicht selbst in der Volksvertretung saßen.[45] Insofern war die Pressefreiheit in der Tat »noch kostbarer, als selbst das Parlament; denn dieses kann – wo nicht eine freie Presse ihm zur Seite steht – eingeschüchtert, verderbt, mißbraucht werden; die wahrhaft freie Presse nie«.[46] Der Umstand, daß es für Deutschland insgesamt aber auch für viele Einzelstaaten, darunter die beiden größten, noch gar keine Volksvertretungen gab, mußte die Bedeutung der Presse abermals steigern. Wo ein Parlament fehlte, wurde sie als Volksstimme zum Parlamentssurrogat. Bei Welcker findet sich diese Funktion ausdrücklich bestätigt; da die Bürger an den Bundesberatungen nicht teilnehmen dürften, erscheine »ihr Organ, die politische Presse, als der unentbehrliche Repräsentant in den Bundesangelegenheiten«.[47]

Unter diesen Umständen konnte die Pressefreiheit ihre Sinnerfüllung freilich nicht schon in einer auf die Human- und Kultursphäre beschränkten Kommunikation unter Privatleuten finden. Dieses im 18. Jahrhundert noch verbreitete Verständnis trat daher nach den Befreiungskriegen in den Hintergrund. Die private Nutzung blieb eine Seite des Grundrechts, aber nicht die einzige. Die Pressefreiheit mußte vielmehr, wie Aretin und Rotteck einleitend herausstellten, unter einem doppelten Aspekt betrachtet werden: einmal an und für sich als ursprüngliches Menschenrecht, sodann in Bezug auf den Staat als objektives Rechtsprinzip.[48] Dem zweiten Aspekt galt nun das primäre Interesse der Staatsrechtslehre. Von daher pflegte sie die Pressefreiheit zu entwickeln, während die individualistischen Begründungen an Gewicht verloren. Dabei ließ sich die funktionale Argumentation jetzt in einem wesentlichen Punkt ergänzen. Die Pressefreiheit besaß, außer ihren übrigen Vorzügen, strukturelle Bedeutung für die konstitutionelle Monarchie. Diese unterschied sich ja von der vorhergehenden Staatsform dadurch, daß der Gesellschaft Kontroll- und Mitspracherechte im Staat eingeräumt worden waren, die die Volksvertretung wahrnahm. Die Volksvertretung erschien jedoch aus zwei Grün-

---

45 L. H. von Jakob, Einleitung in das Studium der Staatswissenschaften, Halle 1819, S. 213.

46 Aretin/Rotteck, Staatsrecht III, a. a. O. (oben Fn. 44), S. 236.

47 Welcker, Vollkommene Preßfreiheit, Nachdruck a. a. O. (oben Fn. 36), S. 85.

48 Aretin/Rotteck, Staatsrecht, a. a. O. (oben Fn. 44), S. 228 f. Daher behandeln sie die Pressefreiheit auch an zwei verschiedenen Stellen ihres Handbuchs, einmal bei den Grundrechten, dann bei der Staatsorganisation im Zusammenhang mit der Gewährleistung der Verfassung.

den als unvollkommene Sicherung der gesellschaftlichen Rechte. Sie tagte nicht permanent, und sie trug in sich keine Gewähr, immer im Volksinteresse zu handeln. Diese Nachteile kompensierte die Presse, denn sie war sozusagen ein »stets sitzendes, unbestechliches Parlament«, und sie konnte die Übereinstimmung, nicht nur der Regierung, sondern gerade auch der Landstände mit Verfassung und öffentlicher Meinung überwachen.[49] Sowohl Nationalrepräsentation als auch freie Presse galten daher in der Staatsrechtslehre als Organe des Gesamtwillens. »Beides steht in der innigsten Verbindung; das Erste begründen und die Letztere vernichten, wäre der auffallendste Widerspruch«.[50]

Die Gleichsetzung von Presse und Parlament als zwei Formen, die öffentliche Meinung gegenüber dem Herrscher zur Geltung zu bringen, begünstigte ein Verständnis von Pressefreiheit, das weit weniger privat und individuell als öffentlich und institutionell war. Schon Görres hatte die Presse als »Amt« bezeichnet und damit zum Ausdruck bringen wollen, daß sie nicht ein privates Recht, sondern eine öffentliche Aufgabe wahrnehme, die freilich gerade Unabhängigkeit vom Staat verlangte.[51] Ähnlich äußerte sich nun die Staatsrechtslehre. Wenn die Presse eine Komplementäreinrichtung der Volksvertretung war und also selbst zu den »Institutionen der konstitutionellen Monarchie«[52] zählte, partizipierte sie auch an deren öffentlichem Status. Ja, es wurde dann sogar möglich, als eigentlichen Träger des Grundrechts nicht den Schriftsteller, Journalisten oder Verleger, sondern das Volk anzusehen, demgegenüber jene nur ein »Mandat« wahrnahmen, nicht anders als die Abgeordneten. So sprach Zoepfl von einem allgemeinen Volksrecht »der freien Äußerung über alle Verhältnisse des Staatslebens«, das aber seiner Natur nach kein staatliches Organ, sondern »jeder Einzelne für sich selbst und ohne Vermittlung der Repräsentation in Anspruch nehmen und gebrauchen

49 Aretin/Rotteck, Staatsrecht, a. a. O. (oben Fn. 44), S. 235; ähnlich K. S. Zachariä, Vierzig Bücher vom Staate, Bd. 2, Stuttgart/Tübingen 1820, S. 350; H. Zoepfl, Grundsätze des allgemeinen und des constitutionell-monarchischen Staatsrechts, Heidelberg 1846, S. 296.

50 C. Cucumus, Lehrbuch des Staatsrechts der konstitutionellen Monarchie Baierns, Würzburg 1825, S. 243.

51 J. Görres, Die teutschen Zeitungen, Rheinischer Merkur 1814, Nr. 81. Vgl. dazu Schneider, Pressefreiheit, a. a. O. (oben Fn. 2), S. 220 ff. Zum Verständnis der Presse als öffentliche Aufgabe vgl. D. Czajka, Pressefreiheit und »öffentliche Aufgabe« der Presse, Stuttgart u. a. 1968, bes. S. 40 ff.

52 So Zoepfl, Grundsätze, a. a. O. (oben Fn. 49), S. 296.

kann«.[53] Ungeachtet der individuellen Ausübung scheint Inhaber des Rechts für Zoepfl aber die Nation zu sein, denn er sieht in der Rede- und Preßfreiheit »für die Nation in Bezug auf die Volksrechte ein Analogon von dem, was die fürstliche Prärogative für den Souverän in Bezug auf die Hoheitsrechte ist, welche er durch seine Beamten ausüben läßt«.[54] Die Beamten stehen also zum Monarchen im selben Verhältnis wie die Presse zum Volk. Bei Beck ist schließlich unmißverständlich zu lesen, daß das Recht, in öffentlichen Angelegenheiten eine freie Stimme zu haben und diese durch Rede und Schrift sowie durch Abgeordnete zu erheben, anders als die individuellen Urrechte ein Recht sei, das »dem Volk in seiner Gesamtheit« zustünde.[55]

Gegenüber diesen Lehren, die abermals die Annahme von dem rein subjektiv-negatorischen Grundrechtsverständnis des 19. Jahrhunderts widerlegen, scheint die individualistische Begründung eher eine Hilfsfunktion zu haben. Pressefreiheit als Strukturprinzip einer bestimmten Staatsform konnte ja nicht schon naturrechtlich begründet sein und daher auch nicht an der naturrechtlich vermittelten Geltungskraft und Bestandsfestigkeit der Grundrechte teilhaben. Sie wurde deswegen ihrerseits wieder auf die Denk-, Sprech- oder Redefreiheit zurückgeführt und als technisch ermöglichte Sonderform dieser Urfreiheiten hingestellt. Presse war dann nichts anderes »als das den Menschen vom Himmel verliehene *Sprachorgan* für die Ferne (nach Raum und Zeit)«[56] und kam auf diese Weise ebenfalls in den Genuß naturrechtlicher Geltung. Umgekehrt findet sich bei Mohl der Versuch, die Meinungsfreiheit unter Verzicht auf naturrechtliche und verfassungsstrukturelle Begründungen aus dem Verfassungstext zu entwickeln. Dabei konnte er an die ausdrückliche Garantie der Denkfreiheit anknüpfen, die in Art. 24 der württembergischen Verfassung zusammen mit der Freiheit der Person, des Gewissens, des Eigentums und der Auswanderung enthalten war. Diese Rechte werden dann in der Reihenfolge ihrer Nennung in gesonderten Artikeln konkretisiert. Insofern ging die Verfassung selbst von einem systematischen Zusammenhang zwischen Denk- und

53 Ebenda, S. 295.
54 Ebenda.
55 Beck, Staatsanstalten, Staatsorganisationen, in: Staats-Lexikon, Bd. 14, Altona/Leipzig 1843, S. 683.
56 Aretin/Rotteck, Staatsrecht, a. a. O. (oben Fn. 44), S. 228.

Pressefreiheit aus, den Mohl nun entfaltete. Dabei entnahm er der Denkfreiheit folgende Einzelrechte, von denen Art. 28 nur die beiden letzten ausdrücklich erwähnte: die Informationsfreiheit; die Meinungsäußerungsfreiheit; die Freiheit, sich dabei des Drucks und der Bildersprache zu bedienen, »d.h. also Preßfreiheit«, und die Freiheit des Buchhandels, die Mohl aber nicht funktional als Grundrecht eines Berufsstandes oder Gewerbes, sondern personal als Lesefreiheit interpretierte.[57]

Der hohe Rang, den die Pressefreiheit in der Staatsrechtslehre, auch der nicht mehr naturrechtlich geprägten, genoß, bedeutet freilich nicht, daß sie als schrankenloses Grundrecht gefordert worden wäre. So wie die Regierungen einen gewissen Nutzen der Pressefreiheit nicht abgestritten hatten, leugneten die Liberalen nicht die Mißbrauchsmöglichkeiten. Die Unterschiede lagen in der Gefahreneinschätzung, hinter der wiederum unterschiedliche Auffassungen über das Verhältnis von Politik und Wahrheit standen. Während die Regierungen von einem substantiellen, noch stark der Staatsräson verpflichteten Wahrheitsbegriff ausgingen, hatte der Liberalismus eine prozedurale Wahrheit vor Augen. Jene rechtfertigte die Ausschaltung des Irrtums und also präventive Maßnahmen, diese nur Sanktionen gegen Verletzungen Dritter und also repressive Maßnahmen. Daher bekämpfte die Staatsrechtslehre nicht anders als früher die Naturrechtslehre die Zensur. Rotteck bezeichnete sie als Entmündigung des Volkes.[58] Zensurmaßnahmen seien ihrem Wesen nach nicht rechtfertigungsfähig, weil das Zensierte nie dem Urteil des Publikums unterbreitet werden könne. Beschränkungen der Pressefreiheit sollten nur für den Fall zulässig sein, daß die Presse zu Straftaten aufrief oder selbst Straftaten in Form von Ehrverletzungen beging. Einschränkungen im Interesse der Sittlichkeit wurden erwogen, wegen der schwierigen Grenzziehung, insbesondere zur Kunst, jedoch meist verworfen. Die Durchsetzbarkeit der Beschränkungen verlangte die Angabe des Autors, des Verlegers oder des Druckers auf der Publikation, ferner die Möglichkeit der vorläufigen Beschlagnahme, jedoch

---

57 R. von Mohl, Das Staatsrecht des Königreiches Württemberg, Bd. 1, 2. Aufl. Tübingen 1840, S. 352 ff.

58 Aretin/Rotteck, Staatsrecht, a. a. O. (oben Fn. 44), S. 241; ferner als Beispiel für viele die eingehenden Diskussionen bei Welcker in den erwähnten Werken (oben Fn. 36); ders., Öffentlichkeit, in: Staats-Lexikon, Bd. 12, Altona/Leipzig 1841, S. 252; H. K. Jaup, Preßfreiheit, in: Staats-Lexikon, Bd. 13, Alton/Leipzig 1842, S. 331.

unter alsbaldiger Nachprüfung durch ein ordentliches Gericht. Schließlich gehörte es zu den wiederkehrenden rechtspolitischen Postulaten der Liberalen, daß über Preßvergehen nur Geschworenengerichte urteilen dürften. In den Märzforderungen des Jahres 1848 fand sich all das an prominenter Stelle wieder.

v. Veränderte Bedingungen

Von den Abgeordneten der Paulskirche war nicht weniger als ein Sechstel unmittelbar Opfer der Karlsbader Beschlüsse gewesen.[59] Die verfassungsrechtlichen Garantien der Meinungs- und Pressefreiheit, die sie 1848 beschlossen, spiegelten ihre Erfahrungen mit der Unterdrückung der freien Meinungsbildung im Vormärz wider. In § 143 der Paulskirchen-Verfassung gingen sie sozusagen als Negativliste ein. Nach der Zusicherung, daß jeder Deutsche das Recht habe, »durch Wort, Schrift, Druck und bildliche Darstellung seine Meinung frei zu äußern«, hieß es weiter: »Die Preßfreiheit darf unter keinen Umständen und in keiner Weise durch vorbeugende Maßregeln, namentlich Zensur, Konzessionen, Sicherheitsbestellungen, Staatsauflagen, Beschränkungen der Druckereien oder des Buchhandels, Postverbote oder andere Hemmungen des freien Verkehrs beschränkt, suspendiert oder aufgehoben werden. Über Preßvergehen, welche von Amts wegen verfolgt werden, wird durch Schwurgerichte geurteilt ...« Zuvor hatte die Bundesversammlung den vergeblichen Versuch unternommen, die anrollende Revolutionswelle abzufangen, und als Zeichen ihrer Reformbereitschaft den Regierungen am 3. März 1848 freigestellt, die Zensur abzuschaffen. In den Einzelstaaten gehörte diese Maßnahme wie auch die Erfüllung weiterer presserechtlicher Forderungen der Märzbewegung zu den ersten Konzessionen der überraschten Fürsten. Preußen, wo die Aufstände am 13. März die Hauptstadt erreichten, hob bereits am 17. März die Zensur auf, noch vor Einsetzung des März-Ministeriums. Die Kaution, die das neue Pressegesetz für politische Zeitschriften vorsah, wurde am 6. April wieder fallengelassen, ehe sie in einziges Mal eingefordert worden war. Ähnlich schnelle und durchgreifende Erfolge erzielte die Revolution auch in den anderen deutschen Ländern.

Im Endeffekt gilt die Revolution von 1848 freilich als gescheitert,

59 Vgl. Nipperdey, Deutsche Geschichte, a.a.O. (oben Fn. 4), S. 590.

und was ihr oberstes Anliegen, die Errichtung eines konstitutionellen deutschen Nationalstaats anbelangt, trifft das ohne Frage zu. Sie hinterließ jedoch auch eine Reihe bleibender Errungenschaften, zu denen die Abschaffung der Zensur gerechnet werden muß. Wenngleich die Paulskirchen-Grundrechte 1851 wieder aufgehoben wurden und die Mitgliedstaaten des Bundes ihre Verfassungen von revolutionären Bestandteilen zu reinigen hatten, blieben davon die Zensurverbote doch unberührt. Die revidierte preußische Verfassung bestimmte: »Die Zensur darf nicht wieder eingeführt werden; jede andere Beschränkung der Preßfreiheit nur im Wege der Gesetzgebung«. Der Unterschied zur revolutionären Phase, in der die Verfassungskommission der preußischen Nationalversammlung als Formulierung vorgeschlagen hatte: »Die Freiheit der Presse und der Rede darf durch kein Gesetz beschränkt werden«, lag in den sonstigen Eingriffsmöglichkeiten. Hierzu meinte die aufgrund des Dreiklassenwahlrechts zustande gekommene Kammer, daß »die indirekten Beschränkungen der Preßfreiheit ... mit der präventiven und unmittelbaren Hinderung, ja Zerstörung der Preßfreiheit durch Zensur nicht auf eine Linie zu stellen seien«.[60] An solch indirekten Beschränkungen fehlte es in der Folgezeit nicht. Das neue Bundespreßgesetz von 1854 machte alle Presseerzeugnisse von einer staatlichen Konzession abhängig, die bei Verbreitung strafbarer, insbesondere staatsgefährdender Schriften auch ohne Gerichtsbeschluß entzogen werden konnte, und führte eine Kautionspflicht ein. Die Einzelstaaten waren dem Bund mit ähnlichen Regelungen teils vorausgegangen, teils folgten sie nun, nicht selten unter Verschärfung der Bestimmungen.[61] Die endgültige Beseitigung der staatlichen Pressekontrolle erfolgte erst durch das Reichspressegesetz vom 7. Mai 1874, das alle präventiven Maßnahmen abschaffte und die Presse nur den allgemein geltenden repressiven unterwarf, sofern sie gegen strafrechtliche Verbote verstieß.[62]

Das Problem, das Mitte des 18. Jahrhunderts formuliert worden war, konnte damit hundert Jahre später als gelöst gelten. Mei-

---

60 Wiedergegeben bei G. Anschütz, Die Verfassungs-Urkunde für den Preußischen Staat, Berlin 1912, S.499.

61 Text des Bundesgesetzes bei Huber, Dokumente, a.a.O. (oben Fn. 30), Bd. 2, Nr. 3. Überblick über die einzelstaatlichen Regelungen bei Berner, a.a.O. (oben Fn. 31).

62 Reichsgesetzblatt 1874, S.65. Dazu E. Naujoks, Die parlamentarische Entstehung des Reichspressegesetzes in der Bismarckzeit, Düsseldorf 1971.

nungsfreiheit als Grundrecht des Bürgers gegenüber dem Staat stand nicht mehr prinzipiell in Frage. Zur gleichen Zeit begannen sich aber auch die sozialen Bedingungen, unter denen das Grundrecht entstanden war, zu wandeln, und zwar in verschiedener Hinsicht. Zunächst läßt sich eine Veränderung im Substrat der Pressefreiheit, der Presse selbst, beobachten. Mit dem Wegfall der zensurbedingten Risiken wurde die Presse wirtschaftlich interessant. Die ständig wachsenden Leserkreise verstärkten diese Tendenz ebenso wie die kräftig expandierende deutsche Wirtschaft, die bald die Presse als Werbemittel entdeckte. Nachdem im Lauf des 18. Jahrhunderts die reine Nachrichtenpresse von der Meinungspresse verdrängt worden war, entstand nun neben der Meinungspresse die sogenannte Geschäftspresse und leitete damit die dritte Phase der Zeitungsentwicklung in Deutschland ein.[63] Die Presse wurde selbst zum Geschäft. Die Gewinne resultierten dabei weniger aus dem Verkauf als aus den Inseraten, die freilich nur durch den redaktionellen Teil absetzbar waren. Das führte zu einer Instrumentalisierung des Presseinhalts. Verleger und Publizist strebten auseinander und entwickelten divergierende Interessen. Die Presse geriet aber auch in den Sog der Konzentrations- und Vermachtungsprozesse, denen Wirtschaftsunternehmen generell unterlagen. Nachdem das Freiheitsproblem in der Staatsrichtung im Grundsatz gelöst war, stellte es sich neu in der gesellschaftlichen Dimension, und zwar als Problem der inneren Freiheitlichkeit des Pressewesens und, damit zusammenhängend, als Problem der Meinungsbildungsfreiheit des Lesers. Verglichen mit diesen Freiheitsbedrohungen, hatte Heine schon früher im Blick auf die französischen Verhältnisse geschrieben, erschienen »die Hemmnisse der deutschen Zensur nur wie heitere Rosenketten«.[64]

Die Veränderungen erfaßten aber überdies die bürgerlichen Medien der Öffentlichkeit und der öffentlichen Meinung. Diese waren vor allem von der Kehrseite des wirtschaftlichen Fortschritts, der Entstehung des Vierten Standes, betroffen. Die Revolution von 1848 hatte offenkundig gemacht, daß seine Interessen sich mit denen des Bürgertums nicht deckten und von diesem auch nicht mit vertreten wurden. Ging es dem Bürgertum um den freien Gebrauch von Besitz und Bildung und den Genuß seiner Früchte, so

---

63 Vgl. dazu D. Stammler, Die Presse als soziale und verfassungsrechtliche Institution, Berlin 1971; O. Groth, Die Zeitung, 4 Bde., Mannheim 1928-1930.
64 H. Heine, Sämtliche Werke, Bd. 6, Leipzig 1890, S. 181.

strebte der Vierte Stand erst nach einem Anteil an Besitz und Bildung. Das eine war nur auf Kosten des anderen möglich. Der Fehlschlag der Revolution hatte eine seiner Ursachen darin, daß sich das Bürgertum von den Ansprüchen des Vierten Standes bedroht fühlte und vor Vollendung der Revolution unter den Schutz des eben noch bekämpften Fürstenstaates zurückkehrte, um dessen Machtmittel gegen die Arbeiterschaft zu mobilisieren. Die damit herbeigeführte Spaltung der Gesellschaft zerstörte zugleich die Grundlagen der bürgerlichen Öffentlichkeit. Diese basierte ja auf der Annahme einer Ideenkonkurrenz, aus der das beste Argument mit Notwendigkeit siegreich hervorging. Der Ausgang kam folglich auch dem Verlierer zugute. Diesem Modell lag die unausgesprochene Voraussetzung eines relativ begrenzten und in seinen Interessen homogenen Kreises von Kommunikationsteilnehmern zugrunde.[65] Gerade dieser Umstand ermöglichte die scheinbare Interessenlosigkeit der Diskussion und konstituierte ihr Ergebnis so als allgemein gültiges. Waren die gesellschaftlichen Interessengegensätze aber einmal zutage getreten, konnte eine Niederlage im Meinungskampf nicht mehr als Beweis für die schlechteren Argumente gelten. Die öffentliche Meinung büßte ihren Wahrheitsbezug und damit ihre Verbindlichkeit ein. Die Meinungsfreiheit als Teilnahmerecht am Diskurs entfaltete ihre kritische Potenz nicht mehr allein gegenüber dem Staat, sondern auch gegenüber dem Bürgertum.

Für ihren ursprünglichen Träger, das Bürgertum, verlor die Meinungsfreiheit damit stark an Interesse, wie überhaupt mit der Revolution ein Wandel des Freiheitsverständnisses einsetzte, der seinen Niederschlag auch in der Grundrechtstheorie fand.[66] Schon in der Paulskirche läßt sich beobachten, daß maßgebliche Vertreter des Liberalismus von der menschenrechtlichen Wurzel der Grundrechte abrückten, um den Freiheitsansprüchen der unterbürgerlichen Schichten keine Nahrung zu geben. Nach der Revolution war das Freiheitsbedürfnis des Bürgertums durch die neuen oder erweiterten Grundrechtskataloge im wesentlichen gestillt, die Übernahme der Staatsgewalt aber in weite Ferne gerückt. Das Bürgertum reagierte darauf mit politischer Selbstbescheidung. Freiheit

---

65 Vgl. Luhmann, Öffentliche Meinung, a.a.O. (oben Fn. 6), S.11; Habermas, Strukturwandel, a.a.O. (oben Fn. 2), S.157 ff.

66 Dazu D. Grimm, Die Entwicklung der Grundrechtstheorie in der deutschen Staatsrechtslehre des 19. Jahrhunderts, in diesem Band S. 308.

wurde nicht mehr in der Beteiligung am Staat, sondern in einer staatsfreien Privatsphäre gesucht, die inzwischen jedoch primär ökonomisch statt kulturell bestimmt war. Politische und private Freiheit, die für den Liberalismus des Vormärz stets eine Einheit gebildet hatten, trennten sich damit. Bluntschli, der staatsrechtliche Repräsentant des nachmärzlichen Bürgertums, begann seine Ausführungen über die Grundrechte mit einer Warnung vor mißverstandener Freiheit und schied im folgenden streng zwischen politischer Freiheit, die der Staat gewähre und beschränke, und privater Freiheit, die er lediglich zu schützen habe.[67] Die Grundrechte, die diesen Schutz übernahmen, fielen dann zwangsläufig mit ihrer staatsausgrenzenden und also negatorischen Funktion in eins. Das politische Bemühen erschöpfte sich in der Forderung nach zusätzlichen rechtsstaatlichen Sicherungen dieser Abwehrfunktion. Die Grundrechtstheorie verlor damit ihren offensiven Grundzug. Es ging nicht mehr um die Herstellung menschlicher Freiheit, sondern um die Verteidigung bürgerlicher Freiheit. Die naturrechtliche Begründung, die über den status quo hätte hinausweisen können, verschwand in der zweiten Jahrhunderthälfte vollkommen.

Für die positivistische Staatsrechtslehre, die sich 1852 mit Gerbers Schrift über öffentliche Rechte ankündigte, aber erst nach der Reichsgründung durchsetzte, war die grundrechtliche Freiheit völlig substanzentleert. Sie konnte nur noch durch die Abwesenheit gesetzlicher Reglementierungen definiert werden. Hinter der Freiheit stand aber kein materiales Prinzip. Für die Frage, ob der Gesetzgeber im Grundrechtsbereich überhaupt Regelungen treffen durfte und – wenn ja – in welchem Sinn, war sie bedeutungslos. Rechtlich gesehen handelte es sich bei der Freiheit um eine zufällige Indifferenz des politischen Systems. Wo der Staat das Verhalten des Einzelnen nicht geregelt hatte, kam dessen natürliche Freiheit zum Zuge. Deren Gebrauch wie deren Resultat war juristisch irrelevant. Von der Freiheit blieb auf diese Weise nur die formale Seite übrig. Sie erschöpfte sich in einem unspezifischen rechtlichen Dürfen. Ob damit auch ein tatsächliches Können einherging, spielte keine Rolle. Letztlich wurden auf diese Weise spezielle grundrechtliche Sicherungen der Freiheit gänzlich überflüssig. Wenn einerseits der Gesetzgeber nicht an Reglementierungen gehindert war, andererseits überall dort, wo Regelungen fehlten, der

67 J. C. Bluntschli, Allgemeines Staatsrecht, München 1852, S. 665 ff.

Bürger ohnehin freie Bahn hatte, dann besaßen die Grundrechte kein eigentliches Objekt mehr, wie die Staatsrechtslehre nun feststellte. Sie konnten nur noch als Reminiszenz an überwundene Freiheitsunterdrückungen interpretiert werden, ohne daß ihnen aktuelle Bedeutung zukam. Ihrem Rechtsgehalt nach gingen sie im Prinzip der Gesetzmäßigkeit der Verwaltung auf. Als Grundrechte liefen sie leer.[68] Gerade diese Interpretation entsprach jetzt freilich den Interessen des Bürgertums. Seit der Reichsgründung hatte es sich endgültig mit dem Obrigkeitsstaat ausgesöhnt. Der bürgerlichen Freiheit drohte von seiner Seite keine Gefahr. Material verstandene Grundrechte wären dann aber nur dem Vierten Stand zugute gekommen, dessen Freiheitsbedarf noch nicht gestillt war. Die formale Interpretation fungierte daher als Stütze des sozialen status quo.[69]

Die Meinungsfreiheit bezahlte diesen Wandel stärker als andere Grundrechte mit einem Traditionsabbruch. Sie wurde von ihrem in der rationalen Naturrechtslehre und der liberalen Staatsrechtswissenschaft begründeten Sinn abgeschnitten. In personaler Hinsicht war das der Bezug auf die Bildung und Vervollkommnung des Einzelnen und seine gleichberechtigte Teilhabe an der kulturellen, ökonomischen und politischen Entwicklung. In sozialer Hinsicht war es der Bezug auf ein politisches System, das die Beteiligung aller an den staatlichen Entscheidungen vorsah und eben dadurch ihre unterschiedlichen Überzeugungen und Interessen zu einem vernünftigen Ausgleich zu bringen suchte. Diese konstitutive Bedeutung der Meinungsfreiheit für die soziale und politische Ordnung kam in der Staatsrechtslehre nicht mehr vor. In den Lehrbüchern spielte das Grundrecht eine unbedeutende Rolle und interessierte juristisch nur noch unter dem Gesichtspunkt seiner polizeilichen oder strafrechtlichen Beschränkungen. Die Verbindungen waren freilich nicht dadurch aufgelöst, daß die Theorie sie ignorierte. Mit zunehmender Ökonomisierung der Presse verzerrte sich die Kommunikationsstruktur und bewirkte so, daß die Chancen sowohl der individuellen Persönlichkeitsentfaltung wie der politischen Einflußnahme ungleich verteilt wurden. Die dar-

---

68 Vgl. P. Laband, Das Staatsrecht des Deutschen Reiches, Bd. 1, Tübingen 1876, S. 149 (kein Objekt); M. Seydel, Grundzüge einer allgemeinen Staatslehre, Würzburg 1873, S. 49 (Erinnerung an frühere Verbote); G. Anschütz, Preußische Verfassung, a. a. O. (oben Fn. 60), S. 98 (kasuistische Formulierung des Prinzips der Gesetzmäßigkeit der Verwaltung).

69 Vgl. Grimm, Grundrechtstheorie, a. a. O. (oben Fn. 66).

aus erwachsenden Freiheitsgefahren ließen sich vom Boden der herrschenden formalen Grundrechtstheorie aus nicht lösen, genauer: sie konnten gar nicht als Grundrechtsprobleme wahrgenommen werden. Dazu bedurfte es einer Wiedergewinnung der materialen Zielfunktionen der Meinungsfreiheit, die erst in der staatsrechtlichen Diskussion der Weimarer Republik einsetzte.[70] Die entscheidenden Schritte tat dann das Bundesverfassungsgericht mit seiner Rechtsprechung zu Art. 5 GG, ohne daß damit das Problem schon als gelöst gelten könnte, wie vor allem die aktuelle Debatte um die künftige Medienstruktur zeigt.

70 Vgl. etwa K. Rothenbücher/R. Smend, Das Recht der freien Meinungsäußerung, in: Veröffentlichungen der Vereinigung der Deutschen Staatsrechtslehrer 4 (1928), S. 6 und 47.

Die Entwicklung des Enteignungsrechts unter dem Einfluß der Industrialisierung

I

Das Enteignungsrecht wird oft als typische Erscheinung des 19. Jahrhunderts betrachtet. Das ist nur bedingt richtig. Die Unantastbarkeit des Eigentums war bereits im Zeitalter des Absolutismus erschüttert worden. Den Absolutismus kennzeichnet ein umfassender, wenn auch nirgends voll durchgesetzter Herrschaftsanspruch der Landesfürsten, der prinzipiell die Disposition über die Gütersphäre einschloß.[1] Ja, die Möglichkeit, Eigentumspositionen zu entziehen, bildete nachgerade die Voraussetzung für die Entstehung des modernen souveränen Staates. Der Rechtsbegriff, der diese Verfügungsgewalt deckte, war das *dominium* oder *ius eminens*, das anfangs, dem Wort entsprechend, noch als außerordentliche Befugnis verstanden wurde, sich mit der Festigung der landesherrlichen Gewalt jedoch zu einem Normalrecht entwickelte. Die Expansion der staatlichen Macht rief freilich auch das Bedürfnis hervor, den neuen Herrschaftsanspruch einerseits zu begründen, andererseits zu begrenzen. Auf dieses Bedürfnis versuchte die rationale Naturrechtslehre eine Antwort zu geben. Dabei formten sich früh auch die Grundlagen eines Enteignungsrechts. Seit Grotius steht fest, daß Enteignungen erstens eine iusta causa und zweitens eine Entschädigung verlangen.[2] Damit war der Konflikt zwischen Eigentum und Staatsräson prinzipiell gelöst, der Zugriff aufs Eigentum ebenso wohl sanktioniert wie abgefan-

---

1 Vgl. dazu J. Gierke, Johannes Althusius und die Entwicklung der naturrechtlichen Staatstheorien, 5. Aufl. 1958, S. 268 ff., 291 ff.; L. v. Stein, Die Verwaltungslehre VII, 1868, Neudruck 1962, S. 67 ff., insb. 165 ff.; R. Stoedter, Öffentlichrechtliche Entschädigung, 1933, S. 52 ff.; W. Weber/F. Wieacker, Eigentum und Enteignung, 1935, S. 35 ff.; E. Forsthoff, Verwaltungsrecht I, 9. Aufl. 1966, S. 21 ff., 291 ff.; F. A. Mann, Zur Geschichte des Enteignungsrechts, in: Hundert Jahre deutsches Rechtsleben II, 1960, S. 291; N. Luhmann, Öffentlichrechtliche Entschädigung, rechtspolitisch betrachtet, 1965, S. 37 ff.

2 »Sed hoc quoque sciendum est: posse subditis ius etiam quaesitum auferri per regem duplici modo, aut in poenam, aut ex vi supereminentis dominii, sed ut id fiat ex vi supereminentis dominii primum requiritur utilitas publica, deinde, ut, si fieri potest, compensatio fiat ei, qui suum amisit, ex communi.« De iure belli ac pacis, lib. II, c. 14, § 7.

gen. Dieser Ausgleich gelang vermittels des Geldmechanismus: absoluten Eigentumsschutz genoß nicht mehr der Gegenstand selbst, sondern nur noch der in ihm verkörperte Vermögenswert. Alle nachfolgenden Bemühungen der Rechtswissenschaft haben der Grotianischen Konstruktion nichts Entscheidendes mehr hinzugefügt und können hier auf sich beruhen.[3]

Daß die Grundprinzipien der Enteignung bereits im 17. Jahrhundert festlagen, darf freilich nicht zu der Annahme verführen, die Territorialherren hätten sich sogleich nach ihnen gerichtet. Die Entschädigung unterblieb vielmehr in zahlreichen Fällen ganz, in anderen verzögerte sie sich jahrzehntelang und kam oft erst den Rechtsnachfolgern der Enteigneten zugute.[4] Es läßt sich aber feststellen, daß die von der Naturrechtslehre entwickelten Prinzipien zunehmend beherzigt und am Ende der Epoche sogar gesetzlich anerkannt wurden. Das geschah in Deutschland zuerst im Codex Maximilianeus von 1756, dann in einigen Einzelgesetzen, die den Chausseebau betrafen[5], und schließlich detailliert im preußischen ALR. Es stellte in §§ 74, 75 der Einleitung den Grundsatz auf, daß »einzelne Rechte und Vorteile der Mitglieder des Staats … den Rechten und Pflichten zur Beförderung des gemeinschaftlichen Wohls, wenn zwischen beiden ein wirklicher Widerspruch eintritt, nachstehen« müssen, der Staat sei aber »denjenigen, welcher seine besonderen Rechte und Vorteile dem Wohle des gemeinen Wesens aufzuopfern genötigt wird, zu entschädigen gehalten«. Im 1. Teil, 11. Titel, §§ 4 bis 11 traf es sodann Ausführungsbestimmungen, die namentlich Enteignungen zum Zweck des Straßen-, Kanal- und Festungsbaus sowie im Fall des Getreidemangels regelten. Das ALR verstand die Enteignung als Zwangskauf, legte den Entschluß dazu in die Hand des Staatsoberhaupts und stellte bei feh-

---

3 Im Vordergrund stand die Frage, ob sich das Enteignungsrecht auf das Obereigentum (dominium) oder die Herrschaftsgewalt (imperium) gründe. Vgl. dazu insb. die Kontroverse zwischen J. F. Horn, Dominium supereminens, 1658, und W. Leyser, Dissertatio juridica de proprietate rerum, 1658. Zur Entwicklung der Theorie vgl. etwa G. Meyer, Das Recht der Expropriation, 1868, S. 119 ff.; Stoedter (Anm. 1), S. 52 ff.

4 Vgl. zur Enteignungspraxis des Ancien régime z. B. R. Dareste, La justice administrative en France, 1862, S. 135 ff., 445 ff.; M. Garaud, La révolution et la propriété foncière, 1958, S. 287 ff.

5 Codex Maximilianeus bavaricus civilis von 1756, Teil IV, Kap. 3, § 2. Braunschweigische Wegeordnung vom 10. März 1704. Sächsisches Straßenbaumandat vom 28. April 1781. Chausseebauedikt für die Kurmark vom 18. April 1792, NCC IX, S. 934.

lender Einigung über den Preis vereidigte Taxatoren zur Verfügung, die die Entschädigungssumme festzusetzen hatten.

Die Überwindung des absoluten Staates gegen Ende des 18. Jahrhunderts wirkte sich auf die Enteignung nur modifizierend aus. Das Bürgertum suchte dort, wo es zur Herrschaft gelangt war, den Eigentumsschutz auszubauen, ohne doch die Möglichkeit der Enteignung ausschließen zu wollen. Das Eigentum erhielt Verfassungsrang, Eingriffe fielen unter den Vorbehalt des Gesetzes, und die Entschädigung mußte vor der Übereignung geleistet werden. Die verstärkte Garantie ist jedoch nur vor dem Hintergrund jenes beispiellosen Enteignungsakts verständlich, der eine ganze Kategorie von Eigentumsrechten abschaffte und dem Eigentum einen völlig neuen Inhalt gab.[6] Beide Vorgänge bedingten einander. Nachdem das Eigentumsrecht diejenige Gestalt erhalten hatte, welche der bürgerlichen Gesellschaft ihre Unabhängigkeit vom Staat ermöglichen sollte, mußte es gegen dessen Zugriffe um so stärker abgesichert werden. »Das Expropriationsrecht des bürgerlichen Rechtsstaats ist nur das Korrelat der verfassungsmäßig sanktionierten Herrschaft des Privateigentums«.[7] Seine Grundsätze standen in Frankreich in Art. 17 der Erklärung der Menschenrechte und Art. 545 des Code civil. Die Durchführung erfolgte jedoch erst unter Napoleon in dem Enteignungsgesetz von 1810.[8] Es besitzt in diesem Zusammenhang Bedeutung, weil es das erste allgemeine Enteignungsgesetz überhaupt war und vielen späteren gesetzlichen Regelungen auch in Deutschland als Vorbild diente. In den preußischen Rheinprovinzen stand es sogar bis zum Jahre 1874 in Geltung. Das Gesetz erlaubte die Entziehung von Eigentum »à cause d'utilité publique«. Wann das öffentliche Wohl Enteignungen erforderte, bestimmte der Herrscher. Die Entscheidung, welche Grundstücke im einzelnen erfaßt wurden, fällte nach Anhörung der Betroffenen die lokale Verwaltungsbehörde. Der Enteignungsbeschluß erging darauf durch richterliches Urteil, wo-

6 Dieser Zusammenhang wird in der zeitgenössischen juristischen Literatur nur von Stein, Verwaltungslehre (Anm. 1), ausführlich herausgearbeitet.

7 O. Kirchheimer, Die Grenzen der Enteignung, 1930, jetzt in: ders., Funktionen des Staates und der Verfassung, 1972, S. 231.

8 Bulletin des Lois No. 273. Zur Entwicklung des französischen Enteignungsrechts vgl. H. Delalleau, Traité de l'expropriation pour cause d'utilité publique, 8. Aufl. 1892-1893; J. Peyronny/M. Delamarre, Commentaire théorique et pratique des lois d'expropriation, 1866; Stein (Anm. 1), S. 307, 312 ff.; O. Mayer, Theorie des französischen Verwaltungsrechts, 1886, S. 253 ff.

bei der Richter jedoch nur die Formrichtigkeit des Verwaltungshandelns, nicht die Notwendigkeit oder Zweckmäßigkeit der Enteignung prüfen durfte. Die Entschädigungssumme wurde im Streitfall ebenfalls gerichtlich festgesetzt.

Das Gesetz spiegelt die Situation seiner Entstehungszeit wider. Es bezog sich nur auf Grundstücke. Sie erschienen unter normalen Umständen als die einzig legitimen Enteignungsobjekte, weil sich im Gegensatz zu Mobilien ein im öffentlichen Interesse benötigtes, aber nicht verkäufliches Grundstück nicht durch ein beliebiges anderes ersetzen ließ. In außergewöhnlichen Situationen gab das sog. Staatsnotrecht eine Handhabe. Andere Eigentumsbeeinträchtigungen kamen für den wirtschaftlich liberal gesonnenen Staat unter normalen Umständen nicht in Betracht. Die Entscheidung, wann das öffentliche Wohl Enteignungen forderte, galt als Regierungssache. Daß die Anordnung durch Gerichtsurteil erfolgte, minderte, da den Gerichten die materielle Prüfungskompetenz fehlte, die Macht der Exekutive weniger, als es sie verdeckte. Gerade diesen Anschein bezweckte Napoleon, der die Einschaltung der Gerichte persönlich gewünscht und gegen die Widerstände des Staatsrats angeordnet hatte.[9] Insoweit kam es nach der Wiederherstellung der Volkssouveränität in Frankreich zu einer Änderung. Seit dem Jahre 1833 verlangten größere Enteignungsvorhaben die gesetzliche Zustimmung des Parlaments, bei kleineren genügte eine königliche Verordnung. Die formelle Mitwirkung der Gerichte blieb jedoch bestehen. Die Entschädigungen waren nunmehr nach englischem Vorbild von einer orts- und sachkundigen Jury festzusetzen.[10] Eine weitere Änderung des Gesetzes im Jahre 1841 erleichterte der Verwaltung in dringenden Fällen den vorläufigen Zugriff auf das Grundstück, wenn sich die Auseinandersetzung um den Entschädigungsbetrag länger hinzog.[11]

In Deutschland wurde der Schutz vor willkürlichen Enteignungen ebenfalls zum selbstverständlichen Bestandteil aller Verfassungen.[12] Dabei sind freilich zwei Besonderheiten zu beachten. Er-

9 Mayer (Anm. 8), S. 236.
10 Bulletin des Lois No. 107.
11 Bulletin des Lois No. 808. Im 2. Empire ging das Recht durch Art. 4 des Senatuskonsult vom 25. Dezember 1852, Bulletin des Lois No. 5, auf das Staatsoberhaupt im Staatsrat über. Das Gesetz vom 27. Juli 1870, Bulletin des Lois No. 1832, stellte den alten Zustand wieder her.
12 Bayern 1818, IV § 8; Baden 1818, § 14; Württemberg 1819, § 30; Kurhessen 1831, § 32; Sachsen 1831, § 31; Hannover 1833, § 35; Preußen 1850, § 9;

stens vermochte sich der Verfassungsstaat hier nur nach und nach durchzusetzen, so daß in einer Reihe von Territorien der vorkonstitutionelle Zustand noch bis weit ins 19. Jahrhundert hinein erhalten blieb. Zweitens konnten die deutschen Verfassungen im Gegensatz zu Frankreich nicht an einen Sieg des Bürgertums anknüpfen. Die Auflösung der Feudalordnung war vielmehr auf halbem Weg zum Stillstand gekommen. Dadurch verengte sich das Anwendungsfeld des Enteignungsrechts: Neben den allgemeinen Enteignungsregeln standen durchweg Sondervorschriften für die Ablösung der Feudallasten. Der Enteignungsschutz war in den ersten, mehr gewährten als errungenen Verfassungen noch nicht den Volksvertretungen anvertraut. Sie ließen eine förmliche Entscheidung der obersten Regierungsbehörde genügen. Daß Enteignungen nur aufgrund von Gesetzen erfolgen könnten, bestimmten erst die Konstitutionen der zweiten, bereits vom Bürgertum erkämpften Verfassungswelle. Wie in Frankreich enthielten die Verfassungen nur die Prinzipien des Enteignungsrechts, sagten aber nichts über die Ausführung im einzelnen. Dennoch ergingen konkretisierende Gesetze zunächst nur in Bayern im Jahre 1815 und Hessen-Darmstadt im Jahre 1821, wobei das französische Gesetz von 1810 als Vorbild diente.[13] Auf diesem Stand befand sich das Enteignungsrecht, als die Technisierung und Industrialisierung auf dem Kontinent einsetzte, deren Auswirkungen Gegenstand des Vortrags sind.

II

1. So unvollkommen das Eigentum gegen den absoluten Staat auch geschützt war, so wenig Anlaß bot sich ihm doch, Enteignungen vorzunehmen. Für lange Zeit blieb die Anlage von Festungswerken der einzige nennenswerte Enteignungsfall. Dann gewannen Enteignungen im Interesse des Bergbaus eine gewisse Bedeutung.[14] Ausgangs des Ancien régime traten der Straßenbau und in

Österreich 1867, § 5. Ein umfassender Überblick, auch über die ausländischen Verfassungen, bei M. Layer, Prinzipien des Enteignungsrechts, 1902, S. 147 ff.

13 Königl. Verordnung, die Abtretung eines Privateigentums für öffentliche Zwecke betreffend, vom 14. August 1815, RegBl. S. 724. Gesetz über die Abtretung von Privateigentum für öffentliche Zwecke vom 27. Mai 1821, RegBl. S. 187.

14 Dieser Bereich bleibt hier außer Betracht, weil er Gegenstand eines eigenen Bei-

geringerem Maß der Kanalbau hinzu. Umfangreiche Enteignungen erfolgten aber auch jetzt nicht. Deutschland war noch bis ins 19. Jahrhundert hinein vergleichsweise arm an Verkehrswegen. Die erste feste Straße überhaupt entstand 1753 in Bayern. In Preußen mußte die Anlage befestigter Straßen den Tod Friedrichs des Großen abwarten, der sich gegen den Chausseebau aus militärischen Gründen ablehnend verhalten hatte. Ein Bodenbedarf großen Umfangs entwickelte sich erst infolge der Technisierung, die für ein modernes Verkehrsnetz sowohl die Voraussetzung als auch das Bedürfnis schuf. Um 1845 begann die große Ära des preußischen Straßenbaus. Bis zu diesem Zeitpunkt besaß Preußen nicht mehr als 10000 km befestigte Straßen, verglichen mit 35000 km in Frankreich.[15] Binnen fünfzehn Jahren hatte sich diese Zahl nahezu verdoppelt, und 1895 gab es fast 83000 km fester Straßen. Gleichzeitig kam aber auch der Eisenbahnbau in Gang und entwickelte sich rasch zum wichtigsten Enteignungsfaktor.

Die erste Eisenbahnlinie hatte im Jahre 1820 in England den Verkehr aufgenommen und war zunächst nur für den Gütertransport bestimmt. Die erste Bahn, die auch Personen beförderte, folgte 1830 und führte von Liverpool nach Manchester.[16] Sie verdankte ihre Existenz der Überlastung und Überteuerung der bestehenden Verkehrswege. Liverpool und Manchester waren durch eine Straße und einen Kanal miteinander verbunden, die sich beide in Privatbesitz befanden. Sie vermochten das große Verkehrsaufkommen nicht zu bewältigen, brachten aber gerade wegen der starken Nachfrage hohe Benutzungsgebühren ein. Die Rendite der Kanaleigentümer betrug bis zu 75% im Jahr. Diese setzten daher dem Antrag auf parlamentarische Bewilligung einer Eisenbahn erheblichen Widerstand entgegen, der erst gebrochen werden

trags ist, vgl. W. Winkler, Bergbaurecht und Grundeigentum, in: H. Coing/W. Wilhelm (Hg.), Wissenschaft und Kodifikation des Privatrechts im 19. Jahrhundert IV, 1979, S. 79 ff.

15 Vgl. zum Folgenden etwa J. H. Clapham, Economic Development of France and Germany 1815-1914, Repr. d. 4. Aufl. 1968, S. 107 ff.; W. Treue, Gesellschaft, Wirtschaft und Technik Deutschlands im 19. Jahrhundert, in: Handbuch der deutschen Geschichte III, 9. Aufl. 1970, S. 502 ff.; H. Mottek, Wirtschaftsgeschichte Deutschlands II, 2. Aufl. 1973, S. 145 ff.

16 Dazu und zur Geschichte des englischen Eisenbahnwesens vgl. G. Cohn, Die Entwicklung der Eisenbahngesetzgebung in England, 1874; L. Brentano, Geschichte der wirtschaftlichen Entwicklung Englands III/1, 1928, S. 172 ff.; J. H. Clapham, An Economic History of Modern Britain, The Early Railway Age, Repr. 1967, S. 381 ff.; dort auch die Zahlenangaben.

konnte, als das Eisenbahnunternehmen einigen Kanaleigentümern Anteile der Eisenbahngesellschaft schenkweise anbot. Die Konzession für die Eisenbahnlinie zwischen Liverpool und Manchester erging nach langwierigem Verfahren im Jahre 1826 in Form einer private bill.[17] Sie erstreckte sich über 111 Folioseiten und traf bezüglich der Enteignung Regelungen, wie sie für die Anlage privater turnpikes und Kanäle schon seit langem üblich waren: das Unternehmen erhielt das Recht des Zwangskaufs; den Kaufpreis setzte im Streitfall eine Jury fest.

Mangels eines allgemeinen Enteignungsgesetzes mußte das parlamentarische Verfahren für jede weitere Eisenbahnlinie wiederholt werden. Zwischen 1825 und 1835 ergingen auf diese Weise 54 private bills. In den beiden nächsten Jahren folgten abermals 39. Dann trat ein Rückgang bis zum Jahre 1844 ein. Der neuerliche Aufschwung des Eisenbahnbaus nach 1844 führte zu einem Enteignungsgesetz, das jedoch eher rationalisierende als innovatorische Funktionen hatte. Die Einzelgesetze sollten von den immer wiederkehrenden Bestimmungen entlastet werden. Die Verleihung von Konzession und Enteignungsrecht blieb aber weiter dem Parlament vorbehalten, und generelle Regeln ergingen nur für das anschließende Entschädigungsverfahren.[18] Seit 1864 konnten Konzessionen vom Board of Trade erteilt werden, wenn der Unternehmer den käuflichen Erwerb aller Grundstücke nachwies. Waren dagegen Enteignungen erforderlich, so mußte nach wie vor eine parlamentarische Entscheidung herbeigeführt werden.[19] Dieser Vorbehalt machte das vereinfachte Verfahren jedoch weitgehend gegenstandslos. Nur in wenigen Fällen wurden Konzessionsanträge unmittelbar an den Board of Trade statt an das Parlament gerichtet.[20]

Auch in Deutschland entstanden bereits in den zwanziger Jahren Initiativen zur Errichtung von Eisenbahnen, ohne zunächst die Zustimmung der Regierungen zu finden.[21] In den dreißiger Jahren

---

17 7 Geo. 4 c. 49.
18 Lands Clauses Act vom 8. Mai 1845, 8 Vict. c. 18, und Railway Clauses Act vom selben Tag, 8 Vict. c. 20. 1845 waren allein 248 Eisenbahngesetze beschlossen worden, vgl. Brentano (Anm. 16), S. 180.
19 Railway Construction Facilities Act vom 29. Juli 1864, 27 & 28 Vict. c. 121. Zum englischen Enteignungsverfahren insgesamt vgl. etwa Meyer (Anm. 3), S. 331 ff.; Stein (Anm. 1), S. 309 ff.; Mann (Anm. 1), S. 297 ff.
20 Vgl. Cohn (Anm. 16), S. 305.
21 Zur Entwicklung des deutschen Eisenbahnwesens vgl. zuletzt W. O. Henderson,

erhielten die Bestrebungen Auftrieb durch den aus Amerika zurückgekehrten List, der dort selbst ein Eisenbahnunternehmen gegründet hatte und nun sachkundig und weitsichtig für ein deutsches Bahnnetz warb. Als erstes Land gab Bayern seinen Widerstand gegen die Eisenbahnen auf. Es erteilte im Jahre 1834 ein Privileg für die Linie von Nürnberg nach Fürth, die ein Jahr später ihren Betrieb aufnahm.[22] Das Privileg enthielt noch keine Enteignungsermächtigung, die erforderlichen Grundstücke waren auf gütlichem Wege erworben worden. Im Jahre 1835 erging ein sächsisches Gesetz, das die Errichtung einer Eisenbahn zwischen Leipzig und Dresden gestattete und dem Unternehmen das Expropriationsrecht verlieh.[23] Es kam nach Konsultation des privaten Eisenbahnkomitees zustande, bei der List »ein angemessenes Expropriationsgesetz« als erste Voraussetzung bezeichnet und selbst entsprechende Vorschläge entwickelt hatte.[24] 1836 begann in Österreich der Bau der Nordbahn, die zur ersten großen Bahn des Kontinents wurde.[25] Im Jahre 1837 erteilte auch Preußen in kurzer Folge die ersten vier Konzessionen an Eisenbahngesellschaften mit Enteignungsrecht, nachdem 1836 grundsätzlich beschlossen worden war, daß Eisenbahngesellschaften in den Genuß des Enteignungsrechts kommen könnten.[26] In rascher Folge schlossen sich weitere Länder an.

Der Beginn des Eisenbahnbaus in Deutschland war auch der Beginn einer umfangreichen Enteignungsgesetzgebung, so daß gelegentlich der Eindruck entstand, als sei das Enteignungsrecht nachgerade ein Teil des Eisenbahnrechts.[27] List hatte diesen Zusammenhang schon frühzeitig erkannt und in seinen Schriften für

The State and the Industrial Revolution in Prussia, 1967, S. 150 ff., mit zahlreichen Nachweisen aus der älteren Literatur.

22 Privileg vom 19. Februar 1834, RegBl. Sp. 169.

23 Gesetz vom 3. Juli 1835, GVBl. S. 371.

24 F. List, Prospectus, die Eisenbahn von Leipzig nach Dresden betreffend, Werke III/2, 1931, S. 658 f.

25 Gesetze und Verordnungen Ferdinands I, LXIV (1836), S. 439.

26 Beschluß des Königl. Staatsministeriums vom Juli 1836, bei J. Wendt, Neuester Expropriationskodex, 1837, S. 35 ff.

27 Als Teil des Eisenbahnwesens erscheint das Enteignungsrecht z. B. J. H. Beschorner, Das deutsche Eisenbahnrecht, 1858, und W. Koch, Deutschlands Eisenbahnen I, 1858, S. 8-133. Vgl. dazu S. Kličković, Die Enteignung, ein dem Grundeigentum und der Bodenbeschaffung zugeordnetes Rechtsinstitut, Deutsche Rechtswissenschaft 1940, S. 139, und E. Durniok, Die Entstehung des heutigen Enteignungsrechts aus den Besonderheiten des Eisenbahnbaus, Archiv für Eisenbahnwesen 1929, S. 1405, und 1930, S. 75 und 317.

eine unternehmerfreundliche Regelung geworben. 1831 schrieb er aus Anlaß der Reform des französischen Enteignungsgesetzes, es sei unglaublich, welche Schwierigkeiten der Unternehmer zu überwinden habe, »avant d'obtenir du gouvernement le droit d'être utile à son pays«.[28] Ein Jahr später klagte er erneut, ein bedeutendes Hindernis des Eisenbahnbaus liege »in der französischen Gesetzgebung oder vielmehr in der Konstitution. Die Verfassung sagt, daß kein Privateigentum zu öffentlichen Zwecken in Anspruch genommen werden könne, es sei denn zuvor vollkommene Schadloshaltung geleistet. Nun stelle man sich vor, wie viele einzelne Besitzungen die Eisenbahn in Anspruch nehmen wird, daß jeder einzelne Besitzer gegen die angestellte Schätzung protestieren kann und protestieren wird, daß dann die Kompanie gegen jeden einzelnen einen Expropriationsprozeß führen muß, der durch zwei, drei Instanzen gehen kann, und daß während dieser ganzen Zeit das Grundstück von den Ingenieuren und Werkleuten der Kompanie nicht betreten werden darf. Wer würde an einer so herkulischen Arbeit nicht verzweifeln!«[29] Demgegenüber wies er lobend auf das schnellere englische Entschädigungsverfahren hin, wobei er die zeitraubenden und kostspieligen Parlamentsverhandlungen allerdings wohlweislich verschwieg.[30]

Unter den deutschen Gesetzgebern ging abermals Bayern voran. Dort hatte bereits 1836 eine von der Regierung einberufene Konferenz aller in Bayern konzessionierten Eisenbahngesellschaften die Anwendbarkeit der bayerischen Enteignungsverordnung von 1815 zugunsten von Eisenbahnen gefordert. Sie sollte den Zusatz erhalten, daß das Unternehmen nach Vollendung des Bauplans von den benötigten Grundstücken sogleich Besitz ergreifen durfte.[31] Die bayerische Regierung ging auf diese Forderung nicht ein, nahm aber alsbald den Entwurf eines neuen Enteignungsgesetzes in Angriff. Das Gesetz trat im Jahre 1837 in Kraft und gilt noch heute.[32] Preußen erließ im Jahre 1838 ein Eisenbahngesetz, das eine zentrale staatliche Planung und Kontrolle der Bahnen ermöglichte, noch ehe eine einzige größere Linie verkehrte, und auch die

28 List, De la loi à faire sur l'expropriation, Werke III/2 (Anm. 24), S. 557.
29 List, Über ein allgemeines Eisenbahnsystem in Frankreich, Werke III/2 (Anm. 24), S. 571.
30 List, De la loi à faire sur l'expropriation, Werke III/2 (Anm. 24), S. 572.
31 Vgl. Wendt (Anm. 26), S. 28 ff.
32 Gesetz die Zwangsabtretung von Grund-Eigentum für öffentliche Zwecke betreffend, vom 17. November 1837, GVBl. Sp. 109.

Enteignungsfrage detailliert regelte.[33] Danach folgte eine Welle von Eisenbahngesetzen und Enteignungsgesetzen für andere Zwecke, die im ganzen 19. Jahrhundert nicht mehr abriß.[34] Mit der Reichsverfassung von 1871 erwarb auch das Reich die Kompetenz zur Enteignungsgesetzgebung auf dem Gebiet des Kriegs- und Eisenbahnwesens.[35] Das Anwendungsfeld der neuen Gesetzgebung wird deutlich, wenn man sich vor Augen hält, daß Deutschland vor Beginn der Enteignungsgesetzgebung etwa 500 km Eisenbahnen besaß, zehn Jahre später bereits das Zehnfache und am Ende der hier betrachteten Epoche rund 50000 km. Bis zum Jahre 1910 waren dafür rund 17 Milliarden Mark aufgewendet worden.[36]

2. Der Inhalt der deutschen Enteignungsgesetze soll anhand von sechs Fragen analysiert werden, die rechtspolitisch wie -dogmatisch von besonderer Wichtigkeit sind:

   a) Was ist Gegenstand und Umfang der Enteignung?
   b) Zu welchem Zweck kann enteignet werden?
   c) Wer bestimmt, ob der Zweck gegeben ist?
   d) Zu wessen Gunsten darf enteignet werden?
   e) Wie sind die Betroffenen am Verfahren beteiligt?
   f) Wie wird die Entschädigung festgesetzt?

a) Auch die deutschen Enteignungsgesetze bezogen sich nur auf Grundstücke. Anfangs erfaßten sie lediglich den vollständigen Entzug des Eigentums, dies nach dem Vorbild der französischen

33 Gesetz über die Eisenbahn-Unternehmungen vom 3. November 1838, GS S. 505.
34 Nachweis der Gesetze bei Layer (Anm. 12), S. 157 ff., insb. 162 ff. Über die gesetzlichen Regelungen in Preußen und den von ihm erworbenen oder annektierten Gebieten vor dem preußischen Enteignungsgestz von 1874 informiert vollständig L. Rönne, Das Staatsrecht der preußischen Monarchie I/2, 3. Aufl. 1870, S. 97 ff. Zur Entwicklung des deutschen Enteignungsrechts insgesamt vgl. Stein (Anm. 1), S. 314 ff.
35 Dazu näher E. R. Huber, Deutsche Verfassungsgeschichte IV, 1969, S. 1057 ff.
36 Nach W. Sombart, Die deutsche Volkswirtschaft im 19. Jahrhundert, 4. Aufl. 1919, S. 493, 240. Die englischen Eisenbahnen waren nicht zuletzt wegen der enteignungsrechtlich bedingten hohen Kosten der Landbeschaffung erheblich teurer gewesen, vgl. Brentano (Anm. 16), S. 176; Clapham, Economic Development (Anm. 15), S. 155 f. Von den Gesamtkosten der Liverpool-Manchester-Linie beispielsweise entfielen mehr als die Hälfte auf Bodenentschädigungen und fast ein Sechstel auf das parlamentarische Verfahren, vgl. die Angaben bei List, Werke III/2 (Anm. 24), S. 643.

Gesetzgebung, die an dem Prinzip noch in dem Reformgesetz von 1841 festhielt. Beim Eisenbahn- und Chausseebau war jedoch deutlich geworden, daß sich auch vorübergehende Beeinträchtigungen von anliegenden Grundstücken, etwa durch Materialablagerungen, nicht vermeiden ließen, so daß die deutschen Eisenbahn- und Chausseebaugesetze auch die Beschränkung des Eigentums als Enteignungsfall anerkannten und für entschädigungspflichtig erklärten. Dagegen gehörten polizeiliche Beschränkungen, etwa bau-, feuer-, gesundheitspolizeilicher Art, nicht zum Begriff der Enteignung.

b) Die Verfassungen erlaubten Enteignungen in der Regel zu öffentlichen Zwecken. Sachsen ließ Enteignungen zu »Staatszwekken« zu, Preußen im Interesse des »öffentlichen Wohls«, Württemberg zu »allgemeinen Staats- und Korporationszwecken«, und am ausführlichsten bestimmte die Verfassung Kurhessens, daß Enteignungen zu »Zwecken des Staates und einer Gemeinde oder solcher Personen, welche Rechte derselben ausüben«, möglich seien. Angesichts solch weiträumiger Formulierungen in den Verfassungen gewann die Frage, was als öffentlicher Zweck anzusehen war, besondere Bedeutung. Prinzipiell bestanden drei Möglichkeiten: Man konnte es bei der verfassungsrechtlichen Generalklausel bewenden lassen, die erforderliche Konkretisierung also Wissenschaft und Praxis anvertrauen, die zulässigen Enteignungszwecke abschließend aufzählen oder für jedes Enteignungsvorhaben ein eigenes Gesetz vorschreiben. Im allgemeinen neigten die Regierungen zur Verwendung von Generalklauseln, während die Volksvertretungen auf eine Eingrenzung der Enteignungszwecke drängten. In der Frühphase des deutschen Konstitutionalismus war das Verlangen nach einer Präzisierung der verfassungsrechtlichen Generalklauseln größer als in der späteren Periode. Die Argumente beider Seiten liegen auf der Hand: Die Regierungen trugen vor, daß angesichts der schnellen technischen und sozialen Entwicklung eine abschließende Aufzählung der Enteignungszwecke nicht möglich sei, während die Volksvertretungen behaupteten, daß nur detaillierte Bestimmungen den Eigentümern Schutz vor unberechtigten Enteignungen zu gewähren vermöchten.

Eine der englischen entsprechende Regelung, wonach jedes Enteignungsvorhaben einer gesonderten gesetzlichen Genehmigung bedurfte, wurde in Deutschland oft verlangt und auch in zahlreichen Parlamentsberatungen beantragt, aber nie verwirklicht.[37] Partiell kam es zu diesem Verfahren allerdings in Sachsen. Dort hatte die Regierung das Gesetz zur Genehmigung der Eisenbahnlinie von Leipzig nach Dresden als generelles Eisenbahngesetz eingebracht, scheiterte jedoch an den Ständen, die darauf beharrten, daß ein öffentliches Interesse nicht von vornherein an jedweder Eisenbahn bestehe, sondern von Fall zu Fall parlamentarisch festzustellen sei.[38] Infolgedessen wurde in Sachsen jede neue Eisenbahnlinie eigens gesetzlich genehmigt, wobei das Gesetz von 1835 durchweg als Muster diente. Der Vorbehalt galt aber auch in Sachsen nur für Eisenbahnen. Bei anderen Anlagen begnügten sich die Stände mit Generalermächtigungen, z. B. in Gesetzen über den Bau von Wegen, Exerzierplätzen, Wasserleitungen usw.[39] Wo der verfassungsrechtliche Gesetzesvorbehalt wiederum in ein Enteignungsgesetz übernommen wurde, wie z. B. 1834 in Kurhessen, verstand man darunter nicht, daß jedes Enteignungsvorhaben einzelgesetzlich bewilligt werden mußte, sondern ließ auch generelle Ermächtigungen zu.

Nach dem Enumerativprinzip verfuhr Bayern. Das Enteignungsgesetz von 1838 war zwar mit einer Generalklausel eingebracht worden, die Stände drangen jedoch auf eine Eingrenzung der Enteignungsfälle und fügten eine Liste von vierzehn zulässigen Enteignungszwecken in das Gesetz ein.[40] Sie enthielt 1. Festungen, 2. Kirchen, Schulen, Spitäler, 3. Friedhöfe, 4. Regulierung und Schiffbarmachung von Flüssen, 5. Straßen, 6. Wasserleitungen, 7. Austrocknung von Sümpfen, 8. Schutz vor Überschwemmungen, 9. Kanäle, Schleusen und Brücken, 10. Häfen, 11. Eisenbahnen,

---

37 Nachweise, auch für Deutschland, bei G. Pražák, Das Recht der Enteignung in Österreich, 1877, S. 81, Anm. 3. Noch in der Beratung des preußischen Enteignungsgesetzes wurde vorgebracht, die jedesmalige gesetzliche Genehmigung sei die »verfassungsmäßige Form der Expropriation«. Dem hielt man jedoch entgegen, daß diese Lösung zu einer unerträglichen Überlastung der Legislative führen müßte und auch keine Gewähr für sachgemäße und gleiche Behandlung biete, vgl. W. Höinghaus, Das neue Expropriationsgesetz, 1874, S. 52. Ausführlich dazu auch der Kommentar der Berichterstatter des Abgeordnetenhauses O. Bähr und W. Langerhans, Das Gesetz über die Enteignung von Grundeigentum, 1875, S. 8 ff.

38 Vgl. W. Schelcher, Die Rechtswirkungen der Enteignung nach gemeinem und sächsischem Recht, 1893, S. 34, Anm. 44.

39 Nachweise bei Schelcher (Anm. 38), S. 32 ff.

40 Vgl. B. Hartmann, Das Gesetz über Zwangsabtretung, 1879, S. 25 ff.; M. Seydel, Bayerisches Staatsrecht II, 2. Aufl. 1896, S. 353.

12. Telegraphenleitungen, 13. sanitäts- und sicherheitspolizeiliche Einrichtungen und 14. Schirmung von Kunstschätzen. Wenngleich auch dieser Aufzählung viel Generalklauselartiges anhaftete, so zeigt doch die geringe Zahl von zwei Ergänzungen im Verlauf des 19. Jahrhunderts[41], daß eine Enumeration nicht zwangsläufig impraktikabel war. Dem bayerischen Vorbild folgten aber nur einige kleinere Territorien.[42] Alle übrigen Gesetze wählten den Weg der Generalklausel, zuerst die frühen, französisch beeinflußten Gesetze von Hessen-Darmstadt und Baden und um so mehr alle späteren, bei deren Erlaß der Argwohn gegen die Regierungen schon gesunken, der historische Kompromiß zwischen Bürgertum und Monarchie geschlossen war.

c) Je allgemeiner die zulässigen Enteignungszwecke in den Gesetzen umschrieben waren, desto bedeutsamer wurde die Frage, wer bestimmen durfte, ob ein konkretes Vorhaben dem öffentlichen Wohl diente oder nicht. In Frankreich traf diese Bestimmung formell die Justiz, materiell die Verwaltung, seit 1833 für große Projekte der Gesetzgeber, für kleinere der königliche Verordnungsgeber. In Deutschland verlangte Kurhessen die Feststellung in einem Gesetz und, wenn sie dort nur pauschal getroffen war, die Bestimmung durch die höchste Verwaltungsbehörde. Auch alle anderen Länder überließen die Entscheidung der höchsten Administrativbehörde. Die Sicherung des Eigentümers wurde gerade darin erblickt, daß die Genehmigung nicht von unteren Verwaltungsstellen, sondern nur von der obersten Instanz erteilt werden durfte.

d) Die Frage, zu wessen Gunsten Enteignungen vorgenommen werden durften, war durch die Tatsache vorentschieden, daß die Enteignungsgesetzgebung sich im Gefolge des Eisenbahnbaus entwickelte. Der Eisenbahnbau begann aber als Sache privater Unternehmer. Lediglich die süddeutschen Staaten entschlossen sich frühzeitig zu einem Staatsbahnsystem. Eine allgemeine Verstaatlichung setzte erst um 1880 ein.[43] Damit stand aber fest, daß nicht nur der Staat und die Gemeinden, sondern auch private Unternehmungen von öffentlichem Nutzen in den Genuß des Enteignungsrechts kom-

---

41 Wassergesetze vom 27. Mai 1852, GBl. S. 489, 545, 577; Flurbereinigungsgesetz vom 29. Mai 1886, GBl. S. 271.

42 So Sachsen-Meiningen, Expropriationsgesetz vom 28. 6. 1845; Sammlung landesherrlicher Verordnungen, S. 17, und eine Reihe Schweizer Kantone, Nachweise bei Layer (Anm. 12), S. 178 f.

43 S. Henderson (Anm. 21), S. 150. Vgl. auch die Angaben bei Clapham (Anm. 15), S. 347 f., und Huber (Anm. 35), Verfassungsgeschichte IV, S. 1063 ff.

men konnten. So hieß es ausdrücklich in § 2 des badischen Enteignungsgesetzes von 1835: »Als öffentlich gilt der Nutzen der Unternehmung, für welche die Abtretung gefordert wird, nicht nur, wenn er dem Staat unmittelbar, sondern auch wenn er demselben bloß mittelbar zugut kommt.« Im revidierten Gesetz von 1899 war selbst diese Klarstellung als inzwischen selbstverständlich entfallen.

e) Alle Gesetze sahen die Beteiligung der Betroffenen am Enteignungsverfahren vor. Es vollzog sich in der Regel in vier Etappen. Am Beginn stand die Genehmigung des Bauvorhabens durch den Landesherrn oder sein Ministerium. Sodann ermittelten die lokalen Behörden, welche Grundstücke von dem Vorhaben im einzelnen betroffen waren. Daraufhin hatten sie den Plan öffentlich auszulegen und die Eigentümer der betroffenen Grundstücke zu einem Anhörungstermin vor eine staatliche Kommission einzuladen. Diese fällte nach Erwägung aller Einwände die Enteignungsentscheidung. Gegen die Entscheidung war in den meisten Fällen der Rekurs an die höhere Verwaltungsinstanz zulässig. Dagegen wurde der Rechtsweg in der Regel weder gegen die Feststellung, daß ein Unternehmen überhaupt im öffentlichen Interesse lag, noch den Beschluß, daß dazu die Abtretung eines bestimmten Grundstücks nötig sei, eröffnet. Auch Verfassungen, die an sich umfassenden Rechtsschutz garantierten wie beispielsweise die kurhessische in Art. 35, nahmen Enteignungen davon aus. Wo das nicht feststand, entschieden die Gerichte in diesem Sinn.[44]

Selbst nach der Einführung einer unabhängigen Verwaltungsrechtspflege im letzten Drittel des 19. Jahrhunderts änderte sich daran nichts. Nur Bayern, Hessen-Darmstadt und Württemberg erklärten die Zulässigkeit der Enteignung für gerichtlich nachprüfbar.[45] Sie sahen sich deswegen jedoch starken Angriffen ausgesetzt. Die Gegner machten geltend, daß weder die Enteignungs-

---

44 Vgl. z. B. das Urteil des preußischen Gerichtshofes zur Entscheidung der Kompetenz-Konflikte vom 10.6. 1858, JMinBl. S. 387. So mit dem Argument, es handele sich um Ermessensentscheidungen, auch der österreichische Verwaltungsgerichtshof, Nachweise bei Layer (Anm. 12), S. 369. Anm. 1. Ebenfalls in diesem Sinne fast ausnahmslos die Lehre, vgl. etwa G. Eger, Das Gesetz über die Enteignung von Grundeigentum, 2. Aufl. 1902, I, S. 76 ff., 497 ff., II, S. 166 f. mit weiteren Nachweisen. Gegenteilige Ansichten aus der österreichischen Literatur bei Layer (Anm. 12), S. 369, Anm. 3.

45 Bayerisches Enteignungsgesetz von 1837, Art. XVIII; Hessisches Enteignungsgesetz von 1884, Art. 44; Württembergisches Enteignungsgesetz von 1888, Art. 25.

würdigkeit eines bestimmten Unternehmens noch die Enteignungsnotwendigkeit eines bestimmten Grundstücks Rechtsfragen seien und deswegen nicht von Gerichten, sondern nur von der sachverständigen Verwaltung beantwortet werden könnten. Baden schloß den Rechtsweg noch in seinem zweiten Enteignungsgesetz von 1899 ausdrücklich aus. In Preußen, wo das Enteignungsgesetz kurz vor Einführung der Verwaltungsrechtspflege in Kraft getreten war, bestätigte 1877 das Obertribunal die frühere Rechtsprechung: »Wie die Frage nach der Notwendigkeit der Expropriation und dem Gegenstand derselben der richterlichen Kognition entzogen ist, so ist auch der Akt, durch welchen die Enteignung selbst ausgesprochen wird und sich demnächst in wirksamer Weise vollzieht, sowie die Legalität des dabei beobachteten Verfahrens der Verwaltung und ihren Organen ausschließlich zugewiesen, das Gericht also hierzu nicht kompetent und gegen die bezüglichen Entscheidungen der Verwaltungsbehörden nur der Rekurs an die Ministerialinstanz zulässig ..., dabei bewendet es«.[46] Ebenso lehnte es das preußische OVG ab, in Enteignungsfragen zu urteilen.[47] Der Schutz der betroffenen Eigentümer wurde nicht in der Anrufung der Gerichte, sondern in der Teilnahme am Verwaltungsverfahren erblickt.

f) Konnte dagegen über die Entschädigungssumme keine Einigung erzielt werden, so war nach sämtlichen Enteignungsgesetzen die Anrufung der Zivilgerichte statthaft.

3. Die umfangreiche Enteignungsgesetzgebung und die wachsende Zahl der Enteignungsfälle führten in der zweiten Hälfte des 19. Jahrhunderts zu einer außerordentlichen Belebung des dogmatischen Schrifttums. Bereits im Jahre 1837 hatte J. Wendt in der Absicht, Anschauungsmaterial für die Gesetzgebung zur Verfügung zu stellen, seinen sog. »Neuesten Expropriationskodex« verfaßt, in dem er die Enteignungsregeln verschiedener Länder zusammenstellte. In der Einleitung betonte er zu Recht, daß es sich nicht nur um den neuesten, sondern auch um den einzigen Expropriationskodex handele.[48] Noch elf Jahre später konnte Treichler

46 Ob Trib vom 20. 11. 1877, Striethorsts Annalen 98, S. 129. Ähnlich RG vom 23. 12. 1881, Eisenbahnentscheidungen II, S. 332. Weitere Nachweise bei Eger, (Anm. 44).

47 PrOVG vom 3. 3. 1883, Eisenbahnentscheidungen III, S. 22.

48 J. Wendt, Neuester Expropriations-Codex oder vergleichende Darstellung der

in einer gründlichen Abhandlung über die Enteignung nur eine einzige Monographie zum Thema nachweisen, nämlich den erwähnten »Kodex« von Wendt.[49] Daneben gab es nun einige Aufsätze, insbesondere Enzyklopädieartikel, so von Mittermaier im Rotteck-Welckerschen Staatslexikon und von Bopp in Weiskes Rechtslexikon. Noch in den fünfziger Jahren hatte sich daran nichts geändert. Ausgangs der hier betrachteten Epoche konnte dagegen Eger in seinem umfangreichen Werk mehr als 30 Monographien über Enteignungsrecht und acht Kommentare allein zum preußischen Enteignungsgesetz anführen.[50]

Ziel der Dogmatik war es, das Institut der Enteignung ins juristische System einzuordnen. Im Vordergrund standen daher die Fragen nach dem Wesen oder der Rechtsnatur der Enteignung, ihrem Rechtsgrund, dem Enteignungssubjekt, dem Zeitpunkt der Enteignungsperfektion, den Enteignungswirkungen etc. An der Enteignungsliteratur läßt sich dabei gut ablesen, welche Mühe es dem öffentlichen Recht bereitete, sich aus den Bahnen des zivilistischen Denkens zu befreien und die Enteignung als ein öffentlichrechtliches Institut mit zivilrechtlichen Wirkungen herauszupräparieren. Der Terminologie des ALR folgend, definierten viele Autoren die Enteignung noch lange als Zwangskauf, bei dem das Gesetz die fehlende Einwilligung des Eigentümers ersetze. Laband bemerkte dazu, mit demselben Recht könne man behaupten, »der zu einer Gefängnisstrafe verurteilte Verbrecher habe eine Wohnung nebst Beköstigung im Gefängnis gemietet«[51], ohne daß es ihm deswegen gelungen wäre, alle Anhänger der privatrechtlichen Doktrin zu überzeugen. Aus der Fülle der Fragen sollen hier nur zwei näher betrachtet werden, deren dogmatische Beantwortung besondere Bedeutung besaß, weil sie vom Gesetzgeber nicht mit Klarheit entschieden worden waren. Es handelt sich um die Fragen nach den Grenzen des Enteignungsrechts sowie nach der Behandlung von Enteignungen, die unmittelbar durch Gesetz erfolgten.

wichtigsten ältern und neuern Gesetze und Verordnungen über Enteignungen, Kanal- und Straßenbau, Eisenbahnen und dergleichen, 1837.

49 J.J. Treichler, Über zwangsweise Abtretung von Eigentum und anderen Rechten, Zeitschrift für deutsches Recht und deutsche Rechtswissenschaft 12 (1848), S. 123. Meyer (Anm. 3), S. 152, macht zusätzlich auf eine frühe Leipziger Dissertation von Marschner aufmerksam.

50 S. die Bibliographie bei Eger 1, (Anm. 44), S. VII bis IX.

51 P. Laband, Die rechtliche Natur des Retracts und der Expropriation, AcP 52 (1869), S. 172.

Nach dem Wortlaut der Verfassungen und Gesetze waren Enteignungen nur aus Gründen des öffentlichen Wohls zulässig. Gestaltete sich der Versuch, diesen Begriff einzugrenzen, schon schwer genug, solange nur der Staat als Enteignungsnutznießer in Frage kam, so wurden die Schwierigkeiten noch dadurch erhöht, daß Enteignungen auch zugunsten Privater vorkamen. Einige Autoren hielten ihn von vornherein für vergeblich und konzentrierten sich daher ganz auf das Verfahren der Enteignungsbewilligung.[52] Die Konkretisierungsversuche der übrigen führten anfangs über eine Synonyma-Dogmatik nicht hinaus. Den ersten Versuch einer näheren Präzisierung unternahm Häberlin.[53] Wenngleich auch er die Möglichkeit einer inhaltlichen Bestimmung des »öffentlichen Interesses«, etwa nach Art des bayerischen Katalogs, bezweifelte, so schien ihm doch zumindest eine Abgrenzung vom Privatinteresse möglich. In dieser Absicht fragte Häberlin zunächst nach dem Grund, der überhaupt Enteignungen zugunsten Privater rechtfertige. Er erblickte ihn in der Tatsache, daß es öffentliche Interessen gebe, die nicht vom Staat wahrgenommen würden. Der Staat teile vielmehr den Bereich des öffentlichen Interesses mit dem Volk.[54] Im Volksinteresse liege freilich nicht schon jedes Unternehmen, das dem Publikum einen irgendwie gearteten Vorteil bringe. Der Nutzen müsse vielmehr ein unmittelbarer sein. Die Unmittelbarkeit lasse sich am besten daran ablesen, ob eine Anlage dem Publikum allgemein zugänglich sei oder nicht. Daher könnten z. B. Enteignungen zugunsten einer Eisenbahn erfolgen, zugunsten einer Fabrik jedoch nicht, selbst wenn sich diese, etwa durch Linderung von Armut und Arbeitslosigkeit, günstig für die Öffentlichkeit auswirke.

Häberlins Theorie fand nicht die Gefolgschaft der neuen Staatsrechtslehre, die keinen Unterschied zwischen öffentlichen und staatlichen Interessen anerkennen wollte. Zwar referierte Georg

---

52 Darunter Treichler (Anm. 49), S. 136; W. v. Rohland, Zur Theorie und Praxis des deutschen Enteignungsrechts, 1875.

53 C. F. W. J. Häberlin, Die Lehre von der Zwangsenteignung oder Expropriation, historisch-dogmatisch erörtert, AcP 39 (1856), S. 1, insb. S. 163 ff.

54 Ähnlich wie Häberlin auch A. v. Brinz, Expropriation, in: Bluntschli/Brater, Deutsches Staatswörterbuch III, S. 467 ff.: der Nutzen könne sich auch im unbestimmten Raum der bürgerlichen Gesellschaft verlieren, und später nochmals Layer (Anm. 12), S. 222 ff., wenn er von sozialen im Gegensatz zu individuellen Interessen spricht.

Meyer[55] Häberlins Ansicht recht beifällig, empfahl aber als Abgrenzungskriterium statt des öffentlichen Interesses den Staatszweck. Dieser Begriff sei, wenngleich nicht unwandelbar, so doch hinreichend bestimmt, in der jeweiligen historischen Situation erlaubte Enteignungen von unerlaubten zu scheiden. Fabriken fielen daher als Exproprianten nicht etwa aus, weil sie nicht dem Publikum zugänglich seien, sondern weil die Güterproduktion nicht zu den Staatszwecken zähle. Damit war Häberlins Theorie nicht präzisiert, sondern verändert, öffentlich auf staatlich reduziert. Im gleichen Sinne lehrte bald Laband, Enteignungen zugunsten Privater kämen nur dann in Frage, wenn der Staat öffentliche Aufgaben durch Private wahrnehmen ließe[56], und Otto Mayer erklärte schließlich bündig: »Die Enteignung findet nur statt für ein öffentliches Unternehmen. Das öffentliche Unternehmen aber ist ein Stück öffentlicher Verwaltung«, mußte nun freilich konsequenterweise jeden Enteignungsnutznießer zum beliehenen Unternehmer ernennen.[57] Das zur Bindung des Staates gedachte Kriterium hatte dadurch nicht an Schärfe, sondern eher an Verfügbarkeit gewonnen. Das liege aber wohl am Gegenstand »öffentliches Interesse«, vermutete Otto Mayer.[58]

Die Verfassungstexte ließen ferner nicht klar erkennen, wen die Eigentumsgarantie band, nur die Verwaltung oder auch den Gesetzgeber. Die Frage hatte für den Fall Bedeutung, daß eine Enteignung nicht aufgrund eines Gesetzes, sondern unmittelbar durch

55 Meyer (Anm. 3), S. 174 ff., 178 ff.

56 Laband (Anm. 51), S. 170 ff.

57 O. Mayer, Deutsches Verwaltungsrecht II, 2. Aufl. 1917, S. 12. Das führte zu solch konstruierten Folgerungen, daß etwa ein Fabrikanschlußgleis, wenn es von der Fabrik beantragt wurde, abgelehnt werden mußte, wenn es von der Bahn beantragt wurde, dagegen zugelassen werden konnte, ebenda S. 19, Anm. 26. Dagegen hielt Seydel, Bayrisches Staatsrecht II (Anm. 40), S. 354 f., solche Unterscheidungen für überflüssig, weil »das allerdings bestehende Privatinteresse mit dem öffentlichen Interesse völlig in gleicher Bahn verläuft. Unter solchen Verhältnissen ist es eine unnötige Umständlichkeit, um theoretischer Bedenken willen dem Unternehmer ein eigenes Recht zu verweigern.« Ähnlich C. E. Leuthold, Öffentliches Interesse und Öffentliche Klage im Verwaltungsrechte, Hirths Annalen 1884, S. 321 ff. Wenn auch die Mehrzahl der Autoren Seydel nicht folgte, so besteht doch über die dogmatische Konstruktion große Verwirrung. Fest steht nur so viel, daß es nach ganz überwiegender Ansicht kein originäres Enteignungsrecht für Private gibt. Ein Überblick über die Meinungen bei Layer (Anm. 12), S. 228 ff.

58 Mayer, Verwaltungsrecht II (Anm. 57), S. 19, Anm. 26 a. E. Ein umfassender Überblick über die Literatur bei Layer (Anm. 12), S. 180 ff.

das Gesetz erfolgte, ohne daß dieses eine Entschädigung vorsah. Die dogmatische Schwierigkeit spiegelte das ungeklärte politische Problem wider, denn das Enteignungsrecht konnte sich in Deutschland nicht auf der Grundlage eines restlos durchgesetzten bürgerlich-individuellen Eigentumsbegriffs erheben, sondern mußte noch mit einem hartnäckig verteidigten Bestand feudalen Eigentums rechnen. Galt die Eigentumsgarantie unbeschränkt, so bestand die Gefahr, daß auch eine entschädigungslose Aufhebung der feudalen Rechte unzulässig war, was freilich nicht im Sinn der bürgerlich-konstitutionellen Bestrebungen liegen konnte. Die Befürchtung kam bei den Verfassungsberatungen in Preußen ausdrücklich zur Sprache, wurde jedoch von dem Regierungsvertreter mit dem Hinweis zerstreut, daß die Bestimmung dem Gesetzgeber keine Beschränkung auferlege. Als daraufhin in der Ersten Kammer der Antrag gestellt wurde, den aus der Paulskirchen-Verfassung in den preußischen Entwurf übernommenen Satz »Das Eigentum ist unverletzlich« dann ganz zu streichen, »weil derselbe keine Wahrheit enthalte«, entgegnete man, seine Wahrheit liege darin, daß er jedenfalls willkürliche Enteignungen durch die Regierung verhindere.[59]

In der Rechtswissenschaft entwickelte sich, gestützt auf die Entstehungsgeschichte der preußischen Verfassung, die Ansicht, daß Art. 9 nur die Verwaltung, nicht aber den Gesetzgeber binde, zur ganz herrschenden, und Anschütz, dem sie gern zugeschrieben wird[60], war keineswegs ihr erster Vertreter.[61] Freilich äußerte er sich besonders entschieden: »Vor der Gesetzgebung sinken alle Einzelrechte in nichts dahin; der Verwaltung gegenüber verschmelzen sie in das einzige, hochbedeutsame Recht, keinen gesetzwidrigen Zwang zu leiden«.[62] Offen blieb unter diesen Umständen allein die Frage, was zu geschehen habe, wenn ein enteignendes Gesetz keine Bestimmungen über die Entschädigung enthielt. Die Rechtsprechung neigte in diesem Fall dazu, die Lücke

59 Vgl. die ausführliche Wiedergabe bei Rönne (Anm. 34), S. 94, Anm. 2.
60 Z. B. von E. R. Huber, Deutsche Verfassungsgeschichte III, 1963, S. 110.
61 Nachweise bei Stoedter (Anm. 1), S. 67 ff.
62 G. Anschütz, Der Ersatzanspruch aus Vermögensbeschädigung durch rechtmäßige Handhabung der Staatsgewalt, VerwArch 5 (1897), S. 24. Vgl. auch Anschütz, Die Verfassungsurkunde für den preußischen Staat 1, Neudruck 1974, S. 161. In Preußen konnte sich diese Ansicht auf den durch Kabinettsordre vom 4. Dezember 1831 genehmigten Bericht des Staatsministeriums vom 16. November 1831, GS S. 255, stützen.

unter Rückgriff auf die Verfassung zu schließen und Entschädigungen zuzusprechen.[63] Auch dagegen wandte sich Anschütz. Seiner Auffassung nach bildete das Expropriationsrecht im engeren Sinn eine *lex specialis* in dem großen Kreis eigentumsbeeinträchtigender Maßnahmen des Staates. Als Sonderfall lasse es aber keine Analogie zu. Er schloß daraus: »Für den Richter ist Art. 9 kein anwendbares Recht«.[64] Die Schutzfunktion, die der Begriff der *iura quaesita* ursprünglich erfüllt hatte, war damit gänzlich auf den Gesetzgeber übergegangen.[65]

III

Obwohl die deutsche Enteignungsgesetzgebung und durch sie vermittelt auch die Enteignungsdogmatik ihren Anstoß von der beginnenden Industrialisierung empfingen, waren ihre Vorbilder und Prinzipien doch vorindustriellen Ursprungs. Den verfassungsrechtlichen Eigentumsgarantien lag das von feudalen Beschränkungen entbundene und zur effektiveren ökonomischen Nutzung freigesetzte Grund- und Sacheigentum des petit propriétaire zugrunde, das als Ergebnis seiner individuellen Leistung gelten konnte und für ihn selbst wiederum existenzsichernd wirkte. Eigentum und Persönlichkeitsentfaltung standen in engem Zusammenhang und begründeten seinen hohen Rechtswert. Von dem vorindustriellen Eigentum drohten keine sozialen Gefahren. Es legitimierte sich im Gegenteil als »natürliches Fundament der Gesellschaftsordnung«[66] und machte eine staatliche Eigentumspolitik entbehrlich. Angesichts der auf das Privateigentum gegründeten gesellschaftlichen Autarkie und einer über den Markt selbstgesteuerten Wirtschaft konnte sich der Staat prinzipiell als Ordnungsstaat verstehen, der nur im Ausnahmefall fremdes Eigentum in Anspruch nehmen mußte. Das Enteignungsrecht war zugleich Ausdruck des Anerkenntnisses solcher Fälle wie der Furcht vor ihrer mißbräuchlichen Ausweitung. Schutzobjekt und Schutzrichtung entsprachen den bestehenden Verhältnissen.

Diese Voraussetzungen erfuhren in dem Jahrhundert, das der

63 RGZ 12,1.
64 Anschütz, VerwArch. (Anm. 62), S. 83.
65 So insb. Stoedter (Anm. 1), S. 62 ff.; Weber/Wieacker (Anm. 1), S. 41 ff.
66 P. Badura, Eigentum im Verfassungsrecht der Gegenwart, 49. DJT (1972), S. T8.

Vortrag durcheilt, grundlegende Veränderungen.[67] Infolge der Ausbreitung industrieller Produktionsweisen entwickelte sich abhängige Arbeit zu einem Massenphänomen. Im selben Maß ging aber die existenzverbürgende Funktion des Sachbesitzes auf das Arbeitseinkommen und von ihm ableitbare Ansprüche über. Die Versorgung wurde nicht mehr über Eigenleistungen, sondern über Geld sichergestellt. Man hat diesen Wandel auf die Formel von der Monetisierung der Bedarfsdeckung gebracht.[68] Unter einem System strikter Eigentums- und Vertragsfreiheit wuchs sich diese Umstellung für breite Schichten zur Existenzbedrohung aus und stellte damit das System selbst in Frage. Aber auch gesamtwirtschaftlich verlor das Grundeigentum gegenüber dem Kapital an Bedeutung. Gerade ökonomisch aktives Eigentum nahm jetzt die Gestalt von Anteilsrechten an. Auf diese Weise konnte sich wirtschaftliche Konzentration in früher unvorstellbarem Ausmaß bilden. Die Folge waren Störungen des Marktmechanismus, die seine Rechtfertigung, optimale Versorgung zu garantieren, in Zweifel zogen. Hatte man noch 1848 geglaubt, daß es ohne Unverletzlichkeit des Eigentums keinen Staat geben könne[69], so tauchten gegen Ende des Jahrhunderts Bedenken auf, ob der Staat bei fortbestehender Unverletzlichkeit des Eigentums seine Gerechtigkeitsfunktion noch zu erfüllen vermöchte. Unter dem Druck der sozialen Frage begann er noch vor der Jahrhundertwende, seine sozialpolitische Indifferenz aufzugeben und korrigierend in die Wirtschaftsabläufe einzugreifen.

Das Enteignungsrecht konnte von diesem Wandel seines Substrats nicht unberührt bleiben. Vom Einzelnen aus betrachtet, hatte sich seine umfassend gedachte Schutzfunktion vermindert. Auf Grundeigentum bezogen, erfaßte es nicht die vermögenswerten Rechte, die das Sacheigentum an wirtschaftlicher und sozialer Bedeutung überrundet hatten. Unter den Bedingungen des Ordnungsstaats entstanden, wirkte es nicht gegen einen Staat, der ge-

---

67 Vgl. dazu Badura (Anm. 66), S. T7ff.; ferner etwa K. Renner, Die Rechtsinstitute des Privatrechts und ihre soziale Funktion, 1929; E. Forsthoff, Die Verwaltung als Leistungsträger, 1938; R. Reinhardt/U. Scheuner, Verfassungsschutz des Eigentums, 1954; P. Pernthaler, Der Wandel des Eigentumsbegriffs im technischen Zeitalter, in: Hundert Jahre Verfassungsgerichtsbarkeit – fünfzig Jahre Verfassungsgerichtshof in Österreich, 1968.

68 N. Luhmann, Grundrechte als Institution, 2. Aufl. 1974, S. 108.

69 T. Mommsen, Die Grundrechte des deutschen Volkes, 1849, Neudruck 1969, S. 54.

sellschaftspolitisch aktiver wurde, ohne dabei geradewegs zum Mittel des Eigentumsentzugs zu greifen. Vom Staat her gesehen, engten die enteignungsrechtlichen Zweckbindungen seinen Aktionsradius ein, wenn er der sozialen Frage mit Vermögensverteilungen oder Verstaatlichungen hätte begegnen wollen, wie nun häufiger gefordert wurde. Diese Rückwirkungen der Industrialisierung auf das Enteignungsrecht fanden in der Gesetzgebung und der Rechtswissenschaft des 19. Jahrhunderts indessen keinen Niederschlag mehr. Zwar hatte Jhering aus seiner gesellschaftlichen Privatrechtstheorie den Schluß gezogen, daß man die Expropriation verkenne, »wenn man in ihr einen *Eingriff* in das Eigentum, eine *Abnormität* erblickt, die mit der ›Idee‹ desselben in Widerspruch stehe«.[70] Die Enteignung bilde vielmehr das Korrektiv zu der vom Privateigentum ausgehenden sozialen Gefahr, ohne welche es zu einem »Fluch der Gesellschaft« werden müsse. Jhering entwickelte diesen Gedanken, mit dem er sich in Widerspruch zur gesamten Rechtslehre setzte, jedoch nicht weiter, und in der juristischen Literatur blieb sein Hinweis folgenlos. Systematische Versuche, das Enteignungsrecht unter den veränderten Bedingungen neu zu bestimmen, finden sich vor 1900 vielmehr nur in der Nationalökonomie, und zwar vor allem bei Franz Josef Neumann und Adolf Wagner.[71]

Namentlich Wagner warf der Rechtswissenschaft vor, daß sie bei einer formalistischen Behandlung des Enteignungsrechts stehenbleibe und seine soziale Bedingtheit nicht wahrnehme. Im Gegensatz zur Annahme der Juristen erfülle das Enteignungsrecht nicht in erster Linie subjektive, sondern objektive Zwecke. Es ermögliche die Herstellung von Kongruenz zwischen der Güteraufteilung und der Produktionsweise. Wagner definierte die Enteignung daher als »dasjenige Rechtsinstitut, durch welches die vom öffentlichen Interesse verlangte Verteilung der individuellen Kapitalien und Grundstücke unter die Einzelwirtschaften ... in der durch die Entwicklung des Volkslebens geforderten Weise mittelst gesetzlichen Zwangs verändert wird, wo und soweit als diese Verände-

---

70 R. Jhering, Der Zweck im Recht I, 1877, S. 514 ff.
71 F. J. Neumann, Das öffentliche Interesse mit Bezug auf das Gebühren- und Steuerwesen, die Expropriation und die Scheidung von Privat- und öffentlichem Recht, Hirths Annalen XIX (1886), S. 357; ders., Die Steuer und das öffentliche Interesse, 1887; A. Wagner, Grundlegung der politischen Ökonomie I/2, 3. Aufl. 1894, S. 527 ff.

rung durch freien Vertrag nicht entsprechend bewirkt werden kann«.[72] Diesen Zusammenhang zwischen der Wirtschaftsform und den Enteignungsgrundsätzen hatte in der zeitgenössischen juristischen Literatur nur Lorenz von Stein erkannt.[73] Während er aber die Entwicklung mit den Verfassungen des 19. Jahrhunderts für vollendet hielt, schien Wagner die Zeit für eine abermalige Anpassung des Enteignungsrechts an neue Umstände gekommen. Er verstand darunter vor allem eine Neubestimmung des Enteignungszwecks und der Enteignungsgrenzen. Die Rechtswissenschaft bleibe hier mit Formeln wie dem öffentlichen Interesse auf einer viel zu hohen Abstraktionsstufe. Das richtige Kriterium könne allein die Nationalökonomie angeben. Enteignungen seien dann, aber auch nur dann zulässig, wenn wirtschaftliche Reformen wesentliche Bedingungen des sozialen Fortschritts seien und nur durch eine veränderte Eigentumsverteilung erreicht werden könnten.[74] Dieser Fall war in Wagners Augen eingetreten, nachdem die kapitalistische Wirtschaft ihre Defizite geoffenbart hatte. Einen Ausweg versprach er sich von stärkerer Beteiligung des Staates am Wirtschaftsleben in Form sog. Zwangsgemeinwirtschaften. Enteignungen sollten daher zugunsten solcher öffentlicher Wirtschaftsunternehmen, zur Heranziehung des Bodens für Anforderungen, die sich aus der dichten Besiedelung ergaben (z. B. den Bau von Wohnungen), ferner im Interesse der Volksgesundheit und schließlich sogar zur Durchführung sozialpolitischer Maßnahmen erlaubt sein.

Die Jurisprudenz mußte sich diesen Fragen erst nach dem Ersten Weltkrieg stellen. Die Weimarer Verfassung hatte in Art. 153 mit dem absoluten Eigentumsbegriff gebrochen und damit auch dem Enteignungsrecht die sichere Grundlage entzogen. Der Gesetzgeber sah sich zur Bewältigung der Kriegsfolgen gezwungen, von seiner verfassungsrechtlichen Gestaltungsbefugnis ausgiebigen Gebrauch zu machen. Er zog den Rahmen der individuellen Eigentumsnutzung enger und begann auf fiskalischem Wege Vermögensverschiebungen einzuleiten. Das Enteignungsrecht wurde dadurch vom technischen wieder zum prinzipiellen Problem, und der Streit des 19. Jahrhunderts um den Geltungsbereich des Enteignungsrechts, der sich aus dem Nebeneinander von feudalem und

---

72 Wagner (Anm. 71), S. 528 f.
73 Stein (Anm. 1), insb. S. 71, 295.
74 Wagner (Anm. 71), S. 541.

bürgerlichem Eigentum ergeben hatte, fand eine Parallele unter einer Verfassung, die dem Gesetzgeber die Beschränkung des Privateigentums, nicht aber seine Abschaffung erlaubte. Die Frage lautete nun, ob der Eigentumsschutz auf die neuen eigentumsbeeinträchtigenden Maßnahmen des Gesetzgebers ausgedehnt werden oder weiter nur für das zufällig geforderte Sonderopfer an Grund und Boden, das ein Einzelner im Gesamtinteresse erbrachte, gelten sollte.[75] Während die einen den Eigentumsschutz mit der Eigentumsbedrohung wachsen lassen wollten, verlangten die anderen eine Rückkehr zum klassischen Enteignungsbegriff. Die Auseinandersetzung ist bis heute nicht beendet, und angesichts des aktuellen Übergangs vom interventionistischen zum planenden Staat gibt es keine Anzeichen dafür, daß eine Lösung unmittelbar bevorstünde.

75 Vgl. dazu insbes. M. Wolff, Reichsverfassung und Eigentum, in: Festgabe für Kahl, 1923; H. Triepel, Goldbilanzverordnung und Vorzugsaktien, 1924; C. Schmitt, Die Auflösung des Enteignungsbegriffs, JW 1929, S.495; O. Kirchheimer, Die Grenzen der Enteignung 1930.

IV. Rolle der Rechtswissenschaft

Die deutsche Staatsrechtslehre
zwischen 1750 und 1945

I.

In der zweiten Hälfte des 18. Jahrhunderts tritt das öffentliche Recht in zwei Hauptformen in Erscheinung: als positives und als natürliches Staatsrecht. Dagegen kann von einer Verwaltungsrechtswissenschaft im heutigen Verständnis noch keine Rede sein. Das Verwaltungsrecht bildet vielmehr einen unselbständigen Bestandteil der umfassenderen Polizeiwissenschaft. Das positive öffentliche Recht ist fast durchweg Reichsstaatsrecht, kaum Territorialstaatsrecht. Die Gründe liegen teilweise in der Eigenart des Reiches, das sich in der zweiten Hälfte des 18. Jahrhunderts gerade im rechtlich-justiziellen Bereich seine politisch weitgehend geschwundene Wirksamkeit noch erhielt, teils in der Vielfalt, Enge und Rückständigkeit der Territorialstaaten, die in ihrer großen Mehrzahl weder Anlaß noch Anreiz zur wissenschaftlichen Beschäftigung mit dem Staatsrecht boten, teils in der traditionellen Ausrichtung der deutschen Universitäten auf das gemeine, nicht das Partikularrecht. Angesichts der Fülle der aus den unterschiedlichsten historischen Schichten stammenden Quellen des Reichsstaatsrechts steht die Reichsstaatsrechtslehre in enger Verbindung zur Reichshistorie. Als verbindendes Prinzip fungieren die noch nicht zur umfassenden Staatsgewalt verdichteten Hoheitsrechte. Die wichtigsten Repräsentanten sind in dieser Epoche der eher sammelnde und kompilierende J.J. Moser (Teutsches Staats-Recht, Teil 1-50, Zusätze Teil 1-2, 1737 bis 1754; Neues Teutsches Staatsrecht, Teil 1-20, Zusätze Teil 1-3, 1766-1782; Von der Landeshoheit in Regierungssachen 1772) sowie als überragende Figur der vernunftrechtlich ausgebildete und weit stärker systematisch ausgerichtete J.S. Pütter, durch den die Universität Göttingen zum Zentrum der damaligen Staatsrechtswissenschaft wurde (Institutiones iuris publici Germanici, 1770; Historische Entwicklung der heutigen Staatsverfassung des Teutschen Reichs, I-III, 1786-1787).

II.

Das natürliche oder allgemeine Staatsrecht, das heute der Allgemeinen Staatslehre zugerechnet würde, zielt nicht auf die Erkenntnis des positiven, sondern des richtigen Staatsrechts. Dabei stützen sich seine Vertreter in der zweiten Hälfte des 18. Jahrhunderts noch allgemein auf die Denkfigur des Gesellschaftsvertrages, aus dem abstrakt und universal die Rechte und Pflichten von Staat und Untertanen entwickelt werden. Freilich ist auch das natürliche Staatsrecht stets Staatsrecht seiner konkreten historischen Situation gewesen. Während sich anfangs noch die absolutistische Theorievariante hält, der zufolge die natürlichen Freiheitsrechte der Individuen mit dem Abschluß des Gesellschaftsvertrages auf den Herrscher übergehen, der seinerseits nur durch den – selbst wieder umfassend definierten – Staatszweck (*salus publica*) gebunden ist (Wichtigster Vertreter: Chr. Wolff, Institutiones iuris naturae et gentium, 1754; Ius naturae methodo scientifica pertractatum, 1764), tritt etwa gleichzeitig mit der Durchsetzung des aufgeklärten Absolutismus in den fortgeschrittensten deutschen Territorien Österreich und Preußen um 1770 eine stärker aufklärerische Richtung in den Vordergrund. Der Unterschied zum absolutistischen Naturrecht liegt vor allem darin, daß die individuelle Glückseligkeit in den Staatszweck einbezogen und die Pflichtenseite der fürstlichen Rechtsposition betont wird, ohne daß die Glückseligkeit freilich schon der Selbstbestimmung der Individuen überantwortet würde. Insofern wächst zwar der Freiheitsraum der Untertanen, indem alle staatszweckneutralen Handlungen der staatlichen Determination entzogen werden, es lassen sich aber daraus angesichts der überlegenen Einsicht des Fürsten in das wahre Beste noch keine institutionellen Freiheitssicherungen oder gar politische Mitbestimmungsrechte ableiten (etwa K. A. v. Martini, Lehrbegriff des Natur-, Staats- und Völkerrechts, 1784; C. G. Suarez, Vorträge über Recht und Staat 1746 bis 1798, hrsg. von H. Conrad – G. Kleinheyer, 1960; G. Achenwall, Die Staatsklugheit nach ihren ersten Grundsätzen entworfen, [3]1774; H. G. Scheidemantel, Das Staatsrecht nach der Vernunft und den Sitten der vornehmsten Völker betrachtet, I-III, 1770-1773; L. J. F. Höpfner, Naturrecht des einzelnen Menschen, der Gesellschaften und der Völker, [3]1785).

III.

Die Französische Revolution bedeutete auch für das deutsche öffentliche Recht einen Einschnitt, wenngleich keine fundamentale Wende. Kurzfristig gab sie dem liberalen Naturrecht westlicher Prägung Auftrieb. Langfristig veränderte sie den Gegenstand der Wissenschaft. Die Jahre ab 1790 bringen eine große Fülle vernunftrechtlicher Systeme hervor, so daß man von einer »zweiten Blütezeit des Naturrechts« gesprochen hat (Klippel). Methodisch knüpfen sie nicht mehr an das ältere Naturrecht Wolffs, sondern an Kant an, können inhaltlich aber sehr wohl über Kant hinausgehen und die Forderungen der (frühen) Französischen Revolution aufgreifen. Der Unterschied zum älteren Naturrecht liegt insbesondere in einer Umdeutung des Gesellschaftsvertrags, die wiederum Konsequenzen für das Verhältnis von Staat und Individuum entfaltet. Im Gesellschaftsvertrag übertragen die Individuen ihre natürlichen Rechte nicht mehr restlos auf den Staat, vielmehr wird der Gesellschaftsvertrag gerade im Interesse des Schutzes dieser – oft als unveräußerlich betrachteten – Rechte geschlossen. Der Staatszweck besteht dementsprechend weder in einer umfassenden *salus publica* noch in einer vom Herrscher gewußten Untertanen-Glückseligkeit, sondern im Schutz von Individualfreiheiten. Diese nehmen daher Rechtscharakter an und zielen – insoweit über Kant hinausweisend – auf institutionelle Verbürgung in einer Verfassung, setzen sich außer bei den deutschen Jakobinern aber noch nicht in Forderungen nach Volkssouveränität und demokratischem Staat fort (etwa K. H. Heydenreich, Grundsätze des natürlichen Staatsrechts, und seine Anwendung, I-II, 1795; ders., System des Naturrechts nach kritischen Principien, I-II, 1794-1795; G. Hufeland, Lehrsätze des Naturrechts, 1790).

IV.

Für das positive Staatsrecht ändert sich im Gefolge der Französischen Revolution die Situation einerseits durch den Untergang des Heiligen Römischen Reiches im Jahre 1806, dem als neue Zusammenschlüsse zunächst der Rheinbund und nach dem Wiener Kongreß der Deutsche Bund folgen, andererseits durch die Einführung moderner geschriebener Verfassungen in einer Anzahl deutscher

Einzelstaaten, beginnend 1808 in Bayern, sich fortsetzend ab 1810 in einigen napoleonisch dominierten Staaten und schließlich in größerer Zahl in den süddeutschen Staaten und den meisten deutschen Kleinstaaten nach 1815. Sie sind durchweg dem monarchischen Prinzip verpflichtet und räumen der bürgerlichen Gesellschaft einen begrenzten Freiraum vom Staat und begrenzte Mitwirkungsrechte an politischen Entscheidungen ein. Der Wechsel des positiven Rechtsstoffs zeitigt in der Wissenschaft zunächst jedoch nur gegenständliche, aber keine methodischen Folgen. Vielmehr wird die Methode der alten Reichspublizistik besonders Pütterscher Prägung, die im Endstadium des Reiches von Haeberlin und Gönner gepflegt worden war, nunmehr für das Staatsrecht des Rheinbunds und dann des Deutschen Bundes fruchtbar gemacht. Repräsentativ dafür ist J. L. Klüber (Staatsrecht des Rheinbundes, Lehrbegriff, 1809; Öffentliches Recht des Deutschen Bundes und der Bundesstaaten, 2. Abtheilung, 1817). Dagegen folgt den neuen einzelstaatlichen Verfassungen zunächst keine nennenswerte Verfassungsdogmatik. Die Gründe liegen zum einen in der Eigenart dieser Verfassungen, die als ein im dynastischen Selbsterhaltungsinteresse ergangener fürstlicher Oktroi weder die altständischen noch die liberalen Kräfte zufriedenstellen können und daher nicht eigentlich Basis der Politik werden, sondern vorerst Kampfobjekt bleiben, zum anderen in dem aller öffentlichen, sogar der konstitutionellen Betätigung feindlichen Klima Deutschlands nach den Karlsbader Beschlüssen, schließlich auch in dem weitverbreiteten Bestreben, die Rechtseinheit nicht nur zivilrechtlich, sondern auch öffentlichrechtlich gegen die partikularen Rechte zu verteidigen (repräsentativ dafür etwa J. C. A. M. v. Aretin, Staatsrecht der constitutionellen Monarchie, I-II/2, 1824-1827).

V.

Stärker vom Zivilrecht als vom öffentlichen Recht ausgehend, vollzieht sich in dieser Periode allerdings die kategoriale Trennung zwischen Privatrecht und öffentlichem Recht. Eingeleitet schon mit der Herausbildung der Souveränität, die das umfassende mittelalterliche Rechtsband gelöst, den Herrscher vom Rechtsunterworfenen zur Rechtsquelle erhoben und das öffentliche Recht dem

Privatrecht übergeordnet, später auch der gerichtlichen Kontrolle entzogen hatte, suchte sich im Zeichen von Liberalismus und kantischem Rechtsbegriff nun das Privatrecht vom öffentlichen Recht zu emanzipieren. Recht sollte nach dieser Auffassung die Untertanen nicht mehr zu tugendhaftem Leben anhalten, sondern nur noch die Freiheitssphären der Bürger gegeneinander abgrenzen. Angesichts einer illiberalen Staatspraxis konnte dieses Programm aber nur in einem staatsisolierten Privatrecht erfüllt werden. Mit der Begründung, daß das Privatrecht entweder die Beziehungen der Bürger untereinander ohne Rücksicht auf die jeweilige Staatsform und die wechselnden politischen Zwecke regele, universell gelte und sich der Vernunft erschließe (Schlosser, Zeiller) oder ohne staatliches Zutun aus dem Volksgeist hervorgehe (Savigny), wurde es daher dem öffentlichen Recht entgegengesetzt. Dieses erschien nun als das kurzfristigen Staatszwecken dienende, jenes als das der universalen Gerechtigkeit unmittelbar verpflichtete Recht. Das vom Liberalismus beeinflußte öffentliche Recht vollzog diese Trennung mit. Indem es gleichfalls die Individualfreiheit zum Ausgangspunkt seiner Rechtslehre nahm und den Staat nur noch als Freiheitsgaranten benötigte und anerkannte, kehrte es seinerseits das bisherige Rangverhältnis von öffentlichem Recht und Privatrecht um und räumte dem Privatrecht materiell als dem Recht der Freiheit Priorität ein, während das öffentliche Recht als das Recht des Zwangs nur aus dem Schutz der im Privatrecht verkörperten Individualfreiheit seine Legitimation bezog. Freilich konnte das Trennungsdenken die juristische Wirklichkeit nur insoweit erfassen, als diese dem liberalen Modell bereits entsprach. Je mehr die Rechtswissenschaft dieses Bewußtsein im Verlauf des 19. Jahrhunderts verlor und den Dualismus der beiden Rechtsbereiche dogmatisierte, desto stärker nahm das Trennungsdenken ideologische Züge an.

VI.

Die Trennung von öffentlichem und privatem Recht war der juristische Ausdruck der vom Liberalismus angestrebten Trennung von Staat und Gesellschaft, die das umstrittenste Thema des öffentlichen Rechts bildete. Die unterschiedlichen Auffassungen durchziehen das staatstheoretische Schrifttum. Dabei setzt sich zum einen die in der Tradition des 18. Jahrhunderts stehende vernunftrechtliche Richtung fort, die inhaltlich dem Liberalismus zuneigt und der Methode nach aus philosophischen Prämissen logisch-deduktiv ihr System entfaltet. In der Regel weist es über den bestehenden verfassungsrechtlichen Zustand hinaus, ohne deswegen das monarchische Prinzip unbedingt in Frage stellen zu müssen. Das repräsentative Werk dieser Richtung ist das Lehrbuch C. v. Rottecks (Lehrbuch des Vernunftrechts und der Staatswissenschaften, I-IV, 1829 bis 1835), in dem die Vernunftrechtswissenschaft eine ihrer letzten großen Blüten treibt (Böckenförde). An Breitenwirkung wird es übertroffen von seinem gemeinsam mit Welcker herausgegebenen Staatslexikon, das das politisch-staatsrechtliche Denken des liberalen Bürgertums in der ersten Jahrhunderthälfte maßgeblich beeinflußt hat. Begünstigt durch den für weite Bevölkerungskreise abschreckenden Verlauf der Französischen Revolution und den nach 1815 allenthalben wiederhergestellten Legitimismus hatte sich aber schon frühzeitig eine Gegenbewegung gebildet, die die abstrakt-rationale Staats- und Rechtskonstruktion als sachwidrig verwarf und statt dessen ein historisch-organisches Verständnis von Staat und öffentlichem Recht entwickelte. Ihr Anknüpfungspunkt ist nicht das Individuum, sondern die Gemeinschaft. Grundrechte werden als Verfehlung der wahren Freiheit betrachtet, die sich in der Einordnung in die Gemeinschaft erfüllt. Statt staatsbürgerlicher Gleichheit und parlamentarischer Repräsentation ist an ständische Gliederung und korporative Mitwirkung gedacht. Politisch verbindet sich diese Richtung überwiegend mit konservativen oder gar restaurativen Tendenzen. Für die letzteren steht vor allem K. L. v. Haller (Restauration der Staats-Wissenschaft oder Theorie des natürlich-geselligen Zustands, I-VI, 1816 bis 1834), für die konservativen, die die auf dem Gottesgnadentum basierende monarchische Gewalt in den Mittelpunkt rückten, stehen etwa A. Müller (Die Elemente der Staatskunst in Vorlesungen, I-III, 1810), F. v. Gentz (Ueber den Unterschied zwischen den landständischen und repräsentativen Verfassungen, 1819, in: Wichtige Urkunden für den Rechtszustand der deutschen Nation, mit eigenhändigen Anmerkungen von J. L. Klüber. Aus dessen Papieren mitgetheilt und erläutert von C. Th. Welcker, 1844, Beilagen B. C., 188, 200), R. Maurenbrecher (Grundsätze des heutigen deutschen Staatsrechts, 1837; Die deutschen regierenden Fürsten und die Souveränität, 1839). Die modernste, weil mit wichtigen verfassungsrechtlichen Grundsätzen versöhnte Formulierung erfährt die konservative Richtung schließlich bei F. J. Stahl (Die Philosophie des Rechts, 1-II/2, 1830 bis 1837; Das monarchische Princip, 1845).

VII.

Mit der allmählichen Konsolidierung des Verfassungsstaats in Süddeutschland und der wachsenden Notwendigkeit zur Lösung konkreter verfassungsrechtlicher Fragen erweist das abstrakt vorgehende allgemeine Staatsrecht seine Praxisferne und weicht allmählich einer stärker an den historisch-politischen Verhältnissen Deutschlands oder gar am positiv-rechtlichen Zustand einzelner Staaten orientierten Betrachtung, ohne daß damit notwendig eine Aufgabe der bisherigen, meist liberalen Inhalte verbunden wäre. Erste Anzeichen für die realistischere Haltung, die das öffentliche Recht nunmehr einnimmt, zeigen sich im allgemeinen Staatsrecht bereits bei K. S. Zachariä v. Lingenthal (Vierzig Bücher vom Staate, 1-VII, 1820-1832), im gemeinen Staatsrecht bei J. C. A. M. v. Aretin (Staatsrecht der constitutionellen Monarchie, 1-II/2, 1824-1827), dann aber besonders bei H. Zoepfl (Grundsätze des allgemeinen und des constitutionell-monarchischen Staatsrechts, 1841) und H. A. Zachariä (Deutsches Staats- und Bundesrecht 1, 1841), die die Klübersche Tradition fortsetzen und deren Bücher bis zur Auflösung des Deutschen Bundes Bedeutung behalten. In diesem Zusammenhang vollzieht sich auch die endgültige Ablösung der patrimonial-privatrechtlichen Staatsauffassung durch die Lehre von der öffentlichrechtlichen Rechtspersönlichkeit des Staates, deren Organ der Monarch lediglich ist, und die gewöhnlich mit W. E. Albrecht (Rezension des Maurenbrecherschen »Staatsrechts«, in: Göttingische Gelehrte Anzeigen 1837, 1489-1504, 1508 bis 1515) verbunden wird. Den eigentlichen Anknüpfungspunkt einer neuen Staatsrechtsdogmatik bilden aber die Einzelstaatsverfassungen vor allem Süddeutschlands. Bei Vorläufern, besonders in Bayern (J. Schmelzing, Staatsrecht des Königreichs Baiern, 1-II, 1820-1822; L. v. Dresch, Grundzüge des baierischen Staatsrechts, 1823; F. Chr. K. Schunk, Das Staatsrecht des Königreichs Baiern 1, 1824; C. Cucumus, Lehrbuch des Staats-Rechts der constitutionellen Monarchie Baiern, 1825), wird zum eigentlichen Begründer der modernen Staatsrechtsdogmatik R. v. Mohl (Das Staatsrecht des Königreichs Württemberg, I-II, 1829). Mohl liefert eine systematisch aufgebaute, konkrete staatsrechtliche Interpretation, die sich auch auf verwaltungsrechtliche Probleme erstreckt. Inhaltlich erweist er sich dabei als Liberaler, der das monarchische Prinzip nicht in Frage stellt, aber das Verfassungssystem sowohl interpretatorisch als auch rechtspolitisch in Richtung auf Grundrechtsausweitung und Parlamentarisierung fortentwickeln möchte. Dabei legt er großen Wert auf die unverbrüchliche Sicherung der Verfassung, einschließlich der für die damalige Zeit ungewöhnlichen Forderung nach richterlicher Prüfung der Gesetze auf ihre materielle Verfassungsmäßigkeit. Mohls Buch wird bald zum Muster dogmatischer Beschäftigung mit dem positiven Staatsrecht, so bei J. Pözl (Bayerisches Staats-Verfassungs-Recht, 1847) oder L. M. P. v. Rönne (Das Staats-Recht der Preussischen Monarchie, I-II, 1856 bis 1863).

VIII.

Mit Mohl gewinnt auch der für das Verständnis des öffentlichen Rechts in Deutschland grundlegende Begriff des Rechtsstaats seine Bedeutung. Der Sache nach in der vernunftrechtlichen Theorie, besonders bei Kant vorhanden, zuerst formuliert von Welcker und Aretin, wird er nun zur zentralen Kategorie. Der Rechtsstaat ist bei Mohl materiell fundiert. Unter Rechtsstaat versteht er denjenigen Staat, dessen Grundlage Freiheit und Eigentum der Bürger ist. Grundrechte bilden daher das Fundament des Rechtsstaats. Von diesem materiellen Ausgangspunkt gelangt Mohl zu den formalen Erfordernissen des Rechtsstaats: Eingriffe des Staates in Freiheit und Eigentum der Bürger bedürfen einer gesetzlichen Ermächtigung, an der die Bürger durch gewählte Repräsentanten mitgewirkt haben müssen. Der Bürger schuldet nur der rechtmäßig handelnden Verwaltung Gehorsam. Die Rechtmäßigkeit des Verwaltungshandelns muß kontrollierbar sein, ohne daß damit schon so eindeutig wie später bei R. v. Gneist (Der Rechtsstaat und die Verwaltungsgerichte in Deutschland, ²1879) auf eine Verwaltungsgerichtsbarkeit abgezielt worden wäre. Das Gesetz wird auf diese Weise zum Angelpunkt des Systems. Entscheidend für die Verbreitung des Rechtsstaatsgedankens war es, daß er durch F. J. Stahl auch für das konservativ ausgerichtete öffentliche Recht akzeptabel gemacht wurde. Dabei deutet sich im Werk Stahls aber schon die Reduktion des Rechtsstaatsbegriffs an, wie sie für die zweite Hälfte des 19. Jahrhunderts charakteristisch wird. Stahl verbindet mit dem Rechtsstaat nicht wie Mohl einen bestimmten Inhalt, sondern eine zum Inhalt hinzutretende Modalität des Staatshandelns und legt so den Grund für die Veräußerlichung des Rechtsstaatsbegriffs. Der Inhalt ist in Stahls Lehre christlich-konservativer Natur. Der Staat wird als göttliche Institution angesehen, die die göttliche Weltordnung zu wahren hat. Er findet seine Verkörperung im Monarchen, der keiner weltlichen Legitimation bedarf. Daraus ergibt sich für Stahl eine Überordnung der monarchischen Gewalt über die Volksrepräsentation und die Unmöglichkeit einer gerichtlichen Kontrolle des Staatshandelns. Andererseits ist Stahls religiös-sittlich fundierter Staat vereinbar mit einer – freilich privatistisch gewendeten – Freiheitssphäre der Bürger, die den Staat verpflichtet, seine Macht nur in rechtsstaatlichen Formen auszuüben, wodurch Stahl die bis dahin vorherrschende Gleichsetzung von Konservativismus und Absolutismus überwindet.

IX.

Die wachsende Diskrepanz zwischen der wirtschaftlich-sozialen Bedeutung des liberalen Bürgertums und den bestehenden Verfassungszuständen, vor allem im nach wie vor absolutistisch regierten Österreich und Preußen, entlud sich mit Hilfe der Schubkraft des entstehenden Vierten Standes in der Revolution von 1848. Ihr für das Bürgertum enttäuschender Ausgang ist für die Entwicklung des öffentlichen Rechts bis ins 20. Jahrhundert hinein bedeutsam geworden. Zum einen brachte die Revolution den Durchbruch zum Verfassungsstaat auch in den deutschen Führungsmächten Preußen und – mit Verzögerung – Österreich, ohne daß freilich die Volkssouveränität oder auch nur Parlamentarisierung erreicht worden wäre. Zum anderen raubte das Scheitern der nationalen Einheitsbestrebungen dem liberalen Bürgertum aber die Zuversicht, die staatsrechtlich-politischen Verhältnisse Deutschlands aus eigener Kraft verändern zu können. Im Gegenteil näherte die Furcht vor dem nachdrängenden Vierten Stand das Bürgertum dem monarchischen Staat wieder stärker an. Die Forderung nach Vergrößerung des bürgerlichen Anteils an der politischen Gewalt wurde zugunsten einer verstärkten Verfolgung der privaten (wirtschaftlichen) Interessen zurückgeschraubt. Für die Entwicklung des öffentlichen Rechts wirkte diese – nur zeitweise im preußischen Verfassungskonflikt nochmals aufgebrochene – Haltung bestimmend. Demokratie und Rechtsstaat, die bis dahin zusammengehört hatten, traten auseinander. Der Rückzug aufs Private äußerte sich juristisch in dem einseitigen Bestreben nach einem Ausbau des Rechtsstaats. Diese Wende von 1848/49 hat langfristig mehrere Konsequenzen. Die Bescheidung mit dem status quo lenkt die Rechtswissenschaft verstärkt auf das positive Recht. Das allgemeine Staatsrecht hält sich in gemäßigt liberaler Form nur noch im verbreiteten Werk von J. C. Bluntschli (Allgemeines Staatsrecht, I-II, 1851 bis 1852, seit 5. Auflage: Die Lehre vom modernen Staat, I-III, 1875-1876) und verschwindet bald völlig. Recht und staatliches Gesetz erscheinen als identisch. Methodisch wird das Gesetz zunehmend aus seinen politisch-sozialen Bezügen gelöst und aus sich heraus verstanden und interpretiert. Der Staatszweck gilt nicht mehr als wissenschaftliches Thema. Auf der anderen Seite entsteht mit der Konzentration auf den Rechtsstaat aber das Verwaltungsrecht im modernen Sinne als eigenständige juristische Disziplin.

X.

Unter methodischen Gesichtspunkten erscheint es bemerkenswert, daß die Führer der neuen Richtung ihre wissenschaftliche Heimat im Zivilrecht hatten und auch bei der Bearbeitung des öffentlichen Rechts starke Anleihen bei der zivilistischen Methode, die sich mittlerweile weitgehend zur hochentwickelten Begriffsjurisprudenz verengt hatte, machten. Am Beginn der Periode steht K. F. W. v. Gerber (Über öffentliche Rechte, 1852; Grundzüge eines Systems des deutschen Staatsrechts, 1865). Gerbers Anliegen war die Verwissenschaftlichung des öffentlichen Rechts durch rigorose Trennung von der Politik, die nur noch das Material der rechtswissenschaftlichen Betrachtung abgeben sollte, sowie die Ausbildung einer eigenständigen öffentlichrechtlichen Begrifflichkeit von gleicher Leistungskraft wie die zivilistische. Daß die historische Methode dieses Ziel fördern könne, verwirft Gerber,

weil sie den Blick auf den tiefen Gegensatz, der den Patrimonialstaat von den verfassungsmäßigen Zuständen trenne, verstelle.
Zur vollen Ausprägung kommt das Programm, als es nach der
Reichsgründung von 1871, die die große Mehrheit des deutschen
Bürgertums endgültig mit dem Obrigkeitsstaat versöhnt, in der
Reichsverfassung eine einheitliche positiv-rechtliche Grundlage
findet. Das Schwergewicht der öffentlichrechtlichen Dogmatik
geht damit wieder auf das Reichsstaatsrecht über. Mit P. Laband,
dem »geistigen Testamentsvollstrecker Gerbers« (Landsberg), erzielt die neue Richtung ihren endgültigen Durchbruch. Im Vorwort der 2. Auflage seines Staatsrechts des Deutschen Reiches von
1894 (erstmals: I-III, Register, 1876 bis 1882) hat die Methode
ihre klassische Formulierung gefunden. Die Dogmatik des positiven Rechts besteht danach in der Konstruktion der Rechtsinstitute, der Zurückführung der einzelnen Rechtssätze auf allgemeinere Begriffe und der Ableitung der begrifflichen Folgerungen.
Dafür gebe es kein anderes Mittel als die Logik. »Alle historischen,
politischen und philosophischen Betrachtungen ... sind für die
Dogmatik eines konkreten Rechtsstoffs ohne Belang«. Trotz an-
fänglicher heftiger Kritik (O. v. Gierke, Labands Staatsrecht und
die deutsche Rechtswissenschaft, Schmollers Jahrbuch NF 7
(1883), 1097-1195) gelangte das Werk zu fast kanonischer Geltung, nach dem sich nun auch das Staatsrecht der Länder richtete
(etwa M. v. Seydel, Bayerisches Staatsrecht, I-VII, 1884 bis 1894;
G. Anschütz, Die Verfassungs-Urkunde für den preußischen Staat
I, 1912).

XI.

Mit dem Siegeszug dieser Methode streift der Rechtsstaat alle materiellen Bindungen ab und reduziert sich auf das Prinzip der Gesetzmäßigkeit der Verwaltung. Auch den Grundrechten wird jeder
gesetzesüberschießende Gehalt abgesprochen. Sie gelten nur noch
als kasuistische Ausformungen des Gesetzmäßigkeitsprinzips und
laufen als Grundrechte leer. Das öffentliche Recht verliert auf
diese Weise seine bis dahin überwiegend gewahrte kritische Distanz zur politisch sozialen Realität und wird seiner scheinbaren
Neutralität zum Trotz zur Verteidigung des status quo. Auch die
Staatslehre kann unter der Herrschaft des Positivismus nicht mehr

als Gegengewicht fungieren. Da das Wissenschaftsideal Werturteile verpönt, muß sie sich im Gegensatz zu ihrem Vorläufer, dem natürlichen oder allgemeinen Staatsrecht, auf eine beschreibende und rechtskonstruktive Lehre vom Staat beschränken. Auf diese Weise tritt das Machtelement ins Zentrum der Staatslehre. Soweit historische, politische, soziale Faktoren zur Erfassung des modernen Staates herangezogen werden müssen, stehen sie unvermittelt und dogmatisch folgenlos neben den juristischen Aussagen. Die ältere Tradition wird zur gegenwartslosen Ideengeschichte. Charakteristisch für diesen Dualismus ist das epochale Werk von G. Jellinek (Das Recht des modernen Staates I, 1900, ab ²1905: Allgemeine Staatslehre). Die letzte Konsequenz dieses Ansatzes zieht dann H. Kelsen, indem er selbst die dualistische Betrachtungsweise aufgibt und das öffentliche Recht von jedem Inhalt und jeder nichtjuristischen Beimischung reinigt, den Staat nur noch als Anknüpfungspunkt für Rechtssätze begreift und damit letztlich in der Rechtsordnung aufgehen läßt (Hauptprobleme der Staatsrechtslehre, 1911), auf diese Weise eine »Staatslehre ohne Staat« (Heller) zurücklassend.

XII.

Dagegen verdankt die moderne Verwaltungsrechtswissenschaft dem Positivismus erst ihre Entstehung. Der Konstitutionalismus des frühen 19. Jahrhunderts hatte die administrative Ebene in seinen Anfängen kaum erreicht. Auch im öffentlichen Recht setzte sich die Tradition der spätabsolutistischen Polizeiwissenschaft, wenn auch mit einer zeitgenössischen Betonung des Sicherheitszwecks, zunächst fort. Eine stärkere Verrechtlichung der Verwaltung im Lichte der Verfassung versuchte erst R. v. Mohl (Die Polizei-Wissenschaft nach den Grundsätzen des Rechtsstaates, I-III, 1832 bis 1834), der auch im Verwaltungsrecht an der Schnittlinie von älteren Traditionen und neueren Entwicklungen steht. Waren in Mohls Lehre Sicherheits- und Wohlfahrtszweck des Staates noch verbunden und blieben auch Verwaltungspraxis und Politik in der juristischen Durchdringung des Stoffs lebendig, so bahnt sich nach 1848 auch hier eine Wende zur ausschließlich rechtlichen Betrachtung an. Am Beginn der neuen Richtung steht F. F. Mayer (Grundzüge des Verwaltungs-Rechts und -Rechtsverfahrens, 1857). Zur ganz beherrschenden Figur der neuen Verwaltungsrechtswissenschaft wird aber schnell O. Mayer (Deutsches Verwaltungsrecht, I-II, 1895-1896), der die Abkehr von der staatswissenschaftlichen zur rechtswissenschaftlichen Methode vollzieht. Mayer entwirft das Verwaltungsrecht des Obrigkeitsstaats, der aber im Kontakt mit den Bürgern strikt rechtsgebunden ist und in Freiheit und Eigentum nur aufgrund einer gesetzlichen Ermächtigung eingreifen darf. Um den Eingriff kreist daher das gesamte Verwaltungsrecht. Voraussetzungen, Folgen und justizförmige Kontrollen des Verwaltungsakts stehen im Zentrum. Freilich will Mayer die strikte Rechtsbindung nur für das Außenverhältnis von Staat und Bürger gelten lassen. Dagegen schlägt er Anstalten und besondere Gewaltverhältnisse dem Staatsinnenbereich zu und nimmt sie damit vom Zugriff des Verwaltungsrechts aus. Desgleichen fallen alle staatlichen Tätigkeiten, die sich nicht als Eingriffe qualifizieren lassen, aus dem Blickfeld der neuen Lehre. Die keineswegs verschwundene Wohlfahrts- und Leistungstätigkeit des Staates ist damit der juristischen Kontrolle entzogen und der Bürokratie zur freien Verfügung anheimgegeben. Die Verwaltungswissenschaft, die in L. v. Stein (Die Verwaltungslehre, I-VII, 1865-1868) einen inhaltlichen Höhepunkt erreicht hatte, gerät gegenüber dem positivistischen Verwaltungsrecht alsbald in die wissenschaftliche Isolation.

XIII.

Der fundamentale staatsrechtliche Wandel der Jahre 1918/19, der Deutschland erstmals eine demokratische Regierungsform und einen stark erweiterten Grundrechtskatalog bringt, bleibt auf das öffentliche Recht methodisch und inhaltlich zunächst ohne größere Folgen. Anschütz kommentiert die Weimarer Reichsverfassung von 1919 nicht nur in derselben Weise, sondern auch mit der gleichen Tendenz, wie er die preußische Verfassung von 1850 kommentiert hatte. O. Mayers Lehrbuch beherrscht weiter das Verwaltungsrecht und schafft sich dafür selbst die Legitimation mit dem bekannten Ausspruch, das Verfassungsrecht vergehe, Verwaltungsrecht aber bestehe. Ebenso behält die Jelineksche Staatslehre ihren repräsentativen Rang. Kontinuität herrscht aber nicht nur bei der innerlich noch ganz dem konstitutionellen System des späten 19. Jahrhunderts verpflichteten Generation von Staatsrechtslehrern, sondern bestimmt auch Autoren, deren demokratische Haltung unbestritten ist (Thoma, Kelsen). Dagegen erhebt sich indessen in der 20er Jahren eine in sich keineswegs einheitliche und vor allem politisch sehr unterschiedliche Gruppe von Staatsrechtslehrern, die das öffentliche Recht ohne Preisgabe seiner Wissenschaftlichkeit wieder für Zwecküberlegungen und Realitätsanalysen öffnen will. Hatte schon der etwas ältere H. Triepel die logisch-deduktive Methode der Gerber-Laband-Schule für weder möglich noch sachdienlich erklärt (Staatsrecht und Politik, 1927), so wurde der Angriff nun in breiter Front von einigen in den letzten beiden Jahrzehnten des vorigen Jahrhunderts geborenen Gelehrten, namentlich E. Kaufmann (Kritik der Neukantischen Rechtsphilosophie, 1921), R. Smend (Verfassung und Verfassungsrecht, 1928), C. Schmitt (Verfassungslehre, 1928), H. Heller (Bemerkungen zur staats- und rechtstheoretischen Problematik der Gegenwart, AöR 55 (1929), 321-354; Staatslehre, 1934) aufgenommen. Er führte, im öffentlichen Recht später als im Zivil- und Strafrecht, zu dem berühmten Methodenstreit, für den die 1922 gegründete Vereinigung der Deutschen Staatsrechtslehrer ein wichtiges Forum abgab.

XIV.

Ging es der jüngeren Weimarer Staatsrechtslehre in methodologischer Hinsicht um die Wiedereinfügung des öffentlichen Rechts in seinen ideellen und materiellen Begründungs- und Wirkungszusammenhang, so strebt sie inhaltlich überwiegend eine Korrektur oder Überwindung des Liberalismus an, wobei die Zielrichtung allerdings stark divergieren kann. Zum Schauplatz dieser Bemühungen werden in der Theorie vor allem der Staats- und Verfassungsbegriff, in der Dogmatik in erster Linie der Rechtsstaat und die Grundrechte. Der Staat kann dabei einmal eher geisteswissenschaftlich als Wertverwirklichung (Kaufmann) oder Sinneinheit (Smend), ein andermal eher soziologisch als Wirkeinheit (Heller) oder Machtstruktur (Schmitt) begriffen werden. Vielfach ist diese Dimensionsausweitung aber mit einer Einbuße an normativer Verfassungskraft verbunden. Teils erscheint die Verfassung nur als zufälliger Ausdruck überpositiver Gerechtigkeitsideale, teils wird sie als Integrationsprozeß dynamisiert, teils als Dezision über Art und Form der politischen Einheit mit Politik weitgehend identisch. Auch Rechtsstaat und Grundrechte füllen sich wieder mit materiellen Gehalten. Insbesondere gewinnen die Grundrechte ihren Rang als inhaltliche Leitprinzipien der Rechtsordnung zurück und sollen nun ausdrücklich auch den Gesetzgeber binden, unter Umständen aber auch zur Anordnung eines staatszugewandten Freiheitsgebrauchs ermächtigen können. Vereinzelt findet die Materialisierung von Rechtsstaat und Grundrechten erkennbar zu dem Zweck statt, bürgerliche Werte vor dem nunmehr demokratisch legitimierten parlamentarischen Gesetzgeber abzuschirmen, was sozialistische Staatsrechtler im Interesse der Stärkung des demokratischen Gesetzgebers veranlassen kann, auf die formale Theorie umzuschwenken (O. Kirchheimer, F. Neumann). So sehr die neue Richtung die Theorie schließlich beherrscht, so wenig hat sie jedoch bis zur Machtergreifung des Nationalsozialismus die Praxis zu verändern vermocht.

XV.

Positivistisch eingestellt, konnte die öffentlichrechtliche Praxis den Nationalsozialismus juristisch abbremsen, solange er nicht die Rechtsordnung auf seine Maximen umgestellt hatte. Vor einer Pervertierung der Rechtsordnung durch die nationalsozialistische Rechtssetzung mußte er versagen. Die Pervertierung der Rechtsordnung selbst auf den Positivismus zurückzuführen, wäre aber ungeschichtlich, weil er sich gerade auf der Basis einer rechtsstaatlich disziplinierten Staatsgewalt erhob und für die Möglichkeit eines Rückfalls in einen moralisch ungebundenen Neoabsolutismus kein Vorstellungsvermögen besaß. Einflußreicher waren hier diejenigen Tendenzen im öffentlichen Recht, die ihre Kritik an der Weimarer Verfassungswirklichkeit in einen grundsätzlichen Antiparlamentarismus und die Forderung nach autoritären Staatsformen umsetzten (Schmitt) oder mit der Abkehr vom Liberalismus auch dessen absolutismushemmende Errungenschaften aufgaben und etwa das Verhältnis von Staat und Individuum wieder umkehren und den Grundrechten ihre Abwehrsubstanz gegenüber dem Staat nehmen wollten (Huber). Als der Nationalsozialismus die Macht ergriffen hatte, fand er alsbald gefügige Interpreten auch im öffentlichen Recht, die nun den unbedingten Gemeinschaftsvorrang vor dem Individuum in Verbindung mit dem Führerprinzip rechtfertigten (C. Schmitt, Staat, Bewegung, Volk, 1933; E. Forsthoff, Der totale Staat, 1933; O. Koellreutter, Der deutsche Führerstaat, 1934; Deutsches Verfassungsrecht, 1935; E. R. Huber, Verfassung, 1937, ²1939: Verfassungsrecht des Großdeutschen Reiches). Freilich fehlte auch hier in der Regel das Vorstellungsvermögen für die praktischen Konsequenzen der Theorie, so daß die Mehrzahl der Staatsrechtslehrer, die zunächst dem Nationalsozialismus zuliefen, später wieder innerlich in Distanz zu ihm traten.

Literatur

Badura, P.: *Das Verwaltungsrecht im liberalen und im sozialen Rechtsstaat*, 1966.

Böckenförde, E.-W.: *Entstehung und Wandel des Rechtsstaatsbegriffs*, in: *Festschrift für A. Arndt*, 1969, S. 53.

Böckenförde, E.-W.: *Gesetz und gesetzgebende Gewalt.* Von den Anfängen der deutschen Staatsrechtslehre bis zur Höhe des staatsrechtlichen Positivismus, 2. Aufl. 1981.

Boldt, H.: *Deutsche Staatslehre im Vormärz*, 1975.

Bullinger, M.: *Öffentliches Recht und Privatrecht.* Studien über Sinn und Funktionen der Unterscheidung, 1968.

Bussi, E.: *Il diritto pubblico del Sacro Romano Impero alla fine del* XVIII *secolo*, I, 2. Aufl. 1970, II, 1959.

Dennewitz, B.: *Die Systeme des Verwaltungsrechts.* Ein Beitrag zur Geschichte der modernen Verwaltungswissenschaft, 1948.

Fioravanti, M.: *Giuristi e costituzione politica nell'ottocento tedesco*, 1979.

Gierke, O. v.: *Johannes Althusius und die Entwicklung der naturrechtlichen Staatstheorien*, 1880.

Grimm, D.: *Die Trennung von öffentlichem und privatem Recht*, in: G. Dilcher/N. Horn (Hg.), *Sozialwissenschaften im Studium des Rechts*, Band IV: *Rechtsgeschichte*, 1978, S. 55.

Grimm, D.: *Die Entwicklung der Grundrechtstheorie in der deutschen Staatsrechtslehre des 19. Jahrhunderts*, in diesem Band S. 308.

Hespe, K.: *Zur Entwicklung der Staatszwecklehre in der deutschen Staatsrechtswissenschaft des 19. Jahrhunderts*, 1964.

Klippel, D.: *Politische Freiheit und Freiheitsrechte im deutschen Naturrecht des 18. Jahrhunderts*, 1976.

Kuriki, H.: *Die Rolle des Allgemeinen Staatsrechts in Deutschland von der Mitte des 18. bis zur Mitte des 19. Jahrhunderts*, in: AöR 99 (1974), S. 556.

Maier, H.: *Die ältere deutsche Staats- und Verwaltungslehre (Polizeiwissenschaft)*, 2. Aufl. 1980.

Mohl, R. v.: *Die Geschichte und Literatur der Staatswissenschaften*. In Monographien dargestellt, 3 Bde., 1855-1858 (Nachdruck 1960).

Oertzen, P. v.: *Die soziale Funktion des staatsrechtlichen Positivismus*, 1974.

Scheuner, U.: *Das Wesen des Staates und der Begriff des Politischen in der neueren Staatslehre*, in: *Festgabe für Rudolf Smend*, 1962, S. 225.

Scheuner, U.: *50 Jahre deutsche Staatsrechtswissenschaft im Spiegel der Verhandlungen der Vereinigung der Deutschen Staatsrechtslehrer*, in: AöR 97 (1972), S. 349.

Smend, R.: *Der Einfluß der deutschen Staats- und Verwaltungsrechtslehre des 19. Jahrhunderts auf das Leben in Verfassung und Verwaltung*, in: ders., *Staatsrechtliche Abhandlungen und andere Aufsätze*, 2. Aufl. 1968, S. 326.

Sontheimer, K.: *Antidemokratisches Denken in der Weimarer Republik*, 2. Aufl. 1964.

Stolleis, M.: *Verwaltungslehre und Verwaltungswissenschaft*, in: K. Jeserich/H. Pohl/G.-C. v. Unruh (Hg.), *Deutsche Verwaltungsgeschichte*, Bd. 2, 1983, S. 56.

Wilhelm, W.: *Zur juristischen Methodenlehre im 19. Jahrhundert*, 1958.

Wyduckel, D.: *Ius publicum*, 1984.

Die Entwicklung der Grundrechtstheorie
in der deutschen Staatsrechtslehre
des 19. Jahrhunderts

I.

Ausgangs des 18. Jahrhunderts waren die Menschenrechte das große Thema der deutschen Naturrechtslehre.[1] Sie erschienen als angeborenes und unveräußerliches Gut eines jeden. Der Staat leitete Grund und Legitimation aus ihrem Schutz ab. Daher endete seine Verfügungsgewalt vor diesen Rechten, und begrenzen durfte er sie nur insoweit, als es im Interesse ihrer Sicherung unerläßlich war. Auf dieser Grundlage sollte das Verhältnis zwischen Staat und Individuen neu eingerichtet werden. Als Mittel kam die schriftliche Verfassung in Gebrauch, zu deren selbstverständlichen Inhalten ein Katalog der Menschenrechte sowie Garantien ihrer Beachtung zählten. Ausgangs des 19. Jahrhunderts hatte sich in der deutschen Staatsrechtslehre die Auffassung durchgesetzt, daß die Grundrechte vom Staat gewährt würden und nur im Rahmen seiner Gesetze Geltung fänden. Die verfassungsrechtlichen Freiheitsgarantien schrumpften auf diese Weise auf ein einziges Grundrecht zusammen, nämlich die Freiheit von ungesetzlichem Zwang. Die Grundrechtskataloge mußten dann als kasuistische Formulierung des Prinzips der Gesetzmäßigkeit der Verwaltung erscheinen. Nach der herrschenden Ansicht konnten sie auch fehlen, ohne daß sich die Rechtsstellung des Einzelnen gegenüber dem Staat dadurch in irgendeiner Weise geändert hätte. Die Grundrechte sagten nichts, was nicht ohnehin galt, und liefen als solche leer.[2]

Zwischen diesen beiden Polen liegt – beginnend 1808 in Bayern, abgeschlossen nach der Revolution von 1848 und nur in Österreich nochmals verzögert bis 1867 – die schrittweise Positivierung

---

1 Nachzulesen bei D. Klippel, Politische Freiheit und Freiheitsrechte im deutschen Naturrecht des 18. Jahrhunderts, Paderborn 1976, S. 119 ff.

2 So später das Resümee von R. Thoma, Grundrechte und Polizeigewalt, in: Verwaltungsrechtliche Abhandlungen, Festgabe für das Preußische Oberverwaltungsgericht, Berlin 1925, S. 196.

der Grundrechte in den Verfassungen der deutschen Staaten. Im gleichen Maß erwuchs der Staatsrechtslehre die Aufgabe, ihre juristische Bedeutung zu klären. Diese ergab sich aus den Verfassungstexten selbst nicht mit hinreichender Gewißheit. Das ist heute nicht anders und hat seine Ursache in der Eigenart der Grundrechte. Sie sollen die Prinzipien einer freiheitlichen Ordnung festlegen, bleiben aber gerade wegen ihres prinzipienhaften Charakters und der damit verbundenen Unschärfe ihrer Formulierung in hohem Maß konkretisierungsbedürftig. Daher sind sie auch nicht ohne weiteres auf konkrete Streitfälle anwendbar, sondern bedürfen einer vorgängigen Deutung ihrer Zielrichtung, Reichweite und Wirkungsweise. Diese Deutung leistet die juristische Grundrechtstheorie, die damit den Rahmen absteckt, in dem die grundrechtlichen Freiheiten rechtlich aktualisiert werden können.[3] Darum geht es im folgenden, also weder um die philosophische und politische Grundrechtsdiskussion noch um Entstehung und Inhalt der verfassungsrechtlichen Grundrechtskataloge. Es besteht freilich eine Verbindung, insofern sich die juristische Grundrechtstheorie auf die verfassungsrechtlich anerkannten Grundrechte bezieht und diese wiederum ein Ergebnis philosophischer und politischer Diskurse sind.

Sucht man im 19. Jahrhundert nach ausdrücklich grundrechtstheoretischen Werken, so bleibt der Ertrag allerdings mager. Die erste Monographie, eine unbedeutende zudem, erschien im Jahre 1840, und bis zum Ausbruch des Ersten Weltkriegs, der für dieses Thema die Epochengrenze bildet, folgte ihr nur eine weitere von Giese.[4] Mohl, der die Beschäftigung mit den Grundrechten als »dankbarste aller staatsrechtlichen Aufgaben« angepriesen hatte, wollte darin »kein gutes Zeichen von dem staatlichen Zustande eines Volkes« sehen.[5] Wichtige grundrechtstheoretische Überle-

3 Vgl. E.-W. Böckenförde, Grundrechtstheorie und Grundrechtsinterpretation, NJW 1974, S. 1529; D. Grimm, Grundrechte und soziale Wirklichkeit, in: W. Hassemer u. a. (Hg.), Grundrechte und soziale Wirklichkeit, Baden-Baden 1982, S. 51 f.

4 F. Giese, Die Grundrechte, Tübingen 1905; E. Hermsdorf, Die allgemeinen politischen Rechte und Pflichten der Staatsgenossen in den konstitutionellen Staaten des deutschen Bundes, Leipzig 1840. Bei der Arbeit von Ludwig Hoffmann, Die staatsbürgerlichen Garantien, 2 Bde., Stuttgart 1828, 2. Aufl. Leipzig 1831, handelt es sich trotz des vom Titel erweckten Anscheins nicht um ein grundrechtstheoretisches Werk.

5 R. von Mohl, Die Geschichte und Literatur der Staatswissenschaften, Bd. 2, Erlangen 1856, S. 308.

gungen fanden dann aber im Zusammenhang mit der Erörterung der subjektiven öffentlichen Rechte statt, zunächst um die Jahrhundertmitte bei Gerber, danach gegen Ende des Jahrhunderts bei Jellinek und Dantscher und schließlich nach der Jahrhundertwende bei Bühler.[6] Damit soll freilich nicht behauptet werden, daß es vorher an einer Grundrechtstheorie gänzlich gefehlt hätte. Sie ist beim Umgang mit den Grundrechten unausweichlich und daher mehr oder weniger explizit stets vorhanden. Insofern versprechen die Lehrbücher und Kommentare des Staatsrechts und später auch des Verwaltungsrechts Aufschluß. Aus ihnen vornehmlich muß das Grundrechtsverständnis der deutschen Staatsrechtslehre im 19. Jahrhundert rekonstruiert werden. Dagegen bleiben Naturrechtssysteme, Rechtsphilosophien und rechtspolitische Schriften außer Betracht.

Die staatsrechtliche Literatur des beginnenden Jahrhunderts ist freilich ebensowenig einheitlich wie ihr Gegenstand. Den Platz des 1806 untergegangenen Reiches nahm der lockere Zusammenschluß des Deutschen Bundes ein. Seine Mitgliedstaaten bildeten staatsrechtlich betrachtet teils altständische, teils absolute, teils konstitutionelle Monarchien, teils Stadtrepubliken. Von einem deutschen Staatsrecht konnte keine Rede sein. Die Wissenschaft ging in dieser Situation drei Wege, die bis zur Reichsgründung unterscheidbar bleiben.[7] Einige Werke setzten ungeachtet der Veränderungen die Tradition der alten Reichspublizistik fort. Andere knüpften zwar bei den neuen Verfassungen an, behandelten sie aber nur als konkrete Ausprägungen eines generellen Typus und entwickelten so ein allgemeines Staatsrecht der konstitutionellen Monarchie. Eine dritte, mit der Ausbreitung des Verfassungsstaats wachsende Gruppe schließlich widmete sich den einzelstaatlichen Verfassungen. Die Grundrechte erfuhren dabei unterschiedliche Beachtung. In den Werken des ersten Typs kamen sie anfangs gar nicht vor und wurden erst später aufgenommen. Das allgemeine Staatsrecht würdigte sie in der Regel recht ausführlich. Ebenso

---

6 C. F. Gerber, Über öffentliche Rechte, Tübingen 1852; G. Jellinek, System der subjektiven öffentlichen Rechte, Tübingen 1892; Th. Dantscher von Kollesberg, Die politischen Rechte der Untertanen, 3 Lieferungen, Wien 1888-1894; O. Bühler, Die subjektiven öffentlichen Rechte, Berlin 1914; in diese Reihe gehört ferner das Kapitel über die öffentlichen Rechte bei M. Seydel, Grundzüge einer allgemeinen Staatslehre, Freiburg 1873, S. 38 ff.

7 Überblick bei D. Grimm, Die deutsche Staatsrechtslehre zwischen 1750 und 1945, in diesem Band S. 291.

verhält es sich bei einigen Darstellungen einzelstaatlicher Verfassungen, während andere nur Paraphrasen des Verfassungstextes und der zugehörigen Gesetze und Verordnungen enthalten und dann auch grundrechtstheoretisch unergiebig sind.

In denjenigen Werken, die zu den Grundrechten eine eigene Stellung bezogen, ragt als Leitthema für die erste Jahrhunderthälfte der Geltungsgrund hervor. Die Frage lautete, ob die Grundrechte naturrechtlich begründet oder staatlich gewährt waren.[8] Dieser Unterschied schlug sich auch in der Terminologie nieder. Im Vormärz gelang noch keine einheitliche Begriffsbildung. Der Ausdruck Grundrechte war ungebräuchlich. Kleinheyer findet dafür nur zwei marginale Belege.[9] Teils wurde von Urrechten oder Menschenrechten, teils von Volksrechten in ausdrücklichem Gegensatz zum Monarchenrecht gesprochen. Diese Wortwahl verweist im allgemeinen auf naturrechtliche Provenienz. Häufig trifft man aber auch Staatsbürgerrecht oder einfach bürgerliche Rechte, was meist auf ein positivrechtliches Grundrechtsverständnis hindeutet. Die Frage war keineswegs nur von theoretischem Interesse, sondern präjudizierte die Machtverteilung in der konstitutionellen Monarchie. Diese müsse so lange zweifelhaft bleiben, meinte Aretin 1824, »bis man sich deshalb über einen allgemeinen Grundsatz vereinigen wird ... Es ist anzunehmen, daß das Volk bei dem Staatsvertrag so wenig als möglich von seiner Freiheit aufopfern wollte. Bei den Verfassungen, welche oktroyiert sind, könnte man im Gegenteil argumentieren: Es ist anzunehmen, daß der Fürst so wenig als möglich von seinen früher ausgeübten Rechten abtreten wollte«.[10]

Die Verfassungen selbst ließen an der Antwort indessen wenig Zweifel. Keine war vom Bürgertum revolutionär erkämpft und nach eigenen Vorstellungen gestaltet worden, wenngleich revolutionäre Erhebungen die zweite deutsche Verfassungswelle von 1830 ausgelöst hatten. Alle Verfassungen traten als freiwilliges Zugeständnis der keiner gesellschaftlichen Legitimation bedürftigen Monarchen in Kraft und verdankten ihre Entstehung eher dy-

8 Vgl. W. von Rimscha, Die Grundrechte im süddeutschen Konstitutionalismus, Köln 1973, S. 83; G. Oestreich, Geschichte der Menschen- und Grundfreiheiten im Umriß, Berlin 1968, S. 81 ff.

9 Vgl. G. Kleinheyer, Grundrechte, in: O. Brunner/W. Conze/R. Koselleck (Hg.), Geschichtliche Grundbegriffe, Bd. 2, Stuttgart 1979, S. 1071 ff.

10 J. C. von Aretin, Staatsrecht der konstitutionellen Monarchie, Bd. 1, Altenburg 1824, S. 159, Anm. 5.

nastischen Selbsterhaltungsinteressen als konstitutioneller Gesinnung. Die Monarchen beanspruchten daher auch nach dem Übergang zum Verfassungsstaat die Staatsgewalt ungeschmälert und banden sich nur bei ihrer Ausübung an die Bestimmungen der Verfassung. Die Bindungen ergaben sich einerseits aus den Mitwirkungsrechten der Ständeversammlungen bei Gesetzgebung und Etatfeststellung, andererseits aus den Grundrechten. Entsprechend ihrer Genese als Selbstbeschränkungen einer ehedem umfassenden Fürstenmacht verstanden die deutschen Verfassungen die Grundrechte aber nicht als angeborene und unveräußerliche Menschenrechte und pflegten sie auch nicht so zu bezeichnen. Vielmehr finden sich lediglich vom Staat gewährte und nur in ihm und durch ihn geltende, daher auch auf Staatsangehörige beschränkte Bürgerrechte. Das erklärt zugleich, warum die meisten Grundrechtskataloge mit Bestimmungen über Erwerb und Verlust der Staatsbürgerschaft beginnen.

Dessenungeachtet herrschte in der Staatsrechtslehre der ersten Jahrhunderthälfte der naturrechtliche Ansatz vor. Ausgangspunkt der Begründung war die Lehre vom Staatsvertrag. Der Staat erschien als eine Vereinigung von Individuen zum Zweck der Sicherung ihrer natürlichen Rechte. Die Verfolgung des Staatszwecks wurde dem Monarchen übertragen, der dazu Machtvollkommenheit erhielt. Seine Macht war aber nicht unbegrenzt, sondern gerade durch die Existenz und Schutzbedürftigkeit der Urrechte bedingt. Im Staat gingen sie daher nicht unter, sondern kehrten als Volksrechte gegenüber dem Inhaber der Staatsgewalt wieder, die an ihnen ihre Schranke fand. Für Cucumus konnten sie deswegen »nicht begriffen werden als eine dem Subjekte der Staatsgewalt geschehene Entziehung eines Teiles jener Rechte, welche den Begriff dieser ausmachen, sondern sie müssen ihrer Begründung nach ein Inbegriff von Rechten sein, welche aus dem Zweck der Unterwerfung hervorgehend, jenen aus dem Begriffe der Staatsgewalt entspringenden parallel laufen, diese selbst aber nicht aufheben«.[11] Das positive Verfassungsrecht wurde in dieses überpositive Begründungsschema eingefügt und von ihm her interpretiert. Aretin kam auf diese Weise zu der Behauptung, daß sich gerade in der konstitutionellen Monarchie die Postulate des Naturrechts verwirklichten und in einer solchen Übereinstimmung die beste

11 C. Cucumus, Lehrbuch des Staatsrechts der konstitutionellen Monarchie Baierns, Würzburg 1825, S. 8, ähnlich nochmals S. 11.

Sicherung der Throne gegen aristokratische und demokratische Anfeindungen liege.[12]

In dem Beharren der Staatsrechtslehre auf dem naturrechtlichen Geltungsgrund der Grundrechte wirkte freilich nicht nur die aufklärerische Tradition der vorkonstitutionellen Epoche nach. Vielmehr gab es auch der Unzufriedenheit mit dem positivrechtlich Erreichten Ausdruck. In der Tat fielen die Grundrechtskataloge der deutschen Verfassungen hinter die vernunftrechtlichen Postulate erheblich zurück. Die politischen Grundrechte waren weit schwächer ausgebildet als die privaten. Von den ersteren garantierten die Verfassungen in der Regel nur die Pressefreiheit, aber mit starken Einschränkungsmöglichkeiten, die in den Karlsbader Beschlüssen auch bald Realität wurden. Vereinigungs- und Versammlungsfreiheit fehlten in den frühen Verfassungen gänzlich. Unter den privaten Grundrechten war die persönliche Freiheit mit einer Reihe von Komplementärgarantien anerkannt. Insbesondere hatten die Verfassungen Leibeigenschaft und Untertänigkeit mit den daran hängenden Beschränkungen abgeschafft. Dagegen galten Eigentumsfreiheit und Gleichheit vorerst nur in der Staatsrichtung, schützten also vor staatlichem Eigentumsentzug und sicherten staatliche Gleichbehandlung, namentlich Lastengleichheit und Ämterzugang. Doch erstreckten sie sich noch nicht in die gesellschaftliche Dimension. Solange das Feudalsystem und die Standesschranken sowie die zünftische Gewerbeordnung fortbestanden, gewährten sie weder unbeschränkte Verfügungsbefugnisse über das Eigentum noch gleiches Recht für alle.

Der naturrechtliche Geltungsgrund der Grundrechte fungierte unter diesen Umständen als Ersatz für ihre mangelhafte Positivierung. Die Staatsrechtslehre erhielt sich dadurch die Möglichkeit, die geltenden Verfassungen als unvollkommenen und verbesserungsbedürftigen Ausdruck des wahren Rechts hinzustellen und sie entweder extensiv zu interpretieren oder zumindest unter moralisch-politischen Ergänzungsdruck zu setzen. Solche Tendenzen zeigen sich selbst bei denjenigen Autoren, die zwischen naturrechtlichen Postulaten und positivem Recht zu trennen wußten. So billigte im allgemeinen Staatsrecht Schmitthenner den Grundrechten zwar naturrechtliche Geltung, in dieser Eigenschaft jedoch nur sittlich verpflichtende Kraft zu. Um Recht zu werden, bedurften sie der Transformation in den Staat durch die von ihm erlassene

12 Aretin, Staatsrecht 1, Vorrede und S. 163 ff.

Verfassung.[13] Damit legte er freilich den Schluß nahe, daß sich der Staat sittlich ins Unrecht setzte, wenn er diese Transformation ganz oder teilweise unterließ. Dagegen vermied Mohl, der allgemein als erster Dogmatiker des positiven Verfassungsrechts gilt, jede naturrechtliche Ableitung der Grundrechte. Andererseits ließ er diese aber auch nicht positivistisch im Verfassungstext aufgehen. Vielmehr zählte er zum geltenden Recht auch ungeschriebene Normen, die logisch zwingend aus geschriebenen Verfassungssätzen folgten. Auf diese Weise unternahm er zum Beispiel den Nachweis eines Assoziationsgrundrechts, das die Verfassungen des Vormärz einschließlich der von ihm kommentierten württembergischen keineswegs anzuerkennen gedachten.[14]

Die durchaus positivrechtliche Funktion der menschenrechtlichen Theorie kommt auch darin zum Vorschein, daß ihre Vertreter bei der Ausübung der Menschenrechte nur noch Staatsbürger kannten. Cucumus begann sein Kapitel »Von der Verbürgung der Unverletzlichkeit der Urrechte des Menschen im Staate« ganz unvermittelt mit Ausführungen zur »Staatsbürger-Eigenschaft«[15], die für den Genuß dieser Rechte eigentlich unerheblich sein mußte. Staatsbürgerschaft war nur Voraussetzung für die politischen Rechte wie das Wahlrecht, wurde hier freilich noch um Erfordernisse des Alters, des Geschlechts und vor allem des Vermögens ergänzt. Die Staatsrechtslehre rechtfertigte dies, indem sie die politischen Rechte im Gegensatz zu den privaten nicht beim Individuum, sondern beim Volk in seiner Gesamtheit anknüpfte, aber nur von den Aktivbürgern wahrnehmen ließ. Es mußte lediglich dafür gesorgt sein, daß die Anforderungen an die Aktivbürgerschaft nicht zu hoch angesetzt wurden, »indem sonst die Verfassung aufhört, volkstümlich zu sein, und einen Aristokratismus begünstigt«.[16] Gegen diesen und die damit verbundenen ständischen Freiheiten und Privilegien waren ja die Grundrechte gerichtet, und jene mußten fallen, »sowie der politische Gegensatz der Stände allmählich in dem Begriffe einer allgemeinen Untertanenschaft un-

---

13 F. Schmitthenner, Grundlinien des allgemeinen oder idealen Staatsrechts, Gießen 1845, S. 558.
14 R. von Mohl, Das Staatsrecht des Königreiches Württemberg, Bd. 1, Tübingen 1829, hier zitiert nach der 2. Aufl. 1840, S. 313 f.
15 Cucumus, Bayerisches Staatsrecht, S. 124.
16 Cucumus, Bayerisches Staatsrecht, S. 130.

terging«.[17] Wo das positive Verfassungsrecht sie noch aufrecht-erhielt, verwies die Staatsrechtslehre sie zu den »Ausnahmen«.

Die Funktion der Grundrechte sahen die Autoren ohne Unter-schied in der Beschränkung der Staats- oder Regierungsgewalt zu-gunsten individueller Freiheit. Der Staat war höchste und unwi-derstehliche Gewalt nur innerhalb der vom Staatszweck gezoge-nen Grenzen, und sofern dieser allein oder zumindest auch im Schutz der natürlichen Rechte bestand, konnte der Staat seine Macht nicht gegen sie wenden. »Wo die Staatsgewalt endigt, be-ginnen die Volksrechte, und diese sind daher ihrem Wesen nach mit den natürlichen Grenzen der Staatsgewalt identisch«.[18] Sou-veränität und Grundrechte bildeten daher keinen Widerspruch, sondern kamen in je eigenen Bereichen zum Zuge, die nebeneinan-der bestehen konnten. Die grundrechtliche Beschränkung des Staates bezog sich, wie mehrere Autoren ausdrücklich hervorho-ben, nicht nur auf die vollziehende, sondern auch auf die gesetzge-bende Gewalt. Daß das Gesetz Grundrechte verletzen könne, war der Staatsrechtslehre des Vormärz also keineswegs ungeläufig. Cucumus gelangte von daher zur Überordnung der Grundrechte über die Gesetze. Die Verfassung stellte für ihn nicht ein Gesetz unter anderen dar, das Gesetz war vielmehr von der Verfassung abgeleitet und mußte daher mit dieser übereinstimmen. »Die Ge-rechtigkeit der Gesetze hat an den Grundgesetzen ihren objektiven Maßstab«.[19] Aretin nannte die Verfassung »das Gesetz aller Ge-setze«, das keine widersprechenden Rechtsnormen duldete. »Wäre die Verfassungsurkunde das nicht, so wäre sie nichts«.[20] Besonders deutlich findet sich dieser Gedanke bei Bülau entwik-kelt, der nach der Konstitutionalisierung Sachsens ein Lehrbuch des Sächsischen Verfassungsrechts schrieb. Er verstand die Grund-rechte als »höchste Grundsätze, die man der Gesetzgebung und den mit ihr beschäftigten Gewalten als Richtschnur ihres Verfah-rens und als Schranken vorzeichnete, wider die sie nicht ankämp-fen, die sie nicht umgehen durften«.[21] Dabei unterschied er nach

17 H. Zoepfl, Grundsätze des allgemeinen und des constitutionell-monarchischen Staatsrechts, Heidelberg 1841, S. 116 f.
18 Zoepfl, Grundsätze, S. 42.
19 Cucumus, Bayerisches Staatsrecht, S. 368; ganz ähnlich D. G. Ekendahl, All-gemeine Staatslehre, Bd. 1, Neustadt/Orla 1833, S. 105 f.
20 Aretin, Staatsrecht 1, S. 229.
21 F. Bülau, Verfassung und Verfassungsrecht des Königreiches Sachsen, Leipzig 1833, S. 229.

der Wirkung der Grundrechte gegenüber dem Gesetzgeber bereits ausdrückliche Gesetzgebungsaufträge, Gesetzesvorbehalte und bloße Gesetzgebungsdirektiven. Mohl stellte ähnliche Überlegungen im Zusammenhang mit § 21 der württembergischen Verfassung an, wonach der Untertan nur »verfassungsmäßigen Gehorsam« schuldete. Mohl bezog diese Vorschrift nicht nur auf Verwaltungsakte, sondern auch auf Gesetze. Zwar gebe es gegen den Gesetzgeber, über dem »keine höhere zwingende Macht stehen kann«, keine »abändernde Zwangsverfügung«. Zu gehorchen habe der Bürger den Gesetzen aber nur, soweit sie »verfassungsmäßig erlassen und verfassungsmäßigen Inhalts sind«.[22] Nicht durchweg wird die Überlegenheit der Verfassung so deutlich herausgearbeitet. Doch erscheint angesichts dieser Aussagen die Auffassung Scheuners und Wahls, der Vorrang der Verfassung wäre im 19. Jahrhundert noch nicht ausgebildet worden, Gesetz und Verfassung hätten sich auf derselben Stufe bewegt[23], revisionsbedürftig.

Das Verhältnis der Grundrechte zum Gesetz war deswegen von besonderer Bedeutung, weil die Grundrechte in Deutschland auf eine Rechtsordnung trafen, die keineswegs freiheitlich, sondern im Gegenteil weitgehend polizeistaatlich determiniert war. Sie bedurften zu ihrer Wirksamkeit also einerseits der Beseitigung widersprechender älterer Gesetze, andererseits aber auch neuer, grundrechtskonformer Bestimmungen, weil auf der Basis von Grundrechten allein das gesellschaftliche Zusammenleben nicht zu ordnen ist. Eine positivrechtliche Regelung des Problems enthielt § 91 der württembergischen Verfassung, der alle Gesetze und Verordnungen für aufgehoben erklärte, die mit der Verfassung unvereinbar waren. Aretin wollte diesen Grundsatz verallgemeinern, indem er den einzelnen Grundrechten ein »Recht auf die Verfassung selbst, oder das Recht, von allen früheren Gesetzen befreit zu sein, die mit der Verfassungsurkunde im Widerspruch stehen«,

22 Mohl, Württembergisches Staatsrecht 1, S. 324, 393.
23 Vgl. U. Scheuner, Die rechtliche Tragweite der Grundrechte in der deutschen Verfassungsentwicklung des 19. Jahrhunderts, Festschrift für E. R. Huber, Göttingen 1973, S. 139; ders., Die Überlieferung der deutschen Staatsgerichtsbarkeit im 19. und 20. Jahrhundert, in: Bundesverfassungsgericht und Grundgesetz, Bd. 1, Tübingen 1976, S. 40; Rainer Wahl, Der Vorrang der Verfassung, Der Staat 20 (1981), S. 485; vgl. auch ders., Rechtliche Wirkungen und Funktionen der Grundrechte im deutschen Konstitutionalismus des 19. Jahrhunderts, Der Staat 18 (1979), S. 321; Walter Schmidt, Grundrechtstheorie im Wandel der Verfassungsgeschichte, Jura 1983, S. 169.

voranschickte.[24] Für den Monarchen ergab sich daraus umgekehrt die Rechtspflicht, der Verfassung widersprechende frühere Gesetze nicht mehr anzuwenden, »weil sonst die Verfassung nicht ins Leben eintreten kann«.[25] Wie Aretin berichtet, ging davon auch die zweite Kammer der bayerischen Ständeversammlung aus, mußte sich aber belehren lassen, daß in der Praxis anders verfahren würde.[26] Als dringendste Aufgabe bezeichnete er deswegen »eine strenge Revision der früheren Gesetze, und Verwerfung aller derjenigen, welche der Verfassungsurkunde widersprechen«.[27]

Dagegen bildete für Murhard der Widerspruch zahlreicher paternalistisch motivierter älterer Gesetze mit den grundrechtlichen Zielvorstellungen kein rechtliches Geltungshindernis, »da das Wegfallen des Grundes einer gesetzlichen Bestimmung diese selbst nicht aufhebt«.[28] Auch in seinem Verfassungskommentar begegnet man aber auf Schritt und Tritt Klagen über bestehende Gesetze, die die Grundrechte aushöhlten, oder fehlende Gesetze, die sie in den Wartestand versetzten. Ähnliche Feststellungen durchziehen große Teile der staatsrechtlichen Literatur des Vormärz. Die Grundrechte wiesen in der Übergangszeit von der ständischen zur bürgerlichen Gesellschaft auf einen erst herzustellenden Rechtszustand hin, und die Staatsrechtslehre verstand sie dementsprechend als verfassungsrechtliches Gesetzgebungsprogramm, nicht so sehr als subjektive Abwehrrechte, was ja die Verwirklichung der Freiheit vorausgesetzt hätte. Die Rechtsnatur des programmatischen Aspekts blieb allerdings unklar. Nur Bülau nahm bei ausdrücklichen Verfassungsaufträgen eine Pflicht des Monarchen zur Vorlage eines Gesetzentwurfs an.[29] Im übrigen hielt man sich an den appellativen Effekt der Grundrechte. Einerseits sei es zwar gut, meinte Murhard, verfassungsrechtlich nicht mehr zu versprechen, als man halten wolle oder könne. Andererseits sei es aber auch nicht schlecht, »wenn man im Kampfe mit Willkür sich auf die Aussprüche der Verfassung zu stützen vermag, einer Gewalt, vor der sich äußerlich wenigstens Alle beugen müssen«.[30]

24 Aretin, Staatsrecht I, S. 229.
25 Aretin, Staatsrecht I, S. 195 Anm. 12.
26 Aretin, Staatsrecht I, S. 232 unter Hinweis auf die Verhandlungen der bayerischen Ständeversammlung 1822, Bd. 11, S. 71 ff.
27 Aretin, Staatsrecht I, S. 230.
28 F. Murhard, Die kurhessische Verfassungs-Urkunde Bd. 1, Kassel 1834, S. 305.
29 Bülau, Sächsisches Verfassungsrecht, S. 229.
30 Murhard, Kurhessische Verfassungsurkunde, S. 267.

Die Frage, wie der Vorrang der Grundrechte gewährleistet werden konnte, und zwar sowohl gegenüber der gesetzgebenden als auch der vollziehenden Gewalt, beantwortete die Staatsrechtslehre, soweit sie das Problem erkannte, regelmäßig mit dem Verweis auf die Volksvertretung. Cucumus führte den Landtag unter der Überschrift »Von der Verwirklichung der Volksrechte in dem Rechte zu landtagen« in die Diskussion ein.[31] Ähnliche Überschriften kehren in vielen Werken wieder, auch bei Mohl. Aretin bezog seine Lehre von der Unanwendbarkeit grundrechtswidriger Gesetze nur auf vorkonstitutionelles Recht. »Spätere Gesetze sind ohne Zustimmung der Volksvertreter nicht mehr gültig, und von diesen ist nicht zu erwarten, daß sie zu Gesetzen gegen die Verfassung mitwirken werden«.[32] Besonders eingehend widmete sich Zoepfl im Zusammenhang mit dem Verhältnis von Volksrechten zu Hoheitsrechten dem Problem.[33] Er sah die Volksrechte von einem Mißbrauch der Staatsgewalt bedroht. Daher benötigten sie zu ihrer Sicherung einer »besonderen Organisation«. Als solche betrachtete Zoepfl die Volksvertretung in ihrem Recht, an der Gesetzgebung mitzuwirken. Er legte aber großen Wert auf die Feststellung, daß sie dadurch keine aktive Teilhabe an der Staatsgewalt erlange oder zur Mitregierung werde, sondern nur negative Einwirkungsmöglichkeiten besitze. Gerade dadurch entging sie den Versuchungen des Mißbrauchs der Staatsgewalt und konnte diese desto wirksamer kontrollieren.

Das Problem der Grundrechtsbindung der Volksvertretung ließ sich unter diesen Bedingungen noch nicht in der heute bekannten Schärfe formulieren. Grundrechte und Volksvertretung stammten aus derselben antiabsolutistischen Wurzel. Grundrechte bildeten die materielle, Volksvertretungen die formelle Seite der Freiheitssicherung gegen den Staat, am deutlichsten bei Zoepfl, wo die Mitwirkungsrechte der Landtage ausdrücklich als formelle Volksrechte zur Wahrung der als materielle Volksrechte bezeichneten Grundrechte erscheinen.[34] Der Vorrang der Grundrechte wurde dadurch nicht hinterrücks wieder aufgegeben. Vielmehr war die Volksvertretung gerade das Mittel des Frühkonstitutionalismus,

31 Cucumus, Bayerisches Staatsrecht, S. 303.
32 Aretin, Staatsrecht I, S. 232 Anm. 1.
33 Zoepfl, Grundsätze, S. 117 ff. Ähnlich H. A. Zachariä, Deutsches Staats- und Bundesrecht, Bd. 1, Göttingen 1841, S. 243 ff.
34 Zoepfl, Grundsätze, S. 118.

die Grundrechtsbindung der gesetzgebenden Gewalt durchzusetzen. Als bedrohlich galt nur eine Alleingesetzgebung durch die Volksvertretung.[35] Auch das hat vor dem Hintergrund dieser Theorie aber nichts Inkonsequentes, weil die alleinberechtigte Volksvertretung zur Staatsgewalt wird und damit ihre eigene Kontrolle nicht mehr wirksam leisten kann. Da die grundrechtliche Freiheitssicherung auf diese Weise allein über das Gesetz vermittelt wurde, konnte auch die für die spätkonstitutionelle Theorie so zentrale Formel: im Staat löse sich die grundrechtliche Freiheit in den Satz auf, daß alles erlaubt sei, was die Gesetze nicht verböten, schon fallen[36], ohne doch dasselbe zu meinen. Für die Staatsrechtslehre des Vormärz waren die Grundrechte im Gesetz nicht konsumiert, sondern lebendig.

Auf die Verwaltung hätte sich der gesetzlich vermittelte Grundrechtsschutz freilich nur erstrecken können, wenn es ihr untersagt gewesen wäre, ohne gesetzliche Erlaubnis in Grundrechte einzugreifen. Entgegen einer verbreiteten Auffassung war das aber noch kein allgemeines Prinzip des vormärzlichen öffentlichen Rechts. Die süddeutschen Verfassungen kannten es gar nicht, erst in der zweiten Verfassungswelle, § 31 der kurhessischen und § 27 der sächsischen Verfassung, klingt es an, wurde aber noch lange kein Gemeingut der Staatsrechtslehre.[37] Die Verwaltung durfte zwar nicht gegen geltendes Recht verstoßen, benötigte aber auch nicht für jeden Freiheits- oder Eigentumseingriff einer gesetzlichen Grundlage. Unter Gesetzesvorbehalt standen vielmehr nur diejenigen Grundrechte, denen er ausdrücklich beigefügt war. Fehlte ein Gesetzesvorbehalt, bedeutete das nicht, daß Eingriffe unzulässig waren, sondern umgekehrt, daß sie auch ohne gesetzliche Grundlage erfolgen konnten. Unklar blieben auch die Folgen gesetzwidriger Grundrechtseingriffe. Die Verfassungen erlaubten nur die Ministeranklage für schuldhaften Verfassungsbruch, waren aber

35 So z. B. bei Aretin, Staatsrecht I, S. 191 Anm. 2; Cucumus, Bayerisches Staatsrecht, S. 16 ff.

36 Nämlich bei den Kommentatoren der mitteldeutschen Verfassungen Bülau, Sächsisches Staatsrecht, S. 231, und Murhard, Kurhessische Verfassungs-Urkunde, S. 308.

37 Vgl. die Untersuchung von O. Bühler, Die subjektiven öffentlichen Rechte, Berlin 1914, S. 62-157, mit den Erweiterungen und Modifikationen durch D. Jesch, Gesetz und Verwaltung, Tübingen 1961, S. 160 ff., unter besonderem Hinweis auf B. W. Pfeiffer, Was heißt Recht und Gesetz im Sinne der neueren Verfassungsurkunden für die deutschen Bundesstaaten, Praktische Ausführungen aus allen Teilen der Rechtswissenschaft, Bd. 5, Hannover 1838, S. 521.

auf alltägliche Behördenfehler nicht eingestellt. Lediglich Mohl diskutierte die Frage im Zusammenhang mit der Gehorsamspflicht des Bürgers näher. Da die württembergische Verfassung in § 21 nur verfassungsmäßigen Gehorsam verlangte, durfte sich der Bürger gegen rechtswidrige Verfügungen wehren, mußte freilich der Erkenntnis der Gerichte entgegensehen, ob seine Ansicht von der Rechtswidrigkeit des staatlichen Befehls zutreffend war oder nicht.[38]

Im allgemeinen gab es jedoch nur Beschwerdemöglichkeiten, entweder an die Verwaltung, die aber nicht völlig unabhängig war, oder an die Volksvertretung, die nicht entscheiden konnte. Die Grundrechte litten auf diese Weise an beträchtlicher Durchsetzungsschwäche. Bekräftigten sie auf der Ebene der Verfassung eine gesetzlich bereits ausgeformte Freiheit, dann erübrigte sich der Durchgriff, und sie lebten nur wieder auf, wenn die Gesetze zurückgenommen werden sollten; fehlte es aber an Ausführungsgesetzen, dann blieben sie Verheißungen, deren Einlösung rechtlich nicht erzwingbar war. Zachariä, der schon in der ersten Auflage seines Deutschen Staats- und Bundesrechts von 1841 darauf hingewiesen hatte, daß mit Grundrechten wie der Freiheit der Person wenig gewonnen sei, solange nicht die Bedingungen der Verhaftung gesetzlich bestimmt würden[39], gab nach 1848 eine Erklärung für das geringe Gewicht der Grundrechte im Vormärz. Die Verfassungen hätten zwar dem Bedürfnis nach gesteigertem Schutz gegenüber dem Staat entsprochen. »Allein die scheinbar vielsagenden Zusicherungen ... konnten meistens schon vermöge ihrer unbestimmten Fassung keine erhebliche reelle Bedeutung haben und wurden, beim Mangel anderer wesentlicher Garantien einer gesetzlichen Freiheit, unter dem Druck der Zensur, vermöge der Herrschaft des Inquisitions-Prozesses und der Verkümmerung des Rechtsschutzes, der Polizei und Administration gegenüber in ihrer praktischen Bedeutung fast gänzlich annulliert«.[40]

---

38 Mohl, Württembergisches Staatsrecht 1, 1. Aufl. 1829, S. 282 ff., eingeschränkt in der 2. Aufl. 1840, S. 327 ff.
39 Zachariä, Staats- und Bundesrecht 1, S. 237 f.
40 Ebenda, 2. Aufl. 1865, S. 441.

So schwach die juristische Wirkung der Grundrechte in der ersten Jahrhunderthälfte auch ausgebildet war, so stark kamen sie doch in der politischen Diskussion zur Geltung. In den Landtagen der konstitutionellen Staaten häuften sich die Anträge, den Grundrechten die erforderlichen Ausführungsgesetze folgen zu lassen, unbeeindruckt von der ablehnenden Haltung der Regierungen und erst recht der Kammern der Standesherren. »In fest geschlossener Schar« widerstanden sie nach Mohls Bericht »dreißig Jahre lang fast jedem Versuche, die staatsbürgerlichen Freiheiten, welche nur dem Grundsatze nach und somit ohne unmittelbare Anwendungsfähigkeit in der Verfassungs-Urkunde vorgezeichnet waren, durch genauere Gesetzgebung zur Wahrheit werden zu lassen«.[41] Im verfassungslosen Preußen wurden seit 1840 wieder Mahnungen an das unerfüllte Verfassungsversprechen laut. Die sogenannten Märzforderungen des Jahres 1848 schließlich waren fast ausnahmslos Grundrechtsforderungen. Rechtliches Defizit und politische Konjunktur der Grundrechte hängen freilich eng zusammen. Das Freiheitsverlangen des Bürgertums war im Vormärz unerfüllt geblieben, weil wichtige Garantien fehlten und die vorhandenen an ihrer Durchsetzungsschwäche litten. Die Grundrechte konnten unter diesen Umständen noch nicht jenen Stabilitätsgrad erlangen, der einer Rechtsdogmatik förderlich ist. Sie blieben in erster Linie ein Thema der Rechtspolitik.

Das änderte sich mit der Revolution von 1848. Zwar wurden die Grundrechte der Paulskirche durch Bundesbeschluß vom 23. August 1851 wieder außer Kraft gesetzt. Doch waren inzwischen alle Bundesstaaten mit Ausnahme Mecklenburgs und vorübergehend Österreichs zum Konstitutionalismus übergegangen und hatten dabei den Grundrechtsforderungen des Vormärz weitgehend Rechnung getragen. Sogar die oktroyierte preußische Verfassung von 1850 orientierte sich grundrechtlich weit stärker, als es den Revolutionsgegnern lieb war, an dem Vorbild der Paulskirche. Es ist bezeichnend, daß Zoepfl die Grundrechte noch 1863 anhand des nicht mehr geltenden Paulskirchenkatalogs behandelte, weil in ihm der Rechtszustand der deutschen Einzelstaaten gemeinsamen

41 R. von Mohl, Die Geschichte der württembergischen Verfassung von 1819, Zeitschrift für die gesamte Staatswissenschaft 6 (1850), S. 44; vgl. auch Rimscha, Süddeutscher Konstitutionalismus, S. 116, 163 f.

Ausdruck finde.[42] Überdies kam den Grundrechten zugute, daß die wichtigste Stütze der ständischen Gesellschaftsordnung, das Feudalsystem, bis auf wenige Restbestände abgeschafft und auch nach dem Scheitern der Revolution nicht wieder hergestellt worden war. Damit entfiel gerade diejenige Institution, welche der Entfaltung von Eigentumsfreiheit und Rechtsgleichheit im Vormärz Grenzen gesetzt hatte.[43] Nachdem endlich auch die geistigen und politischen Freiheiten umfassender zugesichert waren als im Vormärz, konnte das deutsche Bürgertum, obzwar in der Hoffnung auf einen bürgerlichen Nationalstaat enttäuscht, im Grundrechtsbereich seine rechtspolitischen Forderungen doch weitgehend erfüllt sehen.

Für die Grundrechtstheorie war damit ein Themenwechsel verbunden. Die Frage nach dem Geltungsgrund, die noch die Paulskirche bewegt hatte[44], verlor angesichts der durchgängigen Positivierung der Grundrechte an Interesse. Der Rückgriff auf Naturrecht wurde entbehrlich. In den Vordergrund rückten statt dessen Rechtsnatur und Schranken der Grundrechte. Zum Leitthema der zweiten Jahrhunderthälfte entwickelte sich die Frage, ob die Grundrechte subjektive Rechte oder bloß objektives Recht seien. Der offensive Zug, der der Grundrechtstheorie im Vormärz eigen gewesen war, verschwand dabei zusehends. Das hing mit den Revolutionserfahrungen von 1848 zusammen. Das deutsche Bürgertum konnte seine Grundrechtsforderungen erst zu einer Zeit durchsetzen, als der Vierte Stand schon auf den Plan getreten war und sich mit liberalen Freiheitsrechten nicht mehr begnügen wollte, sondern soziale Ansprüche an den Grundrechtskatalog stellte.[45] Beseler als Berichterstatter des Verfassungsausschusses für die Grundrechte hatte deshalb schon in der Paulskirche erklärt, man halte es für notwendig, »daß bei der großen sozialen Bewegung, die ganz Deutschland ergriffen hat, von hier aus ein Wort

42 H. Zoepfl, Grundsätze des gemeinen deutschen Staatsrechts, Bd. 2, 5. Aufl. Leipzig 1863, S. 22.

43 Vgl. D. Grimm, Das Verhältnis von politischer und privater Freiheit bei Zeiller, in diesem Band S. 222 ff.

44 Vgl. E. Eckhardt, Die Grundrechte vom Wiener Kongreß bis zur Gegenwart, Breslau 1913, S. 85 ff.

45 Vgl. etwa den Antrag von Ahrens, bei J. G. Droysen, Die Verhandlungen des Verfassungsausschusses der deutschen Nationalversammlung, Leipzig 1849, S. 53, 386; und die Debatte der Nationalversammlung bei F. Wigard (Hg.), Stenografischer Bericht über die Verhandlungen der deutschen konstituierenden Nationalversammlung zu Frankfurt, Bd. 7, Frankfurt 1849, S. 5100 ff., 5127 ff.

darüber gesprochen werde, wo wir die Grenze finden, über welche diese Bewegung nicht hinausgeführt werden soll«.[46] In der von Radikalen getragenen Herbstrevolution war diese Grenze für das liberale Bürgertum überschritten. Die Kehrseite der Freiheit trat ins Bewußtsein und lenkte den Blick wieder stärker auf die eigene Sicherheit und damit auch auf die staatliche Autorität zurück.

Unter diesem Gesichtspunkt mußte freilich die Zukunftsdimension, die den Grundrechten innewohnte, suspekt erscheinen. Viele von ihnen konnten ja als eine in die Rechtsordnung selbst eingebaute Reformverheißung verstanden werden und auf diese Weise eine dauernde Anspruchsgrundlage und Kritikbasis gegenüber der Politik bilden. Stahl hatte in seiner Polemik gegen die Reichsverfassung gerade darauf hingewiesen. Die Verbriefung von Grundrechten verdiene zwar Beifall, doch habe die Nationalversammlung ein System errichtet, »das an Ausdehnung und zum Teil an zersetzender Wirkung alles überbietet, was in dieser Art bis jetzt in der Geschichte vorhanden war«.[47] Dagegen lobte er das englische Grundrechtsverständnis. In England hätten die Grundrechte nur längst bestehende und gesetzlich oder gewohnheitsrechtlich ausgeformte Rechte zusätzlich abgesichert, nachdem sie bestritten oder mißachtet worden wären. Gingen aber umgekehrt abstrakte Freiheitszusicherungen der gesetzlichen Ausbildung voran wie 1789 in Frankreich und nun in Deutschland, dann gerate der Rechtsfriede in Gefahr. Die Grundrechte, obwohl vor ihrer gesetzlichen Präzisierung juristisch noch gar nichts nütze, lüden zu »mißbräuchlicher Berufung« ein. Ohne genaue Feststellungen ihrer Grenzen begünstigten sie die individuelle Freiheit zu Lasten der staatlichen Ordnung, die »nur den notdürftigsten und erst für die Folge verheißenen Schutz« erhalte. Erfolge schließlich die auf später vertagte Regelung der Freiheit, könne sie nur »wie eine ungebührliche Reaktion und Zurücknahme früherer Gewährungen betrachtet« werden.[48]

Stahl wandte sich damit nicht nur gegen das dynamische, auf Freiheitsherstellung gerichtete Grundrechtsverständnis des Vormärz und vertauschte es gegen ein statisches, auf Bestandsgarantie zielendes. Er setzte vielmehr anstelle des individualistischen Sozialmodells, wonach die Staatsordnung von der Individualfreiheit

46 S. Wigard, Stenografischer Bericht 1, S. 700.
47 J. Stahl, Die deutsche Reichsverfassung, Berlin 1849, S. 62.
48 Stahl, Reichsverfassung, S. 61 ff.

her zu denken war, ein etatistisches. Obwohl das die Prämissen des Liberalismus berührte, breiteten sich ähnliche Tendenzen nach 1848 auch in der liberalen Staatsrechtslehre aus. Bluntschlis Allgemeines Staatsrecht von 1852, ein Standardwerk des postrevolutionären Liberalismus, begann die Grundrechtsthematik mit Warnungen vor falsch verstandener Freiheit.[49] Revolutionen hätten bei der Freiheit oft nur die Negation des Bestehenden im Sinn und verwechselten sie mit Zügellosigkeit. In letzter Konsequenz führe diese Freiheit zur Zerstörung von Recht und Staat und lösche sich damit selber aus. Bluntschli riet, zwischen natürlicher, sittlicher und rechtlicher Freiheit zu unterscheiden. Natürliche Freiheit sei das Vermögen zu tun, was einen gelüste; sittliche Freiheit, zu tun, was der menschlichen Natur und der göttlichen Ordnung entspreche; rechtliche Freiheit, zu tun, was man wolle und was zugleich der Rechtsordnung gemäß sei. Im Staat gab es Freiheit nur aufgrund des positiven Rechts. Als solche war sie aber immer schon gesetzlich beschränkt. Die richtige Verbindung von Freiheit und Recht zu finden, hielt Bluntschli für die wichtigste rechtspolitische Aufgabe der Zeit.

Zu diesem Zweck griff er auf den Unterschied zwischen rechtlichen Freiheiten, die von Individuum ausgehen, und solchen, die beim Volksganzen anknüpfen, zurück.[50] Die Individualfreiheit hätte ihren Grund außerhalb des Staates, dagegen entstehe die Volksfreiheit erst im Staat. Daher sei sie unmittelbar öffentliches Recht, während erstere streng genommen dem Privatrecht angehöre und nur in mittelbarem Bezug zum öffentlichen Recht stünde, indem sie von der Verfassung garantiert oder auch begrenzt würde. Die Unterscheidung selbst war schon vor 1848 geläufig gewesen, doch wollte Bluntschli nun daraus den Schluß ziehen, daß der Gesetzgeber über Volksfreiheiten stärker verfügen dürfe als über Individualfreiheiten. Zugespitzt kehrte diese Konsequenz dann bei Held wieder.[51] Held betrachtete die privaten Grundrechte – Menschenrechte, wie er sie unter der Beteuerung nannte, damit nicht die Irrtümer der Französischen Revolution und der Paulskirche zu meinen – als vorstaatlich und daher dem Staatsrecht gänzlich entzogen. Dagegen gewährten die politischen

49 J.C. Bluntschli, Allgemeines Staatsrecht, München 1852, S. 665 ff.
50 Bluntschli, Staatsrecht, S. 668 ff.
51 J. Held, System des Verfassungsrechts der monarchischen Staaten Deutschlands, Bd. 1, Würzburg 1856, S. 249 ff., Bd. 2, 1857, S. 543 ff.

Grundrechte oder Bürgerrechte dem Einzelnen Anteil am Staat, der seinerseits auf die Ausübung dieser Rechte angewiesen war. Daher durften sie dem Einzelnen kein Belieben einräumen und waren folglich auch nicht eigentlich als Rechte zu begreifen. Die politischen Grundrechte wurden unter der Hand zu Pflichten, und derjenige Staat erschien ihm als der bestorganisierte, »in welchem das Individuum am meisten frei und der Bürger am vollständigsten beherrscht« ist.[52]

Die Teilung der Grundrechte in zwei unterschiedlich weitreichende und unterschiedlich staatsfeste Arten, eine für die private und eine für die politische Betätigung, spiegelt den Zustand des bürgerlichen Liberalismus nach der fehlgeschlagenen Revolution wider. Das Bestreben, den Staat in eigene Hände zu nehmen und nach den Bedürfnissen der Gesellschaft einzurichten, war vorerst aufgegeben. Das monarchische Prinzip, das dem Staat ein originäres Herrschaftsrecht sicherte, wurde hingenommen. Die Gegenleistung bestand in einer vom Staat freigegebenen Sphäre bürgerlicher Interessenverfolgung, die ihren rechtlichen Ausdruck in einem auf Privatautonomie gegründeten Zivilrecht fand und auf deren Sicherung sich nunmehr das bürgerliche Bemühen konzentrierte. Bürger und Bourgeois trennten sich.[53] Selbst die politischen Freiheiten des Bürgers konnten nach der jetzt verfestigten Machtverteilung zwischen Monarch und Volksvertretung aber nur noch die Abwehr von Staatseingriffen in die Privatsphäre bewirken. War man damit zufrieden, mußte die konstitutionelle Monarchie in der Tat als freiheitlichste Staatsform erscheinen, wie Bluntschli auch ausdrücklich versicherte: Die Demokratie favorisiere die Volksfreiheit zu Lasten der Individualfreiheit; die Aristokratie die Individualfreiheit auf Kosten der Volksfreiheit; der Absolutismus, wenn überhaupt, die Individualfreiheit unter völliger Ablehnung der Volksfreiheit. Allein in der konstitutionellen Monarchie verbänden sich beide auf ideale Weise.[54]

52 Held, System II, S. 554.
53 Vgl. R. Smend, Bürger und Bourgeois im deutschen Staatsrecht, Staatsrechtliche Abhandlungen, 2. Aufl. Berlin 1968, S. 309; ders., Der Einfluß der deutschen Staats- und Verwaltungsrechtslehre des 19. Jahrhunderts auf das Leben in Verfassung und Verwaltung, ebenda, S. 326; M. Stolleis, Verwaltungsrechtswissenschaft und Verwaltungslehre 1866-1914, Die Verwaltung 15 (1982), S. 45. Vgl. auch meine These von der Privatrechtsakzessorietät der Grundrechte: Grundrechte und Privatrecht in der bürgerlichen Sozialordnung, in diesem Band S. 192.
54 Bluntschli, Staatsrecht, S. 669.

In der ersten monographischen Behandlung der öffentlichen Rechte, Gerbers kleiner Schrift aus dem Jahr 1852[55], waren solche Werturteile vermieden. Gerber, der sich bis dahin der methodischen Erneuerung des deutschen Privatrechts gewidmet hatte, das hinter der Romanistik zurückgeblieben war, debütierte im öffentlichen Recht vielmehr mit scharfen Angriffen auf die zeitgenössische Staatsrechtslehre, die gerade der Verquickung von Recht und Politik galten. Gerber machte ihr den doppelten Vorwurf, ideologisch und unjuristisch zu sein – ideologisch, weil sie ihre politischen Wunschvorstellungen als Inhalt des geltenden Verfassungsrechts ausgebe; unjuristisch, weil sie es bei einem rein äußerlichen Schildern von Verfassungszuständen bewenden lasse. Eine wissenschaftliche Behandlung des öffentlichen Rechts verlange indessen, daß man das juristische Prinzip ermittle, auf dem das positive Recht beruhe, und es von dort her als ein organisches Ganzes systematisch konstruiere. Politische Absichten dürften bei diesem Vorgehen keine Rolle spielen. Statt des Abstrakten, Idealen sei das Konkrete, Reale gefordert. »Das Politische ist nicht Zweck, sondern nur Material«.[56] Gerber räumte freilich ein, daß eine Zeit, »in welcher eine Organisation die andere verdrängt, alle öffentlichen Verhältnisse in stetem Schwanken begriffen sind, und das Bestehende jederzeit durch eine Umwälzung bedroht wird«, einem solchen Vorhaben nicht günstig sei. »Sie ist eine Zeit der Politik und nicht des Rechts«.[57]

Der feste Bezugspunkt, den Gerber gleichwohl zu finden glaubte, war die Natur des Staates, wie er sich aus den patrimonialen Verhältnissen der Vergangenheit entwickelt hatte, wo Herrschaft als privates Recht des Fürsten betrachtet und in privatrechtlichen Formen ausgeübt und übertragen worden sei. Anstelle dieses Zustands war der Staat als ein niemandem gehörender, aber alle umschließender Organismus getreten, der freilich erst durch Personen handlungsfähig wurde. Diese verfügten jedoch nicht wie ein Eigentümer über den Staat, sondern standen in seinem Dienst. Gerber schloß daraus, daß das öffentliche Recht nicht wie das Privatrecht bei dem isolierten Einzelnen ansetzen könne, sondern nur bei dem überpersonalen Organismus Staat. Daher lasse es sich auch im Gegensatz zum Privatrecht nicht als System subjektiver Rechte

55 C.F. Gerber, Über öffentliche Rechte, Tübingen 1852.
56 Gerber, Öffentliche Rechte, S. 28.
57 Gerber, Öffentliche Rechte, S. 13, ähnlich S. 27.

konstruieren. Das öffentliche Recht sei vielmehr essentiell objektives Recht. Freilich mußten Teile dieses Rechts kontinuierlich ausgeübt werden, wenn der Staat nicht zum Erliegen kommen sollte. Insoweit wurde das objektive Recht, wie Gerber sich ausdrückte, »subjektiviert«.[58] Bestimmte Rechte verknüpften sich dadurch mit bestimmten Personen, und zwar nicht nach Art von Kompetenzen, sondern durchaus als deren subjektive Rechte, die jedoch in den organischen Funktionszusammenhang eingebunden blieben und daher anders als die subjektiven Rechte des Privatrechts nicht zu beliebiger, sondern nur zu funktionsgerechter Ausübung berechtigten und meist sogar Pflichten einschlossen.

Eine solche Subjektivierung verlangten vor allem die Regierungsrechte des Monarchen und seiner Beamten, aber auch das Wahlrecht des Volkes und die Parlamentsrechte der Abgeordneten. Dagegen bestand eine im Staatsinteresse liegende Notwendigkeit kontinuierlicher Wahrnehmung von Grundrechten nicht. Daher war es auch nicht nötig, sie zu subjektivieren. Gerber ging aber noch einen Schritt weiter und versuchte nachzuweisen, daß sie auch gar nicht subjektiviert werden könnten. »Die staatsrechtliche Stellung eines Untertanen ist die eines staatlich Beherrschten und mit diesem Begriffe vollständig bezeichnet«.[59] Gerber meinte das nicht etwa absolutistisch, denn die Staatsgewalt existierte für ihn von vornherein nur als begrenzte. Die Grenzen ergaben sich zum einen aus dem Staatszweck, der nach Gerber nicht das gesamte Leben umfaßte, zum anderen aus der Bindung an das Recht. Ein positivrechtlicher Ausdruck dieser Begrenzung waren die Grundrechte. Sie erlegten dem Staat, die legislative Gewalt nicht ausgenommen, rücksichtlich der Untertanen ein Unterlassen auf. Diese Unterlassungspflicht kam den Untertanen zugute, insofern an der grundrechtlichen Grenze der Staatstätigkeit zugleich ihre Freiheit begann. Eine Umwandlung der Schranken in Rechte schloß er aber aus. »Immer bleiben diese Rechte nur Negationen und Zurückweisungen der Staatsgewalt in die Grenzen ihrer Befugnisse; sie sind nur die Schranken der Rechte des Monarchen vom Gesichtspunkte der Untertanen aus betrachtet ... Es sind objektive, abstrakte Rechtssätze über die Ausübung der Staatsgewalt«.[60]

Deswegen fehlte es ihnen aber nicht etwa völlig an subjektiver

58 Gerber, Öffentliche Rechte, S. 33.
59 Gerber, Öffentliche Rechte, S. 76.
60 Gerber, Öffentliche Rechte, S. 78 f.

Relevanz. Sie vermittelten dem Einzelnen vielmehr Abwehr- oder Wiederherstellungsansprüche, wenn der Staat die grundrechtlich gezogenen Grenzen überschritten und dadurch die individuelle Freiheitssphäre verletzt hatte. Gerber zögerte nicht, solche Ansprüche als subjektive öffentliche Rechte zu charakterisieren. Er betonte sogar, daß rechtswissenschaftlich gesehen kein Grund ersichtlich sei, sie der Kompetenz der Gerichte zu entziehen. Die vollständige Unterwerfung des Einzelnen bezog sich also nur auf seine »staatsrechtliche Stellung«. Unterhalb des Staatsrechts war er gegen Mißbräuche der Staatsgewalt nicht schutzlos. In diesem Fall konnte er seinerseits Rechte geltend machen. Gerber legte nur Wert darauf, daß die subjektiven öffentlichen Rechte der Untertanen nicht den Grundrechten selbst entnommen würden. Diese bildeten lediglich »die Grundlage, aus welcher im einzelnen Falle Individualrechte hervorgehen können«.[61] In seinen später geschriebenen »Grundzügen« verdeutlichte er nochmals, daß das Gewaltverhältnis als ein organisches nicht allein den Staat berechtige. Dem Gewaltunterworfenen erwüchsen vielmehr zugleich »Gegenrechte an dem Subjekte der herrschenden Gewalt«. Doch handele es sich dabei bloß um »Reflexwirkungen des Gewaltrechts«, nicht um gleichrangige Rechtspositionen, und nur in der »vulgären Anschauung« erschienen sie als Staatsbürgerrechte.[62]

Verglichen mit der vormärzlichen Grundrechtstheorie verengte sich bei Gerber also die Bedeutung der Grundrechte. Sie verloren sowohl ihren individualistischen Grundzug als auch ihre Zielfunktion. Die erste Verengung kommt darin zum Ausdruck, daß Gerber sie nur als objektives Recht anerkannte, die zweite besteht darin, daß er sie nur negatorisch wirken ließ. Beide Eigenschaften hatte ihnen auch die Staatsrechtslehre des Vormärz zugebilligt, aber eben nicht nur. Ohne daß zwischen subjektivem und objektivem Recht präzise geschieden wurde, war doch klar, daß die Grundrechte dem Einzelnen zukamen, sei es in seiner Eigenschaft als Person, sei es als Glied des Volkes. Dieser Rechtsstellung des Einzelnen, in der die eigentliche Neuerung lag, korrespondierten dann staatliche Pflichten. Die Pflichten bestanden einerseits in einem Unterlassen grundrechtswidriger Freiheitsbeschränkungen, wobei es an genauen Kriterien, was als Grundrechtsverletzung zu

61 Gerber, Öffentliche Rechte, S. 34.
62 C. F. Gerber, Grundzüge eines Systems des deutschen Staatsrechts, 2. Aufl. Leipzig 1869, S. 45 mit Anm. 3.

qualifizieren war, noch fehlte, andererseits aber auch in Handlungen, nämlich der Herstellung einer grundrechtskonformen Rechtsordnung. Angesichts der weitgehend ständisch-feudal geprägten Rechtsordnung trat dieser Aspekt gegenüber der Staatsabwehr sogar in den Vordergrund. Gerber tilgte den positiven Bedeutungsgehalt der Grundrechte restlos, während er die mit den Grundrechten verbundenen subjektiven Berechtigungen nicht beseitigte, sondern nur aus dem Staatsrecht verbannte und ins rangniedere Verwaltungsrecht abschob.

Für Gerber handelte es sich dabei um zwangsläufige Folgen einer streng wissenschaftlichen Dogmatik des positiven Rechts, von der im Vormärz allerdings noch nicht die Rede sein konnte. Geht man nun Gerbers dogmatischer Begründung nach, so zeigt sich, daß er den rein negatorischen Charakter der Grundrechte zur Erklärung ihrer objektiven Rechtsnatur heranzieht, ohne ihn selbst zu begründen, während der Beweis ihres ausschließlich objektiven Gehalts einen eigentümlich unschlüssigen Eindruck hinterläßt. Seines stichhaltigsten Arguments: das gesamte öffentliche Recht sei essentiell objektives Recht, hatte sich Gerber begeben, indem er gerade die Herrschaftsrechte nicht als Kompetenzen, sondern als subjektive Rechte verstand. Es bedurfte dann freilich des Nachweises, warum allem Anschein zum Trotz die Grundrechte keine subjektiven Rechte sein sollten. Gerber bemerkte dazu, die Grundrechte könnten niemals »in ihrer Gesamtheit Gegenstand eines Personenwillens werden«, wie das bei der Staatsgewalt, aber auch dem Wahlrecht und den Abgeordnetenrechten der Fall sei, die alle »als Inhalt des Rechts einzelner entweder individuell oder massenhaft bestimmter Personen verwirklicht« würden.[63] Den Vergleich zwischen den Grundrechten und privatrechtlichen Rechten wie etwa dem Eigentum, das auch eine Reihe subjektiver Ansprüche verleihe, verwarf er mit dem Argument, daß die privatrechtlichen Rechtssätze zu ihrer Anwendung stets einen »bestimmten juristischen Tatbestand...«, z.B. Erwerb des Eigentums«, voraussetzten, der bei den Grundrechten fehle.[64]

Dennoch vergewisserte sich Gerber, ob der Erwerbstatbestand für Grundrechte vielleicht im »Staatsbürgertum« liege. Den staatsbürgerlichen Status hatte er freilich zuvor als vollständiges Beherrschtsein durch die Staatsgewalt beschrieben und so von al-

63 Gerber, Öffentliche Rechte, S. 33 f.
64 Gerber, Öffentliche Rechte, S. 34.

len Berechtigungen auf seiten der Untertanen gereinigt. Er über-
prüfte aber, ob daran die nunmehr allenthalben eingeführten
Grundrechte etwas änderten, »indem dadurch von vornherein
dem Begriffe der staatsrechtlichen Beherrschung der Inbegriff gewisser öffentlicher Rechte zur Seite gestellt werde«.[65] In diesem
Fall könne man versucht sein, statt der Staatsgewalt das Staatsbürgertum als Ausgangspunkt der rechtswissenschaftlichen Konstruktion des öffentlichen Rechts zu setzen. Das Staatsbürgertum
wäre dann als Gesamtheit der Grundrechte ähnlich zu konstruieren wie das Eigentum, in dem ebenfalls verschiedene Befugnisse
zusammengefaßt würden. Unter diesen Umständen müßte man
»das Recht des Staatsbürgers sich juristisch so gestalten, daß sich
jeder Einzelne den gesamten Inhalt jener Rechte (Preßfreiheit) an-
eignen und ihn als Ganzes auch ohne eine bestimmte subjektive
Beziehung (Verletzung durch irgendeinen mit der Preßfreiheit im
Widerspruch stehenden Akt) vor ein Forum zu bringen vermöchte«.[66] Dazu konnte sich Gerber jedoch nicht verstehen, weil
das Staatsbürgertum kein juristischer Begriff sei, sondern nur »ein
willkürlich gewähltes Wort für eine Reihe staatsrechtlicher Wirkungen, die irgendwo sonst ihren eigentlichen Anknüpfungspunkt
haben müssen«.[67]

Was Gerber hier als Merkmal subjektiver Rechte ausgab, traf
freilich auch für das Eigentum nicht zu, und ebensowenig leuchtet
es ein, daß dieses nicht mit den Grundrechten verglichen werden
darf, sondern nur mit dem Staatsbürgertum, während die näher-
liegende Frage, warum nicht jedes Grundrecht für sich ein subjektives Recht sein kann, offen blieb. Gerber war vielmehr eigentümlich auf die staatsbürgerlichen Rechte als Ganzes fixiert. Indessen
könnte gerade darin ein Schlüssel zu seiner Position liegen. Gerber
steuerte seine Überlegungen nämlich auf das Ergebnis zu, daß
durch die Festsetzung von Grundrechten an sich »noch keine öffentlichen Rechte in dem Sinne begründet werden, daß daraus die
Charakteristik des Untertanenrechts als ein aus gleichartigen
Rechten und Pflichten bestehendes hervorginge; sie enthalten lediglich eine Modifikation, nicht einen neuen selbständigen Faktor
des allgemeinen Begriffs ›Untertanenrecht‹«.[68] Noch deutlicher

65 Gerber, Öffentliche Rechte, S. 77.
66 Gerber, Öffentliche Rechte, S. 77.
67 Gerber, Öffentliche Rechte, S. 78.
68 Gerber, Öffentliche Rechte, S. 79 f.

kommt dies in den »Grundzügen« zum Ausdruck, wo Gerber seinen Kritikern entgegnete, der Einzelne sei zwar Objekt der Staatsgewalt, doch dürfe dieser Begriff nicht sachenrechtlich verstanden werden. Vielmehr träten die dem Staat Unterworfenen eben diesem Staat zugleich als berechtigte Subjekte entgegen. Doch bleibe die »rechtliche Formulierung des staatlichen Unterworfenseins für das System das prinzipale, gestaltgebende Element«, während »die Darstellung der staatsbürgerlichen Rechte, welche ich bildlich, um ihr genetisches Verhältnis zu kennzeichnen, Reflexrechte genannt habe, sich als das Abgeleitete hieran anzuschließen hat«.[69]

Eine auffällige Parallele findet diese Überlegung bei der Erörterung des Verhältnisses von Monarch und Volksvertretung. Gerber begrüßte die Errichtung einer Volksvertretung ebenso wie die Einführung von Grundrechten. Der Absolutismus, in dem der Monarch »das einzig wirkliche Organ« gewesen sei, während die Untertanen nur die Stellung eines »toten Körpers« besessen hätten, sei eher eine mechanische als eine organische Staatsform gewesen.[70] Dem organischen Prinzip entspreche die Repräsentativmonarchie weit besser, wo »der Regierung eine vom Willen des Königs unabhängige, lediglich aus dem Volke hervorgegangene Macht mit beschränkender Gewalt« zur Seite träte.[71] Diese partizipiere aber nicht an der Staatsgewalt. Die Stände hatten für Gerber »keinen staatsrechtlichen Willen, der unmittelbar auf Unterwerfung, auf Beherrschung des Volks wirkt, er setzt vielmehr das alleinige Herrschaftsrecht des Monarchen voraus«.[72] Das ständische Recht bestehe nur in der Beschränkung des Monarchen bei der Ausübung seiner Herrschaftsrechte. Daraus folgt für Gerber auch hier eine Asymmetrie. Wer ein Auge für die »Harmonie im Bau eines organischen Ganzen« habe, dem könne nicht entgehen, daß eine Erbmonarchie mit gewählten Repräsentanten höchst ungleichartig gestaltet sei: »Während das Monarchenrecht als ein fertiges ausgebildetes Individualrecht dasteht, erscheinen die Volksvertreter lediglich als vorübergehende, nicht auf Rechten, sondern auf der Wirksamkeit eines Rechtssatzes ruhende politische Gestalten«.[73]

69 Gerber, Grundzüge, S. 222 ff., das Zitat auf S. 224.
70 Gerber, Öffentliche Rechte, S. 82.
71 Gerber, Öffentliche Rechte, S. 84.
72 Gerber, Öffentliche Rechte, S. 84.
73 Gerber, Öffentliche Rechte, S. 93.

Gerbers Ziel zeichnet sich damit klarer ab. Es ging ihm nicht darum, den Einzelnen gegenüber dem Staat zu entrechten. Wichtig war ihm nur, daß das Rechtsverhältnis nicht aus *gleichartigen* Rechten bestand. Deswegen konnte Gerber die aus den Grundrechten fließenden Abwehrrechte des Bürgers uneingeschränkt anerkennen und sogar um gerichtlichen Rechtsschutz erweitern, solange sie nur kein Äquivalent zum Herrschaftsrecht des Staates bildeten. Damit bezog er die Gegenposition zu Cucumus, der gerade auf der Gleichrangigkeit von Grundrechten und Monarchenrecht insistiert hatte. Im Verfassungsrecht selbst lag dieser Vorrang nicht beschlossen, und eben deswegen fehlt Gerbers dogmatischer Begründung die Überzeugungskraft. Sie wird vielmehr erst aus jenem fundamentalen Perspektivenwechsel erklärlich, dem die Revolution zum Durchbruch verholfen hatte. Die Herrschaftsordnung und das Verfassungsrecht als ihr Ausdruck wurden nicht mehr vom Individuum und seiner Freiheit, sondern vom Staat und seiner Macht her konstruiert. Die etatistische Perspektive unterliegt als selbst nicht in Frage gestellte Prämisse durchgängig der Gerberschen Theorie. Vor diesem Hintergrund kam die Freiheit nicht mehr als sinngebendes Prinzip des gesamten Verfassungsrechts in Betracht. Zwar nicht obsolet, wurde sie aber doch zweitrangig und erhielt dort ihren abgeleiteten Platz angewiesen, wo sie die staatliche Autorität nicht gefährden konnte.[74]

Vom Angelpunkt des Staates aus entfaltete Gerber mit seiner Lehre eine doppelte Verteidigungsstrategie: einmal gegen die patrimoniale Auffassung vom Staat, die um diese Zeit weder politisch noch wissenschaftlich überwunden war; zum anderen gegen die liberale Indienstnahme des Staates für die Interessen der bürgerlichen Gesellschaft, die sich jüngst im Verfassungswerk der Paulskirche niedergeschlagen hatte. Gerbers Grundrechtstheorie wird erst stimmig, wenn man sie in diesen Zusammenhang einordnet. Sie ergab sich aus seiner etatistischen Prämisse. Der rein objektive Charakter der Grundrechte war dann nötig, um die Überlegenheit des Monarchenrechts vor den Individualrechten zu wahren. Der rein negatorische Charakter hatte zu gewährleisten, daß sie zwar Rückfälle in patrimonial-feudale oder absolutistische Verhältnisse verhindern konnten, weswegen sie auch den

---

74 Vgl. W. Leisner, Grundrechte und Privatrecht, München 1960, S. 32 f.

Gesetzgeber binden mußten, aber ihr kritisches und status-quo-überschreitendes Potential einbüßten. Wer Liberalisierungen forderte, konnte sich dafür nicht mehr auf die Verfassung berufen. Ihrem methodologischen Anspruch zum Trotz erfüllte die Grundrechtstheorie damit eine politische Funktion, weil die Methode selbst politisch war.[75] Sie setzte die freiheitsbegrenzenden Tendenzen der nachrevolutionären Epoche in Verfassungsinterpretation um. Was bei Stahl noch politische Kritik gewesen war, kehrte bei Gerber als juristische Dogmatik wieder.

III.

Gerber blieb mit seiner Auffassung zunächst weitgehend allein. Sie kehrte nur in einer Fußnote Zachariäs wieder.[76] Dort hieß es, er behalte den gewohnten Ausdruck Rechte bei, obwohl es sich bei den Grundrechten nicht eigentlich um Rechte handele. Die Begründung übernahm er von Gerber und fügte hinzu, daß es überhaupt nicht sinnvoll sei, allgemeine Sätze über Freiheit aufzustellen, die als solche »ganz unwahr« seien und durch die nachfolgenden Gesetze wieder aufgehoben würden. Im übrigen wirkte aber das ältere Grundrechtsverständnis weiter, wenn auch mit dem gedämpften Ton der nachrevolutionären Zeit. So hielt Rönne, der die einzelnen Garantien der preußischen Verfassung ausführlich erläuterte, an dem Doppelcharakter der Grundrechte fest, die einerseits einen bereits erreichten Rechtszustand fixierten, andererseits aber ein Programm für weitere Reformen aufstellten.[77] Schulze, der Gerbers »Grundzüge« schon in Aegidis Zeitschrift kritisiert hatte, teilte zwar die Ansicht, daß die Grundrechte »von unmittelbarer Anwendung, keine bloßen Prinzipien« sein sollten[78], schrieb dann aber in erkennbarer Distanzierung von Gerber, wenngleich die Staatsbürger von der Staatsgewalt

75 Das ist näher erläutert bei D. Grimm, Methode als Machtfaktor, in diesem Band S. 358 ff. Vgl. auch W. Wilhelm, Zur juristischen Methodenlehre im 19. Jahrhundert, Frankfurt 1958, S. 129 ff., und P. von Oertzen, Die soziale Funktion des staatsrechtlichen Positivismus, Frankfurt 1974, S. 163 ff.
76 Zachariä, Staats- und Bundesrecht, 2. Aufl., Göttingen 1865, S. 443 Anm. 1, ohne Hinweis auf Gerber.
77 L. von Rönne, Das Staats-Recht der Preußischen Monarchie, Bd. 1, Leipzig 1856, S. 341, und generell S. 294 ff.
78 H. Schulze, Das preußische Staatsrecht, Bd. 1, Leipzig 1872, S. 378 f. Die Kritik

beherrscht würden, so genössen sie ihr gegenüber doch auch verfassungsmäßige Rechte. »Sie sind nicht bloß ›Objekte der Staatsherrschaft‹, sondern organische Glieder des Staates mit bestimmten geordneten Funktionen und selbständiger Berechtigung«.[79] Die Grundrechte seien »unmittelbar aus dem Staatsorganismus oder der Verfassung herfließende Rechte der Einzelnen«, nicht bloß Reflexe.[80]

Gerbers Auffassung setzte sich erst 25 Jahre später durch, nämlich in der Staatsrechtslehre des Kaiserreichs. Der Beginn der Reichsgründung traf bekanntlich mit dem letzten Versuch des deutschen Bürgertums zusammen, den Verfassungskompromiß im liberalen Sinn fortzuentwickeln. Dieser Versuch wurde im preußischen Verfassungskonflikt zwischen 1862 und 1866 unternommen. Nur vordergründig ging es bei diesem Konflikt um die Reorganisation des Heeres und die Interpretation des Budgetrechts. Im Zentrum stand vielmehr die Frage, ob bei fehlender Einigung zwischen Regierung und Parlament, die die Verfassung für die Etatfeststellung verlangte, das Parlament oder die Regierung zurückzustehen habe. Im Zuge dieses Konflikts konnten sich die Linksliberalen, die nach 1849 aus dem politischen Leben verschwunden waren, wieder formieren und sogleich zur stärksten Partei im Abgeordnetenhaus werden. Der Rückschlag erfolgte in jener Wahl, die mit der Schlacht von Königgrätz zusammenfiel. Der Rivale Österreich war damit aus Deutschland hinausgedrängt, die kleindeutsche Einigung in greifbare Nähe gerückt. Die Wahl erbrachte einen Sieg der Konservativen, und der Verfassungskonflikt wurde abgebrochen. Bürgertum und monarchischer Staat näherten sich abermals an. Zur endgültigen Aussöhnung kam es, nachdem durch den Krieg gegen Frankreich der Weg zum deutschen Nationalstaat freigemacht war, den das Bürgertum aus eigener Kraft nicht erreicht hatte.

Erst jetzt hielt Laband die Voraussetzungen einer wissenschaftlichen Behandlung des Staatsrechts, die Gerber 1852 noch vermißt hatte, für gegeben. Im Vorwort seiner 1876 erschienenen Darstel-

Gerbers unter dem Titel: Über Prinzip, Methode und System des deutschen Staatsrechts, in Aegidis Zeitschrift für Deutsches Staatsrecht und Deutsche Verfassungsgeschichte 1 (1867), S. 417; dort, S. 354, auch eine Sammelrezension Mohls mit Kritik an Gerber.

79 Schulze, Preußisches Staatsrecht 1, S. 351.

80 Schulze, Preußisches Staatsrecht 1, S. 379.

lung[81] hieß es: Nachdem die neue Verfassung bisher »ein Gegenstand der Sympathie oder Antipathie, also des Gefühls« gewesen sei, bilde das Reich nunmehr eine unabänderliche Tatsache. Seine Verfassung sei kein Objekt des Parteistreits mehr, sondern fungiere als gemeinsame Grundlage für die Auseinandersetzung der Parteien. Damit entstehe auch das Bedürfnis nach einer staatsrechtlichen Dogmatik. Für diese bekannte sich Laband zur Methode Gerbers. Es genüge nicht, die Artikel der Reichsverfassung unter bestimmte Überschriften zu gruppieren oder Auszüge aus den Motiven und den Reichstags-Verhandlungen hinzuzufügen. Es gehe vielmehr um eine Analyse der Rechtsverhältnisse, um die Feststellung ihrer juristischen Natur und um die Auffindung der allgemeineren Rechtsbegriffe, denen sie untergeordnet seien. In der zweiten Auflage fügte er dann in Erwiderung auf seine Kritiker hinzu, die Aufgabe der Dogmatik liege »in der Konstruktion der Rechtsinstitute, in der Zurückführung der einzelnen Rechtssätze auf allgemeinere Begriffe und andererseits in der Herleitung der aus diesen Begriffen sich ergebenden Folgerungen ... Zur Lösung dieser Aufgabe gibt es kein anderes Mittel als die Logik; dieselbe läßt sich für diesen Zweck durch nichts ersetzen; alle historischen, politischen und philosophischen Betrachtungen ... sind für die Dogmatik eines konkreten Rechtsstoffs ohne Belang«.[82]

Die Reichsverfassung enthielt allerdings keinen Grundrechtskatalog, sondern beschränkte sich auf die Bestimmungen des Art. 3, der ein gemeinsames Indigenat für ganz Deutschland vorsah, die Gleichbehandlung aller Deutschen in jedem Bundesstaat anordnete und Deutschen im Ausland den Schutz des Reiches zusicherte. Trotz dieser Grundrechts-Abstinenz der Reichsverfassung äußerte sich Laband zu den Grundrechten, und zwar in dem Kapitel über »Die natürlichen Grundlagen des Reiches. (Volk und Land)« und dort im Zusammenhang mit der Reichsangehörigkeit und der daraus folgenden Rechtsstellung des Einzelnen. Zu den Grundrechten gelangte er dabei im Rahmen einer Begriffsklärung, die ihm notwendig schien, weil er in der staatsrechtlichen Literatur eine Begriffsverwirrung beobachtete. Unter dem Begriff des Staatsbürgerrechts würden ganz verschiedene Dinge zusammengeworfen, nämlich die sogenannten politischen Rechte, dann die bürgerlichen Rechte, schließlich die sogenannten Freiheits- und Grund-

81 P. Laband, Das Staatsrecht des Deutschen Reiches, Bd. 1, Tübingen 1876, S. v ff.
82 Laband, Staatsrecht 1, 2. Aufl., Freiburg 1888, S. XI.

rechte. Darauf folgen die lapidaren Sätze: »Die beiden letzten Kategorien sind überhaupt keine Rechte im subjektiven Sinne ... Die Freiheitsrechte oder Grundrechte sind Normen für die Staatsgewalt, welche dieselbe sich selbst gibt, sie bilden Schranken für die Machtbefugnisse der Behörden, sie sichern dem Einzelnen seine natürliche Handlungsfreiheit in bestimmtem Umfange, aber sie begründen nicht subjektive Rechte der Staatsbürger. Sie sind keine Rechte, denn sie haben kein Objekt«.[83]

Mit einer Nuance am Ende ist das die Auffassung, die Gerber bereits 1852 vertreten hatte, ohne sich damit durchsetzen zu können. Laband berief sich auch auf »die vortrefflichen Ausführungen v. Gerbers« und erwähnte ebenfalls die Fußnote Zachariäs.[84] Ungenannt blieb Seydel, der Gerbers Grundrechtstheorie unter Ablehnung ihrer organischen Umkleidung schon 1873 rezipiert hatte.[85] Nach Labands Intervention verbreitete sich die Lehre schnell und bildete ausgangs des 19. Jahrhunderts die herrschende, wenngleich nicht unbestrittene Meinung in der deutschen Staatsrechtslehre[86], die jetzt in Anlehnung an den Aufhebungsbeschluß des Deutschen Bundes nur noch von den »sogenannten« Grund- oder Freiheitsrechten zu sprechen pflegte. In der Verwaltungsrechtswissenschaft wurde die Theorie vor allem von Otto Mayer vertreten, der dort eine ähnlich beherrschende Position erlangte wie Laband im Staatsrecht.[87] Mayers Ziel war eine Präzisierung des Begriffs der subjektiven öffentlichen Rechte, mit dem der Sprachgebrauch seiner Meinung nach zu verschwenderisch umging. Nicht jeder Vorteil, den das objektive Recht dem Einzelnen bringe, sei bereits ein subjektives Recht. Ein subjektives öffentliches Recht setze vielmehr voraus, daß dem Untertan eine rechtliche Willensmacht über die öffentliche Gewalt eingeräumt werde. Dabei könne es sich aber angesichts der prinzipiellen Unterworfenheit des Einzelnen unter die öffentliche Gewalt immer nur um

---

83 Laband, Staatsrecht 1, 1. Aufl., S. 149 (und dann unverändert 2. Aufl. S. 141 f., 5. Aufl. 1911, S. 150 f.).

84 Laband, Staatsrecht 1, 1. Aufl., S. 149, Anm. 2.

85 M. Seydel, Grundzüge einer allgemeinen Staatslehre, Freiburg 1873, S. 49, die Kritik an der organischen Staatstheorie auf S. 1 und 5. Die Ausführungen wurden später übernommen in M. Seydel, Bayerisches Staatsrecht, Bd. 1, München 1884, S. 571 f. mit Anm. 1 auf S. 572.

86 Zum Literaturstand vgl. G. Meyer, Lehrbuch des deutschen Staatsrechts, 5. Aufl. Leipzig 1899, S. 722 Anm. 1 und 2; Giese, Grundrechte, S. 27 ff.

87 O. Mayer, Deutsches Verwaltungsrecht, Bd. 1, Leipzig 1895, S. 104 ff.

eine abgegrenzte und mit einem konkreten Subjekt verbundene Macht handeln.

Bei den Grundrechten vermißte Mayer diese Voraussetzungen. Sie wollten dem Einzelnen zwar Vorteile zuwenden, verdichteten sich aber nicht zu subjektiven Rechten. Der von ihnen bewirkten objektiven Beschränkung der Staatsgewalt entspreche auf seiten der Untertanen zunächst nur eine allgemeine, jedermann zukommende Möglichkeit oder Fähigkeit. Stengel und andere Verwaltungsrechtler wollten diese »verschiedenen Äußerungsmöglichkeiten der persönlichen Freiheit«, die in den Grundrechten garantiert waren, zur Anerkennung eines subjektiven Rechts genügen lassen.[88] Für Mayer fehlte ihnen noch die bestimmte rechtliche Wirkung, die bei einem bestimmten Subjekt bereits eingetreten war, »der richtige Gegenstand, an dem das Recht erscheinen sollte«.[89] Die bloße Freiheit war kein subjektives Recht. In der zweiten Auflage präzisierte er[90]: Was der Einzelne ohnehin an Kräften, Vorteilen und Rechten habe, werde durch den Grundrechtsschutz nicht anders. Damit die Grundrechte selbst zu subjektiven Rechten würden, müßte die Willensmacht über ein Stück öffentlicher Gewalt hinzukommen, »soweit sie nämlich als Eingriff in den geschützten Kreis erscheinen könnte, und in dem Sinne, daß sie hier nicht erscheinen soll«. Nun sei die öffentliche Gewalt aber ganz und gar Wirkungskraft, und »Willensmacht über eine Erscheinungsform der öffentlichen Gewalt, die überhaupt nicht stattfinden soll, hätte keinen Gegenstand«. Das decke sich mit Labands »nachdrücklichem Spruch«, den Grundrechten fehle das Objekt.

Es wird nun klarer, worauf die Objekt-Begründungen zielen. Dort wo sich der Staat durch die Gewährung von Grundrechten selbst beschränkt, kommt die natürliche Handlungsfreiheit der Untertanen zum Zuge. Ihr Verhalten richtet sich nicht nach staatlichen Anforderungen, sondern nach eigenem Belieben. Insofern beinhalten die Grundrechte negative Befugnisse, in Beispielen, die Laband anführte: das Recht, beim Reisen in Deutschland *keinen* Reisepaß, beim Gewerbebetrieb *keine* Konzession, beim Heiraten *keine* behördliche Erlaubnis zu benötigen.[91] Der Mangel einer Be-

---

88 K. von Stengel, Lehrbuch des deutschen Verwaltungsrechts, Stuttgart 1886, S. 35 f.
89 Mayer, Verwaltungsrecht 1, S. 109 und 107.
90 Mayer, Verwaltungsrecht 1, 2. Aufl. 1914, S. 111.
91 Laband, Staatsrecht 1, S. 149, Anm. 2.

schränkung ergibt aber, wie Seydel sagte, noch kein Recht.[92] Man hat keinen besonderen Anspruch auf das, was ohnehin allgemein erlaubt ist. Daher waren die Grundrechte für ihn »nur Ausdrücke des sehr bekannten Satzes, daß Alles erlaubt ist, was rechtlich nicht verboten ist«.[93] Ein subjektives Recht entstand erst in dem Augenblick, wo die allgemein herrschende Freiheit im konkreten Fall rechtswidrig beschnitten wurde. Aus dem sogenannten Freiheitsrecht ließ Mayer dann »allerlei wirkliche Rechte« hervorgehen: Beschwerderechte, Klagerechte, Schadenersatzforderungen, Wiederherstellungsansprüche.[94] Diese Rechte dürften aber nicht mit den Grundrechten verwechselt werden. Erfülle der Staat das aus der Verletzung entstehende subjektive Recht auf Zurücknahme der belastenden Verfügung, so sei es erloschen, und es bleibe wieder nur die »verfassungsmäßig geschützte Freiheit, die kein Recht ist«.[95]

Eine Staatsrechtslehre, die sich jede Bewertung des positiven Rechts versagte und ganz seiner logischen Konstruktion widmete, war dann freilich eine Erklärung schuldig, wie sich diese Auffassung mit dem Umstand vertrug, daß die Verfassungen ausdrücklich spezielle Freiheiten gewährleisteten und diese größtenteils in die sprachliche Form subjektiver Rechte kleideten. Otto Mayer suchte die Antwort im Prinzip des Rechtsstaates, den er als »Staat des wohlgeordneten Verwaltungsrechts« nach dem Muster der rechtlich gebundenen Justiz verstand.[96] Er gestand allerdings zu, daß sich die vollziehende Gewalt nicht in demselben Maß verrechtlichen ließ wie die Justiz. Daher werde ihr nur bei besonders wichtigen Gegenständen das Gesetz zur notwendigen Bedingung ihrer Tätigkeit gemacht. Mayer prägte hierfür den immer noch gebräuchlichen Ausdruck vom Vorbehalt des Gesetzes. Welche Gegenstände als wichtig galten und deswegen gesetzlicher Regelung bedurften, sagten die Verfassungen eben durch die Grundrechte. In der Aufstellung von Grundrechten sah Mayer daher die »klassische Form« des Gesetzesvorbehalts.[97] Aus diesem Grunde sei es auch nicht richtig, sie als an sich wertlos oder erst der gesetz-

92 Seydel, Bayerisches Staatsrecht 1, S. 571.
93 Seydel, Staatslehre, S. 49; Bayerisches Staatsrecht 1, S. 571.
94 Mayer, Verwaltungsrecht 1, 2. Aufl., S. 111; ähnlich schon 1. Aufl., S. 106 Anm. 7.
95 Mayer, Verwaltungsrecht 1, 1. Aufl., S. 113 f., Anm. 19.
96 Mayer, Verwaltungsrecht 1, 2. Aufl., S. 60.
97 Mayer, Verwaltungsrecht 1, S. 75.

lichen Durchführung bedürftig zu bezeichnen. »Ihr Wert besteht gerade darin, daß ein Gesetz notwendig wird, wenn etwas geschehen soll ... Dieses Gesetz würden wir dann freilich weder als eine Verwirklichung des Grundrechts, noch als ein Ausführungsgesetz dazu bezeichnen«.[98]

Es gab freilich, wie Mayer einräumte, auch andere Möglichkeiten, den Gesetzesvorbehalt zu normieren. Wer davon ausging, daß ohnehin alles erlaubt war, was das Gesetz nicht verbot, wie Seydel, benötigte zur Begründung dieser Wirkung die Grundrechte nicht mehr. Für Seydel ließ sich die Aufnahme von Grundrechten in die Verfassungen daher nur noch historisch erklären: Sie bezeichneten »die Tatsache, daß früher einmal etwas verboten war, was jetzt erlaubt ist«.[99] Was niemals verboten gewesen sei, würde auch niemand ein Recht nennen, »denn sonst könnte man ebenso gut von einem Grundrecht des Menschen reden, zu essen oder zu schlafen«.[100] Die rechtliche Bedeutung der Grundrechte bestehe dann darin, daß eine beabsichtigte Revision der in ihnen enthaltenen Freiheiten auf den Weg der Verfassungsänderung verwiesen werde. Genaugenommen seien sie also Bestimmungen über das Gesetzgebungsverfahren. Seydels Erklärung übernahm Laband in die zweite Auflage seines Staatsrechts. In Ergänzung der bisherigen Begründung hieß es nun unter Hinweis auf Seydel: »Die Hervorhebung gewisser Betätigungen der natürlichen Handlungsfreiheit als ›Freiheits- oder Grundrechte‹ beruht in der Tat nur auf einer *historischen Reminiszenz* an ehemalige Eingriffe der Staatsgewalt, welche mit den heutigen Rechts- und Kulturzuständen nicht mehr oder wenigstens nicht mehr in demselben Umfang wie früher vereinbar erscheinen; die Anerkennung der Freiheitsrechte ist nur die *Negation* der früher bestandenen Beschränkungen«.[101]

Es traf freilich zu, daß der spezifisch grundrechtliche Freiheitsschutz eine Antwort auf besonders bedrückende staatliche Zwänge war. Laband bemühte sich aber nicht darum, vom historischen Grund auf den juristischen Sinn der Freiheitsgarantien zu schließen. Die historische Erklärung diente ihm vielmehr – gegen das eigene Methodenprinzip von der dogmatischen Irrelevanz der Geschichte – nur als Beleg für die Behauptung, daß sich die Grund-

98 Mayer, Verwaltungsrecht I, S. 75, Anm. 11.
99 Seydel, Staatslehre, S. 49.
100 Seydel, Staatslehre, S. 49.
101 Laband, Staatsrecht I, 2. Aufl., S. 142, Anm. 1.

rechte in der Beseitigung früherer Zustände erschöpften, aber keine neuen Rechte verliehen. Das war damit indessen ebensowenig bewiesen, wie es die subjektivrechtliche Formulierung in den Verfassungstexten erklärte. Giese, dem hier »ein kleiner Umstand« auffiel, der vielleicht noch Bedenken gegen die Richtigkeit der objektiven Theorie erregen könnte, wollte diese mit der Auskunft zerstreuen, daß die Ausdrucksweise ein »technischer Kunstgriff« der Verfassungsgeber gewesen sei, um den Inhalt der Grundrechte »möglichst knapp, treffend und für die Individuen angenehm zu formulieren«.[102] Die Kritik kam von Jellinek. Er gab Seydel und Laband recht, was die Herkunft der Grundrechte anging, und räumte auch ein, daß es neben den grundrechtlich gesicherten Freiheiten noch eine unübersehbare Fülle weiterer Freiheiten gebe. »Nur ist das Resultat, hier seien keine subjektiven Rechte vorhanden, nicht erschöpfend. Aufgabe juristischer Analyse ist es, das Positive zu erkennen, das in der ausdrücklichen Normierung derartiger Freiheitsrechte vom Gesetzgeber bezweckt wurde«.[103]

Bei der Bestimmung dieses Zwecks ging Jellinek von seinem Beziehungsschema zwischen Mensch und Staat aus und ordnete die Grundrechte dem status negativus zu, den er als »staatsfreie, das Imperium verneinende Sphäre« verstand, »in welcher die streng individuellen Zwecke durch die freie Tat des Individuums ihre Befriedigung finden«.[104] Diese Sphäre sollten die Grundrechte nicht nur gegenüber der vollziehenden Gewalt einschließlich der Justiz schützen, sondern auch gegenüber dem Gesetzgeber.[105] Für diesen begründeten sie entweder das Verbot, die aufgehobenen Freiheitsbeschränkungen wieder einzuführen, oder das Gebot, die künftige Gesetzgebung an den grundrechtlichen Prinzipien auszurichten. Aus dem status negativus des Einzelnen konnten sich für den Staat also auch Handlungspflichten ergeben. Das galt vor allem dort, wo die Beseitigung des alten Rechtszustands ein Vakuum hinterlassen hatte und das grundrechtliche Freiheitsziel auf neue freiheitsausgestaltende Regelungen angewiesen war. Jellinek vermerkte allerdings, daß die grundrechtliche Bindung des Gesetzgebers nur dort zu praktischen Folgen führe, wo sie von einem Ge-

102 Giese, Grundrechte, S. 74.
103 G. Jellinek, System der subjektiven öffentlichen Rechte, Freiburg 1892, hier zitiert nach der 2. Aufl. Tübingen 1905, S. 102 f., Anm. 2.
104 Jellinek, System, S. 87.
105 Jellinek, System, S. 96 ff.

richt durchgesetzt werden könne wie in den USA oder der Schweiz. Keinesfalls würde aber durch die dem Gesetzgeber zugewandte Seite der Freiheitsrechte ein Individualrecht begründet. Grundrechtliche Ansprüche an den Gesetzgeber bestünden nicht. Insoweit handele es sich ausschließlich um objektives Recht.

Gegenüber der Verwaltung zielten die Grundrechte dagegen auf die Begründung subjektiver Rechte. Als Gerber seine Theorie von der rein objektiven Natur der Grundrechte entwickelte, habe das noch im Dunkeln gelegen, weil es an Durchsetzungsmöglichkeiten für den Einzelnen fehlte. Mit der Einrichtung der Verwaltungsgerichtsbarkeit sei aber »das Individualinteresse, welches in den legislatorischen Formulierungen der Grundrechte verborgen lag, ausdrücklich anerkannt und geschützt worden«.[106] Allerdings könne die Freiheit nicht unbegrenzt gewährt werden, weil sie sonst das Potential der Staatszerstörung in sich berge. Sie bedürfe daher stets der gesetzlichen Regelung. Für den Inhalt dieser Regelung lasse sich eine allgemein gültige Formel nicht finden. Der Gesetzgeber könne sie hier so und da anders treffen. Unter diesen Umständen müßten aber alle Freiheiten »mit zwingender Notwendigkeit zurückgeführt werden auf die eine allumfassende Formel: Das Individuum soll vom Staate zu keiner gesetzwidrigen Leistung herangezogen werden und hat demnach einen auf Anerkennung seiner Freiheit beruhenden Anspruch auf Unterlassung und Aufhebung der diese Norm überschreitenden obrigkeitlichen Befehle«.[107] Juristisch sei es daher unkorrekt, von verschiedenen Freiheitsrechten zu sprechen. Es bestünde vielmehr nur eine singuläre Freiheit, die lediglich durch ihren Gegensatz zu ehemals vorhandenen Beschränkungen eine, juristisch allerdings bedeutungslose, plurale Fassung angenommen habe. »Alle Freiheit ist einfach Freiheit von gesetzwidrigem Zwange«.[108]

Daß die einzelnen Grundrechte nur den Schein von Berechtigungen erzeugten, in Wahrheit aber in dem einen Grundrecht auf Freiheit von rechtswidrigen Beeinträchtigungen der Person und des Eigentums zusammenflössen, vertrat alsbald ohne besondere Berufung auf Jellinek auch Dantscher.[109] Dagegen schloß Anschütz sich ausdrücklich an Jellinek an. Nach seiner Ansicht waren die

---

106 Jellinek, System, S. 102.
107 Jellinek, System, S. 103.
108 Jellinek, System, S. 103.
109 Dantscher, Politische Rechte, 2. Lieferung Wien 1894, S. 76 ff., besonders 103 f.

Grundrechte, soweit sie nicht bloß programmatische oder objektive Aussagen machten, »im Kerne ihres Wesens Ansprüche auf Unterlassung von Verwaltungsakten«, und zwar solcher Verwaltungsakte, die gesetzwidrig in die grundrechtlich geschützten Freiheiten eingriffen.[110] Dieselbe Wirkung trat freilich auch bei rechtswidrigen Eingriffen in andere Freiheiten ein. Sie war nicht grundrechtsspezifisch. »Anders ausgedrückt: die Grundrechte enthalten eine kasuistisch gefaßte Darlegung des Prinzips der gesetzmäßigen Verwaltung«.[111] Im Gegensatz zu der von Gerber ausgehenden Richtung hatten die Grundrechte hier also den Charakter subjektiver Rechte behauptet, doch nur um den Preis des Inhaltsverlusts. Auf den Verfassungsrang und die verschiedenen Schutzgüter kam nichts mehr an. Sie bildeten nur noch den historisch bedingten Stoff, aus dem die Staatsrechtslehre konstruierte, was der Verfassungsgeber eigentlich gewollt hatte: die Gesetzmäßigkeit der Verwaltung. Auf diese liefen ungeachtet ihrer Kontroversen alle Theorien hinaus. Für die Verwaltung galten nur die Gesetze, nicht die Grundrechte.

Unter diesen Umständen hätten sie sich eine eigenständige Funktion nur bewahren können, wenn von ihnen normative Anforderungen an das Gesetz ausgegangen wären. Daß dies in der ursprünglichen Intention der Grundrechte lag, war einigen Autoren noch bewußt. Anschütz hielt Arndt, der die preußischen Grundrechte als Enumeration von Gesetzgebungskompetenzen verstand, entgegen, daß sie weniger formelle Kompetenzen als ein materielles »Arbeitsprogramm« für die Legislative aufstellten. »Sie soll in eifriger Arbeit die ganze alte Rechtsordnung umgestalten nach dem Richtmaß aller der neuen Ideen, die das Zeitalter dachte und träumte, nach den Bedürfnissen der sozialen und wirtschaftlichen Interessen, die es über andere erhöhte. Freiheit soll herrschen überall; der alte Polizeistaat soll abgeschafft, das Verwaltungsrecht in harmonischen Einklang gesetzt werden mit dem Verfassungsrecht«.[112] Aber nur Jellinek vermochte darin noch Rechtspflichten zu sehen, wenngleich im Bewußtsein ihrer Durch-

110 G. Anschütz, Die Verfassungsurkunde für den Preußischen Staat, Bd. 1, Berlin 1912, S. 96, vgl. auch ders., Deutsches Staatsrecht, München 1903, S. 534 f.
111 Anschütz, Preußische Verfassung, S. 98.
112 G. Anschütz, Die gegenwärtigen Theorien über den Begriff der gesetzgebenden Gewalt und den Umfang des königlichen Verordnungsrechts nach preußischem Staatsrecht, 2. Aufl. Tübingen 1901, S. 53. A. Arndt, Verordnungsrecht des deut-

setzungsschwäche, solange keine Normenkontrolle existierte. Anschütz selbst nahm lediglich einen »guten Vorsatz« des Gesetzgebers an, andere sprachen abschätziger von »Monologen« oder »Schlagwörtern«[113], und den meisten kam es nicht einmal mehr in den Sinn, eine Grundrechtsbindung des Gesetzgebers zu erwägen. Damit gingen die Grundrechte im Gesetz auf, ohne dieses noch auf die Freiheit zu verpflichten. Nur der Form nach bildeten sie noch Verfassungsrecht, dem Inhalt nach aber Verwaltungsrecht, wie Bornhak hervorhob.[114] Im formalen Rechtsstaat besaßen sie keine eigene Funktion mehr.

Von diesem Schlußpunkt her unternahm Bühler am Ende der Epoche eine Art Bilanz der hundertjährigen Theoriedebatte.[115] Anders als Giese zweifelte er nicht daran, daß die Grundrechte vom Verfassungsgeber nicht nur als subjektive Rechte formuliert, sondern auch gemeint waren. In Reaktion auf den Polizeistaat hätten sie der Staatsgewalt Schranken setzen wollen, die sonst nicht vorhanden gewesen wären. Daher sei weder die öffentliche Meinung einem Wahn erlegen, als sie in den Grundrechten ein Mittel der Freiheitssicherung erblickte und möglichst viele von ihnen verfassungsrechtlich verbürgt sehen wollte, noch habe sich die Rechtswissenschaft im Irrtum befunden, als sie die Grundrechte wie geltendes Recht behandelte und ihrer Auslegung große Aufmerksamkeit widmete. Zugleich fand es Bühler aber verständlich, daß den Grundrechten mittlerweile keine Bedeutung mehr beigemessen würde. Zur Begründung führte er an, daß bis weit ins 19. Jahrhundert die Gesetzmäßigkeit der Verwaltung als allgemeiner Grundsatz unbekannt gewesen sei. Laband, Leuthold und das preußische Oberverwaltungsgericht hätten ihn erst in den späten siebziger Jahren zur Geltung gebracht. Seitdem werde er weitgehend anerkannt. Bühler schloß daraus, wo die Gesetzmäßigkeit der Verwaltung gelte, seien die »einzelnen Grundrechtsbestim-

schen Reiches auf der Grundlage des preußischen und unter Berücksichtigung des fremdländischen Verordnungsrechts, Berlin 1894.

113 Anschütz, Gesetzgebende Gewalt, S. 52; A. Haenel, Studien zum Deutschen Staatsrecht, Bd. 2, Leipzig 1888, S. 329; C. Bornhak, Preußisches Staatsrecht, Bd. 1, Freiburg 1888, S. 276.

114 Bornhak, Preußisches Staatsrecht I, S. 278 f. Vgl. zu dieser Entwicklung nochmals Leisner, Grundrechte und Privatrecht, S. 45 ff., sowie die zitierten Arbeiten von Smend (Anm. 53), Scheuner (Anm. 23) und Wahl (Anm. 23), ferner E.-R. Huber, Bedeutungswandel der Grundrechte, AöR 23 (1933), S. 8 ff.

115 O. Bühler, Die subjektiven öffentlichen Rechte, Berlin 1914, S. 61-157.

mungen durch jenes allgemeine Prinzip überholt«; wo sich dagegen das Prinzip noch nicht durchgesetzt habe, »da stellen die Grundrechtsbestimmungen geltendes Recht dar, Schranken für das Vorgehen der Verwaltung, die ohne sie nicht vorhanden wären«.[116]

Bühlers Interpretation liegt unausgesprochen die Prämisse zugrunde, daß die Grundrechte von Anfang an nur eine Vorstufe zum Legalitätsprinzip waren und in diesem ihre Sinnerfüllung fanden. Die Möglichkeit, diese Absorption umgekehrt als Verkürzung ihres normativen Anspruchs zu deuten, kam ihm gar nicht in den Sinn. Die darin liegende Blickverengung erscheint selbst noch einmal erklärungsbedürftig. Die Gründe dürfen freilich nicht zu schnell in einer vorgefaßten Freiheitsaversion der Staatsrechtslehre des Kaiserreichs gesucht werden. Bei aller etatistischen Grundstimmung lehnte keiner der genannten Autoren die Beschränkung des Staates zugunsten der individuellen Freiheit ab. Vielmehr war der Rechtsstaat, immer noch verstanden als freiheitssichernde Ordnung, von Stahl bis Anschütz durchweg anerkannt, wenngleich seiner politischen Inhalte weitgehend entkleidet. Insoweit fiel lediglich Bornhak aus dem Rahmen, der subjektive Rechte des Einzelnen gegenüber dem Staat überhaupt für undenkbar hielt.[117] Zur Begründung führte er an, daß das Gesetz ein Produkt des Staates sei, dieser also über der Rechtsordnung stehe. Man könne aber dort nicht von einem subjektiven Recht sprechen, wo der Staat es in der Hand habe, dieses sogleich wieder zu vernichten. Zwischen der Befugnis zu legislatorischer Vernichtung und administrativer Verletzung eines Rechts besteht freilich gerade jener Unterschied, der den Rechtsstaat ausmacht. Von Otto Mayer wurde Bornhak deswegen auch der vom Rechtsstaat überwundenen polizeistaatlichen Tradition zugerechnet.[118]

Der Polizeistaat war zu dieser Zeit freilich nicht nur theoretisch, sondern auch politisch Vergangenheit. Dem bürgerlichen Rechtsstaat drohte von seiten des Staates keine ernstliche Gefahr. Der Staat des Kaiserreichs stützte sich ja längst nicht mehr nur auf Aristokratie und Kirche, Heer und Beamtenschaft, sondern ebensosehr auf das Bürgertum, dessen Wirtschaftsinteressen mit seinen

116 Bühler, Subjektive Rechte, S. 129; vgl. auch S. 87.
117 Bornhak, Preußisches Staatsrecht I, S. 268 ff.
118 Mayer, Verwaltungsrecht I, S. 110, Anm. 7.

Machtinteressen konvergierten. Im letzten Drittel des 19. Jahrhunderts hatte eine lebhafte Gesetzgebungstätigkeit die grundrechtlichen Prinzipien allenthalben in gesetzliche Regelungen umgeformt.[119] Angesichts dieser Entwicklung verlor der Grundrechtsschutz an politischer Bedeutung für das Bürgertum. Was zur Abwehr administrativer Übergriffe in die Individualsphäre nötig war, ließ sich in der Tat über das Prinzip der Gesetzmäßigkeit der Verwaltung erreichen, das in der Verwaltungsgerichtsbarkeit nun auch eine organisatorische Entsprechung fand. Anlaß, die bürgerliche Freiheit vor dem Gesetzgeber in Schutz zu nehmen, bestand nicht. Daraus erklärt sich freilich zunächst nur das geschwundene Interesse an Grundrechten. Wenn die Staatsrechtslehre überdies so viel Mühe darauf verwandte, die Grundrechte ihrer rechtlichen Bedeutung völlig zu entkleiden, so liegt der Verdacht nahe, daß es immer noch um jene Grundrechtswirkungen ging, die die bloße Bestandssicherung des status quo überstiegen. Die Frage lautet, welches Interesse daran bestehen konnte.

Zu Gerbers Zeiten hatte der dogmatischen Aushöhlung der Grundrechte noch eine Wendung gegen die Forderungen des liberalen Bürgertums innegewohnt. Diese Stoßrichtung besaß sie in der Ära Labands nicht mehr. Der private Freiheitsbedarf des Bürgertums war im Kaiserreich gedeckt, sein politischer Freiheitsbedarf reduziert. Der gesetzüberschreitende, programmatische Gehalt, der sich mit den Grundrechten verband, hätte unter diesen Umständen vielmehr den unterbürgerlichen Volksschichten zugute kommen müssen, deren Freiheitsbedarf noch nicht gestillt war und sich mit der Freiheit von gesetzwidrigem Zwang auch nicht stillen ließ. Ihre Forderungen mußten sich daher auf einen Ausbau und auf soziale Fundierung der Freiheit richten. Das konnte freilich nicht ohne Beschneidung einer Reihe bürgerlicher Freiheiten vor sich gehen. Bisweilen drangen derartige Befürchtungen sogar in der positivistischen Staatsrechtslehre an die Oberfläche. Zorn äußerte, daß der Grundrechtskatalog »einen bequemen Deckmantel bot für eine wunderliche Mischung von wirklichen Rechten und von politischen ... Wünschen«, und wollte deswegen mit der ganzen Kategorie kurzen Prozeß machen; Dantscher hielt sie für eine Gefahr, »indem sie immerhin einen

---

119 Aufzählung bei H.-G. von Münchhausen, Die Grund- und Freiheitsrechte im geltenden preußischen Recht, Greifswald 1908, S. 12 ff.

Rechtsgrund zur Erhebung unerfüllbarer Ansprüche« lieferten.[120] Die spätkonstitutionelle Grundrechtstheorie ist deswegen auch als Verteidigung des politischen und sozialen status quo gegen den Vierten Stand zu verstehen. Damit wird nichts über die subjektiven Absichten der Staatsrechtslehrer, wohl aber etwas über die objektive Funktion ihrer Lehre gesagt.

120 Ph. Zorn, Das Staatsrecht des Deutschen Reiches, Bd. 1, Berlin 1895, S. 371; Dantscher, Politische Rechte, S. 100.

Methode als Machtfaktor

A.

Die juristische Methode wird in der Regel nicht mit dem Thema Recht und Macht[1] in Verbindung gebracht. Der Grund liegt darin, daß die Methode nur als Mittel zur Durchdringung und Anwendung des positiven Rechts gilt. Dieses hat einen Machtbezug, und insofern Methode es handhabbar macht, partizipiert sie an dessen Eigenschaften, erlangt aber keine eigenständige Bedeutung. Andererseits steht heute außer Zweifel, daß der Sinn des positiven Rechts in bezug auf bestimmte Probleme nicht schon im Normtext zutageliegt, sondern erst interpretativ ermittelt werden muß. Der Streit, ob es sich dabei um einen kognitiven oder volitiven Akt handelt, kann in unserem Zusammenhang auf sich beruhen, denn niemand leugnet, daß stets eine mehr oder weniger komplizierte Vermittlung zwischen abstrakter Norm und konkretem Fall erforderlich ist. Wegen dieser Notwendigkeit hat die Rechtswissenschaft zu allen Zeiten Metaregeln über die Feststellung des Normsinns gekannt und als Methode bezeichnet. Die Methode ist zwar der Norm gegenüber insofern unselbständig, als sie nicht aus sich heraus normativen Sinn produzieren, sondern nur einen vorgegebenen Sinn reproduzieren kann. Sie ist ihr gegenüber aber insofern selbständig, als der Sinn vor der methodischen Anfrage nicht abschließend feststeht. Indem sich die Methode auf einen positivrechtlichen Gegenstand richtet, kann sie keinen beliebigen Sinn hervorbringen. Soweit sie ihrem Gegenstand gegenüber selbständig ist, konstituiert sie dessen Sinn mit. Diese Differenz läßt sich auch nicht dadurch überbrücken, daß die Methode der Normanwendung selbst wieder normiert wird. Alle derartigen Versuche sind an dem Charakter der Methode als Metaregel gescheitert. In der Methodenwahl fallen zwangsläufig Vorentscheidungen über Interpretationsinhalte. Unter diesen Umständen relativiert sich freilich die Annahme von der Machtindifferenz der juristischen Methode. Wenn das Recht mit seinem Inkrafttreten noch nicht

---

1 Die Überlegungen sind zuerst auf dem IV. Internationalen Kongreß der Società Italiana di Storia del Diritto 1980 in Neapel vorgetragen worden, der unter dem Generalthema »Recht und Macht« stand.

völlig bestimmt ist, sondern endgültige Gestalt erst in der Anwendung findet, dann sind die Anwendungsregeln für eine Rechtsordnung nicht weniger relevant als die Rechtsnormen selbst. Ja, sie vermögen diese an Relevanz zu übertreffen, weil von der Methode das Schicksal ganzer Normenkomplexe abhängen kann. Deswegen betreffen die großen Schulenstreite in der Rechtswissenschaft oft weniger Inhalte als Methoden. Die Methode, die den Inhalt rechtsanwendender Entscheidungen mitbestimmt, wird unter Machtgesichtspunkten diskutierbar.

Solche Diskussionen finden indessen relativ selten statt. Die juristische Methode ist kein bevorzugter Gegenstand der Rechtsgeschichte. Eine Methodengeschichte im engeren Sinn existiert nicht. *Fikentschers* Werk über »Methoden des Rechts«[2], in dem man sie vermuten könnte, versteht unter Methode Denkweisen über Recht und Arten der Rechtsverwirklichung. Die Interpretationsmethode ist dafür nur ein Faktor unter anderen. Ähnliches gilt für Wissenschaftsgeschichten des Rechts wie *Wieackers* »Privatrechtsgeschichte der Neuzeit«.[3] Man wendet sich also am ehesten an den historischen Teil von *Larenz'* »Methodenlehre der Rechtswissenschaft«[4], der allerdings erst mit Savigny einsetzt. Methodengeschichte erscheint hier als Abfolge von Lehrmeinungen, deren Bewegungsprinzip Ideen sind. Bezüge zur politischen und sozialen Realität werden nicht hergestellt. Die Kritik der verschiedenen Methoden erfolgt unter dem Gesichtspunkt ihrer logischen Möglichkeit und sachlichen Richtigkeit. Die Frage nach der Funktion bestimmter Methoden in ihrer Zeit spielt keine Rolle. Trifft es demgegenüber zu, daß in der Methodenwahl Vorentscheidungen über Norminhalte fallen, dann muß auch der Zusammenhang von Methode und Ergebnis thematisiert werden. Methoden sind darauf zu überprüfen, ob sie systematisch bestimmte Inhalte begünstigen oder benachteiligen. Dahinter steht weder die Annahme, daß Methode stets Ideologie und die Suche nach Richtigkeitskriterien der Rechtsanwendung daher vergeblich wäre, noch gar die Behauptung, daß Methode regelmäßig zur Tarnung von Inhalten eingesetzt werde. Es geht vielmehr um die historische Funktion der verschiedenen Methoden und die daran anschließende Frage, worin die Gründe ihres Entstehens, Erfolgs und Nie-

2 5 Bände, 1975-77.
3 2. Aufl. 1967.
4 4. Aufl. 1979.

dergangs liegen. Diese Fragen lassen sich nicht ideengeschichtlich, sondern nur sozialgeschichtlich beantworten. Ideengeschichte wird dadurch aber nicht überflüssig, vielmehr in das umfassende Konzept der Sozialgeschichte einbezogen.[5] Das Ziel ist eine Methodengeschichte, die sich als Wirkungsgeschichte begreift.

Dabei handelt es sich freilich um ein großes Programm, für das im gegenwärtigen Zeitpunkt erst Teilergebnisse vorliegen. Zahlreiche Zusammenhänge bleiben noch zu erforschen, und zwar nicht nur auf der Grundlage der Methodenschriften der Schulenhäupter, sondern auch unter Einbeziehung der praktizierten Methode in den dogmatischen Schriften und womöglich der Rechtsprechung als Anwendungsinstanz wissenschaftlich produzierter Methoden. Im Rahmen dieses kurzen Beitrags ist das nicht einmal ansatzweise zu leisten. Es soll vielmehr nur ein Einzelphänomen herausgegriffen werden, und zwar der *juristische Positivismus in Deutschland*. Unter Positivismus verstehe ich dabei diejenigen Interpretationsmethoden, welche den Sinn von Normen allein aus rechtlichen Faktoren ermitteln wollen, den Rückgriff auf Rechtsideen, Regelungszwecke und Wirklichkeitsbefunde und damit auch alle Anleihen bei den Sozialwissenschaften, der Philosophie und Geschichte ablehnen. Weitere Bedeutungen, die sich ebenfalls mit dem Begriff verbinden, scheiden hier aus.[6] Der Positivismus wird nicht nur wegen der relativ günstigen Forschungslage ausgewählt, auf der dieser Beitrag fußt[7], sondern vor allem deswegen, weil er die Behauptung, die der Titel des Aufsatzes enthält, gerade dementiert. Der Positivismus nimmt ja für sich in Anspruch, im

5 Vgl. Grimm, Rechtswissenschaft und Geschichte, in diesem Band S. 409 ff.
6 So z. B. die Geltungsfrage, die Gerechtigkeitsfrage, die Frage nach dem wirklichen Recht; s. dazu etwa Shuman, Legal Positivism, 1963; Blühdorn/Ritter (Hg.), Positivismus im 19. Jahrhundert, 1971; Maihofer (Hg.), Naturrecht oder Rechtspositivismus? 2. Auf. 1972; Bobbio, Giusnaturalismo e positivismo giuridico, 2. Aufl. 1972; Ott, Der Rechtspositivismus, 1976.
7 Vgl. etwa Wilhelm, Zur juristischen Methodenlehre im 19. Jahrhundert, 1958; v. Oertzen, Die Bedeutung C. F. von Gerbers für die deutsche Staatsrechtslehre, Festgabe für Smend, 1962, 183; Wieacker, Privatrechtsgeschichte der Neuzeit, 2. Aufl. 1967, 348 ff.; Franssen, Positivismus als juristische Strategie, JZ 1969, 766; v. Oertzen, Die soziale Funktion des staatsrechtlichen Positivismus, 1974 (maschinenschr. Diss. 1953); Dilcher, Der rechtswissenschaftliche Positivismus, ARSP LXI (1975), 497; Kriele, Theorie der Rechtsgewinnung, 2. Aufl. 1976; Haverkate, Gewißheitsverluste im juristischen Denken, 1977; Krawietz (Hg.), Theorie und Technik der Begriffsjurisprudenz, 1976; Fioravanti, Giuristi e Costituzione politica nell'Ottocento tedesco, 1979; Rath, Positivismus und Demokratie, 1981.

Gegensatz zu anderen Methoden nichts als normativ vorgegebene Inhalte unverfälscht zur Geltung zu bringen. Er bestreitet also gerade die inhaltliche Relevanz und insofern den Machtgehalt von Methode. Der Positivismus bildet daher einen besonders geeigneten Test für das Thema. Er kann hier freilich nicht in der erwünschten Vollständigkeit und Differenziertheit, sondern nur in einer selektiven und flüchtigen Skizze vorgestellt werden. Das erscheint jedoch deswegen vertretbar, weil es im gegenwärtigen Stadium nicht um die Wiedergabe von Ergebnissen, sondern um die Gewinnung von Arbeitshypothesen geht.

B.

1. Der Positivismus als erklärtes Methodenpostulat der Rechtswissenschaft ist eine Folgeerscheinung der großen privatrechtlichen Kodifikationen in Frankreich und Österreich. Diese schufen dafür in zweifacher Hinsicht günstige Voraussetzungen. Materiell betrachtet, schlossen sie eine Epoche vorherrschend naturrechtlicher Argumentation und Rechtskritik ab, indem sie die Inhalte des Naturrechts, die großenteils in Widerspruch zu der überkommenen ständisch-feudalen Ordnung standen, positivierten. Das Naturrecht wurde damit sozusagen funktionslos. Wenn die Gerechtigkeitsvorstellungen der Zeit im Gesetz ihren Ausdruck fanden, erübrigte sich die Frage nach dem richtigen Recht. Die Rechtswissenschaft konnte sich ganz auf das geltende Recht konzentrieren. Formal betrachtet, gelangen in den Kodifikationen erstmals Gesetzeswerke, die große Rechtsgebiete umfassend, systematisch geschlossen und abstrakt-generell regelten. Der Rückgriff auf außergesetzliche Bestimmungsfaktoren, ohne den das lückenhafte, heterogene und kasuistische ältere Recht nicht auskam, schien damit entbehrlich. War jedes erdenkliche Rechtsproblem in der Kodifikation vorgedacht, mußte sich die Fallösung auch aus dem Normtext allein ergeben. Das ist erstmals in *Proudhons Cours de Droit français* von 1810 klar ausgesprochen. Proudhon betrachtete den *Code Napoléon* ungeachtet aller seiner Anleihen beim römischen Recht und beim *droit coutumier* als *»un corps entièrement neuf, composé des maximes les plus sages ..., toutes coordinées avec méthode, et enchaînées dans un système convenable à notre état politique actuel«*, und konnte auf dieser Grundlage sei-

ne berühmte Devise formulieren: »*C'est donc dans le Code Napoléon qu'il faut étudier le Code Napoléon*«.[8] Beiden Kodifikationen folgte daher eine lange Phase strikt textexegetischer Gesetzesauslegung, die jeden Rückgriff auf außergesetzliche Verständnishilfen mied.[9] Der juristische Positivismus debütierte also in Gestalt des Gesetzespositivismus und ging dem Positivismus als allgemeiner Wissenschaftstheorie, der Comte erst um die Jahrhundertmitte Programm und Namen gab, als eigenständiges Phänomen voran.

In Deutschland fehlte zur selben Zeit ein Anknüpfungspunkt für den Positivismus, wie ihn die französische oder die österreichische Kodifikation boten. Gleichwohl vollzog sich jetzt auch hier eine Abwendung vom Naturrecht und eine Aufwertung des positiven Rechts. Diese Wende konnte ihren Grund freilich nicht in einer erreichten Positivierung des Naturrechts haben, sondern hing im Gegenteil mit dem Bemühen zusammen, eine naturrechtlich geprägte Kodifikation zu verhindern. Als sich im Anschluß an die Befreiungskriege die nationalen Einigungsbestrebungen in der Forderung nach einem einheitlichen deutschen Privatrechtsgesetzbuch fortsetzten, hielt *Savigny* dem das Prinzip der historischen Kontinuität entgegen.[10] Anders als noch in seiner Marburger Methodenvorlesung, die vom staatlichen Gesetz als alleiniger Rechtsquelle ausgegangen war, vertrat Savigny nun die Ansicht, daß Recht weder universell vorgegeben sei noch dem Willen des Staates entspringe, sondern gleich der Sprache ein Produkt still wirkender gesellschaftlicher Kräfte bilde, denen er später den Namen Volksgeist gab.[11] Dabei trat das Volk jedoch nicht als politische, sondern nur als kulturelle Größe in Erscheinung[12], so daß das Recht als Organ des Volkes gelten und doch ohne seinen erklärten Willen zustande kommen konnte. Das Volk fand

---

8 Proudhon, Cours de Droit français 1, 1810, XIII f.

9 Vgl. dazu Bonnecase, L'école de l'exégèse en droit civil, 1919, Gaudemet, L'interprétation du Code civil en France, 1935; Ogris, Der Entwicklungsgang der österreichischen Privatrechtswissenschaft im 19. Jahrhundert, 1968.

10 Savigny, Vom Beruf unserer Zeit für Gesetzgebung und Rechtswissenschaft, in: Stern (Hg.), Thibaut und Savigny. Neudruck 1959, 69, bes. 75 ff.; dort, 35, auch die Schrift von Thibaut, Über die Notwendigkeit eines allgemeinen bürgerlichen Gesetzbuchs für Deutschland, beide aus dem Jahr 1814.

11 Vgl. einerseits die erst 1951 von Wesenberg edierte Juristische Methodenlehre von 1802/03, 17, 14, andererseits Beruf, 79; der Ausdruck »Volksgeist« dann im System des heutigen Römischen Rechts, 1, 1840, 14.

12 Vgl. Wieacker, Privatrechtsgeschichte, 391 ff.

seine Repräsentanten nicht im Parlament, sondern im Juristen-stand.[13] Im Gewande einer Rechtsquellenlehre entschied sich Savigny damit für wissenschaftliche und gegen politische Rechts-erzeugung und, insofern allenthalben die Bildung von National-repräsentationen und ihre Beteiligung an der Gesetzgebung auf der Tagesordnung stand, auch gegen Verfassungen. Gleichwohl verbarg sich hinter Savignys Kontinuitätsthese keine unter-schiedslos restaurative Position. Savigny stand, was den Rechts-inhalt betraf, auf dem kantischen Standpunkt, daß das Recht nicht eine objektive Sittlichkeit durchzusetzen, sondern subjektive Frei-heitssphären abzugrenzen habe.[14] Diese Freiheit galt jedoch nur im Verhältnis der Privatleute untereinander, nicht gegenüber dem Staat, für dessen Liberalisierung Savigny keinerlei Sympathie hegte.

Wenn Savigny nun statt einer Kodifikation die wissenschaftliche Erneuerung des römischen Rechts empfahl, so war das insofern nicht inkonsequent, als sich auf diese Weise historische Kontinui-tät und private Freiheit miteinander vereinbaren ließen. Allerdings fehlten dem römischen Recht alle Eigenschaften, die der Gesetzes-positivismus voraussetzte. Savigny kam daher auf die engen geset-zespositivistischen Vorstellungen seiner Marburger Methoden-lehre gar nicht mehr zurück, sondern stellte die Beschränkung der Rechtsanwendung auf bloße Textexegese nun als das »nachteilig-ste Verhältnis« hin und verband mit dem Wort Willkür, statt wie vorher die rechtsfortbildende Tätigkeit des Richters, jetzt den ge-setzgeberischen Eingriff in das Wirken des Volksgeistes und seiner Repräsentantin, der Rechtswissenschaft.[15] Diese mußte dann frei-lich jene Bereinigung und Systematisierung des gemeinen Rechts mit übernehmen, die längst als überfällig erkannt und gerade von einer Kodifikation erwartet worden war. Die Aufgabe bedingte ein gewisses Maß an Freiheit gegenüber dem tradierten Rechts-stoff. Savigny stellte daher auch nicht den einzelnen Rechtssatz in

13 Savigny, Beruf, 78.
14 System I, 331 f. Vgl. dazu Coing, Kant und die Rechtswissenschaft, 1955; Kief-ner, Der Einfluß Kants auf Theorie und Praxis des Zivilrechts im 19. Jahrhun-dert, in: Blühdorn/Ritter (Hg.), Philosophie und Rechtswissenschaft, 1969, 3; Dilcher, ARSP LXI, 500 ff., 515 ff.
15 Vgl. einerseits Methodenlehre, 15, andererseits Beruf, 147 f., 79. Dazu Mohn-haupt, Richter und Rechtsprechung im Werk Savignys, in: Wilhelm (Hg.), Stu-dien zur europäischen Rechtsgeschichte, 1972, 243.

den Mittelpunkt seiner Theorie.[16] Er betrachtete diesen vielmehr nur als fragmentarischen Ausdruck eines hinter ihm gelegenen Rechtsinstituts, das sich mit anderen Instituten wiederum zum System fügte. Die einzelne Norm wurde nur vom Institut her, dieses erst im Systemzusammenhang voll verständlich. Mit Hilfe von Institut und System sollten auch Lücken im positiven Recht geschlossen, Widersprüche beseitigt und neuartige Probleme gelöst werden können. Die bekannten *canones* der Gesetzesauslegung[17] müssen in diesem Kontext gesehen werden. Sie banden die Gesetzesinterpretation strikt an den Gesetzesinhalt, während der Gesetzeszweck der Norm äußerlich blieb. Daher verengte Savigny die logische Auslegung, die im Sprachgebrauch der Zeit die Feststellung des gesetzgeberischen Willens und des Gesetzesgrundes meinte[18], auf die »Gliederung des Gedankens«.[19] Ebenso ging es ihm bei der historischen Interpretation, die auf den früheren und vom Gesetz geänderten Zustand zielte, nicht um den sozialen Zustand, sondern ausdrücklich um das derogierte Recht. Erst die systematische Interpretation erschloß eine weitere Dimension und stellte das Gesetz in den »inneren Zusammenhang, welcher alle Rechtsinstitute und Rechtsregeln zu einer großen Einheit verknüpft«.[20] Die *canones* stützten auf diese Weise Savignys Grundentscheidung ab. Das staatliche Gesetz konnte sich nur im Rahmen des Systems entfalten. Die Vorherrschaft der Wissenschaft war auch gegenüber dem Gesetzgeber gesichert.

Mit demjenigen Positivismus, der die Kodifikationsländer beherrschte, hatte Savignys Methodenlehre unter diesen Umständen nichts gemein. Gleichwohl ließe auch sie sich als positivistisch bezeichnen, wenn die wissenschaftliche Beherrschung des Rechtsstoffs als eine rein juristische, anderer Erkenntnisfaktoren nicht bedürftige gedacht gewesen wäre. Indessen hatte Savigny schon in seiner Programmschrift von 1814 dem Recht ein »Dasein für sich« abgesprochen und es stattdessen als Aspekt der sozialen Wirklichkeit beschrieben.[21] Im »System« knüpfte er an diese Feststellung

16 Vgl. System 1, 9 f., zur Produktivität des Systems ebenda, 290 ff. Dazu Wilhelm, Methodenlehre, 46 ff.
17 S. System 1, 213.
18 Vgl. Frommel, Die Rezeption der Hermeneutik bei Karl Larenz und Josef Esser, 1981, 27 ff.
19 Savigny, System 1, 214. Dort auch die Erläuterung der übrigen canones.
20 Ebenda.
21 Beruf, 88. Vgl. dazu Wilhelm, Methodenlehre, 50 ff.

an: Auch die für die Rechtsgewinnung zentrale Kategorie, die Rechtsinstitute, bildeten nur die rechtliche Seite eines sozialen Komplexes.[22] Als solche waren sie historischem Wandel unterworfen und daher in ihrer gegenwärtigen Gestalt nur historisch verstehbar. Daraus ergab sich die Angewiesenheit der Rechtsdogmatik auf die Rechtsgeschichte, freilich eine Rechtsgeschichte, die sich weder antiquarisch verstand noch normativ abkapselte, sondern für die Entstehungs- und Wirkungsbedingungen des geltenden Rechts interessierte. Zugleich aber mußte in den geschichtlich gewordenen Rechtsinstituten das einheitsstiftende Prinzip der Gegenwart entdeckt und für die Rechtsanwendung fruchtbar gemacht werden. Das war die Aufgabe der Systematik.[23] Auch diese blieb indes, insofern das System keine wissenschaftliche Kunstschöpfung, sondern lediglich die Rekonstruktion der dem Recht bereits innewohnenden Struktur war, der sozialen Wirklichkeit verpflichtet. Daher konnte sie mit Logik allein nicht auskommen, sondern mußte auf die dem Recht zugrundeliegenden sozialen Verhältnisse Rücksicht nehmen. Änderten sich diese, so hatte das notwendig eine Änderung des Rechtssystems zur Folge. Beide Methoden, die historische und die systematische, erkannten auf diese Weise die soziale Bedingtheit des Rechts an und ermöglichten erst zusammen seine richtige Anwendung. Vor einer einseitigen Bevorzugung des systematischen Elements warnte Savigny ausdrücklich, denn »die Wissenschaft wird alsdann einen hohen Grad formeller Ausbildung erlangen können und doch alle eigentliche Realität entbehren«.[24]

Es ist bekannt, daß Savignys Werk sich von diesem methodologischen Programm entfernte. In einer ersten Phase dominierte die Rechtsgeschichte, jedoch eine Rechtsgeschichte, die weder den Anschluß an das geltende Recht suchte, um dieses aus seiner Entwicklung zu verstehen, noch ihren Gegenstand in seinem sozialen Kontext betrachtete, um ihn dadurch als Wirklichkeitsaspekt zu begreifen. In einer zweiten Phase stand die Systematik im Vordergrund, jedoch eine Systematik, die die historisch-soziale Bedingtheit des Rechts ignorierte und es aus einer ihr immanenten Ord-

22 System 1, 9 ff. Zu den methodologischen Konsequenzen Wilhelm, Methodenlehre, 19 ff.

23 Savigny, System 1, Vorrede XXXVI, 10, 290 ff. Dazu Wilhelm, Methodenlehre, 57 ff.

24 Beruf, 89.

nung zu verstehen suchte. Savigny verhielt sich so, als ob das Recht seiner eigenen Annahme zum Trotz ein Dasein für sich habe, und näherte sich damit der Prämisse aller positivistischen Methodenlehren an. Eine solche Haltung ist, sofern man sie nicht vorschnell als logischen oder historischen Bruch deuten will, wofür gerade bei Savigny wenig spricht[25], nur dann möglich, wenn die Wechselwirkung von Recht und Wirklichkeit, die theoretisch anerkannt ist, praktisch unproblematisch erscheint. Dafür finden sich in Savignys Lehre allerdings Hinweise.[26] Auffällig ist einmal, daß Savigny den Gedanken der Geschichtlichkeit des Rechts nur retrospektiv verwendet. Er bezieht ihn auf die organische Entwicklung des gegenwärtigen Rechts, das eben daraus seine Legitimität zieht, während er die prospektive Seite der Geschichtlichkeit unterschlägt. Zum anderen zeigen Savignys Aussagen über das Verhältnis von Recht und Wirklichkeit, daß deren Entsprechung nicht eigentlich als Aufgabe betrachtet, sondern vorausgesetzt wird. Das Recht gewinnt seinen Wert nicht aus der angemessenen Erfüllung einer sozialen Funktion, sondern bringt ihn aus der Geschichte mit. Beides führt dazu, daß eine Analyse der Wirklichkeit mit dem Ziel, die Adäquanz des geltenden Rechts zu überprüfen, entbehrlich wird. Insofern damit das bestehende Recht immer auch das legitime ist, fungierte Savignys Methodenlehre als Stütze der bestehenden Verhältnisse. Sprach er sich mit seiner Option für wissenschaftliche Rechtsbildung gegen den politischen Liberalismus aus, so begünstigte er mit seiner Option für das römische Recht den ökonomischen Liberalismus, den die Obrigkeit aus eigenem Interesse zuzugestehen bereit war.[27] Die Abwendung von der Gegenwart in einer Phase starken bürgerlichen Reformdrucks und der systematische Ausbau des überkommenen Rechts in einer Phase politischer Beruhigung sind nur der zeitbedingt verschiedene Ausdruck ein und derselben Haltung. Savignys Methode verhinderte durchgreifende Änderungen.

25 Dazu Wieacker, Privatrechtsgeschichte, 386; ders., Gründer und Bewahrer, 1959, 117 ff.
26 Vgl. vor allem Wilhelm, Methodenlehre, 36 ff., und Böckenförde, Die Historische Rechtsschule und das Problem der Geschichtlichkeit des Rechts, in: ders., Staat-Gesellschaft-Freiheit, 1976, 13 ff.
27 Vgl. Dilcher, ARSP LXI, 518 f.: »Savigny und die begriffspositivistische Richtung entscheiden sich also für die freigesetzte Gesellschaft im obrigkeitlichen Staat.« Ferner, teils einseitiger, Wilhelm, Methodenlehre, bes. 40 Anm. 92; Haverkate, Gewißheitsverluste, 55 ff.

2. Der von Savigny weniger postulierte als praktizierte Positivismus verstärkte sich im Verlauf des 19. Jahrhunderts bis zur erklärten Methode der Privatrechtswissenschaft. Wesentliche Schritte erfolgten bereits bei *Puchta*.[28] Puchta, wiewohl der Historischen Schule ganz verpflichtet, entfernte sich von dieser, gerade was das Verhältnis von Recht und sozialer Wirklichkeit anlangt, doch in zwei wichtigen Punkten. Der erste betrifft die Rechtsquellenlehre. Wie bei Savigny lag für Puchta das Schwergewicht der Rechtserzeugung bei der Rechtswissenschaft. Während Savigny aber das Juristenrecht letztlich als eine Form des Gewohnheitsrechts einstufte, also dem Volksrecht zuschlug, war Puchta auf den Unterschied bedacht.[29] Zum Gewohnheitsrecht gehörte für ihn nur das von Savigny sogenannte materielle Juristenrecht. Darunter fielen diejenigen Rechtssätze, welche die Rechtswissenschaft in Repräsentation des Volkes erzeugte. Eigenständige Bedeutung kam dagegen dem sogenannten formellen Juristenrecht zu. Darunter hatte Savigny diejenigen Rechtssätze verstanden, die aus der systematischen Entfaltung des Rechtsstoffs hervorgingen. Den Unterschied sah Puchta im Geltungsgrund.[30] Das materielle Juristenrecht zog seine Geltungskraft wie das Gesetzesrecht aus einer »äußeren Autorität«. Dagegen beruhte das eigentlich wissenschaftliche, aus der systematischen Arbeit hervorgehende Recht nur auf »innerer Autorität«. Es legitimierte sich durch seine »wissenschaftliche Wahrheit«. Im Ergebnis waren damit die ursprünglich gleichwertigen Rechtsquellen in ein Rangverhältnis geraten. Insofern das materiell wahre Recht die höhere Dignität genießt als das nur formell gültige, nahm dieses den obersten Platz ein. Der Juristenstand hatte das Volk verdrängt. Sein Monopol war vollständig befestigt.[31]

So wie sich der Akzent bei den Rechtsquellen vom Volksrecht aufs Juristenrecht verschob, verschob er sich methodologisch von der Geschichte aufs System.[32] Auch insoweit war Savigny vorangegan-

28 Vgl. vor allem Wilhelm, Methodenlehre, 70 ff.; ferner Wieacker, Privatrechtsgeschichte, 399 ff.; Haverkate, Gewißheitsverluste, 80 ff. Generell Bohnert, Über die Rechtslehre Georg Friedrich Puchtas, 1975.

29 Vgl. Savigny, System 1, 45 ff., 91; Puchta, Cursus der Institutionen 1, 1841, 38; ders., Vorlesungen über das heutige römische Recht 1, 4. Aufl. 1854, 43.

30 Puchta, Das Gewohnheitsrecht II, 1837, 15; ders., Institutionen, 37; ders., Vorlesungen 1, 41 f.

31 Vgl. Wieacker, Privatrechtsgeschichte, 399; Haverkate, Gewißheitsverluste, 80 ff. Vgl. in diesem Zusammenhang auch die Auseinandersetzung, die Beseler, Volksrecht und Juristenrecht, 1843, mit Puchta führte.

32 Vgl. Wilhelm, Methodenlehre, 79 ff. Wieacker, Privatrechtsgeschichte, 400 ff.

gen. Aber das Savignysche System setzte sich aus den sachgeprägten Rechtsinstituten zusammen. Puchtas System setzte sich dagegen aus den von den Rechtssätzen abgezogenen Begriffen zusammen. Den zutreffenden Sinn einer Norm erfaßte derjenige, welcher »die Abstammung eines jeden Begriffs durch alle Mittelglieder, die an seiner Bildung Anteil haben, auf- und abwärts zu verfolgen vermag«.[33] Puchta nannte dieses Verfahren eine »Genealogie der Begriffe«.[34] Diese Genealogie meinte nicht mehr die Entstehung und Veränderung eines Rechtssatzes oder Rechtsinstitutes im Gefolge sozialen Wandels, sondern nur noch die logische Ableitung. Dennoch handelte es sich nicht um ein Deduzieren aus obersten Begriffen nach der Art des Vernunftrechts.[35] Puchta wollte vielmehr im gegebenen Rechtsstoff das als vorhanden angenommene System aufdecken. War das einmal gelungen, ließen sich mit dem genealogischen Verfahren allerdings Rechtssätze gewinnen, die weder im Gewohnheitsrecht noch im Gesetzesrecht vorkamen.[36] Rechtsbildung und Rechtsanwendung waren damit von der sozialen Wirklichkeit abgekoppelt.[37] Die Geschichte und also das Verständnis des Rechts aus seinen Entstehungs- und Wirkungsbedingungen wurde überflüssig. Zwar hielt Puchta am historischen Charakter des Rechts fest mit der Folge, daß sich die Rechtswissenschaft in einen historischen und einen systematischen Zweig teilte. Doch vermochte er die Funktion der Geschichte für die Systematik nicht mehr zu begründen. Ihre Bedeutung beschränkte sich darauf, dem positiven Recht seinen zufälligen Charakter zu nehmen. Es entwickelte sich mit einer gewissen Notwendigkeit und war in dieser Notwendigkeit auch vernünftig.[38] Wie bei Savigny erübrigte sich auf diese Weise eine kritische Überprüfung und Fortbildung im Lichte einer sich weiter wandelnden sozialen Wirklichkeit. Auch Puchta trug im Gewande von Methode zur Stabilisierung des *status quo* bei. Der Unterschied bestand darin, daß Puchta dasjenige zur Lehre erhoben hatte, was bei Savigny noch schulwidrige Praxis gewesen war.

Diese Ansätze wurden um die Jahrhundertmitte von *Gerber* und

33 Puchta, Institutionen I, 101, ähnlich 36.
34 Ebenda, 101.
35 So mit Recht Frommel, Rezeption, 149 ff., bes. 160 ff., gegen Larenz, Methodenlehre, 21 ff. Vgl. auch Bohnert, Puchta, 154 ff.
36 Puchta, Institutionen I, 36 f.
37 Vgl. Wilhelm, Methodenlehre, 80 ff.; Wieacker, Privatrechtsgeschichte, 401 f.
38 Puchta, Vorlesungen I, 24.

Jhering ausgebaut.[39] Ihnen ging es nunmehr um die endgültige Lösung der Rechtswissenschaft aus ihren historischen und sozialen Bezügen, die Puchta vorweggenommen, aber noch nicht eingestanden hatte. Die geschichtliche Rechtswissenschaft vermochte nach beider Ansicht nur zum Verständnis eines positiven Rechtsstoffs in seiner Vielgestaltigkeit zu führen. Sie verhielt sich rezeptiv. Die eigentliche Aufgabe der Rechtswissenschaft lag aber in der Beherrschung der Gegenwart. Darunter war mehr als die korrekte Anwendung des geltenden Rechts zu verstehen. Gesetzesinterpretation bildete für Jhering die »absolut niedrigste Stufe aller wissenschaftlichen Tätigkeit«.[40] Die Rechtswissenschaft mußte vielmehr selbst produktiv werden. Voraussetzung dafür war, daß man »den gegebenen Rohstoff zu Begriffen verflüchtigt«.[41] Die von allen Bindungen an Gesetz und Realität freien Begriffe stellten das produktive Element der Rechtswissenschaft dar. Sie gewannen eine eigene juristische Realität, die sich Jhering geradezu körperhaft vorstellte.[42] Zusammengesetzt ergaben diese Begriffe ein lückenloses System, das nicht nur die richtige Anwendung des positiven Rechts gewährleistete, sondern auch die Füllung jeder Lücke erlaubte, so daß die Rechtswissenschaft »nie ein absolutes Defizit an Rechtssätzen zu befürchten hat«.[43] Der sogenannten höheren Jurisprudenz blieb das »demütige Los« erspart, ihre Aufgaben von der Praxis zu empfangen und mit den Lösungen der tatsächlichen Entwicklung nachzueilen.[44] Denn wie ungewöhnlich sich auch der fortschreitende Verkehr entwickeln mochte, daß er etwas absolutes Neues, keinem bisherigen Begriff Subsumierbares bringen könnte, schien Jhering ebenso unmöglich wie die Entdeckung eines Tieres, das nicht ins zoologische System paßte.[45] Dahinter stand die Annahme, daß die seit Jahrtausenden arbeitende Jurisprudenz des römischen Rechts alle »Grundformen oder Grundtypen der Rechtswelt entdeckt« und die Rechtserfahrung zeitlos kondensiert habe. Unter dieser Voraussetzung wurde die doppelte

---

39 Vgl. Wilhelm, Methodenlehre, 88 ff.; Wieacker, Privatrechtsgeschichte, 433 ff.; 450 f.
40 Jhering, Unsere Aufgabe, Jahrbücher für Dogmatik 1 (1857) 7 f.
41 Ebenda, 9.
42 Ebenda, 10. Daraus erklärt sich auch Jherings Charakterisierung seiner Methode als »naturhistorisch«. Dazu Wieacker, Privatrechtsgeschichte, 434 f.
43 Ebenda, 16.
44 Ebenda, 18 f.
45 Ebenda, 16. Dort auch die beiden weiteren zitierten Stellen.

Folgerung plausibel, daß Logik für juristische Richtigkeit und juristische Richtigkeit zugleich für soziale Gerechtigkeit bürge. »Eine solche Jurisprudenz läßt sich nicht mehr durch die Geschichte in Verlegenheit setzen«.

Dabei hatte Gerber den weiteren Weg zurückzulegen als Jhering. Als Germanist gehörte er einer Disziplin an, die weder in der begrifflichen Durchdringung ihres Stoffes so weit vorangeschritten war wie die Romanistik, noch ihre wichtigste Aufgabe in der Dogmatik sah, sondern im Vormärz ein Zentrum der rechts-und verfassungspolitischen Forderungen des liberalen Bürgertums gewesen war. Den Grund für den Rückstand der Germanistik erblickte Gerber darin, daß dem deutschen Recht noch die von seinen sozialen Ursprüngen abgelöste, abstrakte Form fehle.[46] Ein solches, den faktischen Gegebenheiten verhaftetes Recht eigne sich nicht für die »voraussetzungslose und absolute Herrschaft des juristischen Gedankens, das reine Rechnen mit Begriffen«.[47] Erst wenn das Recht sich von den gesellschaftlichen Verhältnissen verselbständigte, konnte die Rechtswissenschaft zu der erreichbaren Höhe gelangen. Das setzte zunächst »eine möglichst konsequente Trennung des Geschichtlichen von der Dogmatik und besonders des Staatsrechtlichen und Politischen vom Privatrechte« voraus.[48] Zwar räumte Gerber ein, daß staatliche und soziale Zustände dem Recht eine bestimmte Richtung geben könnten. Doch verwies er sie in den juristisch unerheblichen Bereich der Motive. Sobald diese »ihre Aufgabe als rechtsbildende Kräfte vollendet haben, treten sie aus dem Kreise der juristischen Betrachtung zurück, welche sich allein damit beschäftigen kann, die Natur der entstandenen Institute und Sätze nicht nach ihrer zufälligen Beziehung zu vereinzelten Lebenszuständen, sondern nach ihrer Stellung in einem Systeme der Rechte zu untersuchen«.[49] Sodann war das systembildende Prinzip zu suchen, das dem deutschen Recht die Produktivität unabhängig von den sozialen Zuständen sicherte. Gerber fand

46 Vor allem System des Deutschen Privatrechts, 12. Aufl. 1875, VIII, XV f., 60; ferner Abhandlungen, 17, 39 ff., 214 ff.

47 Gerber, Gesammelte juristische Abhandlungen, 1872, 28.

48 Gerber, Deutsches Privatrecht, 1. Aufl. 1848, XVI. Der bekannte Ausspruch von Windscheid, Die Aufgaben der Rechtswissenschaft, in: ders., Gesammelte Reden und Abhandlungen, 1904, 101: ethische, politische oder volkswirtschaftliche Erwägungen seien nicht Sache des Juristen als solchen, hat hier ihren Ursprung.

49 Gerber, Deutsches Privatrecht, XI f.

es im menschlichen Willen, der »stets spezifisch derselbe« blieb, auf welche konkreten Verhältnisse er sich auch richten mochte.[50] Damit war das deutsche Recht dem römischen angeglichen und konnte nun ebenfalls die zeitlose Gewähr der »begrifflichen Wahrheit«[51] bieten.

Es ist bekannt, daß Gerber, indem er das deutsche Privatrecht von seiner sozialen Grundlage abzulösen versuchte und abstrakt machte, diesem eben diejenige Gestalt gab, welche den Bedürfnissen der sich entfaltenden Verkehrsgesellschaft entsprach und dem römischen Recht schon lange eignete.[52] Die soziale Basis bestand nämlich gerade in der feudalistischen und korporatistischen Sozial- und Wirtschaftsordnung, die eben zu der Zeit, als Gerbers »Deutsches Privatrecht« erschien, ihren letzten Stoß erhielt. Insofern ist auch Gerbers Programm alles andere als restaurativ. Das Problem lag vielmehr darin, daß er die gesellschaftliche Bedingtheit des überwindungsbedürftigen Rechts erkannte, diejenige des abstrakten Privatrechts ebenso wie Jhering aber ignorierte. Indessen vollzogen sich unter der Herrschaft der Begriffsjurisprudenz in Deutschland schwerwiegende soziale Veränderungen, die in ihrer Gesamtheit als Industrielle Revolution bezeichnet werden. Die Industrielle Revolution zerstörte das im liberalen Sozialmodell stillschweigend vorausgesetzte Kräftegleichgewicht in der Gesellschaft. Die Folge war, daß eine Rechtsordnung, die auf abstrakter Eigentums- und Vertragsfreiheit basierte, ihren Sinn eines gerechten Interessenausgleichs nicht mehr erreichen konnte. Diejenige Freiheit, welche die Individuen einst aus der staatlichen Bevormundung emanzipierte, schlug nun in ein gesellschaftliches Unterdrückungsinstrument um. Eine juristische Methode, für die »zwischen dem abstrakten Recht und dem tatsächlichen Leben, zwischen der abstrakt-rechtlichen und natürlich-sittlichen Auffassung eine ungeheure Kluft« bestand[53], konnte diesen Wandel nicht als juristisch folgenreich wahrnehmen. Wer ihn wahrnahm und juristisch zu verarbeiten versuchte wie beispielsweise *Gierke*, konnte nicht begriffsjuristisch vorgehen. Die begriffsjuristische Methode implizierte vielmehr eine Entscheidung in der Sache. Sie war eine Option für den bestehenden Zustand. Als der Liberalismus um die

50 Ebenda, xi.
51 Ebenda, xi f.
52 Dazu Wilhelm, Methodenlehre, 97 ff.; v. Oertzen, Positivismus, 224 ff.
53 Jhering, Geist des römischen Rechts ii/1, 1856, 299.

Jahrhundertmitte seinen Vertretungsanspruch für die Gesamtgesellschaft einbüßte und klassenideologische Züge annahm, fungierte die Begriffsjurisprudenz in ihrer scheinbaren Neutralität, die, wie Jhering sich ausdrückte, die Frage nach dem Warum des positiven Rechts nicht aufkommen ließ[54], als seine wichtige Stütze.

3. Im öffentlichen Recht fanden die neuen Methoden des Privatrechts zunächst keinen Widerhall.[55] Freilich waren auch die positivrechtlichen Voraussetzungen weniger günstig. Ein gemeinsames deutsches Staatsrecht bestand seit dem Untergang des Reiches nicht mehr. Das Bundesstaatsrecht, das die Souveränität bei den Mitgliedstaaten belassen mußte, konnte diesen Platz nicht einnehmen. Aber auch die staatsrechtliche Situation in den Partikularstaaten ergab in der ersten Hälfte des 19. Jahrhunderts kein einheitliches Bild. Neben Staaten, die die altständische Verfassung beibehalten oder wieder angenommen hatten, standen solche, die staatsrechtlich betrachtet absolute Monarchien waren, darunter namentlich die Führungsmächte Österreich und Preußen, und solche, in denen vergleichsweise moderne Repräsentativverfassungen galten. Selbst diese Verfassungen wurden aber zunächst nicht zum Anknüpfungspunkt einer positivrechtlichen Dogmatik. Das hing mit ihrer Eigenart zusammen. Vom Bürgertum ersehnt, aber nicht erstritten, von den Monarchen nicht gewollt, aber im Interesse dynastischer Selbsterhaltung zugestanden, trugen sie einen Kompromißcharakter, der weder Konservative noch Liberale befriedigte. Unter diesen Umständen wurden die Verfassungen nicht als Konsensbasis für den geordneten Austrag politischer Gegensätze akzeptiert, sondern blieben selbst politisches Kampfobjekt. Dementsprechend herrschte in der Literatur auch weiter die Gattung des allgemeinen oder natürlichen Staatsrechts vor, dem es nicht um die richtige Auslegung des positiven Rechts, sondern um die Positivierung des richtigen Rechts ging, mochte dieses im rationalen Naturrecht oder in der historischen Tradition gefunden werden. Auch als im Zuge der Konsolidierung des Verfassungslebens in den dreißiger Jahren eine Hinwendung zum positiven Verfassungsrecht einsetzte, geschah das nicht in positivistischer Weise. Vielmehr ka-

54 Jhering, Geist des römischen Rechts 1, 1852, 42. Vgl. zur Bewertung auch Wilhelm, Methodenlehre, 121 ff.
55 Vgl. zum folgenden Grimm, Die deutsche Staatsrechtslehre zwischen 1750 und 1945, in diesem Band S. 300 ff.

men bei der Auslegung des positiven Rechts die Bezüge zu den theoretischen und faktischen Bedingungen, aus denen es hervorgegangen war, und zu der politischen Realität, auf die es wirken sollte, zur Geltung und fanden in die Problemlösung Eingang.

Eine Annäherung an die Methoden der Privatrechtswissenschaft erfolgte erst nach der Revolution von 1848. Diese hatte die vormärzliche Situation insofern verändert, als einerseits die deutschen Staaten dem bürgerlichen Verfassungsverlangen fast ausnahmslos, wenn auch unter Wahrung des monarchischen Prinzips, nachgegeben hatten und andererseits der Wille des Bürgertums, seine weitergehenden verfassungspolitischen Ziele notfalls revolutionär durchzusetzen, angesichts des nachdrängenden Vierten Standes gebrochen war. In dieser Situation meldete sich im Jahre 1852 *Gerber* mit einer schmalen Schrift »Über öffentliche Rechte«, in der er die juristische Methode, die er bereits vom römischen Recht auf das deutsche Privatrecht übertragen hatte, nun auch ins öffentliche Recht einführte.[56] Bezogen auf das öffentliche Recht, meinte juristische Methode zweierlei. Zum einen ging es Gerber um eine Behandlung des Staatsrechts, die sich nicht auf »das bloße äußerliche Erzählen und Schildern der Verfassungszustände« beschränkte, weil eine solche Methode »abgesehen von der Natur ihres Objekts nichts eigentlich Juristisches in sich trägt«.[57] Statt dessen sollte das positive Recht aus dem ihm zugrundeliegenden Prinzip systematisch konstruiert werden. Zum anderen erhob er die Forderung, die systematische Betrachtung des Staatsrechts von allen nichtjuristischen Beimischungen zu reinigen. Das betraf zunächst das geschichtlich angeleitete Verständnis der staatsrechtlichen Institutionen. Gerber erledigte es mit der Bemerkung, daß zwischen den patrimonial- und ständestaatlichen Traditionen und dem modernen Konstitutionalismus ein vollständiger Bruch liege, so daß die Geschichte für das geltende Verfassungsrecht keinerlei Erklärungswert besitze.[58] Des weiteren zielte die Forderung auf die Eliminierung aller philosophischen und politischen Elemente aus der Dogmatik des positiven Staatsrechts.[59] Gerber meinte da-

---

56 Vgl. dazu vor allem Wilhelm, Methodenlehre, 129 ff., und v. Oertzen, Positivismus, 163 ff., bes. 214 ff.; ders., Festgabe für Smend, 1962, 183; Fioravanti, Giuristi e costituzione politica, 193 ff.

57 Gerber, Über öffentliche Rechte, 1852, 14.

58 Ebenda, 1 ff. Noch schärfer ders., Grundzüge eines Systems des deutschen Staatsrechts, 2. Aufl. 1869, 9 f., bes. Anm. 2.

59 Gerber, Öffentliche Rechte, 27; Grundzüge, vi, 230 ff.

mit nicht nur die Auslegung des positiven Rechts im Lichte politischer Wunschvorstellungen, deren unwissenschaftlicher Charakter damals nicht mehr in Frage stand, sondern vor allem die herrschende und als wissenschaftlich durchaus anerkannte Methode, welche zum Verständnis des positiven Rechts auch die Ideen, aus denen es hervorgegangen war, und die politische Wirklichkeit, an die es sich richtete, heranzog. Wissenschaftlichkeit bedeutete für ihn, daß das Politische nur noch Material, nicht mehr Bestimmungsfaktor der Rechtsbetrachtung war.[60]

Gerber schickte seinem Plädoyer für die juristische Methode im Staatsrecht aber noch einen weiteren, nicht mehr juristischen Grund nach. Wo politisches und staatsphilosophisches Raisonnement die Stelle der juristischen Konstruktion vertreten, entscheide letztlich immer die Gewalt. »Ein Staat, der nicht auf Rechte, sondern auf Meinungen gegründet ist, kann nur eine unsichere und schwankende Existenz haben«.[61] Darin lag zunächst eine Anerkennung des Verfassungsstaats, wie sie auch schon in der Wendung gegen die geschichtliche Betrachtung des Staatsrechts zum Ausdruck gekommen war. Gerber vertrat mit Entschiedenheit das Prinzip der Rechtspersönlichkeit des Staates, in dem der Monarch lediglich eine Organstellung beanspruchen konnte.[62] Dem Urheber dieses Gedankens, W. E. Albrecht, sind seine »Grundzüge« gewidmet. Sodann enthielt die Wendung aber auch eine Absage an den politischen Liberalismus, dem die führenden Staatsrechtler nach 1848 weiter anhingen. Indem sie zwar nicht in Ablehnung, aber doch kritischer Distanz zum bestehenden Verfassungsrecht verharrten, stützten sie einen Zustand, in welchem »die Elemente des Staatslebens im unklaren Wogen und trüben Flusse begriffen sind, und das Konkrete, Reale, welches das Recht fordert, dem bloß Abstrakten, Idealen weichen muß«.[63] Der in eine Methodenlehre gekleidete Aufruf zum Verzicht auf Politik und Philosophie war unter diesen Umständen de facto ein Aufruf zum Verzicht auf das verfassungspolitische Programm des Liberalismus. Eine apolitische, rein formale Behandlung des Staatsrechts konnte nur eine Behandlung bedeuten, die sich auf den bestehenden Rechtszustand festlegte. Daß zwischen der juristischen Methode und dem

60 Öffentliche Rechte, 28.
61 Ebenda, 27.
62 Ebenda, 14 ff., bes. 19 f.; Grundzüge, 72 ff.
63 Öffentliche Rechte, 27.

Anerkenntnis in der Sache eine Beziehung bestand, gab Gerber selbst zu erkennen, wenn er die Möglichkeit der rechtlichen Konstruktion eines Verfassungszustandes als »Garantie seines Bestehens« und »Zeichen innerer Güte und Dauerhaftigkeit« auffaßte.[64] Indem er in seiner Abhandlung von dem »unklaren Wogen und trüben Flusse«, in dem die Elemente des Staatslebens begriffen waren, absah, versuchte er ihnen mit den Mitteln der Wissenschaft die politisch fehlende Stabilität zu verleihen. Das öffentliche Recht erhalte so die Festigkeit und Sicherheit des Privatrechts.[65] Die Entscheidung für eine unpolitische Behandlung des Staatsrechts bedeutete daher selbst eine politische Entscheidung, die für den politischen *status quo* und gegen die 1848 vergeblich unternommene Fortentwicklung des politischen Systems.[66] Daß Gerber sich dabei nicht völlig verrechnet hatte, beweist der Umstand, daß er dreizehn Jahre später jenes System des deutschen Staatsrechts veröffentlichen konnte, das ihm 1852, als »das Bestehende jederzeit durch eine Umwälzung bedroht« war, noch unmöglich erschien.

Bereits 1865 stand für Gerber außer Zweifel, »daß der organische Staat der konstitutionellen Monarchie als der Inhalt der gegenwärtig bestehenden allgemeinen Rechtsüberzeugung des deutschen Volkes angesehen werden muß«.[67] Indessen dementierte zur selben Zeit der preußische Verfassungskonflikt, in dem nicht weniger als die Parlamentarisierung des Systems zur Debatte stand, Gerbers Behauptung, und erst die Bismarcksche Reichsgründung verlieh ihr eine nachträgliche Wahrheit. Die Reichsgründung verwirklichte die nationalen Hoffnungen des deutschen Bügertums, die es sich aus eigener Kraft nicht hatte erfüllen können, und stellte jenes prinzipielle Einverständnis her, das – wie Gerber selbst 1852 diagnostiziert hatte[68] – die soziale Voraussetzung für ein streng juristisch betriebenes Staatsrecht war. Gleichzeitig erhielt die Staatsrechtslehre in der Reichsverfassung diejenige positivrechtliche Grundlage, welche sie der »Anomalie« enthob, »aus den Partikularrechten einen Rechtsstoff künstlich auszuscheiden, um ihn ohne imperative Bedeutung, also ohne die naturgemäße Spitze jeder juristischen Darstellung, zu entwickeln«.[69] Damit konnte die

64 Ebenda.
65 Ebenda, 69.
66 Vgl. Wilhelm, Methodenlehre, 139 ff., 152 ff.
67 Grundzüge, 10 Anm. 2.
68 Öffentliche Rechte, 27.
69 Grundzüge, 11 Anm. 4.

von Gerber vertretene Methode von der oppositionellen zur herrschenden aufsteigen. Das Verdienst, sie durchgesetzt zu haben, gebührt im wesentlichen *Laband*. Auch Laband war sich des Zusammenhangs von politischen Verhältnissen und juristischer Methode durchaus bewußt. Nachdem in den Gründungsjahren des Norddeutschen Bundes und des Deutschen Reiches die politischen Fragen der Wünschbarkeit, Dauerhaftigkeit und Zweckmäßigkeit der neuen Ordnung im Vordergrund des Interesses gestanden hätten, erscheine das Reich nun »mehr und mehr als eine unabänderliche Tatsache, in welche auch derjenige sich schicken muß, dem sie unerwünscht ist«. Damit sei die Verfassung aber nicht mehr Gegenstand des Parteienstreits, sondern »gemeinsame Grundlage für alle Parteien und ihre Kämpfe«.[70] Im selben Maß wachse das Bedürfnis nach einer Verfassungsdogmatik, die auch die Fragen und Zweifel der Praxis nicht nach politischen Wünschen oder politischer Macht, sondern streng juristisch beantworte.

Laband hat die juristische Methode weniger expliziert als praktiziert. Seine wenigen methodologischen Bemerkungen fußen bis in den Wortlaut auf den Vorarbeiten der Privatrechtswissenschaft.[71] Als Ziel seines Reichsstaatsrechts nannte er die Feststellung der juristischen Natur der neuen Rechtsverhältnisse und die Auffindung der allgemeinen Begiffe, denen sie untergeordnet seien.[72] Ein solcher Versuch scheiterte Laband zufolge nicht daran, daß die Reichsverfassung eine so eigentümliche und neuartige Schöpfung sei, daß sie sich jeder begrifflichen Erfassung entziehe. Eigentümlich sei nur die tatsächliche Verwendung und Verbindung der allgemeinen Rechtsbegriffe. »Dagegen ist die Schaffung eines neuen Rechtsinstitutes, welches einem höheren und allgemeineren Rechtsbegriff überhaupt nicht untergeordnet werden kann, geradeso unmöglich wie die Erfindung einer neuen logischen Kategorie oder die Entstehung einer neuen Naturkraft«.[73] Erst in Reaktion auf die Angriffe, denen die erste Auflage seines Werkes ausgesetzt war, fügte er die bekannten Sätze hinzu, daß er nicht den Wert von Geschichte, Volkswirtschaftslehre, Politik und Philosophie für die

---

70 Laband, Das Staatsrecht des deutschen Reiches 1, 1876, Vorwort.
71 Das herauszuarbeiten, war das Anliegen von Wilhelm, Methodenlehre; zu Laband vgl. dort, 7 ff.; ferner v. Oertzen, Positivismus, 249 ff.; Fioravanti, Giuristi e costituzione politica, 304 ff., 333 ff.; Gierke, Labands Staatsrecht und die deutsche Rechtswissenschaft, Nachdr. 1961.
72 Staatsrecht, Vorwort.
73 Ebenda.

Erkenntnis des Rechts verkenne. Die wissenschaftliche Aufgabe der Dogmatik liege aber allein in der »Konstruktion der Rechtsinstitute, in der Zurückführung der einzelnen Rechtssätze auf allgemeinere Begriffe und andererseits in der Herleitung der aus diesen Begriffen sich ergebenden Folgerungen. Dies ist ... eine rein logische Denktätigkeit. Zur Lösung dieser Aufgabe gibt es kein anderes Mittel als die Logik; dieselbe läßt sich für diesen Zweck durch nichts ersetzen; alle historischen, politischen und philosophischen Betrachtungen – so wertvoll sie an und für sich sein mögen – sind für die Dogmatik eines konkreten Rechtsstoffes ohne Belang«.[74] Laband erzielte damit dieselbe Wirkung wie zuvor schon die Zivilistik: die Abkoppelung des Rechts von der politischen und sozialen Entwicklung. Diese ist freilich unaufhaltsam. Die Reichsverfassung bildete einen Kompromiß zwischen der bürgerlich-liberalen und der monarchisch-konservativen Strömung. Dieser Kompromiß tendierte im Lauf der Zeit zu einer Verschiebung im bürgerlichen Sinne und durch das Anwachsen des Vierten Standes sogar darüber hinaus. Labands Methode verhinderte, daß das Verfassungsrecht diese Tendenzen im Rahmen seiner Interpretationsspielräume mitvollzog. Sie verteidigte damit den politisch-sozialen *status quo* und wußte die Frontlinie bisweilen sogar im monarchisch-gouvernementalen Sinn zurückzuverlagern, was Laband freilich nicht vor Kritik von konservativer Seite bewahrte.[75]

4. Der mit Hilfe der juristischen Methode gegen die sich ändernde Wirklichkeit abgeschirmte Verfassungszustand wurde 1918 revolutionär beseitigt. An die Stelle des monarchischen Prinzips trat als

74 Staatsrecht, 2. Aufl. 1888, XI.
75 Vgl. von Oertzen, Festgabe Smend, 187. Zu Labands inhaltlichen Optionen vgl. vor allem sein Budgetrecht nach den Bestimmungen der Preußischen Verfassungs-Urkunde unter Berücksichtigung der Verfassung des Norddeutschen Bundes, Zeitschrift für Gesetzgebung und Rechtspflege in Preußen 4 (1870), 625. Dazu etwa Friauf, Der Staatshaushaltsplan im Spannungsfeld zwischen Parlament und Regierung, 1968, 251 ff.; Haverkate, Gewißheitsverluste, 101 ff. Zur status quo-stabilisierenden Funktion der Labandschen Methode generell vgl. etwa Heller, Die Krisis der Staatslehre (1926), Gesammelte Schriften II, 1971, 13; ders., Bemerkungen zur staats- und rechtstheoretischen Problematik der Gegenwart (1929), ebenda, 269 ff.; Triepel, Staatsrecht und Politik, 1927, bes. 34 ff.; Schmitt, Hugo Preuß, 1930, 6; Heffter, Die deutsche Selbstverwaltung im 19. Jahrhundert, 1950, 737; Böckenförde, Gesetz und gesetzgebende Gewalt, 1958, 211 ff.; Wilhelm, Methodenlehre, 14 f., auch 123 ff., 142 ff.; Franssen, JZ 1969, 769 f.; differenzierend von Oertzen, Festgabe Smend, 187.

Legitimationsbasis des Staates die Volkssouveränität, und die oppositionellen Parteien der Monarchie, voran die politische Vertretung der Arbeiterschaft, die Sozialdemokratie, bildeten die Führung der Republik. Für die politische Funktion von Methode können gerade solche Umbrüche aufschlußreich sein. Zwar war Laband wenige Monate vor dem Umsturz gestorben, doch gab der führende Vertreter der jüngeren Positivistengeneration, *Anschütz*, für einen kurzen Moment den Blick auf die Grundlagen der positivistischen Methode frei. Anschütz setzte sich in einem 1919 erschienenen Aufsatz über »Die kommende Reichsverfassung«[76] dafür ein, die Grundrechte der künftigen Verfassung nicht nur wie bisher als Schutz vor administrativer, sondern auch vor »legislativer Willkür« zu interpretieren. Insbesondere müsse der Gleichheitssatz aus seiner Beschränkung auf formale, nur an Justiz und Verwaltung adressierte Geltung gelöst und als materielles Gebot auch dem Gesetzgeber übergeordnet werden. Das war das Gegenteil der Auffassung, die die positivistische Staatsrechtslehre und Anschütz mit besonderer Entschiedenheit bisher zur rechtlichen Bedeutung der Grundrechte vertreten hatte. Die Wendung ließ sich daher auch nicht begrifflich-logisch begründen. Anschütz bezog sein Argument vielmehr aus der politischen Realität. In Frage standen für ihn nach dem Umsturz von 1918 die ethischen und kulturpolitischen Werte des Individualismus und letztlich »die Parität des Bürgertums mit der Arbeiterklasse«. Als die politischen Verhältnisse eine von Anschütz nicht gebilligte grundsätzliche Wende zu nehmen drohten, war er daher bereit, den Positivismus einer wertbestimmten Methode zu opfern, mit deren Hilfe das positive Recht sich zurechtrücken ließ. Was der Verfassungsentwurf anzuordnen versäumte, sollte notfalls die Interpretation nachholen.

Es ist bekannt, daß Anschütz bei seiner späteren Kommentierung der Weimarer Verfassung auf diese Überlegung nicht zurückkam, sondern an der schon vor 1918 vertretenen formalen Auffassung der Grundrechte und namentlich des Gleichheitssatzes festhielt.[77] Nicht zu Unrecht ist das als Indiz dafür gewertet worden, daß er auch unter der neuen Verfassung die bürgerlichen Interessen noch

76 DJZ 1919, 112, die hier angeführten Stellen 115.
77 Die Verfassung des Deutschen Reiches vom 11. August 1919, 14. Aufl. 1933, 505 ff., 523. Für die Zeit vor 1918 vgl. Die Verfassungsurkunde für den Preußischen Staat I, 1912, 108 f.

für ausreichend gesichert hielt.[78] Freilich konnte es sich unter der von den Vertretern des Vierten Standes maßgeblich beeinflußten Verfassung nicht mehr um dasselbe Maß an Sicherheit handeln, das die Bismarcksche Verfassung zu bieten vermochte. Entfallen waren die wahlrechtlichen und sonstigen Benachteiligungen der Sozialdemokratie, und entfallen waren vor allem die kompetenz-rechtlichen Beschränkungen der Volksvertretung, die sich aus dem monarchischen Prinzip ergaben. Das Bürgertum fand sich, was das Verfassungsrecht anlangte, zwar entprivilegiert, aber nicht un-terprivilegiert, wie es dem Rätesystem, das die Linke statt der re-präsentativen Demokratie einführen wollte, entsprochen hätte. Insofern der Gesetzespositivismus sich seinen eigenen Prämissen nach nicht vom geltenden Recht dispensieren konnte, mußte die Beibehaltung der Methode bei veränderter Rechtslage andere Aus-wirkungen haben. Der Positivismus schloß nun zumindest ein An-erkenntnis des Systemwechsels ein. Bei Anschütz ist dieses in der Tat vollzogen. Anschütz konnte sich zwar nicht mit der proletari-schen Diktatur, wohl aber mit der egalitäten Demokratie identifi-zieren und nahm die Weimarer Verfassung gegen die damals ver-breiteten Vorwürfe der Illegitimität wegen ihres revolutionären Ursprungs entschieden in Schutz.[79] Ebenso läßt sich auch bei ande-ren Staatsrechtslehrern, die sich nach 1918 zum Positivismus be-kannten, wie etwa *Thoma* und *Kelsen*, feststellen, daß sie Befür-worter der Demokratie waren.

Damit ist freilich nicht gesagt, daß die Ablehnung der positivisti-schen Methode notwendig mit Demokratiegegnerschaft einherge-gangen wäre. Allerdings lassen sich einige aufschlußreiche metho-dologische Positionswechsel beobachten. Hatte es sich bei den Kritikern des Positivismus im Kaiserreich überwiegend um Juri-sten gehandelt, die die geltende Rechtsordnung für sozial oder demokratisch defizitär hielten, entwickelten namentlich der Ar-beiterbewegung nahestehende Juristen eine gewisse Affinität zur Freirechtsschule, so nahmen in der Weimarer Republik gerade so-zialdemokratische Juristen einen positivistischen Standpunkt ein, während sich umgekehrt konservative Wissenschaftler zu einer wertgebundenen Interpretationsmethode bekannten, wie sehr sie auch für das vorige Jahrhundert an ihrer Wertschätzung für den

78 Vgl. Maus, Bürgerliche Rechtstheorie und Faschismus, 2. Aufl. 1980, 33.
79 Verfassung des Deutschen Reiches, 3 ff.

Positivismus festhalten mochten.[80] Die methodologische Wertneutralität wurde also in dem Augenblick preisgegeben, da konservative Werte vom Verfassungsrecht selbst nicht mehr begünstigt waren und daher nur noch mittels einer wertbestimmten Methode in den neuen Verfassungszustand gerettet werden konnten. Die praktische Konsequenz der wertbestimmten Methode bestand in einer Ermächtigung der Justiz, die Beschlüsse des Gesetzgebers auf ihre Übereinstimmung mit den der Verfassung unterlegten Wertpositionen zu prüfen. Diesen Zusammenhang hat *Kelsen* frühzeitig durchschaut und die politische Funktion der Theorie in der Minderung der gesetzgeberischen Autorität erblickt. »Ob und inwieweit diese Abkehr gewisser juristischer Kreise von dem bisher bedingungslos anerkannten Positivismus soziologisch mit der Änderung in der politischen Struktur des Gesetzgebungsorgans zu erklären ist, möchte ich hier dahingestellt lassen. Jedenfalls ist nicht zu verkennen, daß Juristen, die ehedem die strikteste Bindung des Richters an das Gesetz lehrten, heute den Richtern mit Berufung auf Naturrecht weitgehende Freiheit gegenüber dem Gesetze zuerkennen möchten; und daß der Richterstand von jenen Änderungen der politischen Struktur so ziemlich frei geblieben ist, die sich in der Zusammensetzung des Parlaments zeigt; so daß zwischen dem heutigen Richterstand und dem Juristenstand nicht jener politische Gegensatz besteht wie zwischen Juristenstand oder doch gewissen Teilen desselben und Parlament«.[81] Ebenso verteidigte Anschütz in derselben Diskussion seine formale Interpretation des Gleichheitssatzes mit dem Hinweis, daß eine materielle Deutung den Gesetzgeber fessele und zu einer naturrechtlichen statt demokratischen Legitimation führe. »Das ist etwas so Revolutionäres, das ich überzeugt zu werden wünsche«.[82]

80 Zum Verhältnis von Arbeiterbewegung und Freirechtsschule vor 1918 vgl. Fraenkel, Zur Soziologie der Klassenjustiz, 1968, 20 ff. Zu den Positionswechsel vgl. Maus, Aspekte des Rechtspositivismus in der entwickelten Industriegesellschaft, Festschrift für Carlo Schmid, 1972, 124, bes. 129 ff.; dies., Bürgerliche Rechtstheorie, 27 ff., 47 ff. m.w. N. Zum Methodenstreit in der Weimarer Staatsrechtslehre generell etwa Sontheimer, Antidemokratisches Denken in der Weimarer Republik, 1962, 79 ff.; Bauer, Wertrelativismus und Wertbestimmtheit im Kampf um die Weimarer Demokratie, 1968; Scheuner, 50 Jahre deutsche Staatsrechtswissenschaft im Spiegel der Verhandlungen der Vereinigung der Deutschen Staatsrechtslehrer, AöR 97 (1972), 349; Friedrich, Der Methoden- und Richtungsstreit, AöR 102 (1977), 161.
81 VVDStRL 3 (1927), 54.
82 Ebenda, 48.

Insofern der Gesetzespositivismus als Interpretationsmethode an den rechtlich-politischen Zustand gebunden ist, mußte der Nationalsozialismus, als er die Macht ergriffen hatte, in eine gewisse methodologische Verlegenheit geraten. Denn einerseits wechselte er die Legitimationsbasis der politischen Herrschaft aus, und zwar weit umstürzender, als das 1918 geschehen war. Andererseits sah er sich aber nicht im Stande, die gesamte Rechtsordnung kurzfristig auf nationalsozialistische Prinzipien umzustellen. Gesetzesänderungen fanden vielmehr nur punktuell bei einigen als besonders wichtig empfundenen Materien statt, während im übrigen der alte Normbestand weitergalt. Gleichwohl sollte dieser nicht die alten Inhalte transportieren. Eine durchgängig positivistische Haltung hätte das nicht zu gewährleisten vermocht. Der Nationalsozialismus löste das Dilemma, indem er das Postulat einer einheitlichen juristischen Methode aufgab und einen Methodenpluralismus progagierte.[83] Es galten verschiedene Regeln für altes und neues Recht. Nach den »Leitsätzen über Stellung und Aufgaben des Richters« von 1936 durften Vorschriften, die vor der »nationalsozialistischen Revolution« erlassen waren, »nicht angewandt werden, wenn ihre Anwendung dem heutigen gesunden Volksempfinden ins Gesicht schlagen würde«.[84] Dagegen war ein richterliches Prüfungsrecht für nationalsozialistische Gesetze strikt untersagt. Derselbe Dualismus wiederholte sich auf der Ebene der Auslegung. Alte Gesetze waren, wie die Leitsätze formulierten, auf der Grundlage der nationalsozialistischen Weltanschauung auszulegen. Dagegen wurde der Richter bei nationalsozialistischen Gesetzen auf einen strikten Gesetzespositivismus verpflichtet. Der affirmative Charakter des Positivismus wird an diesem Extremfall besonders augenfällig. Vom erwünschten Inhalt her ließ sich sogar die Koexistenz gegensätzlicher Methoden rechtfertigen. Diese hatten sich nach jenem zu richten.

Schließlich kann auch unter der Herrschaft des Grundgesetzes die Funktion positivistischer Methoden nochmals beobachtet werden. Der Positivismus ist in der Bundesrepublik mit dem Vorwurf belastet, den Nationalsozialismus begünstigt zu haben. Wenngleich davon nur bedingt die Rede sein kann, hat ihn diese Annahme doch so nachhaltig diskreditiert, daß positivistische Konzeptionen keinen Einfluß auf Lehre und Rechtsprechung aus-

83 Vgl. Rüthers, Die unbegrenzte Auslegung, Ausg. 1973, 136 ff., 175 ff. m. w. N.
84 DRW 1936, 123, 124.

zuüben vermochten. Seit kurzem mehren sich aber wieder Stimmen, die die Rückkehr zu einer positivistischen Rechtsanwendung verlangen, weil der Positivismus die einzige mit einem demokratischen System vereinbare Methode sei.[85] Politisch gesehen, stehen sie dem Sozialismus nahe, also einer Gruppe, die sich in ihrer Aufbruchszeit um 1968 eher für eine Lockerung der Gesetzesbindung ausgesprochen hatte. Diese Haltung erscheint nicht unverständlich, wenn man sich vor Augen hält, daß der neu formierte bundesrepublikanische Sozialismus eine Rechtsordnung vorfand, die hinter seinen Gerechtigkeitsvorstellungen weit zurückblieb und auch von einem reformfreudigen Gesetzgeber nicht sogleich *in toto* geändert werden konnte. In der Zwischenzeit ist eine Anzahl teils einschneidender Reformen auf den verschiedensten Rechtsgebieten erfolgt, ohne daß freilich die rechtspolitischen Ziele der bundesrepublikanischen Linken deswegen erreicht wären. Im Gegenteil werden gerade die wesentlichen Reformschritte noch immer vermißt. Insofern mag die Wendung zur positivistischen Methode überraschen. Indessen hat die Bereitschaft der Parteien zu rechtspolitischen Reformen inzwischen unter dem Druck finanzieller Engpässe und begrenzter Folgebereitschaft der Bevölkerung stark abgenommen. Einige Reformvorhaben sind zudem vom Bundesverfassungsgericht rückgängig gemacht oder modifiziert worden. Die Besinnung auf positivistische Interpretationsmethoden erklärt sich als Gegengewicht gegen diese Tendenzen. Zu einer Zeit, in der die Revision der Reformen näher liegt als ihre Fortsetzung, verteidigt der Positivismus den nicht geliebten *status quo* gegen eine noch weniger geliebte Reaktion.

C.

Ich ziehe aus diesen selektiven Beobachtungen über die Verwendung positivistischer Methoden in Deutschland einige Hypothesen, die freilich durch ausgedehntere Forschungen erhärtet, widerlegt oder differenziert werden müssen.

1. Die Methode der Rechtsanwendung ist kein inhaltlich indiffe-

---

85 Vgl. dazu Grimm, Reformalisierung des Rechtsstaats als Demokratiepostulat? JuS 1980, 704 m.w.N., sowie die gleichnamige Entgegnung von Hase/Ladeur/ Ridder, JuS 1981, 794.

rentes Hilfsmittel zur Deutung vorgegebener Inhalte, sondern ein eigener Selektionsmechanismus für Inhalte.

2. Insoweit erweist sich Methode als ein eigenständig neben das positive Recht tretender Machtfaktor, der als Metaregel vom Gesetzgeber nur begrenzt beherrschbar ist.

3. Methode kann einen besonders wirkungsvollen Machtfaktor darstellen, weil sie es erlaubt, Inhalte zu begünstigen oder zu benachteiligen, ohne diese beim Namen nennen zu müssen.

4. Die Wahl der Methode scheint u. a. von einem voraufgehenden Werturteil über die zu interpretierende Rechtsordnung abhängig zu sein. Methode spiegelt die Bewertung des Gegenstandes wider.

5. Der Positivismus ist die Methode der prinzipiellen Billigung oder zumindest Bevorzugung des *status quo*, den er gegen interpretatorische oder legislatorische Veränderungen abschirmt.

6. Konservativ ist der Positivismus nur in dem Sinn, daß er zur Erhaltung des *status quo* beiträgt. Im übrigen teilt er dessen Standort, der im Spektrum der Zeit keineswegs konservativ sein muß.

7. Nicht gilt der Umkehrschluß, daß nichtpositivistische Methoden stets auf Überwindung des *status quo* gerichtet wären. Die Methodenwahl hängt nicht allein von der Einstellung zum *status quo* ab.

Die »Neue Rechtswissenschaft« –
Über Funktion und Formation
nationalsozialistischer Jurisprudenz

Die Mehrzahl der Wissenschaften erfährt einen politischen Umsturz als Veränderung ihrer Rahmenbedingungen. Für die Rechtswissenschaft bedeutet er zugleich eine Veränderung ihres Gegenstandes. Das liegt in dem Verhältnis von Recht und Politik begründet. Während ältere Sozialordnungen die Politik einem unabhängig von ihr geltenden Recht dienstbar machten, ist das neuzeitliche Recht größtenteils ein Produkt politischer Entscheidung. Politische Herrschaft schließt die Befugnis zur Rechtsetzung ein, und mittels Recht werden politische Programme in kollektiv verbindliche Normen umgewandelt. Zwar fungiert das Recht nicht nur als Instrument der Politik, sondern läßt sich auch zur Bindung von Politik einsetzen, wie insbesondere die Verfassung zeigt. Das ändert aber nichts daran, daß die Verfassung ihrerseits auf einer politischen Entscheidung beruht und daher auch politisch wieder abgeschafft werden kann. Jeder politische Umsturz muß sich also über kurz oder lang im Recht niederschlagen und die überkommenen Normen den veränderten Zielvorstellungen anpassen. Sofern die Rechtswissenschaft mit dem geltenden Recht zu tun hat, steht sie unter Folgezwang und muß sich auf den veränderten Gegenstand einstellen.

Daß Gegenstände wissenschaftlicher Erkenntnis politisch determiniert sind, kann freilich auch auf andere Disziplinen zutreffen. Der Rechtswissenschaft tritt die Politik aber mit einem spezifischen Geltungsanspruch entgegen. Ihre Aufgabe besteht nicht in erster Linie darin, die politischen Normsetzungsakte nach Herkunft und Güte zu analysieren und zu bewerten, sondern den Sinn der Normen und ihre Bedeutung für konkrete Streitfälle zu ermitteln. Insofern hat sie dogmatischen Charakter. Sie ist freilich nicht ausnahmslos dogmatische Wissenschaft. Ihre Forschungen erstrecken sich auch auf die historische Entwicklung des Rechts (Rechtsgeschichte), seine Wirkungsbedingungen und Wirkungsweisen (Rechtssoziologie), die Struktur von Normen und die Methoden ihrer Deutung (Rechtstheorie), die Bedingungen der Gerechtigkeit des Rechts (Rechtsphilosophie), die Verbesserung der geltenden Gesetze (Rechtspolitik). In diesen Formen kann sie kritische Distanz zum geltenden Recht beziehen, aber im Kern bleibt sie anwendungsorientiert und deswegen der politischen Vorgabe verpflichtet.

Der politisch bedingte Gegenstand und das dogmatisch bestimmte Erkenntnisziel machen es der Rechtswissenschaft unmöglich, einem Systemwechsel auszuweichen. Er berührt nicht nur die Ausübungsmodalitäten von Wissenschaft, sondern diese selbst. Darin liegt der Grund für die spezifische Nähe von Rechtswissenschaft und politischem System und zugleich für das besondere Interesse, das dem Verhältnis gerade der Rechtswissenschaft zum Nationalsozialismus stets entgegengebracht worden ist. Hierauf beschränkt sich die folgende Untersuchung. Weder werden das Rechtsverständnis der nationalsozialistischen Führung noch das Verhalten anderer juristischer Berufe, namentlich der Justiz, analysiert. Das Interesse gilt weniger den inhaltlichen Positionen der nationalsozialistischen Rechtswissenschaft als den Gründen ihrer Willfährigkeit. Diese Fragestellung macht einen Rückgriff auf die Einstellung der Rechtswissenschaft zur Weimarer Republik nötig. Der Blick wird dadurch zwangsläufig stärker auf Kontinuitäten als auf Zäsuren gelenkt. Zuvor muß freilich geklärt werden, worin der spezifische Beitrag der Rechtswissenschaft zur Etablierung des Nationalsozialismus lag.

Funktion der »Neuen Rechtswissenschaft«

Rechtsordnungen lassen sich nicht so schnell ändern wie Herrschaftsverhältnisse. Alle erfolgreichen Revolutionen stehen vor dem Problem, daß die Rechtsordnung zu umfangreich und zu komplex ist, als daß sie mit einem Schlag gegen eine neue ausgetauscht werden könnte. Es ist zwar alles Recht änderbar, aber nicht alles auf einmal.[1] Die russische Revolution von 1917 wollte das Dilemma lösen, indem sie das zaristische Recht ersatzlos beseitigte und den überkommenen Justizstab auflöste. Mit dem Gerichtsdekret vom 5. 12. 1917 wurden sogenannte revolutionäre Volksgerichte eingerichtet, und als Unklarheiten entstanden, wie diese zu entscheiden

1 N. Luhmann, Legitimation durch Verfahren, Neuwied 1969, S. 149.

hätten, bestimmte das Gerichtsdekret vom 30. 11. 1918: »Bei der Entscheidung von Gerichtssachen wendet das Volksgericht die Dekrete der Arbeiter- und Bauernregierung an, und im Fall des Fehlens eines entsprechenden Dekrets oder seiner Unvollständigkeit läßt es sich von dem sozialistischen Rechtsbewußtsein leiten. Der Verweis ... auf die Gesetze gestürzter Regierungen ist verboten.«[2] Die Folge war ein rechtliches Chaos, das alsbald zur Ausarbeitung eines sozialistischen Zivilgesetzbuchs zwang, welches am 1. Januar 1923 in Kraft trat.

Der Nationalsozialismus machte von vornherein keinen Versuch, ohne das alte Recht auszukommen. Er entfaltete zwar sogleich nach seiner Machtübernahme eine rege Gesetzgebungstätigkeit[3], die durch das Ermächtigungsgesetz vom 24.3. 1933, das die Gesetzgebungsbefugnis des Parlaments auf die Regierung übertrug, erleichtert wurde. Die Gesetze bezogen sich aber vornehmlich auf die politisch-organisatorischen Grundlagen der nationalsozialistischen Herrschaft und die Rechtsstellung der Juden. Im übrigen läßt sich als gewichtiges Reformwerk nur das Arbeitsordnungsgesetz von 1934 nennen, während die großen Kodifikationen wie das Bürgerliche Gesetzbuch (BGB), das Handelsgesetzbuch (HGB), die Zivilprozeßordnung (ZPO), das Strafgesetzbuch (StGB), die Strafprozeßordnung (StPO) etc., von Einzelkorrekturen etwa im Eherecht und im Strafrecht abgesehen, in Kraft blieben, obwohl sie von den Gerechtigkeitsvorstellungen des politischen Feindes geprägt waren. Darin lag freilich kein Anerkenntnis ihres Inhalts, sondern das Eingeständnis der Schwierigkeiten, die sich bei einer sofortigen Änderung großer Rechtskomplexe im nationalsozialistischen Sinn ergeben hätten. Diese blieb daher Fernziel[4], während kurzfristig ein anderer Weg beschritten wurde,

2 Zitiert nach N. Reich, Sozialismus und Zivilrecht, Frankfurt/M. 1972, S. 103; dort S. 79 ff. auch eine ausführliche Schilderung der Entwicklung.

3 Überblick bei E. Volkmar, A. Elster, G. Küchenhoff (Hg.), Die Rechtsentwicklung der Jahre 1933 bis 1935/36. In: Handwörterbuch der Rechtswissenschaft VIII: Der Umbruch 1933/36, Berlin 1937; H. Schorn, Die Gesetzgebung des Nationalsozialismus als Mittel der Machtpolitik, Frankfurt/M. 1963; und M. Stolleis, Nationalsozialistisches Recht. In: Handwörterbuch zur deutschen Rechtsgeschichte III, Berlin 1981, S. 873.

4 Vgl. F. Schlegelberger, Abschied vom BGB, Berlin 1937, und die Arbeiten an einem neuen Volksgesetzbuch, s. J. W. Hedemann (Hg.), Zur Erneuerung des bürgerlichen Rechts, München 1938; J. W. Hedemann, Das Volksgesetzbuch der Deutschen, München 1941; J. W. Hedemann, H. Lehmann, W. Siebert, Volksgesetzbuch. Grundregeln und Buch 1. Entwurf und Erläuterungen, Mün-

der über die *Auslegung* des vornationalsozialistischen Rechts führte.[5] Was der Gesetzgeber nicht sogleich leisten konnte, sollte einstweilen der Rechtsanwender besorgen.

In diesem Zusammenhang übernahm die Rechtswissenschaft eine wichtige Funktion, indem sie die Praxis methodologisch auf ihre Aufgabe vorbereitete. 1933 verkündete Carl Schmitt als Leiter der Reichsfachgruppe Hochschullehrer im Bund Nationalsozialistischer Deutscher Juristen *Neue Leitsätze für die Rechtspraxis*.[6] Darin bekräftigte er zunächst die traditionelle Bindung des Richters an Recht und Gesetz, fügte aber hinzu, daß es sich um die Bindung an Recht und Gesetz eines ganz bestimmten Staatswesens handele. Verkenne der Richter dies, komme er in die Lage, »*gegen* die in jedem Recht und Gesetz enthaltenen politischen Entscheidungen des Staates *andere* politische Auffassungen zur Geltung zu bringen«. Die Rechtsauffassungen dieses Staatswesens sollten vor allem über die sog. Generalklauseln Eingang in die Rechtsprechung finden. Schon Lange hatte sie als »Kuckuckseier im liberalistischen Rechtssystem« bezeichnet[7], weil sie den Einbruch neuer Ideen in alte Gesetze ermöglichten, und auch Schmitt meinte nun: »Sobald Begriffe wie ›Treu und Glauben‹, ›gute Sitten‹ usw. nicht auf die individualistische bürgerliche Verkehrsgesellschaft, sondern auf das Interesse des Volksganzen bezogen werden, ändert sich in der Tat das gesamte Recht, ohne daß ein einziges ›positives‹ Gesetz geändert zu werden brauchte.«[8] Nach seinen Leitsätzen waren daher für ihre Handhabung »die Grundsätze des Nationalsozialismus unmittelbar und ausschließlich maßgebend«.[9]

Generalklauseln hatten schon immer die Funktion, Billigkeitserwägungen in der Rechtsanwendung Raum zu geben und das Gesetzesrecht für Situations- oder Wertewandel offenzuhalten. Das konnte sich nun der Nationalsozialismus zunutze machen. Doch stieß die Anpassung einer ausgedehnten, auf möglichste Präzision

chen 1942. Dazu jetzt H. Hattenhauer, Das NS-Volksgesetzbuch. Festschrift für R. Gmür, Bielefeld 1983, S. 255.

5 Vgl. dazu B. Rüthers, Die unbegrenzte Auslegung, Tübingen 1968. Neuestens I. Maus, Juristische Methodik und Justizfunktion im Nationalsozialismus. In: Archiv für Rechts- und Sozialphilosophie, Beiheft 18 (1983), S. 176.

6 Juristische Wochenschrift 1933, S. 2793 f.

7 H. Lange, Liberalismus, Nationalsozialismus und bürgerliches Recht, Tübingen 1933, S. 5.

8 C. Schmitt, Über die drei Arten des rechtswissenschaftlichen Denkens, Hamburg 1934, S. 59.

9 Juristische Wochenschrift 1933, S. 2794.

bedachten Rechtsordnung mittels einiger Generalklauseln an Grenzen. Deswegen beschränkte sich Schmitt nicht auf diese, sondern erstreckte in einer 1934 gehaltenen Rede über *Nationalsozialismus und Rechtsstaat*[10] seine Auslegungsmaximen auf alle Vorschriften. Danach kam zwar den Grundsätzen des nationalsozialistischen Parteiprogramms keine unmittelbare rechtsnormative Kraft zu. Sie seien vielmehr auf »Umschaltung durch ein positives staatliches Gesetz« angewiesen. Auch die nicht ausdrücklich aufgehobenen Gesetze des alten Staates behielten ihre Gültigkeit. Das beziehe sich allerdings nicht auf den Geist und die Grundsätze, aus denen sie erwachsen seien. »Das gesamte heutige deutsche Recht, einschließlich der weitergeltenden, positiv nicht aufgehobenen Bestimmungen, muß ausschließlich und allein vom Geist des Nationalsozialismus beherrscht sein. Das ist das *erste Auslegungsprinzip*, das wir auch gegenüber dem ungeheuren Komplex positiv weitergeltender Normen im Auge behalten müssen. Jede Auslegung muß eine *Auslegung im nationalsozialistischen Sinne* sein.«

Den Grund für diese Regel sah Larenz darin, daß die Quelle des Rechts nicht eigentlich im Gesetz, sondern in »der sittlichen und rechtlichen Grundanschauung unseres Volkes« liege.[11] Diese stifte Einheit in der in ihrem Ursprung nach heterogenen Rechtsordnung. Aus der einenden Idee müßten daher sämtliche Gesetze interpretiert werden. Es ließ sich allerdings nicht ausschließen, daß es Gesetze gab, die wegen ihres eindeutigen Wortlauts einer solchen Interpretation unzugänglich waren. Daher wollte Larenz die Bindung des Richters an das Gesetz dort aufheben, »wo seine Anwendung zu einem vom Standpunkt der völkischen Gesamtordnung aus *schlechthin unerträglichen* Ergebnis führen würde«; in solchen Fällen dürfe und solle der Richter »als Sachwalter der höchsten Grundsätze unseres Gemeinschaftslebens das Gesetz nicht nur ergänzen, sondern *korrigieren*«.[12] Ähnlich lauteten die *Leitsätze über Stellung und Aufgaben des Richters*[13], die eine Gruppe Kieler Professoren unter Mitwirkung von Larenz im Auftrag des Reichsministers Frank ausgearbeitet hatte, um die Kontroverse

10 Juristische Wochenschrift 1934, S. 713.
11 K. Larenz, Über Gegenstand und Methode des völkischen Rechtsdenkens, Berlin 1938, S. 11, auch 26.
12 Ebd., S. 25.
13 Deutsche Rechtswissenschaft 1 (1936), S. 123.

über das Maß der richterlichen Bindung an vornationalsozialistische Gesetze zu bereinigen. Nach Leitsatz 4 durften solche Gesetze nicht angewandt werden, »wenn ihre Anwendung dem heutigen gesunden Volksempfinden ins Gesicht schlagen würde«.

Die Aufgabe interpretatorischer Anpassung älteren Rechts an gewandelte Verhältnisse stellte sich der Rechtswissenschaft freilich nicht erst seit 1933. Die Industrielle Revolution und die wirtschaftlichen und sozialen Folgen des Ersten Weltkriegs wie auch der Übergang vom monarchischen zum demokratischen Staat hatten lange vorher einen Anpassungsdruck erzeugt, der sich dort, wo ihn der Gesetzgeber nicht befriedigte, auf die Rechtsanwendung fortsetzte. An der positivistischen Grundhaltung der Rechtswissenschaft war daher schon zu Beginn des 20. Jahrhunderts Kritik geübt worden, und insbesondere in Gestalt der von Philipp Heck entwickelten Interessenjurisprudenz lag mittlerweile ein ausgearbeitetes Instrumentarium zur Lösung des Problems vor. Heck begriff alle Rechtsnormen als Ausgleich widerstreitender Interessen und gab dem Richter auf, das Gesetz aus dieser Interessenwertung zu interpretieren, zu komplettieren und notfalls auch zu korrigieren.[14] Sogleich nach der Machtergreifung war es Stoll, der für die Anpassung des bürgerlichen Rechts an die nationalsozialistischen Ziele eben die Hecksche Interessenjurisprudenz empfahl, weil sie »in glücklicher Weise Gehorsam gegenüber dem Gesetzesbefehl mit der notwendigen richterlichen Rechtsschöpfung« vereinige.[15]

Stolls Empfehlung erntete jedoch starken Widerspruch, unter anderen von Schmitt, Binder, Larenz, Forsthoff, Dahm.[16] Zwar woll-

---

14 Vgl. Ph. Heck, Das Problem der Rechtsgewinnung, Tübingen 1912; ders., Gesetzesauslegung und Interessenjurisprudenz, Tübingen 1914; ders., Begriffsbildung und Interessenjurisprudenz, Tübingen 1932.

15 H. Stoll, Die nationale Revolution und das bürgerliche Recht. In: Deutsche Juristen-Zeitung 1933, Sp. 1231; ders., Juristische Methode (Praktische Grundforderungen der Interessenjurisprudenz und ihre Bedeutung in unserer Zeit). In: H. Richter (Hg.), Leben in der Justiz, Berlin 1934, S. 83.

16 Vgl. C. Schmitt, Nationalsozialistisches Rechtsdenken. In: Deutsches Recht 1934, S. 228; J. Binder, Bemerkungen zum Methodenstreit in der Privatrechtswissenschaft. In: Zeitschrift für das gesamte Handelsrecht 100 (1934), S. 4; K. Larenz, Rechts- und Staatsphilosophie der Gegenwart, 2. Aufl. Berlin 1935, S. 22 f.; ders., Rechtswissenschaft und Rechtsphilosophie. In: Archiv für die civilistische Praxis 143 (1937), S. 257; ders. (Anm. 11), S. 33 ff.; E. Forsthoff, Zur Rechtsfindungslehre im 19. Jahrhundert. In: Zeitschrift für die gesamte Staatswissenschaft 96 (1935), S. 491; G. Dahm, Der Methodenstreit in der heutigen Strafrechtswissenschaft. In: Zeitschrift für die gesamte Strafrechtswissen-

ten sie der Interessenjurisprudenz Verdienste bei der Überwindung des Positivismus nicht absprechen, bestritten ihr aber die Eignung im Rahmen der nationalsozialistischen Rechtsordnung. Die Interessenjurisprudenz erschien ihnen vielmehr als typische Methodenlehre des bürgerlichen Rechtsstaats. Das zeige sich vor allem an dem Verständnis des Gesetzes als Produkt von Interessenkonflikten. »Das Leben wird hier unter dem spezifisch bürgerlichen Gesichtspunkt der Konkurrenz, des Wettbewerbs der Interessen angesehen, wobei diese ursprünglich ökonomische Denkweise totalisiert und auf die nationalen, religiösen und ethischen Belange ausgedehnt wird. Die Eroberung des ganzen sozialen Lebens durch das wirtschaftliche Denken ist in Heck vollendet.«[17] Ebensowenig trage er dem wertbestimmten Rechtsdenken des Nationalsozialismus Rechnung, weil ihm die materiale Rangordnung der auszugleichenden Interessen fehle. »Hecks Rechtstheorie ist *philosophischer Positivismus.*«[18] In ihrem Bezug auf das Gesetz bleibe sie schließlich dem normativistischen Rechtsverständnis des Liberalismus verhaftet, während es in Wahrheit um eine ganz »Neue Rechtswissenschaft«[19] gehe.

Diese Kritik veranlaßte Heck zu einer Erwiderung, in der er jeden Zusammenhang seiner Auslegungslehre mit einer bestimmten Staatsauffassung oder Weltanschauung bestritt.[20] Im Gegenteil eigne sie sich gerade für den Nationalsozialismus, der die Rechtsordnung mit einem neuen Gemeinschaftsideal erfülle. Von den methodologischen Forderungen Schmitts und Larenz' unterscheide sie sich im Grunde nur terminologisch. Hecks Irrtum bestand in der Annahme, die »Neue Rechtswissenschaft« ziele auf eine Methode der Gesetzesauslegung. In Wirklichkeit beabsichtigte sie eine völlige Abkehr vom Gesetzesdenken, wie Carl Schmitt deutlich zu erkennen gab.[21] Die historische Funktion des Gesetzesdenkens bestand darin, daß Recht und Politik auseinan-

schaft 57 (1938), S. 225. Weitere Angaben bei Ph. Heck, Rechtserneuerung und juristische Methodenlehre, Tübingen 1936, bes. Anm. 2.

17 Forsthoff (Anm. 16), S. 67.

18 Larenz, AcP 143, S. 274.

19 Diese Selbstcharakterisierung, die dem Beitrag den Titel gegeben hat, ist häufig zu finden, beispielsweise auch in der Programmschrift der Kieler Schule »Grundfragen der Neuen Rechtswissenschaft« von G. Dahm, E. R. Huber, K. Larenz, K. Michaelis, F. Schaffstein, W. Siebert, Berlin 1935.

20 Rechtserneuerung und juristische Methodenlehre, Tübingen 1936.

21 Vgl. Schmitt (Anm. 8).

dergezogen wurden. Das Gesetz beruhte zwar auf einer politischen Entscheidung, doch erschöpfte sich diese in der Aufstellung abstrakter und genereller Regeln für eine unbestimmte Vielzahl künftiger Fälle. Danach verselbständigte sich das Gesetz von der Politik und ging in die Obhut der politisch unabhängigen Justiz über. Die Gesetzesanwendung war auf diese Weise nur noch rechtlich determiniert. Politischer Einfluß galt als illegitim. Insofern garantierte das Gesetzesdenken Berechenbarkeit staatlichen Handelns und Gleichbehandlung gleichgelagerter Fälle. Diese politikbegrenzende Eigenschaft wohnte ihm ungeachtet des mehr oder weniger gerecht erscheinenden Inhalts der Regelung inne.

Indessen waren es gerade diese formalen Qualitäten des Gesetzesdenkens, die die »Neue Rechtswissenschaft« störten. Vom Standpunkt des unbedingten Vorrangs der Weltanschauung, den sie einnahm, konnten sie nur als potentielles Hindernis wahrer Gerechtigkeit erscheinen. Daher wurden dem Gesetzesdenken andere Denkmuster vorgezogen, die bei Schmitt als »konkretes Ordnungs- und Gestaltungsdenken«, bei Larenz als Denken »in konkret-allgemeinen Begriffen« auftraten.[22] Beiden Varianten lag die Vorstellung zugrunde, daß das Recht seinen Ort nicht im Gesetz, sondern in der vorfindlichen Ordnung sozialer Lebenszusammenhänge habe, die ihrerseits im völkischen Bewußtsein gründete. Recht und Realität sollten dadurch aber nicht zusammenfallen. Larenz unterschied deswegen zwischen »echter Wirklichkeit« und »bloßer Faktizität« und bestimmte es als Funktion des Rechts, die der Wirklichkeit »schon innewohnende eigentümliche Ordnung aus ihr herauszuholen und das, was nur faktisch geschieht, nach diesem der Wirklichkeit selbst entnommenen Maßstab zu beurteilen und auszurichten«.[23] Wie immer das zu verstehen sein mochte, bewirkte es jedenfalls eine Relativierung des Gesetzes, das seine Normativität nicht mehr in sich selbst trug, sondern aus der Übereinstimmung mit den konkreten Lebensordnungen bezog.

Der Inhalt des Rechts ließ sich unter diesen Umständen freilich kaum noch vorausbestimmen. Das war jedoch der Preis, den die »Neue Rechtswissenschaft« für die materiale Gerechtigkeit gern entrichtete. Gerade in der »Einbeziehung des ›ungeformten‹ Rech-

---

22 Vgl. ebd.; K. Larenz, Rechtsperson und subjektives Recht. In: Grundfragen der Neuen Rechtswissenschaft, Berlin 1935, S. 225; ders. (Anm. 11). Dazu K. Anderbrügge, Völkisches Rechtsdenken, Berlin 1978, S. 92 ff.

23 Larenz (Anm. 11), S. 28.

tes« erblickte Larenz »ein wesentliches Kennzeichen unserer völkischen Rechtsauffassung gegenüber dem Positivismus«.[24] Was als weltanschaulich richtig erkannt war, mußte auch rechtlich gelten. Deswegen bestand ein zentrales Anliegen der »Neuen Rechtswissenschaft« darin, die »normativistische« Differenz von Recht und Politik wieder einzuebnen. »Es ist ein Irrtum, wenn nicht etwas Schlimmeres, heute noch gegenüber einem konkreten Tatbestand des Rechtslebens die Auseinanderreißung von juristisch und politisch, juristisch und weltanschaulich, juristisch und moralisch vornehmen zu wollen.«[25] Rechtssicherheit im gewohnten Verständnis war damit obsolet. Für den Nationalsozialismus bedeutete sie nicht Einhaltung der Gesetze, sondern »Gewißheit der Durchsetzung des Rechtes im Sinne des Rechtsdenkens der Volksgesamtheit«.[26] Generalklauseln mußten dem Nationalsozialismus daher, wo er sich der Gesetzesform bediente, durchaus willkommen sein, und Hedemann, der aus Gründen der Rechtssicherheit vor ihnen gewarnt hatte, sah sich sogleich belehrt, daß der Nationalsozialismus »bei Schaffung des neuen Rechtes die Generalklauseln in ihrer artgebundenen Bestimmtheit nicht entbehren« könne.[27]

Keineswegs nur Methodenlehre, sondern, wie Maunz richtig erkannte, in erster Linie Rechtsquellenlehre[28] sicherte die »Neue Rechtswissenschaft« auf der Ebene des Rechtsbegriffs den Vorrang der nationalsozialistischen Weltanschauung, der in Gesetzesform weder schnell genug zur Geltung zu bringen war, noch wegen der politikbegrenzenden Wirkung des Gesetzes ernstlich gewollt wurde. Für die Methode ergaben sich freilich erhebliche Konsequenzen. Das konkrete Ordnungsdenken bedeutete »eine starke Auflockerung des bisherigen Gesetzessystems«.[29] Die Richter wurden aufgefordert, die ihnen eingeräumte Stellung als »weitge-

24 Ebd., S. 13.
25 Schmitt (Anm. 16), S. 225.
26 H. Henkel, Strafrichter und Gesetz im neuen Staat, Hamburg 1934, S. 66.
27 J. W. Hedemann, Die Flucht in die Generalklauseln, Tübingen 1933. Die Schrift war noch 1932 geschrieben, im Vorwort deutet sich angesichts der neuen Verhältnisse bereits ein vorsichtiger Rückzug an. Das Zitat bei H. Lange, Generalklauseln und neues Recht. In: Juristische Wochenschrift 1933, S. 2859. Ähnlich Schmitt (Anm. 8), S. 59. Zur Verwendung vgl. M. Stolleis, Gemeinwohlformeln im nationalsozialistischen Recht, Berlin 1974.
28 Th. Maunz, Das Verwaltungsrecht des nationalsozialistischen Staates. In: H. Frank (Hg.), Deutsches Verwaltungsrecht, München 1937, S. 44 ff.
29 So Larenz (Anm. 11), S. 33.

hende Vollmacht zur Verwirklichung des nationalsozialistischen Gedankenguts« zu begreifen; es wäre eine »völlige Verkennung der Lage«, wenn sie »in gelassener Ruhe« die Verkündung neuer Gesetze abwarteten, um erst dann mit dem Umlernen zu beginnen.[30] Die Rechtsfindung konnte dann allerdings nicht mehr primär an gesetzliche Tatbestandsmerkmale anknüpfen, sondern mußte aus dem gesunden Volksempfinden schöpfen. Damit verlor die von allen traditionellen Methodenlehren einschließlich der Heckschen angestrebte Rationalität der Vermittlung zwischen abstrakt-genereller Norm und konkretem Einzelfall ihren Wert. Das Recht »ist mit dem Verstand allein nicht zu errechnen, ist vielmehr vom Volksgenossen aus der Volksverbundenheit heraus zu erfühlen und zu erleben«.[31]

Die praktischen Folgen dieser Lehre lassen sich am besten am Strafrecht ablesen, das als schärfster staatlicher Zugriff auf den Einzelnen auch den Rechtssicherheitsgedanken am konsequentesten ausgebildet hatte. Er fand namentlich in dem Grundsatz »nullum crimen, nulla poena sine lege« Ausdruck und verlangte eine möglichst präzise Formulierung der gesetzlichen Straftatbestände. Ihre interpretatorische Ausweitung durch Analogieschluß war verboten. Für die »Neue Rechtswissenschaft«, die von der Interessenidentität zwischen Staat und Individuen ausging, hatte dieser Grundsatz nur noch den Sinn, daß er dem Verbrecher »die Freiheit seines verbrecherischen Willens in allen durch das Gesetz nicht ausdrücklich verworfenen Beziehungen garantierte«.[32] Daher stellte Carl Schmitt »diesem rechtsstaatlichen ›nulla poena sine lege‹ den Gerechtigkeitssatz ›nullum crimen sine poena‹ entgegen«[33], und Henkel führte den Nachweis, daß der Grundsatz ein Produkt des bürgerlichen Rechtsstaats sei und im nationalsozialistischen Staat, dessen Zweck »nicht in der größtmöglichen Wahrung individueller Freiheit, sondern in der Zusammenfassung und Förderung der Volkskräfte liegt«, keine Geltung mehr beanspruchen könne.[34]

Damit bestimmte sich die Strafbarkeit eines Verhaltens nicht

30 Henkel (Anm. 26), S. 37 f. und 7.

31 Lange (Anm. 27), S. 2859.

32 E. R. Huber, Verfassungsrecht des Großdeutschen Reiches, 2. Aufl. Hamburg 1939, S. 280.

33 Nationalsozialismus und Rechtsstaat. In: Juristische Wochenschrift 1934, S. 714.

34 Henkel (Anm. 26), S. 47.

mehr nach dem Strafgesetzbuch, sondern nach einer im Volk vor aller Normierung ausgebildeten Anschauung, die im Gesetz nur einen mehr oder weniger authentischen Ausdruck fand. »Was Diebstahl ist, sagt ja im Grunde nicht das Gesetz, sondern das ergibt sich aus dem Wesen der Sache selbst.«[35] Dieses war aber für den Rechtsanwender nicht wie ein gesetzlicher Tatbestand rational nachvollziehbar, es konnte nur »emotional-wertfühlend« erfaßt werden.[36] Gesinnung wurde für die juristische Tätigkeit wichtiger als Verstand. Infolgedessen kam es auch im Strafrecht zu einer »Auflockerung« durch Freistellung des Richters.[37] Das Gesetz verlor seine begrenzende Funktion für die staatliche Strafgewalt. Stellte es ein Verhalten nicht unter Strafe, so konnte dieses in Analogie zu vorhandenen Tatbeständen gleichwohl bestraft werden, wenn es nach dem Volksempfinden Strafe verdiente.[38] Neu geschaffene Straftatbestände durften auch rückwirkend angewandt werden. Die Bindung des Richters bestand nur noch »in der formgelösten, substantiell betonten Garantie …, daß jedes nach seinem materiellen Unrechts- und Schuldgehalt strafwürdige Verhalten die angemessene Strafe nach sich zieht«.[39]

Das Rechts- und Methodenverständnis der »Neuen Rechtswissenschaft« muß in Verbindung mit dem Führerprinzip als oberster Organisationsmaxime des Nationalsozialismus betrachtet werden. Dann tritt zutage, daß es die Identifizierung von Führerwillen und Recht beinhaltete. Zwischen Führer und Recht bestand für die nationalsozialistische Jurisprudenz keine Spannung, weil der Führer die völkische Gemeinschaft als Rechtsquelle »verkörperte«, wie es immer wieder hieß. »Er gehorcht nicht einer an ihn gerichteten Norm, sondern dem Lebensgesetz der Gemeinschaft, das *in ihm* Fleisch und Blut gewonnen hat.«[40] Es gab dann freilich keine

---

35 G. Dahm, Verbrechen und Tatbestand. In: Grundfragen der Neuen Rechtswissenschaft, Berlin 1935, S. 103.

36 So H. Welzel, Naturalismus und Wertphilosophie im Strafrecht, Mannheim 1935, S. 75. Daß dagegen auch während des Dritten Reiches noch entschieden protestiert werden konnte, zeigt das Buch von E. Schwinge/L. Zimmerl, Wesensschau und konkretes Ordnungsdenken im Strafrecht, Bonn 1937.

37 Henkel (Anm. 26), S. 52.

38 Dieser Grundsatz ging mit dem Strafrechtsänderungsgesetz vom 28. 6. 1935, RGBl. 1, S. 839, in § 2 StGB ein.

39 Henkel (Anm. 26), S. 69. Zum ganzen Bereich K. Marxen, Der Kampf gegen das liberale Strafrecht, Berlin 1975, S. 167 ff.

40 K. Larenz, Deutsche Rechtserneuerung und Rechtsphilosophie, Tübingen 1934, S. 44.

Möglichkeit mehr, die Übereinstimmung des Führerwillens mit dem völkischen Recht zu überprüfen. Da er dem wahren Volkswillen Gestalt gab, bedurfte es ihm gegenüber »keiner Garantie für die Wahrung der Gerechtigkeit«.[41] Formerfordernisse entfielen unter diesen Umständen. Eine Norm mußte nicht einmal als Rechtsbefehl bezeichnet werden. Der Satz einer Führerrede konnte nach Huber rechtsverbindlichen Charakter annehmen: »Politisches Gebot und Rechtsgebot sind hier identisch.«[42] Sogar die reine Tat vermochte Recht zu schaffen, wie nach der ungesetzlichen Tötung Röhms und seiner Gefolgschaft gelehrt wurde. Carl Schmitt nannte sie »echte Gerichtsbarkeit. Sie unterstand nicht der Justiz, sondern war selbst höchste Justiz.«[43]

Formation der »Neuen Rechtswissenschaft«

Der Umstand, daß der Nationalsozialismus weitgehend darauf verzichtete, seine politischen Ziele im Wege der Gesetzgebung juristisch verbindlich zu machen, und statt dessen auf die Umdeutung des überkommenen Rechts setzte, mußte der Rechtswissenschaft eine Schlüsselrolle verschaffen. Für die Interpretation der vor 1933 erlassenen Gesetze im Sinn der nationalsozialistischen Weltanschauung hatte sie eine methodische und inhaltliche Grundlage zu schaffen, auf der dann Verwaltung und Justiz operieren konnten. Überblickt man heute die juristische Literatur aus der Zeit nach 1933, so zeigt sich, daß diese Aufgabe von der Rechtswissenschaft unverzüglich und auf relativ breiter Basis in Angriff genommen wurde, ohne daß es dazu durchgreifender Personalveränderungen an den Universitäten bedurft hätte.[44] Die

41 Ebd., S. 34.
42 E. R. Huber, Die Einheit der Staatsgewalt. In: Deutsche Juristen-Zeitung 1934, Sp. 959; ders. (Anm. 32), S. 242 und generell S. 194 ff., 235 ff. Dazu D. Kirschenmann, ›Gesetz‹ im Staatsrecht und in der Staatsrechtslehre des Nationalsozialismus, Berlin 1970.
43 Der Führer schützt das Recht. In: Deutsche Juristen-Zeitung 1934, Sp. 947.
44 Damit ist nicht gemeint, daß es keine Personalveränderungen gegeben hätte. Vielmehr wurden die jüdischen Professoren entlassen, politisch unzuverlässige vielfach vorzeitig emeritiert oder zwangsversetzt. Andere verzichteten auf ihren Lehrstuhl (s. etwa die Verzichtserklärung von Anschütz, abgedruckt bei I. Staff, Justiz im Dritten Reich, 2. Aufl. Frankfurt/M. 1978, S. 147). Aber: von den ungefähr 200 Rechtsprofessoren in Deutschland lassen sich bei gut 50 dezidiert nationalsozialistische Äußerungen finden. Von diesen bekleidete fast die Hälfte schon

Frage, woher diese Bereitschaft rührte, läßt sich nicht vollständig aufklären. Persönliche Beweggründe bleiben hier von vornherein außer Betracht. Die Untersuchung beschränkt sich vielmehr auf diejenigen Faktoren, welche in der damaligen Situation der Rechtswissenschaft selbst liegen und deswegen einer rechtsgeschichtlichen Aussage zugänglich sind.

Dabei kann die verbreitete Annahme, daß der Positivismus für das Verhalten zahlreicher Juristen ursächlich gewesen sei[45], schon nach dem bisher Gesagten ausgeschlossen werden. Zwar eignete er sich in seiner Eigenschaft als Geltungslehre, die das Recht mit dem staatlichen Gesetz identifizierte und deswegen die Frage nach der Gerechtigkeit des Rechts nicht mehr stellen konnte, dazu, die Rechtswissenschaft für Unrecht in Gesetzesform blind zu machen. Doch war die Zahl solcher Gesetze, gemessen an dem Gesamtumfang des Rechts, vergleichsweise klein. Die heute als größtes Unrecht erachteten Maßnahmen des Nationalsozialismus erfolgten gerade ohne rechtliche Grundlage und ohne rechtliches Verfahren. Die überwiegende Zahl der geltenden Normen stammte hingegen aus der Zeit vor 1933. Insoweit hätte der Positivismus in seiner Eigenschaft als Anwendungslehre, die den Juristen streng an den Gesetzestext band und keine außerrechtlichen Interpretationsfaktoren zuließ, die Rechtswissenschaft gegen den Nationalsozialismus gerade immunisieren müssen. Die Vertreter der »Neuen Rechtswissenschaft« waren daher auch durchweg Gegner des Positivismus in seinen beiden Erscheinungsformen, während umgekehrt bedeutende Positivisten wie Anschütz, Thoma, Kelsen den Nationalsozialismus entschieden ablehnten.

Unter diesen Umständen wird allerdings die Inhaltsfrage unabweisbar und verlangt Klärung, ob in der Rechtswissenschaft schon vor 1933 eine Affinität zum Nationalsozialismus feststellbar ist. Es fällt auf, daß unter den Gegnern der Weimarer Republik[46] von rechts frühzeitig Rechtswissenschaftler erscheinen, die nach 1933 auf der nationalsozialistischen Seite wiederzufinden sind. Ihr ge-

vor 1933 Lehrstühle, während die restlichen nach 1933 berufen, aber wohlgemerkt zum überwiegenden Teil noch vor der Machtergreifung habilitiert wurden.

45 Vgl. etwa H. Weinkauff, Die deutsche Justiz und der Nationalsozialismus, Stuttgart 1968.

46 Dazu nach wie vor K. Sontheimer, Antidemokratisches Denken in der Weimarer Republik, München 1962; ferner A. Mohler, Die Konservative Revolution in Deutschland 1818-1932, 2. Aufl. Darmstadt 1972.

meinsamer Angriffspunkt war der in der Weimarer Ordnung verkörperte Liberalismus, der die Individualfreiheit zur Grundlage der Sozialordnung machte und deswegen das Volk nur als Ansammlung von Einzelnen, nicht als eigene Wesenheit begreifen konnte. Das Volk mußte unter diesen Umständen in eine zur subjektiven Interessenverfolgung freigesetzte pluralistische Gesellschaft zerfallen, statt eine unter einem objektiven Prinzip geeinte Gemeinschaft zu bilden. Der Staat, der seine Funktion von der Gesellschaft ableitete und auf den Schutz ihrer Freiheit beschränkt war, blieb notwendig den partikularen Interessen ausgeliefert und konnte sich nicht zu jener Autorität erheben, die erst einheitsstiftend gewirkt hätte. Demgegenüber schlug Gerber schon 1919 ein Grundmotiv der Weimar-Kritik an: Es obliege dem Staat nicht, der Individualfreiheit zu dienen. Vielmehr habe er die »Vorherrschaft der Sittlichkeit über den Egoismus« zu sichern. Darin erweise er sich als »die Durchgöttlichung der äußeren Welt«.[47]

Insofern sich Staatszwecke in Staatsorganisation niederschlagen, mußte die Kritik am liberalen Sozialmodell auf die verfassungsrechtlichen Institutionen der Weimarer Republik übergreifen. Sie traf in erster Linie das Parlament, aber ebenso die politischen Parteien sowie die parlamentsabhängige Parteienregierung. Schon bald nach der Entscheidung gegen das Rätesystem und für die parlamentarische Demokratie versuchte Herrfahrdt den Nachweis zu erbringen, daß die sozialen Voraussetzungen des Parlamentarismus nicht mehr bestünden.[48] Dieser setze einen einheitlichen Volkswillen voraus, der dann in einer Volksversammlung repräsentiert werden könne. Das sei aber nur in der kurzen Phase des bürgerlichen Kampfes gegen den Absolutismus der Fall gewesen. Heute zerfalle das Volk dagegen in Berufs- und Interessengruppen, die sich weiter in Parteien organisierten. Die parlamentarische Entscheidung führe daher nicht zur Einheit, sondern nur zur Durchsetzung eines Interesses auf Kosten anderer. Das waren Überlegungen, die später in Schmitts Parlamentarismus-Kritik von 1923 – mit größerem Einfluß – wiederkehrten, in der er dem Parlament die Legitimation, verbindliche Entscheidungen zu fäl-

47 H. Gerber, Nationale Pflichten (1919). In: ders., Auf dem Wege zum neuen Reiche. Eine Sammlung politischer Vorträge aus deutscher Notzeit, 1919-1931, Stuttgart 1934, S. 5, 8.
48 H. Herrfahrdt, Die Einigung der Berufsstände als Grundlage des neuen Staates, Bonn 1919; ders., Das Problem der berufsständischen Vertretung, Stuttgart 1921.

len, bestritt, weil diese nicht mehr aus einer freien öffentlichen Diskussion der Besten hervorgingen und deswegen die Vermutung der Vernünftigkeit verloren hätten.[49]

Wenn das Parlament nicht mehr die Einheit des Volkes, sondern im Gegenteil seine pluralistische Zerrissenheit repräsentierte, war freilich auch dem Mehrheitsprinzip als Entscheidungsregel der parlamentarischen Demokratie die Grundlage entzogen. Das hatte Herrfahrdt bereits 1919 vertreten und später ausdauernd wiederholt. Wie er richtig erkannte, konnte das Mehrheitsprinzip nur dann legitimierende Kraft entfalten, wenn zwischen den Abstimmenden ein Mindestmaß an Konsens bestand, das auch dem Unterlegenen die Annahme der Entscheidung erlaubte. Dies habe sich in England erhalten, wo die Parteien in dem Ziel der Größe und Macht Englands übereinstimmten und nur über den besten Weg wetteiferten, während bei den fundamentalen Interessengegensätzen zwischen den deutschen Parteien jede Mehrheitsentscheidung die »Vergewaltigung eines Volksteils durch den anderen« bedeute.[50] Erst recht könne die sittliche Aufgabe des Staates niemals durch das mechanische Mittel der Abstimmung gelöst werden. Dieser Vorwurf verbreitete sich schnell. Tatarin-Tarnheyden sprach seit 1926 nur noch verächtlich von der »Kopfzahldemokratie«.[51] Parlament und Parteien erschienen nachgerade als »Rivale der Nation«[52], deren wahrer Wille sich nur außerhalb dieser Institutionen bilden konnte.

Die Weimar-Kritiker verbanden damit jedoch keine Ablehnung der Demokratie überhaupt, sondern nur der unorganisch-mechanischen Form, die ihr der Liberalismus gegeben hatte. Schmitt trennte deswegen zwischen Parlament und Demokratie und ließ erkennen, daß wahre Demokratie nicht auf dem Boden einer pluralistischen, sondern nur einer homogenen Gesellschaft möglich sei.[53] Demokratie war dann freilich kein Verfahren zur Einheitsbildung unter der Voraussetzung tatsächlich anzutreffender Meinungs- und Interessenvielfalt mehr. Vielmehr konnte erst, nach-

---

49 C. Schmitt, Die geistesgeschichtliche Lage des heutigen Parlamentarismus, München/Leipzig 1923.
50 Herrfahrdt (Anm. 48), S. 5; ders., Die Kabinettsbildung, Berlin 1927, S. 43 ff.
51 E. Tatarin-Tarnheyden, Kopfzahldemokratie, organische Demokratie und Oberhausproblem. In: Zeitschrift für Politik 15 (1926), S. 97.
52 So A. Köttgen, Das deutsche Berufsbeamtentum und die parlamentarische Demokratie, Berlin/Leipzig 1928, S. 69.
53 Schmitt (Anm. 49), S. 30 ff.

dem die Einheit gebildet war, Demokratie verwirklicht werden. Alles hing damit von der Art der Einheitsbildung ab. Durchweg wurde sie von der »staatsmännischen Persönlichkeit«, dem »Führer« als Träger eines eigenständigen, interessenunabhängigen Willens erwartet. Dessen Legitimation konnte allerdings nicht mehr aus der Wahl durch das pluralistisch gespaltene Volk hervorgehen. Schmitt wollte daher den »Kern jeder volkhaften Äußerung, das demokratische Urphänomen, das, was auch Rousseau als eigentliche Demokratie vorgeschwebt hat«, in der Akklamation sehen.[54] Anders als der Wahl kam dieser aber keine konstitutive Bedeutung zu, weil sich der Führer gerade in der Übereinstimmung mit dem wahren Volkswillen bewies. Darin unterschied er sich vom Diktator. Ein solcher Führer könne nicht gemacht oder ausgelesen werden, stellte Binder fest. »Der Führer macht sich selbst, indem er die Geschichte seines Volkes begreift, indem er sich als Führer weiß und will.«[55]

Wesentliche Elemente der nationalsozialistischen Lehre waren also schon in der Weimarer Rechtswissenschaft ausgebildet[56], wenn auch noch nicht mehrheitlich akzeptiert. Es kam der konservativen Kritik aber zugute, daß die politische Entwicklung der Weimarer Republik ihren Analysen zunehmend recht gab. Die Weimarer Verfassung hatte das Volk nicht zu integrieren vermocht, sondern war selbst Gegenstand politischen Streits geblieben. Mit jedem Anwachsen der radikalen Parteien auf der Rechten und der Linken wurde die Konsensbasis schmäler. Dessenungeachtet fanden sich die demokratischen Parteien nicht bereit, ihre vergleichsweise kleinen Meinungsverschiedenheiten zurückzustellen und zur Verteidigung ihrer Existenzgrundlage, der parlamentarischen Demokratie, zusammenzuwirken. Die Hoffnung auf eine Überwindung der Krise mußte sich dadurch zwangsläufig auf die nicht parteipolitisch rekrutierten Gewalten, den Reichspräsidenten, die Bürokratie und das Militär, richten. Als im März 1930 die letzte Koalition über den Streit um 0,5 Prozent Rentenbeitragserhöhung zerbrach, war Regieren nur noch im Namen des

54 C. Schmitt, Volksentscheid und Volksbegehren, Berlin/Leipzig 1927, S. 34.
55 J. Binder, Führerauslese in der Demokratie, Langensalza 1929, S. 51.
56 Dazu im einzelnen J. Meinck, Weimarer Staatslehre und Nationalsozialismus, Frankfurt/M. 1978; ferner der Vortrag von M. Stolleis, Staatsrechtslehre zwischen Monarchie und Führerstaat. In: St. Harbordt (Hg.), Wissenschaft und Nationalsozialismus, Berlin 1983, S. 12.

Reichspräsidenten und gestützt auf sein Notverordnungsrecht aus Art. 48 der Weimarer Reichsverfassung möglich. Der Ausnahmezustand bildete nun die Regel, die Verfassungsordnung war sinnentleert. Es ist diese Situation, in der auch viele Anhänger der parlamentarischen Demokratie an deren Realisierbarkeit in Deutschland verzweifelten und in der die »Reichsreform« zum Hauptthema der Staatsrechtslehre wurde.

Für die Erklärung rechtswissenschaftlicher Affinitäten zum Nationalsozialismus ist es nicht ohne Bedeutung, daß die um die Jahrhundertwende geborene jüngere Generation von Rechtswissenschaftlern ihre wissenschaftlichen Positionen angesichts der Verfassungskrise formierte und dabei die autoritären Konzepte vorfand, während es den zeitgenössischen Demokratie-Apologien etwa von Thoma und Kelsen in ihrer Formalität an Überzeugungskraft weitgehend fehlte. Durch das Auftreten dieser Wissenschaftlergeneration ab 1929/30, die in Carl Schmitt einen älteren und unerreichten Lehrmeister und »Argumentelieferanten« fand, gewann die Kritik der Weimarer Rechtsordnung an Schärfe und dehnte sich auf Bereiche und Institutionen aus, die bis dahin relativ unangefochten geblieben waren. Vor allem sprach aber aus ihren Schriften die Überzeugung, daß die alte Ordnung weder reformfähig noch reformwürdig sei. Nicht mehr die Erneuerung, sondern der Umsturz war das Thema. Der bürgerliche Rechtsstaat habe seinen ursprünglichen Sinn verloren und könne mit einem neuen nicht erfüllt werden, schrieb der 25jährige Höhn 1929. »Es kommt nur darauf an, daß ein Stärkerer an die Stelle tritt und zeigt, daß es auch anders geht.«[57]

Mit zunehmender Zerrissenheit des Volkes wuchs das Bedürfnis nach Einheit. Dabei blieb relativ undeutlich, worin die Einheit begründet sein sollte. Keineswegs herrschten Rassengesichtspunkte vor. Wo sie auftauchten, standen sie meist neben der Gemeinsamkeit des Schicksals, der Geschichte, der Sprache, der Kultur. Koellreutter wandte sich noch 1930 ausdrücklich gegen den nur rassisch verstandenen Volksbegriff des Nationalsozialismus. Ob es der nationalen Einheit diene, »daß man die historische Entwicklung der europäischen Kultur dadurch rückwärts drehen will, daß man auch jüdische Volksgenossen, die seit Jahrhunderten in der deutschen Volksgemeinschaft leben und sich ihr zugehörig fühlen,

57 R. Höhn, Der bürgerliche Rechtsstaat und die neue Front, Berlin 1929, S. 69.

entrechten und gleichsam wieder in das Ghetto zurückführen will, erscheint mir mehr als zweifelhaft«.[58] Nicht die Grundlage der Einheit, sondern ihre Herstellung war das eigentliche Thema. Auf Parteien und Parlamente wurde dabei keinerlei Hoffnung mehr gesetzt. An ihre Stelle trat »die Bewegung und die bündische Organisation«, als deren typische Erscheinungsform gelegentlich die NSDAP erwähnt wurde.[59] Hier galten die Prinzipien von Führung und Gefolgschaft, Mythos und Glaube, die auch auf den Staat übertragen werden mußten. »Das Zeitalter der ›diskutierenden Klasse‹ und damit das der Diskussion selbst ist zu Ende, das Zeitalter der Führung beginnt.«[60]

Dieses Zeitalter nahm nun deutlichere Konturen an. Es trennte sich von dem Staat, der seine Aufgabe von der Individualfreiheit her definierte und seine Macht in ihrem Interesse beschränkte. Davon war auch die ältere Generation schon ausgegangen, doch wurden nun Konsequenzen aus dieser Prämisse gezogen, die sich früher höchstens angedeutet hatten, die Autonomie sozialer Lebensbereiche wie der Wirtschaft, Kultur, Wissenschaft etc., die der Liberalismus im Interesse individueller Entfaltung und sozialer Leistungssteigerung gegen den Staat abgeschirmt hatte, mußte fallen. »Im Gesamtzuge der Liquidierung des 19. Jahrhunderts wird ein Staat erstehen, dessen auszeichnendes Merkmal nicht mehr die *Neutralität* gegenüber den sozialen Lebensbereichen, sondern die *Autorität* ist. Der Staat wird wahrhaft politisch sein und seine umfassende politische Substanz wird sich ausdehnen auf alle die Sachgebiete, die der Liberalismus autonomisierte, das heißt gegen den Staat abschloß.«[61] Die Einheit bedeutete durchgängige Politisierung. Alle Einheitshindernisse wie die Differenz von Recht und Moral mußten weichen. »Der *neutrale Staat* des 19. Jahrhunderts

58 O. Koellreutter, Der Sinn der Reichstagswahlen vom 14. September 1930 und die Aufgaben der deutschen Staatslehre, Tübingen 1930, S. 19. Ein ausgeprägter, aber noch ›nicht gegen den einzelnen Juden als Menschen oder gegen das jüdische Volkstum«, sondern gegen den »Geltungsanspruch des jüdischen Volkstums im deutschen Staate« gerichteter Antisemitismus nur bei H. Gerber, Völkerkampf (1921). In: ders. (Anm. 47), S. 44.

59 E. Forsthoff (unter dem Pseudonym Georg Holthausen), Totale Mobilmachung. In: Der Ring 4 (1931), S. 5. Vgl. ferner H. Liermann, Partei und Bund. In: Blätter für Deutsche Philosophie 5 (1931/32), S. 235.

60 Höhn (Anm. 57), S. 114.

61 E. Forsthoff (unter dem Pseudonym Friedrich Grüter), Die Gliederung des Reiches. In: A. E. Günther (Hg.), Was wir vom Nationalsozialismus erwarten, Heilbronn 1932, S. 82 f.

bildet sich in den alle Bereiche des Gemeinschaftslebens umschlie-
ßenden *totalen Staat* um.«[62]

Mit dem totalen Staat entfiel nicht nur die Unterscheidung von
privater und öffentlicher Sphäre, privatem und öffentlichem
Recht, für die das »organische Einordnungsverhältnis« keinen
Raum ließ.[63] Es entfiel vor allem auch die Möglichkeit staatsbe-
grenzender Grundrechte. Der neue Staat durfte sich bei der Verfolgung seiner Gemeinschaftsziele nicht vom individuellen Willen
Schranken setzen lassen. »Menschenrechte, die vom Einzelnen her
gedacht sind, gibt es hier nicht.«[64] Sie erfuhren daher noch vor der
nationalsozialistischen Machtergreifung eine staatsbezogene Umdeutung. Nachdem Smend und Schmitt schon 1928 das einseitig
individualistische Grundrechtsverständnis des Liberalismus durch
die Hinzufügung objektivrechtlicher Elemente korrigiert hatten[65],
mußten sie nun ihres subjektiven Gehalts ganz entkleidet werden.
In einem »gesunden demokratischen Staatssystem« durften sie
überhaupt keinen »negativen, abwehrenden«, sondern nur »positiven, aufbauenden Charakter tragen«.[66] Der Einzelne, hieß das,
mußte mit all seinen Kräften und Fähigkeiten in den Dienst des
Ganzen treten. »Der status negativus wird dann durch den status
activus relativiert und in seinen entscheidenden Beziehungen verdrängt.«[67] Die Grundrechte des Individuums verwandelten sich
dadurch unbemerkt in Ansprüche des Staates, denen auf seiten des
Einzelnen Pflichten entsprachen.

Was für die Grundrechte galt, mußte freilich auch auf jedes andere subjektive Recht zutreffen, das ja als rechtlich geschützte Willensmacht oder zumindest rechtlich geschütztes Interesse des Einzelnen definiert wurde. Insofern waren mit dem hier vorgenomme-

62 E. Forsthoff (unter dem Pseudonym Friedrich Grüter), Der Rechtsstaat in der
   Krise. In: Deutsches Volkstum 1932, S. 264.

63 G. A. Walz, Vom Wesen des öffentlichen Rechts, Stuttgart 1928, S. 54.

64 Höhn (Anm. 57), S. 44.

65 C. Schmitt, Verfassungslehre, München/Leipzig 1928, S. 170; R. Smend, Verfassung und Verfassungsrecht, München 1928, bes. S. 158 ff.; ders., Das Recht der
   freien Meinungsäußerung. In: Veröffentlichungen der Vereinigung der Deutschen Staatsrechtslehrer 4 (1928), S. 44. Smend ist gleichzeitig ein Beispiel dafür,
   daß eine konservative Kritik am Liberalismus nicht notwendig in den Nationalsozialismus münden mußte.

66 E. R. Huber, Bedeutungswandel der Grundrechte. In: Archiv des öffentlichen
   Rechts NF 23 (1933), S. 7, geschrieben vor der Machtergreifung als Beitrag zur
   Auslegung der Weimarer Verfassung.

67 Ebd., S. 8.

nen Bruch umwälzende Konsequenzen für das Privatrecht und das
Zivilprozeßrecht verbunden, denn diese verstanden sich geradezu
als System der Zuordnung und Abgrenzung bzw. Durchsetzung
subjektiver Rechte, und grundrechtlich garantierte subjektive
Rechte wie die Eigentums-, die Vertrags- und die Vererbungsfreiheit bildeten die Eckpfeiler des Bürgerlichen Gesetzbuchs. Die Privatrechtswissenschaft blieb jedoch von der autoritären Wendung
zunächst unberührt, während sogleich nach 1933 eine intensive
Diskussion über die Zukunft des subjektiven Rechts einsetzte.[68]
Dagegen machten sich die Wirkungen des gewandelten Verständnisses im Strafrecht schon vor der nationalsozialistischen Machtergreifung bemerkbar. Ansatzpunkt waren hier die seit längerem
diskutierten Reformpläne, an denen jüngere Strafrechtler wie Erik
Wolf, Dahm, Schaffstein rügten, daß sie sich mehr um den Schutz
des Individuums vor dem Staat als um den Schutz des Staates und
der Gemeinschaft vor dem Verbrecher sorgten. Das Strafrecht sei
»zunächst und in erster Linie als Mittel zu Erhaltung und Bewäh-
rung der Staatsgewalt schlechthin« gedacht.[69]

Die rechtliche Begrenzung der Staatsgewalt im Interesse des Einzelnen gehörte zum Kernbestand des Rechtsstaats. Seit dem ausgehenden 18. Jahrhundert bildete er den zwar nicht unveränderten,
aber doch unbestrittenen Fluchtpunkt der deutschen Rechtswissenschaft. Die ältere Juristengeneration, die sich nach 1933 dem
Nationalsozialismus anschloß, konnte sich den neuen Staat noch
in der Endphase der Weimarer Republik nur als Rechtsstaat mit
unabhängiger Justiz vorstellen.[70] Die jüngeren Befürworter eines
totalen Staates hatten diese Position schon vorher aufgegeben. Die
Begründung verdankten sie Carl Schmitt. Für ihn war das Legali-
tätssystem »in einen auffälligen und unabweisbaren Gegensatz
zu der Legitimität eines wirklich vorhandenen, rechtmäßigen Wil-

68 Vgl. P. Thoss, Das subjektive Recht in der gliedschaftlichen Bindung, Frankfurt/
   M. 1968; Rüthers (Anm. 5), S. 339 ff.
69 G. Dahm, F. Schaffstein, Liberales oder autoritäres Strafrecht?, Hamburg 1933,
   S. 40. Vgl. ferner G. Dahm, Autoritäres Strafrecht. In: Monatsschrift für Krimi-
   nalpsychologie und Strafrechtsreform, 1933, S. 162; F. Schaffstein sowie E.
   Wolf, Die Fortführung der Strafrechtsreform. In: Mitteilungen der Internationalen Kriminalistischen Vereinigung NF 6 (1932), S. 181 und 190. Dazu Marxen
   (Anm. 39), S. 76 ff.
70 Vgl. etwa Koellreutter (Anm. 58), S. 11, und, wenn auch abgeschwächt, ders.,
   Der nationale Rechtsstaat, Tübingen 1932, S. 27; H. Herrfahrdt, Der Staat des
   20. Jahrhunderts. In: Blätter für Deutsche Philosophie 5 (1931/32), S. 222.

lens« geraten.[71] Dieser wurde aber nicht mehr auf den Weg verfassungsmäßiger Legalisierung verwiesen. Schmitt behauptete vielmehr, daß die Legalität als Denkform historisch an den parlamentarischen Gesetzgebungsstaat gebunden und daher mit dessen Zusammenbruch 1930 obsolet geworden sei. Der Staat war damit seiner rechtsstaatlichen Fesseln ledig und konnte rechtlich ungehindert die legitime Ordnung durchsetzen. In diesem gegen alle bisherige Tradition völlig entformalisierten Verständnis wollte Huber den Begriff beibehalten, den Schmitt ausdrücklich vermieden hatte. »Der Staat wird zum Rechtsstaat, indem er die Verwirklichung des Rechtswerts zu einem seiner wesentlichen Ziele macht.«[72]

In den beiden letzten Jahren der Republik kreisten die Überlegungen um die Frage, wie man sich ohne Verfassungsbruch der Verfassung entledigen könne. Dabei leistete Carl Schmitts Verfassungstheorie von 1928 den entscheidenden Dienst. Schmitt hatte dort zwischen Verfassung und Verfassungsgesetz getrennt und in der Verfassung die »Gesamt-Entscheidung über Art und Form der politischen Einheit« erblickt, während das Verfassungsgesetz nur aufgrund dieser vorgängigen Entscheidung galt und ihr die konkrete Form verlieh.[73] Im Konfliktfall hatte also stets die materiale Verfassung Vorrang. Auf diese Weise wurde es möglich, das Legalitätsbewußtsein von der normativen Verfassung auf einen informellen Verfassungskern umzulenken. Gerade das Beharren auf den verfassungsmäßigen Formen der Veränderung ließ sich so als Scheinlegalismus hinstellen, der in Wahrheit Verfassungszerstörung beinhaltete.[74] Es kam dann nur noch darauf an, die Ziele der rechten Weimar-Gegner als verfassungskonform, die der linken als verfassungswidrig zu begründen. Zu diesem Zweck unterschied Koellreutter zwischen relativen und revolutionären Verfas-

71 C. Schmitt, Legalität und Legitimität, München/Leipzig 1932, wieder abgedruckt in: Verfassungsrechtliche Aufsätze aus den Jahren 1924-1954, 2. Aufl. Berlin 1973, S. 263, das Zitat auf S. 266.

72 Huber (Anm. 66), S. 91. Schmitts Begründung für die Vermeidung des Rechtsstaatsbegriffs in: Schmitt (Anm. 71), S. 274.

73 Schmitt (Anm. 65), S. 20. Schmitt selbst aktualisierte diese Überlegungen für die Krisensituation ab März 1930 in: Der Hüter der Verfassung, Tübingen 1931, und: Legalität und Legitimität, München/Leipzig 1932.

74 So etwa E. Forsthoff (unter dem Pseudonym Friedrich Grüter), Krisis des Staatsdenkens. In: Deutsches Volkstum 1931, S. 169; E. R. Huber (unter dem Pseudonym Friedrich Landeck), Verfassung und Legalität. In: Deutsches Volkstum 1932, S. 733.

sungsänderungen. Relativ nannte er solche, die die politische Existenz und Einheit des Volkes unberührt ließen. Das galt für den Nationalsozialismus. »Dagegen würde die politische Durchführung des kommunistischen Systems die gesamten Grundlagen der bisherigen volklichen Ordnung (Privateigentum, Ehe, Verbindung mit der Religion) zerstören« und deshalb nur revolutionär möglich sein. Eine Partei, die gerade die Einheit des Volkes wiederherstellen wolle und dazu die erforderlichen Schritte ergreife, könne hingegen niemals revolutionär sein.[75]

Als die Rechtswissenschaft nach der Machtergreifung mit der Forderung konfrontiert wurde, die gesamte Rechtsordnung im Geiste des Nationalsozialismus zu interpretieren, gab es also genügend Juristen, für die darin keine wissenschaftlich unvollziehbare Zumutung, sondern die Gelegenheit zur Verwirklichung bereits zuvor vertretener Positionen lag. Insofern trifft der nach 1945 oft erweckte Eindruck, als habe der Nationalsozialismus für die Rechtswissenschaft einen plötzlichen und schicksalhaften Bruch mit der Weimarer Rechtsordnung bedeutet, dem man sich nicht entziehen konnte, für eine beträchtliche Anzahl der nationalsozialistischen Juristen nicht zu. Vielmehr lag seit den Anfängen der Weimarer Republik eine juristische, überwiegend im öffentlichen Recht beheimatete Denktradition vor, die zwar nicht zwangsläufig zum Nationalsozialismus führte oder schon vor 1933 als ausdrückliches Bekenntnis zur NSDAP sichtbar gewesen wäre, aber doch mühelos in den Nationalsozialismus einmünden konnte, nachdem dieser 1933 die Macht ergriffen hatte.

Es ist also nicht der Eindruck einer Zäsur, der bei einem Vergleich der Schriften nationalsozialistischer Juristen nach 1933 mit ihren Äußerungen während der Weimarer Republik vorherrscht. Am stärksten gilt das noch für die Privatrechtswissenschaft, die gewohnt war, sich unpolitisch-technisch zu verstehen, und ihre im Dritten Reich vertretenen Auffassungen zuvor nicht in großem Ausmaß entwickelt hatte. Bei einer Reihe jüngerer Wissenschaftler, die vor der Machtergreifung nur ihre mehr oder weniger schulmäßige Habilitationsschrift veröffentlicht hatten, stellt sich die Kontinuitätsfrage nicht. Im übrigen verhält es sich eher so, daß die

75 O. Koellreutter, Parteien und Verfassung im heutigen Deutschland, Leipzig 1932, S. 11, 30, in Fortentwicklung seiner Überlegungen aus: Reichstagswahlen (Anm. 58), S. 32 ff.

bis dahin diffus und uneinheitlich vorhandenen Strömungen nun einen realen Kristallisationspunkt fanden. Die Mehrzahl der Weimar-Kritiker war bereit, den Nationalsozialismus als Erfüllung ihrer Ordnungsvorstellungen zu akzeptieren. Beide mochten in dem einen oder anderen Punkt auseinanderfallen, doch war das kein Grund, sich zu distanzieren. Ohne daß ein prinzipielles Umdenken erforderlich gewesen wäre, verengte sich das Spektrum lediglich auf die vom Nationalsozialismus vorgegebenen Verwirklichungsformen, die nunmehr von der Rechtswissenschaft gerechtfertigt wurden, wenn dabei auch wissenschaftliche Differenzen im Detail möglich blieben.

Zahlreiche Anhänger der »Neuen Rechtswissenschaft«, die die nationalsozialistische Machtergreifung begeistert begrüßt hatten, bemerkten erst spät, daß der Nationalsozialismus nicht eine von ihnen mißbilligte Rechtsordnung durch eine gerechtere ersetzte, sondern das Recht als soziales Steuerungsmittel überhaupt auflöste und sich als jene Willkürherrschaft entpuppte, gegen die die vor 1933 entstandenen Theorien vom Führerstaat noch Grenzen zu ziehen versucht hatten. Man kann daher im weiteren Verlauf des Dritten Reichs bei einigen Autoren Ansätze beobachten, den Führer wenigstens an elementare Formerfordernisse des Rechtsstaats wie die Publikation rechtlicher Anordnungen zu binden. Es gab auch nationalsozialistische Rechtswissenschaftler, die im Lauf der Zeit ihre Publikationstätigkeit weitgehend einstellten. Manche waren in innere Distanz zum nationalsozialistischen Regime getreten, bevor dieses 1945 sein förmliches Ende fand. Darin mag auch eine Erklärung für das immer wieder auf Verwunderung stoßende Phänomen liegen, daß viele führende Vertreter der »Neuen Rechtswissenschaft« ohne erkennbare Übergangsschwierigkeiten zu prominenten Rechtslehrern der Bundesrepublik werden konnten.

v. Aufgaben der Rechtsgeschichte

Rechtswissenschaft und Geschichte

A.

Im Zuge der Reform der juristischen Ausbildung, die derzeit allenthalben in Deutschland stattfindet, droht die Rechtsgeschichte in eine Randposition zu geraten. In der Eingangsstufe des Studiums wird sie weitgehend von den Sozialwissenschaften verdrängt oder mit ihnen zu einer allgemeinen Propädeutik verschmolzen und tritt als eigenständiges, aber nicht obligatorisches Fach erst im Spezialisierungsabschnitt in Erscheinung. Damit zählt die Rechtsgeschichte künftig nicht mehr zu den unerläßlichen Bestandteilen eines ordnungsmäßigen Jurastudiums. So sehr die Rechtshistoriker diese Degradierung ihrer Disziplin beklagen, so wenig haben sie doch bisher geprüft, inwieweit sie für deren Schicksal mitverantwortlich sein könnten. In den Reformmodellen drückt sich ja die Überzeugung aus, daß zur Vorbereitung des Juristen auf seine soziale Funktion wissenschaftlich vermittelte Kenntnisse von Wirtschaft und Gesellschaft notwendig, von Rechtsgeschichte aber entbehrlich seien. Daß diese Überzeugung sich zu bilden vermochte, kann nicht allein den Reformplanern angelastet werden, sondern weist auch auf Versäumnisse der Rechtshistoriker hin. Offensichtlich ist es ihnen in letzter Zeit nicht im erforderlichen Maß gelungen, die behauptete Relevanz für die Jurisprudenz auch unter Beweis zu stellen. Der gern beklagten Geschichtsferne der Gegenwart entspräche dann eine nicht minder beklagenswerte Gegenwartsferne der Rechtsgeschichte. Sie hätte sich unvermutet sogar von den Klassikern ihres Fachs entfernt, denn die Bedeutung und Anerkennung, die die Rechtsgeschichte der Savigny und Beseler, Jhering und Gierke genoß, gründete nicht zuletzt in dem Gegenwartsbezug ihrer historischen Forschungen. Wenn gerade dieser Aspekt der Rechtsgeschichte des vorigen Jahrhunderts heute einer ideologiekritischen Prüfung unterzogen wird[1], so steht hinter solchen Unterfangen doch in keinem Fall das Wunschbild vom rechtshistorischen Antiquar. Die

---

1 Vgl. W. Wilhelm, Zur juristischen Methodenlehre im 19. Jahrhundert, Frankfurt 1958, S. 17 ff.; E. W. Böckenförde, Die deutsche verfassungsgeschichtliche Forschung im 19. Jahrhundert, Berlin 1961; E. Sjoeholm, Rechtsgeschichte als Wis-

Alternative ist freilich auch nicht der politisch dienstbare Rechtshistoriker. Gegenwartsrelevanz meint vielmehr Kenntnis der aktuellen Probleme von Recht und Gesellschaft und Bereitschaft zu prüfen, ob sie von der Rechtsgeschichte erhellt oder gar einer Lösung nähergeführt werden können. Die Annahme, daß eine solch praktische Leistung von einer historischen Wissenschaft zu erbringen ist, liegt dieser Arbeit zugrunde. Mehr: gegenüber der vorherrschenden Meinung, wie sie sich in den Ausbildungsordnungen normativ durchzusetzen beginnt, wird hier die These vertreten, daß der Jurist seine Funktion weniger denn je ohne rechtsgeschichtliche Unterstützung erfüllen kann. Dazu bedarf es freilich einer Rechtsgeschichte, die ihr Forschungsinteresse aus der Gegenwart bezieht und sich auf dem theoretischen Niveau sowohl der Rechtswissenschaft als auch der Geschichtswissenschaft bewegt. Die Fragen, wie es um diese drei Erfordernisse bestellt ist und sein müßte, bestimmen den Gang der folgenden Untersuchung.

B.

1. Rechtswissenschaft und Rechtsgeschichte

1. Während das Recht in älteren Gesellschaften prinzipiell als vorgegeben und unveränderlich angesehen wurde, ist es in modernen Gesellschaften durch Machbarkeit und Variabilität gekennzeichnet. Es zieht seine innere Qualität nicht mehr wie einst aus dem Alter, gar der Unvordenklichkeit, sondern der Situationsadäquanz. Als Folgelast tritt seither freilich das Problem veralteten Rechts auf. Es führte schon im Mittelalter zu einer beachtlichen Rechtsetzungsaktivität und spitzte sich im Verlauf des 18. Jahrhunderts so zu, daß erstmals Gesetzgebungsinitiativen großen Umfangs entstanden, die schließlich in die umfassenden und teils noch immer geltenden Kodifikationen mündeten. Indessen hat sich das Problem durch die von nun an kontinuierliche und heute permanente Rechtsproduktion keineswegs erledigt. Im Gegenteil veralten infolge des beschleunigten sozialen Wandels bestehende Vorschriften mit solcher Geschwindigkeit, wächst der Bedarf an neuen Regeln in einem Ausmaß, daß die rechtsetzenden Instanzen

senschaft und Politik, Berlin 1972. Zur Geschichte der Rechtsgeschichte vgl. F. Wieacker, Privatrechtsgeschichte der Neuzeit, 2. Aufl. Göttingen 1967, S. 416 ff.

trotz ihrer verbesserten technischen Möglichkeiten zusehends in Rückstand geraten. Ihre Perzeptionsfähigkeit für rechtspolitische Probleme ist begrenzt und oft durch Interessentendruck stärker gelenkt als durch eigene planvolle Wahrnehmungen. Unter den erkannten Problemen müssen sie angesichts der Knappheit von Zeit, Geld und Konsens eine Auswahl treffen. Dabei schiebt sich das Befristete stark in den Vordergrund und absorbiert die vorhandenen Kapazitäten weitgehend. In dieser Situation erscheint es kaum mehr möglich, noch einmal die Kräfte zur einheitlichen Neuordnung großer Sozialbereiche oder auch nur zur Gesamtrevision der geltenden Kodifikationen zu sammeln. Die Gesetzesproduktion ist vielmehr durch Detailkorrekturen und Maßnahmegesetze gekennzeichnet und gefährdet damit zwangsläufig die Adäquanz und Konsistenz des Rechts, denen es seine Rationalität doch zum Großteil verdankt.

Aus der veränderten Relation von Recht und Zeit ergeben sich Anforderungen an Rechtswissenschaft und Praxis, die bislang noch wenig Beachtung finden.[2] Die Rechtswissenschaft kann sich in der neuen Situation nicht mehr überwiegend als Wissenschaft von der richtigen Anwendung des gesetzten Rechts verstehen. Sie muß vielmehr im gleichen Maß Rechtskritik und Rechtspolitik in ihre Arbeit einbeziehen. Beides galt unter dem Einfluß des Positivismus lange als unwissenschaftlich und wurde in die Verantwortung der politischen Instanzen abgeschoben. Mit der Überwindung des Positivismus ist der prinzipielle Einwand gegen die Möglichkeit einer wissenschaftlichen Rechtspolitik entfallen. Seit bekannt ist, daß die politischen Instanzen ihre rechtspolitische Verantwortung nur unvollständig wahrnehmen können, steht auch die Notwendigkeit fest. Zwar stellen bereits jetzt rechtspolitische Äußerungen von Juristen keine Besonderheit mehr dar. Zum großen Teil ergeben sie sich aber immer noch bei Gelegenheit einer an sich dogmatisch gemeinten Untersuchung. Indessen muß die Rechtswissenschaft ihre Aufgabe planmäßig erweitern und Rechtskritik und Gesetzgebung ausdrücklich in die akademische Forschung und Lehre aufnehmen. Das verlangt, daß die durch den

---

2 Den »Einbruch der Zeit in das Recht« hat zuerst R. Bäumlin, Staat, Recht und Geschichte, Zürich 1961, thematisiert; danach etwa W. Fiedler, Sozialer Wandel, Verfassungswandel, Rechtsprechung, Freiburg 1972; N. Luhmann, Rechtssystem und Rechtsdogmatik, Stuttgart 1974; P. Häberle, Zeit und Verfassung, ZfP 21 (1974), S. 111.

Zeitablauf entstandenen Diskrepanzen zwischen geltendem Recht und sozialen Anforderungen nicht nur beiläufig und punktuell registriert, sondern systematisch ermittelt und an die rechtsetzenden Instanzen weitergemeldet werden.

Angesichts der begrenzten und nicht beliebig ausweitbaren Kapazität des Gesetzgebers wird es freilich auch dann dabei bleiben, daß häufig Normen auf eine Wirklichkeit treffen, für die sie nicht konzipiert waren, und so an Steuerungspotential verlieren. Schon immer haben Rechtswissenschaft und Rechtsprechung in solchen Situationen Überbrückungsfunktionen wahrgenommen, ohne indessen die prinzipielle Scheidung von Rechtsetzung und Rechtsanwendung in Zweifel zu ziehen. Für Unzuträglichkeiten, die im Wege der Auslegung nicht zu beheben waren, lehnten sie die Verantwortung mit dem Argument ab, daß der Gesetzgeber Normen, die er in Kenntnis ihrer Mängel nicht ändere, aufrechterhalten wolle. Dieser Schluß ist, seit die Politikwissenschaft genaueren Einblick in den Rechtsetzungsprozeß vermittelt hat, als fiktiv erkannt. Für den Regelfall kann aus der Untätigkeit des Gesetzgebers nicht auf einen Willen zur Aufrechterhaltung des bestehenden Zustandes geschlosssen werden. Als Alternative zur Resignation bleibt unter diesen Umständen nur der Vorschlag, daß die rechtsanwendenden Instanzen die Funktion eines Komplementärgesetzgebers übernehmen, der Anpassungsdefizite ausgleicht und Widersprüchlichkeiten einebnet. Diese Kompetenzausweitung scheint unvermeidlich. Aufgabe der Rechtswissenschaft kann es daher nicht sein, die Praxis vor ihr zu warnen, sondern Methoden zu entwickeln, die es erlauben, Rechtssätze interpretativ auf veränderte Bedingungen einzustellen, ohne daß es dabei zu Einbußen an Rechtsstaatlichkeit oder Illoyalitäten gegenüber dem primär legitimierten Gesetzgeber käme.

Normtheorie und Methodenlehre beginnen diesem Erfordernis Rechnung zu tragen. Hatte der Begriffsjurisprudenz ein statischer, für sozialen Wandel unempfindlicher Normbegriff zugrunde gelegen, so machten die Umwälzungen im Gefolge des Ersten Weltkriegs deutlich, daß Realitätsveränderungen die Rechtsordnung nicht unberührt lassen. Diese Erkenntnis entzog zwar der logisch-grammatischen Interpretationsmethode, die dem Normverständnis der Begriffsjurisprudenz entsprach, den Boden, brachte aber nicht zugleich ein Instrumentarium hervor, mit dem die nunmehr sichtbar gewordene Wechselwirkung von Recht und Wirklichkeit juristisch bewältigt werden konnte. Die Folgen sozialen Wandels wurden als Differenz zwischen Norm und Realität registriert, aber nicht oder nur schlechten Gewissens durch Normanpassung aufgelöst. Seit man weiß, daß Veränderung das Normale ist, steht die Rechtswissenschaft vor der Aufgabe, eine Theorie der außergesetzlichen Rechtsanpassung zu entwickeln. Einen solchen Versuch unternehmen etwa Bäumlin, der die Zeit eine »Kategorie der inneren Struktur von Rechtsnormen« nennt, oder Friedrich Müller, der Norm und Wirklichkeit nicht nur dialektisch aufeinander bezieht, sondern Wirklichkeitsausschnitte als Bestandteil von Normen ansieht.[3] In beiden Fällen wird ein Anpassungsmechanismus in die Norm selbst eingebaut, der zur Folge hat, daß sozialer Wandel nicht notwendig zu einer – nur legislatorisch überbrückbaren – Kluft zwischen Recht und Wirklichkeit, sondern vielfach unmittelbar zum Sinnwandel von Normen führt und daher von Wissenschaft und Praxis selbständig verarbeitet werden darf.

2. Für das Verhältnis von Rechtswissenschaft und Rechtsgeschichte ist diese Situationsanalyse bedeutsam, weil sie zeigt, daß die drängenden Probleme der Jurisprudenz sich gerade aus der Historizität von Recht ergeben und deswegen nicht ahistorisch gelöst werden können. Sowohl Rechtskritik als auch Komplementärgesetzgebung sind auf rechtshistorische Anleitung angewiesen. Rechtsnormen entstehen in der Regel als Antworten auf bestimmte historische Ordnungsprobleme. Ihre Anlässe gehen jedoch gewöhnlich nicht in den Gesetzestext ein. Noch weniger erscheinen die sozialen Rahmenbedingungen, unter denen die Norm ihre Wirkung entfalten soll, im Normtext. Er wird abstrakt, das heißt aber gerade: ohne Bezugnahme auf Anlaß und Kontext, formuliert. In dieser Eigenschaft liegt der formale Grund der Dauerhaftigkeit und Anpassungsfähigkeit von Normen. Dessenungeachtet treffen sie ihre materielle Regelung unter selbstverständlicher Zugrundelegung der bestehenden Verhältnisse und Überzeugungen. Diese sind Voraussetzung der Norm, nicht Tatbestandsmerkmal. Historische Veränderungen schlagen daher

---

3 Bäumlin (Anm. 2), S. 9; F. Müller, Normstruktur und Normativität, Berlin 1966. Vgl. ferner J. Esser, Grundsatz und Norm in der richterlichen Fortbildung des Privatrechts, 2. Aufl. Tübingen 1964; W. Hassemer, Tatbestand und Typus, Köln 1968; K. Hesse, Grundzüge des Verfassungsrechts, 7. Aufl. Karlsruhe 1974, S. 15 ff.

nicht unmittelbar auf den Normtext durch. Daraus erklärt sich ihre schwere Erkennbarkeit für den rechtshistorisch uninformierten Rechtspolitiker oder -dogmatiker. Indessen wird der Zusammenhang zwischen der Regel und ihren Entstehungsbedingungen durch die abstrakt-generelle Formulierung nicht aufgelöst. Vielmehr macht er sich bei veränderten Verhältnissen als Funktionswandel der Norm bemerkbar. Dafür gibt es zahlreiche Beispiele – aus dem Privatrecht, weil es zum großen Teil älter ist als die moderne Arbeitswelt, aus dem öffentlichen Recht, weil es in vielem noch dem vordemokratischen Konstitutionalismus entstammt.[4]

Der für das neuere Privatrecht fundamentale Grundsatz der Vertragsfreiheit etwa ist vorindustriellen Ursprungs.[5] Er bezog sich auf ein zwar schon arbeitsteiliges, aber noch nicht zum Massenkonsum übergegangenes Wirtschaftssystem, in dem kleine, annähernd gleich starke Warenproduzenten miteinander konkurrierten. Unter dieser Voraussetzung schien in der Tat der frei ausgehandelte Vertrag die Interessen aller Beteiligten am besten zu wahren. Als infolge der Industrialisierung diese im Rechtsprinzip selbst mitgedachte, aber nicht ausgesprochene Grundlage zerbrach, das System der Kleinwarenproduzenten in (sozial starke) Unternehmer und (sozial schwache) Arbeiter zerfiel und Massenproduktion möglich wurde, nahm auch die Vertragsfreiheit einen anderen Charakter an. Sie bewirkte fortan, daß sich die jetzt sehr ungleich verteilte soziale Macht ungehindert in Rechtsmacht transformieren konnte, und vermochte so einen gerechten Interessenausgleich gerade nicht mehr herbeizuführen. Im öffentlichen Recht kann derselbe Vorgang an dem Satz gezeigt werden, daß die Eigentumsgarantie nicht gegen Besteuerung schützt.[6] Seiner Entstehung nach gehört er einer Epoche an, da der Staat sich noch

4 Als Versuch einer Gesamtschau vgl. W. Friedmann, Recht und sozialer Wandel, Frankfurt 1969, und, in Umfang und Anspruch begrenzter, F. Wieacker, Das Sozialmodell der klassischen Privatrechtsgesetzbücher und die Entwicklung der modernen Gesellschaft, Karlsruhe 1953, erneut abgedruckt in Wieacker, Industriegesellschaft und Privatrechtsordnung, Frankfurt 1974, S. 9; F. v. Hippel, Zum Aufbau und Sinnwandel unseres Privatrechts, Tübingen 1957; P. Badura, Verwaltungsrecht im liberalen und im sozialen Rechtsstaat, Tübingen 1966; B. Schmidlin, Die Einheit der Rechtsquellen und der Rechtsanwendung im Privatrecht, Wien 1973.

5 Zum Folgenden ausführlich D. Grimm, Soziale, wirtschaftliche und politische Voraussetzungen der Vertragsfreiheit, in diesem Band S. 165 ff.

6 Vgl. dazu etwa P. Selmer, Steuerinterventionismus und Verfassungsrecht, Frankfurt 1972.

prinzipiell als Ordnungsstaat verstand. Steuern waren nichts anderes als diejenige Portion des Eigentums, welche der Eigentümer gerade zum Schutz seines Eigentums aufwenden mußte. Unter diesen Umständen wäre es widersinnig gewesen, die Eigentumsgarantie auch gegen Steuern zu richten. Heute hat der Staat überdies Leistungs- und Gestaltungsaufgaben übernommen, die er zum Großteil mit Hilfe der Steuern erfüllt. Diese sind dadurch zu einem Instrument der Wirtschaftslenkung und Vermögensumverteilung geworden, und der Grundsatz, der ursprünglich den Eigentümern zugutekam, reißt jetzt eine tiefe Bresche in den Eigentumsschutz.

Ähnlichen Wandlungsprozessen unterliegen auch dogmatische Begriffe. Im Begriff sucht die Rechtswissenschaft die Bedeutungsfülle eines vom Gesetzgeber verwandten Worts zu erfassen und so die Rechtsanwendung von jeweils neuer Inhaltsbestimmung zu entlasten. Damit entscheidet sich die Beurteilung eines Falles aber häufig bereits auf der Ebene der Begriffsbildung, die der Subsumtion vorangeht. So nachhaltig demnach Begriffe wirken, so schwer ist doch ihre historische Bedingtheit zu durchschauen, weil sie meist noch langlebiger und abstrakter sind als Normen.[7] Im Strafrecht etwa hat als entschuldigender Irrtum bis vor kurzem nur der sog. Tatirrtum, nicht dagegen der Verbotsirrtum gegolten.[8] Dieser Irrtumsbegriff, der schon aufs römische Recht zurückgeht, setzte die Kenntnis des Verbotenen als selbstverständlich voraus. Er spiegelte damit einen Zustand relativ konstanter und begrenzter Verbotsnormen. Inzwischen steht aber die Mehrzahl der strafrechtlichen Verbote bereits im Nebenstrafrecht, und dieses wächst ständig weiter. Der Bundesgerichtshof hat deswegen die begriffliche Einschränkung aufgegeben und fragt nun, ob der Irrtum verschuldet war. Sogleich taucht freilich eine noch schwierigere Frage auf, nämlich die des strafrechtlichen Schuldbegriffs. Historisch bedingt und insofern nicht beliebig verwendbar sind schließlich

---

7 Bemerkenswerterweise ist in der DDR weniger beklagt worden, daß zahlreiche Gesetze des bürgerlichen Rechtsstaats in Kraft blieben, als daß die Rechtswissenschaft weiter mit den Begriffen der bürgerlichen Jurisprudenz operierte, vgl. vor allem die Rede W. Ulbrichts auf der sog. Babelsberger Konferenz, die der Kritik der Rechts- und Staatswissenschaft diente, Recht und Staat 7 (1958), S. 325, und die sich daran anschließende, überwiegend in derselben Zeitschrift geführte Grundlagen-Diskussion, namentlich G. Brehme/H. Kuntschke, Die Aufgaben der Staats- und Rechtsgeschichte bei der Ausbildung sozialistischer Juristen, Recht und Staat 7 (1958), S. 1159.

8 Vgl. etwa A. Kaufmann, Das Unrechtsbewußtsein in der Schuldlehre des Strafrechts, Mainz 1949, S. 50ff.

sogar die Methoden der Jurisprudenz. So hat Wieacker vor übersteigerten Erwartungen an die wiederbelebte Topik gewarnt, indem er den Zusammenhang zwischen der topischen Methode und einer traditionalistisch-aristokratischen Bildungsgesellschaft aufdeckte, in der über die Prämissen und ihre Verwendung Einverständnis herrschte.[9] Diese Voraussetzung ist in pluralistischen Gesellschaften weitgehend entfallen, das Anwendungsfeld der Topik damit stark eingeengt.

Die Beispiele zeigen, in welch hohem Maß das Verständnis geltenden Rechts vom Verständnis seiner Geschichte abhängt. Indem die Rechtsgeschichte diese Kenntnis bereitstellt, wird sie zur unverzichtbaren Voraussetzung rationaler Rechtsdogmatik und Rechtspolitik. Vergleicht man allerdings die Zahl rechtshistorischer Arbeiten, die sich dem klassischen römischen oder älteren germanischen Recht widmen, mit den Studien über die Rechtsentwicklung im 19. Jahrhundert, dann liegt die Vermutung nahe, daß die Rechtsgeschichte gerade die Verbindung zum geltenden Recht vernachlässigt. Zwar hat sich in den letzten Jahren eine bis an die Gegenwart heranführende Dogmengeschichte etablieren können.[10] Doch werden die zum Verständnis und zur richtigen Anwendung des geltenden Rechts erforderlichen historischen Vergewisserungen großenteils immer noch den Vertretern der Rechtsdogmatik selbst überlassen.[11] Damit sind aber einige Gefahren verbunden. Rechtsgeschichtliche Forschung erfolgt, wenn sie zur Vorfrage eines dogmatischen Problems wird, ad hoc und punktuell. Es kann dann leicht geschehen, daß die historischen Rahmenbedingungen unterschätzt, Begriffe unkritisch übertragen und verzerrte Bilder gezeichnet werden. Aus diesem Grunde darf auch eine Rechtsgeschichte, deren Aufgabe sich wieder stärker vom geltenden Recht her bestimmt, nicht einfach zum unselbständigen Annex der Dogmatik gemacht werden. Ein umfassendes, verfüg-

9 F. Wieacker, Zur Topikdiskussion in der zeitgenössischen deutschen Rechtswissenschaft, Xenion 1, Festschrift für Zepos, Athen 1973, S. 391.

10 Eine Zusammenstellung der dogmengeschichtlichen Literatur bei G. Wesenberg/ G. Wesener, Neuere deutsche Privatrechtsgeschichte, 2. Aufl. Lahr 1969, S. 120 f. Zum rechtshistorisch vordringlichen Programm wurde die Dogmengeschichte von M. Kaser, JuS 1967, S. 344, erklärt. Skeptisch zur Dogmengeschichte Wieacker, Privatrechtsgeschichte (Anm. 1), S. 16 f.

11 Insbesondere gehen viele der Habilitationsschriften der letzten fünfzehn Jahre, im öffentlichen Recht stärker als im Privatrecht, den historischen Grundlagen bestehender Institute, Begriffe oder Normen und ihren zwischenzeitlichen Wandlungen nach. Ein Nachweis verbietet sich hier aus Raumgründen.

bares Reservoir dogmatisch nutzbaren historischen Wissens läßt sich vielmehr nur in einer eigenständigen Disziplin aufrechterhalten.

Ein Mißverständnis läge aber auch vor, wenn die Forderung nach verstärktem Gegenwartsbezug so gedeutet würde, als solle die rechtshistorische Forschung hinter dem 19. Jahrhundert abgeschnitten oder jedenfalls auf die unmittelbaren Vorläufer bestehender Rechtsinstitute beschränkt werden.[12] Die Legitimation von Rechtsgeschichte ist nicht in »ihrem Nutzwert für die Gegenwart begründet, sondern in der Geschichtlichkeit unserer eigenen Existenz selbst«.[13] Insofern müßte eine thematische Begrenzung der Rechtsgeschichte immer auch das Verständnis von Recht überhaupt begrenzen. Daher kann es von vornherein nur um eine Akzentverlagerung gehen. Das gilt um so mehr, als eine gegenständlich oder zeitlich verkürzte Rechtsgeschichte nicht einmal in der Lage wäre, ihre Gegenwartsaufgaben ausreichend zu erfüllen. Zahlreiche Institute, vor allem des Privatrechts, stehen ja in einer Traditionskette, die Jahrhunderte zurückreicht und nicht ohne Verständniseinbußen zerrissen werden kann.[14] So findet insbesondere die Pflege des römischen Rechts nach wie vor ihre Bedeutung in dem Umstand, daß die römische Gesellschaft einen juristischen Erfindungsgeist besaß, von dem noch die heutige Jurisprudenz profitiert. Überhaupt hat sich das juristische Problemlösungsinstrumentarium als begrenzt, wenngleich vielseitig verwendbar erwiesen. Eine Rechtshistorie, die nicht nur die Vorgeschichte des geltenden Rechts erforscht, sondern auch Rechtsfiguren vor der Vergessenheit bewahrt, kann daher ähnlich wie die Rechtsverglei-

---

12 Diese recht vordergründige Vorstellung von Gegenwartsbezug macht P. Landau, Rechtsgeschichte und Soziologie, VSWG 61 (1974), S. 145, insb. 148 ff., zum Gegenstand seiner Kritik. Ähnlich wie im Folgenden wird Gegenwartsbezug verstanden von Wieacker, Privatrechtsgeschichte (Anm. 1), S. 428 ff., und K. Kroeschell, Haus und Herrschaft im frühen deutschen Recht, Göttingen 1968, S. 57 ff. Die Notwendigkeit des Gegenwartsbezugs ist auch in der Geschichtswissenschaft anerkannt, vgl. etwa O. Brunner, Der Historiker und die Geschichte von Verfassung und Recht, HZ 209 (1969), S. 7.

13 Wieacker, Privatrechtsgeschichte (Anm. 1), S. 16.

14 Vgl. dazu vor allem die beiden Aufsätze von M. Kaser, Der römische Anteil am deutschen bürgerlichen Recht, JuS 1967, S. 337, und H. Krause, Der deutschrechtliche Anteil an der heutigen Privatrechtsordnung, JuS 1970, S. 313; ferner etwa F. Wieacker, Fortwirkungen der antiken Rechtskulturen in der europäischen Welt, in: La Storia del Diritto nel Quadro delle Scienze storiche, Florenz 1966, S. 371.

chung entlastend für Gesetzgeber und Dogmatiker wirken. Erst recht läßt sich das Bewußtsein für die historische Besonderheit des gegenwärtigen Rechts nur an seinen Alternativen schärfen. Gegenwartsbezogene Rechtsgeschichte darf deswegen keine kurzsichtige Rechtsgeschichte sein.[15]

Darin läge auch ein großer Verlust für die Bemühungen um eine zeitgemäße Rechtstheorie. Eine Theorie der Legitimation und Funktion von Recht in der modernen Industriegesellschaft steht nach dem Verblassen religiöser und metaphysischer Rechtfertigungsmuster noch immer aus. Der Bedingungszusammenhang von Sozialstruktur und Rechtsform kann aber nur dann materialreich erhellt werden, wenn ein zeitlich und geographisch genügend großes Reservoir von Rechtserfahrungen ausgeschöpft wird. Wie wenig dabei die Aktualität der Erkenntnis von der zeitlichen Nähe des Gegenstands abhängt, zeigt z.B. eine Studie wie die Simons über die Rechtsprechung des byzantinischen Reichsgerichts.[16] Simon stellt hier ein Rechtsprechungsmodell vor, das der heutigen Theorie richterlicher Tätigkeit kraß widerspricht. Juristenfunktion war danach in Byzanz weniger Erkennen als Handeln. Dementsprechend fehlte dem Gesetz der Charakter einer Entscheidungsprämisse, es galt als Entscheidungsargument unter anderen. Eine Rechtsdogmatik konnte sich unter solchen Umständen nicht herausbilden. Die Rechtsprechung tendierte vielmehr zu vollständiger Kasuistik. Für Entscheidungskonsistenz und Gleichbehandlung bestand auf diese Weise geringe Gewähr. Simon kommt zu dem Schluß, daß das von einer Dogmatik erzeugte Maß an Rationalität rhetorisch nicht erreichbar ist. Solche Untersuchungen vermitteln ihrer scheinbaren Gegenwartsferne zum Trotz aktuelle Einsichten, indem sie die Implikationen von Systemveränderungen zeigen. Die Forderung, der Richter solle sich am Handlungsmodell orientieren, wird ja heute wieder laut, und Simon hat es

---

15 Auf die begrenzte Zahl geschichtlicher Problemstellungen und rechtlicher Lösungen weisen Wieacker, Privatrechtsgeschichte (Anm. 1), S. 427 ff., und anhand schöner Beispiele Th. Mayer-Maly, Die Wiederkehr von Rechtsfiguren, JZ 1971, S. 1, hin. Die Bedeutung des Fremdartigen und Abgestorbenen für die Erkenntnis des eigenen Rechts betonen Landau (Anm. 12), S. 150, und H.J. Wolff, Zur Bedeutung der altgriechischen Rechtsgeschichte für die Rechtswissenschaft, Xenion 1, Festschrift für Zepos, Athen 1973, S. 760.

16 D. Simon, Rechtsfindung am byzantinischen Reichsgericht, Frankfurt 1973. Als Parallele aus der gegenwärtigen rechtstheoretischen Diskussion vgl. etwa N. Luhmann (Anm. 2), insb. S. 31 ff.

sich auch nicht versagen wollen, auf die erneuerte Aktualität dieses Zusammenhangs anzuspielen.

II. Rechtsgeschichte als Sozialgeschichte

1. Die Forderung nach Gegenwartsrelevanz der Rechtsgeschichte ist also weniger eine thematische als eine methodologische. Sie schränkt den Bereich der Forschung nicht zeitlich ein, sondern legt ihr ein bestimmtes Verständnis ihrer Aufgabe nahe. Dieses gründet freilich im Gegenstand selbst. Es ergibt sich aus der Tatsache, daß Recht kein Eigenleben führt, sondern in einem sozialen Kontext steht, der seine Entstehung, Anwendung und Auswirkung mitbestimmt. Alle Bemühungen, das Recht methodologisch aus diesem Kontext zu lösen und die Rechtswissenschaft von außerrechtlichen Elementen zu reinigen, wie sie etwa von Windscheid im Privatrecht und Laband im öffentlichen Recht unternommen und von Kelsen konsequent zu Ende geführt wurden, haben sich als unfruchtbar erwiesen. Weder die Rechtstheorie noch die Methodenlehre halten heute eine »Reine Rechtslehre« für möglich.[17] Umstritten ist allein, welche außerrechtlichen Faktoren zum Verständnis von Recht gehören und in welchem Ausmaß. Dieser Einsicht kann sich auch die Rechtsgeschichte nicht entziehen. Als Teil der Rechtswissenschaft wird sie notwendig am theoretischen Erkenntnisstand der Disziplin insgesamt gemessen. Zur Lösung der rechtsdogmatischen, -politischen und -theoretischen Probleme, die im vorigen Abschnitt geschildert worden sind, vermag sie nur beizutragen, wenn sie Recht nicht als isoliertes, sondern intrasoziales Phänomen begreift.

Betrachtet man die gegenwärtige Rechtsgeschichte unter diesem Gesichtspunkt, so fällt zunächst auf, daß sie ihre Informationen über vergangene Rechtsepochen vorwiegend der rechtswissenschaftlichen Literatur entnimmt. Das ist nicht gleichbedeutend mit

17 Vgl. außer den bereits in Anm. 3 genannten Werken von Esser, Hassemer, Hesse, Müller und den Beiträgen in D. Grimm (Hg.), Rechtswissenschaft und Nachbarwissenschaften, Band 1, 2. Aufl. München 1976, auch die stärker rechtssystematisch orientierte Richtung, z. B. K. Larenz, Methodenlehre der Rechtswissenschaft, 2. Aufl. Berlin 1969, S. 72 ff., 330 ff., 382 ff. Auch Luhmann (Anm. 2) will seine Warnung vor einer sozialwissenschaftlich vorgehenden Rechtsanwendung nicht als Plädoyer für die Begriffsjurisprudenz verstanden wissen, vgl. etwa dort S. 49 ff.

juristischer Wissenschaftsgeschichte. Vielmehr bildet die Entwicklung rechtlicher Dogmen oder Institutionen – neuerdings nicht selten auch über Rom hinaus bis zum BGB – ein bevorzugtes Thema der Forschung. Die Rechtsgeschichte trägt mit dieser Richtung sogar einem erklärten Bedürfnis der Rechtswissenschaft Rechnung. Sie rekonstruiert aber Geschichte aus Literatur. Die Arbeiten bestehen typischerweise aus Genealogien wissenschaftlicher Lehrmeinungen, die den Grund ihrer Entwicklung in sich selbst zu tragen scheinen. Wo über die juristische Philologie hinaus die Frage nach den Ursachen solcher Entwicklungen gestellt wird, stammt die Antwort regelmäßig aus der Ideengeschichte, besonders der Naturrechtslehre. Sie ist als legitimer Bestandteil in die rechtshistorische Forschung einbezogen. Die Vertragsfreiheit findet ihre Erklärung dann geradewegs in der individualistischen Philosophie der Aufklärung und die preußische Reformära im Wirken Kants. Nur einige Zweige der Rechtshistorie wie die Verfassungsgeschichte, die Stadtrechtsgeschichte etc., die traditionell in engerer Verbindung zur allgemeinen Geschichtswissenschaft stehen, ziehen überdies politisch-soziale Daten erklärend heran.

Die starke Konzentration auf literarische Quellen ist insofern nicht selbstverständlich, als die rechtswissenschaftliche Literatur zwar eine außerordentlich wichtige, für einige Zeiträume sogar die ergiebigste, keineswegs aber die einzige Auskunftsquelle der Rechtsgeschichte bildet. Rechtswissenschaft wird vielmehr durch ein Objekt Recht bedingt, das sie erklärt, kritisiert, wohl zu Teilen auch schafft, aber nicht ausmacht. Gerade für die Rechtswirklichkeit mit ihren Abweichungen vom Sollzustand, praktischen Handhabungen, Sonderentwicklungen und langsamen Wandlungen läßt der didaktische Zweck der meisten Werke wenig Raum. Eine juristische Literaturgeschichte erfaßt zuverlässig nur das Denken über Recht, nicht mit gleicher Sicherheit aber das tatsächlich praktizierte Recht. Dieser Partialität muß sie eingedenk bleiben, wenn es nicht zu falschen Identifikationen von Rechtswissenschaft und Recht kommen soll. Wollte man sich z.B. ein Bild des Vertragsrechts im Zeitalter von Absolutismus und Merkantilismus aus den zeitgenössischen Lehrbüchern des römischen oder nationalen Privatrechts bilden, so fände man eine hochabstrahierte Darstellung der notwendigen Elemente des Vertrags und der Abwicklung von Vertragsverhältnissen, die in keiner Weise vermuten ließe, daß Abschluß und Inhalt den striktesten Reglementierungen unterlagen.

Das offenbaren erst die damaligen Gesetze. Bemerkenswerterweise ist aber die Geschichte der Gesetzgebung lange vernachlässigt worden und beginnt erst neuerdings ein gewisses Interesse auf sich zu ziehen.[18]

Freilich muß sogleich angefügt werden, daß auch die Kenntnis der Gesetzgebung noch keine Gewähr für die zutreffende Darstellung vergangener Rechtsepochen bietet. Schon die häufigen Bekräftigungs- und Wiederholungsgesetze, die sich in den älteren Sammlungen finden, verraten, wie schlecht es im Ancien régime um die Befolgung rechtlicher Anordnungen bestellt war. In England müßte man z. B. aufgrund der Gesetzeslage zu dem Ergebnis kommen, daß vom 16. bis ins 19. Jahrhundert ein umfassender staatlicher Wirtschaftsdirigismus herrschte. In Wahrheit war mit der Entmachtung des Privy Council und der Abschaffung des Star Chamber im Jahre 1641 diejenige Instanz entfallen, welche ein Interesse an der Durchsetzung der statutes hatte, so daß sie von den freiheitlich gesonnenen Gerichten gefahrlos ignoriert werden konnten und bald ganz in Vergessenheit gerieten. Abgesichert durch die politische Machtverschiebung in der Glorious Revolution praktizierte England nun unter dirigistischen Normen ein System des laisser faire. Erst die Berücksichtigung der Rechtsprechung und des Verhaltens des Rechtsstabs erlaubt, wie dieses Beispiel zeigt, ein geschichtlich vollständiges Bild von Recht. Auch hierfür stehen zahlreiche Quellen zur Verfügung, die in ihrer Ergiebigkeit jedoch vielfach kaum bekannt geschweige denn ausgeschöpft sind.[19]

18 Zum Forschungsstand der Gesetzgebungsgeschichte vgl. A. Wolf, Die Gesetzgebung der entstehenden Territorialstaaten, in: H. Coing (Hg.), Handbuch der Quellen und Literatur der neueren europäischen Privatrechtsgeschichte 1, München 1973, S. 520ff.; dort auch umfassende Nachweise der Gesetzgebung bis zum Ausgang des Mittelalters. Nachweise für die Zeit bis 1800 ebenda, Band II 2, 1976. Wegweisend für die Gesetzgebungsgeschichte W. Ebel, Die Willkür, Göttingen 1953; weiter ders., Geschichte der Gesetzgebung in Deutschland, 2. Aufl. Göttingen 1958; G. K. Schmelzeisen, Polizeiordnungen und Privatrecht, Köln 1955; S. Gagnér, Studien zur Ideengeschichte der Gesetzgebung, Stockholm 1960.

19 Zur englischen Situation vgl. W. Holdsworth, A History of English Law, London 1923-72, VI, S. 346ff., X, S. 166ff., XI, S. 419ff., sowie Grimm (Anm. 5). Die englische Rechtsgeschichte hat sich nie im selben Maß gegen die Rechtswirklichkeit abgeschirmt wie die deutsche. Vor dem Hintergrund der deutschen rechtshistorischen Tradition beachtlich aber die Fragestellung der von B. Diestelkamp betreuten Dissertation von H. Wend, Die Anwendung des Trierer Landrechts. Zugleich eine Studie zum Verhältnis zwischen Gesetzesrecht und Rechtswirklichkeit im ausgehenden 17. und im 18. Jh., Diss. Frankfurt 1973. Die Fülle gedruck-

Sucht man nach einer Erklärung für diese Forschungspraxis, so stößt man zuerst auf die Tatsache, daß sich die Disziplin über ihre Arbeitsweise kaum Rechenschaft gibt. Programmatische Äußerungen oder methodologische Überlegungen aus jüngerer Zeit fehlen fast völlig.[20] Die Vorworte der Gesamtdarstellungen können in ihrer additiven Allgemeinheit diese Lücke nicht schließen. Die Rechtsgeschichte steht damit in einem auffälligen Gegensatz zu all ihren Nachbardisziplinen. Indessen wäre es zu einfach, die starke Konzentration auf Literaturgeschichte mangels ausdrücklicher Grundlagendiskussion dem Zufall zuzuschreiben. Die unterbliebene Auseinandersetzung deutet ja nicht auf ein fehlendes, sondern ein bislang nicht problematisiertes Selbstverständnis hin, das deswegen induktiv erschlossen werden muß. Ruft man sich zu diesem Zweck nochmals die Kehrseite der Forschungspraxis in Erinnerung, so bedeutet die Bevorzugung der juristischen Literatur gleichzeitig eine Vernachlässigung der Gesetzgebung, der Rechtsprechung, der Kautelarpraxis etc., von den sozialen Auswirkungen rechtlicher Regelungen zunächst ganz zu schweigen. Desgleichen liegt in der Rückführung rechtlicher Entwicklungen auf

ter Rechtsprechungssammlungen wird ausgebreitet in Coing (Hg.), Handbuch II (Anm. 18). Zur historischen Bedeutung der Rechtsprechung vgl. J. P. Dawson, The Oracles of the Law, Ann Arbor 1968. Als Beispiel für die Rekonstruktion einer Rechtsordnung aus der Rechtsprechung vgl. G. Gudian, Ingelheimer Recht im 15. Jahrhundert, Aalen 1968. In der neueren Rechtsgeschichte beschäftigt sich mit der Rechtsprechung z. B. R. Scheuermann, Einflüsse der historischen Rechtsschule auf die oberstrichterliche gemeinrechtliche Zivilrechtspraxis, Berlin 1972.

20 Die unmittelbar nach Kriegsende anhebende Diskussion – vgl. etwa H. Mitteis, Vom Lebenswert der Rechtsgeschichte, Weimar 1947; H. Thieme, Ideengeschichte und Rechtsgeschichte, Festschrift für Gierke, Berlin 1949, S. 266; K. S. Bader, Aufgaben und Methoden des Rechtshistorikers, Tübingen 1951 – wurde später fast ausschließlich von F. Wieacker fortgeführt, vgl. Notizen zur rechtshistorischen Hermeneutik, Nachrichten der Akademie der Wissenschaften in Göttingen, Philologisch-historische Klasse, Jg. 1963, S. 3 ff.; Der gegenwärtige Stand der Disziplin der neueren Privatrechtsgeschichte, Eranion Maridakis 1, Athen 1963, S. 339; Privatrechtsgeschichte (Anm. 1), S. 13 ff. und 423 ff.; Rechtsgeschichte, in: Fischer-Lexikon Recht, Neuausgabe Frankfurt 1971, S. 137 ff. Ferner K. Kroeschell, Haus und Herrschaft (Anm. 12), S. 48 ff.; die Diskussionsbeiträge von H. Krause und H. Thieme auf das Referat O. Brunners beim Historikertag, HZ 209 (1969), S. 1, 17 und 27; Mayer-Maly (Anm. 15). Erst neuerdings beginnt sich die Diskussion wieder auszuweiten, vgl. D. Simon, Rechtsgeschichte, in: A. Görlitz (Hg.), Handlexikon zur Rechtswissenschaft, München 1972, S. 314; Th. Blanke u. a., Kritik der bürgerlichen Rechtsgeschichte, KJ 1973, S. 109, und Landau (Anm. 12); H. Coing, Probleme der neueren Privatrechtsgeschichte, SZ Rom 92 (1975), S. 1; U. Wesel, Zur Methode der Rechtsgeschichte, KJ 1974, S. 337.

philosophische Ideen ein Verzicht auf Erklärungen politischer, sozialer oder ökonomischer Natur. Auf eine kurze Formel gebracht, könnte man daher von einer juristischen Geistesgeschichte zu Lasten einer juristischen Realgeschichte sprechen.

Geht man dem Grund dieses Ungleichgewichts nach, so deutet die nebensächliche Rolle, die juristische und erst recht soziale Realitäten in der Rechtshistorie spielen, darauf hin, daß sie ihren Gegenstand weniger als soziales denn ideelles Phänomen ansieht. Als solches bildet es einen autonomen Kulturbereich, dessen Bewegungsprinzip im Gedanklichen liegt. Unter dieser Voraussetzung muß rechtshistorisch entscheidend freilich scheinen, was als Recht gedacht worden ist, während das wirkliche Recht zum Sekundärphänomen wird, das von der Rechtsidee mehr oder weniger durchdrungen sein kann. Rechtsgeschichte verfolgt dann den »Gang der Rechtsidee durch die Geschichte«, und die Naturrechtslehre verdient ihre wissenschaftliche Priorität vor dem positiven Recht.[21] Die soziale Realität schließlich tritt nur als Anwendungsfeld des Rechts in Erscheinung, auf dem es seine normative Kraft zu entfalten hat. Daß es dabei scheitern kann, erklärt sich aus einer prinzipiellen Widersetzlichkeit der Realität, die es aber gerade ausschließt, diese in die Geschichte des Rechts als eines geistigen Phänomens einzubeziehen. Die Überzeugung kehrt auch in der Arbeitsweise der Rechtsgeschichte wieder. Ihre Methode ist die geisteswissenschaftliche Hermeneutik, die das Sinnverständnis von Texten ermöglicht, aber nicht zur Entdeckung sozialer Strukturen beiträgt. So erscheint es nicht unberechtigt, das Fach als idealistisch zu charakterisieren[22], und die Neigung, Rechtsgeschichte auf literarischer Grundlage zu betreiben, erwiese sich nur als Ausdruck dieser wissenschaftstheoretischen Vorentscheidung.

2. Im Gegensatz zu der in der Rechtsgeschichte stillschweigend vorausgesetzten Annahme herrscht heute in der Rechtstheorie kein Zweifel mehr darüber, daß Recht und Gesellschaft in einem Verhältnis der Interdependenz stehen. Danach entfaltet zwar ei-

---

21 Das Wort von Mitteis (Anm. 20), S. 128, erfreut sich noch immer großen Zitierwerts in der Rechtsgeschichte. Die praktischen Auswirkungen der Naturrechtslehre auf das Rechtsleben, allerdings vorwiegend seit dem 19. Jahrhundert, bilden das Thema des Buches von W. Rosenbaum, Naturrecht und positives Recht, Neuwied 1972.

22 So das Fazit von Blanke u.a. (Anm.20), S. 109 f. Die Beweisführung leidet allerdings etwas unter der mangelnden Berücksichtigung der monographischen Literatur.

nerseits – auch von marxistischer Seite unbestritten – das Recht steuernde Kraft für die Wirklichkeit, wird aber andererseits selbst durch die Wirklichkeit bedingt.[23] Das schließt Unterschiede im Maß nicht aus, je nachdem, ob der Gegenstand rechtlicher Regelung von größerer oder geringerer Eigendynamik, vom Recht vorgefunden oder geschaffen ist, läßt indes keine Rechtsautarkie zu. Die Bedingtheit kommt in der Genese von Recht deutlich zum Vorschein, macht sich aber nicht weniger bei seiner Anwendung bemerkbar. Rechtsnormen sind genetisch betrachtet Antworten auf Probleme. Diese Probleme entstehen seltener im Rechtssystem selbst, häufiger in seiner Umwelt. Sie treten in der Regel als Folge sozialen Wandels auf. Der Begriff ist weit zu verstehen. Er umfaßt wissenschaftlich-technische Neuerungen, gesellschaftliche Strukturveränderungen, ideelle Umwertungen. Die Problemlösung ist normalerweise kontrovers und muß politisch entschieden werden. Dabei nehmen unterschiedliche Ideen, Interessen und Motive auf den Norminhalt Einfluß. Mit der Geltung erlangt die Norm zwar eine relative Unabhängigkeit vom sozialen Problem und politischen Programm. Diese betrifft aber hauptsächlich ihren Bestand, weniger ihre Bedeutung. Vielmehr führen nachhaltige Veränderungen derjenigen Bedingungen, die für die Entstehung einer Norm konstitutiv waren, zu einem Bedeutungswandel und machen sie äußerstenfalls obsolet.

Wird der normative Sinn einer Regel aber von dem Bedingungszusammenhang, in dem sie steht, mitkonstituiert, dann kann Recht nicht aus diesem Zusammenhang isoliert und gewissermaßen rechtsintern erklärt werden. Das hatte Marx frühzeitig erkannt[24], ohne freilich in der Rechtsgeschichte Gefolgschaft zu fin-

---

23 Zur marxistischen Position vgl. etwa W. Sellnow, Zum Problem der Rechtsgeschichte im System von Marx und Engels, in: Marxistische Beiträge zur Rechtsgeschichte, Berlin 1968, S. 40. In der Bundesrepublik hat die Interdependenz von Recht und Gesellschaft die Rechtssoziologen und Rechtstheoretiker stärker beschäftigt als die Rechtshistoriker, vgl. statt vieler N. Luhmann, Rechtssoziologie, Reinbek 1972.

24 K. Marx, Deutsche Ideologie, MEW III, Berlin 1962, S. 63, 539; Grundrisse der Kritik der politischen Ökonomie, 2. Aufl. Berlin 1974. Dazu Sellnow (Anm. 23), und P. Landau, Karl Marx und die Rechtsgeschichte, Tijdschrift voor Rechtsschiedenis 41 (1973), S. 361. Die Rechtsgeschichte der DDR ist der Marxschen Anleitung zum Trotz bislang nicht besonders eindrucksvoll in Erscheinung getreten; sie war für längere Zeit sogar von einer »liquidatorischen Linie« bedroht, vgl. E. Gottschling u. a., Marxistisch-leninistischer Geschichtsbegriff und staats- und rechtswissenschaftliches Erbe, Staat und Recht 12 (1963), S. 830. Zu den

den. Der Preis waren oft genug nichtssagende oder verfälschende Resultate. Das Urteil trifft zunächst, wie theoretisch kaum mehr bestritten, praktisch aber noch keineswegs beherzigt wird, die rechtsimmanente Rechtsgeschichte. Historisches Verständnis kann weder aus der dogmatischen Interpretation vergangenen Rechts, wie es insbesondere die Romanistik lange für ihre Aufgabe hielt, noch aus der Registrierung rechtlicher Ereignisfolgen hervorgehen.[25] Die Schilderung, daß das klassische römische Recht ein einheitliches und absolutes, das deutsche dagegen ein funktional geteiltes und vielfach gebundenes Eigentum kannte, welches der Rezeption standhielt, ja, nun sogar (fälschlicherweise) aus dem Corpus iuris gerechtfertigt und, die Städte ausgenommen, erst im 19. Jahrhundert zugunsten des einheitlich-absoluten Eigentumsbegriffs aufgegeben wurde, erklärt nichts, solange das Eigentumsrecht nicht in den Zusammenhang der Herrschafts-, Sozial- und Wirtschaftsverfassung Roms, des Reichs, der Städte und des bürgerlichen Rechtsstaats gestellt wird. Variieren kann dagegen das Maß der Berücksichtung außerrechtlicher Faktoren, je nach dem Maß (relativer) Autonomie der rechtlichen Entwicklung und dem Grad der sozialen Bedingtheit des juristischen Gegenstands. Dieser ist freilich beim Eigentum höher als etwa bei der Verjährung.

Die Vorbehalte betreffen aber ebenso die ideengeschichtliche Erklärung rechtlicher Entwicklungen. Wenngleich die Ideengeschichte bisweilen ausdrücklich als Alternative zu einer für unbefriedigend erachteten rechtsimmanenten Rechtsgeschichte emp-

wenigen beachtlichen Werken zählt U.-J. Heuer, Allgemeines Landrecht und Klassenkampf, Berlin 1960.

25 Die dogmatische Interpretation des geschichtlichen Rechts hatte v. a. H. Brunner von der Rechtsgeschichte verlangt, vgl. Forschungen zur Geschichte des deutschen und französischen Rechts, Stuttgart 1894, S. 2. Im römischen Recht wird sie vollendet von M. Kaser gepflegt, vgl. Das römische Privatrecht I-II, München 1959 (I, 2. Aufl. 1971), sowie Das römische Prozeßrecht, München 1966, dies obwohl sich die Situation für die Romanistik grundlegend geändert hat, seit das römische Recht nicht mehr als ius commune gilt. Beispiele für eine nicht dogmatische, sozialgeschichtliche oder rechtstheoretische Forschungsrichtung in der Romanistik etwa W. Kunkel, Herkunft und soziale Stellung des römischen Juristen, 2. Aufl. Graz, Wien, Köln 1967; D. Nörr, Die Entstehung der longi temporis praescriptio, Studien zum Einfluß der Zeit im Recht und zur Rechtspolitik der Kaiserzeit, Opladen 1969; G. Otte, Dialektik und Jurisprudenz, Frankfurt 1971. Als Beispiel für eine Rechtsgeschichte, die sich auf Genealogien wissenschaftlicher Lehrmeinungen beschränkt, vgl. etwa H. J. Wieling, Interesse und Privatstrafe vom Mittelalter bis zum Bürgerlichen Gesetzbuch, Köln 1970.

fohlen wird[26], hat sie doch dieselben Einwände gegen sich. Wie diese blendet sie die soziale Realität aus und postuliert damit eine Autonomie der Ideen, die in der Wirklichkeit in dieser Form keine Entsprechung hat. Auch die Rechts- und Sozialphilosophie ist stets Philosophie ihrer Zeit. Sie entfaltet sich nicht »von einem geschriebenen Buch zum anderen«[27], sondern bildet sich in Ansehung bestimmter Realstrukturen, auf die sie kritisch oder apologetisch antwortet. Das hat die Forschung lange überdeckt, indem sie die Philosophie aus ihrem sozialen Rahmen löste und als zeitlos hinstellte. Indessen herrscht hier nicht weniger als beim Recht ein Verhältnis der Interdependenz, vor dem die Frage nach dem zeitlichen Primat unentscheidbar wird.[28] Die Rechtsideen gehen deswegen nicht restlos in den realen Bedingungen ihrer Entstehung auf, können aber auch nicht ohne Bezug auf diese verstanden werden. Ebenso ist ihre Bedeutung für die Gestalt von Recht damit nicht bestritten, sondern nur die in der Rechtsgeschichte noch verbreitete monokausale Erklärung.

Für die Vertragsfreiheit z.B. hat Max Weber der Rechtsgeschichte den Weg gewiesen, indem er sie auf den Übergang von der Subsistenz- zur Erwerbswirtschaft zurückgeführt und als Versuch gedeutet hat, die infolge dieser Veränderung verlorengegangene Kompatibilität zwischen Rechts- und Wirtschaftssystem wiederherzustellen.[29] Damit wird der philosophische Individualismus nicht zur Nebensache erklärt, denn ökonomische Veränderungen bewirken, auch nach Webers Überzeugung, nicht automatisch, sondern nur intentional vermittelt und insofern nie vollständig determiniert neue juristische Formen. Der Individualismus muß aber

26 Ausdrücklich z.B. F.A. v.d. Heydte, Verfassungsgeschichte, Xenion 1, Festschrift für Zepos, Athen 1973, S.144.
27 K. Mannheim, Wissenssoziologie, Neuwied 1964, S.409.
28 Eingehender meine Rezension von E. Reibstein, Volkssouveränität und Freiheitsrechte, Freiburg 1972, Zeitschrift für Historische Forschung 1 (1974), S.119. Dieses Buch kann auch die hier kritisierte Ideengeschichte exemplifizieren. Zur Mangelhaftigkeit einer Ideengeschichte schon frühzeitig Wilhelm (Anm.1), S.35. Als Beispiel einer auf die soziale und politische Realität bezogenen Ideengeschichte vgl. etwa C. B. Macpherson, The Political Theory of Possessive Individualism, Oxford 1962.S. ferner D. Grimm, Solidarität als Rechtsprinzip, Frankfurt 1973. Zur Rolle der Ideengeschichte in den Sozialwissenschaften generell K.v. Beyme, Politische Ideengeschichte, Tübingen 1969.
29 M. Weber, Wirtschaft und Gesellschaft, Studienausgabe, Köln 1964, S.508ff. Als Gegenbeispiel vgl. etwa W. Scherrer, Die geschichtliche Entwicklung des Prinzips der Vertragsfreiheit, Basel 1948.

selbst wieder auf dem Hintergrund der Emanzipation des Bürgertums gesehen werden. Für die preußischen Reformen hat die Wirtschaftsgeschichte zum Vorschein gebracht, wie die hohe Kontributionssumme, die nach der Niederlage von 1806 an Frankreich zu zahlen und ohne erhöhte Leistungen der Bevölkerung nicht aufzubringen war, die Liberalisierung förderte.[30] Auch diese Erkenntnis schmälert nicht den Beitrag Kants, sondern zeigt nur das Zusammenwirken ideeller und realer Faktoren bei der Formation historischer Ereignisse und Strukturen, wie sich ja auch das vorzeitige Ende der Reformära nicht aus Fehlern der Kantischen Theorie, sondern der verglichen mit England und Frankreich verzögerten Entwicklung der bürgerlichen Gesellschaft in Deutschland erklärt.

Die Abhängigkeit des Rechts vom sozialen Kontext beschränkt sich aber nicht auf seine Genese, sondern erfaßt ebenso die Anwendung. Es zählt zu den wesentlichen Erkenntnissen der Methodenlehre, daß die Bedeutung eines Rechtssatzes von dem Sachbereich, auf den er sich bezieht, mitgeprägt wird und folglich auch an seinen Veränderungen teilnimmt. Für die Rechtsgeschichte ergibt sich daraus, daß es nicht ausreicht, das Sinnverständnis von Recht gewissermaßen personalisiert an den Urheber von Normen oder Lehrmeinungen zu binden. Birgt dieses Vorgehen schon Fehlerquellen, weil die geäußerte Begründung nicht immer die wahre sein muß[31], so entgehen ihm vollends all jene Fälle, in denen der mit einem Gesetz oder einer Theorie bezweckte oder vermeinte Sinn mit dem historisch eingetretenen nicht übereinstimmt oder in Übereinstimmung bleibt. Die Einführung der Gewerbefreiheit in Preußen z. B. erreichte ihr Ziel beruflicher Selbstbestimmung und höheren Wohlstands für alle lange Zeit nicht, sondern verursachte soziale und humane Kosten, die von den Urhebern der Reformen nicht beabsichtigt waren. Die Dienst- und Abgabenpflichten zum anderen, die das Lehnrecht den Bauern gegenüber ihrem adligen Grundherrn auferlegte, bildeten ursprünglich ein Äquivalent für den Schutz, den dieser ihnen bot. Nachdem mit der allmählichen inneren Befriedung und dem Übergang zu Söldnerheeren diese

---

30 Vgl. E. Klein, Von der Reform zur Restauration: Finanzpolitik und Reformgesetzgebung, Berlin 1965.
31 Schöne Beispiele bei W. Wilhelm, Bemerkungen zur Rezeption ausländischen Rechts, Ius commune V (1975), S. 122. Die Beispiele zeigen, daß auch Intentionsverstehen oft nur unter Heranziehung der persönlichen Interessenlage und der sozialen Folgen möglich ist.

Funktion erlosch, wandelten sie sich aber zu Alimentationen, die den Adel weitgehend des Zwangs enthoben, selbst zu wirtschaften.[32]

Der Unterschied zwischen gewolltem und erfolgtem Sinn[33] ist in der Rechtsgeschichte bislang kaum beachtet worden. Er führt nicht nur dazu, daß hermeneutisches Motivverstehen lediglich ein Teil des Sinnverstehens sein kann und soziologisches Funktionsverstehen hinzutreten muß, sondern erhebt vor allem die Auswirkungen von Recht zu einem gleichrangigen Thema der Rechtsgeschichte. Eine Wirkungsgeschichte hat sich indes unter der methodologischen Abschirmung von der sozialen Realität noch gar nicht entfalten können. Wo Recht als ein aus sich erklärbarer Bereich gilt, fallen seine sozialen Konsequenzen nicht in den Fragekreis der Rechtsgeschichte. Erst mit der Erforschung der gesellschaftlichen Folgen bestimmter Normen oder Theorien kann sie aber ihre Funktion für Rechtsanpassung und Rechtspolitik voll erfüllen. Insofern ist Krauses Wort von der Wirkungsgeschichte als »Krönung der Rechtsgeschichte«[34] nicht verfehlt. Wirkungsgeschichtliche Untersuchungen weisen das Fach freilich über die Grenzen des genuin Juristischen endgültig hinaus. Die Forschung muß sich dann angewöhnen, einer Hungersnot, der Glaubensspaltung, der Erfindung der Dampfmaschine nicht weniger rechtshistorische Relevanz beizumessen als dem System Savignys, der Magna Charta oder dem Müller-Arnold-Prozeß. Gegenstandsadäquate und gegenwartsbezogene Rechtsgeschichte wird zur Sozialgeschichte.

III. Rechtsgeschichte und Geschichte

1. Die Ausweitung des Forschungsbereichs, der mit einer sozialgeschichtlichen Konzeption von Rechtsgeschichte verbunden ist, wirft die Frage nach der Zusammenarbeit mit der Geschichtswis-

---

32 Vgl. zur Gewerbefreiheit v. a. R. Koselleck, Preußen zwischen Reform und Revolution, Stuttgart 1967, insb. S. 605 ff., zum Lehnsrecht, bei dem sich die angedeutete Entwicklung in Frankreich ausgeprägter zeigte als in Deutschland, etwa P. Goubert, L'Ancien Régime I, 3. Aufl. Paris 1971, insb. S. 119 ff.

33 Vgl. dazu schon Marx, Grundrisse (Anm. 24), S. 111; ferner J. Habermas, Zur Logik der Sozialwissenschaften, Philosophische Rundschau Beiheft 5 (1967), S. 16, 39.

34 Krause, HZ 209 (1969), S. 25 f. Vgl. zur Wirkungsgeschichte auch die Bemerkungen bei Wieacker, Notizen (Anm. 20), S. 8 ff.

senschaft auf. Ein solcher Kontakt war in der Rechtsgeschichte –
mancher Animositäten ungeachtet[35] – stets anerkannt und wird
auch heute als Voraussetzung rechtsgeschichtlicher Forschung betrachtet. So sehr nämlich die Rechtsgeschichte auf ihrer organisatorischen Zugehörigkeit zu den juristischen Fakultäten beharrt, so
sehr versteht sie sich der Sache nach doch als Zweig der Geschichtswissenschaft. Mit ihr glaubt sie sich auf der gemeinsamen
Basis geschichtswissenschaftlicher Grundüberzeugungen und Methoden. Indessen kann diese Versicherung nicht darüber hinwegtäuschen, daß die Rechtsgeschichte den Anschluß in Wirklichkeit
verloren hat. Was sie für die Geschichtswissenschaft hält, ist für
diese Disziplin zumindest nicht mehr repräsentativ. Das Einverständnis bezieht sich vielmehr, von der Rechtsgeschichte vorläufig
noch unbemerkt, auf eine Richtung der Geschichtswissenschaft,
die bereits vor einiger Zeit fragwürdig geworden und inzwischen
spürbar in den Hintergrund getreten ist. Das kann kaum deutlicher zum Vorschein kommen als in einer Bemerkung, die der amerikanische Historiker Iggers 1972 der deutschen Ausgabe seiner
sieben Jahre zuvor abgeschlossenen Studie über die deutsche
Geschichtswissenschaft nachschicken mußte: »Was 1965 als wissenschaftliche und gesellschaftliche Kritik an Traditionen und
Mentalitäten gemeint war, die ... noch die bundesdeutsche Ge-
schichtsforschung beherrschten, klingt heute fast wie ein Nach-
ruf«.[36]
  Die deutsche Geschichtswissenschaft ist vom Historismus, wie er
um die Mitte des 19. Jahrhunderts entstand, nicht nur geprägt,
sondern bis in die zweite Hälfte unseres Jahrhunderts hinein beherrscht worden. Der Historismus[37] brachte einerseits durch die
Entdeckung der Standortgebundenheit aller Phänomene und Erkenntnisse eine Geschichtswissenschaft im strengen Sinn erst hervor, traf andererseits aber auch Festlegungen für das Fach, die
heute selbst nur als zeitgebundene Einseitigkeit empfunden werden können. Er wies der Historiographie im strikten Gegensatz zu
den Naturwissenschaften, denen es um die Entdeckung und Formulierung von Gesetzmäßigkeiten geht, das Individuell-Einmalige

35 Vgl. etwa die Bemerkungen Thiemes, HZ 209 (1969), S. 27 f.
36 G. G. Iggers, Deutsche Geschichtswissenschaft, 2. Aufl. München 1972, S. 395.
37 Zum Historismus vgl. Iggers (Anm. 36); W. Besson, Historismus, in: Fischer-
  Lexikon Geschichte, Frankfurt 1961, S. 102, und die dort genannte weitere Literatur.

als Gegenstand zu. Unter diesem Programm richtete sich ihr Interesse in besonderem Maß auf die großen Akteure der Weltgeschichte und deren Aktionsfeld, die – selbst als Individuen begriffenen – Staaten. Ihr Material entnahmen sie darum hauptsächlich Selbstzeugnissen und amtlichen Archiven. Dem Forschungsziel entsprach eine Erkenntnisweise des Verstehens von Ideen, Intentionen und Aktionen. Die geisteswissenschaftliche Hermeneutik avancierte zur Methode der Geschichte schlechthin. Die vorsichtige Kritik, welche sich um die Jahrhundertwende gegen den Historismus erhob, wurde von der Geschichtswissenschaft konsequent unterdrückt. Der Lamprecht-Streit vermittelt einen Einblick in ihr Vorgehen; Otto Hintze durfte seine Antrittsvorlesung nicht wie beabsichtigt dem Thema »Karl Marx und die Geschichtsauffassung des Sozialismus« widmen, und Max Webers historische Forschungen wurden von den Vertretern des Fachs nicht zur Kenntnis genommen.[38] Eine Auseinandersetzung mit der traditionellen deutschen Geschichtswissenschaft regte sich erst wieder in der zweiten Hälfte dieses Jahrhunderts, und zwar ermuntert durch die Forschungen der amerikanischen und französischen Geschichtswissenschaft, die beide vom Historismus nicht im selben Ausmaß erfaßt waren wie die deutsche Disziplin.[39]

Die Kritik richtete sich zuvörderst gegen die Ausrichtung der Historiker aufs Einmalig-Individuelle und die damit verbundene Verdrängung des Sozialen aus der Geschichte. Über dieser Fixierung war ihnen nämlich entgangen, daß Singuläres nur im Rahmen dauerhafter Strukturen und regelmäßiger Abläufe sichtbar gemacht werden kann. Das veranlaßte insbesondere die französische Historikerschule, die sich um die Zeitschrift »Annales« gruppiert, auf die »longue durée« in der Geschichte hinzuweisen und

38 Vgl. G. Oestreich, Die Fachhistorie und die Anfänge der sozialgeschichtlichen Forschung in Deutschland, HZ 208 (1969), S. 320; H. U. Wehler, Geschichte als historische Sozialwissenschaft, Frankfurt 1973, S. 13, 58 ff. Einen Parallelfall aus der Rechtsgeschichte berichtet Krause, HZ 209 (1969), S. 17.
39 Zur Methodendiskussion in der deutschen Geschichtswissenschaft vgl. etwa die von H. U. Wehler herausgegebenen Sammelbände Geschichte und Soziologie, Köln 1972, sowie Geschichte und Ökonomie, Köln 1973; weiter P. C. Ludz (Hg.), Soziologie und Sozialgeschichte, Sonderheft der Kölner Zeitschrift für Soziologie, Köln 1973; Kritik der bürgerlichen Geschichtswissenschaft I, II, Das Argument 75 (1972), Sonderband; W. Hedinger, Subjektivität und Geschichte. Grundzüge einer Historik, Berlin 1969; W. Schulze, Soziologie und Geschichtswissenschaft, München 1974, und vor allem K. G. Faber, Theorie der Geschichtswissenschaft, München 1971, jeweils mit weiteren Nachweisen.

der »histoire des événements« eine »histoire des structures« entgegenzustellen; in Amerika entstand aus derselben Erwägung eine »quantitative history«, die geschichtliche Erkenntnisse aus Bevölkerungs-, Wahl-, Preis-, Verkehrsstatistiken etc. zu gewinnen hofft.[40] Das bedeutete zugleich eine Verlagerung des Forschungsschwerpunkts vom Staat auf die Gesellschaft, von den Großen auf die Mengen, vom Handeln aufs Dulden. Diese Verlagerung darf nicht als zeitweilige Reaktion auf frühere Versäumnisse unterschätzt werden, sondern findet ihren Grund in der Sache selbst. Denn während Wirtschaft und Gesellschaft bis ins 18. Jahrhundert hinein nahezu immobil und naturwüchsig erscheinen mochten, sind sie seitdem zum unübersehbaren Beweger geschichtlicher Veränderungen geworden. Dadurch wuchs freilich auch das Interesse an ihrer Bedeutung für frühere Epochen. Die Sozial- und Wirtschaftsgeschichte, die lange ein untergeordneter Annex der systematischen Wirtschaftswissenschaften gewesen war, dringt jetzt in die Fachhistorie ein und hat binnen kurzer Zeit einen außerordentlich starken Aufschwung in Deutschland genommen.

Hermeneutisches Verstehen kann für eine stärker sozialhistorisch orientierte Wissenschaft freilich nicht mehr den Rang der historisch allein adäquaten Methode beanspruchen. Es ist an zweckrationales Handeln gebunden und verliert im selben Maß an Boden, wie die Einsicht wächst, daß sich Geschichte nicht nur aus intentional gesteuerten Taten zusammensetzt. Diese stehen vielmehr in einem objektiven Bedingungs- und Wirkungszusammenhang, der eigenes historisches Gewicht hat. Die Hermeneutik behält dann ihren Wert zur Erklärung verhältnismäßig kleiner, individuell zurechenbarer und intentional gesteuerter Handlungskomplexe, vermag dagegen nicht die langfristigen Tendenzen und objektiven Rahmenbedingungen in der Geschichte zu erfassen.[41] Eine Geschichtswissenschaft, die auch diesem Aspekt Aufmerksamkeit schenkt, kann sich nicht mehr mit geisteswissenschaftlichen Methoden begnügen, sondern muß überdies zu den Forschungstechniken der Sozialwissenschaften greifen. Am Ver-

---

40 Nachweise bei Wehler, Geschichte als Historische Sozialwissenschaft, insbes. S. 39 Anm. 22, S. 40 Anm. 31, S. 80 Anm. 40, S. 82 Anm. 48. Vgl. zur Annales-Schule auch G. G. Iggers, Die »Annales« und ihre Kritiker, HZ 219 (1974), S. 578.

41 Vgl. Faber (Anm. 39), S. 109 ff., insb. S. 140 ff.; J. Kocka, Theorieprobleme der Sozial- und Wirtschaftsgeschichte, in: Wehler (Hg.), Geschichte und Soziologie, S. 318 f.

hältnis von Soziologie und Geschichte hat sich deswegen die Methodendiskussion in der deutschen Geschichtswissenschaft auch entzündet. Der anfänglich für fundamental gehaltene Gegensatz zwischen den beiden Disziplinen ist im Verlauf dieser Diskussion stark geschrumpft.[42] Davon hat jede profitiert, die Soziologie, indem sie die Geschichte als Materialreservoir und Prüfstein sozialwissenschaftlicher Theoriebildung wiederentdeckt, die Geschichte, indem sie ihre Theoriefeindlichkeit ablegt und ihr Forschungsinstrumentarium bereichert. Selbst der junge und vielversprechende Zweig der Begriffsgeschichte[43] verdankt seine Entstehung einer soziologisch geschärften Aufmerksamkeit der Historiker für sozialen Wandel, dessen sie vermittels seiner begrifflichen Widerspiegelungen habhaft zu werden hoffen.

Dagegen bleibt die rechtsgeschichtliche Methodenreflexion, die lange einem einzigen Gelehrten überlassen wurde, weitgehend auf die Zulässigkeit begrifflich-dogmatischen Vorgehens und die Besonderheiten einer rechtshistorischen Hermeneutik beschränkt, und erst vor ganz kurzer Zeit ist der Gedanke einer sozialgeschichtlich orientierten Rechtsgeschichte in die Diskussion eingeführt worden.[44] In diesem Jahr hat sich nun Landau unter dem Titel »Rechtsgeschichte und Soziologie« der geschichtswissenschaftlichen Methodendiskussion anzuschließen versucht, bezeichnenderweise aber nicht in einer rechts-, sondern einer sozialgeschichtlichen Zeitschrift.[45] Unter Hinweis auf Vinogradoff schlägt er ein »typentheoretisches« Verständnis von Rechtsgeschichte vor, demzufolge Rechtsordnungen als »Teilgebilde innerhalb gesellschaftlicher Strukturen« begriffen und daher mit Hilfe der Sozialwissenschaften erforscht werden sollen. Ohne diese An-

---

42 Vgl. etwa Th. Schieder, Unterschiede zwischen historischer und sozialwissenschaftlicher Methode, und H.P. Dreitzel, Theorielose Geschichte und geschichtslose Soziologie, beide in: Wehler (Hg.), Geschichte und Soziologie, S. 283 und 37.

43 Vgl. v. a. R. Kosellecks Einleitung zum Lexikon der geschichtlichen Grundbegriffe I, Stuttgart 1972, S. XIII, sowie ders., Begriffsgeschichte und Sozialgeschichte, in P.C. Ludz (Hg.), Soziologie und Sozialgeschichte, Kölner Zeitschrift für Soziologie und Sozialpsychologie, Sonderband 16 (1973), S. 116.

44 Simon, Handlexikon (Anm. 20), S. 315, und Wieacker, Fischer-Lexikon (Anm. 20), S. 137. Wieacker bringt hier eine gewisse Korrektur an seinen früheren stärker individualisierenden Auffassungen an, s. die in Anm. 20 genannten Werke. Für eine soziologisch interessierte Rechtsgeschichte schon frühzeitig Bader (Anm. 20), S. 13, 17.

45 Landau (Anm. 12), S. 145.

zeichen einer Tendenzwende gering zu bewerten, muß man für die Gegenwart jedoch feststellen, daß die Möglichkeit, Rechtsgeschichte legitim und methodisch korrekt als Sozialgeschichte zu betreiben, noch kaum wahrgenommen geschweige denn genutzt worden ist. Eine nicht nur behauptete, sondern lebendige Verbindung zur Geschichtswissenschaft hätte diesen Rückstand verhindern können. Wäre die sozialgeschichtliche Fragestellung erst einmal akzeptiert, fände die Rechtsgeschichte keine ungünstige Quellenlage vor. Während sich nämlich die Zeugnisse der Geschichte stark auf die Oberschichten und handelnden Akteure einengen, besitzt die Rechtsgeschichte in Urteilen, Verträgen, Testamenten etc. ein reiches Material, das auch über Sozialstrukturen und sozialen Wandel samt ihren rechtlichen Bedingungen Auskunft erteilen kann. Daß damit die Rechtsgeschichte wieder an Interesse für die Geschichte gewönne, bedarf nicht des ausführlichen Nachweises.

2. Eine Sonderentwicklung der Rechtsgeschichte ließe sich nur aus einer Besonderheit ihres Gegenstandes rechtfertigen. Diese Besonderheit ist aber gerade in der Geschichte aufgehoben. Das Recht der Rechtsgeschichte gilt nicht mehr oder wird doch jedenfalls nicht unter dem Blickwinkel seiner gegenwärtigen Geltung thematisiert. Aus diesem Grund bedarf es auch nicht länger der systematisch-dogmatischen Behandlung und unterscheidet sich daher nicht prinzipiell von sonstigen historischen Daten.[46] Wenn die Rechtsgeschichte gleichwohl Sache der Juristen ist, so wird sie durch diesen Umstand nicht aus dem Zusammenhang einer historischen Disziplin gelöst. Ihre relative Selbständigkeit ist vielmehr praktisch bedingt. Sie entspricht der Ausdifferenzierung des Rechtssystems und ihrer Konsequenz, der Professionalisierung des Umgangs mit Recht. Rechtserfahrung wird dadurch beim Juristen wenn nicht monopolisiert, so doch konzentriert. Da Rechtserfahrung aber das Wiedererkennen von Recht in der geschichtlichen Wirklichkeit erleichtert und den Gegenwartsbezug der Rechtsgeschichte vermittelt, erscheint es zweckmäßig, auch die rechtshi-

46 Zum Verhältnis von Geschichte und Dogmatik vgl. E. Betti, Zur Grundlegung einer allgemeinen Auslegungslehre, Festschrift für Rabel 1, Tübingen 1954, S. 79; ihm folgend Wieacker, Notizen (Anm. 20), S. 11 ff., 19 ff., und Privatrechtsgeschichte (Anm. 1), S. 15, Anm. 7; Kroeschell, Haus und Herrschaft (Anm. 12), S. 54 ff.

storische Forschung Juristen anzuvertrauen.[47] Ein Monopol ist damit aber ebensowenig verbunden wie eine Autonomie der Rechtsgeschichte. Sie setzte voraus, daß es eine in Bezirke bereits unterteilte oder mindestens zu Erkenntniszwecken sinnvoll unterteilbare Wirklichkeit gäbe. Daran fehlt es. Recht stellt eine Form der Ordnung sozialer Sachbereiche dar und wird von der Sachlogik dieser Bereiche ebenso mitgeprägt wie es formend wieder auf diese zurückwirkt. Dabei kann die Abhängigkeit von sehr verschiedener Intensität sein, ein gewissermaßen räumlich ausgrenzbarer Bereich reinen oder bloß technischen Rechts kommt in der Wirklichkeit aber nicht vor. So war die Landeshoheit ebensowohl eine juristische wie eine politische Gegebenheit, die Zunftverfassung rechtlich nicht weniger bedeutsam als wirtschaftlich, die Patrimonialgerichtsbarkeit sozial von demselben Interesse wie juristisch.

Unter diesen Umständen kann das Rechtliche aber nicht als Sektor, sondern nur als Aspekt der Wirklichkeit richtig verstanden werden. Für das Verhältnis zur Geschichtswissenschaft ist diese Unterscheidung präjudizierend. Als historische »Aspektwissenschaft«[48] steht die Rechtsgeschichte im Zusammenhang der allgemeinen Geschichte und müßte die Isolation mit wirklichkeitsfernen Ergebnissen bezahlen. Wenn eine Parzellierung der wissenschaftlichen Forschung auch unumgänglich ist, so findet sie ihre Grenze doch an der tatsächlichen Interdependenz der Gegenstände. Es besteht dann zwar kein Einwand gegen die Beschränkung auf ein bestimmtes Gebiet, doch dürfen die Bezüge zu anderen nicht unterschlagen werden. Unter dieser Voraussetzung behalten auch die herkömmlichen Themen der Rechtsgeschichte ihre Berechtigung. Die Frage nach den Entstehungsgründen und Wirkungsweisen von Recht, die ihr hier überdies gestellt worden ist, läßt sich rechtsimmanent von vornherein nicht beantworten, sondern verweist die Rechtsgeschichte an die allgemeine Geschichte. Diese Zusammenarbeit ist an entscheidenden Stellen auch immer mehr oder weniger praktiziert worden. Kaum fände man eine Erklärung der Rezeption, die nicht die Kontinuität des

47 Zu den erkenntnistheoretischen Voraussetzungen von Rechtsgeschichte vgl. einerseits Wieacker, Notizen (Anm. 20), S. 7 ff., andererseits Simon, Handlexikon (Anm. 20), S. 315 f. Zum Folgenden vgl. Wieacker, und vor allem Kocka (Anm. 41), S. 305.
48 So Kocka (Anm. 41), S. 307.

Reichsgedankens erwähnte; das privilegium de non appellando ist stets mit der Erstarkung der Landesfürsten und die Paulskirchenverfassung mit der Revolution von 1848 in Verbindung gebracht worden. Es käme nun aber darauf an, diesen Zusammenhang durchgehend, nicht nur an offenkundigen Nahtstellen anzuerkennen und vor allem den Fragehorizont auf die wirtschafts- und sozialgeschichtlichen Aspekte der Historie auszuweiten.

Diese Forderung darf nicht so verstanden werden, als solle die Wirtschaftsgeschichte verstärkt zur historischen Erforschung des Handels- und Wirtschaftsrechts herangezogen werden. Hier liegt die Bedeutung ohnedies auf der Hand. Erforderlich ist es vielmehr, die sozialen und wirtschaftlichen Bezüge gerade dort ans Licht zu heben, wo sie einem Gesetz, einer Institution, einem Begriff nicht schon auf die Stirn geschrieben sind, so daß bislang rechtsimmanente oder bestenfalls ideengeschichtliche Erklärungen vorherrschten. Auch hierfür kann wiederum die Vertragsfreiheit als Illustration dienen. Ein anderes eindrucksvolles Beispiel hat soeben Wilhelm anhand der Erbrechtsdebatte während der Französischen Revolution gegeben.[49] Hinter der scheinbar genuin juristischen Debatte um gesetzliche Erbfolge oder Testierfreiheit konnte Wilhelm die ökonomischen Interessen der adligen Großgrundbesitzer auf der einen, des Dritten Standes auf der anderen Seite aufspüren. Die in erbrechtlichem Gewand geführte Auseinandersetzung ging der Sache nach also um die Güterverteilung in der Gesellschaft und letztlich – wie einige Abgeordnete, namentlich Robespierre, klar erkannten – sogar um die Entscheidung zwischen formaler (Rechts-) und materieller (Güter-) Gleichheit, Liberalismus und Demokratie. Mag nun die Alternative von gesetzlicher Erbfolge und Testierfreiheit ein immerwährendes Thema der Rechtsgeschichte sein, so erhält es doch erst auf dem Hintergrund der jeweiligen sozio-ökonomischen Situation seine historischen, auch rechtshistorischen Konturen. Freilich kommt damit auf die Rechtsgeschichte dieselbe ungewohnte Aufgabe wie auf die Fachhistorie zu. Erforderlich wird eine größere Vertrautheit mit sozialwissenschaftlichen Methoden wie der Statistik oder Modellbildung sowie ein geübterer Umgang mit nichtliterarischen Quellen. Genauere Aussagen, insbesondere auch über das Verhältnis der

49 W. Wilhelm, Bemerkungen (Anm. 31). Die Verflechtung unterschätzt Mayer-Maly (Anm. 15), was Landau (Anm. 12), S. 152 f., mit Recht kritisiert.

Methoden untereinander, läßt der Forschungsstand derzeit noch nicht zu.

So sehr sich also die Zusammenarbeit zwischen Rechtsgeschichte und Geschichte verstärken muß, so wenig darf doch erwartet werden, daß man sich mit einer rechtserheblichen Frage nur an den Wirtschafts- und Sozialhistoriker zu wenden brauche, um von dort fertige und in den eigenen Forschungsprozeß übertragbare Auskünfte zu beziehen. Beide Fächer leben zur Zeit weitgehend beziehungslos nebeneinander und haben die faktische Interdependenz ihrer Gegenstände wissenschaftsorganisatorisch noch keineswegs nachvollzogen. In der in Gründung begriffenen Zeitschrift für historische Sozialwissenschaften, deren Generalthema »die Erforschung von Prozessen und Strukturen gesellschaftlichen Wandels, ökonomischer Entwicklungen und politischer Herrschaftsformen« werden soll und die deswegen außer Fach-, Wirtschafts- und Sozialhistorikern auch Politologen, Ökonomen und Soziologen zusammenführt, ist mit keinem Wort des Rechts gedacht, obwohl es in allen Elementen des Generalthemas eine historisch entscheidende Rolle gespielt hat. Eine soziologisch und ökonomisch aufgeschlossene Rechtsgeschichte setzt aber auch eine juristisch interessierte Sozial- und Wirtschaftsgeschichte voraus. Solange sozio-ökonomische Entwicklungen einerseits und rechtliche andererseits nur aus den Allgemeindarstellungen der Fächer in Parallele gesetzt werden können, müssen auch die Ergebnisse notwendig auf sehr allgemeiner Ebene bleiben. Erst in koordiniert entwickelten Fragestellungen und Forschungsplänen kann die Rechtsgeschichte ihre Aufgabe einlösen, damit freilich auch der Geschichte zum besseren Verständnis der Vergangenheit verhelfen.

C.

In den meisten Sozialwissenschaften lassen sich derzeit Anzeichen einer Rückwendung zur Geschichte bemerken. Dazu hat freilich das vermehrte Interesse der Geschichtswissenschaft an sozialen Fragestellungen erheblich beigetragen. Der Vorgang ist der Aufmerksamkeit der Rechtsgeschichte wert. Sie kann daraus nämlich den Schluß ziehen, daß die gegenwärtige Geringschätzung sich nicht auf die Rechtsgeschichte überhaupt, sondern ihren herkömmlichen Betrieb bezieht. Die Ursachen der Abwertung sind also zuerst innerhalb des Fachs selbst zu suchen. Sie liegen zum großen Teil in seiner Isolierung von den jüngsten Entwicklungen in Rechtstheorie und Geschichtswissenschaft. Mit dieser Isolierung untergruben die Rechtshistoriker eigenhändig die theoretische und praktische Bedeutung ihres Fachs und verkürzten es zum juristischen Bildungsgut. Damit war der Grund zu seiner allmählichen Verdrängung bereits gelegt. Der Zeitpunkt scheint nunmehr gekommen, da der überlieferte Ausbildungskanon unter dem Druck neuer Berufsanforderungen, wachsender Studentenzahlen und sinkender Geldmittel überprüft werden muß. Gleichzeitig mehren sich jedoch die Vorboten einer Tendenzwende. Wenn auch diese Koinzidenz nicht ohne Ironie ist, so gibt die Tatsache selbst doch zur Hoffnung Anlaß. Denn gegenwartsbewußt und theoretisch anspruchsvoll betrieben, wird die Rechtsgeschichte selbst einer strengen Relevanzprüfung standhalten. Dazu gehört freilich nicht nur eine Akzentverlagerung in der Forschung, sondern auch eine – hier und da gleichfalls schon eingeleitete – Reform der Lehre.[50] Sie müßte vor allem der Trennung von römischer und deutscher Rechtsgeschichte, der Bevorzugung der älteren Rechtsepochen und der Vernachlässigung der sozialen Wirklichkeit gelten. Die Juristenausbildung tritt in eine Experimentierphase ein. Das bedeutet, daß die jetzt beschlossenen Studienpläne voraussichtlich nicht die endgültigen sein werden. Unter diesen Umständen hängen die Zukunftsaussichten der Rechtsgeschichte aber davon ab, wie schnell sie sich regenerieren und mehr Proben ihres neu definierten Anspruchs liefern kann. Es wäre jedenfalls verfrüht, sie zum wissenschaftlichen Luxus zu rechnen.

---

50 Vgl. dazu K. Kroeschell, Abschied von der Rechtsgeschichte, JZ 1968, Sonderheft, S. 20; ferner Simon, Handlexikon (Anm. 20), S. 317 f.

Abkürzungsverzeichnis

a.a.O.	am angegebenen Ort
ABGB	Allgemeines bürgerliches Gesetzbuch (für das Kaiserreich Österreich) vom 1.6. 1811
Abs.	Absatz
AcP	Archiv für civilistische Praxis (Zeitschrift)
ADB	Allgemeine Deutsche Biographie, Leipzig 1875-1912
Agr.Hist.Rev.	Agricultural History Review, London
ALR	Allgemeines Landrecht für die preußischen Staaten von 1794
Anm.	Anmerkung
Annales d'hist. ec. et soc.	Annales d' histoire économique et sociale, Paris
AöR	Archiv des öffentlichen Rechts (Zeitschrift)
ARSP	Archiv für Rechts- und Sozialphilosophie
Art.	Artikel
Aufl.	Auflage
Ausg.	Ausgabe
Bd.	Band
Bde.	Bände
bes.	besonders
BGB	Bürgerliches Gesetzbuch
BSozHG	Bundessozialhilfegesetz
BVerfG	Bundesverfassungsgericht
BVerfGE	Entscheidungen des Bundesverfassungsgerichts
bzw.	beziehungsweise
c.	Chapter, Caput
CCM	Corpus Constitutionum Marchicarum (Gesetzessammlung: Berlin-Halle 1737 ff.)
Cont.	Continuatio
ders.	derselbe
Diss.	Dissertation
DJT	Deutscher Juristentag
DJZ	Deutsche Juristenzeitung
DRW	Deutsche Rechtswissenschaft (Zeitschrift)
DVBl.	Deutsches Verwaltungsblatt
Ebd.	Ebenda
Ec.Hist.Rev.	The Economic History Review, London/Utrecht
Eliz.	Statutes of Elizabeth*
etc.	et cetera
f.	folgende (Seite)
ff.	folgende (Seiten)
Fn.	Fußnote
FS	Festschrift

GBl.	Gesetzblatt
Geo.	Statutes of George*
GG	Grundgesetz für die Bundesrepublik Deutschland
GS	Gesetzessammlung
GVBl.	Gesetz- und Verordnungsblatt
Hg. / hrsg.	Herausgeber / herausgegeben
HZ	Historische Zeitschrift
insb.	insbesondere
Jb.	Jahrbuch
Jg.	Jahrgang
Jh.	Jahrhundert
JMinBl.	Justizministerialblatt
JuS	Juristische Schulung (Zeitschrift)
JW	Juristische Wochenschrift
JZ	Juristenzeitung
Kap.	Kapitel
KJ	Kritische Justiz (Zeitschrift)
lib.	liber
MEW	Marx-Engels-Werke, Berlin 1965 ff.
MIÖG	Mitteilungen des Instituts für österreichische Geschichtsforschung
m.w.N.	mit weiteren Nachweisen
NCC	Novum Corpus Constitutionum Prussico – Brandenburgensium Praecipue Marchicarum (Gesetzessammlung: Berlin 1751 ff.)
NF	Neue Folge
NJW	Neue Juristische Wochenschrift
No.	Numero
NS	Nationalsozialismus
ObTrib	Obertribunal
o.O.	Ohne Ortsangabe
OVG	Oberverwaltungsgericht
RaumOG	Raumordnungsgesetz
Rdnr.	Randnummer
RegBl.	Regierungsblatt
RGBl.	Reichsgesetzblatt
RG	Reichsgericht
RGZ	Entscheidungen des Reichsgerichts in Zivilsachen
RuF	Rundfunk und Fernsehen (Zeitschrift)
S.	Seite
s.	siehe
sog.	sogenannt
Sp.	Spalte
StBauFG	Städtebauförderungsgesetz

SZ Germ	Zeitschrift der Savigny-Stiftung für Rechtsgeschichte, Germanistische Abteilung
SZ Rom	Zeitschrift der Savigny-Stiftung für Rechtsgeschichte, Romanistische Abteilung
u.a.	unter anderem / und andere
v.a.	vor allem
VerwArch	Verwaltungsarchiv (Zeitschrift)
vgl.	vergleiche
Vict.	Statutes of Victoria*
VSWG	Vierteljahrschrift für Sozial- und Wirtschaftsgeschichte
VVDStRL	Veröffentlichungen der Vereinigung der Deutschen Staatsrechtslehrer
Will.	Statutes of William*
z.B.	zum Beispiel
ZfP	Zeitschrift für Politik
ZPO	Zivilprozeßordnung

* Zur Zitierweise englischer Gesetze: »29 Geo.2 c.33« etwa bedeutet das dreiunddreißigste Gesetz der Sitzungsperiode des Parlaments im 29. Regierungsjahr König Georg II. Vgl. dazu D. Henrich, Einführung in das englische Privatrecht, Darmstadt 1971, S. 37 f.

Quellenverzeichnis

1. Bürgerlichkeit im Recht, in: J. Kocka (Hrsg.), Bürger und Bürgerlichkeit im 19. Jahrhundert, Göttingen (Vandenhoeck & Ruprecht) 1987.

2. Der Staat in der kontinentaleuropäischen Tradition, veränderte Fassung des zuerst unter dem Titel »The Modern State: Continental Traditions« erschienenen Beitrags in: F. X. Kaufmann/C. Ostrom/G. Majone (Hrsg.), Guidance, Control and Evaluation in the Public Sector, Berlin–New York (Walter de Gruyter) 1986, S. 89.

3. Zur politischen Funktion der Trennung von öffentlichem und privatem Recht in Deutschland, in: W. Wilhelm (Hrsg.), Studien zur europäischen Rechtsgeschichte, Frankfurt (Vittorio Klostermann) 1972, S. 224.

4. Kulturauftrag des Staates, unter dem Titel »Kulturauftrag im staatlichen Gemeinwesen« in: Veröffentlichungen der Vereinigung der Deutschen Staatsrechtslehrer, Heft 42, Berlin–New York (Walter de Gruyter) 1984, S. 46.

5. Die sozialgeschichtliche und verfassungsrechtliche Entwicklung zum Sozialstaat, in: P. Koslowski/Ph. Kreuzer/R. Löw (Hrsg.), Chancen und Grenzen des Sozialstaats (= Band 4 der CIVITAS Resultate), Tübingen (J. C. B. Mohr [Paul Siebeck]) 1983, S. 41.

6. Soziale, wirtschaftliche und politische Voraussetzungen der Vertragsfreiheit. Eine vergleichende Skizze, in: Società Italiana di Storia del Diritto (Hrsg.), La Formazione Storica del Diritto Moderno in Europa, Bd. 3, Florenz (Olschki) 1977, S. 1221.

7. Grundrechte und Privatrecht in der bürgerlichen Sozialordnung, in: G. Birtsch (Hrsg.), Grund- und Freiheitsrechte im Wandel von Gesellschaft und Geschichte, Göttingen (Vandenhoeck & Ruprecht) 1981, S. 359.

8. Das Verhältnis von politischer und privater Freiheit bei Zeiller, in: W. Selb/H. Hofmeister (Hrsg.), Forschungsband Franz von Zeiller, Wien (Hermann Böhlaus Nachf.) 1980, S. 94.

9. Soziale Voraussetzungen und verfassungsrechtliche Gewährleistungen der Meinungsfreiheit, in: J. Schwartländer/D. Willoweit (Hrsg.), Meinungsfreiheit – Grundgedanken und Geschichte in Europa und USA, Kehl–Straßburg (N. P. Engel) 1986, S. 145.

10. Die Entwicklung des Enteignungsrechts unter dem Einfluß der Industrialisierung, in: H. Coing/W. Wilhelm (Hrsg.), Wissenschaft und Kodifikation des Privatrechts im 19. Jahrhundert, Bd. 4, Frankfurt (Vittorio Klostermann) 1979, S. 121.

11. Die deutsche Staatsrechtslehre zwischen 1750 und 1945, unter dem Titel »Öffentliches Recht II (seit 1750)« in: Handwörterbuch zur deutschen Rechtsgeschichte, Bd. 3, Berlin (Erich Schmidt) 1984, Sp. 1198.

12. Die Entwicklung der Grundrechtstheorie in der deutschen Staatsrechtslehre des 19. Jahrhunderts, in: G. Birtsch (Hrsg.), Grund- und Freiheitsrechte von der ständischen zur spätbürgerlichen Gesellschaft, Göttingen (Vandenhoeck & Ruprecht) 1987.

13. Methode als Machtfaktor, in: Festschrift für Helmut Coing, Bd. 1, München (C. H. Beck) 1982, S. 469.

14. Die »Neue Rechtswissenschaft« – Über Funktion und Formation nationalsozialistischer Jurisprudenz, in: P. Lundgreen (Hrsg.), Wissenschaft im Dritten Reich, Frankfurt (Suhrkamp) 1985, S. 31.

15. Rechtswissenschaft und Geschichte, in: D. Grimm (Hrsg.), Rechtswissenschaft und Nachbarwissenschaften, Bd. 2, München (C. H. Beck) 1976, S. 9.

Achenwall 292
Albrecht 297, 363
Almendingen 228
Altenstein 114
Anschütz 205, 282f., 301, 303,
   341-344, 367-369, 385
Aretin 93, 252f., 294, 297f.,
   311f., 315-318
Arndt 342

Bahrdt 244
Bäumlin 403
Beck 255
Behr 112
Bergk 242
Beseler 322, 399
Binder 378, 388
Bismarck 150f., 153, 364, 368
Blackstone 166
Bluntschli 261, 300, 324f.
Bodin 58, 86
Böckenförde 296
Boncerf 179f.
Bopp 279
Bornhak 343f.
Brunner 103
Bühler 310, 343f.
Bülau 315, 317

Coke 174
Comte 351
Condorcet 111
Cucumus 297, 312, 314f., 318,
   332

Dahm 378, 392
Dantscher 310, 341, 345
Danz 165
Defoe 172
Dresch 297
Durkheim 124

Effner 251f.
Eger 279
Elizabeth I. (von England) 173

Feuerbach 228
Fichte 110f., 113, 190
Fikentscher 348
Forsthoff 157, 306, 378
Frank 377
Franz II. (von Österreich) 207,
   212, 214, 216, 219
Friedrich II. (von Preußen) 269
Friese 92f.

Gentz 247, 296
Gerber, C. F. 261, 300f., 304, 310,
   326-336, 341f., 345, 357, 359f.,
   362-365
Gerber, H. 386
Gierke 301, 360, 399
Giese 309, 340
Gneist 298
Gönner 102, 294
Görres 254
Göschen 106
Grotius 264

Häberle 125
Häberlin 280f., 294
Haller 296
Hardenberg 184, 186f., 190, 206,
   229
Hatzfeld 216
Haugwitz 87
Heck 378f., 382
Hedemann 381
Hegel 71, 120
Heine 259
Heinrich IV. (von Frankreich) 89
Heinrich VIII. (von England) 62
Held 324

Heller 304
Henkel 382
Herrfahrdt 386f.
Heydenreich 293
Hintze 420
Hobbes 89
Höhn 389
Höpfner 292
Hofmeister 218
Horn 241
Huber 305f., 384, 393
Hufeland 293
Hugo 190
Humboldt 114f.

Iggers 419

Jefferson 197
Jellinek 302f., 310, 340-342
Jhering 285, 358-361, 399
Josef II. (von Österreich) 213

Kant 94, 97f., 106, 109, 111f.,
    183, 217, 223, 230f., 243, 293,
    295, 298, 352, 410, 417
Kaufmann 304
Kelsen 302, 304, 368f., 385, 389,
    409
Kirchheimer 305
Klein 89
Kleinheyer 311
Klippel 293
Klüber 294, 296f.
Koellreutter 306, 389, 393
Koselleck 114
Kotzebue 246
Kraus 183
Krause 418

Laband 279, 281, 301, 304, 334-
    337, 339f., 343, 345, 365-367,
    409
Lamprecht 420
Landau 422

Landsberg 301
Lange 376
Larenz 348, 377-381
Leopold II. (von Österreich) 95,
    207, 212-214, 216
Leuthold 343
List 271
Locke 64, 89f.
Ludwig XVI. (von Frankreich) 69,
    177

Mansfield 173
Maria Theresia (von Österreich)
    215
Martini 95-97, 207, 214-220, 225,
    230, 292
Marx 69, 145, 189, 414, 420
Maunz 381
Maurenbrecher 296f.
Mayer, F. F. 302
Mayer, O. 281, 303, 336-339, 344
Metternich 246, 248
Meyer 281
Mirabeau 111
Mittermair 279
Mohl 251, 255f., 298f., 302, 309,
    314, 316, 318, 320f.
Moser, F. K. 243
Moser, J. J. 291
Müller, A. 296
Müller, F. 403
Murhard 317

Napoleon I. 38, 40, 92, 113f., 184,
    201, 207, 211, 228, 266f.
Napoleon III. 153
Necker 180
Neumann, F. J. 285
Neumann, F. L. 305

Parsons 124
Pergen 213
Pestalozzi 107
Pözl 298

Pothier 166
Proudhon 350
Puchta 356-358
Pütter 291, 294
Pufendorf 90

Riem 242
Robespierre 425
Röhm 384
Rönne 298, 333
Roosevelt 199
Rotteck 113, 252f., 256, 279, 296
Rottenhann 222
Rousseau 68, 107, 388

Sand 247
Savigny 98f., 101, 206-208, 295,
    348-357, 399, 418
Schaffstein 392
Scheidemantel 244, 292
Scheuner 316
Schlosser 84f., 89, 92, 94-99, 295
Schmelzing 297
Schmitt 304f., 306, 376-380,
    382f., 386-389, 391-393
Schmitthenner 312
Schulze 333
Seydel 301, 336, 338-340
Sieyes 181
Simon 408
Smend 304, 391
Smith 90, 174-177, 189
Sonnenfels 95-98, 101, 215-217,
    220f., 224
Stahl 102f., 297-299, 323, 333,
    344
Stein, K. 184-187, 190, 229

Stein, L. 286, 303
Stengel 337
Stoll 378
Suarez 91, 95, 292

Tatarin-Tarnheyden 387
Thoma 304, 368, 385, 389
Tolozan 177
Treichler 278
Triepel 304
Tucker 174
Turgot 177-180, 186

Vinogradoff 422

Wagner 285f.
Wahl 316
Weber 124, 416, 420
Weiske 279
Wekherlin 243
Welcker 249, 251, 253, 279, 296,
    298
Wendt 278f.
Wieacker 348, 406
Wieland 241
Wilhelm 425
Windscheid 409
Wolf 392
Wolff 240, 292f.

Zachariä, H. A. 297, 320, 333, 336
Zachariä, K. S. 297
Zeiller 96-98, 100, 207f., 212-
    214, 217-224, 226-231, 295
Zoepfl 254f., 297, 318, 321
Zorn 345

Sachregister

ABGB 41, 94, 102, 209f., 222, 224-229

Ablösung s. Bodenbefreiung

Absolutismus 27, 31, 38, 62-64, 67f., 70, 72-74, 76f., 85f., 91, 93f., 112f., 140, 152, 161, 217, 221, 264, 299, 325, 331, 386, 410
  s.a. Aufgeklärter Absolutismus

Adel 16f., 33, 36, 55, 60-62, 99, 172, 176, 180-182, 186, 188, 200, 204, 226, 418

ALR 41, 84f., 89-91, 183, 185, 206, 210, 219, 229, 265, 279

Amerika 35f., 42, 67, 110f., 133f., 136f., 197f., 200-204, 341, 421
  s.a. Vereinigte Staaten

Ancien régime 16f., 66f., 93, 120, 167, 180f., 195, 201, 206, 209, 227, 268, 411

Arbeiter(klasse) 72, 146f.
  s.a. Proletariat, Vierter Stand

Arbeitsrecht 154

Arbeitsschutz 148f., 154

Armenpflege 139-141, 154

Armut 13, 44, 76f., 140, 142, 144

Aufgeklärter Absolutismus 64f., 116, 140, 292

Aufklärung 65, 85, 88, 90f., 111, 113, 168, 202, 207, 213

Autonomie (gesellschaftliche) 15, 20f., 26f., 38f., 45f., 54, 79, 82f., 85f., 89, 92, 94, 101, 104, 106-110, 113f., 122, 131, 134, 138, 144, 158, 193, 206f., 236f., 390, 415f., 425

Baden 40, 228, 249, 276-278

Bauern 17, 63, 139, 143, 171, 176, 179, 226
  s.a. Dritter Stand

Bauernbefreiung 143, 179, 212

Bayern 246, 248f., 268f., 271f., 275, 277, 294, 297, 308

Beamtenschaft 37, 85, 92, 100
  s.a. Bürokratie, öffentlicher Dienst, Verwaltung

Begriffsjurisprudenz 300, 360f., 402

Besitz und Bildung 32, 34, 68f., 259f.

Bodenbefreiung, Ablösung, Grundentlastung 143, 177, 179f., 204, 206

Braunschweig 250

Bürgerliches Gesetzbuch 190, 375, 392, 410

Bürgertum 16-18, 32-34, 36f., 43-46, 48f., 61f., 64-66, 68-70, 72, 93, 99, 104, 138, 147, 158, 172, 176, 180, 182, 184, 187f., 195, 199, 201, 203, 207, 210f., 233-235, 238, 245, 259-262, 266, 268, 276, 296, 299, 301, 311, 320, 322f., 334, 344f., 359, 361f., 364, 367f., 417
  s.a. Dritter Stand

Bürokratie 63, 146, 303
  s.a. Beamtenschaft, öffentlicher Dienst, Verwaltung

Code civil 40f., 141, 182, 201f., 206-208, 227ff., 266, 350f.

Code Napoléon s. Code civil

Common law 61, 196, 198

Demokratie, demokratisch 49, 68, 70, 73, 120, 129, 210, 231, 293, 300, 303, 325, 368, 386-389, 425

Deutscher Bund 246, 250, 293f., 297, 310, 336

Deutsches Reich (Kaiserreich von 1871) 149, 273, 334, 344 f., 365, 368

Deutschland 35, 37 f., 40 f., 49, 56, 64, 69, 71-73, 84 f., 90, 93, 98, 100, 109, 111, 142 f., 146 f., 149, 152, 165, 188, 190, 202, 210, 227, 243 f., 246, 253, 259, 265-267, 269-271, 274, 282, 294, 297-299, 303, 316, 323, 334, 349, 351, 389, 399, 417, 421

Dritter Stand 65, 147, 172, 176, 181, 188, 199, 425
s. a. Bauern, Bürgertum

Drittes Reich 394 f.

Ehefrauen 33

Eigentum 16 f., 19 f., 25, 42, 55, 64, 69, 99 f., 138, 140 f., 143, 153, 181, 187, 190, 204 f., 215, 223, 226, 239, 241, 245, 252, 255, 264, 266, 268, 273 f., 282-287, 298, 303, 313, 329 f., 341, 394, 404 f., 415

Eigentumsfreiheit 24, 42, 45, 48, 75, 225, 284, 313, 322, 360, 392

Eingriff 26, 28, 46, 50, 79, 140, 199, 205, 266, 285, 298, 303, 319, 325, 337, 342

Eisenbahn 143, 269-276, 280

England 36, 56, 61 f., 64, 72, 90, 171 f., 175-177, 182 f., 186 f., 196-198, 248, 269, 272, 274, 323, 387, 411, 417

Enteignung, Enteignungsrecht 264-271, 273-287

Erbrecht 425

Exekutive 26, 31, 34, 39, 210, 267

Familienrecht 25, 33, 63, 194

Feudallasten 17, 268

Feudalsystem, Feudalismus 20, 36, 41 f., 55, 61, 67, 93, 104, 139, 146, 172, 187, 204, 210, 229, 245, 268, 313, 322
s. a. Gesellschaft, ständische

Frankreich 35-38, 42, 56 f., 62, 64 f., 67-73, 90, 93, 143, 146-148, 153, 176 f., 179, 182-184, 186 f., 190, 199 f., 202-204, 206, 210, 216, 244 f., 266-269, 272 f., 276, 323, 334, 350, 417, 420

Freiheit 12-26, 28 f., 32, 36, 38-46, 48 f., 54, 64, 66 f., 69-71, 75, 77, 93, 96, 98-102, 109-111, 114 f., 123-125, 131, 138-142, 144-147, 156, 158 f., 167, 170, 176 f., 179, 186 f., 189 f., 193 f., 201, 203, 205, 207-212, 214-217, 221-232, 237-239, 242, 244, 260-262, 292, 295 f., 298 f., 303, 308, 313, 315, 317, 320, 322-324, 327, 332 f., 337 f., 341-345, 352, 360, 382, 386, 390

Führerprinzip 306

Gefahrenabwehr 25, 82, 109, 112, 158

Gemeinwohl 11-15, 19, 21-23, 27, 29-31, 39, 45-47, 54, 60, 65, 68, 70-72, 75 f., 83 f., 93 f., 96, 99, 124, 139, 142, 145, 175, 194

Gerichte 25-28, 48, 60, 63, 67, 86-88, 91-94, 96, 102, 173 f., 243, 256, 258, 267, 277 f., 320, 328, 340, 408, 411
s. a. Justiz

Gesellschaft 11, 13, 15, 18, 20-22, 24, 26-28, 31, 34, 36-39, 45, 47, 53, 59-61, 64, 66, 68, 70-75, 77, 79, 80, 82 f., 85, 88, 90 f., 97 f., 103, 110, 116-119, 124-126, 134, 139, 145, 147, 152, 158,

165, 181, 189f., 193f., 196, 205,
210, 230, 239, 245, 253, 260,
325, 360, 386f., 399, 406, 413,
421
– bürgerliche 11, 20-26, 28-31,
37f., 41, 46, 85, 91f., 94, 99,
146, 152, 194-196, 189-206,
208-210, 225f., 230, 266,
294, 317, 332
– ständische 11, 41, 44, 139,
161, 202, 210, 222, 224, 229,
317, 322
s. a. Feudalismus
Gesellschaftsvertrag 95, 292f.
s. a. Sozialvertrag, Staatsvertrag
Gesetz 26, 30, 34, 63, 66f., 70, 77,
84, 98, 155, 181, 196, 205, 212,
220, 225, 268, 279-282, 298,
300, 308, 315-320, 338f., 342-
344, 350f., 353, 369f., 374-381,
383, 385, 411, 417
Gesetzesvorbehalt 26, 140, 205,
210, 231, 266, 275, 316, 319,
338f.
Gesetzgeber 28, 97f., 155f., 203,
210, 216, 218, 245, 261, 281-
283, 286f., 305, 315f., 321, 324,
333, 340f., 343, 345, 353, 367,
369, 371f., 376, 378, 402, 405,
408. s. a. Parlament
Gesetzgebung 28, 34, 77, 84f., 96,
99, 159, 195, 199f., 230, 243,
285, 312, 315, 339f., 352, 384,
401, 411f.
Gesetzmäßigkeit der Verwaltung
28, 155, 262, 301, 308, 342f.,
345
Gewaltmonopol 26, 68, 73f., 80
Gewerbefreiheit 143, 177, 180f.,
187, 190
Gewerbeordnung 148
Gewerkschaften 150
Glaubensspaltung 27, 56, 109,
238, 418

s. a. Reformation
Gleichheit 12f., 18, 20, 26, 34, 38,
40-44, 69, 102, 111, 138f., 141,
144, 147, 156, 189, 202-204,
215, 223-226, 229, 238, 245,
296, 313, 322, 367, 369, 425
Großbritannien s. England
Grundentlastung s. Bodenbefreiung
Grundgesetz 156f., 160, 192, 370
Grundherren, Grundherrschaft 17,
20, 63, 139, 143, 179, 235, 417
Grundrecht(e) 26, 29, 34, 39, 42,
66, 70, 115, 123, 125-127,
130f., 140f., 145, 147, 153-160,
192-211, 215-219, 222, 230f.,
238, 243, 245f., 251-256, 258f.,
261f., 296, 298, 303-305, 308-
325, 327-332, 334-343, 345,
367, 391
s. a. Menschenrechte
Grundrechtstheorie 205, 260f.,
263, 309f., 322, 328, 332f., 336,
346

Heiliges Römisches Reich 56, 60-
62, 85, 88, 120, 291, 293f., 310,
358, 360f., 362, 405-407, 415
Herrschaft, Herrscher 13, 15, 19f.,
25f., 29, 46, 49, 53, 55-57, 59,
61, 63, 68, 74, 89, 109, 123,
144f., 152f., 167, 196, 231,
237f., 242-244, 254, 292-294,
326, 370, 373
Hessen-Darmstadt 268, 276f.
Historische Schule 190
Holland s. Niederlande
Hoheitsrechte 16, 20, 55, 58, 81,
255, 291, 318

Individuum, Einzelner 11-15, 19-
22, 25, 29, 43-47, 64-66, 70, 75,
89, 91, 94, 97f., 102, 109,
118ff., 123ff., 128, 134, 138,
140, 168, 170, 188, 192, 200,

205, 215, 217f., 231, 239-242, 245, 292f., 296, 308, 323-326, 328, 332, 336f., 340f., 382, 386, 391f.
Industrielle Revolution 35, 44f., 68f., 75f., 142, 144, 171, 189, 360, 378
Interesse 16f., 21, 23, 32, 34, 49, 54, 68, 72, 76, 80, 96, 102f., 109, 126
– öffentliches 14f., 27, 59, 67f., 86f.
– partikulares 70, 72, 83
– privates 14f., 67, 87
Interessenausgleich 13, 32, 43, 45ff., 75, 138, 141f., 158, 360, 404
Intermediäre Gewalten 44, 60, 67, 140, 144, 203, 233

Justiz 25-28, 48, 60, 63, 67, 86-88, 91-94, 247, 276, 338, 340, 367, 369, 374, 380, 384, 392
s. a. Gerichte

Kaiserreich s. Deutsches Reich
Kapitalismus 55, 146f.
Karlsbader Beschlüsse 39, 213, 246-250, 257, 294, 313
Kirche 18, 20, 54-56, 61, 63, 104, 107, 109f., 118, 140, 235, 344
Klerus 16
Koalitionsfreiheit 154
Kodifikation 31, 41, 47, 63, 90, 192, 207f., 213, 226, 244, 350-352, 375, 400f.
Konstitutionalismus 36, 245, 250, 274, 302, 318, 321, 362, 404
s.a. Verfassung, Verfassungsstaat
Kultur 103f., 109-112, 114-122, 126, 130, 132, 136, 190, 234f., 253, 389f.
Kulturstaat 104, 110, 113
Kurhessen 250, 275

Landtag(e) 249, 252, 318, 321
s. a. Parlament, Ständeversammlung, Volksvertretung
Legitimation 46, 63, 89, 120-122, 136, 152f., 157, 159, 194, 238, 244, 295, 299, 308, 311, 367, 369f., 386, 388, 392, 408
Legitimität 44, 48, 77, 199, 230, 365
Liberalismus 49, 64, 67, 69, 72f., 75, 77, 85, 94, 113, 116, 124, 142-146, 150, 152, 158, 187, 252, 256, 260f., 295f., 304f., 324f., 355, 360, 363, 379, 386f., 390f., 425

Magna Charta 175
Markt 11, 13, 15, 17, 33, 69, 75, 106, 150, 169f., 180, 188f., 236, 242, 283f.
Mecklenburg 321
Meinungsfreiheit 232-234, 236-244, 246, 255, 257f., 260, 262f.
Menschenrechte 199, 218, 232, 238, 240f., 243f., 253, 266, 308, 311f., 314, 324, 391
s. a. Grundrechte
Merkantilismus 18, 67, 173, 235, 410
Methode, juristische, Methodenlehre 48, 294, 296, 300-304, 335, 339, 347ff., 376, 379, 381ff., 402, 406, 409, 413, 417, 420, 422, 426
Mittelalter 54-60, 86, 89, 108, 233, 400
Monarchie
– absolute 67, 96, 176f., 361
– konstitutionelle 253f., 310-312, 320, 364
Monarchisches Prinzip 38f., 152f., 209, 230, 246, 289, 294, 296, 325, 362, 366, 368

Nationalsozialismus 115 f., 156, 305 f., 370, 374-377, 379, 381, 383-385, 389, 392, 394 f.

Naturrecht, -slehre 28, 58, 88, 90, 208, 215, 217 f., 238-241, 243 f., 251, 256, 261 f., 264 f., 292 f., 308, 310, 312-314, 322, 350 f., 361, 369, 410, 413

Neue Rechtswissenschaft 374, 379-383, 385, 395

Niederlande 62, 64

Norddeutscher Bund 150, 365

Öffentliche Meinung 11, 73, 252, 259

Öffentlicher Dienst 78 f.
  s. a. Beamtenschaft, Bürokratie, Verwaltung

Öffentliches Recht 25, 27 f., 41, 47, 60 f., 68, 84 f., 87-89, 91, 93 f., 96, 98-103, 194, 209, 215, 218 f., 221, 224, 230, 291, 293-306, 319, 324, 326 f., 329 f., 361 f., 364, 391, 394, 404, 409

Öffentlichkeit 233, 235, 244, 252, 259 f., 280

Österreich 37, 41, 64, 87, 91 f., 94 f., 205, 207-210, 212 f., 216, 221 f., 224, 230, 245, 248, 271, 292, 299, 308, 321, 334, 350, 361

Parlament 31, 34, 39, 42, 61 f., 68, 145 f., 150, 152, 172-175, 196 f., 199 f., 253 f., 267, 270, 327, 334, 352, 369, 375, 386 f., 390
  s. a. Gesetzgeber, Landtage, Ständeversammlung, Volksvertretung

Parteien 73, 152, 156, 335, 365, 367, 371, 386-388, 390, 394

Paulskirche 147, 321 f., 324, 332

Pauperismus 142

Pflicht(en) 19, 30, 138, 193, 292, 325, 327 f., 391

Physiokraten 65, 90, 176-181

Politik 13, 15, 34, 46, 54, 57, 73, 76, 84 f., 98, 100, 158, 160, 219, 221, 227, 236, 238, 242, 256, 294, 300, 305, 322, 373, 379-381

Polizeiwissenschaft 292, 302

Positivismus 48, 261, 301 f., 305, 349-353, 356, 367-372, 379, 381, 385, 401

Presse 73, 246, 252-256, 258 f., 262

Pressefreiheit/Preßfreiheit 232, 240 f., 244-259, 313, 330

Preußen 37, 64, 87, 89, 91 f., 94, 113 f., 143, 146, 182-188, 205-207, 209 f., 245, 248 f., 257, 269, 271 f., 274, 278 f., 284, 292, 299, 321, 361, 417

Privatautonomie 24 f., 29, 41, 47 f., 95, 100, 138, 140 f., 146, 151, 154, 175, 183, 208, 226, 231, 325

Privatrecht 24 f., 27-29, 38, 41, 50, 60 f., 68, 84 f., 88 ff., 92, 94 f., 96-103, 165, 192-211, 214 f., 217-227, 230, 294 f., 326 f., 359-361, 364, 391 f., 404, 407, 409

Privilegien 16, 20, 42 f., 92, 104, 161, 167 f., 199, 225, 236 f., 314

Proletariat 75
  s. a. Arbeiterklasse, Vierter Stand

Rechtsgeschichte 168, 187, 192, 227, 348, 354, 373, 399 f., 403, 406 f., 409 f., 412-419, 422-427

Rechtsstaat 49, 70, 92, 298-301, 304, 338, 343 f., 377, 379, 382, 389, 392 f., 395

Rechtswissenschaft 48, 265, 282, 285 f., 295, 300, 343, 347 f., 350, 352, 356, 358 f., 373 f., 376, 378, 384 f., 388, 392, 394, 400-403, 405, 409 f.

Reformation 62
s. a. Glaubensspaltung
Regierung 70, 247, 267, 274, 321,
331, 334, 375
Religion 16, 22, 57, 63, 104, 108 f.,
113 f., 117
Revolution 71, 104, 147, 184, 190,
202, 230, 244, 257, 324, 332, 374
– amerikanische 36, 66, 110,
198
– bürgerliche 36, 204
– englische (glorious) 36, 64,
172, 411
– französische von 1789 37, 65-
67, 69, 82, 95, 109, 111, 120,
174, 181, 199, 207, 210, 212,
216, 221, 229, 240 f., 293,
296, 324
– französische Februar- 202
– französische Juli- 249
– russische 374
– von 1848 40 f., 70, 146-149,
210, 229, 258 ff., 299, 308,
321 f., 325, 362, 425
Rheinbund, -staaten 40, 228, 293 f.
Rußland 62

Sachsen 250, 271, 274 f., 315
Schweiz 341
Souveränität 58-61, 64, 66 f., 71,
74, 82, 86-88, 102 f., 203, 205,
294, 315, 361
Soziale Frage 72, 145-147, 284 f.
Sozialgesetzgebung, -versicherung
49, 151, 153 f.
Sozialpolitik 72, 150-153
Sozialstaat 138, 153 f., 156-161
Sozialvertrag 63 f., 89
s. a. Gesellschaftsvertrag, Staatsvertrag
Staat 15 f., 19-29, 34, 37-40, 42,
44-47, 49 f., 53 f., 56-86, 89, 91,
95, 97, 100-104, 107, 109-118,
120-123, 125, 132, 135 f., 138-

141, 144-148, 150-160, 165,
178 f., 181, 184-187, 190, 192-
196, 198-200, 203-210, 215-
218, 227, 229-231, 233 f., 235,
237-243, 245, 247, 253, 259-
261, 264, 266 f., 276 f., 280 f.,
283-287, 292-299, 302-305,
308, 312-315, 318-320, 324-
328, 331 f., 334, 337 f., 340 f.,
344, 351 f., 363 f., 376 f., 382,
386 f., 390-393, 404 f., 421
– absoluter 18, 20, 27, 36, 60 f.,
63, 67, 72, 79, 85, 92, 99, 107,
192 f., 204, 206, 233, 237,
239, 243, 266, 268
– demokratischer 293, 378
– Fürsten- 18, 27, 237 f., 243,
260
– moderner 27, 47, 54, 56-62,
80, 223 f., 264
– monarchischer 38 f., 72, 100,
252, 299, 378
– Patrimonial- 67, 71, 301
– souveräner 67, 233, 264
– totaler 391 f.
Staat und Gesellschaft 24, 60, 61,
67, 75, 80, 85, 145
Staatsaufgaben 74, 76 ff., 122, 147,
149, 159
Staatsbürger 34, 39, 42, 82, 84,
140, 223, 245, 314, 333, 336
Staatsgewalt 20, 23, 26, 28 f., 38 f.,
44, 53, 62, 65, 67, 70, 78, 82, 86,
89, 97, 198 f., 202, 205, 209, 243,
260, 291, 312, 315, 318 f., 327-
331, 333, 336 f., 343, 392
Staatsräson 60, 91, 98, 107
Staatsrecht 291-294, 297 f., 300,
302, 310, 324, 328 f., 334, 336,
359, 361-364
Staatsrechtslehre, -wissenschaft
102, 112, 154-156, 250-254,
256, 262, 280, 299, 308-310,
312-315, 317-319, 324, 326,

328, 334, 336, 338, 342, 344 ff.,
364, 367, 389
Staatsvertrag 238, 312
s. a. Gesellschaftsvertrag, Sozialvertrag
Staatszweck 20, 89, 91, 111-113,
115 f., 139, 234, 239 f., 274, 281,
292 f., 295, 300, 312, 315, 327,
386
Stände, Stand 16, 19, 33 f., 36, 56,
58, 61-63, 66, 85, 145, 203, 222,
233 f., 314
Standesgrenzen, -schranken 18,
36, 39, 64, 67, 144, 199, 209,
223, 229, 313
Ständeversammlung 312, 317
s. a. Landtage, Parlament, Volksvertretung
Strafrecht 27, 90, 193, 247, 304,
375, 382 f., 392, 405
Subjektives Recht 29 f., 33, 47,
193, 310, 322, 326-330, 336-
338, 340-344, 391 f.
Süddeutschland 37, 203 ff., 209,
230, 245, 247 f., 276, 294, 297,
319

Trennung von Staat und Gesellschaft 16, 40, 46, 50, 69 f., 73,
103, 158, 193, 295

Verbände 48, 73, 150
Vereinigte Staaten 116, 123, 341
s. a. Amerika
Vereinigungs- und Versammlungsfreiheit 39, 145, 313
Vererbungsfreiheit 24, 392
Verfassung(en) 26, 28 f., 38 f., 42,
50, 66-69, 79, 110 f., 123-125,
138, 141, 145-147, 152 f., 155,
157-160, 186 f., 192, 200-205,
207, 210, 212, 216, 220, 222,
227, 230, 244 f., 248-251, 254 f.,
258, 267 f., 272, 274, 277, 280,

283, 286 f., 293 f., 297-299, 302,
304, 308-312, 314-320, 324,
333-335, 338 f., 352, 361, 365,
367-369, 373, 393
s. a. Konstitutionalismus
– badische 246
– bayerische 248
– deutsche 312 f.
– französische
– von 1791 111, 244
– von 1793 141
– von 1795 141
– napoleonische 201
– von 1814 201
– kurhessische 244, 250, 274,
277, 319
– Paulskirchen- 257, 282, 323,
425
– preußische 258, 282 f., 303,
321, 333
– Reichs- (Bismarcksche) 368
– sächsische 319
– süddeutsche 203 f., 297, 319,
347
– Weimarer 153-156, 286, 289,
303, 367 f., 388 f.
– württembergische 255, 314,
316, 320
Verfassungsrecht 34, 251, 312,
314 f., 326, 332, 343, 361-363,
366, 368 f.
Verfassungsstaat 39, 138, 147,
149, 152, 161, 201, 206, 268,
297, 299, 310, 312, 363
s. a. Konstitutionalismus
Vertrag 24, 30, 69, 76, 142, 165-
170, 180, 183, 193, 285, 404,
410, 423
Vertragsfreiheit 24, 45, 48, 69, 75,
100, 142, 144, 146, 148, 154,
165-170, 174 f., 177, 179, 181 f.,
184, 186-191, 215, 225, 284,
360, 392, 404, 410, 416, 425
Vertragstheorie 64, 239 f.

Verwaltung 26, 70, 77, 79, 92, 103, 155, 159, 188, 267, 276, 278, 281f., 298, 319f., 341f., 344f., 367, 384
s. a. Beamtenschaft, Bürokratie, öffentlicher Dienst

Verwaltungsgerichtsbarkeit, -rechtspflege 277f., 298, 341, 345

Verwaltungsrecht 25, 90, 93f., 219, 291, 300, 302f., 310, 329, 338, 343

Verwaltungsrechtswissenschaft 291, 302f., 336

Vierter Stand 48f., 69, 147, 210, 259f., 262, 299, 322, 346, 362, 366, 368
s. a. Arbeiterklasse, Proletariat

Volk 64, 67, 70f., 73f., 98, 184, 201, 206, 252, 254f., 280, 314, 327f., 331, 335, 351, 356, 377, 383, 387-389, 394

Volkssouveränität 70, 73, 153, 267, 293, 299, 367

Volksvertretung 39, 70, 187, 245, 247, 253f., 268, 274, 318-320, 325, 331, 368
s. a. Landtage, Parlament, Ständeversammlung

Vormärz 39, 41f., 145, 250f., 257, 261, 314f., 317, 319-323, 328f., 359

Wahlrecht 34, 48, 68f., 145-147, 152f., 258, 314, 327, 329, 368

Weimarer Republik 120, 153f., 157, 263, 368, 374, 385f., 388, 392, 394

Wiener Kongreß 204, 230, 293

Wille 13, 20-22, 24f., 29-32, 34, 46f., 59, 89, 100, 138, 193, 238, 329, 331, 336f., 351, 353, 360, 383f., 386-388, 391f., 402

Willenseinigung, -entscheidung 14, 22-24, 27, 29-31, 43, 45, 47

Wirtschaft 41, 44, 64, 79, 81, 100, 104, 123, 126, 141, 150f., 153, 159, 167-170, 175f., 178, 180, 182, 187, 193, 196, 221, 236, 259, 283, 286, 390, 399, 404, 416, 421

Wohlerworbene Rechte 87, 93

Wohlfahrtsstaat 49, 77, 79

Württemberg 246, 274, 277, 298

Zensur 20, 114, 213, 232f., 240, 243, 247-250, 256-258, 320

Zivilprozeßrecht 90, 392, 397

Zunft 18, 174f., 183, 225

Zunftordnung, -system, -verfassung 18, 20, 42, 104, 139f., 174f., 178, 236, 424

Zunftzwang 145, 185, 209

Neue Historische Bibliothek

Herausgegeben von Hans-Ulrich Wehler
Eine Handbibliothek der modernen Geschichte in 48 Bänden
edition suhrkamp

»... ein bisher beispielloses Unternehmen auf dem Markt der historisch-politischen Literatur in der Bundesrepublik.«

(Deutsches Allgemeines Sonntagsblatt)

Bisher erschienen:

Abelshauser, Werner: Wirtschaftsgeschichte der Bundesrepublik Deutschland 1945-1980 es 1241

Alter, Peter: Nationalismus es 1250

Berghahn, Volker: Unternehmer und Politik in der Bundesrepublik es 1265

Blasius, Dirk: Geschichte der politischen Kriminalität in Deutschland 1800-1980. Eine Studie zu Justiz und Staatsverbrechen es 1242

Botzenhart, Manfred: Reform, Restauration, Krise. Deutschland 1789-1847 es 1252

Dippel, Horst: Die Amerikanische Revolution 1763-1787 es 1263

Frevert, Ute: Frauen-Geschichte. Zwischen Bürgerlicher Verbesserung und Neuer Weiblichkeit es 1284

Geyer, Michael: Deutsche Rüstungspolitik 1890-1980 es 1246

Hentschel, Volker: Geschichte der deutschen Sozialpolitik 1880-1980. Soziale Sicherung und kollektives Arbeitsrecht es 1247

Jarausch, Konrad H.: Deutsche Studenten 1800-1950. Sozialstruktur – Organisation – Politik es 1258

Kluge, Ulrich: Die deutsche Revolution 1918/1919 es 1262

Kluxen, Kurt: Geschichte und Problematik des Parlamentarismus es 1243

Kraul, Margret: Das deutsche Gymnasium 1780-1980 es 1251

Lehnert, Detlef: Sozialdemokratie zwischen Protestbewegung und Regierungspartei 1948-1983 es 1248

Lönne, Karl-Egon: Politischer Katholizismus im 19. und 20. Jahrhundert es 1264

Marschalck, Peter: Bevölkerungsgeschichte Deutschlands im 19. und 20. Jahrhundert es 1244

Mitterauer, Michael: Sozialgeschichte der Jugend es 1278

Mooser, Josef: Arbeiterleben in Deutschland 1900–1970 es 1259

Reulecke, Jürgen: Geschichte der Urbanisierung in Deutschland es 1249

Siemann, Wolfram: Die deutsche Revolution von 1848/49 es 1266

Staritz, Dietrich: Geschichte der DDR 1949-1984 es 1260

Thränhardt, Dietrich: Geschichte der Bundesrepublik 1949-1984 es 1267

Wehler, Hans-Ulrich: Grundzüge der amerikanischen Außenpolitik 1750–1900 es 1254

Wippermann, Wolfgang: Europäischer Faschismus im Vergleich 1922–1982 es 1245

Wirz, Albert: Sklaverei und kapitalistisches Weltsystem es 1256

Ziebura, Gilbert: Weltwirtschaft und Weltpolitik 1924–1931 es 1261